텍스트 과학

언어문학 통합론의 이론과 실제

고 영 근

집문당

텍스트 과학

언어문학 통합론의 이론과 실제

2011년 12월 30일 1판 1쇄
2022년 2월 20일 1판 2쇄

저자 | 고영근
발행인 | 임동규
발행처 | **(주)집문당**
등록 | 1971. 3. 23. 제2012-000069호
주소 | 03134 서울시 종로구 돈화문로 82, 5층
전화 | +82-1811-7567
이메일 | sale@jipmoon.com
홈페이지 | www.jipmoon.com

ISBN 978-89-303-1529-6 93710

가격 35,000원

이 도서의 국립중앙도서관 출판시도서목록(CIP)은 e-CIP홈페이지(http://www.nl.go.kr/ecip)와 국가자료공동목록시스템(http://www.nl.go.kr/kolisnet)에서 이용하실 수 있습니다.
(CIP제어번호: CIP2011004959)

(주)집문당 이순신돋움체B (저작권자 아산시, 무료글꼴)

제2판 머리에

이 책의 초판이 〈대우학술총서〉 (논저) 『텍스트 이론』 (448) (도서출판 아르케)이란 이름으로 처음 나온 것이 1999년이었으니 벌써 12년의 세월이 흘렀다. 그사이 텍스트 과학은 국내외적으로 눈부신 활동과 업적을 쌓아 왔다. 우선 국제적으로는 텍스트 과학의 표준적인 틀이 완성되었다. 국내적으로는 1992년에 창립된 한국텍스트언어학회가 지속적 활동을 벌여 한 해에 두 번씩 학술 발표 대회를 갖는가 하면 기관지 『텍스트 언어학』을 두 권씩 내어 2011년 6월 현재 30권이나 간행하였다. 21세기에 들어와서는 회원들의 공동 저술인 『텍스트 언어학 입문』을 간행하여 이론적인 갈증을 해소하는 데 기여하기도 하였다. 무엇보다 기뻐할 것은 각 대학에서 텍스트 과학과 관계된 강좌가 개설되고 있고 동시에 이를 주제로 한 학위 논문이 쏟아져 나오고 있어 한국적인 텍스트 과학이 제자리를 잡아 가고 있음을 피부로 느낄 수 있다는 점이다.

이번에 얼굴을 내미는 제2판은 우선 책의 이름부터 "텍스트 과학"이라고 고쳤다. 국제적으로는 "텍스트 언어학"이 통용되고 있지만 이것이 위로는 기호학을 떠받치고 있고 아래로는 언어학을 바닥에 깔고 있다는 점을 중시하여 "텍스트 과학"이라는 명칭을 사용하기로 하였다. "텍스트 이론"이라고 하면 프로그램의 냄새를 풍기고 "텍스트 과학"을 독일어로 "Textwissenschaft"로 부른다는 것도 감안하였다. 이제는 이 학문이 프로그램의 탈을 벗고 올바른 위상을 정립하였다는 인문 과학 내적인 성격도 고려하였다. 초판과는 달리 이번의 제2판에는 '민족어 요지, 독문 요지, 영문 요지'를 붙였다.

이 책을 개편함에 있어 지은이는 많은 분들의 도움을 받았다. 장소원 (서울대), 이은경 (홍익대), 신선경 (한국기술교육대), 윤석민 (전북대)의 네 교수는 책의 체재를 전반적으로 다시 구성하는 데 결정적인 조언을 하였다. 초판의 제2장의 내용을 줄여 제1장에 편입하고 마지막에 텍스트 수용에 관한 장을 마련한 것은 전적으로 위의 네 교수의 제안을 따른 것이다. 이 밖에 진교훈 (서울대), 이성만 (배재대), 강범모 (고려대), 김성도 (고려대), 박여성 (제주대), 이재원 (외국어대), 이정복 (대구대), 최형용 (이화여대) 등 여러 교수들과 김덕한 기자 (조선일보)는 크고 작은 문제에 대하여 도움말을 주셨다. 특히 조원형 박사 (서울대)와 오현아 박사 (숙명여대)는 책 전체를 통독하면서 많은 잘못을 찾아내었다. 독문 요지의 작성과 교열에는 조원형 박사 (서울대)와 R. Dormels 교수 (Wien)가, 영문 요지의 작성과 교열에는 지은이의 맏며느리 정은주와 R. J. Fousers 교수 (서울대)가 협조하였다. 도서출판 아르케의 박은아 님은 지난 10여 년 동안 초판의 원고를 잘 보관하여 제2판을 내는 데 갖은 협조를 베푸셨다. 그리고 집문당 대표 임동규 님은 제2판의 출판을 기꺼이 맡아 주셨으며 편집부의 심하나 님은 책을 보기 좋게 꾸미느라고 온갖 정성을 기울이셨다. 이들 모든 분들께 고마운 인사를 전하는 바이다.

2011년 10월 9일
훈민정음 반포 565돌을 맞아
관악산 기슭 명예교수실에서

지은이 적음

머리말 (초판)

요즘 한국의 언어문학계와 기호학계에서는 텍스트 (Text)란 말이 널리 쓰이고 있다. 텍스트란 도대체 무슨 뜻을 지니고 있을까. 이 말은 '직물'이나 '조직'을 뜻하는 라틴어에 그 기원을 두고 있다. 대체로 텍스트는 사람의 의도적인 언어 표현이나 언어로 옮길 수 있는 기호로 정의될 수 있다. 이런 의미의 텍스트에는 길고 짧은 일상 발화를 비롯하여 문학 작품, 문서, 영상 매체가 포괄된다. 텍스트를 연구 대상으로 삼는 학문을 "텍스트 이론" (흔히 텍스트 언어학)이라 부른다. 텍스트 이론은 가까이는 인문 과학과 사회 과학을 통합할 수 있고, 시야를 넓히면 자연 과학까지도 그 영역 안에 아우를 수 있다. 텍스트 이론은 위로는 기호학을 떠받치고 있고 아래로는 언어학을 바닥에 깔고 있으면서 인지 과학, 인문 과학, 사회 과학 등의 이웃 학문과 넘나드는 강한 학제성을 띠는, 일종의 통합 학문이다.

지은이가 텍스트 이론에 흥미를 갖게 된 것은 1976년 겨울이었던 것으로 기억한다. 당시 지은이는 훔볼트 재단 (Alexander von Humboldt-Stiftung)의 초청을 받아 독일 보훔 대학교 (Ruhr-Universität Bochum)에 연구의 근거를 마련한 바 있다. 동아학부 한국학과 주임 교수였던 레빈 (B. Lewin) 선생과 조수였던 사세 (W. Sasse) 박사를 통하여 독일이 대외적으로 내놓을 수 있는 언어 이론이 "텍스트 언어학"이라는 사실을 알고 독어독문학과의 하르베크 (R. Harweg) 교수의 세미나에 참여하면서 이 분야에 적극적인 관심을 기울인 바 있다. 텍스트 언어학에 대하여는 이미 1971년 한글학회 창립 50주년 기념 행사에 참석하여 강연을 한 튀빙엔 (Tübingen) 대학교의 코세리우 (E. Coseriu) 교수를 통하여 그 얼개를 짐작은 하고 있었으나 이 학문의 본고장인 독일에 와서 이를 피부로 접할 수 있게 되어 지은이로서는 여간 큰 행운이 아니었다.

한국은 오래전부터 개별 언어학은 일반 언어학이라는 선학 (先學)들의 가르침 때문인지 어문학과, 특히 국어국문학과의 경우, 상급 학년부터 전공이 분리되고 대학원에 가서는 각방거처를 하는 일이 관례화되어 있어서 어학과 문학과의 장벽이 여간 두텁지 않은 실정에 놓여 있다. 한 해 남짓 그곳에 머물며 익힌 바로는 '텍스트 이론'이라면 어문학을 연계 (連繫)시킬 수 있음은 물론, "언어문학"이라는 독자적인 분야의 창출도 가능하지 않겠느냐는 기대를 가졌으며 돌아와서도 이 이론을 한국어와 한국 문학 작품의 분석에 응용하기도 하고 학생들에게 관련 논저를 읽히고 논문을 쓰도록 권유하였다. 그사이 몇 번 독일을 방문할 때마다 관련 저술을 모으고 전문가들과 만나 텍스트 이론의 문제점과 전망 등을 폭넓게 논의하기도 하였다.

그러다가 1991년에 대우재단으로부터 『텍스트 이론』이라는 단행본을 쓸 수 있는 혜택을 받게 되었고 이것이 계기가 되어 뜻을 같이하는 몇몇 독어학자들과 국어학자들의 도움을 입어 "텍스트 연구회" (나중에 "한국텍스트언어학회"로 바뀜)를 창립하여, 한 달에 한 번씩 발표회를 가지면서 텍스트 이론의 수용과 한국 자료에의 적용 문제를 진지하게 토론하였다. 특히 이난희 (이화여대), 임환재 (고려대), 이광숙 (서울대), 장경희 (한양대), 김흥수 (국민대), 이성만 (배재대) 등 여러분들이 많은 도움을 주셨다. 이 과정에서 김태옥 교수 (서강대)와 미주에서 활약하시는 주신자 (텍사스), 이효상 (인디애나) 박사의 도움도 적지 않았다. 이 책을 준비하면서 지은이는 문학 전공자들과도 끊임없는 접촉을 가져 왔다. 매주 일요일 도봉산을 오르면서 조동일 (서울대), 오양호 (인천대), 윤동재 (시인), 김헌선 (경기대) 선생 등과 함께 문예학 일반과 민족 문학 전반에 대하여 토론도 하고 많은 정보를 교환하였다. 이 책을 집필하는 단계에서는 차봉희 (한신대), 우한용 (서울대), 박여성 (제주대) 등 세 분과 "대청 어문학 모임"을 만들어 텍스트 이론과 현대 문예학의 제반 동향을 점검하고 이를 한국 문학 작품의 분석에 응용하는 문제에 대하여 토론을 거듭하였다.

이 책은 서양의 텍스트 이론을 받아들이되 멀리는 동양의 훈고학 (訓詁學)과 고전적인 시학을 밑거름으로 삼고 가까이는 주시경 선생의 "의미 해석 이론”과 이희승 선생의 “문학 감상 이론”을 축 (軸)으로 삼아 동서양의 인식을 통합하는 방식을 택하였다. 이른바 “창조학”의 문턱으로 들어선다고나 할까. 부제를 “언어문학 통합론의 이론과 실제”라 붙인 것은 이 책의 중요한 목표가 현재 한 집안에서 각방거처를 하고 있는 어학과 문학이 학부에서부터 대학원 과정에 이르기까지 합방 거처를 할 수 있는 이론적 근거를 제시하고 실천적 문제의 해결에 공헌한다는 사실을 중시하였기 때문이다. 이 책에서는 텍스트 이론의 중요한 과제로 떠오르고 있는 텍스트의 생산과 수용 및 대화 분석에 관련되는 문제를 적극적으로 다루지 못하였다. 지은이의 능력이 이들 분야에 아직 미치지 못한 점도 있지마는 이 방면에 대한 기초 연구가 아직도 걸음마 단계를 벗어나지 못하고 있다는 사실을 감안하였기 때문이다.

이 책은 모두 9장으로 편성되어 있다. 제1장에는 텍스트의 뜻매김을 비롯하여 텍스트 이론의 위상과 그것이 이웃 학문과 맺는 관계를 다루었다. 제2장에서는 텍스트 연구의 흐름을 서양의 고대로부터 현대에 이르기까지 훑고 다시 눈을 동양 쪽으로 돌려 중국 고대와 한국 중세의 훈고학과 시학에 스며 있는 텍스트 이론의 지식을 거두어들이면서 동서양의 텍스트 이론을 통합하는 방식의 연구사를 엮었다. 제3장에서는 텍스트 이론의 메타 학문인 기호학과의 관계를 탐색하였다. 이러한 과정에서 한국인 나름의 기호학을 창도한 주시경 선생의 “의미 해석 이론”이 바로 현대 텍스트 이론의 메타 이론이 될 수 있음도 밝힐 수 있었다. 제4장에서는 이희승 선생의 “문학 감상 이론”을 축으로 하되, 주시경 선생의 의미 해석 이론과 통합하는 관점에서 어학과 문학을 묶는 통합적 언어문학론을 전개하였다. 두 선학들의 의미 해석 이론과 문학 감상 이론은 현대 기호학과 자연스럽게 연결될 수 있으며, 이는 동시에 현대의 언어문학이 걸어가고 있는 방향과 그렇게 멀지 않음을 확인하였다. 제5장에서는 텍스트 형성의 표리 (表裏)를 이루는 응결성 (凝結性)과 응집성 (凝集性)의 문제를 포괄적으로 다루었다. 제6장에서는 미시적 관점에서 텍스트의 생성과 구조를 분석하는 문제를 논의하였다. 제7장에서는 거시적 관점에서 화행론 (話行論)에 기반을 둔 텍스트의 기능과 이를 유형화하는 문제를 건드리면서 한국을 비롯한 고대 동양의 텍스트와 한국의 역대 텍스트를 유형화하는 문제를 다루었다. 제8장에서는 한국의 예와 이제의 대표적인 텍스트를 분석하는 문제를 다루어 책을 마무리하였다. 제9장에서는 책 전체의 내용을 휘갑하고 텍스트 이론의 응용 분야와 그것이 걸어 나가야 할 방향을 제시하였다.

오늘 이 정도의 책자가 나오기까지 지은이는 많은 사람들의 도움을 입었다. 무엇보다도 거친 원고를 읽어 가면서 잘못된 곳을 낱낱이 밝혀 주고 과분한 찬사를 아끼지 않은 익명 (匿名)의 심사 위원에게 고마움을 표한다. 지은이의 주변에서 텍스트 이론이나 민족 문학을 공부하는 박금자, 이희자, 김영욱, 장소원, 고성환, 신지연, 윤석민, 유준필, 박진호 등의 후학들이 원고를 검토하면서 많은 문제점을 지적해 주셨다. 현대 시론을 전공하는 신범순 교수 (서울대)의 조언도 큰 도움이 되었다. 언어 심리학 전공의 조명한 교수 (서울대)와의 의견 교환은 이 책의 골격을 짜는 데 많은 도움을 받았다. 그리고 서승환, 홍석준, 이안구 세 사람은 완성고를 읽으면서 잘못된 곳을 많이 지적하여 주었다. 이 밖에도 지은이는 많은 분들의 도움을 입었다. 이런 분들은 보충 설명에서 방명 (芳名)을 밝혀 두었다. 지난 10여 년 동안 〈국어 화용론〉과 〈한국 텍스트 언어학 특강〉에 참여하면서 도움말을 베풀어 준 서울대학교 인문계 대학원 학생들의 힘도 적지 않았다. 이들은 텍스트 이론의 이론적 바탕을 닦는 데 많은 힘을 덜어 주었다. 그리고 지난 3년 동안 〈한국 문학 작품과 텍스트 분석〉 (교양 강좌)에 참여하면서 질의와 토론에 응해 준 서울대학교 전 계열 학부생들의 도움 또한 적지 않았다. 이들은 텍스트 이론의 실천적 문제의 해결에 공헌한 바 많다.

이 책은 원래 2년 안에 끝내기로 되어 있었다. 외국 이론의 단순한 소개의 단계를 넘어서 한국의 텍스트 자료를 중심으로 한 서술 방식을 택하게 되니 세 갑절 이상의 시간이 소요되었다. 그리고 한국을 비롯한 동양의 텍스트 이론적 사고를 서양의 텍스트 이론과 통합하게 되니 자연히 더딜 수밖에 없었다. 미국과 일본의 텍스트 이론의 연구 동향을 살펴볼 수 있도록 재정적 도움을 주고 독촉의 굴레를 씌워 주지 않은 대우재단 당국에 먼저 고마운 인사를 드린다. 지난 20여 년 동안 지은이를 여러 차례 불러 연구의 기회를 주고 관련 도서를 기증하여 준 훔볼트 재단의 배려도 적지 않았다.

지난 1991년 한국을 방문하여 한국의 텍스트 언어학 발전에 중요한 동기를 마련해 준 바 있고 20여 년 동안 우의 (友誼)를 다지면서 지은이에게 관련 정보를 그때마다 제공하여 주신 하르베크 (R. Harweg) 선생께 마지막으로 고마운 인사를 드리는 바이다.

1999년 5월
지은이 적음

일러두기

1. 이 책은 원래 국어국문학과 대학원 과정의 "한국 텍스트 과학 특강, 한국 텍스트 언어학 특강", "한국 텍스트 분석론", "텍스트와 담화 과학의 이론과 실제" 등의 이름을 붙일 수 있는 교과목 교재로 저술하였으나, 활용하기에 따라서는 어문학부나 전 계열의 "한국 문학 작품과 텍스트 분석", "한국 텍스트 분석 연습", "텍스트 분석의 어문학적 이해" 등의 이름을 붙일 수 있는 교과목의 교재로도 사용할 수 있게 하였다.

2. 주석은 "내용 보충"이란 이름으로 후주 (後註)의 형식을 취하되, 번호를 주는 대신 절 내지 항을 단위로 본문의 내용을 보충·해설하였는데 각 장의 끝에 붙였다. 학부 과정에서는 본문을 중심으로 연습 및 토론 과제를 풀도록 유도하였으며 대학원 과정에 있거나 더 깊이 공부하고자 하는 사람들은 "내용 보충"을 통하여 이론상의 문제점을 점검하도록 하였다.

3. 모든 정보는 '홍길동 (1969)'의 형식으로 표시하고 그에 대한 자세한 서지 사항은 뒤의 참고 문헌에서 찾아볼 수 있게 하였다. 단, 이 책의 논의와 직접 관계가 없는 논저나 자료집의 경우는 "내용 보충"에서 자세한 서지 사항을 베풀고 따로 참고 문헌에 올리지 않았다.

4. 특수 용어나 개념에 대하여는 큰 따옴표 (" ")를, 그렇지 않은 단어나 구절을 인용할 때에는 작은 따옴표 (' ')를 사용하였다. 그리고 저서의 경우는 겹낫표 (『 』)를, 논문이나 이에 준하는 개별 작품은 낫표(「 」)를 붙였다. 그러나 참고 문헌에는 아무런 표시를 하지 않았다. 단행본의 경우는 출

판사가 나와 있고 논문의 경우는 게재지가 명시되어 있기 때문에 구별이 가능하다. 용어 사이에 빗금을 사용한 경우가 더러 있는데 이는 '또는'을 의미한다.

5. 같은 사람의 논문이 뒤에 단행본으로 묶였을 때에는 '홍길동 (1990 / 1996: 23-33)'과 같이 표시하였다. 빗금 앞의 연대는 처음 발표된 논문을, 뒤의 연대는 단행본의 연대와 그 게재 쪽수를 가리킨다. 개정 (改正)이나 보정 (補正)의 경우에도 빗금을 쳐서 인용하였다. 공저 (共著)의 경우 두 사람일 때에는 '김만기 · 김만중'과 같이 가운뎃점을 치고 그 이상일 때에는 '김만중 밖에'라 표시하였다. 번역의 경우는 '트루베츠코이 (F. N. Trubetzkoy) (1939) /이덕호 (역) (1975)'와 같이 먼저 원저자의 한글 전사와 본명 및 출판 연대를 적고 그 옆에 빗금을 쳐서 번역자와 번역 연대를 붙였다. 자세한 서지 사항은 책 끝의 "참고 문헌"에서 밝히되, 원 저서의 발행 연도와 원 서명을 밝히었다. 성명 다음의 독일어 'Hg.'와 영어 'ed.'는 '편'이라는 뜻이다.

6. 참고 문헌에 나오는 인명은 모두 한글로 바꾸어 가나다 순서로 배열하였다. 일본 사람과 서양 사람은 한글로 바꾸어 적되 괄호 안에 원명 (原名)을 적었다. 본문과 "내용 보충"의 경우는 처음 나올 때만 괄호 안에 원명을 적고 다음부터는 한글로만 적음을 원칙으로 하였다. 단, 중국 사람은 우리 한자음을 따라 적었다. 참고 문헌은 2010년까지 나라 안팎에서 나온 것을 최대한 망라하도록 노력하였다.

7. 학회의 기관지나 이름이 있는 학술지는 특별히 발행 기관의 이름을 밝히지 않았다. 그러나 특정한 기관의 논문집은 그 기관의 이름을 밝히었다. 외국의 학술지에 대하여도 대체로 같은 기준을 적용하였다.

차　례

제2판 머리에 / iii
머리말 (초판) / v
일러두기 / x

제 1 장　들어가기

1.1. 텍스트, 텍스트 과학, 텍스트 언어학 1
1.2. 텍스트 과학과 그 기초 학문 및 이웃 학문과의 관계 10
1.2.1. 기초 학문—기호학과 언어학 10
1.2.2. 이웃 학문 11
1.3. 텍스트 과학 연구의 어제와 오늘 15
■ 내용 보충 22
■ 연습 및 토론 과제 31
■ 연구 과제 32

제 2 장　텍스트 과학의 기호학적 근거

2.1. 문제의 제기 35
2.2. 기호학의 흐름과 움직임 36
2.3. 텍스트 과학과 기호학 44
2.4. 주시경의 기호학과 텍스트 과학—"언어문학" 분야의 창출을 위하여 49
2.5. 간추림 52

■ 내용 보충 ······ 54
■ 연구 과제 ······ 59

제 3 장 텍스트 기호론과 통합적 언어문학론의 전개

3.1. 문제의 제기 ······ 61
3.2. 어학과 문학, 그 만남의 발자취 ······ 62
3.3. 일상 언어 기호론과 문학 언어 기호론의 만남 ······ 67
3.4. 통합적 언어문학론의 세움 ······ 73
3.5. 간추림—통합적 언어문학론으로 가는 길 ······ 84
■ 내용 보충 ······ 87
■ 연습 및 토론 과제 ······ 92
■ 연구 과제 ······ 93

제 4 장 텍스트 형성에 있어서 응결성과 응집성의 문제

4.1. 문제의 제기 ······ 95
4.2. 응결성과 텍스트다움 ······ 99
4.2.1. 응결성 장치 (1) ······ 99
4.2.2. 응결성 장치 (2) ······ 111
4.3. 응집성과 텍스트다움 ······ 119
4.4. 응결성과 응집성의 상관관계 ······ 127
4.5. 간추림—박목월의 「나그네」의 응집성과 응결성 ······ 133
■ 내용 보충 ······ 136
■ 연습 및 토론 과제 ······ 143
■ 연구 과제 ······ 144

제 5 장 텍스트의 생성과 구조의 분석

5.1. 문제의 제기 ······ 147
5.2. 텍스트의 생성 문제 ······ 148

5.3. 텍스트의 경계 긋기 ········ 151
5.4. 텍스트 응결성의 주제적 문제 ········ 161
5.4.1. 프라그 학파의 주제부–설명부 개념 ········ 162
5.4.2. 반 데이크의 거시 구조, 서사 구조, 논증 구조의 개념 ········ 167
5.4.3. 텍스트 주제와 주제 전개 ········ 176
5.5. 주제 전개의 기본 모형 ········ 181
5.5.1. 기술형 주제 전개 모형 ········ 181
5.5.2. 설명형 주제 전개 모형 ········ 186
5.5.3. 논증형 주제 전개 모형 ········ 189
■ 내용 보충 ········ 194
■ 연습 및 토론 과제 ········ 201
■ 연구 과제 ········ 203

제 6 장 텍스트의 기능과 텍스트 유형

6.1. 문제의 제기 ········ 205
6.2. 화행 이론과 텍스트의 기본 기능 ········ 206
6.3. 텍스트의 유형화 문제 ········ 217
6.4. 동양과 우리나라의 텍스트 유형화 문제 ········ 222
6.4.1. 중국의 텍스트 유형화 문제 ········ 223
6.4.2. 우리의 옛 한문 문장과 이두, 이문의 유형화 문제 ········ 224
6.4.3. 전통 시대의 한글 텍스트의 유형화 문제 ········ 229
6.4.4. 개화기의 한글 텍스트의 유형화 문제 ········ 233
6.4.5. 일제 강점기의 한글 텍스트의 유형화 문제 ········ 238
6.4.6. 해방 후의 한글 텍스트의 산생 (産生)과 유형화 문제 ········ 244
6.5. 간추림 ········ 252
■ 내용 보충 ········ 254
■ 연습 및 토론 과제 ········ 261
■ 연구 과제 ········ 269

제 7 장 우리 민족 텍스트의 분석 실례

7.1. 문제의 제기 ······ 271
7.2. 현대의 작품 텍스트와 문서 텍스트 ······ 273
7.2.1. 시의 텍스트 분석—한용운의 「님의 침묵」 ······ 273
7.2.2. 소설의 텍스트 분석—최명희의 『혼불』 ······ 279
7.2.3. 수필의 텍스트 분석—이양하의 「나무」 ······ 288
7.2.4. 대중 매체의 텍스트 분석—신문 ······ 293
7.2.5. 광고의 텍스트 분석 ······ 302
7.3. 고전 텍스트 ······ 307
7.3.1. 악장의 텍스트 분석—『용비어천가』와 『월인천강지곡』 ······ 308
7.3.2. 시조의 텍스트 분석 ······ 321
7.3.3. 언해의 텍스트 분석 ······ 326
7.3.4. 번안의 텍스트 분석 ······ 329
■ 내용 보충 ······ 340
■ 연습 및 토론 과제 ······ 347
■ 연구 과제 ······ 348

제 8 장 텍스트의 생산과 수용

8.1. 문제의 제기 ······ 349
8.2. 실용문의 생산과 수용 ······ 352
8.3. 논설문의 생산과 수용 ······ 357
8.4. 논문의 생산과 수용 ······ 360
8.5. 문학 작품의 생산과 수용 ······ 372
8.6. 광고의 생산과 수용 ······ 380
■ 내용 보충 ······ 383
■ 연습 및 토론 과제 ······ 385
■ 연구 과제 ······ 386

제9장 마무리

9.1. 간추림 ······ 389
9.2. 응용 분야 ······ 392
9.3. 내다보기 ······ 396
■ 내용 보충 ······ 400

민족어 요지 / 403
Zusammenfassung (독문 요지) / 405
Abstract (영문 요지) / 407
참고 문헌 / 409
용어 풀이 (glossary) / 437
찾아 보기 / 457

제 1 장　들어가기

1.1. 텍스트, 텍스트 과학, 텍스트 언어학

1960년대 중반 이후 국제 언어 학계, 주로 옛 서독을 중심으로 한 독일어 사용권의 언어 학계에서는 문장의 상위 단위로 텍스트 (Text)를 따로 세워 언어 연구와 문학 연구에 새로운 바람을 불러일으켜 왔다. 지난 30년 동안 이 방면의 연구는 마치 봇물이 터져 논과 밭을 휩쓸듯이, 언어 학계와 문예 학계는 물론, 기호 학계에까지 많은 영향을 미쳐 왔다. 우리나라에도 몇 해 전부터 이런 국제적 움직임에 영향을 받아 텍스트 언어학회와 기호학회가 결성되었으며 어학과 문학을 접합시키기 위한 크고 작은 모임들이 얼굴을 내미는가 하면 기관지가 나오고 해설이나 번역을 통하여 외국의 관련 이론들이 소개되고 있다.

"텍스트"란 도대체 무엇인가? 텍스트를 문장의 상위 단위라고 한다면 그 범위를 어디까지 넓혀야 하는가?

다음과 같은 발화 (發話)를 검토해 보기로 한다.

(1) 도둑이야!

(2) 천릿길도 한 걸음부터.

(3) 비가 온다.

(4) 그러나 다리를 건널 수 없었다.

(5) 도서관에 있었지.

일반적으로 문장 (sentence)이라고 하면 (3)과 같이 주어와 서술어를 갖추어 완결된 생각을 나타내는 말을 가리킨다. 그러나 (1)은 '도둑이야'가 생략된 주어 (이를테면 '저 사람이')의 서술어라고 해야 좋을지, 아니면 그 자체가 완결된 생각을 나타내는 말이라고 해야 할지 결정하기가 쉽지 않다. (1)은 물건을 훔쳐 달아나는 도둑을 보고 이를 알릴 목적으로 소리를 지를 때에 나오는 감탄사 역할을 하고 있다. 전형적인 감탄사 '아!, 오!, 여보!'와 같은 기능을 띠고 있다. '너도 나도 불조심'과 같은 표어도 비슷한 성격을 지니고 있다. (2)는 속담인데 주어가 무엇인지 분명하지 않고 더욱이 서술어는 어디서도 찾을 수 없다. (4)는 무슨 까닭으로 '그러나'와 같은 접속 부사를 사용하였는지 이 말만 가지고는 생각이 완결되었다고 보기가 어렵다. 그 앞에 다른 말을 필요로 한다. (5)도 이 말만 가지고는 주어가 누구인지, 그리고 물음에 대한 대답인지 화자 자신의 독백인지 도무지 가늠할 수 없다.

(4)와 (5)가 완결된 생각을 표시하는 말의 자격을 얻으려면 그 앞에 다음과 같은 말이 와야 한다.

(4′) 사람들은 모두 강가로 몰려들었다.

(5′) 너 어제 어디 갔었니?

(1)부터 (5)까지의 말을 대상으로 할 때, (3)만 문장이 될 수 있고 나머지는 주어를 무엇이라고 꼬집어 내기가 어렵다. (1)은 '도둑이야'라는 한 마디의 발화가 한 단위를 이루고 있고 (2) 역시 완결된 생각을 나타내기에 부족함이 없다. (4)는 (4′)와 어울려야 주어가 누구인지 알 수 있

으며 (5) 역시 (5′)와 같은 묻는 말이 전제되어 있어야만 주어가 무엇인지 알아차릴 수 있다.

(1)~(5)의 모든 발화는 주어와 서술어를 갖추었건 않았건 간에 생각을 나타내는 데 부족함이 없다. 이런 각종의 발화를 합리적으로 설명하려면 문장보다 높은 단위를 세우지 않을 수 없다. 이런 문장 문법의 결함을 극복하기 위하여 "문장"의 상위 단위로서 흔히 "텍스트" (Text)를 세운다. 그렇다면 (1)~(5)의 구조는 대략 다음과 같이 표시할 수 있다. S는 sentence (영어), T는 Text (독일어)의 각 첫머리 글자를 가리키고 e는 생략된 주어, 곧 주어 명사구를 의미한다. 생략된 명사구를 더러 "공범주" (空範疇)라고 한다. 'T' 자를 괄호 안과 밖에 같이 둔 것은 어느 쪽으로 보나 그것이 텍스트임을 분명히 나타낸다는 뜻이다. 앞으로 텍스트는 대괄호로, 문장은 소괄호로 표시한다.

(1) [T 도둑이야!]T

(2) [T 천릿길도 한 걸음부터.]T

(3) [T (S 비가 온다.)S]T

(4) [T (S_1 사람들은 모두 강가로 몰려들었다.)S_1+(S_2 그러나 e 다리를 건널 수 없었다.)S_2]T

(5) [T (S_1 너 어제 어디 갔었니?)S_1+(S_2 e 도서관에 있었지.)S_2]T

(1)과 (2)는 하나의 발화가 그대로 텍스트가 되고 (3)은 하나의 문장이면서 동시에 하나의 텍스트가 된다. (4)는 두 개의 문장이 모여서 하나의 텍스트를 이루고 (5) 역시 마찬가지다. 이렇게 보면 텍스트는 문장을 전제하지 않고도 독립된 문법 단위가 될 수 있고 문장 자체가 그대로 텍스트가 될 수 있는 것도 있으며 두 개나 그 이상의 문장이 모여서 한 텍스트가 될 수도 있다. 다시 말하면 텍스트란 우선 개별 단어와 단어의 모임, 문장과 문장의 모임의 어떤 층위에서도 실현될 수 있는 언어의 실존

양식이라고 말할 수 있다.

현행 우리의 학교 문법에서는 텍스트를 "이야기"라 옮겨 부르고 있지만 문법 단위로서의 "텍스트"가 뜻하는 바와 일치되지 않는 점이 많기 때문에, 우리 학계에서는 국제 학계에서 통용 (通用)되는 "Text" (영어, text)란 말을 그대로 사용하는 일이 많다. 지은이는 "텍스트"를 좁은 뜻으로 사용하였지만 범위를 넓히면 초점 (焦點)을 잡기 어려운 면이 없지 않다. 텍스트는 일상적 용법, 기호학적 용법, 언어학적 용법, 문학적 용법의 네 갈래로 나누어 살펴볼 수 있다.

먼저 텍스트에 대한 일상적 용법을 보기로 한다. 일상적 용법이란 전문성을 띠지 않는 비학문적 이해를 뜻한다.

『국어대사전』(이희승 편, 민중서림, 1982)에는 "텍스트" (text)에 대하여 다음 여섯 가지 뜻을 주고 있다.

(6) "텍스트"에 대한 사전의 뜻매김
  가. 삽화, 도해 등에 대한 인쇄 자구 (字句)
  나. 주석, 번역, 서문 및 부록 등에 대한 본문 또는 원문, 원전 (原典)
  다. 토론, 연설 등에 있어서의 제목 또는 주제, 논제 (論題)
  라. 라디오 등의 강의, 강연 등의 개략, 골자를 기록한 인쇄물
  마. (연극) 각본, 상연 대본
  바. 텍스트북의 준말

대체로 외국어 사전에 풀이되어 있는 뜻풀이와 큰 차이가 없다.

(6가)는 삽화나 그림 등에 붙인 보충 설명을 가리키는 것 같은데 우리에게는 그렇게 흔한 용법이 아니다. (6나)는 번역이나 주석을 달 때 흔히 쓰이는 "본문"을 가리키는데 우리 사회에서 쓰이는 일상적 텍스트는 대체로 이런 뜻으로 사용하는 일이 많다. 이런 점에 근거하여 텍스트 과학을 "본문 언어학"이라 부르는 일도 있다 (뒤에 나옴). (다)와 (라) 역시

(가)와 마찬가지로 보편적인 용법이 아니다. (마)는 연극 용어로서 더러 사용하는 일이 없지 않으나 "대본"이란 말이 더 우세하다. (바)는 교과서란 뜻으로, 특히 외국 어문학자들이나 외국어 교사들 사이에서 주로 쓰인다.

일상적 용법의 텍스트는 위와 같이 여러 가지로 쓰이지만 "본문"의 뜻으로 사용되는 일이 가장 흔하다. 『국어대사전』(이희승 편저)에는 나와 있지 않지만 일상적 용법의 텍스트는 문자로 적혀진 길고 짧은 글을 의미할 때가 많다. 텍스트란 말은 원래 라틴어 'textus'에 기원을 두고 있는데 이 말은 라틴어 동사 'textere' (짜다)에서 파생되었으며 '직물 /조직' (Gewebe)을 뜻한다. 일상적 의미의 텍스트란 이처럼 '직물 /조직'이라는 이 단어의 구체적인 의미로부터 언어 단위들이 하나의 길고 짧은 글의 조직체로 연결되었다는 뜻으로 전이 (轉移)된 것이다.

둘째로 기호학자들은 텍스트를 어떻게 보고 있을까. 포스트모더니스트들 (postmodernists)은 세상의 모든 것을 텍스트로 간주한다. 문학 작품, 뉴스 보도나 신문 기사와 같은 저널리즘, 대중문화 산물, 여인들의 화장과 옷차림 등의 유행, 미술 작품, 민담과 전설 등의 민속 문화 산물, 실내 장식이나 도시 계획 등의 문화적 가공물까지도 텍스트로 간주한다. 문화적 가공물뿐만 아니라 모든 사건을 텍스트로 보고 있다. 이를테면 '임진왜란, 갑오개혁, 삼일 운동'과 같은 사회 현상까지도 텍스트로 간주한다. 문화적 가공물은 생산자의 의도에 의해 산출되었다는 점에서 텍스트로 보는 것에 큰 이의 (異議)를 제기하기 어렵지만 비의도적인 세상의 일까지 모두 텍스트라고 볼 수 있을지 문제가 적지 않다. 이러한 태도는 텍스트를 기호와 동일시하는 견해인데 그렇다면 굳이 텍스트란 단위를 따로 세울 필요가 있을까 하는 생각이 든다.

셋째로 언어학자들은 텍스트를 어떻게 보고 있을까. 여기에는 두 가지 견해가 있다.

앞에서 잠깐 비친 바와 같이, 텍스트를 문장의 바로 위의 단위로 보는 것이 그 첫 번째 견해이다. 전통 문법이나 구조 문법은 물론, 생성 문법은 문장을 언어 분석의 가장 높은 단위로 보아 왔다. 다시 말하면 음운이 모여 음절이 되고 음절이 모여 형태소가 되며 형태소가 모여 단어, 문장이 된다는 평면적 (平面的)이요 정태적 (靜態的)인 설명 방식이 그것이다. 그러나 문장을 문법의 상위 단위로 보게 되면 문장이 연속될 때 나타나는 지시 대상을 설명할 때 부닥치는 어려움이 적지 않다.

(4)와 (5)에서도 문장 중심의 문법이 안고 있는 문제점을 검토해 보았지만 다음 (7)과 같이 지시어가 사용되었을 때, 그런 점을 더 심각하게 느낀다.

(7) 철수는 연필 다섯 자루를 샀다. 그중에서 두 자루는 동생에게 주었다.

(7)의 뒤 문장에 나타나는 '그중'의 '그'는 앞 문장에 나타나는 '연필 다섯 자루'를 가리킨다. '그'의 용법을 알려면 앞 문장에 나타나는 지시 대상과 관련시키지 않으면 안 된다. 이런 문제를 극복하고자 하여 문장 위의 단위로 텍스트를 세워 그 구조를 밝히고자 태어난 것이 초기의 "텍스트 문법" (Textgrammatik)이다. 이는 언어 체계 중심의 텍스트관 (觀)으로서 명제적 (命題的) 견해 (propositionale Auffassung)라 부른다.

한편 1970년대로 접어들면서 언어학의 울타리 밖에 놓여 있던 실용론 (흔히 화용론)이 언어학의 울타리 안으로 편입 (編入)되는, 이른바 통보·실용적 전환 (kommunikativ-pragmatische Wende) (더러 "Pragmatik-Matrix")에 힘입어 텍스트에 대한 시각 (視覺)도 많이 달라졌다. 텍스트를 단순히 문장의 상위 단위로 보는 정태적·평면적 태도에서 벗어나서 텍스트를 "통보적 출현" (kommunikative Okkurenz /occurrence in communication)으로 간주하는 견해가 자리를 잡고 있다. 그것이 앞의 (1)~(5)와 같이, 단어든 문장이든 문장의 연결체든 물음과 대답이든 인간의 통보 행위의 단위가 되면 텍스트가 될 수 있다고 본다.

이를테면 다음과 같은 발화가 있다고 생각해 보자.

(8) 나는 이 책보다 그 책이 더 마음에 든다.

(8)에 나타나는 '이'와 '그'는 앞에서 든 (7)과는 달리 어디에서도 지시 대상을 찾을 수 없다. 이 문장이 사용되는 일정한 상황을 상정하지 않으면 안 된다. 몇 권의 책을 앞에 놓고 두 사람이 이야기를 주고받는 상황을 설정해야만 비로소 지시 대상을 찾을 수 있다. 이러한 텍스트관을 앞의 명제적 견해에 대하여 "동태적 (動態的) 견해" (dynamische Auffassung)라 부른다. 이는 행위 이론 중심의 텍스트관 (觀)으로서 텍스트를 일차적인 단위로 삼아 장, 절, 문단, 단락, 문장, 단어, 형태소, 음절, 음운 등의 하위 단위로 내려가는 접근 방식이다. 앞의 명제적 견해가 공간적인 배열에 그친다면 동태적 견해는 시간적인 굴절 (屈折)을 겪는다는 차이점이 있다. 시간적인 굴절을 겪는다고 함은 시간의 흐름에 따라 텍스트의 성격이 달라진다는 뜻이다.

넷째로 문예학자들은 텍스트를 어떻게 보고 있을까? 앞에서 우리는 기호학자들이 문학 작품을 텍스트로 간주한다는 사실을 확인한 바 있는데 문예학자들은 그 나름의 텍스트관을 지니고 있다. 수용 미학자들은 현상학적 예술 이론에 기대어 작자가 창작해 놓은 인쇄물을 "텍스트" (Text)라 부르고 독자가 읽고 재생해 낸 문학 텍스트를 "작품" (Werke)이라고 하여 생산자 중심의 텍스트와 수용자 중심의 텍스트를 구별한다. 이렇게 텍스트와 작품을 구별하는 것은, 진정한 작품은 수용자를 통해서 그 가치가 발현 (發現)된다고 보기 때문이다. 전통적으로는 생산자 중심의 텍스트에 관심을 두었으나 문예학에서도 언어학의 실용적 전환에 영향을 받아 작품의 개념을 수용자 중심으로 확대하고 있다. 언어학과 문예학이 화용론을 바닥에 깔고 있다는 것은 그것이 텍스트학 (學)

(Textwissenschaft)이라는 새로운 영역의 학문 분과를 성립시킬 수 있는 바탕을 조성하였다고 말할 수 있다.

위의 네 가지 용법을 종합하면 텍스트는 일단 사람이 어떤 의도를 가지고 산출하는 언어적 표현이라고 규정할 수 있다. 음성 형태로 나타나는 발화는 물론, 문자로 적혀진 문학 작품과 문서를 우선적으로 텍스트로 보는 태도를 취한다. 이 밖에도 음성, 음향, 문자, 그림, 사진 등이 어우러져 조화를 이루는 다중 매체도 텍스트로 간주할 수 있으며 최근에는 가상 공간에서 생산되는 하이퍼 텍스트도 텍스트의 범주에 넣는다. 이 책에서는 주로 동태적 견해를 따르되 경우에 따라서는 정태적 견해를 취하는 일도 있다는 것을 덧붙여 둔다. 두 견해가 고유의 영역을 확보하고 있기는 하여도 세부로 들어가면 상보적인 면을 띠는 일이 많다. 동태적 견해를 취해도 미시적인 텍스트 구조에 대한 이해가 뒷받침되어 있지 않으면 거시적 텍스트의 구성과 기능을 올바로 파악할 수 없다고 보기 때문이다. 지은이의 텍스트관은 단순히 밖에서만 들여온 것이 아니다. 전통 시대의 우리 민족의 학자들은 무엇을 텍스트로 간주하였을까.

조선 시대의 성리학자 이 이 (李珥)는 사람의 소리를 “무용지성” (無用之聲)과 “유용지성” (有用之聲)으로 나누되 재채기를 하고 코를 고는 행위는 무용한 것이고 혀를 차고 말하고 웃는 행위는 유용한 것이라고 하였다. 이 이의 ‘성’ (聲)은 기호 일반에 해당하고 이를 다시 “무용” (無用)과 “유용” (有用)으로 가른 것은 의도의 유무에 따른 분류로서 현대 기호학의 자연 기호와 인공 기호에 해당한다. 혀를 차거나 웃는 행위는 언어로 번역할 수 있다는 점에서 텍스트의 범주에 들어온다. 텍스트에 대한 지은이의 정의는 이 이의 유용지성도 바닥에 깔고 있다는 것을 밝혀 둔다 (뒤에 나옴).

텍스트 과학의 발생 초기에는 단순히 문장의 상위 단위로서의 텍스트에 한정하였기 때문에 텍스트 연구를 “텍스트 문법” (Textgrammatik)이라 불렀다. 그러나 이 이론이 실용적 전환에 힘입어 인간의 통보 행위를 텍스트로 간주함에 따라 “텍스트 이론” (Texttheorie) 또는 “텍스트학” (Textwissenschaft)이라 부르는 일이 없지 않았다. 최근에 와서는 그것이 언어학의 한 분과이고 앞으로 언어학이 나가야 할 길이 바로 텍스트의 구조와 기능을 밝히는 길로 이어져야 한다는 인식이 깊어짐에 따라 “텍스트 언어학” (Textlinguistik)이란 말이 자리를 잡고 있으며 현재는 인지과학의 발달에 힘입어 “텍스트 과학”이라 부르는 일도 없지 않다.

텍스트 문법은 텍스트의 범위를 축소시킨다는 점에서 올바른 이름으로 보기가 어렵다. 텍스트학은 문예학을 언어학과의 밀접한 관련 속에서 추구하는 일군 (一群)의 학자들 사이에서 사용되기도 하는데 언어학과 문예학을 접합시킨다는 점에서 좋은 이름이라고 할 수 있으나 우리나라를 비롯한 동양의 경우에는 전적 (典籍)의 형태나 내용을 다루는 “문헌학” (Philologie)이나 “서지학” (書誌學)을 연상할 가능성이 많기도 하고 텍스트의 범위를 일상 언어와 문학 작품에 국한시킨다는 흠이 있다. 또 텍스트 언어학이라고 하면 텍스트의 연구 영역이 언어학에 국한된다는 오해를 불러일으킬 수도 있다.

지은이는 텍스트를 언어학의 대상인 일상 발화뿐만 아니라 문예학의 대상인 문학 작품, 수사학의 대상인 각종 문서, 미디어학 (더러 매체 미학)의 대상인 영상 매체를 분석 대상으로 삼는 관점을 취하기 때문에 “텍스트 과학”이란 이름을 선택하기로 하였다. 그러나 최근의 경향이 텍스트 언어학 쪽으로 자리를 잡는 추세에 있다는 점을 감안하여 “텍스트 과학”을 사용해야 할 경우에 “텍스트 언어학”이란 표현을 쓰는 일도 있을 것임을 덧붙여 둔다.

1.2. 텍스트 과학과 그 기초 학문 및 이웃 학문과의 관계

1.2.1. 기초 학문—기호학과 언어학

앞에서 지은이는 텍스트를 발화, 작품, 문서, 영상 등 인간의 의도적인, 언어로 번역 가능한 문화적인 산출물로 규정하고 이를 연구하는 학문에 대하여 "텍스트 과학"이라는 이름을 붙인 바 있다. 텍스트 과학이 인간의 의도적인 기호인 텍스트를 대상으로 하고 있기 때문에 이는 기호학을 상위 학문으로 떠받치고 있다. 기호학 중에서도 소쉬르적인 구조주의 기호학보다는 실용주의적 내지 행동주의적 기호학과 자연스럽게 연결된다. 이 문제는 다음 장에서 자세히 살펴보기로 한다.

언어학은 기호학과 함께 텍스트 과학의 기초 학문이라고 말할 수 있다. 텍스트 과학이 언어 기호를 주축으로 삼는다는 점에서 그렇게 말할 수 있다. 이를테면 문자·음운·형태·통사·어휘의 측면은 텍스트의 언어적 장치, 곧 응결성 (凝結性) (더러 결속 구조, 표층 결속성) 파악에 절대적 비중을 차지하고 있다. 텍스트 과학은 위로는 기호학을 떠받치고 있고 아래로는 언어학을 바닥에 깔고 있는 것이다. 텍스트 과학이 기호학과 언어학과 맺고 있는 관계를 그림으로 보이면 다음과 같다.

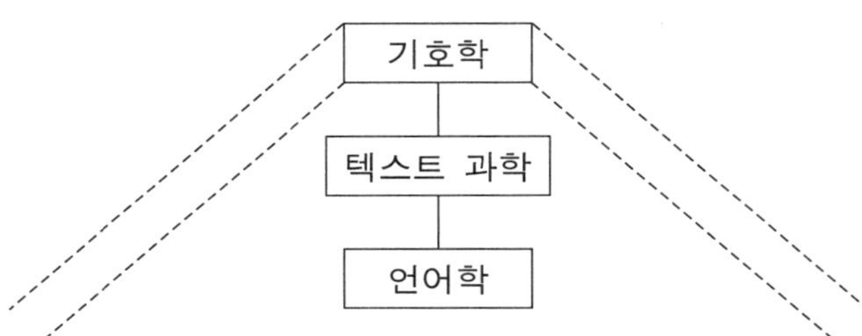

▌그림 1▐

1.2.2. 이웃 학문

한편 텍스트 과학은 인지 과학을 비롯하여 인문 과학 및 사회 과학 등의 여러 분야와도 겹치는 면이 많다. 이를 세 묶음으로 나누어 살펴보기로 하고 마지막으로 실용론과의 관계를 밝혀 보기로 한다.

(1) 인지 과학

인지 과학은 인지 심리학과 컴퓨터학의 관심사가 통합되어 발전한, 비교적 나이가 어린 학문 분과이다. 텍스트는 이런 분야의 여러 주된 관심사 중의 하나에 불과하다. 그사이 인간에 의해 기억되고 회수 (回收)되는 세계 지식을 체계화하는 연구와 의미의 절차적 사용에 관한 연구가 꾸준히 발전되어 왔다. 이를테면 문제 해결 능력, 플랜 작성 능력, 가설의 수립 · 검증 · 수정 능력, 패턴 일치화 능력, 발화체에 대한 처리 용이도 등은 텍스트의 이해에 공헌하는 바가 많다.

(2) 인문 과학 — 문예학, 수사학, 문체론, 서지 · 문헌학, 역사학, 인류학, 종교학, 구비 문학

텍스트 과학은 문학 작품도 대상으로 한다는 점에서 문예학과 겹치기도 한다. 텍스트 과학에 기대어 시, 소설, 희곡 등을 문자 · 음운 · 형태 · 통사의 관점에서 그 구조를 분석하여 응결성을 확인하고 바닥에 깔려 있는 의의 (意義)의 연결망인 응집성 (더러 결속성, 심층 결속성)과 적절하게 관련시킬 수 있다면 문학 작품의 이해와 감상에 크게 기여할 것이다. 응결성이 형식적, 곧 언어학적 결속 장치라면, 응집성은 의미적 결속 장치라고 말할 수 있다. 양자가 원만하게 통합되면 작품의 구조와 주제가 선명하게 드러난다는 점에서 텍스트 과학은 언어학과 문학이라는 두 분과를 이어 주는 다리 역할을 할 수 있으며 잘만 노력하면 "언어문학"이

라는 독자적 분야의 창출을 가능하게 할 수 있다.

텍스트 과학은 문학 작품도 대상으로 하기 때문에 문체론·수사학과도 밀접한 관련을 맺는다. 사실 현대의 텍스트 과학은 고대의 수사학과 그 성립 조건이 비슷하기 때문에 수사학이나 문체론과 겹치는 면이 적지 않다. 텍스트 과학의 응결성 장치는 표현 문체론이나 구조 문체론과 겹치는 면이 많고 응집성 장치는 개인 문체론과 겹치기도 한다. 이는 현대의 텍스트 과학이 고대의 수사학을 현대 언어학과 기호학 및 실용론과 통합시켰기 때문에 생기는 필연적인 결과이다.

텍스트 과학은 "문서"도 대상으로 삼기 때문에 책의 형태적 특성을 다루는 서지학과 밀접한 관련을 맺는다. 책의 모양, 판의 거듭 (초판, 중판), 글자의 크기, 본문과 주석의 배치 방식, 문단의 구분은 텍스트의 응결성 파악에 도움되는 바가 많다. 특히 판의 거듭과 이본 (異本)에 대한 연구는 텍스트 사이의 관계, 곧 간 (間)텍스트성을 파악하는 데 크게 기여한다. 간텍스트성이란 텍스트 상호 간의 관계를 뜻한다. 고문서나 금석문 (비문)에 대한 서지적 특징은 텍스트의 기능과 유형을 파악하는 데 도움되는 바가 많다. 향가와 같은 차자 표기 (借字表記) 작품을 해독하고 고려 가요와 같은 민족 고전 시가를 해석하는 일은 작품의 응집성 파악의 기초가 된다는 점에서 문헌학과의 제휴 (提携)가 필수적이다. 시조, 가사, 고대 소설과 같은 중세 한글 문학이나 근·현대 작품도 이런 작업의 기초 위에 서야만 텍스트의 응집성을 제대로 파악할 수 있다.

역사학에 대한 지식은 간텍스트성을 파악하는 데 필수적인 정보를 제공해 준다. 이를테면 정몽주 (鄭夢周)의「단심가」(丹心歌)와 이방원 (李芳遠)의「하여가」(何如歌)는 고려의 멸망과 조선의 건국을 둘러싼 역사적 사실에 대한 지식 없이는 두 텍스트의 상관관계를 파악하기가 어렵다. 인류학이 텍스트에 대한 통보 행위를 대상으로 삼는다는 점과 관련시키면 텍스트 과학이 인류학, 그 가운데서도 문화 인류학으로부터 얻는 지식도 적지 않을 것이다. 문화권에 따라 텍스트의 형태와 텍스트 종류가 다르다는 사실을 고려하면 텍스트 과학은 인류학과 밀접한 관련을 맺는다. 이를테면 유교 문화권, 불교 문화권, 회교 문화권, 힌두교 문화권, 기독교 문화권의 텍스트는 그 나름의 특수성을 지니고 있다.

우리 민족 사회는 전통적으로 불교 문화와 유교 문화가 갈등을 일으키며 공존해 왔고 근대에 들어와서는 기독교가 들어와 다원적 (多元的)인 종교 문화를 창출하고 있다. 불경은 같은 원전을 놓고 시대와 종파(宗派)에 따라 여러 갈래로 해석과 번역이 시도되어 왔으며 유교 경전 역시 그러하다. 기독교 성서 또한 그사이 몇 차례에 걸쳐 개역 (改譯)이 이루어져 왔다. 이런 점에서 종교학과의 교섭 또한 무시할 수 없다.

신화·전설·민담도 그 자체가 하나의 독립된 문학 작품으로서 텍스트 과학의 연구 대상이 되기 때문에 구비 문학 (민담학)과의 관련 또한 깊다. 러시아 형식주의자들과 프랑스 구조주의자들의 업적이 구비 문학에 근거를 둔 텍스트 분석이다. 더욱이 구비 문학이 하이퍼 텍스트적 성격을 띠고 있다는 사실이 알려지면서 구비 문학과 텍스트 과학의 교섭은 필수적이다.

(3) 사회 과학 — 사회 심리학, 신문학, 언론학, 광고학, 법학, 정치학, 경제학

한 사람의 언어 행위가 다른 사람에게 미치는 태도를 문제 삼는 것이 사회 심리학이라면 텍스트 과학은 사회 심리학과 관계가 밀접하다. 신문학이 텍스트를 생산하여 독자나 시청자에게 일정한 통보 매체를 거쳐 효과적으로 정보를 전달해 주는 데 관심이 있다면 이 방면과의 관계도 소홀히 할 수 없다.

신문 기사나 방송 토론을 분석할 때에는 언론학에 대한 지식이 필수적이다. 광고 텍스트의 의미를 고객이 어떻게 해석하는가 하는 문제를 풀려면 광고학에 대한 지식이 필수적이다.

법률 문서는 그 나름의 텍스트 구조를 지니고 기능을 수행한다는 점에서 텍스트 과학과 법학과의 교섭은 필수적이다. 정치가의 연설, 의회 토론은 텍스트로서 그 나름의 특징을 지니고 있기 때문에 이를 분석하려면 정치학과 접맥되어야 함은 물론이다.

생산, 소비, 서비스가 사회적 상호 작용 속에서 수행된다는 점을 고려하면 텍스트 분석은 경제학과도 관련을 맺는다. 앞에서 말한 광고학도 비슷한 성격을 띠고 있다.

(4) 텍스트 과학과 실용론

텍스트 과학이 기호학의 하위 분과로서 언어학을 바닥에 깔고 인간의 언어적 표현을 연구 대상으로 삼는 학문이라면 실용론은 사람의 마음과 사태 성격의 특수성을 밝히는 학문이라고 할 수 있다. 전자는 심리 실용론, 후자는 사회 실용론이다. 두 실용론이 언어와 관련되어 있다면, 이로써 언어학적 실용론, 곧 화용론 (話用論)이 성립된다. 따라서 텍스트 과학은 실용론과 겹치는 면이 적지 않다. 그러나 그 영역은 독자적이다. 텍스트 과학이 언어학을 바탕으로 하고 있다는 점에서 그러하다.

앞의 설명을 〈그림 1〉과 관련하여 다시 그리면 다음과 같다.

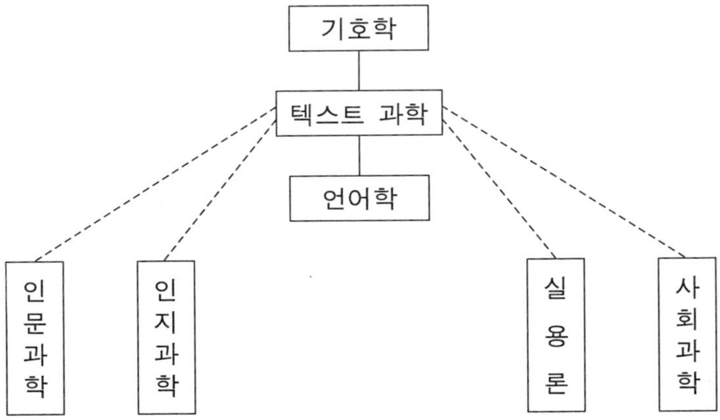

실선은 앞에서 언급한 바와 같이 (10쪽) 텍스트 과학이 위로는 기호학을 떠받치고 있고 아래로는 언어학을 바닥에 깔고 있으며 점선은 텍스트 과학이 이웃 학문과 맺는 관계를 표시한다.

1.3. 텍스트 과학 연구의 어제와 오늘

흔히 텍스트 과학의 뿌리로 거론되는 것은 서양의 고대 수사학을 비롯하여 대체로 세 가지 흐름을 들 수 있다. 가장 먼저 드는 것은 고대 그리스와 로마 시대의 수사학이다. 고대의 수사학은 웅변가의 양성을 목표로 삼았는데 "착상, 배열, 표현, 발표, 기억"으로 구성되어 있었다. 중세의 수사학은 문법 및 논리학과 함께 이른바 3학 (學)에 속해 있었다.

"착상" (inventio)은 적절한 사고 (Idee)의 발견을 가리키는데 현대 수사학의 주제 설정법에 해당한다. "배열" (dispositio)이란 사고의 배치 (配置)를 뜻하는데 서론에서부터 결론에 이르기까지 사고의 내용을 논리적으로 정렬 (整列)하는 것을 가리킨다. 일종의 얼개 [개요] 작성에 비유할 수 있다. 한 수의 시조 (時調)를 지을 때 3장 6구와 같은 시조 문법을 지키거나 한시 (漢詩)를 지을 때 지켜야 하는 기승전결 (起承轉結)과 같은 수칙 (守則)과 같은 것이다. "문체" (elocutio)는 사고의 언어적 표현 행위를 가리키는데 흔히 미사여구법 (美辭麗句法)이라 부른다. 발표 (actio)는 배우가 텍스트를 몸짓이나 낭독 등의 행위로 연기하는 것을 뜻하고 암기 (memoria)는 머릿속에 텍스트를 저장한다는 뜻이다.

착상과 배열은 주제의 발견과 의의 (意義)의 연속성을 문제로 삼는 "응집성" (coherence) (뒤에 나옴)에 해당하고 문체는 의의의 연속성을 뒷받침하는, 여러 가지 언어 표현을 문제 삼는 "응결성" (cohesion) (뒤에 나옴)에 해당한다. 암기는 발표에 앞선다. 연기 (演技)를 하려면 텍스트를 외우고 있어야 한다는 뜻이다. 고대 수사학에서는 암기 행위가 텍스트로 드러나지 않기 때문에 크게 주목하지 않았으나 현대적인 관점에 서면 텍스트의 이해 내지 수용에 해당한다고 할 수 있다. 그리고 발표는 텍스트의 생산에 해당한다 (뒤에 나옴). 이 밖에도 고대의 서양 수사학에는 텍스트 과학의 기초 과학인 기호학, 언어의 실용적 측면을 문제 삼는 화용론, 문학 언어의 문법과 비문학 언어의 문법 등 오늘날 텍스트 과학에서 문제 삼는 대부분의 개념들을 찾을 수 있다.

다음으로 텍스트 과학의 토양 (土壤)이 된 선행 학문은 문체론이다. 문체론 역시 수사학과 같이 서양의 고대 수사학과 연결된다. 로마 시대의 수사학자 퀸틸리안 (Quintilian)은 문체를 구성하는 요소로서 정확성, 명징성 (明澄性), 우아성, 적절성의 넷을 들고 있는데 이들은 정도의 차이는 있지만 현대의 텍스트 과학이 지향하는 바와 직접·간접으로 연결된다. 특히 명징성과 우아성은 텍스트 생산 과정과 여러모로 관련되는 바가 많다. 텍스트 과학이 얼굴을 내밀게 되기까지는 문장 이상의 단위는 사실상 문체론의 몫이었다. 텍스트 과학이 문장 이상의 범위를 넘어서는 명제를 내세우고 있기 때문에 탈문장적인 사항을 다루었던 문체론 역시 텍스트 과학의 선행 분야가 되지 않을 수 없다. 그러니까 텍스트 과학은 고대의 문체론과 현대의 문체론을 모두 기본 유산 (遺産)으로 물려받고 있다고 말할 수 있다.

셋째로 텍스트 과학의 성립에 결정적인 영향을 준 것은 일정한 줄거리를 지니고 있는 이야기, 곧 민담이나 신화와 같은 서사 (敍事, Erzählung) 작품을 구조주의적 방식으로 분석한 러시아 형식주의자들과 프랑스 구조주의자들의 업적이다.

이 밖에도 텍스트 과학의 형성에 직접·간접으로 영향을 미친 선행 연구가 많다. 우선 체코의 프라그 학파의 기능적 문장 시점과 미국의 구조·기술 문법가들의 기여를 들 수 있다.

이상과 같은 역사적 배경을 등에 업고 텍스트 과학이 하나의 독자적인 학문으로 자리매김을 한 주역은 하르트만 (P. Hartmann)을 중심으로 한 옛 서독의 뮌스터 (Münster) 학파였다. 하르트만은 "텍스트는 언어의 원초적 기호이다" (der Text ist das originäres sprachliches Zeichen)라는 명제를 내세우고 많은 역군들을 양성하면서 텍스트 과학의 정립에 공헌하였다. 이러한 기운은 전 서독은 물론, 오스트리아 등지의 독일어 사용권으로 퍼져 나감에 따라 〈텍스트 이론 총서〉가 나오기 시작하는가 하면 네덜란드, 옛 동독, 영국, 체코, 스웨덴, 옛 소련, 프랑스, 덴마크 등의 유럽은 물론, 미주와 일본, 한국, 중국 등지로 파급되어 하나의 독자적인 학문 분과로 자리를 굳혀 오고 있다. 새 천년은 지난 30여 년에 걸쳐 발전되어 온 텍스트 과학이 결산을 하고 새로운 도약을 시도하는 시기라고 할 수 있다. 지난 세기 70년대 중반부터 베를린의 de Gruyter 출판사에서 나오기 시작한 〈텍스트 이론 총서〉가 25권으로서 일단 간행을 멈추었으며 2000년에는 de Gruyter 출판사의 〈언어학과 통보학 편람〉 (Handbücher zur Sprach- und Kommunikationswissenschaft, 줄여서 HSK) 총서 중 권 16이 간행되고 1960년대 중반부터 발전을 거듭해 온 텍스트 언어학과 대화 언어학의 지식 체계를 한 그릇에 담는 성과를 거둠으로써 표준 이론이 정립되었다. 2008년에는 Rhetorik und Stilistik /Rhetoric and Stylistics이 역시 같은 출판사에서 나옴으로써 수사학과 문체론에 관한 성과도 집성되기에 이르렀다.

앞에서 지은이는 현대의 텍스트 과학이 서양의 고대 수사학을 비롯하여 현대의 민담 분석에 근거를 두고 있다고 하였는데 동양의 고전 시학과 훈고학에서도 텍스트 과학의 뿌리를 찾을 수 있다. 중국 남조 때 (5세기 중엽) 유 협 (劉勰)이 지은『문심조룡』(文心雕龍)을 보면 현대의 텍스트 과학과 관련되는 인식을 많이 발견할 수 있다. 훈고학은 이해하기 어려운 언어를 이해하기 쉬운 언어로 해석하는 것을 주된 임무로 삼는다. 풀이의 과정에는 성훈 (聲訓), 형훈 (形訓), 의훈 (義訓), 관경 위훈 (觀境爲訓)의 네 가지 장치가 동원된다. "성훈"은 성음을 근거로 하여 의미를 탐구하는 방법이다. 이를 "인성구의" (因聲求義)라고 한다. "인성구의"라 함은 소리가 같거나 비슷하면 의미가 서로 연관이 있다는 것이다. 음운적 장치가 두 글자를 한 텍스트로 묶게 하는 역할을 한다. 현대의 음운적 응결성 (뒤에 나옴)에 비겨 볼 만하다. 형훈 (形訓)은 글자의 형태를 근거로 하여 의미를 설명하는 방법이다. 상형자는 실물을 그대로 그렸기 때문에 형태만 보고도 뜻을 알 수 있다. 문자의 모양에 유추하여 그 뜻을 파악할 수 있다는 점에서 일종의 문자 응결성 (뒤에 나옴)이라고 할 만하다. "의훈"은 성훈과 형훈의 도움을 받지 않고 직접 의미를 설명하는 방법이다. 비슷한 뜻을 가진 한자를 갖다 대는 방식이다. 오늘날 사전의 뜻풀이인 것이다. 일종의 의미적 등가성에 기댄 응결 장치 (뒤에 나옴)라고 할 수 있다. "관경 위훈"은 언어 환경을 근거로 하여 의미를 찾는 방법이다. 기능적 등가성에 기댄 응결성 장치 (뒤에 나옴)에 비겨 볼 만하다.

앞에서 든 『문심조룡』에는 서양의 고대 수사학처럼 공식화된 언명은 없으나 현대의 텍스트 과학, 수사학, 문체론에서 언급되는 내용을 대부분 망라하고 있다. 우선 "문심"은 내용에 해당하고 "조룡"은 형식에 해당한다. 양자의 조화를 추구하는 곳에서 좋은 문장이 탄생된다고 하였다. 전자가 작가의 정신에 관련된 추상적 측면이라면 후자는 작품과 관련된 현상적 측면이다. 두 개념은 현대 텍스트 과학의 응집성과 응결성에 거의 일치한다고 말할 수 있다. 여기에서는 텍스트 과학에서 말하는 텍스트다움의 판정 기준인 의도성, 정보성, 상황성, 간텍스트성, 용인성에 해당하는 언술 (言述)을 많이 접할 수 있다. 그리고 제례문과 서약문 등 각종 문장의 분류는 텍스트의 기능과 이에 기댄 텍스트의 유형화와 일치하는 부분이 적지 않다. 비평론은 텍스트 수용에 관련되는 내용을 담고 있다.

우리의 고전 시학은 중국의 영향을 받아 고려 때부터 성황을 이루어 근대 이전까지 꾸준히 이어져 내려왔다. 신라의 경문왕은 불법을 듣는 자리에서 『문심조룡』을 읽다가 의문 나는 점이 있으면 승려에게 물었다는 기록이 있다. 『문심조룡』이라면 높은 수준의 문학 이론을 전개한 동양 시학의 고전인데 불교의 승려는 물론이고 왕까지 이 책을 탐독했음을 알 수 있다. 앞에서 우리는 『문심조룡』이 고대 동양의 텍스트 과학을 전개한 문학 이론서라고 하였는데 이렇게 일찍부터 우리 선조들은 텍스트 과학을 전개할 수 있는 바탕을 쌓아 왔다.

우리 나름의 텍스트 과학은 고려 후기에 이르러야 비로소 볼 수 있다. 이인로와 이규보를 중심으로 "신의" (新意) (/設意)를 중시할 것인지, "용사" (用事) (/綴辭)를 중시할 것인지를 둘러싸고 끊임없는 논쟁이 이어졌다. "신의"는 대체로 응집성에, "용사"는 응결성에 해당한다고 할 수 있다. 다시 말하면 내용과 표현의 문제인 것이다. 최 자, 서거정, 이 이, 홍만종, 박지원, 신경준의 시론에 보이는 응집성과 음운적 · 통사적 응결성은 우리 나름의 텍스트 과학 전개에 좋은 밑거름이 될 수 있다. 이들은 대체로 "시화" (詩話)라는 비평 갈래 속에서 다루어져 왔다. 그리고 한문 텍스트를 중심으로 각종 문장을 유형화한 『동문선』 (東文選) 등의 한시문 (漢詩文)의 분류는 텍스트의 기능 파악과 이를 근거로 한 텍스트의 유형화에 새로운 지평을 열어 줄 수 있다. 이러한 작업은 현대의 민족문학 연구에서 논의되는 "갈래 이론"과 밀접한 상관성을 띠고 있다.

근대 이후의 우리의 문법론과 수사학, 문체론에서도 현대의 텍스트 과학과 관련되는 지식 체계를 많이 발견할 수 있다. 개화기의 주시경, 최재학 (崔在學), 안국선 (安國善), 이종린 (李鍾麟), 이태준 (李泰俊), 김기림 (金起林) 등의 수사학 내지 문장 작법에 관한 저술은 현대의 텍스트 과학과 숨을 같이 쉴 수 있는 유산들이다. 우리나라에 텍스트 과학이 처음 얼굴을 보인 것은 1971년 한글학회 50돌 기념행사에 참석한 옛 서독의 저명한 언어학자인 튀빙엔 대학의 코세리우 (E. Coseriu) 교수에 의해서였다. 그는 위의 행사에서 텍스트 언어학을 구조 · 기능 문법 언어학, 변형 · 생성 언어학과 비교하여 그 이론적 우위성을 선양한 바 있다.

1980년대로 접어들면서는 우리나라에 텍스트 과학이 서서히 유입되기 시작하였으며 1991년에는 표준 텍스트 이론의 창시자인 옛 서독 보훔 대학의 하르베크 교수의 방한이 계기가 되어 한국텍스트언어학회가 창립되어 기관지가 간행되기 시작하였다. 이를 계기로 하여 하르베크, 브링커 (K. Brinker), 파터 (H. Vater), 코세리우, 반 데이크 (van Dijk), 보그랑드 (B. E. Beaugrande), 드레슬러 (W. Dressler)의 이론과 저술이 소개·번역되었으며 이를 발판으로 삼아 지은이는 우리말에 근거한 "텍스트 이론"을 전개하기도 하였다. 대학에서는 학부에 〈한국 문학 작품과 텍스트 분석〉이라는 교양 강좌를 설치하여 텍스트 과학을 문학 작품의 분석에 응용하는 기운이 확산되는가 하면 대학원 과정에서는 〈한국 텍스트 과학 특강〉을 설강하여 텍스트 과학이 정규 교과목으로 등록되기에 이르렀다. 이러한 제도적인 뒷받침에 힘입어 텍스트 과학을 배경으로 한 석사 논문과 박사 논문이 줄을 잇고 있어 새천년의 인문 과학을 주도(主導)하지 않겠는가 하는 느낌마저 든다. 더욱이 한국텍스트언어학회에서는 한 해에 두 번씩 학술 대회를 열고 〈텍스트 언어학 총서〉를 간행하는 등 텍스트 과학의 보급과 토착화에 노력을 기울이고 있다. 북한과 중국 연변 자치주에서도 텍스트 과학에 대한 관심이 일고 있다. 북한에서는 텍스트 과학을 "본문 언어학"이라 부르고 중국 조선족 사회에서는 "화어 언어학"이라 불러 관련 업적을 내고 있다.

현재 텍스트 과학과 관계된 국제 학술지는 *TEXT* (1980년 창간), *DISCOURSE PROCESSES* (1978년 창간)의 두 종류가 있다. *TEXT*의 편집 대표 반 데이크는 *TEXT* 창간 10주년을 맞아 지난 10년을 돌이켜 보고 앞으로 10년을 내다보면서 편집진을 비롯한 관련 학자들의 소감을 실은 특집호를 펴냈다. 그는 이 자리에서 텍스트 연구가 20세기 마지막 10년 동안 매력 있는 연구 분야가 되리라고 전망하고 *TEXT*가 인문 과학과 사회 과학에서 지도적인 역할을 계속할 것을 다짐하였다. 1970년대 이후의 지배적 경향은 이전의 명제적 견해를 바닥에 깐 동태적 견해를 지향하는 이른바 통합적 텍스트 과학의 방면으로 자리를 굳히고 있다는 사실이다. 한편 1990년대로 접어들면서 인지와 통보 행위 (커뮤니케이션)가 텍스트에 의하여 구조적으로 접속된다는 구성주의 언어학이 대두하여 텍스트 과학의 연구에 새로운 지평이 열리고 있으며 특히 언어학과 문예학의 통합에 새로운 가능성이 예측되고 있다.

우리가 걸어 나가야 할 궁극적인 길은 이상과 같은 나라 안팎의 텍스트 연구의 흐름과 움직임에 민감 (敏感)하게 대처하면서 우리나라를 비롯한 동양의 텍스트 자료를 중심으로 우리 나름의 텍스트 과학을 정립하는 일이다. 이를 위하여는 외국의 텍스트 과학을 부지런히 수용하여 우리나라를 비롯한 동양의 전통적인 텍스트 과학적 발상과 접합시키는 일을 게을리해서는 안 된다. 우리의 텍스트 과학의 정립이 언제 이루어질지 확언할 수 없지만 그러한 목표를 세우고 작업에 임할 필요가 있다. 지은이의 이 책도 그러한 문으로 들어간다는 심정으로 우리의 학문적인 유산을 바닥에 깔고 관련 학문, 특히 문예학과의 긴밀한 상관관계를 유지하며 바깥의 흐름과 움직임을 외면하지 않는다는 태도를 지니고자 한다.

내용 보충

1.1. 텍스트, 텍스트 과학, 텍스트 언어학

지은이가 이곳에서 사용하는 "발화"는 특별한 뜻이 있는 것이 아니다. 음성 형식을 빌려 도막도막 떨어져 나오는 한 덩어리의 말을 가리킨다.

"문장"에 대하여 지금까지 많은 정의를 내리기는 하였지만 모든 언어 자료에 통용되는 정의는 나와 있지 않다. 문자 언어에서는 마침표를 기준으로 하여 문장의 경계를 삼을 수 있으나 음성 언어의 경우에는 그 경계를 잡기가 매우 어렵다. 또 표어나, 시와 같은 문학 작품의 경우는 구두점을 사용하지 않기 때문에 문장 부호를 기준으로 문장의 경계를 정한다는 것은 현실적으로 어려움이 한두 가지가 아니다. 이런 점을 감안하여 텍스트를 분석할 때 "문장"이란 말 대신에 "텍스트 분절문" (Textsegment) 또는 "분절문" (Segment)을 사용하는 일도 없지 않다 (브링커 1992 /이성만 역 1994: 16-7). 그러나 이 책에서는 주어와 서술어를 갖추고 있으면 그것이 전통적인 의미의 절이라 하더라도 문장으로 간주함을 원칙으로 하고 서술어만 나타나는 경우는 주어가 생략된 것으로 보아 역시 문장으로 간주한다. 지은이가 (1)에서 든 '도둑이야!'와 같은 경우, 주어가 생략되었다고 보는 일이 없지 않으나 지은이는 그 자체가 하나의 감탄사처럼 익어진 텍스트로 간주하는 태도를 취한다.

현대에 국제적으로 널리 사용되고 있는 "텍스트"란 말은 중국 고대나 우리나라의 중세에 쓰인 "문 (文), 문장 (文章), 문학 (文學)"이라는 말에 대응시킬 수 있다. "문, 문학"이라는 말은 중국 고대의 선진 (先秦) 시대에 처음으로 나왔다. 당시의 개념은 범위가 매우 넓어서 문화 (文化)와 전적 (典籍) 모두를 포괄하였다. 양한 (兩漢) 시대에 이르러 '문학'과 '문장'이 구별되어 전자는 유학 및 그 밖의 학술 저작을 가리키고 "문장"은 시 (詩)와 사부 (辭賦)를 가리켰다 (진필상 1986 /심경호 역 1995: 1). 우리 민족의 "문"이나 "문학, 문장"도 대체로 이런 테두리에서 벗어나지 않았다. 조선조 후기의 실학자 최한기 (崔漢綺)에 와서 현대의 텍스트에 근접하는 사고의 전환을 볼 수 있을 따름이다. 최한기는 "문장, 문자, 언어 문자"란 말을 사용하였다. "문장"은 창작된 텍스트를 가리키는데 과거 시험에서 요구하는 말로서 요즈음의 논술문에 해당한다. "문자"는 고전 문장을 가리킨다. "언어 문자"는 입말과 글말을 통칭 (通稱)하는 뜻으로 사용되었다. 최한기는 이전에 비하여 현대적인 텍스트에 많이 접근하였다고 볼 수 있다. 관련 논의는 진필상

(1986) /심경호 (역) (1995: 1), 조동일 (1996: 435-68), 고영근 (1998c)를 보라.

우리의 전통 문법에서는 문장의 상위 단위로서의 텍스트를 "미, 글, 글월, 문장"이라 불러 왔다. 이런 경우는 모두 문자로 적힌 텍스트만을 가리킨다. 현행 학교 문법에서는 "이야기"라는 말을 사용하고 있다 (고영근 1990b /2004a: 268, 서울대학교 국어교육연구소 1996, 남기심 · 고영근 2011: 407). 그것은 우리나라에서 사용되는 "이야기"라는 말 속에는 "일정한 줄거리로 하는 말이나 글"의 의미가 들어 있음을 고려하였기 때문이다. 이성만 (1993d)에서는 상위의 통합적 텍스트 개념을 "화문" (話文), 구두적 텍스트를 "말문, 대화 /담화", 문자적 텍스트를 "글문"으로 번역할 수 있다는 대안 (代案)을 제시하기는 하였으나 조어 과정에서 고유어와 한자어가 섞이는 등 문제점이 많아 보인다. 이희자 (1994)에서는 인간의 언어 행위의 이론적 구조물로서의 "텍스트"를 상위에 두고 그 밑에 상황과 결부되어 쓰이는 입말로 표현된 의사소통 단위체를 "이야기" 또는 "담화" (Diskurs, discourse)라 부르고 상황과 유리된 상태의 문자로 표현된 의사소통 단위체를 "글"이라 불렀다. 곧 입말과 글말의 텍스트에 대하여 다른 이름을 준 것이다. 문자로 적혔다고 해서 상황과 유리되었다고 보기가 어려우며 최근에는 입말과 글말을 구별하지 않고 모두 텍스트라는 이름 아래 포괄한다는 점을 고려하면 이런 구분이 어느 정도 의의가 있을지 모르겠다. 더구나 상위에도 "텍스트"란 말을 사용하고 하위에도 "텍스트"란 말을 갖다 댄 것은, 그것이 민족어로는 설사 "글"이라 부른다고 하더라도, 분류의 원칙에 맞지 않는 또 하나의 문제점이 있다. 최근 이정모 · 이재호 (편) (1998: 79)에서는 "discourse /Text"를 "덩이글말"로 옮기고 이를 줄여 "덩이글" (글의 측면을 강조할 때)로 부르자고 제안한 일이 있다. 고유어에 특정한 개념을 주어 용어화하였다는 긍정적 측면이 없지 않으나 "글"과 "말"을 접미하여야 한다는 번거로움이 있다.

우리의 고전 작품에는 현대의 텍스트와 비슷한 뜻으로 사용된 "마당"이란 말이 보인다. "판소리 열두 마당"에 나오는 "마당"이 그것이다. "마당"이란 원래 놀이 하는 장소였는데 원래의 뜻에 변화를 주어 놀이 한 편을 가리키게 되었다. 이를테면 『심청가』, 『춘향가』 등이 각각 한 마당이다. 조동일 (2005c: 585)에 이런 풀이가 보인다. 이 경우의 "마당"은 그 자체로서 완결된 작품을 뜻하기 때문에 텍스트란 뜻으로 사용할 수 있다. 그러나 이 경우의 "마당"이 발화, 문서까지 포괄할 수 있을지 매우 의심스럽다.

한편 북한에서는 텍스트를 "본문"이라 부른다 (문영호 밖에 1993: 242-62, 전

병선 1995: 5-9). 그러나 이 용어는 글로 적힌 텍스트만 가리킬 가능성이 많다. 전병선은 중국의 조선어학자인데 전병선 (1991)에서는 "화어 언어학"이라고 하여 텍스트를 "화어" (話語)라 불렀다. 이는 텍스트의 중국어 번역을 그대로 가져온 것이다. 이 밖에 중국에서는 "편장" (篇章), "화편" (話篇) 등으로 번역하기도 한다. 그러나 중국의 텍스트 언어학과 관계된 대부분의 번역물에는 텍스트를 "화어"라 부른다 (전병선 1995의 참고 문헌을 보라). 일본에서는 "Text"를 "テクット"라 불러 원어 (原語)를 그대로 사용하고 있다 (H. Weinrich, *Sprache in Texten*, 紀伊國屋書店 발행 번역본, 1984를 보라). 텍스트의 개념과 용법에 대한 전반적 논의는 고영근 (1990a, 1990b /2004a: 270)에서 볼 수 있다.

이상과 같은 나라 안팎의 움직임을 고려할 때, "Text"를 우리말로 옮길 때에는 "이야기"라는 말이 가장 적합하다. 그러나 이는 중등학교 이하의 학생을 상대로 할 때 쓸 수 있는 말이지, 학술적인 논의를 전개할 때에는 국제 학계에서 통용되는 "Text /text"를 소리대로 적은 "텍스트"가 가장 무난하다고 생각한다.

텍스트를 "통보적 출현" (kommunikative Okkurenz)이라고 하는 것은 보그랑드・드레슬러 (1981: 3)에서 가져왔다. 한편 영어로는 보그랑드 (1980: xi)에서 "occurrence in communication"이라 표현하였다. 텍스트에 대한 최근의 정의로서 볼 만한 것은 모쉬・라이스・로젠그렌 (1990)이다. 이곳에서는 텍스트를 하나의 언어적 행위, 곧 동태적 단위 (dynamische Größe)로 정의하고 있다. 이러한 견해는 로젠그렌이 주도하여 개최한 룬트 심포지엄 (Lunder Symposium)의 보고서 "Sprache und Pragmatik" (1978, 1980, 1982)를 통하여 꾸준히 집적 (集積)된 동태적 견해를 거두어들인 것으로 보인다. 이러한 흐름과 움직임은 지은이가 지향하는 동태적 견해와 부합하는 정의이다. 문장과 텍스트의 상관적 대비는 뮐러 (B. L. Müller) (1985: 176-83)에 자세히 나와 있다. 1970년대까지 연구된 텍스트의 개념에 대하여는 고영근 (1990a)에서 이젠베르크 (H. Isenberg)의 견해를 정리한 것이 있는데 이를 다시 다듬어 옮기면 다음 표 (25쪽)와 같다. 이 과정에서 서울대학교 독문학과 강창우 교수가 협조하였음을 밝혀 둔다.

한편 이성만 (1996c)에는 텍스트 과학의 발전 초기부터 현재에 이르기까지 텍스트 개념의 변모 양상이 잘 정리되어 있다. 그리고 서정철 (1998)에는 소쉬르 (F. de Saussure), 옐름슬레우 (L. Hjelmslew), 그레마스 (A. J. Greimas), 바르트 (R. Barthes)에 이르는 프랑스의 기호학과 텍스트 연구의 흐름이 잘 정리되어 있다.

명제적 견해 (propositionle Auffassung)와 동태적 견해 (dynamische Auffassung)

문　장	텍스트
1. 문장의 실현은 완결된 언어 행위임. 이를 "문장 발화 행위" (diktive Handlung)라 부름 2. 문장 발화 행위가 되지 못하는 언어 행위가 있음. 다시 말하면 모든 언어 행위가 문장의 내부에서 실현되지는 않음 3. 문장 발화 행위의 내부에는 표면 요소의 순차적 구성에 대하여 독립된 전제 기반을 가진 부분 행위의 어떤 시간적인 연쇄도 대응하지 않음 4. 문장 발화 행위의 실현을 위한 전제 기반은 논리적으로 일관성이 있어야 함. 사태를 문장으로 언어화하는 것을 결정하는 전제의 집합 가운데에는 모순이 나타나서는 안 됨 5. 통보적 완결성은 문장 발화 행위의 적정 조건에 들지 않음. 이는 문장이란 문장의 언어적 맥락에 기대어 실현되는 전달 의도를 포함한다는 것을 뜻함 6. 문장의 구성은 문법 규칙을 따름. 문법 규칙은 통보 관련의 텍스트 특성과 문장의 의미 구조를 논리적 일관성의 조건 아래에서 통사적·음운적 표면 구조와 관련시킴	1. 다문장 텍스트 (Mehr-Satz-Text)의 실현은 문장의 실현과 같은 뜻의 완결된 언어 행위가 아님. 이를 문장 행위 발화의 연속체라 부름 2. 다문장 텍스트에는 비문장 발화 행위가 실현되는 일이 있음. 공대를 하다가 친밀해지면 해라를 하는 예가 그러함 3. 텍스트의 내부에는 표면적인 순차 구성, 곧 문장 발화 행위의 연속체는 독립적 전제 기반을 가진 행위의 시간적 연쇄로 볼 수 있음 4. 텍스트 안의 다양한 문장 발화 행위의 전제 사이에는 일정한 조건에서는 모순이 일어날 수 있음. 이미 말한 것을 부정하는 경우와 같은 특정한 통보 조건이 주어져 있을 때에 다문장 텍스트 내부에서는 동일한 사태와 관련하여 텍스트가 일관성이 없어지거나 비수용적이 됨이 없이 서로 다른 문장 속에서 모순이 일어날 수 있음 5. 텍스트는 텍스트 밖에서 실현되는, 문장에서 실현되는 것과 같은 의미의 전달 의도를 포함할 수 없음. 통보적 완결성은 텍스트의 적정 조건에 들 수 있음 6. 텍스트 내부에 있어서 언어적 행위의 시간적 연속에 대하여는 개별 문장에 적용되는 논리적 일관성 조건과는 동일하지 않은 일관성 조건이 있음. 다시 말하면 다문장 텍스트의 문장 발화 행위의 연속적 결합은 문법 규칙과는 본질적으로 다른 원리를 따름

는 이젠베르크 (1977)에서 가져왔다. 후자를 피베거 (D. Viehweger) (1979)에서는 "행위 이론적 (handlungstheoretisch) 견해"라 부르기도 하나 개념상의 차이가 없다. 브링커 (1992) /이성만 (역) (1994: 6-10)에서는 "언어 체계 지향적"과 "통보 체계 지향적"으로 부르기도 한다. 요컨대 체계를 중시하느냐 기능을 중시하느냐에 따라 견해가 달라진다. 이곳의 동태적 견해는 해체주의의 기수인 데리다 (J. Derrida)의 "텍스트" (texte)와 비슷한 면이 없지 않으나 그 취향이 다르다. 데리다의 텍스트에 대하여는 김형효 (1993a: 15-28)을 보라.

텍스트 언어학 전반에 대한 입문적 소개는 칼페어켐퍼 (H. Kalverkämper) (Hg.) (1981)에서 볼 수 있고 헬비히 (G. Helbig) (1986: 158-75)에서는 주로 동독에서 이루어진 성과가 잘 정리되어 있다. 국내의 텍스트 과학 관련의 번역서에서도 텍스트 정의에 대한 많은 정보를 얻을 수 있다. 브링커 (1992) /이성만 (역) (1994: 2장), 파터 (1994) /이성만 (역) (1995: 1장), 보그랑드 · 드레슬러 (1981) /김태옥 · 이현호 (역) (1991 /1995), 링케 (A. Linke) 밖에 (1994)에서도 기초 개념을 얻을 수 있다.

국제 학계에서는 "Text"와 "discourse"를 섞어 쓰는 일도 없지 않다. 전자는 대체로 전 유럽에서, 후자는 미주에서 선호하는 경향이 농후 (濃厚)하다. 그러나 전자는 후자보다 영역이 넓으며 방법론 또한 다른 점이 많다. 고영근 (1990ab)에서 비타콜로나 (L. Vitacolona)의 소론 (所論)을 중심으로 양자의 관계를 논의한 일이 있다. 스터브스 (1983) /송영주 (역) (1993: 27)에서도 두 개념의 차이점이 언급되어 있다. 보그랑드 (1997a: 10, 21)에서는 텍스트를 "통보적 사건" (communikative event)으로, 담화 (discourse)를 "서로 연결된 텍스트의 집합"으로 보고 있다. 오히려 전 유럽의 관용적 용법과 상반된다는 느낌이 든다.

"Kommunikation /communication"은 더러 "통화 (通話), 의사소통 (意思疏通), 소통 (疏通)" 등으로 번역하는 일이 있고 어떤 사람은 "커뮤니케이션"이란 원어를 그대로 사용하는 일이 없지 않으나 지은이는 "통보" (通報)로 옮겨 부르되 특별한 경우에는 "통보 행위" (通報行爲), "통보 상황" (通報狀況)이라 번역하는 태도를 취해 왔으며 학계의 일부에서는 벌써부터 이 말을 사용하고 있다. "통보"가 사전에는 "통지하여 보고하다"로 되어 있으나 "정보를 알리다"는 의미도 줄 수 있으므로 무리는 아니라고 생각한다. "통화"는 "전화 통화"를 연상할 우려가 많고 "의사소통"은 적절한 번역어로 여겨지나 다른 말과의 합성 등을 고려할 때 너무 길며 "소통"은 원어의 개념이 잘 연상 (聯想)되지 않는 결함이 있다.

텍스트의 일상적 (비학문적) 용법은 파터 (1994) /이성만 (역) (1995: 2-7)에, 기호학자들의 텍스트에 대한 견해는 김경용 (1994: 173-6)에 자세히 나와 있다. 텍스트에 대한 명제적 견해와 동태적 견해는 고영근 (1990ab)에서 자세히 다루었다. 문예학에서 사용되는 텍스트 개념에 대하여는 차봉희 (1985: 서문), 허창운 (1989: 294)에 자세히 나와 있다. 텍스트 사회학에서 말하는 텍스트의 개념은 지마 (1980) /허창운 (역) (1991: 89-113), 지마 (1989) /허창운 · 김태환 (역) (1996: 353-409)에서 볼 수 있다. 지마는 사회 현상 자체를 텍스트로 간주한다. 지은이가 지향하는 텍스트 개념보다 그 내포가 매우 넓다. 언어학과 문예학을 통합하여 텍스트학을 세우는 문제는 플레트 (1975)에서 자세한 정보를 얻을 수 있고, 허창운 (1989: 329)를 통하여 그 개략을 볼 수 있다.

텍스트를 인간의 의도적인 언어 표현이나 언어로 번역 가능한 기호로 정의한다고 할 때, 텍스트 과학의 분석 대상에는 한 마디의 발화로부터 복합 발화를 거쳐, 단락, 문단, 한 편의 길고 짧은 문학 작품, 교통 표지, 그림을 동반한 각종 광고와 만화 /만평 등이 포함된다. 교통 표지는 언어로 번역할 수 있다는 점에서 텍스트로 보아도 큰 문제가 없다. 붉은 삼각형의 가운데 왼쪽 화살표가 있는 표지는 좌로 굽은 도로라고 누구든지 언어로 표현할 수 있다. 문제는 그림이나 조각 등의 미술 작품, 예술 사진, 악보 등을 텍스트의 범주에 넣을 수 있을지가 문제가 된다. 이들은 색채, 돌이나 쇠, 소리를 통하여 형상화된다는 점에서 텍스트의 범위에서 제외된다. 그러나 이들도 언어로 해석할 수 있다는 점에서 텍스트의 범위에 넣을 수 있다는 견해를 내세우기도 한다. 지은이는 이런 것은 문화 기호의 범주에 넣는 것이 좋다고 생각한다. 텍스트를 기호의 한 하위 단위로 보게 되면 하품, 재채기 같은 인간의 무의도적인 징후는 텍스트의 범주에 들 수 없다. 이는 화산 폭발 전의 연기, 저녁밥 지을 무렵 굴뚝에서 나는 연기, 동물의 울음소리와 같은 단순한 기호에 지나지 않는다고 본다. 지은이는 기호 체계를 다음과 같이 세우고 텍스트를 그 하위 개념으로 보는 관점을 취한다.

기호 체계
- A. 비인간 (동물이나 자연)에 의해 생산되는 기호
  - 1. 동물 기호 — 짐승의 울음소리
  - 2. 자연 기호 (징후) — 화산 연기, 저녁 연기, 검은 구름
- B. 인간에 의해 생산되는 기호
  - 1. 무의도적인 인간의 기호 — 재채기, 하품
  - 2. 의도적이되 언어 밖의 매체에 기댄 기호 — 그림, 사진, 악보
  - 3. 의도적인 언어 기호나 그에 준하는 기호 — 텍스트

여기에서 문인화나 민화와 같이 글씨를 동반한 그림을 어떻게 처리할 것인가 하는 문제가 대두된다. 이를테면 김정희의 〈세한도〉(歲寒圖)에는 그림과 더불어 그림의 내용을 해설한 발문 (跋文)이 붙어 있다. 이런 경우는 목적이 그림을 그리는 데 있기 때문에 완전한 텍스트로 보기는 어려워 보인다. 문자는 그림의 종속물이기 때문이다. 문화 기호론자들은 자연 기호라도 수용자와 관련된 해석을 가하였다면 문화 기호로 보기도 한다. 송효섭 (1997: 29)에서는 찌푸린 날씨를 보고 비

가 올 것이라고 해석하는 것은 문화적 기호 해석이라 할 수 없다고 하였다. 이는 A2에 해당한다. 그러나 그것이 수용자가 처해 있는 상황, 기분, 태도 등에 따라 '날씨가 꼭 내 마음 같군'과 같이 해석하였다면 이는 문화 기호로 볼 수 있다고 하였다. 문화 기호론은 B2에 해당한다. 자연 기호뿐만 아니라 동물 기호도 생산자인 인간과 관련하여 해석을 가하였다면 문화 기호가 될 수 있다. 이를테면 어미를 찾는 송아지의 울음소리를 듣고 어렸을 때 돌아가신 어머니를 생각하였다면 그 소리는 문화 기호로 해석할 수 있다.

지은이는 일상 발화, 문학 작품, 문서 밖에 다중 매체에 의해 생산되는 영상(映像)도 텍스트로 보는 관점을 취하였다. 다중 매체는 문자, 도형, 음성, 음향, 음악, 정지 화상과 동 (動) 화상 등의 모든 데이터를 디지털 신호로 통합 · 처리하고 전달하는 매체이다. 다중 매체뿐만 아니라 컴퓨터의 화면에 제공되는 영상도 텍스트의 범주에 넣을 수 있다. 다른 다중 매체가 생산자에 의하여 일방향적으로 생산되는 영상임에 대하여 컴퓨터는 시뮬라시옹에 의하여 컴퓨터 조작자가 수용자가 되기도 하고 생산자가 되어 새로운 텍스트를 가공하기도 한다. 이 방면에 대한 정보는 강상현 · 채 백 (편) (1996), 김성재 밖에 (1998)을 보라.

지은이는 정태적 견해와 동태적 견해가 결코 배타적이지 않음을 표방하면서 양자의 통합적 서술을 지향하였다. 이러한 움직임은 이성만 (1992a)에서도 접할 수 있다. 이성만은 "텍스트로서의 언어" (Sprache als Text)라는 관점을 취하면서 명제적 견해를 동태적 견해에 통합시켜 텍스트를 "통보 단위"로 간주하였다. 1970년대 이후의 텍스트 연구의 흐름을 반영한 견해로 보인다.

이 이 (李珥)의 텍스트관에 대하여는 조동일 (1978: 158-9, 1996: 191)을 보라. 조동일은 이 이의 "유용지성"과 "무용지성"을 문학과 비문학의 개념으로 파악하였다. 그러나 여기에서의 "성" (聲)은 먼저 기호의 하나로 보아야 하고 "유용"과 "무용"의 구분은 인공 기호와 자연 기호의 구분에 해당하는 것으로 파악하는 것이 좋다. 조동일이 규정하는 "문학"의 개념은 넓은 의미의 문학, 곧 현대적인 의미의 텍스트로 이해된다. 그리고 이 이는 "聲"을 다시 몇 단계로 하위 구분하였는데 이는 텍스트의 정도성과 관련된다. 뒤에서 다시 논의하기로 한다.

"텍스트 이론" (Texttheorie)과 "텍스트학" (Textwissenschaft)은 1970년대에 서독 학계에서 많이 사용되었다. 문예학자인 슈미트는 *Texttheorie* (1976)에서 언어적 통보 행위로서의 언어학을 세우는 관점에서 "텍스트 이론"을 세웠고 쿰머 (W. Kummer)는 *Grundlagen der Texttheorie* (1975)에서 심리학, 논리학, 철학에서 출발하여 사회적 행위로서의 언어 활동의 양상을 다루면서 "텍스트 이론"이란 말을 사용하였다. 그리고 오늘날에는 "텍스트 언어학"의 과제를 다루는 마당에서도 1970년대에는 이 말을 쓰는 것이 한 유행처럼 되어 있었다. 대표적으로 〈*Studien zur Texttheorie und zur deutschen Grammatik*〉 (1973)이 그것이다. 1977년부터 베를린의 그뤼터 (Gruyter) 출판사에서 내는 〈텍스트 이론 총서〉의 이름이 "Research in Texttheory /Untersuchungen zur Texttheorie"로 되어 있는 것도 당시의 한 움직임을 반영한다. "텍스트학"은 문예학과 언어학을 연계시키는 플레트의 *Textwissenschaft und Textanalyse* (1975)에서도 볼 수 있다. 반 데이크 (van Dijk)의 텍스트학 (Textwisssenschaft)은 이와는 좀 다르다 [정시호 1995의 번역본에서는 '반 다이크'로 표기되어 있지마는 2001년의 2판에는 '반 데이크'로 표기되어 있다. 반 데이크의 텍스트학은 언어학, 문예학, 심리학, 법학, 신학, 역사학을 거느리고 있고 언어학에는 다시 텍스트 문법과 텍스트 화용론이 있으며 텍스트 문법에는 다시 텍스트 통사론과 텍스트 의미론을 두었다 (정시호 1998)]. 한편 보그랑드 (1997: 1)에서는 "담화를 통하여 지식과 사회에 대한 자유로운 접근"을 뒷받침할 목적으로 "텍스트와 담화 과학" (science of text and discourse)이란 이름을 붙여 텍스트 과학의 새로운 정초 (定礎)를 마련하였다. 지은이의 "텍스트 과학"도 보그랑드의 위의 용어의 영향을 받았다.

지은이가 이 책의 이름을 "텍스트 과학"이라고 부른 것은, 주로 그것이 어학과 문학의 언저리를 넘나들면서 동시에 인간의 의도적인 언어 활동까지 텍스트로 보는 관점을 취하였기 때문이다. "텍스트 과학"이라는 말을 쓰게 되면 도서 분류상의 어려움에 부닥치는 점이 없지 않으나 인지 과학, 기호학 등의 신종 학문이 나타나는 움직임을 감안하면 분류 체계를 고치는 한이 있더라도 새롭게 태어나는 학문 영역에 독자성을 부여하는 과감한 조처가 필요하다고 생각한다.

1.2. 텍스트 과학과 그 기초 학문 및 이웃 학문과의 관계

텍스트 과학과 그것이 언어학 내부에 차지하는 위치에 대하여는 반 데이크 /정시호 역 (2001: 415-32)에 실린 문헌 해제를 보라. 텍스트 과학과 이웃 학문과의 관련성에 대하여는 드레슬러 (1973) /이재원 (역) (2004: 204-24), 보그랑드·드레슬러 (1981) /김태옥·이현호 (역) (1991: 제10장), 조빈스키 (B. Sowinski) (1983) /박종식 (역) (1992: 9-19), 반 데이크 (1980) /정시호 (역) (1995: 제1장)을 보라. 텍스트 과학과 구비 문학의 교섭에 대하여는 심우장 (2002)를 보라. 이곳에서는 하하이퍼 텍스트적 성격을 띤 사이버 공간의 확장과 관련하여 두 학문이 교섭할 수 있는 가능성을 탐색하고 있다.

많은 사람들이 텍스트 과학 /텍스트 언어학이 이른바 언어학적 실용론, 곧 화용론과 무엇이 다르냐고 의문을 표시하기도 한다. 지은이도 처음 이 이론을 접하였을 때 그런 문제에 부닥친 일이 있다. 사실 텍스트 과학은 이웃 학문 가운데서도 실용론과 가장 관계가 깊다. 1970년대 이후 실용론이 언어학에 편입됨에 따라 텍스트 과학은 그 면모를 달리하여 행위 이론적 성격을 띠었고 그렇게 되니 자연히 실용론과 관계가 깊어져 때로는 등식을 이루는 일도 없지 않았다. 지은이가 말하는 사회 실용론은 지마 (1980) /허창운 (1991), 지마 (1989) /허창운 · 김태환 (1996)의 텍스트 사회학과 유사한 면이 없지 않다. 그리고 언어학적 실용론, 곧 화용론은 하버마스 (J. Habermas)의 보편 실용론 (Universalptagmatik)과 깊은 관련을 맺고 있는 것으로 보인다 (아펠 1976). 우리나라에서는 "Pragmatik"를 흔히 화용론으로 부르나 지은이는 "언어학적 실용론"에 한하여 "화용론"이라 부르고 그렇지 않을 때에는 "실용론"으로 부르기로 하였다. 이 문제에 관한 논의는 고영근 (1993: 145)를 보라.

1.3. 텍스트 과학 연구의 어제와 오늘

텍스트 과학 /텍스트 언어학의 연원과 발전에 대하여는 많은 개설류에 골고루 다루어져 있다. 이 문제를 집중적으로 다룬 대표적인 업적은 드레슬러 · 슈미트 (1973), 드레슬러 (ed.) (1977), 칼페어켐퍼 (Hg.) (1980), 헬비히 (1986), 셰르너 (1984) 등을 들 수 있다. 특히 브링커 밖에 (2000a: I장)에는 텍스트 과학의 연원과 발전 그리고 지역별 동향이 자세히 반영되어 있다. 본서의 제1판 (고영근 1999: 2장)에서도 이 문제를 자세히 다루었다.

고대 수사학과 수사학 전반에 대한 지식 체계는 김 현 (편) (1985), 김욱동 (2002)를 보고 수사학과 텍스트 과학과의 관계에 대하여는 전성기 밖에 (2004), 플레트 / 양태종 (역) (2002)를 보라. 특히 후자에는 수사학의 5대 체계, "inventio, dispositio, elocutio, actio, memoria"를 "착상, 배열, 문체, 발표, 암기"로 번역하였다. 이재원 교수는 한국 수사학계의 번역 용어가 "착상, 배열, 표현, 암기, 발표"로 정착되었다고 하여 우리의 책에서는 제1판의 번역 용어 대신 양태종 교수와 이재원 교수의 의견을 절충하여 "착상, 배열, 문체, 암기, 발표"를 택하였다.

우리나라에서 텍스트 과학이 독립된 인문 학문의 영역으로 편입됨에 따라 텍스트 과학의 이론적 토대를 점검하는가 하면 (조국현 2005), 연구 성과를 정리하고 연구 방향을 제시하는 노력 (장소원 2010)도 보인다.

*Text*와 *Discourse Processes*의 정확한 서지는 다음과 같다.

- *Text*: an interdisciplinary for the study of discourse, the Hague: mouton Publishers (1980년부터)
- *Discourse Processes*: Norwood, N. J. (1978년부터)

*Text*는 2005년부터 *Text & Talk*으로 타이틀이 바뀌었으며 http://www.reference-global.com/loi/text에서 온라인으로 이용할 수 있다. *Discourse Processes*는 전자 저널(e-journal)을 통하여 찾을 수 있다.

연습 및 토론 과제

1. 지은이는 텍스트를 언어로 표현되어 있거나 언어로 번역할 수 있는 문화 기호로 정의하였다. 다음 자료의 ' ' 부분을 모두 활용하여 "텍스트"에 대한 각자의 생각을 서로 토론해 보라.

(1) '그날은 구름이 많이 끼었다. 그리고 비도 내렸다.'
(2) 철수는 '불이야!'를 외치며 대문 밖으로 뛰쳐나왔다.
(3) 나는 '빨간 신호등'이 켜지자 발걸음을 멈추었다.
(4) 나는 '이순신전'을 열심히 읽었다.
(5) 그가 묻는 말에 '고개를 내저었을' 뿐이었다.
(6) 허균이 지은 '홍길동연구 제5장'에 홍길동전의 주제가 중점적으로 다루어져 있다.
(7) 윤선도의 '오우가는 모두 6수'로 되어 있다.
(8) 댐 입구에 경찰서장 명의의 '경고문' 팻말이 서 있었다.

[길잡이] (1)은 두 문장이 접속사 '그리고'에 의하여 이어져서 하나의 텍스트가 되어 있고 (2)의 '불이야'는 한 단어가 그대로 하나의 텍스트가 되어 있다. (3)

은 '멈추라'라는 의미의 교통 신호이고 (4)의 '이순신전'은 책의 이름이며 (5)는 거절한다는 뜻의 몸짓이다. (6)은 한 권의 책의 특정한 장이며 (7)은 시조 6수가 모여 「오우가」라는 독립된 시조가 되었고 (8)은 대중들에게 주의를 불러일으키는 경고문이다. (1)~(7)의 예를 주의 깊게 관찰하면 '텍스트'는 언어로 되어 있거나 언어로 번역할 수 있는 길고 짧은 문화 기호라는 것을 추론할 수 있다.

2. 1장에서 내린 텍스트 정의에 어떤 문제점이 있는지 김경용 (1994: 137, 325) 등과 비교하여 각자의 텍스트관을 세워 보고 다른 사람의 견해와 비교하면서 토론해 보라.

3. 다중 매체를 텍스트로 보는 견해에 어떤 문제점이 있는지 서로 토론해 보라.

[길잡이] 컴퓨터를 통하여 디지털 신호로 컴퓨터의 화면에 등장하는 다중 매체를 텍스트로 본다고 하였지만 이 문제는 그리 쉽게 결정할 수 없다. 더욱이 가상 공간에서 생산되는 텍스트는 현실 공간에서 생산되는 언어 중심의 텍스트와는 성격이 다르기 때문에 특히 "하이퍼 텍스트"라 부른다 (뒤에 나옴).

연구 과제

1. 텍스트를 보는 관점에는 명제적 견해와 동태적 견해가 있다고 하였다. 두 견해가 나오게 된 배경 이론을 설명하고 텍스트를 어떻게 보는 것이 언어학, 문예학, 미디어학과 접합시키는 데 유용한지 각자의 견해를 세워 보라.

2. 이 이 (李珥)가 내건 우리의 중세적인 텍스트관을 중심으로 전통 시대의 우리의 학자들이 지니고 있었던 텍스트관을 종합·정리하고 이를 현대적인 텍스트 과학과 접합시킬 때 발생하는 문제점이 무엇인지 토론해 보라.

3. '내용 보충'에서 소개한 이젠베르크의 문장과 텍스트의 대비표가 어떤 문제점을 지니고 있는지 서로 토론해 보라.

4. 지은이는 텍스트 과학의 기초 학문을 기호학과 언어학으로 한정하고 이웃 학문 가운데서는 실용론이 텍스트 과학과 가장 가까운 관계에 있다고 하였다. 이러한 텍스트 과학의 자리매김이 지니고 있는 문제점이 무엇인지 생각해 보라.

5. 지은이는 우리 내지 동양적인 텍스트 과학의 정립에 기여한다는 뜻에서 중국 고대의 문학 이론서인 『문심조룡』과 우리 고전 시론을 평가하여 현대의 텍스트 과학과 접합시키는 문제를 논의하였다. 이러한 태도가 지니는 장점과 단점을 지적하고 우리 민족의 학문이 나아가야 할 길을 서로 토론해 보라. 우리 민족의 학문이 수입학에서 창조학으로 나아가기 위하여는 전통 사회의 학문을 어떠한 방식으로든지 바닥에 깔아야 하는 것은 부정할 수 없다. 서양적인 잣대로 동양적인 것을 재는 태도가 과연 옳은 것인지, 그렇지 않으면 어떠한 태도를 지니는 것이 좋은지 토론해 보라. 이 방면의 정보는 조동일의 『우리 학문의 길』 (지식산업사, 1993), 『인문학문의 사명』 (서울대학교 출판부, 1996)에서 얻을 수 있다.

제 2 장 텍스트 과학의 기호학적 근거

2.1. 문제의 제기

학문의 체계를 크게 정신 과학 (인문 과학), 사회 과학, 자연 과학, 응용과학 등으로 범주화한다고 할 때, 그 밑에는 여러 개별 분과를 둘 수 있으며 개별 분과도 부분 분과를 거느리는 일이 많고 부분 분과 아래에는 또 작은 부문을 둘 수 있다. 학문의 역사를 돌이켜 보면 어제의 특정한 한 학문이 오늘에 와서는 두세 조각으로 나뉘고 관련이 깊다고 생각되어 오던 학문끼리도 거리가 멀어지는가 하면 지금까지 큰 교섭이 없던 학문끼리 손을 마주 잡고 새로운 분야의 학문 세계를 구축하는 일 또한 적지 않다. 오늘의 인문 과학의 각 분야는 중세 이래 "철학"이라는 통합된 학문의 영역에 소속되어 있었다. 어학과 문학은 같은 언어를 대상으로 삼는다는 점에서 그 사이가 가깝다고 생각하여 전통적으로 어문학과가 한 집안에서 살림을 차리고 있지마는 실제로는 연구 자료의 성격과 메타 이론 (Metatheorie)이 다른 탓으로 점점 간격을 넓혀 현실적으로는 두 학문의 교섭이 두절 (杜絶)된 상태에 놓여 있다.

오늘날 언어 연구와 밀접한 관련을 맺고 발전을 거듭하고 있는 기호학, 텍스트 과학, 인지 과학 등이 다른 분야와 손을 잡으면서 새롭게 탄생한 학문 영역에 속한다. 지은이는 20세기 초부터 인문 과학 영역에서 독자적인 학문 분과로 자리를 굳혀 온 "기호학"이, 1960년대 중반부터 독자적인 학문 분과로 자리를 잡아 오고 있는 "텍스트 이론"과 어떤 관계를 맺고 있는가 하는 문제를 건드려 봄으로써 우선 텍스트 과학이 기호학과 맺고 있는 관계를 살펴보고 이를 토대로 그것이 인문 과학 분야에서 차지하는 위치 문제를 가늠해 보려고 한다. 이러한 작업을 수행하는 데에는 지난 10여 년 동안 왕성하게 여러 가지 형태로 우리에게 수용된 프랑스와 미국의 기호학 이론은 물론, 독일어 사용권의 텍스트 과학 관계의 업적이 큰 디딤돌이 되었음을 밝혀 둔다.

2.2. 기호학의 흐름과 움직임

기호학의 연원은 그 연대를 높이면 고대 그리스, 로마, 중국, 인도에까지 거슬러 올라갈 수 있으나 "기호학" (semiotike)이란 용어와 개념이 처음으로 등장한 것은 17세기의 로크 (J. Locke)에서 볼 수 있다. 로크는 기호학이 자연학 (/자연 철학), 실천학 (/윤리학)과 함께 철학의 3분과를 이루는 것으로 보았다. 이때의 기호학은 기호 논리학과 같은 뜻으로 사용되었다. 기호학이 독자적인 학문으로 자리를 잡게 된 것은 스위스의 언어학자 소쉬르 (F. de Saussure) (1857~1913)와 미국의 철학자 퍼스 (C. S. Peirce) (1839~1914)에게서 비롯된다. 두 사람은 출생에서는 선후(先後)가 있지마는 사망 (死亡) 연대에는 차이가 크지 않다. 일찍이 우리 나름의 언어 기호 이론을 세운 바 있는 주시경 (周時經, 1876~1914)의 사망 연대와도 비슷한 점이 있어 숙명적이라는 느낌이 든다 (뒤에 나옴). 퍼스의 기호 이론은 1938년 모리스 (C. W. Morris)에게로 계승·발전되었고 소쉬르의 기호에 대한 구상 (構想)은 뷔상스 (E. Buyssens) (1943)에서 학문으로서 정립되기 시작하여 지난 수십 년 동안 괄목할 만한 성과를 거두어 왔다. 두 사람의 기호 이론은 전혀 관계없이 진행되었으며 후대에 조명을 받아 현대 기호학 발전의 토대를 이루고 있다는 점에서 공통성을 지니고 있다. 주시경의 기호 이론 역시 반세기 이상이나 주목받지 못하였는데 1980년에 들어와 현대 기호학과 접맥되고 현대의 통사론과 의미론 연구의 토대가 되고 있다는 점과 너무나 흡사하다.

소쉬르는 언어가 사회 제도의 하나이기는 하나 여러 가지 점에서 여느 사회 제도와는 다르다고 하면서 그 특징을 다음과 같이 설명하였다.

> (1) 언어는 사상을 표현하는 기호의 체계이며, 따라서 문자법, 벙어리의 손놀림 [手話—'손놀림'은 인용자가 써 본 말임], 상징적 의식, 예절의 형식, 군대 신호 등과 비길 수 있다. 다만 언어는 그와 같은 여러 체계 중에서도 가장 중요한 체계이다. (소두영 1991: 30)

(1)에 근거하여 소쉬르는 기호학 (sémiologie)이라는 독자적 과학을 세울 수 있음을 구상하고 언어학이 기호학의 하위 학문의 하나이며 따라서 기호학에서 발견되는 법칙은 언어학에도 적용될 수 있다고 하였다. 소쉬르의 언어 기호학은 랑그 (langue)를 대상으로 하며 파롤 (parole)과는 관계되지 않는다고 본다. 소쉬르의 언어 기호는 개념이라는 기의 (記意)와 청각 영상이라는 기표 (記標)로 구성되어 있으며 양자의 관계는 임의적 (任意的, 흔히 恣意的)이고 선상적 (線狀的, linéare, 흔히 線條的)이다. 기표와 기의가 임의적이라 함은 어떤 기표에 어떤 기의가 결합함에 있어서 필연적인 관계가 없다는 뜻이다. 선상적이라고 함은 다른 기호와는 달리 언어 기호의 기표는 시간적으로 배열된다는 뜻이다. 언어 기호의 "선상성"은 주시경에게서는 "한 줄"이라는 고유어로 표현되어 있다. 주시경은 "일은 한때에 여러 가지가 있으되 그 일을 나타내는 말은 한 줄뿐이니라"라고 하였다. 이곳의 "말"은 언어 기호를 뜻하고 "일"은 지칭 대상을 가리킨다. 이를테면 '소'와 '말'이 같은 장소에서 풀을 뜯어 먹는다고 할

때, 이를 나타내는 방식은 '소와 말이 풀을 뜯어 먹소'와 같이 한 줄로 표시된다. 소쉬르의 기호 이론은 명제적 견해를 지향한 초기의 텍스트 과학과 밀접한 이론적 유추의 기반을 이룬다 (앞에 나옴, 6쪽).

유럽, 특히 프랑스의 기호학은 소쉬르의 기호학을 정점으로 하여 발전하여 왔다. 프라그 학파와 덴마크의 옐름슬레우를 거쳐 뷔상스 (E. Buyssens)의 『말과 담화』 (*Les langages et le discours*) (1943)에서 통보 (communication) 측면의 기호학이 체계화되었고 다시 바르트 (R. Barthes)와 프리에토 (L. J. Prieto)를 거치는 사이에 "통보의 기호학" (sémiologie de communication)과 "의미 작용 (signification)의 기호학"으로 양분되었다. "통보의 기호학"은 뷔상스와 프리에토에 의하여 대표된다. 이는 소쉬르의 "파롤의 행위" (acte de parole)를 발전시킨 것인데 의도가 있는 통보 행위에 국한하여 기호의 기능을 부여하였다. "의미 작용의 기호학"이란 바르트에 의하여 대표되는데 기표와 기의의 상호 작용을 가리킨다. 그러나 소쉬르 이후의 기호학은 하나의 초 (超)언어학으로서 통보의 기호학이라기보다 의미 작용의 기호학이 주류를 이루어 왔다고 볼 수 있다. 이는 소쉬르의 언어학이 기호학의 한 부문이라는 명제를 확인하는 것이라 하겠다. 따라서 그 재료는 신화, 서사, 신문 기사일 수도 있고 때로는 신문이나 광고 쪽지, 인터뷰, 대담 등에서 말하고 있는 표현도 대상이 될 수 있다. 초언어학이라 함은 언어학의 범위를 넘어서 그 관심 영역이 인류학, 사회학, 정신 분석학, 문체학으로 확대될 수 있다는 뜻이다. 이러한 방향의 기호학적 개념은 서사 분석 모형의 이론적 정초 (定礎)와 밀접한 유추의 기반을 이룬다.

의미 작용의 기호학으로 대표되는 구조주의 기호학은 프로프, 야콥슨 (R. Jacobson), 그레마스 (A. J. Greimas)의 이름과 결부되어 있다. 구조주의 기호학은 소쉬르의 기표 : 기의, 통합체 (le syntagme) : 계열체 (le paradigme), 옐름슬레우의 지시 (dénotation) : 함의 (connotation), 표현 (expression) : 내용 (contenu), 야콥슨의 은유 : 환유 등의 이원적 (二元的)인 묶음들을 토대로 하여 성립되었다.

대표적으로 레비스트로스가 프로프 등의 러시아 형식주의의 문학 이론가와 더불어 유럽 구조주의와 기호학의 새로운 세계를 개척한 것을 구조주의적 기호학의 산물이라 할 수 있다. 이를테면 민담에 나타나는 인물들의 움직임이 겉으로는 가변적이라 할지라도 그 기능은 불변적이고 제한되어 있다는 논의들이 그러하다. 이는 음운이나 형태소 분석에서 많은 가변 항목, 곧 이음 (異音)과 이형태 (異形態)가 있지마는 기능적으로 소수의 제한된 음운과 형태소로 귀착 (歸着)되는 현상과 방불하다.

야콥슨은 프로프와는 달리 시가에 대하여 기호 언어학적 접근을 시도하였다. 그의 기호 언어학은 양극과 등가의 개념에 집중되어 있다. 양극의 개념은 소쉬르의 통합체와 계열체에서 파생된 것인데 수사학의 환유법 및 은유법과 보조를 같이한다. 등가의 개념은 은유법이나 환유법이 각각 상이한 실체를 가리키면서도 동등한 가치를 지니는 언어 활동을 뜻한다. 야콥슨은 뷜러 (K. Bühler) (1934)의 기호 체계를 확대 · 수정하여 언어 기호의 여섯 가지 기능을 정립하였다 (뒤에 나옴). 그레마스 (1966) 등은 서사 문학을 구조적으로 분석하였다. 그레마스는 음소 내지 음운을 설정하듯이, 의미소를 설정하여 의미의 세계가 대립된 한 쌍의 의미소에 의하여 결정된다는 명제를 세웠으며 프로프의 7개의 행위 영역을 3쌍의 행위 항, 곧 주체 : 객체, 발신자 : 송신자, 조력자 : 반대자로 축소하기도 하였다. 이러한 경향은 문학 작품에 대한 언어학적 분석과 "응집성"의 개념 정립 등 텍스트 과학의 발전에 커다란 영향을 미쳤다.

앞에서 본 바와 같이, 소쉬르를 비롯한 구조주의 기호론자들은 철저하게 2분법의 기초 위에서 기호의 본질을 구명하려고 하였다. 이에 대하여 소쉬르와 같은 시대에 활약한 퍼스는 3분법을 택하였다. 먼저 퍼스의 기호에 대한 정의를 검토해 보기로 한다.

(2) "기호" (sign) 또는 표상 (representamen)이란 어떤 점에서, 어떤 능

력으로 어떤 이에게 어떤 것을 대신해 가리키는 (stand for) 것을 말한다. 그것은 어떤 이에게 말을 건넨다. 곧 그 사람의 정신 속에 그것과 동격의 기호를 발생시킨다. 그것이 발생시키는 그러한 기호를 첫째 기호의 해석 내용 (interpretant)이라 부른다. 이 기호 (해석 내용)는 그 무엇인가를, 곧 그 "대상" (object)을 나타낸다. (소두영 1991: 47)

퍼스는 (2)에서 기호를 어떤 누군가에 대해서 무엇인가를 대신하여 나타내는 (stand for) 것으로 정의하였다. 대신하여 나타낸다는 것은 기호 작용 내지 기호 과정을 표시하는 것으로, 이는 기호가 "표상 (representamen), 대상 (object), 해석 내용 (interpretant)"의 3원적 체계로 구성되어 있다는 뜻이다. 그 가운데서 해석 내용, 곧 해석 행위가 중심적 개념을 이루고 있다.

퍼스의 기호 이론은 같은 해 죽은 우리 민족 어학의 창시자인 주시경과 비슷한 면이 많다. 앞에서 우리는 주시경이 언어 기호는 "말"로, 지칭 대상은 "일"로 표현한 바 있음을 보았는데, 그는 한 문장의 의미를 해석하는 절차를 다음과 같이 명시하였다.

(3) 말로 그 뜻을 풀어내기 어려움은 그림으로 풀 것이요 그림으로도 밝게 하기 어려움은 말로 풀 것이요 이 두 가지로 다 풀 수 없음은 그 일의 뜻을 마음으로 살피어 풀지니라. (『국어문법』 1910: 64) (현대 역)

(3)은 한 문장의 의미 해석 단계를 설명한 것이지만 이 속에는 주시경의 기호학 이론이 응결되어 있다. "일의 뜻"은 지칭 개념을 표시한다. 앞에서 본 바와 같이 "일"은 지칭 대상을 가리킨다. "마음"은 해석자 내지 화자의 태도를 가리키고 "마음으로 살피는" 것은 해석 행위를 뜻한다.

(2)의 퍼스의 기호학 체계를 주시경과 대조하여 보면 "대상"은 "일"과, 해석 행위는 "마음"이나 "마음으로 살피는" 사실과 본질적으로 일치한다. 이러한 개념은 최근의 텍스트 과학 /화용론의 이론적 정초와 밀접한 유추 (類推)의 기반을 이룬다 (뒤에 나옴).

한편 퍼스는 기호를 그 대상과의 관계에 따라 "도상 (圖像, icon, iconic sign), 지표 (指標, index, indexical sign), 상징 (symbol, symbolic sign)"의 셋으로 나누었다. "도상"이란 한 기호의 특징이 마치 그림으로 재현 (再現)되듯이, 그것이 대신하여 나타내는 성질과 매우 비슷하다는 뜻이다. 초상화, 사진, 목소리, 건물 평면도, 지구와 화성 등을 예로 들 수 있다. 도상 기호는 지칭 대상과 모든 면에서 비슷할 필요는 없다. 그 대상의 특징만 그려 내고 있으면 족하다. 도상 기호는 대상과의 유사성에 따라 지각상 (知覺像, image), 도표 (diagram), 은유 (metaphor)로 나누어진다. 지각상으로서의 도상이란 보거나 들으면 곧 대상의 지각상이 떠오른다는 뜻이다. 주시경은 등시성 (等時性)을 띤 사건은 순서를 바꿀 수 있으나 계기성 (繼起性)을 띤 사건은 그렇지 않다고 하였는데 이는 언어 기호의 도상성을 그 나름대로 인식한 증거로 볼 수 있다.

"지표"란 대명사나 관계 대명사처럼 특정한 대상을 기술함이 없이 특정한 대상에 주의를 기울이도록 하는 기호를 가리킨다. 여기에는 상황 지시적 지표와 문맥 지시적 지표의 둘을 둔다. 지표에는 교통 신호, 훈장, 단체복 등 무수한 종류가 포함된다. "상징"이란 사물의 일반적 개념을 매개로 하여 그 대상을 가리키는 것이다. 이를테면 '개' [犬]라는 말은 상징인데 이는 특정한 가상적인 '개'를 가리키는 것이 아니고 일반적 개의 부류를 가리킨다. 퍼스의 상징이란 언어 기호와 큰 차이가 없으며 이러한 관습에 얽매여 영미권에서는 상징을 언어 기호와 같은 뜻으로 사용하고 있다. 이러한 의미의 기호는 주시경에게서는 "말"이란 우리 민족 고유의 표현으로 나타난다.

모리스 (1938)은 퍼스의 기호 이론을 바탕으로 행동주의 기호 이론을 정립하였다. 모리스는 기호 과정 (semiosis)을 연구 대상으로 하는 학문을 기호학 (semiotic)이라 규정하고 기호 과정의 요인으로 다음 네 가지를 들었다.

(4) 기호 과정의 네 가지 요인
기호 매체 (sign vehicle) /기호의 지시 대상 (designatum) /
기호의 해석 내용 (interpretant) /기호의 해석자 (interpreter)

기호 과정이란 "어떤 것이 기호로 작용하는 과정"을 뜻하는데 그 요인을 (4)와 같이 네 가지로 들었다. 기호의 해석 내용은 퍼스의 것을 그대로 가져오되 해석자와 구별하였다는 특징을 지니고 있다. 양자는 특수한 경우를 제외하고는 기호의 해석자와 표리 일체 (表裏一體)를 이룬다. 따라서 모리스의 기호 과정의 구성 요소를 "기호 매체 : 기호의 지시 대상 : 기호의 해석 내용"의 셋으로 축소하여 논의하기도 한다. 앞의 (2)의 퍼스의 체계와 비교해 볼 때, sign vehicle은 sign에, interpretant /interpreter는 interpretant에, designatum은 object에 대체로 해당한다. 모리스는 이런 기본적인 기호관을 바탕으로 하여 기호론의 구성 분야로서 통사론, 의미론, 실용론의 셋을 들었다.

모리스는 기호가 지칭 대상 (denotatum)을 직접 가리키는 것이 아니라 지칭 개념 (designatum)을 매개로 하여 지칭 대상을 가리키는 것으로 다시 형식화하였다. 이러한 모리스의 기호 체계는 오그덴·리처즈 (1923)의 기호 삼각형과 유기적인 관련이 있는 것으로 지적되고 있다. 차이점은 대상을 지칭 개념과 지칭 대상으로 세분하고 해석 행위를 추가한 것뿐이다. 모리스의 지칭 대상은 앞에서 본 바와 같이 주시경의 "일"에, 지칭 개념은 "일의 뜻"에 해당하고, 해석 행위는 "맘으로 살피는 행위"에, 해석자는 "맘"에 대응시킬 수 있다. 이러한 견해는 텍스트를 동태적으로 접근하는 행위 이론적 접근법과 본질적으로 일치한다.

모리스의 기호학은 뒤에 카르납 (R. Carnap)에게서 정밀화되고 립 (H. Lieb) (1971)과 포스너 (R. Posner) (1985)를 거치는 사이에 언어학의 메타 이론으로서 정립되기에 이르렀고 에코 (U. Eco)에 이르러 문화 기호론으로 자리를 잡게 되었다. 최근에 각광을 받고 있는 에코의 문화 기호론은 문화적·사회적 관습성을 강조함으로써 문화의 여러 측면을 기호 현상으로 포착할 수 있다는 가능성을 제시하고 있으며 러시아 형식주의의 흐름을 타고 발전된 소련의 문화 기호론 (이를테면 로트만 (Lotman)으로 대표되는)도 문화 현상 일반을 기호학적으로 해석하고 있다는 점에서 같은 길을 걷고 있다고 하겠다. 텍스트 과학이 본질적으로 언어 사용자가 개입되고 랑그보다는 파롤을 우선하는 언어의 동태적인 측면에 역점을 두고 발전해 오고 있다는 점을 감안할 때, 우리에게는 소쉬르 계통의 기호학보다는 퍼스의 기호학이 텍스트 과학을 뒷받침하는 상위 학문으로 더 설득력이 있어 보인다.

현대 기호학을 대표하고 있는 퍼스의 기호학과 소쉬르의 기호학은 출발점뿐만 아니라 발전 방향에서도 다른 철학적 인식을 배경으로 하고 있다. 전자는 기본적으로 논리학이며 소쉬르의 그것은 연상 주의적 심리학을 바탕으로 하고 있다는 점에서 그러하다. 퍼스의 기호학을 논리적이라고 함은 논리학을 기호학과 동일시하는 일이 있고 실제로 그가 내세우고 있는 가추법 (abduction)은 논리학의 영역이라는 점에서 그렇게 말할 수 있다.

두 흐름의 움직임을 한 가닥으로 통합하고자 하는 시도를 최근 들어 더러 발견할 수 없는바 아니지만 아직도 만족할 만한 성과를 거두지 못하고 있으며 사람에 따라서는 두 이론은 결코 양립할 수 없다고 말하기도 한다. 그러나 초기의 텍스트 과학이 구조주의적인 흐름을 타고 발전하였고 뒤로 내려올수록 실용적인 요인을 가미하고 있기 때문에 두 흐름이 전혀 만날 수 없다고 생각하기가 어렵다. 아무리 실용론 중심의 텍스트 과학을 전개한다고 하더라도 실지의 자료를 분석하게 되면 구조주의적인 분석 방법이 가미되지 않을 수 없으므로 두 이론이 반드시 배타적이라고 하기 어렵지 않을까 한다 (뒤에 나옴).

2.3. 텍스트 과학과 기호학

기호학 연구에 대한 어제의 흐름과 오늘의 움직임을 우리 나름의 언어 기호론을 전개한 주시경의 견해와 결부시켜 가며 살펴보았다. 사실 그동안 언어 이론 /문법 이론을 전개함에 있어서 그 메타 과학인 기호학과의 관련성을 기피해 온 점이 적지 않다. 이러한 경향은 생성 문법에서 두드러지게 발견할 수 있는데 옐름슬레우나 야콥슨이 기호학적 인식을 항상 바닥에 깔고 있었다는 점과 비교할 때, 올바른 태도가 아니라고 비판을 받고 있다. 그러는 가운데서도 이케가미 (池上嘉彦) (1975), 샤피로 (M. Shapiro) (1983), 포스너 (1985), 드레슬러 (1989), 고영근 (1993) 등은 문법 이론을 정립함에 있어서 기호학 이론과 밀접하게 관련시켜 이론의 정밀화에 기여한 바가 적지 않았다고 믿는다. 텍스트 과학의 발전 과정에서도 비슷한 시도를 발견할 수 있다. 대표적인 업적이 뇌트 (W. Nöth) (1978)과 드레슬러 (1989, 1992)이다.

뇌트는 텍스트 과학의 기호학적 틀을 제시하기에 앞서 먼저 기호학과 텍스트 과학의 영역을 분명히 구별하였다. 그는 텍스트 과학이 언어학적 분석 방법을 텍스트의 층위에까지 확대하는 언어학의 분과라고 정의하였다. 기호학 역시 텍스트를 대상으로 하기는 하나 그 의미가 텍스트 과학과는 다르다고 보았다. 텍스트 과학이 자연 언어의 텍스트만을 대상으로 하는 데 대하여 기호학은 언어적 통보 행위 (communication)뿐만 아니라 비언어적 통보 행위도 텍스트로 간주하는 태도를 취한다는 것이다. 뇌트는 비언어학적 기호도 언어와 독립해서 존재하지 않는다는 점을 들어 "제2차적 질서 언어" (a second-order language)로 보아야 한다는 바르트 (E. Barth)의 견해를 원용 (援用)하면서 언어학과 기호학의 경계 구분을 시도하였다. 신화와 민담 등에 대한 프랑스 구조주의자들의 텍스트 분석이 기호학적 분석의 대상이 된 것은 언어학의 영역을 문장 층위에 국한하였기 때문이라고 하였다. 텍스트 과학은 한 텍스트의 구조를 적절하게 분석할 수 있는 알맞은 모형을 제공하는 것을 목표로 삼는다. 다른 한편 이러한 접근법은 비언어적 약호 (code)가 텍스트 과학적 분석에 의하여 적절하게 처리될 수 없다는 사실을 인식시켜 준다. 뇌트는 텍스트 과학의 기호학적 틀을 세 항목에 걸쳐 제시하였다.

(5) 틀 1: 텍스트 과학의 외적인 기호학적 틀 (The Outer Semiotic Framework of Text-linguistics) (뇌트 1978: 23)

틀 1은 "텍스트 과학의 외적인 기호학적 틀"을 보여 준다.

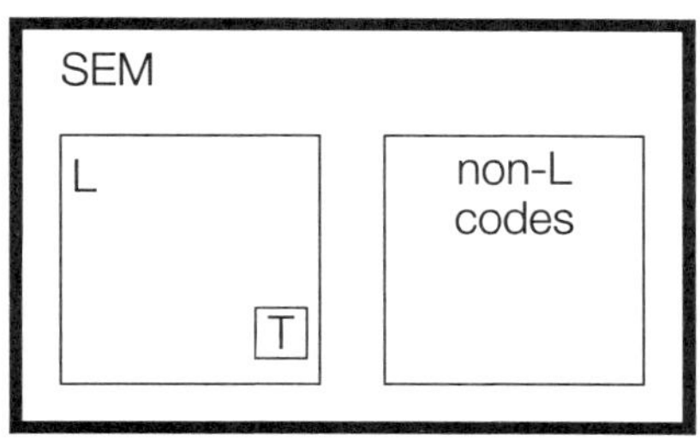

텍스트 과학은 언어학 (L)의 한 부분이다. 이렇게 본다면 텍스트는 먼저 언어학의 울타리 안에서 기술된다. 언어학의 틀 안에서는 음운, 형태소, 통사 구조 (명사구, 동사구), 의미 구조 (의미소), 주제와 평언 등의 텍스트 구조 등이 분석되고 한편 텍스트 구조는 기호학적 분석 대상이 되기도 한다. 이러한 구조는 기호학 (SEM)의 틀 내부에 자리 잡는데 이는 텍스트의 외적 틀을 구성하기도 한다. 틀 1에서는 기호학의 두 차원인 의미론과 실용론이 중요한 자리를 차지하는데 텍스트의 실용 (화용) 구조는 기호적 틀의 부분을 이루고 텍스트의 의미 구조는 대부분 언어학에 소속되나 부분적으로는 기호학적 틀에 속하기도 한다.

(6) 틀 2: 텍스트 내부에 표시되는 기호 약호 (Semiotic Codes Represented Within Texts)

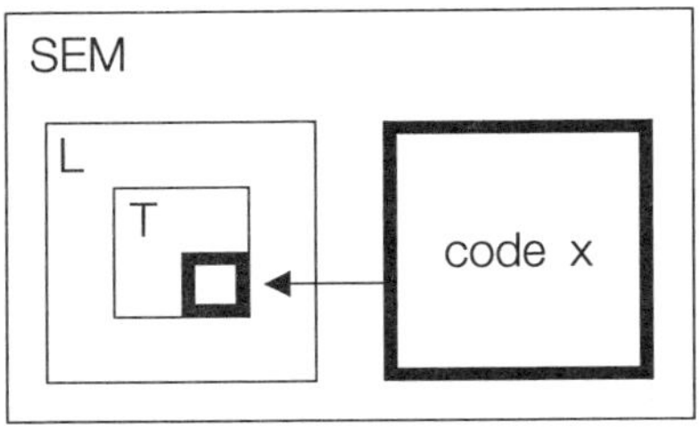

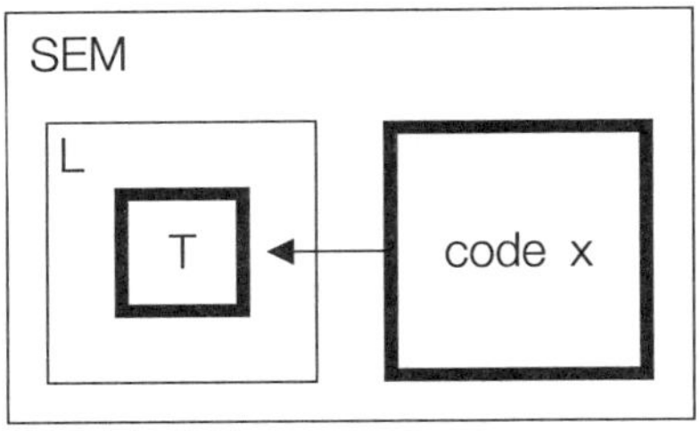

언어는 사용자로 하여금 정보를 전달할 수 있게 해 주는 약호이다. 언어적 약호 (L)는 비언어적 약호 (code x)의 구조를 표시할 수 있도록 텍스트의 형태로 사용될 수 있다. 소설에서 몸짓이 언어적으로 표현되는 것을 예로 들 수 있다. 소설에서는 비언어적 구조 (몸짓)가 텍스트의 일부를 이룰 수도 있고 (틀 2 왼쪽), 앵글로색슨 수도원에서 사용된 수신호의 약호와 같이 텍스트 전체가 비언어적 약호의 구조로 형성될 수도 있다 (오른쪽). 후자의 경우는 약호가 텍스트로 번역될 수 있다.

(7) 틀 3: 비언어 텍스트와 인접한 언어 텍스트 (L-Texts in Contiguity With Non-L-Texts)

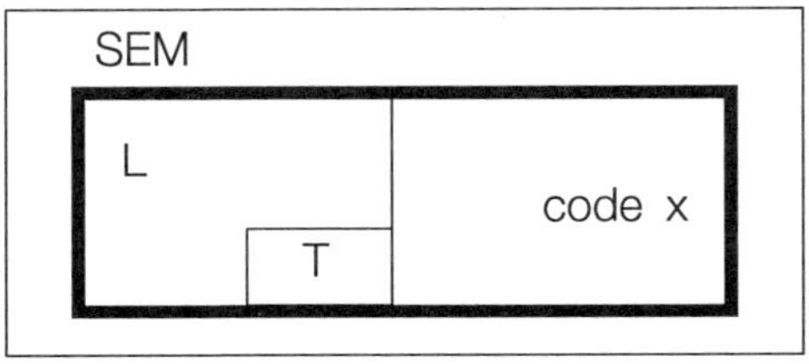

드라마에서 배우의 몸짓은 배우들의 대화에서 사용된 언어와 동시에 또는 시간적으로 인접하여 사용될 수 있다. 틀 3은 희곡, 영화, TV, 광고 등에 적용된다.

이상과 같은 텍스트 과학에 대한 기호학적 접근은, 앞에서 확인한 바와 같이 구조주의적인 관점에서 이루어진 신화, 민담, 주술 (呪術)에 대한 기호학적 연구를 모두 텍스트 과학의 대상이 되도록 해 주는 이론적 뒷받침이 된다. 시성 (詩性, poeticalness)의 구조를 합리적으로 분석하는 데 있어서도 텍스트 과학적 접근은 필수적이다. 요컨대 뇌트의 텍스트 과학에 대한 접근은 텍스트로 대치될 수 있거나 텍스트의 일부를 이루는 비언어적 약호도 모두 텍스트 과학의 대상이 될 수 있다는 태도를 취하고 있다. 이는 지은이의 견해와 근본적으로 일치하는 명제이다 (뒤에 나옴).

한편 드레슬러 (1989, 1992)는 기호학이 언어학의 메타 이론이라는 퍼스의 기호 이론을 바탕으로 하되 자신이 음운론과 형태론의 이론 정립 과정에서 도입한 바 있는 자연성 이론 (Natürlichkeitstheorie)을 텍스트 과학의 정립에 응용해 본 것이다. 드레슬러의 모형은 텍스트 과학의 절차적 모형은 물론, 자연 음운론과 자연 형태론의 유표성 및 선호성 접근법에 그 뿌리를 두고 있다. "유표성" (marked)이란 "더 유표적, 덜 자연적"이란 뜻이고, "무표성" (unmarked)이란 "덜 유표적, 더 자연적"이란 뜻이다. 이를 텍스트 층위에 적용하면 경우에 따라 텍스트 생산에 적용할 수 있다고 보는 것이 드레슬러의 생각이다. 드레슬러의 유표성 이론은 앞에서 살펴본 퍼스의 기호 이론에 근거하고 있다. 그것은 우선 기호학이 언어학의 메타 이론으로서 적절하며 유표성 이론이 텍스트의 매개변인을 설명하는 데 적합한 이론이라고 믿었기 때문이다. 드레슬러가 1980년대에 들어오면서 인지 과학의 관점에서 텍스트의 생산과 수용에 관한 문제에 많은 관심을 기울이고 있다는 사실과 관련시켜 볼 때, 퍼스 계통의 동적 기호학과 접맥된다는 것은 너무나 자연스러운 일이다.

드레슬러는 텍스트 과학의 자연성 이론을 뒷받침하는 기호학적 매개 변인으로 다음 네 가지를 들었다.

(8) 텍스트 과학의 자연성 이론을 위한 매개 변인
가. 도상성 (Ikonizität)
나. 지표성 (Indexikalität)
다. 투명성 (Transparenz)
라. 전경과 후경 (Figur und Grund)

(8가)의 "도상성"은 앞서 검토한 퍼스의 기호의 3요소 가운데서 가장 자연스러운 기호적 성격이다. 어떤 기호가 도상적이면 도상적일수록 더 자연스럽고 더 선호되는 대상이 되며 덜 유표적이 될 수밖에 없다. 텍스트 층위에서 가장 잘 알려진 측면은 "순서 자연성" (ordo naturalis)에 대한 보편적 선호성이다. 어순의 자연성은 인지적 순서와 문장 순서 사이의 도상성을 잘 나타내 준다. 따라서 순서 자연성에 대한 텍스트 책략은 무표적이며 유표적인 "순서 인위성" (ordo artificialis)보다 도상적이다. 주시경이 문장의 구성적 특징을 파악할 때, 도상성의 개념을 바닥에 깐 것은 인지적 순서가 그대로 문장의 순서에 반영된다는 뜻으로 이해된다. 도상 이론은 변증법적 유물론의 반영 이론 (Abbildungstheorie)과 유사한 점이 많아 보인다 (피베거 밖에 1977: 20-38).

(8나)의 "지표성" 역시 퍼스의 기호 특성에 근거를 두고 있다. 지표성은 텍스트 형성과 관련시키면 전술 언급 지시어와 후술 언급 지시어를 들 수 있다. 그러나 일반적으로 선호되는 것은 전술 언급 지시어이다. 전술 언급 지시어는 이미 알려진 것을 되가리키는 데 대하여 후술 언급 지시어는 확정되지 않은 미래나 가상의 세계를 지시하는 데 사용되기 때문이다. 우리말의 상황 지시어는 '이, 그, 저'의 3원적 체계로 형성되어 있으나 텍스트 형성에 직접 관여하는 것은 문맥 지시적인 '이, 그'뿐이다.

우리의 전통 문법가들은 3계열의 지시어를 근칭, 중칭, 원칭이란 개념으로 그 실체를 어느 정도 파악하고 있었으나 상황 지시와 문맥 지시의 정체가 파악된 것은 훨씬 뒤의 일이다 (장경희 1980).

(8다)의 "투명성"은 퍼스에게서는 특별히 목격되지 않는 자연성의 개념이다. 코이 (L. Koj)에 기대면 의미에 대한 투명성은 인지적 또는 실용적 또는 의미적 의미 (semantic meaning)가 추론 과정이나 재구성 과정을 거치지 않고 텍스트의 표면에 반영될 때 나타나는 것으로 보고 있다. 이를테면 유럽의 기차를 타면 기차의 창문에 "유리창에 기대지 마시오"와 같은 경고문이 붙어 있는 것을 볼 수 있는데 이런 경우 '유리창'이라는 말을 사용하지 않아도 경고문이 창문에 바로 붙어 있기 때문에 의미적 불투명을 가져오는 일은 없다. 직접 화행은 간접 화행보다 더 투명하다. 화행의 직접성 정도는 발화 수반적 투명성과 상관관계를 맺고 있다.

(8라)의 "전경" (前景, 더러 모습)과 "후경" (後景, 더러 바탕)은 게슈탈트 (Gestalt) 심리학으로부터 기호학에 넘어 왔다. 더 중요하고 더 귀중하고 더 활발한 "전경"과 덜 중요하고 더 창백하며 더 정지적인 "후경"의 대조가 그런 매개 변인을 이룬다고 말한다. 양자의 대조가 강하면 강할수록 모습이 더 잘 인식된다는 내용이다. 영어의 시제와 동작상의 표현에서 그런 점이 두드러지게 나타난다고 보고되어 있다.

드레슬러는 기호적 관계가 음운론이나 형태론에 비하여 텍스트 층위에서 더 풍부하고 복잡하기 때문에 기호학적 매개 변인의 예측력이 텍스트 층위에서 더 강하게 발견된다고 하였다.

2.4. 주시경의 기호학과 텍스트 과학
─"언어문학" 분야의 창출을 위하여

지금까지 지은이는 현대 기호학의 두 줄기를 이루는 소쉬르와 퍼스의 이론을 우리 나름의 언어 기호 이론을 전개한 주시경의 이론과 비교하며 그 특수성을 검토하여 보았다. 소쉬르 계통의 기호학이 기의와 기표의 2분법을 취하였다면 퍼스 계통의 기호 이론은 기호, 대상, 언어 사용자의 3분법을 취하였다. 퍼스와 같은 해 사망한 주시경 역시 3분법을 취하되 모리스 (1938)보다 30년이나 앞서 지칭 대상과 지칭 개념을 구별하고 해석자 밖에 해석 행위를 추가하였다는 것은 우리 나름의 기호 이론의 선진성을 뒷받침하는 예로 활용할 수 있다. 지금까지 논의한 주시경의 기호학적 틀을 종합하여 그림으로 보이면 다음과 같다.

아래의 그림은 주시경이 그의 『국어문법』 (1910)에서 형식화하였던 "말 — 일 — 마음"의 3자 간의 관계를 모리스 (1938)의 기호론에 적용시켜 본 것이다.

(9) 주시경의 기호학적 틀 (1)

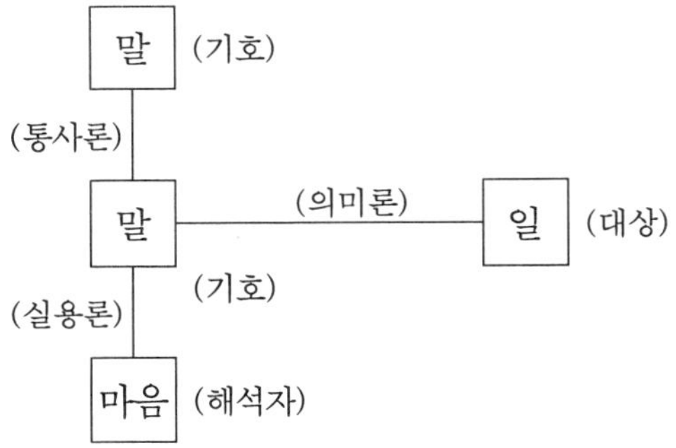

이 그림만으로는 지칭 개념인 "일의 뜻"과 "맘으로 살피는" 해석 행위를 포함할 수 없다. 이 두 가지 개념을 다시 고려한다면 주시경의 의미 해석 이론은 다음과 같은 그림으로 다시 나타낼 수 있다.

(9′) 주시경의 기호학적 틀 (2)

말$_2$ (기호$_2$) — 일의 뜻$_2$ (지칭 개념$_2$) — 일$_2$ (지칭 대상$_2$)
|
말$_1$ (기호$_1$) — 일의 뜻$_1$ (지칭 개념$_1$) — 일$_1$ (지칭 대상$_1$)
|
맘으로 살핌 (해석 행위)
|
마음 (해석자)

주시경의 기호 이론이 사용자 중심으로 전개된 것은 실용성을 앞세우는 그의 사회사상과 직접 연관되는 것 같다. 이 점은 미국의 기호 이론이 실용주의를 등에 업고 발전되었다는 것과 밀접한 유추의 기반을 이루고 있다. 문제는 언어 기호를 다루는 데 있어서는 구조주의자와 같이 기표와 기의에만 국한할 것인지, 아니면 대상과 언어 사용자를 고려해야 할 것인지가 중요한 열쇠가 된다.

텍스트의 접근법에는, 앞에서 더러 언급한 바와 같이, 두 가지가 있다. 명제적 견해와 동태적 견해가 그것이다. 전자는 기호학적 관점이고 후자는 행위 이론적 관점이라고 말하고 있으나 (이젠베르크 1977), 앞에서 검토한 바와 같이, 명제적 견해는 소쉬르 계통의 구조주의적 기호학과 관련되고 동태적 견해는 퍼스 계통의 실용 내지 행동주의적 기호학과 관련된다. 초기의 텍스트 문법과 같이 대용어의 사슬 (하르베크 1968 /1979)이나 문장의 접속 장치와 같은 구조적 /언어적 측면에 치중하여 텍스트 형성의 기제를 밝히는 관점을 취한다면 텍스트 과학은 구조주의적인 기호학과 자연스럽게 연결된다. 보그랑드 · 드레슬러 (1981)의 이론을 따른다면 응결성 (cohesion)의 장치를 확인하여 텍스트 형성의 질서를 탐색하는 것이 바로 구조주의적인 기호학의 뒷받침을 받는 것이다. 한편 1970

년대 이후의 화용론이나, 1980년대 이후의 인지 과학을 등에 짊어진 텍스트 과학처럼, 언어 사용자의 해석 행위에 역점을 두어 텍스트의 밑바닥에 깔려 있는 의미의 그물 [網]을 찾아내는 관점을 취한다면 텍스트 과학은 동태적 관점을 내세우는 행위 이론적 기호학과 자연스럽게 연결된다. 곧 응집성 (coherence)을 확인하여 궁극적으로 텍스트다움을 판정하는 데에는 행위 이론적 기호학의 도움이 필수적이다.

2.5. 간추림

지은이는 텍스트의 범위를 '도둑이야!'와 같은 단일 발화는 물론, 둘 이상의 문장의 결합으로부터 한 권의 책 /작품을 거쳐 사람의 의도적인 행위에 관련된 것까지 모두 텍스트로 보는 관점을 취한다. 이렇게 되면 프랑스의 구조주의 기호학자들이 시도한 신화, 민담, 시가, 주술 (呪術)에 대한 기호학적 분석은 물론, 사람의 의도적인, 이를테면 언어로 번역 가능한 비언어적인 기호도 모두 텍스트의 영역에 들어올 수 있다. 그리고 문장의 의미를 해석할 때, 화자의 태도 ("맘" /"맘으로 살핌")나 사태 ("일" /"일의 뜻")의 성격에 따라 의미를 달리 줄 수 있다는 주시경의 의미 해석 이론은 바로 텍스트의 역동성과 관련되는 것으로서 현대적 의미의 응집성 이론을 대변한다고 말할 수 있다.

텍스트의 범위를 이와 같이 잡으면 이를 연구하는 텍스트 과학은 자연스럽게 학제적 성격을 띠게 된다. 종전의 구조 /체계 지향의 좁은 의미의 언어학에서 벗어나 문예학을 비롯하여 철학, 심리학, 사회학, 그리고 인지 과학 등 다른 학문과의 교섭을 피할 수 없게 된다. 독일어의 표현을 빌려 온다면 정태적인 구조를 다루는 LINGUISTIK의 테두리를 벗어나 전통적이면서 동시에 동태적인 의미의 SPRACHWISSENSCHAFT로 복귀한다고 말할 수 있다. 우리의 용어로 말한다면 "언어학"보다는 전통적으로 사용되어 온 "어학"의 성격을 띤다고 말할 수 있다. 이는 옛것으로 복귀하면서도 학제성을 강하게 띤다는 것이다. 특히 텍스트의 함의적 측면을 중심으로 텍스트의 응집성을 가려내는 방법론이 올바른 궤도 위에 서게 되면 어학과 문학은 한 집안에서 각방거처를 하게 되는 고통을 면할 수 있지 않을까 한다. 이런 의미에서 최근 일부 대학에서 실시되고 있는 〈한국 문학 작품과 텍스트 분석〉과 같은 교양 강좌와 대학원 과정의 〈한국 텍스트 과학 특강〉은 어학과 문학을 하나로 이어 줌으로써 "언어문학"이라는 독자적인 학문 영역의 창출에 기여하는 바가 적지 않을 것으로 기대한다.

내용 보충

2.1. 문제의 제기

오늘날 인문학 내지 인문 과학은 이른바 인간학의 일부로서 공통된 지반 위에서 있으면서도 독자적인 길을 걸어 왔다. 이러한 상황 속에서 인문 과학의 방법을 종합적으로 성찰하고 새로운 방향을 모색하는 일련의 기고가 서울대학교 인문과학연구소 (편) (1984)에 실려 있다. 이곳에는 철학적 성격을 띠고 있었던 고대 로마의 "humanistas"가 현대의 인문 과학, 사회 과학, 자연 과학으로 분화되는 역사적 사정을 다룬 김여수의 "인문학의 이념"과 언어학을 구심점으로 인문 과학을 통합하려는 신익성의 "인문 과학의 통합을 위한 제이론"이 실려 있다. 이곳에서 김여수는 세 학문의 진술 체계가 모두 일련의 이론으로 구성된 체계나 모형에 의존한다는 점에서는 다를 바 없으나 오직 그 모형을 구성하는 이론들이 가지고 있는 포괄성의 정도에 차이가 있기 때문에 별개의 영역으로 다루지 않을 수 없다는 견해를 피력 (披瀝)하였다.

최근 조동일 (1997)에서는 흔히 사용하는 "인문 과학"이라는 말 대신에 "인문 학문"이라는 말을 선택하였다. 조동일은 학문 체계를 "인문 학문, 사회 학문, 자연 학문"으로 나누고 세 학문이 분화되면서 통합되는 방향으로 나아가야 한다고 하였다. 시대가 달라지면 현실을 파악하는 태도가 달라지고 이에 따라 학문의 분화와 통합이 필연적으로 일어난다. 그사이 어문학은 극도로 분화되는 길을 걸어왔다. 이제는 텍스트 과학과 같은 메타 학문에 힘입어 두 분과가 통합될 수 있다고 보고 텍스트 과학을 기호학적 관점에서 조명해 보기로 하였다.

2.2. 기호학의 흐름과 움직임

기호학의 흐름에 대하여는 소두영 (1991), 김형효 (1993b), 파레트 (H. Parret) / 김성도 (역) (1995)를 주로 참고하였다. 이 밖에 하이퍼 텍스트 중심으로, 인문 과학의 새로운 길을 모색하는 것을 목표로 융합 기호학을 다룬 김성도 (2003), 우리의 전통문화 현상을 기호학적으로 조명함으로써 문화 기호학의 새로운 가능성을 타진한 김성도 (2007), 현대 기호학의 핵심 이슈를 다룬 에코 (U. Eco) (1984) /김성도 (옮김) (2009)를 들 수 있다.

주시경의 언어 이론에 나타나는 기호학적 특징에 대하여는 고영근 (1982 /1983: 299), 고영근 (2010b: 153-6)을 보라. 기호의 구조에 대하여는 링크 /고규진 밖에

(공역) (1994: 21-54), 김경용 (1994: 제2장)에 비교적 평이하게 설명되어 있다. 그리고 김경용 (2001)에서는 예술, 대중 문화, 실천에 관련된 문제를 통하여 세계를 보는 새로운 시각을 주고 텍스트를 분석·음미하는 틀을 제공하고 있다.

소쉬르 기호학에 대한 자세한 평설은 이 정 (1980), 김형효 (1993b), 송효섭 (1997: 48-69)에서 볼 수 있다. 특히 김성도는 소쉬르의 기호학의 성립과 속성에 관련된 문제들을 다루었다. 이 밖에도 서정철 (1998: 52-108), 김방한 (1998: 95-102)에서도 소쉬르 기호 이론의 특수성을 접할 수 있다.

야콥슨의 언어 기호의 여섯 가지 기능에 대한 번역은 야콥슨 (1960) /김태옥 (역) (1977), 야콥슨 /신문수 (역) (1989: 50-91)을 보라. 야콥슨은 언어의 기능으로 정보적 기능, 표출적 기능, 명령적 기능, 친교적 기능, 관어적 기능, 미학적 기능을 들었다. 야콥슨의 언어의 기능은 뷜러 (1934 /1965) /지광신·최경은 (2008)에 나오는 "서술 (Darstellung), 표현 (Ausdruck), 호소 (Appell)"의 세 가지 기능을 확대한 것이다. 이 문제에 대하여 켈러 (O. Keller)·하프너 (H. Hafner) (1986: 14)에서는 야콥슨과 뷜러의 견해를 비교하여 그 영향 관계를 분명히 하였다. 야콥슨은 뷜러의 "호소"를 "명령적 기능"과 "친교적 기능"으로 세분하고 메타 언어적 기능과 시적 기능을 새로 세웠다.

야콥슨의 언어의 기능에 대하여는 코세리우 (1980: 53-68) /신익성 (1995: 93-114)의 비판이 있다. "정보적 기능"이란 지시적 (referential) /외연적 (denotative) /인지적 (cognitive) 기능이라고도 하는데 화자가 청자에게 대상에 대하여 내용을 알려주는 기능이다. "표출적 (emotive) 기능"이란 "표현적 (expressive) 기능"이라고도 하는데 화자의 감정과 느낌을 표시하는 기능이다. "명령적 기능"이란 "능동적 (conative) 기능"이라고도 하는데 화자가 청자로 하여금 행동하도록 요구하는 기능이다. "친교적 (phatic) 기능"이란 화자와 청자가 주고받는 인사말과 같은 비사무적인 기능을 말한다. "관어적 (關語的, metalingual) 기능"이란 말을 가지고 말을 설명하거나 해석하는 기능을 뜻한다. 곧 메타적 기능을 가리킨다. "미학적 기능"이란 "시적 (poetic) 기능"이라고도 하는데 언어를 아름답게 표현하는 기능이다.

퍼스의 기호학에 대하여는 샤피로 (1983: 25-72), 김경용 (1994: 30), 이성만 (1992c), 김성도 (1997), 이두원 (1997), 송효섭 (1997: 69-95), 윤형식 (1997)을 보라. "icon"은 "유상" (類像)이라는 말로 옮기는 일도 없지 않다 (소두영 1991). 의미 전달에 있어서는 분명한 점이 없지 않으나 쓰이지 않는 말이란 점에서 "도상"이란 보편적 용어를 사용하기로 한다. 모리스의 기호학에 대하여는 김한곤 (1969)

에 평이하게 설명되어 있다. 퍼스의 가추법은 김성도 (1997: 369-71)에 자세히 설명되어 있다. 그 개략을 보기로 한다.

연역법은 먼저 일반적 규칙을 정식화하고, 두 번째는 소전제가 특별한 경우를 제시한다. 그리고 결론은 일반적 규칙이 특수한 경우에 적용된 것을 표현한다. 이에 대하여 귀납법은 일정한 수의 특수한 경우들과 하나의 결과로부터 일반적 규칙을 표명한다. 한편 가추법은 하나의 결과와 일반적 규칙으로부터 경우를 정식화한다. 이것은 논리적 보장성이 없는 가설이다. 이 세 가지 논증 방식을 퍼스는 저 유명한 완두콩의 예로써 설명한다.

• 연역법

규칙: 이 가방 속에 들어 있는 모든 완두콩은 하얗다.
경우: 이 완두콩들은 이 가방에서 나왔다.
결과: 이 완두콩들은 하얗다.

• 귀납법

경우: 이 완두콩들은 이 가방에서 나왔다.
결과: 이 완두콩들은 하얗다.
규칙: 이 가방 속에 들어 있는 모든 완두콩들은 하얗다.

• 가추법

결과: 이 완두콩들은 하얗다.
규칙: 이 가방 속에 들어 있는 모든 완두콩은 하얗다.
경우: 이 완두콩들은 이 가방에서 나왔다.

프레게와 오그덴 · 리처드의 기호 이론에 대하여는 에코 (U. Eco) (1975) /서우석 (역) (1985)를 보라. 로트만 (Ju. M. Lotman)을 비롯한 러시아의 문화 기호론에 대하여는 송효섭 (1997: 145-231)을 보라. 기호학의 두 흐름에 대해서는 파레트 / 김성도 (1995: 31-8)에서 볼 수 있다. 송효섭은 소쉬르와 퍼스를 비교하여 두 이론의 통합 가능성을 제시한 바 있다. 배타적이라기보다는 상보적이라고 하여 통합적 기호학의 성립을 시사하였다.

립은 기호학에 "일반 기호론, 특수 기호론 … 실용론" 등의 하위 분과를 두되 그 아래로는 이들이 합쳐서 특수 분과가 성립되고 다시 이들이 나뉘어 개별 분과를 이루어 나가는 방식의 기호학을 세웠다. 포스너는 기호 통사론 (syntactics)을 중점적으로 다루되 형태론, 통사론, 문법은 물론, 통합론 (syntagmatics)과 계열론 (paradigmatics)과의 관계를 다루었다.

20세기 90년대로부터 인터넷이 보급되고 많은 텍스트들이 컴퓨터를 통한 가상 공간에서 생산되고 있다. 가상 공간에서 생산되는 언어를 특히 "통신 언어"라 하여 사회 방언의 관점에서 연구하는 일도 있다. 관련 논의는 이정복 (2003, 2009a)를 보라. 이에 따라 전통적인 텍스트의 개념인 선형성과 국지성이 파괴되어 비선형성과 전방위성을 띠게 됨에 따라 "하이퍼 텍스트"라는 새로운 텍스트 유형이 등장하고 이를 "융합 기호학"이라는 관점에서 해석하려는 노력이 보인다. 관련 논의는 랜도우 (G. P. Landow) (1997) /여국현 밖에 (옮김) (2001), 인키넨 (1999), 박여성 (2001), 고영근 (2002b), 김혜정 (2002), 김성도 (2003)을 보라. 하이퍼 텍스트는 기존의 텍스트와 단절된 것이 아닌 만큼, 생산 방식이 다르다고 하여 텍스트 개념에 변질을 가져올 정도는 아니라는 견해도 나오고 있다. 관련 논의는 픽스 밖에 (2002), 고영근 (2005)를 보라.

2.3. 텍스트 과학과 기호학

이케가미 (1975: 15-8)에서는 언어를 기호 체계의 하나로 보는 관점과 기호 체계 중에서 독특한 성격을 지닌 것으로 보는 두 가지 견해가 있다고 말하고 변형 생성 문법은 전자에, 성층 문법은 후자에 소속시키면서 일반 기호와 언어 기호의 차이점을 분명히 하였다. 이를테면 언어 기호에는 다른 기호에서는 볼 수 없는 음운론과 형태론이 있다는 것이 그것이다. 생성 문법에서 기호학을 소홀히 한다는 비판은 샤피로 (1983: 7-8)에서 볼 수 있다. 드레슬러 (1989)에서는 기호학의 역사를 둘러보면서 기호학을 언어학의 메타 학문 (Metatheorie)으로 가장 유력한 후보라고 하였다. 고영근 (1993: 145)에서는 기호학의 실용론이 언어학의 한 분과인 화용론으로 편입되는 사정을 언급하였다.

뇌트의 텍스트 과학에 대한 기호학적 견해는 드레슬러 (Hg.) (1977)에 실려 있으며 고대로부터 현대에 이르는 기호학 연구의 역사와 연구 동향에 대하여는 뇌트 (1995, 2000)에 자세하다. 뇌트의 기호학적 틀에 나오는 "비언어적 텍스트"에 대하여는 김우룡 · 장소원 (2004: 제1부)에 자세하다. 드레슬러의 텍스트 기호론은 드레슬러 (1989, 1991)에서 볼 수 있는데 1989년 발표분은 독일어로 씌어 있고 1991년 발표분은 독일어 발표분을 영어로 요약한 것이다. 드레슬러의 기호 이론을 자세히 아는 데는 독일어 발표분을 보는 것이 좋다.

텍스트 과학을 기호학과 관련시켜 이론 정립을 꾀하는 사람은 뇌트, 드레슬러 밖에도 많다. 구체적인 정보는 드레슬러 (1989: 53)을 보라. 최근 조국현 (2010)에서는 텍스트 연구가 텍스트 언어학을 넘어서 텍스트 기호학 (Textsemiotik)으로 확대되고 있다는 정보를 제공하고 있다.

보그랑드 · 드레슬러 (1981) /김태옥 · 이현호 (역) (1991: 31-44)에 텍스트의 생산과 수용에 관한 문제가 잘 정리되어 있다. "전경"과 "후경"의 개념을 중심으로 한 민족어 문법 형태의 의미에 대하여는 김규철 (1988)을 보라. 이곳에서는 전경을 "모습"으로, 후경을 "바탕"으로 옮겼다.

2.4. 주시경의 기호학과 텍스트 과학– "언어문학" 분야의 창출을 위하여

주시경의 『국어문법』에 나타나는 기호학적 인식은 지은이가 1982년에 국어학계에 보고하여 『국어학』 11에 실었고 다시 고영근 (1983: 289-310)과 고영근 (2010b: 141-70)에 실려 있다. 주시경은 한 문장의 의미를 화자의 태도 (마음)와 사태 (일)의 특수성에 따라 동태적으로 파악하였으나 그의 후학인 최현배는 주시경과는 달리 실질적인 의미를 배격하고 형식적 의미에 치중하는 문법 서술을 시도하였다. 이 문제에 대하여는 지은이가 우리 문법 연구의 역사를 엮는 자리에서 언급한 바 있다 (고영근 1983: 178, 198 /1995c: 313, 565). 주시경의 사회 사상에 대하여는 신용하 (1976)을 보라. 퍼스의 프래그머티시즘이 그의 기호 체계와 밀접한 관련이 있다는 견해는 윤형식 (1997)을 보라.

2.5. 간추림

지은이는 독일어의 "Sprachwissenschaft"와 "Linguistik"이 우리의 "어학"과 "언어학"의 개념과 비슷하다고 하였다. 독일에서는 일반적으로 언어학이라고 하면 "Sprachwisssenschaft"를 사용하고 있으며 바이스게르버 (L. Weisgerber)와 기퍼 (H. Gipper) 등의 언어 내용 학파는 위의 용어가 가리키는 울타리 안에서 언어를 동태적으로 파악하고 있다. 언어에 정신을 형성하고 문화를 창조하고 역사를 지배하는 힘이 있다고 보는 것이다. 이 문제에 대한 자세한 논의는 이성준 (1993), 정시호 (1996)을 보라. 우리도 주시경 이후의 어학자를 "어문학자" 또는 "한글 학자"라 불렀는데 언어를 체계 위주로 파악하기보다는 민족 문화의 창조나 민족정신의 형성과 깊은 관련이 있는 것으로 파악하였다. 당시는 대개 언어학보다는 "어학"이라는 말로써 언어학 일반을 가리키는 일이 많았다. 코세리우 (1981: 51) /신익성 (역) (1995: 91)에서는 텍스트 과학을 "의의의 언어학" (Linguistik des Sinnes) 이라 불렀다. 이는 다시 말하면 파롤의 언어학으로서 전통적인 의미의 어학과 거리가 멀지 않은 것으로 보인다.

연구 과제

1. 지은이는 본서가 지향하는 철학적 배경을 분명히 한다는 뜻에서 기호학의 역사를 더듬고 동태적 견해를 뒷받침하는 퍼스류의 기호 이론을 우리 나름의 기호학을 건설한 주시경의 기호 이론과 관련시켜 보았다. 주시경의 『국어문법』을 읽으면 논리학 서적을 읽는다는 느낌을 받을 때가 많다. 이런 점에서도 주시경과 퍼스가 공통된 철학을 바탕으로 하고 있음을 알 수 있다. 우리의 전통 시대 철학자들의 업적도 기호학이라는 돋보기를 쓰고 보면 현대 학문과 숨을 같이 쉴 수 있는 인식 체계를 발굴할 수 있다고 생각한다. 이 이, 이 황 등의 성리학자와 최한기 등의 실학자들의 철학서를 대상으로 이 문제를 풀어 보라.

2. 지은이가 대당시킨 주시경과 퍼스 /모리스의 기호 체계가 과녁을 벗어나지 않았는지 두 계열의 철학자들의 논저를 다시 검토하여 타당성 문제를 검토해 보라. 지은이가 주시경의 기호학을 서양적인 잣대로 보는 데 대하여 비판이 없지 않았다. 이와 함께 참된 우리의 민족학 (한국학)이 지향해야 할 바를 같이 토론해 보라.

제 3 장 텍스트 기호론과 통합적 언어문학론의 전개

3.1. 문제의 제기

현재 나라 안팎의 모든 어문학과가 한 집안에서 살림을 차리고 있지마는 "각방거처"를 하고 있어서 정보의 교환이 이루어지지 않음은 물론, 심하게는 적대적 관계를 맺는 일도 없지 않으며 한때 국내의 어느 대학은 어학은 문학 연구에 직접 관련이 없다는 이유를 들어 문학 강좌만 개설한 일까지도 없지 않았다. 이는 물론 두 학문의 기초 과학이 하나는 언어학이고 다른 하나는 문예학이라는 데서 그 까닭을 찾을 수 있다. 구조주의가 얼굴을 내밀게 되기까지는 어학이든 문학이든 간에, 대부분 작품의 어구 (語句) 해석 (解釋)이나 이본 (異本) 대교 (對較) 등의 문헌학적 연구에 중점이 놓여 있었기 때문에 그런대로 두 학문의 "합방 거처"가 가능하였다.

그러나 20세기에 들어오면서 언어 기호가 기표 (記標)와 기의 (記意)의 양면으로 구성되어 있다는 사실이 공인을 받게 되어 언어학의 독자성이 확보되기에 이르자 오랫동안 합방 거처를 하던 어학과 문학이 점점 그 거리를 멀리하기 시작하였다. 대학에 따라서는 대학원 과정에서 국어학과 국문학으로 전공이 분리되어 완전히 각방거처를 하고 있으며 물론 연구자가 참여하는 학회도 성격을 달리하고 있다. 나라에 따라서는 어학부와 문학부로 나누되 다시 '일반 언어학 : 비교 문예학'과 '개별 언어학 : 개별 문예학'으로 가지를 치는 일도 없지 않으나 교과 과정의 운영에서는 어문학과를 두고 있는 대학과 큰 차이가 없다.

지은이가 이곳에서 뜻하는 바는, 제1장에서 검토한 바와 같이 1960년대 중반기부터 독일을 비롯한 유럽에서 태동하여 40여 년 동안 왕성한 발전을 거듭해 온 텍스트 과학을 발판으로 삼아 어학과 문학을 연계시켜 독자적인 "언어문학론"이라는 틀을 지은이 나름대로 제시해 보려고 하는 것이다. 먼저 우리 민족 문학 작품에 대한 언어문학적 이해나 분석의 발자취를 밟아 보기로 한다.

3.2. 어학과 문학, 그 만남의 발자취

전통 시대에는 어학과 문학이 "성리학"이라는 철학의 울타리 안에서 영역의 구분 없이 혼재되어 있었다. 철학을 논하는 자리에서 문학이 논의되는가 하면 어학적 측면을 철학과 관련하여 해석하는 것이 보통이었다. 갑오개혁 이후, 어학이 고유의 영역을 확보하면서 텍스트의 응집성과 관련되는 의미 해석 이론을 전개한 일이 있어 어학과 문학을 연계시킬 수 있는 바탕이 마련되기도 하였다. 주시경의 『국어문법』(1910) 가운데서 이런 사고 체계를 발견할 수 있다. 어학은 주시경의 후계 학자들과 박승빈 (朴勝彬) 등에 의해서 민족 어문의 표준화 운동을 뒷받침하는 실천적 연구의 방면으로 영역을 넓혀 나갔다. 그러나 문학은 처음부터 어학과 혼재된 상태에서 연구의 실마리를 찾았다. 이른바 "국학" (國學)이라는 테두리 안에서 수행된 것이다. 대표적으로 안 확 (安廓) (아호는 自山)과 같은 사람은 처음에 어학 방면에 관심을 가졌다가 나중에는 역사, 문학, 음악, 미술 방면으로 시야를 넓히면서 우리의 민족학 (국학, 한국학) 체계를 세웠다. 정인보 (鄭寅普), 이병기 (李秉岐) 같은 민족학자 (국학자)도 안 확과 같은 테두리 안에 넣을 수 있다. 특히 이병기는 민족어학 (국어학)을 건설한 주시경의 영향을 받아 처음에는 어학 쪽에 관심을 돌렸으나 나중에는 문학 방면으로 시선을 돌리면서 고전 작품에 대한 문헌학적인 천착도 게을리하지 않았다.

민족학의 테두리 안에서 수행되던 어학과 문학이 본연의 영역을 확보하기 시작한 것은 경성 제국 대학을 졸업한 일군 (一群)의 어학도와 문학도의 업적에서 찾을 수 있다. 대표적으로 이희승, 이숭녕, 김형규는 언어사 방면에 관련된 주제를 중심으로 연구를 수행하였고 조윤제, 김태준, 김재철 등은 문학사 방면의 주제에 관심을 기울였다. 이희승은 언어사와 민족어 규범에 관련된 연구를 수행하면서 문학사와 작품 감상론을 전개하였다. 방종현은 언어사와 어학사 방면에 관한 업적을 남기면서 문헌학에 관심을 기울여 어학과 문학의 접촉 지대를 넘나들었다. 그는 어학과 문학이 각방거처를 시작하는 시기에 두 분야를 연계시키는 일을 소홀히 하지 않았다. 어학 자료뿐만 아니라 문학 자료에 대한 연구도 동시에 수행하였기 때문이다.

한편 독학을 하거나 다른 분야에서 건너온 민족학자들 가운데는 고전 작품의 주석과 발굴에 많은 관심을 기울인 사람들도 있었다. 대체로 어학적 성향이 강한 학자들은 향가 해독이나 고려 가요 등의 주석에 관심을 기울였고 문학적 성향이 강한 사람들은 근대 작품의 문헌적 연구에 기울어졌다. 전자의 대표적인 학자는 영문학자였던 양주동 (梁柱東)이고 후자의 대표적 학자는 민족학자의 테두리에 넣었던 이병기였다. 주시경의 후학인 신명균 (申命均)도 이병기와 같은 부류에 속한다. 이들도 어학과 문학을 연계시키는 데 적지 않은 공헌을 하였다. 일제 시대에 나온『朝鮮語文學會報』,『한글』,『正音』등의 잡지를 보면 국어국문학이 합방 거처를 하고 있었음을 쉽게 알 수 있다. 첫 잡지는 어학과 문학이 합방 거처를 한 대표적인 예이고, 뒤의 두 잡지는 비록 어학 잡지이기는 하여도 문학에 관련된 정보도 적지 않게 실었다. 한편 연해주와 중앙아시아에서 활동하던, 게 (계)봉우 (桂奉瑀)도 민족학자의 반열에 세울 수 있다. 그는 민족어 문법을 저술하는가 하면 우리 민족의 문학과 역사, 민속에 대하여도 많은 연구 업적을 쌓았다.

이러한 전통은 오늘날에도 그대로 지속되어 『국어국문학』, 『한국어문학』, 『한국언어문학』 등 어문학 관련 학술지가 지속적으로 간행되고 있다. 우리의 대부분의 언어문학 단체의 잡지가 이런 성격을 띠고 있다. 이런 현상은 어학과 문학의 결별 (訣別)이 간단하지 않음을 웅변한다고 하겠다. 직접적으로는 두 학문이 연구 인력을 길러 내는 대학에서 한 집에 살고 있기 때문이기도 하지만 그보다도 인접 학문을 매개로 하여 서로 공유하는 영역이 적지 않다는 데서 까닭을 찾을 수 있다. 교양 국어나 기초 외국어의 훈련을 비롯하여 문헌학, 문체론 등의 영역이 두 학문을 이어 주는 다리 노릇을 하고 있기 때문이다.

해방이 되면서 국어국문학과 등 어문학과가 세워지고 어학도와 문학도의 인구가 늘어감에 따라 어학과 문학이 고유의 영역을 찾아 각방거처를 하는 일이 눈에 띄게 늘었지만 그런 분위기 속에서도 어학자와 문학자 가운데는 문학과 어학을 연계시키려는 노력을 꾸준히 보이는 사람이 적지 않았다. 이희승, 방종현, 지헌영, 김사엽, 허 웅, 정병욱, 심재완 등은 독자적으로 고전 작품의 주석과 교감의 문제에 관심을 기울였다. 이 점은 북한도 사정이 같다. 북한 최초의 어학 잡지 『조선어연구』를 보면 그런 흐름을 짐작할 수 있다.

어학과 문학의 상호 연계에 바친 양주동과 이희승의 업적은 눈여겨볼 만한 것이 많다. 이희승은 원래 어학 전공이었지만 시작 (詩作)과 수필에도 관심이 꾸준하였고 고전 작품의 주석과 시가사 (詩歌史)에 대하여도 일가견을 가지고 있었던 관계로 어문학자 중에서 어학과 문학을 연계시킬 수 있는 가장 적합한 학자였다. 양주동은 원래 시인으로 출발하였으며 불문학과 영문학을 전공한 경험을 바탕으로 우리의 고대 시가인 향가를 해독하고 고려 가요를 해석하였다. 어학자로서 문학에 대한 소양을 쌓은 이희승과 문학자로서 어학에 소양을 쌓은 양주동은 고전 작품의 응집성 파악에 선구적인 역할을 하였다. 양주동은 고려 가요 「가시리」와 「서경별곡」을 통하여, 이희승은 고려 시대의 문신 이조년 (李兆年)의 시조를 비롯하여 역대의 중요 시조 작품을 통하여 작품 감상론을 펼치고 궁극적으로는 한 텍스트의 응집성을 파악할 수 있는 길을 열어 놓았다.

조윤제는 국어학과 국문학을 "국어국문학"이라는 단일 학문으로 정립하는 이론적 근거를 마련하였다. 조윤제는 민족과 민족 감정에 기준을 두어 국어학과 국문학이 독립된 학문이 아니라 하나의 학문으로 결속(結束)될 수 있다고 하였다. 조윤제는 "국어"를 물에, "국문학"을 물고기에 비유한 바 있는데 이는 두 학문이 서로 떨어질 수 없는 밀접한 관련을 맺고 있다는 뜻이다. 국어국문학을 하나의 통합된 과학으로 세우려는 조윤제의 견해가 어느 정도 보편성을 띨 수 있는지 단정할 수 없지만 어학과 문학을 연계시킬 수 있는 메타 이론을 제시하였다는 점에서 주목할 가치가 있다.

어학과 문학을 연계시킬 수 있는 실증적인 연구는 1950년대 중반부터 얼굴을 내밀기 시작하였다. 정병욱은 글자 수를 가지고 우리 시가의 구성 원리를 탐색하려고 하였던 종전의 태도를 반성하고 운율 이론에 근거하여 음군 (音群)의 시간적 등장성 (等長性)을 단위로 하는 음보 (音步)를 세웠다. 이 과정에서 정병욱은 그사이 이루어진 어학적 성과도 폭넓게 거두어들여 문학과 어학을 접합시키는 경험적 기초를 쌓았다.

1950년대 후반부터는 문체론의 연구에서 두 학문이 얼굴을 맞대었다. 이전의 이병기, 방종현 등에 의해서 수행된 문헌학적 연구도 두 학문을 연계시킬 수 있는 경험적 요인이 되었지만 더 중요한 것은 문체론을 통하여 두 학문이 자연스럽게 연결될 수 있었다는 점이다. 어학자는 어학자대로, 문학자는 문학자대로 문체론의 이론과 실제를 구명하였지만 결과적으로 두 학문은 그 어름에 자리 잡는 문체론이라는 독자적인 영역을 구축할 수 있었다. 이인모 (李仁模)와 정한모 (鄭漢模)의 업적이 대표적이다.

1970년대 이후부터 지금까지는 미국의 구조주의와 변형 생성 문법, 러시아 형식주의, 독일의 수용 미학의 영향으로 한 작품에 대한 기호학적 분석, 언어학적 문체론, 표현 문체론과 개인 문체론의 연구가 성황을 이루어 왔다. 경우에 따라서는 문학자가 어학자의 연구 결과를 작품 분석에 응용하려는 기운도 일고 있어 두 방면의 접근이 가시화될 가능성이 없지 않아 보인다. 1950년대에 시도된, 운율론에 근거한 연구가 다시 맥을 이어 우리의 시가를 어학적 관점에서 전반적으로 다시 굽어보는 일이 있었는가 하면 율격 음운론에 기대어 시조의 운율 구조를 규정해 보기도 하였다. 이런 업적들은 1950년대에 제창된 우리 시가의 음보론을 계승・발전시킨 것인데 이로 말미암아 우리 고전 시가의 형태적 구조가 선명하게 드러났다.

1990년대로 접어들면서는 독일의 텍스트 과학을 비롯하여 경험 구성적 문예학, 구성주의, 미국의 화용론과 수사 구조 이론이 도입되어 언어문학론을 구성하는 일도 볼 수 있고 어학자와 문학자의 협동을 통하여 문체론이 공동으로 집필되고 지금까지의 언어와 문학에 대한 이론적 수용과 연구 성과를 발판으로 삼아 조선 시대부터 현대에 이르는 시 작품과 산문을 분석한 결과가 나와 어느 정도의 종합화가 이루어진 것은 어학과 문학의 만남이 그런대로 성취되고 있음을 뜻한다고 하겠다. 그리고 최근 성과가 나타나고 있는 『두시언해』에 대한 어학도와 문학도의 공동 주석 작업은 두 학문의 만남의 중요한 산물이라고 하겠다.

3.3. 일상 언어 기호론과 문학 언어 기호론의 만남

언어 기호는 이중 분절 (二重分節)이 된다는 점에서 그 구조가 매우 복잡하기는 하나 다른 기호 체계에 비하여 전달에 정확성을 기할 수 있기 때문에 일찍부터 대표적인 기호로 인식되어 왔다. 언어 기호의 성격을 밝히는 데 있어서는 기표 (시니피앙)와 기의 (시니피에)만을 대상으로 하는 좁은 의미의 기호론을 택할 수도 있고 언어 사용자를 고려하는 넓은 의미의 기호론을 지향할 수도 있다 (앞에 나옴, 50-1쪽). 이곳에서는 후자를 중심으로 언어 기호론과 문학 기호론을 정립하고 이를 바탕으로 "언어문학 기호론", 곧 텍스트 기호론을 세우는 문제를 논의해 보려고 한다.

지은이는 "텍스트"란 말이 일상 언어 기호는 물론, 문학 기호도 포괄한다는 관점을 취하기 때문에 (뒤에 나옴), 언어문학 기호를 "텍스트 기호" 속에 포괄하였다. 눈을 크게 뜨면 우리가 아침저녁으로 대하는 TV의 화면을 통해 보는 "영상" (映像)을 비롯하여 생활 필수품과 다름없이 우리의 생활에 밀착해 있는 컴퓨터의 영상도 텍스트의 테두리에 넣을 수 있다 (앞에 나옴, 9쪽). 언어 기호의 정립에 언어 사용자를 고려한다는 것은 일차적으로는 화자의 심리적 요인을 가미 (加味)시킨다는 뜻이다. 그리고 상황의 특수성과 같은 사회적 요인도 크게 작용한다. 두 요인을 통보・실용적 (通報實用的)인 요인 (要因)으로 묶기로 한다.

언어 기호는 크게 일상 언어 기호, 문학 언어 기호, 공용 언어 기호로 나뉜다. 일상 언어 기호는 일상생활에서 주고받는 말을 가리키며 문학 언어 기호는 전자에 심미적 기능이 부가된 기호를 가리킨다. 공용 언어 기호는 내용을 논리적으로 귀결시켜 주장을 뚜렷이 하는 논설 /논문류를 주로 가리킨다.

일상 언어 기호는 음성 언어로 되어 있는 것이 원칙이다. 화자와 청자가 자신의 주변에서 일어나는 사건을 양방향적 (兩方向的)으로 주고받는 크고 작은 한 덩어리의 "발화" (發話)가 통보 행위 (커뮤니케이션)의 단위가 된다. 이곳에는 비록 얼굴을 맞대지 않는다 하더라도 전화로 주고받는 말씨도 포함됨은 물론이고 사사로이 주고받는 편지도 포함될 수 있다. "발화"의 성립 과정을 그림으로 표시하면 다음과 같다.

(1) 일상 언어 기호의 성립 과정

화자 — "발화" — 청자

(양방향 화살표는 화자와 청자가 이야기를
주고받는 상황이 양방향적이라는 뜻이다.)

일상 언어 기호에는 화자가 남으로부터 들은 이야기나 자신이 생각한 것을 청자에게 일방향적으로 진술하는 서술 (敍述, 또는 '서사' (敍事)) 형태의 말씨도 포함된다. 그것은 일상생활에 관련된 이야기일 수도 있고 책을 통하거나 귀를 통하여 들은 백과사전적인 지식일 수도 있으며 경우에 따라서는 한 짝의 민담이나 설화가 될 수도 있다. 독백은 청자를 직접 상정하지 않는다는 점에서 서술 (서사)과 비슷한 면이 없지 않으나 내적으로는 남이든지 자기 자신이든지 청자를 전제하고 있다는 점에서, 일상 언어 기호의 테두리에 넣어도 문제가 없어 보인다. 일상 언어 기호에는 문학 언어 기호의 속성이 파악되는 면도 없지 않으나 이런 점은 일단 논외로 하기로 한다.

문학 언어 기호는 일상 언어 기호와는 달리 원칙적으로 문자 언어에 기대기 때문에 크고 작은 한 편의 "작품"이 통보 행위의 단위가 된다. (1)의 "화자 : 청자"가 "작자 : 독자"로 대치되고 통보 행위의 단위가 "발화"에서 "작품"으로 모습을 바꾼다는 차이점이 있다. 따라서 통보 행위가 일방향성을 띠게 된다. 이곳에는 희곡이나 시나리오도 포함된다. 이를 그림으로 표시하면 다음과 같다.

(2) 문학 언어 기호의 성립 과정

작자 — "작품" — 독자

(일방 화살표는 통보 기능이 일방향적이라는 뜻이다.)

문학 언어 기호가 일상 언어 기호와 다른 점은 현실 세계에 작자의 상상력이 가미되어 허구의 세계를 심미적으로 창조한다는 것이다. 그러나 문학 언어 기호도 깊이 생각해 보면 일상 언어 기호와 큰 차이점이 없다는 것을 깨닫는다. 특히 소설이나 희곡의 경우에는 (1)의 "발화" 단위와 같이 등장 인물끼리 주고받는 대화가 있는가 하면 독백조의 말씨도 발견된다.

공용 언어 기호는 우리의 공공 생활에서 문자의 힘을 빌려 수행되는 크고 작은 "문서"가 통보 행위의 단위가 된다. 문서에는 공문서를 비롯하여 논문이나 논설, 신문의 기사, 광고 등 불특정 다수의 수신자를 대상으로 한 언어 기호가 포함된다. 앞의 두 종류의 언어 기호를 제외한 모든 것이 포함된다. 이곳에는 전파 (電波)를 통해 주고받는 각종 문서도 포함된다. (1)의 전화 통화가 일상 언어 기호에 속하는 것과 사정이 같다. 이를 그림으로 표시하면 다음과 같다.

(3) 공용 언어 기호의 성립 과정

필자 — "문서" — 독자

(일방 화살표는 통보 기능이 일방향적이라는 뜻이다.)

필자에는 "발신인, 기업주"도 포함될 수 있고 독자에는 "수신인, 고객" 등도 들어올 수 있다. (3)의 "문서"는 문자에 기댄다는 점으로는 (2)의 문학 언어 기호와 차이가 없지마는 허구적 세계가 아닌 현실 세계를 반영한다는 점이 다르다. 이런 점에서는 오히려 (1)의 "발화"와 비슷한 점이 없지 않으나 그 통보 기능이 일방향성을 띠었다는 차이점이 있다.

이 밖에 TV나 개인용 컴퓨터의 화면을 통하여 비치는 영상도 텍스트의 범주에 들 수 있다. TV 화면은 영화나 라디오와 같이 제작자가 방영 / 방송하는 내용을 수신자인 시청자가 수동적으로 받아들인다는 점에서 (2), (3)의 "작품", "문서"와 차이가 없다. 그러나 이 경우도 방송통신 심의위원회의 심의를 받거나 모니터나 시청자의 견해를 참작하여 프로그램과 방송 내용을 개선한다는 점에서 생산자와 수용자의 통보 기능이 양방향적이다. 컴퓨터는 화면에 비치는 영상을 인터넷을 통하여 정보를 받아 가공하고 다시 이를 상대방에게 보낼 수 있다는 점에서 크게는 작품이나 문서와 큰 차이가 없으나 즉각적 조작이 가능하다는 점에서 다른 텍스트와 차이가 난다. 영화나 TV의 영상은 언어나 문자 밖에 음향, 사진, 그림 등 각종 보조물이 등장하는데 이를 지은이가 제시한 세 종류의 텍스트와 어떻게 관련시켜 형식화할까 하는 문제가 제기된다는 점에서 해결이 단순치 않다. 이런 점을 고려하여 이곳에서는 당분간 위의 세 종류의 텍스트를 대상으로 하기로 한다.

이상의 세 종류의 통보 행위에 나타나는 "발화 — 작품 — 문서"는 "텍스트" (Text)라는 단위 가운데 포괄할 수 있다. 텍스트란 사람의 의지로 창조되는 가청 가시적 (可聽可視的)인 언어 기호가 대종 (大宗)을 이루지만 설사 언어 밖의, 이를테면 그림과 같이 언어 기호로 번역 가능한 기호도 포함시키는 태도를 취한다. 광고에는 그림 밖에 언어 기호가 동반되는 일이 많고 드물기는 하지만 그림만으로 광고의 효과를 노리는 경우도 없지 않기 때문에 텍스트의 범위를 위와 같이 잡아 보았다.

텍스트가 사람의 의도적인 통보 매체인 이상, 이를 주고받는 과정에는 반드시 그것을 만들어 내는 생산자가 있어야 하고 이를 받아들이는 수용자가 전제된다. (1)의 "화자", (2)의 "작자", (3)의 "필자"가 모두 텍스트 생산자에 포괄되고 (1)의 "청자", (2)와 (3)의 "독자"는 모두 텍스트 수용자의 테두리에 들어온다. 텍스트의 생산은 생산자의 창의로 이루어지는 수도 있지만 대부분 다른 텍스트와의 "간 (間)텍스트 작용" (더러 텍스트 상호성, 뒤에 나옴)을 거쳐 이루어진다. 간텍스트 작용이라는 것은 우리들의 지식이 대부분 다른 사람의 말이나 책 등 문화유산과의 상호접촉을 통해 지식의 "물려받음"이 이루어진다는 뜻이다. 텍스트의 수용은 수용자가 단순히 받아 지니는 일도 없지 않으나 대부분 자기의 말씨로 바꾸거나 [換言], 자기 나라말로 옮기는 [飜譯] 가공 (加工, Verarbeitung)의 단계를 거쳐 남에게 "물려줌"의 절차를 밟는 것이 보통이다. "물려받음"과 "물려줌"의 개념은 역점 (力點)을 어디에 두느냐에 따른 표현상의 차이이지, 개념상으로는 다름이 없다. 가공의 단계는 수용자를 다시 생산자의 위치에 설 수 있게 한다. 텍스트란 그것이 어떠한 형태를 띠고 있건 간에 생산자와 수용자의 사이를 이어 주는 "다리" 내지 "운하" (運河)의 역할을 하는 매체적 기능을 띠고 있다고 말할 수 있다.

지금까지 논의한 텍스트의 "생산－매개－수용－가공"의 과정을 그림으로 표시하면 다음과 같다.

(4) 텍스트의 생산과 수용의 과정

(물려받음)－생산 (생산자)－매개 (텍스트)－수용 (수용자)－가공－(물려줌)

("물려받음", "물려줌"을 괄호로 에운 것은
그 행위가 반드시 필수적이지 않다는 뜻이다.)

기호학적 관점에 설 때, 세 가지 언어 기호는 모두 생산자와 수용자가 전제되어 있다는 점에서 공통된 특징을 지니고 있다. (1)에서는 통보 기능이 양방향성을 띠고 있는 것으로 보고 (2)와 (3)에서는 일방향성을 띠고 있는 것으로 보았으나 (4)에서는 다시 양방향 화살표로 표시하였다. 즉발적 (卽發的)이냐 우회적 (迂廻的)이냐 하는 차이만 있을 뿐, 궁극적으로는 양방향적 통보 행위의 성격을 띤다는 점을 고려하였기 때문이다. 독자가 "문서"나 "작품"을 읽거나 듣고 회신을 보낸다든지 소감을 말한다든지 비평을 할 수 있다는 점에서 그러하다. 이렇게 본다면 문학 언어 기호는 일상 언어 기호나 공용 언어 기호와 마찬가지의 성격을 지니고 있음을 알 수 있다.

문학 언어 기호가 다른 언어 기호와 구별되는 것은 허구적 세계가 미적으로 구축되어 있다는 점이라고 하였다. 허구적 세계로 구축되어 있는 만큼, 작품 생산자의 상상력 (想像力)이 가미되게 마련이고 특히 시의 경우는 이에 병행하여 형식에서도 고도 (高度)의 정제성 (整齊性)이 결부되는 것이 보통이다. 한 작품에 스며 있는 텍스트 생산자의 상상력을 음미하려면 거기에 녹아 있는 (내포되어 있는) 의미를 탐색해 내어야 한다. 그 의미란 내포적 의미 /함축적 의미 (더러 共示義)를 가리킨다. 일상 언어 기호나 공용 언어 기호에도 내포적 의미가 결부되는 일이 없지 않으나 그런 경우는 매우 드물고 대부분은 외연적 /지시적 의미 (더러 外示義)가 주류를 이루고 있다. 문학 작품 가운데서도 시 작품에 내포적 의미가 특히 많이 결부되어 있다. 소설이나 희곡에 비하여 시 작품을 분석 대상으로 한 연구가 많은 것은 이러한 이유 때문이다.

흔히 기호학자들은 시 문학 작품이 지니고 있는 내포적 의미를 2차 기호의 의미라 부른다. 2차 기호란 1차 기호의 객관적 (인지적 /지시적 /외연적) 의미에 덧씌워진 주관적 (내포적 /함축적) 의미를 지닌 기호를 가리킨다. 일찍이 이희승은 단어의 의미를 주의 (主意), 부의 (副義), 감정 가치 (感情價値)의 셋으로 나누어 그 성격을 논의한 일이 있다 (이희승 1955 /2000: 164-6, 고영근 2010b: 269). 주의는 외연적 /지시적 의미에 해당하고 부의는 실제 상황에서 드러나는 구체적 의미를 가리킨다. 감정 가치란 기분과 연상을 수반하는 것으로 부의에 비하여 한층 더 상황 의존적인 의미를 뜻한다. 인자한 '아버지'에 대하여는 무한한 자애미(慈愛美)를 느끼고 엄숙한 '아버지'에 대하여는 엄숙미 (嚴肅美) 내지 공포감 (恐怖感)을 느끼는 것과 같은 의미 속성을 가리킨다. 일종의 상황 의존적 내지 실용적 의미라고 하겠다. 기호학자들의 내포적 의미 /2차 기호의 의미란 것도 알고 보면 감정 가치의 테두리에서 이해할 수 있는 의미의 측면이라고 생각한다. 문학 작품에는 함축적 의미 /비축어적 의미를 전달하는 간접 표현이 많이 활용된다. 은유, 환유, 풍자, 간접 화행, 속담 등이 그러한 예이다.

3.4. 통합적 언어문학론의 세움

앞에서 우리는 문학 언어 기호의 성립 과정이 일상 언어 기호와 큰 차이가 없기 때문에 양자는 "텍스트"라는 상위의 통보 행위의 단위에 소속될 수 있다고 하였다. 언어학에서 오랫동안 문장 층위의 문법 질서의 탐색에 골몰해 오다가 1970년대에 들어오면서 이른바 실용적 전환에 힘입어 통합적 언어 이론을 탐색해 왔던 것과 마찬가지로, 문예학에서도 이런 경향을 접할 수 있어 두 학문의 병행적인 발전 추이를 실감할 수 있다. 전통적으로 문예학은 작품의 해석에 집중되어 있었는데 최근에 와서는 문학적 통보 행위의 차원으로 그 영역이 확장되고 동태적 관점에서 통보 행위의 과정성을 탐구하려는 기운이 성숙되고 있다. 이러한 시대적 추이는 두 학문이 공통된 기호학적 틀을 지니고 있다는 사실과 깊은 관련이 있다. 그사이 시 문법을 문장 층위에서 연구해 오던 태도를 지양(止揚)하고 텍스트 /담화 층위로 그 영역을 넓혀야 한다는 최근의 목소리들이 뒤바뀐 그동안의 사정을 잘 대변하여 준다.

통합적 언어문학론의 정립에서 몇 가지 짚고 넘어가야 할 이론적 전제가 있다.

(5) 통합적 언어문학론의 정립을 위한 이론적 전제
  가. 우리의 전통적인 의미 해석 이론과 작품 분석 이론을 현대의 통합적인 언어문학 이론에 어떻게 접합시킬 것인가?
  나. 언어 기호의 함의적 측면을 문학 작품의 분석에 어떻게 활용할 것인가?
  다. 인지적 효과, 의의의 불연속성, 정보성의 격상 및 격하, 약성 함축, 수사 구조 이론 등을 포괄하는 문학적 실용론을 어떻게 문학 작품의 분석에 적용할 것인가?
  라. 경험 사실적 문예학 /구성주의 문예학을 텍스트 과학에 어떻게 접합시킬 것인가?

(5다)는 이미 그 성공 여부와는 관계없이 적용 문제가 논의되었기 때문에 이곳에서는 반복하지 않기로 한다. 이곳에서는 (가), (나), (라)를 부분적으로 통합하여 문학 작품을 언어학적으로 분석할 수 있는 모형 한 가지를 제안해 볼까 한다.

(5가)의 "전통적 의미 해석 이론"이란 일찍이 주시경의 『국어문법』(1910)에서 체계화되었는데, 언어 기호의 의미를 화자의 태도 및 사태의 특수성과 관련시켜 해석하는 것이다. "전통적인 작품 분석 이론"이란 일찍이 이희승 (1949)의 시조 감상론에서 제기된 문학 감상론을 가리킨다. 전자는 한 문장에 대한 의미 해석 이론이고, 후자는 시조 한 마리 (一首)에 대한 의미 해석 이론이다. 양자는 그 대상은 다르지만 의미를 동태적 · 과정적인 측면에서 파악하고 있다는 점에서 최근의 구성주의 문예학에서 말하는 의미 사용 이론과 접합되는 점이 적지 않다.

바이츠체거 (C. F. von Weitzsäcker) 이후로 자연 과학의 객관성과 진리에 대한 믿음이 깨어진 것과 비슷하게 언어와 인식의 분야에서도 지금까지 의심받지 않았던 통보 행위 (커뮤니케이션)에 대한 "닫힌" 과학을 "열린" 과학으로 바꾸려는 반성이 일고 있다는 사실과 관련시킬 때, 우리 선인들의 의미 해석 이론과 문학 감상 이론은 여러 가지로 시사 (示唆)하는 바가 적지 않다. 그것은 한 문장이나 작품의 의미를 고정된 것으로 보지 않고 가변적 · 동태적으로 보는 관점을 취하였기 때문이다.

먼저 주시경의 의미 해석 이론을 보기로 한다. 앞의 주시경의 기호학 이론을 설명할 때 들었던 구절 (40쪽)을 다시 가져오기로 한다.

(6) 말로 그 뜻을 풀어내기 어려움은 그림으로 풀 것이요, 그림으로도 밝게 하기 어려움은 말로 풀 것이요, 이 두 가지로 다 풀 수 없음은 그 일의 뜻을 마음으로 살피어 풀지니라. (『국어문법』 1910: 64) (현대 역)

앞에서 지은이는, 주시경의 "말"은 언어 기호에, "일"은 지칭 대상에 해당한다는 사실을 지적한 바 있는데 지칭 개념을 뜻하는 "일의 뜻"과 해석 행위인 "마음으로 살피는"을 추가하여 의미 해석의 단계를 명시하였다. 의미를 해석할 때에는 언어 기호 사이의 관계를 먼저 살펴보고 그것이 여의치 않을 때에는 도해 [그림 풀이]에 기대고 다시 그것으로 충분하지 못하면 대상이 가리키는 개념을 화자의 태도와 관련시켜야 한다고 하였다. 이러한 의미 해석의 원리에 따라 한 문장이 여러 가지 뜻을 지니는 문제를 풀었다. 의미란 고정되어 있는 것이 아니고 화자의 마음먹기에 따라 달라진다는 견해를 내놓았다. '그 사람이 마음이 착하다'에서 주어 명사구 '마음'이 '착하다'와 함께 서술어가 될 수도 있고 주어 명사구 '마음'이 '착하다'의 한정어로 볼 수 있다는 해석이 그것이다.

다음으로는 이희승의 문학 감상 이론을 보기로 한다. 이희승은 「시조 감상의 일수 (一首)」 (1949)에서 고려 말기의 정승이며 문인이었던 이조년의 시조 「이화에 월백하고…」를 감상하기에 앞서 시조 감상의 방법론을 피력하였다. 먼저 이희승은 당시의 고전 문학 연구가 훈고·주석 (訓詁註釋)에 치중한 나머지 작품의 미적 가치를 파악하는 데는 소홀히 하였다고 비판을 가하고 문학 내지 예술에서는 과학과는 달리 이해 이외에 감상 (鑑賞)이 필요하다는 점을 강조하였다. 이해는 감상의 선행 조건임도 명시하였다. 이곳의 "이해"라 함은 현대 문예학의 "해석"에 해당하는 개념이며 "감상"은 해석의 결과에 따라 야기되는 심적인 충격으로 볼 수 있다. 이해가 감상의 선행 조건이라는 발언 역시 현대 문예학의 작품 감상론과 거리가 멀지 않다.

이어 이희승은 감상에 대하여 다음과 같은 견해를 피력하였다.

(7) 감상에 대한 이희승의 견해

> 그러면 감상이란 무엇인가? 이것은 누구나 잘 아는 말이다. 그러나 그 진정한 의미를 해득하기는 그리 용이한 일이 아니라 생각된다. 어떠한 작품에 대하여 공감 공명 (共感共鳴)하는 것을 감상이라고 하는 이가 있다. 또는 어떠한 작품의 가치를 음미 판단 (吟味判斷)하는 일이라고 말하는 이도 있다. 좀 더 적절히 말하면 어떠한 작품에서 미 (美)를 발견하려는 태도나 활동을 감상이라고 할 수 있다.

구체적으로 명시되지 않았지만 감상의 주체는 독자이다. 곧 독자가 작품 속에 스며 있는 미를 발견해 내는 활동이 감상이다. 이는 물론 작품의 이해를 바탕으로 성립되는 독자의 심적인 충격 내지 구체화의 과정이다.

서론에 이어 이희승은 본론에서 시조 감상의 절차를 베풀었다. 시조는 시이기 때문에 미가 포함되어 있고 시조를 감상한다는 것은 곧 그 미를 찾아내는 활동이며 그 미를 찾아내려면 우선 "관조" (觀照)의 세계에 들어가야 한다고 말하고 "관조"를 다음과 같이 설명하였다.

(8) 관조라는 것은 자기의 주관을 버리고 자연이나 인생의 모든 자태 현상을 있는 그대로 틀림없이 바라보는 것이다. 이해타산이나 권리 의무 관념을 떠나서 대상을 순전히 객관적으로 바라보는 것이다. …… 이렇게 하여 우리는 대경 (對境)의 진상을 틀림없이 볼 수 있고 따라서 거기에 포함된 미가 가림 없이 우리 눈에 나타날 것이다. 이러한 경지를 관조라 이른다.

사심 (私心) 없이 사물을 관찰하는 것을 "관조"라 부르는 이희승은 "관조의 세계"가 "현실의 세계"와는 다른 예술의 세계임을 분명히 천명하였다. 그리고 관조의 세계는 주관을 해탈하여 자연 속에 몰입 (沒入)하는 만큼 물아 (物我)의 구별이 없는, 자아와 자연이 혼연일체되는 경지에 이른다고 하였다. 이희승의 관조의 세계는 미가 어우러져 있는 허구의 세계, 구체적으로 말하면 예술 내지 문학의 세계라고 규정할 수 있다. 이는 "작품" 텍스트가 "발화"나 "문서" 텍스트와 구별되는 기호론적 속성에 대한 진술로 해석할 수 있다. 물아 일체 (物我一體)라는 것은 어떻게 보면 구성주의 문예학의 재귀 조직과 연관되는 측면이 없지 아니하다.

(8)의 예술 감상론을 바탕으로 하여 이희승은 이조년의 시조를 감상하였다. 전문을 보이면 다음과 같다.

(9) 이화에 월백하고 은한이 삼경인 제
일지춘심을 자규야 알랴마는
다정도 병인 양 하여 잠 못 들어 하노라

이 작품은 『청구영언』을 비롯하여 많은 시조집에 실려 있다. 이희승은 맞춤법을 현대식으로 바꾸어 제시하였다. 맞춤법의 문제가 작품 자체를 감상하는 데 큰 걸림돌이 되지 않는다고 생각하였기 때문으로 보인다.

이희승은 먼저 중국과 우리나라의 시와 관련하여 이 시조의 간 (間)텍스트성을 구명하였다. '이화', '자규'가 역사적으로 시인・묵객 (墨客)들의 소재로 많이 활용되었음을 예시하였다. 이희승은 이 작품을 한 마당의 연극에 비유하였으며 종장의 '다정도 병인 양 하여 잠 못 들어 하노라'를 주류를 이루는 표현으로 보고 '이화, 월백, 자규'는 무대의 스타는 될지언정 극 자체는 아니라고 하면서 작품에 스며 있는 모호성을 해석하였다.

'일지 춘심' (一枝春心)의 춘심은 원칙적으로는 작자의 심경이겠지만 직접 그것을 고백하지 않고 이화와 자규에 기탁 (寄託)하여 간접적으로 은연히 암시하였다고 해석하였다. '일지'는 '이화'와 관련이 있어 사용하였지만 그 내포적 의미는 한 나무, 한 가지, 한 송이, 춘심을 하나로 뭉뚱그린 표현이었다고 보고 있다. '자규야 알랴마는'은 '마는'을 붙여 의미를 뒤집어 놓았으니 부정의 부정, 곧 긍정이되 힘 있는 긍정이 되지 못하고 그저 어름거리는 의미를 내포하고 있다고 해석하였다. 특히 이 시의 중심 구절인 종장 '다정도 병인 양 하여 잠 못 들어 하노라'에 나타나는 '다정도 병인 양 하여'의 주어를 '자규, 작자'의 두 가지로 해석함으로써 문학 작품의 감상에 주관성이 얼마나 다양하게 적용되는지를 보여 주었다. 그 내용을 간추리면 다음과 같다.

(10) 종장의 주어에 대한 두 가지 해석

가. 자규: 춘심을 아는 자규가 저렇게 청승스럽게 우니 작자가 잠을 잘 못 잔다.

나. 작자: 구슬피 우는 두견에 이끌려 심사가 다정다감해졌으니 작자가 잠을 잘 못 잔다.

이희승은 의미 해석의 모호성이 예술의 훌륭한 점이라 말하고 예술과 과학적 이론을 비교하여 그 특징을 설명하였다. 그러나 그 내용이 지리멸렬 (支離滅裂)하여 뒤죽박죽이 되어서는 안 된다고 말하고 모호성의 문제를 다음과 같이 설명하였다.

(11) 문학 작품과 모호성과의 관계
모호한 중에도 전체로서의 통일이 서고 조화가 이루어져야 한다. 본래 예술은 미가 생명이요 미란 것은 통일 · 균제 · 조화 안에서 찾을 수 있는 것이다. 다만 그 모호라는 것은, 첫째 직접적 표현을 피하고 간접적으로 완곡하게 표시하는 일이요, 둘째로는 할 말을 다하지 않고 꼭지만 따거나 변죽만 울려서 그 나머지는 독자의 추측 상상에 맡기는 일, 이 두 가지를 위함이다. 그러므로 표현이나 의미의 여백 (餘白)을 남기는 것이다. 양화 (洋畵)는 반드시 그렇지 않지마는 동양화에는 이 여백이 있다. 일호 (一毫) 차착 (差錯)이 없고 일점 (一點)의 여지를 남기지 않는 능변보다 말할 듯 말할 듯한 침묵이 때로는 더욱 아름답지 아니한가.

(11)은 작품 이해에 있어서 텍스트의 응집성 (coherence)의 포착에 비유할 만한 발언이라고 생각한다. 이희승이 포착한 모호성은 인가르덴의 "미확정성 (Unbestimmtheit) /빈자리 (Leerstellen)"나 구성주의 문예학에서 말하는 의미 해석의 주관성을 뜻하는 것이며 이는 바로 시 작품 텍스트를 텍스트 /담화 층위나 독자 층위로 확대하여 해석해야 한다는 최근의 논의와 일치하는 견해라고 하겠다. 이희승은 문학 작품에 나타나는 모호성을 "여백"이라 표현하고 이는 동양화를 비롯한 동양 예술의 특징이라고 말하고 있지만, 그것이 인가르덴의 "빈자리" (Leerstellen)나 에코의 "개방성" (Offenheit)과 일치되기 때문에 모든 예술에 공통되는 현상이라고 하겠다. 이는 동시에 주시경이 (6)에서 명시한 의미 해석의 주관성과 맥을 같이한다.

한 작품을 감상하는 단계로 우리가 첫째로 짚어야 할 것은 통사 구조를 중심으로 한 응결성의 장치를 밝히는 것이라고 생각한다. 이조년의 시조가 어떤 방식으로 구성되어 있는가를 주로 통사적 응결 장치를 중심으로 밝혀 보기로 한다.

(12) 「이화에 월백하고…」의 통사적 응결 구조
  가. [T (S_1 이화에 월백하고)S_1 (S_2 은한이 삼경인 제)S_2
  나. (S_3 일지춘심을 자규야 알랴마는)S_3
  다. (S_4 e 다정도 병인 양 하여)S_4 (S_5 e 잠 못 들어 하노라)S_5]T

초장 (가)는 엄격히 말하면 '이화에 월백하고 은한이 삼경이라'라는 두 개의 문장 복합체가 의존 명사 '제'에 의하여 명사구로 전환한 것이라 할 수 있다. 그러나 실제의 용법으로는 '… 삼경인데'로 바꿀 수 있으므로 중장 (나)에 대한 순설적 (順說的) 설명의 기능을 줄 수 있다. S_1은 부사어 명사구 '이화'가 주술 구성 '월백하고'에 선행되어 있어 어순 도치가 일어났다. '달빛이 밝다'가 한자 어구 '월백' (月白)으로 표현되어 필연적으로 도치가 일어났다고 해석할 수도 있고 무대의 스타라 할 수 있는 '이화'를 전면에 내세우기 위한 문채 (文彩)상의 조작 (操作)으로도 해석할 수 있다. 어떻게 보든 이러한 표현상의 조작은 탈자동화 (흔히 "낯설게 하기")의 예로 간주할 수 있다.

중장 (나)는 3음보로 되어 있어 시조의 일반적인 운율 구조인 4음보에서 벗어나고 있다. 이와 함께 중장 전체가 하나의 문장으로 성립되어 있다. 이곳에서도 도치가 발생되어 있다. '자규야 일지춘심을 알랴마는'으로 나타나야 우리말의 정상적인 어순에 맞다. 중장은 반어 의문문 '일지춘심을 자규야 알랴'가 양보의 종결 보조사 '마는'에 기대어 종장과 연결되어 있다. 의미적으로는 '자규가 모른다'라는 뜻을 뒤집어 놓았으니 긍정이 되지마는, 이희승이 지적한 바와 같이, 힘 있는 긍정이 되지 못하고 그저 알 듯하다는 정도의 자신 없는 긍정이 된다. 일상 언어에서도 자신 없는 긍정을 표백할 때에는 이런 표현을 더러 사용한다. 이러한 표현 역시 전형적인 탈자동화로 볼 수 있다.

종장 (다)는 앞뒤 두 구절에 모두 주어 명사구가 생략되어 있다. e는 주어 명사구가 생략되었음을 표시하는 이른바 공범주를 가리킨다. S_5의 주어 명사구는 서술어에 화자 표지의 '오'가 사용되었기 때문에 작자가 주어 명사구임에 틀림없다. 그러나 첫째 구는 사정이 다르다. 이희승의 지적대로 주어 명사구는 '자규'로도 볼 수 있고 '작자'로도 볼 수 있다. '여' (<어서)는 연결 어미 가운데 비교적 그 용법이 복잡한 것으로 알려져 있다. 일반적으로 '어서'는 계기적 용법과 이유의 용법을 지니고 있는 것으로 파악되어 있지마는 이곳에서는 '이유'의 용법만 파악된다. '계기'의 용법일 때에는 원칙적으로 앞뒤 절의 주어 명사구가 같으나 '이유'의 용법일 때에는 두 절의 명사구가 같을 수도 있고 다를 수도 있다. 이희승의 해석과 관련시키면서 (다)를 풀어 보면 다음과 같다.

(13) 종장 첫째 구의 주어 명사구에 대한 두 해석
　가. 자규: 자규가 다정다감을 병통으로 생각하여 우니까 (나는 잠을 자지 못한다.)
　나. 작자: 내가 자규의 다정다감을 병통으로 생각하니까 (나는 잠을 이루지 못한다.)

두 가지의 의미 해석 가능성은 어디까지나 독자에게 달려 있겠지만 그러한 모호성은 '병인 양 하여'에 나타나는 연결 어미 '어서'의 이중적 기능과도 무관하지 않음을 실증할 수 있었다. 대부분의 독자들은 (나)를 선택할 수 있지마는 연결 어미 '여'의 기능으로 미루어 볼 때 '자규'를 주어 명사구로 볼 수도 있다. 지금까지의 문학 작품의 해석에 드러나는 의미적 중의성에 대하여는 문법적 측면에 대한 배려가 매우 소홀하였는데 위와 같이 어미의 기능과 관련시킴으로써 그러한 점을 더 명백히 할 수 있었다.

이조년의 작품은 다섯 개의 문장이 모여서 이루어진 하나의 텍스트다. 시조 작품은 형식상으로는 3장으로 되어 있지마는 텍스트 형성상으로 볼 때 장의 수효와 일치하는 것도 있고 극단적으로는 한 작품 전체가 하나의 텍스트를 구성하는 일도 있다. 이조년의 시조는 작품 전체가 하나의 텍스트를 구성하는 예이다. 작품의 앞뒤에 'T'라는 표시를 한 것이 그런 사실을 가리킨다.

한편 이조년의 시조는 의미·기능적 등가성에 의한 응결 장치도 확인할 수 있다. 초장 첫 구의 '이화 (배꽃)'는 희고 깨끗하다는 점에서 둘째 구에 나타나는 '은한 (은하수)'과 기능적 등가성을 이루어 계열적 사슬을 이루고 있다. 그것은 '은한'의 속성이 달빛과 마찬가지로 희고 깨끗하다는 이미지를 불러일으키기 때문이다. 둘째 구의 '일지 (한 가지)'는 '이화'의 하의어로서 '이화'와 통합적으로 결합되어 있다. '춘심'은 '봄을 맞이한 배꽃의 마음'이니 역시 '이화'와 통합적으로 연결되어 있다. '자규'는, 이희승이 지적한 바와 같이, '이화, 월백'과 함께 '애상'과 '원한'의 의미를 지니고 있다는 점에서 기능적 공통성이 인정된다. '다정'은, 앞에서 확인한 바와 같이, 상황에 따라 작자에 귀속시킬 수도 있고 '자규'에 귀속시킬 수도 있다. 어떤 태도를 취하건 간에 기능적 하의어로 볼 수 있다.

한 작품의 통사 구조를 어떻게 파악하느냐에 따라 의미를 달리 해석하는 예는 우리의 모든 문학 작품에서 골고루 확인된다. 대표적으로 삼당 시인 (三唐詩人) 이 달 (李達)의 「江陵別李禮長」 (강릉에서 서울 가는 이예장과 헤어지며)를 보기로 한다.

(14) 桐花夜烟落, 海樹春雲空
他日一杯酒, 相逢京洛中
(오동꽃이 밤안개에 지고 /바닷가의 나무가 봄 구름에 비어 있네
훗날 한 잔 술 마주하고 /서울에서 다시 만나세)

(14)에서 기구 (起句)의 '落'은 주어 명사구가 '桐花'일 수도 있고 '夜烟' 일 수도 있다. 전자는 오동꽃이 밤안개에 지는 것으로 풀이되고 후자는 오동꽃에 밤안개가 지는 것으로 풀이된다. 승구 (承句)에 나타나는 '空'의 주어 명사구도 '海樹'와 '春雲'의 두 가지로 잡을 수 있다. 우리는 (13)에서 이조년 시조의 종장을 두 가지로 해석할 수 있는 가능성을 연결 어미의 기능과 관련시켜 설명하였는데 (14)에서는 한문의 문법적 특성과 관련하여 이런 해석을 내릴 수 있다.

이상과 같은 모호성을 중심으로 한 작품 해석 모형을 포함하여 우리 문학 작품 전체에 적용될 수 있는 통합적 언어문학론의 과제들을 적어 보면 다음과 같다.

(15) 민족 문학 작품의 분석을 위한 통합적 언어문학론의 과제
  가. 우선 작품에 대한 이본과 그 전승에 따르는 표기 체계의 차이를 비롯하여 어의 (語義)나 구성에 대한 어학적 작업을 탐색해야 한다.
  나. 다음으로는 한 작품의 구성 원리를 탐색해야 한다. 이른바 응결성 (결속 구조)의 기제를 탐색한다.
  다. 응결성이 의의의 그물 조직인 응집성과 어떤 상관관계를 맺고 있는가를 탐색한다.
  라. 작품의 기호 공간적 구조를 탐색한다.
  마. 작품에 대한 실용적 접근을 탐색한다.
  바. 작품에 대한 동적인 특징, 곧 담론적 속성을 탐색한다.
  사. 시, 소설, 희곡의 문학 언어 기호에 적용되는 틀의 공통점과 차이점을 탐색한다.
  아. 민담, 전설, 설화 등 구비 문학 갈래에 적용될 수 있는 틀을 마련하여 작품 텍스트와 어떤 관계를 맺고 있는가를 밝힌다.

위에 든 몇 가지 사항은 우리의 언어문학계에서 이미 분석이 시도되어 어떤 틀이 마련된 것도 없지 않으나 표준적인 틀이 정착되었다고 보기 어려운 것이 적지 않다. (5)에서 제시한 이론적 전제를 바탕으로 하여 민족 문학 작품 전반에 걸쳐 적용될 수 있는 수미일관 (首尾一貫)한 틀이 정립되어야 한다고 생각한다.

3.5. 간추림 — 통합적 언어문학론으로 가는 길

이상과 같이 지은이는 기호학적 관점에서 언어 기호와 문학 기호의 특수성과 공통성을 확인하고 이를 바탕으로 양자를 통합할 수 있는 텍스트 기호론, 곧 언어문학 기호론을 정립해 보았으며 통합적 언어문학론을 정립할 수 있는 근거를 주로 함의적 기능을 중심으로 한 통보·실용적인 요인들과 관련시키되 우리 선인들이 세운 의미 해석 이론 및 문학 작품 감상론과 접합시키는 방면에서 한 가지 틀을 제시하여 보았다. 이러한 방면의 연구를 진작시키고 가시적인 성과를 거둘 수 있으려면 다음과 같은 몇 가지 점을 유의하고 있어야 한다고 생각한다.

(1) 조윤제 (1955)의 추상적·관념적 민족 어문학 (국어국문학)의 내포를 계승하되, 이를 기호학, 텍스트 과학, 인지 과학 등의 이론으로 지양 (止揚, Aufhebung)·발전시킬 필요가 있다.
(2) 현행 어문학과의 교과 과정에 문제가 많다. 학부에만 어문학 공통 필수를 둘 것이 아니라 실용론이나 텍스트 분석 강의를 대학원 과정에서도 개설하여 어학과 문학의 만남의 광장이 지속적으로 유지되도록 해야 한다.
(3) 한 작품에 대한 어문학자의 공동 작업이 지속적으로 진행되어야 한다. 이런 일은 현재 목소리만 높고 구체적인 결실은 거의 없는

상태이다. 그러나 최근 들어 이 방면에 대한 가시적인 성과가 눈에 띈다.

어문학자의 공동 과업으로 문제될 수 있는 주제를 들어 보면 다음과 같다.

첫째, 한 작품이 전 모습을 드러내어 미적 가치를 평가받기 위하여는 먼저 표기법, 문법, 어휘, 문체에 걸친 분석이 이루어지고 이를 바탕으로 다시 텍스트의 구조를 거시적으로 분석하는 태도를 지녀야 한다. 이를테면 윤선도의 「오우가」와 「속미인곡」에 대한 분석 등이 그러한 계열에 속한다.

둘째, 지금까지는 어학자만으로 고전 작품의 주석이 수행되어 왔으나 앞으로는 어학자와 문학자가 텍스트 과학이나 실용론과 같은 이론적 무기를 등에 업고 해독과 주석을 이루어 내어야 한다. 양주동의 『조선고가연구』 (1942), 『여요전주』 (1947)는 어문학적 소양을 갖춘 한 영문 학도의 업적인데 앞으로는 한 개인의 힘으로 이런 작업을 하기가 매우 어렵다. 이를테면 고영근 · 남기심 공편의 『중세어 자료 강해』 (1997)에 나오는 고려 가요의 주석은 어학도와 문학도의 공동 작업의 결실이다. 최근부터 나오기 시작하는 이현희 등의 『두시와 두시언해』 (1997)은 여러 사람의 어학도와 문학도들이 정기적으로 집담회를 열어 가며 일구어 낸 근래 보기 드문 공동 연구의 성과이다. 여러 분야의 전문가들이 집담회를 통하여 공통된 결론을 이끌어 내는 지혜의 창출이 아쉽다.

셋째, 고대 소설과 전래 설화와의 간텍스트적 분석, 『춘향전』 등의 이본 간의 간텍스트적 분석 등이 민족 문학자들 (국문학자)에 의하여 많은 성과를 거두어 왔으나 간텍스트성에 대한 최신의 이론을 짚어진 연구가 아쉽다.

넷째, 『용비어천가』와 한문 주석과의 간텍스트적 분석, 『월인천강지곡』과 『석보상절』의 간텍스트적 분석은 몇몇 단편적인 시도를 제외하고는 이루어지지 않고 있다. 이 분야 역시 어문학자의 공동 작업이 아쉽다. 『용비어천가』는 어문학자뿐만 아니라 역사학자와의 협동이 절실하고 『월인천강지곡』은 불교학자의 참여가 필수적이다.

다섯째, 같은 소재를 대상으로 한 한글본과 한문본의 비교, 국문 작품과 한역본, 한문 작품과 국문 번역본과의 비교도 텍스트 분석의 훌륭한 대상이 될 수 있다. 첫째의 대표적인 예는 조선 시대 영조 때의 실학자 홍대용 (洪大容)의 『담연일기』와 『을병연행록』의 관계이고 두 번째의 대표적 예는 『구운몽』의 국문본과 한역본을 들 수 있고 세 번째는 중국 소설인 『삼국지연의』와 『태평광기』의 원본과 번역 내지 번안본과의 관계를 들 수 있다.

내용 보충

3.1. 문제의 제기

이를테면 독일의 콘스탄츠 대학교와 빌레펠트 대학교의 언어학부와 문예학부가 그런 성격을 띠고 있다. 그러나 독일 보훔 대학교의 경우, 개별 어문학과에 어문학 강좌가 함께 개설되어 있고 이와 함께 언어학과와 비교 문학과도 설치되어 있다. 이 점은 우리의 고려대학교나 서울대학교와 성격이 비슷한 점이 많다.

3.2. 어학과 문학, 그 만남의 발자취

우리의 전통 학문 속에서 어학이 철학의 영역에서 어떻게 다루어져 왔는가 하는 문제는 훈민정음의 제자 원리를 중국 고대의 역학 사상과 관련시켜 해석한 이성구 (1985), 박지홍 (1988)을 보라. 이러한 흐름은 실학 시대의 신경준 등의 저술은 물론, 개화기의 주시경에게서도 찾을 수 있다. 일제 시대와 해방 후는 주로 해석학적 언어 철학과 관련하여 우리말 연구의 당위성을 찾았다. 북한에서는 유물사상과 주체 사상을 바닥에 깔았다. 관련 논의는 고영근 (1998b, 2004b: 38-44)를 보라. 문학 사상을 철학사의 관점에서 해석한 것은 조동일 (1996 : 머리말)에 잘 나타나 있다. 이곳에서는 우리나라가 일본과 중국에 비하여 문학이 철학과 깊이 얽혀 있다는 의견이 제시되어 있다.

주시경의 문법 이론을 가장 쉽게 이해하려면 주시경의 『國語文法』 간행 100주년을 맞아 나온 고영근 · 이 용 · 최형용 (교감) (2010)과 이의 보급판 고영근 · 이 용 · 최형용 (2011)을 이용하는 것이 좋다. 전자에는 『國語文法』의 네 이본을 교감하여 두 종류의 이본을 확립하고 현대 역이 시도되어 있다. 주시경의 의미 해석 이론에 대하여는 고영근 (1983: 297-9, 2010b: 153-6)을 보라. 박승빈의 표준화 운동에 대하여는 고영근 (1998a: 10-7, 2008: 314-23)을 보라. 안 확의 국학 연구에 대하여는 『自山安廓國學論著集』 (1994, 여강출판사)에 실린 이태진, 최원식, 이기문, 유준필, 권오성, 김창규의 기고를 보라. 이병기, 조윤제, 김태준의 국문학 연구의 특수성에 대하여는 유준필 (1998)을 보라. 문학 작품에 대한 교감 · 주석을 몇 가지 들면 다음과 같다.

지헌영의 『향가 여요 신석』 (1947), 방종현의 『고시조정해』 (1948), 이희승의 『역대조선문학정화』 (1948), 정주동 · 유창식의 『진본 청구영언』

(1957), 김사엽의 『송강가사』 (1959), 허 웅의 『용비어천가』 (1955), 허 웅 · 이강로의 『주해 월인천강지곡상』 (1962 /1999 (새판)), 정병욱의 『시조문학사전』 (1966), 심재완의 『역대시조전서』 (1972), 이윤석의 『완역 용비어천가』 (1992), 김성칠 · 김기협의 『역사로 읽는 용비어천가』 (1997), 윤석민 · 유승섭 · 권면주 (2000ab)

이희승의 민족어 연구의 특수성에 대하여는 이병근 (1992), 고영근 (1996c: 245-50, 2010: 243-310), 그리고 『애산학보』 37 (2011)을 보라. 이희승 (1949, 1953, 2004)에서는 어학과 문학의 연계를 위하여 시조 감상론을 정립하기도 하고 문학가들의 민족어에 대한 재인식의 필요성을 강조하기도 하였다. 이병기의 민족어 연구에 대하여는 안병희 (1989, 2009: 113-31)을, 양주동의 민족어 연구에 대하여는 김영배 (1984), 고영근 (1987 /2004a: 373-400, 2003 /2010: 311-52)를, 조윤제의 민족어에 대한 견해는 고영근 (1990 /2008: 25-29, 1982 /고영근 편 1985: 217)을 보라.

양주동의 고려 가요에 대한 평설은 『여요전주』 (1947)에 실려 있다. 이희승의 이조년 시조에 대한 감상론은 이희승 (1949)에 실려 있다. 조윤제의 "국어국문학"에 대한 견해는 『국문학개설』 (1955)에 나와 있고 그의 민족어에 대한 관심에 대하여는 윤희원 (1991)에서 평가되었다.

1950년대 이후의 문체론 연구, 그리고 어학과 문학의 만남에 대하여는 고영근 (1982 /편 1985: 214)를 보라. 그리고 민족어 문체론 연구의 역사와 당면 과제에 대하여는 『한국민족문화대백과사전』에 실린 박종철과 박갑수의 공동 집필 항목 「문체론」과 박갑수 밖에 (1994)에 실린 박갑수의 「국어문체연구사」를 보라.

시에 대하여는 오세영 밖에 (1993), 김완진 밖에 (1996)에서 볼 수 있고, 소설 방면은 우한용 (1990), 이태동 밖에 (1993)에서 한 가닥을 잡을 수 있다. 율격 음운론에 기댄 시조의 분석은 김진우 (1981)을 보라.

3.3. 일상 언어 기호론과 문학 언어 기호론의 만남

이중 분절에 대하여는 김방한 (1992: 41)을 보라. 이중 분절이란 언어 기호를 일반 기호와는 달리 자음과 모음으로 분석할 수 있다는 뜻이다.

좁은 의미의 기호론과 넓은 의미의 기호론에 대하여는 이 책 제2장을 보라. 김상태 · 박덕근 (1990: 10)에서는 언어를 "문학적 언어, 과학적 언어, 일상적 언어"

의 세 갈래로 나누고 있다. 이곳의 "과학적 언어"는 수학과 기호 논리학에서 사용되는 인공 언어를 가리킨다. 오히려 과학적 언어에는 뒤에서 논의하게 되는 "공용 언어 기호"를 넣는 것이 합리적이라고 생각한다.

지은이는 이곳에서 "언어문학 기호론"이 "텍스트 기호론"과 같은 값을 가진다고 설명하였으나 엄격히 말하면 후자가 전자보다 그 범위가 넓다. 텍스트 기호 가운데 언어문학 기호가 포함되기 때문이다. 그러나 텍스트 기호 가운데는 언어문학 기호가 주종을 이룬다고 생각하기 때문에 일단 같이 보았다. 고대나 중세에는 문학 텍스트와 비문학 텍스트를 특별히 구별하지 않았고 최근 들어 문학적 텍스트와 비문학적 텍스트의 경계를 허물어야 한다는 주장이 고개를 들고 있는 사정과 관련시킨다면 (김래현 1999), 언어문학 기호를 텍스트 기호와 동일시하는 지은이의 태도가 일면의 타당성을 지닐 수 있다.

수용 미학에서는 "작품"과 "텍스트"를 지은이와는 다른 의미로 사용하고 있다. 이저 (W. Iser)는 인가르덴 (R. Ingarden)의 현상학적 예술 이론에 기대어 작자가 창조해 놓은 인쇄물을 "텍스트" (Text)라 부르고, 이것을 독자가 읽고 재생해 낸 문학 텍스트를 "작품" (Werk)이라 부르고 있다. 이 문제에 대한 구체적 논의는 차봉희 (1985: 서문)을 보라.

문학 작품의 경우, 작자와 독자를 세분하여 "실제 작자 : 내포 작자", "화자 : 피화자", "실제 독자 : 내포 독자"를 나누는 일이 없지 않으나 이곳에서는 특별히 구분하지 않는다. 이 문제에 대하여는 우선 리몬・캐넌 /최상규 (역) (1985: 130), 구인환・구창환 (1987: 107), 김창원 (1995: 278)을 보라.

외시의와 공시의는 허창운 (1989)에 보이는 번역어이다. 링크 /고규진 밖에 (공역) (1994: 139)에서 링크는 "문학적 언술"을 두 가지 측면에서 규정하고 있다. 사회학적 관점에서 "어떤 한 문화 내에서 기존의 사회 담당체에 의해 '문학'이라고 제도화되어 통용되는 텍스트들의 집합"으로 규정하였다. 한편 링크는 기호학적 관점에서 "문학적 낯설게 하기"를 중요한 구성 요소로 갖고 있는 모든 텍스트를 문학적 언술로 규정하기도 하였다. 이는 문학 언어 기호의 이중성을 지적한 말로서 일상 언어 기호와의 차이점이 비교적 간명하게 나타나 있다. 이곳의 낯설게 하기는 음운, 문법, 어휘의 모든 측면에 걸쳐 나타나는 벗어난 (흔히 탈자동화된 /현동화된) 언어의 사용을 가리킨다. 은유, 환유 등에 대하여는 장경희 (1988)에서 소상하게 다루어진 바 있다.

가공 행위는 번역에서 극명하게 나타난다. 구성주의 번역 이론에서는 종전과 같이 원문에 있던 불변적인 요소를 찾아 옮기는 것이 아니라 인지적 구성체를 형성하는 것이 중요하다고 말한다. 등가 관계는 번역자가 미디어 산출물에 특정한 인지적·사회적 조절을 병렬시키는 매개 변수에 따라 선택된다고 본다. 이 문제에 대하여는 박여성 (1997b), 김효중 (1998)에서 관련 정보를 얻을 수 있다.

3.4. 통합적 언어문학론의 세움

통합적 언어문학론이란 전통 시대의 양주동, 이희승, 조윤제 등에 의해 추구되던 방법론과 크게 다르지 않다. 차이가 있다면 구조주의나 생성 문법, 텍스트 과학, 실용론, 기호학, 인지 과학 등 신종 학문의 영향을 받아 구조와 의미를 객관적으로 분석하는 규칙을 발견하였다는 것뿐이다. 어학과 문학의 영역이 서로 유리될 수 없다는 견해는 영문학 작품을 중심으로 한 박영배 (1995)에서도 볼 수 있다.

문예학의 실용적 추이에 대하여는 차봉희 (1985: 159), 허창운 (1989: 40-2), 슈미트 (1994) /박여성 (역) (1995)에서 관련 논의를 볼 수 있다. 인지적 효과, 의의의 불연속성, 수사 구조 등에 의한 문학 작품의 분석은 이현호 (1993)에서 깊이 있게 다루어졌다. 주시경의 의미 해석 이론에 대하여는 고영근 (1982 /1983: 296-9, 2010: 147-56)을 보라. 이희승 (1949)는 원래『학풍』1에 발표되었던 것인데 한국전쟁 후의『고등국어』3 (국정)에 머리 부분과 꼬리 부분을 잘라 내어 옮겨 실어 오랫동안 고등학교 학생들의 읽을거리로 사용되었다. 이 글의 소재와 이본 (異本) 문제에 대하여 교시를 베풀어 주신 김용직 교수께 고마운 인사를 드린다.『一石 李熙昇 全集』8 (서울대학교 출판부, 2000)에도 고등 국어본이 실려 있다. 학풍본의 원문과 한시에 대한 주석, 그리고 고등 국어본과의 비교는 고영근 밖에 (2009: 151-63)에서 볼 수 있다. 구성주의 문예학에 대하여는 박여성 (1995b), 차봉희 (대담) (1995), 슈미트·하우프트마이어 (H. Hauptmeyer) (1985) /차봉희 (역) (1995)를 보라. 현대 자연 과학의 흐름에 대하여는 슈미트 (1987) /박여성 (1995: 481)을 참조할 수 있다.

이희승의 "감상" 행위는 인가르덴의 "구체화" (Konkretisierung)와 그 개념이 비슷하다. 관련되는 논의는 권오현 (1993)을 보라. 구성주의 문예학에서 논의되는 재귀 조직에 대하여는 슈미트 (1987) /박여성 (역) (1995: 441-64)를 보라. 문학 작품의 이해와 감상의 관계에 대하여는 김중신 (1995: 11)이 참고된다. 인가르덴의 구체화 이론은 수용 미학자들에 의해 비판을 받기도 하였다. 차봉희 (1985: 73-4)를 보라. 한 작품에 나타나는 문학적 모호성 /다의성, 다시 말하면 미결정성은 한 단어나 통사 구조에서 나타나는 언어학적 모호성 /다의성과는 성격이 다르다. 전자는 대부분 언어적 상황이 주어지면 그것이 해소되지마는 후자는 어디까지나 언어 사용자의 주관적 수용에 모든 것을 일임해 버리는 특징을 지니고 있다. 이 문제에 대하여는 권오현 (1992: 37-40)을 보라. "빈자리"나 "개방성"에 대하여는 권오현 (1993)을 보라. 지은이는 일석의 미학 사상을 칸트 전후의 독일 미학 사상과 관련하여 그 수용 양상을 논의하기도 하였으나 (고영근 2010b: 301-2), 동양 미학과의 관계도 배제할 수 없다.

시조의 응결 구조에 대한 분석 방법론은 고영근 (1996ab)를 보라. 지은이는 고영근 (1997a)에서, 위의 두 편의 논문에서 "결속 구조"라고 하였던 표현을 "응결성"으로 고쳐 부르면서, 응결성을 음운론, 형태 · 통사론, 통사론에 관련된 "응결성 장치 (1)"과, 의미 · 기능적 등가성에 관련된 "응결성 장치 (2)"로 나누어 그 기제 (機制)를 밝힌 바 있다. 좀 더 진전된 논의는 이 책 제4장을 보라. 연결 어미의 의미 · 기능에 대하여는 서정수 (1994: 1088-98, 1103-7)을 참조하라. 시조 작품의 텍스트 형성에 대하여는 고영근 (1996b)를 보라. 이달의 한시 해석은 이종묵 (1995)에 기대었다.

작품에 대한 이본과 그 전승에 따르는 표기 체계의 변개에 관련된 문제와 주석에 관련된 문제는 고전 문학의 경우 많은 성과를 거두어 왔다. 대표적으로 김동욱 (1976), 정규복 (1974)가 있다. 현대 작품에 대한 이 방면 연구의 필요성에 대하여는 안명철 (1996)을 보라. 시의 경우는 행을 바꾸고 문장 부호를 어떻게 치느냐 하는 문제도 매우 중요하다. 방언이 반영된 작품을 임의로 표준어로 고친다든지 하여 텍스트에 손상을 주는 일도 적지 않다. 관련되는 논의는 이기문 (1982)를 보라. 최근 김소월과 한용운의 시에 대한 이본 간의 표기 문제와 주석 문제가 집성되기도 하였다. 김용직 (1996), 한계전 (1996)이 그런 업적이다. 현대 소설은 조남현 해설 · 주석 (1996)에서 심 훈의 『상록수』의 연재본을 중심으로 교감을 행하고 주석을 붙였다. 응결성에 의한 작품의 구조 분석은 시를 중심으로 한 몇몇 업적이 있다 (김태옥 1976, 심재기 1976). 응결성이 응집성과 맺는 관계에 대하여는 이현호 (1993)이 있다. 작품의 기호 공간적 구조에 대하여는 장경희 (1996)이 볼 만하다. 한 작품에 대한 담론적 특성은 우한용 (1990)에서 자세히 다루었다. 시, 소설, 희곡 등의 문학 언어 기호에 대하여는 오세영 밖에 (1993)에서 시와 소설을 중심으로 행해졌고 희곡은 김성희 (1993), 이현호 밖에 (1997), 조보라미 (2001, 2007, 2009)에서 다루어졌다. 구비 문학에 대하여는 관련 업적이 많다. 창세 신화를 분석한 김헌선 (1994), 박종성 (1999)와 개인 서사담을 텍스트 과학적으로 분석한 김경섭 (1998)은 최근의 이 방면의 업적이다.

3.5. 간추림 — 통합적 언어문학론으로 가는 길

윤선도의 「오우가」는 고영근 (1996b)와 고성환 (1996)에서, 정 철의 「속미인곡」은 신지연 (1996)에서 이루어졌다.

아직도 향가 해독은 어학자의 전유물로 머물고 있다. 홍기문의 『향가해석』(1956), 정렬모의 『향가연구』(1965), 김선기의 『옛적 노래의 새 풀이』(1993), 서재극의 『신라 향가의 어휘연구』, 김완진의 『향가해독법연구』(1980), 유창균의 『향가비해』(1994), 강길운의 『향가신해독연구』(1995), 최학선의 『향가연구』(1985), 박재민 (2005) 등이 그러하다.

『용비어천가』와 『월인천강지곡』의 간텍스트 분석에 대하여는 고니시 (1992b), 고영근 (1996a)에서 시험적 분석이 시도된 일이 있고 『월인천강지곡』은 고영근 밖에 (2003)에서 『월인천강지곡』과 『석보상절』의 간텍스트성이 전면적으로 분석된 바 있다. 고영근・남기심 공편 (1997)에 나오는 고려 가요의 주석은 민족 어학을 전공한 고영근과 고전 시가를 전공한 임주탁의 공동 연구의 결실이다 (임주탁 2005). 이현희 밖에 (1997)은 어학적 주석은 어학도가, 문학적・배경적 주석과 설명은 문학도가 맡았다.

연습 및 토론 과제

1. 언어 기호의 세 가지 성립 과정의 타당성 여부에 대하여 문제점을 지적하고 토론해 보라.

2. 지은이는 움직이는 이른바 동 (動) 화상을 텍스트의 범주에 넣을 수 있다고만 말하고 형식화는 보류하였다. 다중 매체로 실현되는 영상 텍스트가 언어만으로 실현되는 텍스트와 어떤 차이점이 있는지 컴퓨터, 인터넷을 이용한 경험과 관련시켜 각자의 견해를 진술하라. 요즈음 사용되는 영상 언어 (image language)를 시각적 판독 능력 (visual literacy)의 관점에서 읽어 내는

문제를 토론하여 보라.

3. 어문학부에서 다루어야 할 어학과 문학의 지식 체계에 대하여 서로 토론해 보라. 어문학 계열의 학생들이 지녀야 할 어학적 지식과 문학적 지식의 공유 영역을 토론해 보고 그 활용 문제를 생각해 보라.

4. 주시경의 의미 해석 이론과 이희승의 문학 작품 감상 이론에 어떤 공통점이 있는지 검토해 보고 외국의 이 방면의 최근 동향과 관련시켜 가며 현대적인 수용 문제를 논의해 보라.

5. 의미적 모호성 (중의성, 重義性)을 지니고 있는 시 텍스트 (현대 시, 고전 시가, 한시)를 골라 해석을 시도해 보라.

연구 과제

1. 외국의 개별 어문학과와 언어학 및 비교 문학 전공의 학제를 조사하여 우리의 실정이나, 아니면 각 대학의 사정에 맞는 바람직한 모형을 세워 보라.

2. 지은이가 보인 어학과 문학의 만남의 발자취는 거친 소묘에 지나지 않는다. 『한국논저해제』 (고려대학교 민족문화연구소, 1972 (I), 1977 (II)) 등을 참고하여 관련 자료를 폭넓게 모아 만남의 발자취를 더 정밀하게 엮고 문제점을 지적해 보라.

3. 주시경의 의미 해석 이론이 어떤 배경을 업고 형성되었으며 이희승의 문학 작품 감상론이 또 어떤 틀에 영향을 받아 이루어졌는지 당시의 학문적인 틀과 관련하여 밝혀 보라. 이희승의 감상 이론이 칸트 전후의 독일 미학의 영향 아래 형성되었다는 견해가 있다. 그 타당성 여부를 생각해 보라. (고영근 2010b: 302)

4. 지은이가 세운 언어문학 통합론의 이론적 전제와 과제를 보완할 수 있는 문제를 생각하면서 국어국문학과 등의 개별 어문학과와 언어학과 및 비교문학 전공의 위상을 어떻게 정립하면 좋겠는지에 대하여 연구 · 토론해 보라.

제 4 장 텍스트 형성에 있어서 응결성과 응집성의 문제

4.1. 문제의 제기

우리는 앞 (제1장 6-7쪽)에서 텍스트를 보는 관점에 명제적 견해와 동태적 견해가 있음을 검토한 바 있다. 이곳에서는 "텍스트"란 단위에 대하여 어떤 특정한 이론에 치우치기보다는 그사이 이루어진 성과를 중심으로 두 견해를 적절히 통합하되 주로 우리의 텍스트 자료를 중심으로 텍스트 형성에서 차지하는 응결성과 응집성의 문제를 논의해 보고 구체적인 작품 분석을 통하여 이를 응용해 보려고 한다.

한 문장이 문장 형성 규칙을 어기지 않았을 때, 우리는 흔히 '문법적이다, 문법에 맞다'란 말을 쓰기도 하고 그렇지 아니한 문장을 대할 때에는 '비문법적이다, 문법에 맞지 않다' 또는 간략하게 "비문" (非文)이란 말을 쓴다. 이러한 문제를 "문법성" (文法性, grammaticality)이란 범주에 넣어 처리한다. 문법성에 대한 평가도 사람에 따라 조금씩 다를 수 있고 같은 사람이라 하더라도 상황에 따라 다를 수 있는 만큼 문법성에 대한 가부 (可否)를 일률적으로 판정하기보다 그 정도를 매겨서 '매우 문장다움 (아주 좋다), 비교적 문장다움 (괜찮다), 문장답지 못함 (좋지 않다), 결코 문장답지 못함 (매우 좋지 않다)'이란 말을 쓰는 것이 좋다.

다음과 같은 예를 가지고 문법성의 정도 문제를 검토해 보기로 한다.

(1) 가. 철수가 오지 않았으면 좋겠다.
나. ?철수가 오지 말았으면 좋겠다.
다. ??철수가 오지 않으면 좋겠다. (비교: 가)
라. *철수야 오지 않아라. (비교: 철수야 오지 말아라)

(1가)는 누구든지 매우 문장답다고 생각한다. (1나)는 (1가)에 비하면 약간 어색하지만 별로 흠이 없다. 비교적 문장답다고 할 수 있다. 그래서 물음표 하나를 붙였다. (1가)와 (1나) 중 어느 것이 좋은지 물어 보면 많은 사람들이 (1나)보다 (1가)가 더 좋다고 말한다. (1다)는 (1가), (1나)에 비하여 문법성이 많이 떨어진다. '-면 좋겠다'라는 문형에는 과거 시제의 '-었-'이 오는 것이 정상이다. (1라)는 결코 문장답지 못하다. 명령형 어미에는 '말다'가 와야 하기 때문이다.

텍스트 형성 규칙을 어기지 않은 문장의 연결체나 그 이상의 큰 단위에 대하여도 우리는 앞의 문법성과 마찬가지로 "텍스트성 (性)" (Textualität, Texthaftigkeit)이란 말을 쓸 수 있다. 이는 앞의 문장다움에 유추하여 "텍스트다움"이라는 말로 바꾸어 부를 수 있으며 "-다움"의 정도에 따라 '매우 텍스트다움, 비교적 텍스트다움, 텍스트답지 못함, 결코 텍스트답지 못함'이라 고쳐 부르기로 한다. 물론 "텍스트다움"도 사람에 따라 다를 수 있고 같은 사람이라 하더라도 시간이나 상황에 따라 달라질 수 있다. 어쨌든 문장의 경우에 유추하여 "-다움"의 정도를 매길 수 있다.

다음 예를 가지고 텍스트다움의 정도 문제를 따져 보기로 한다.

(2) 가. 천천히 (초등학교 정문 앞)
나. ?천천히 (초등학교 정문 모퉁이)

다. ??천천히 (노인정 앞)

라. *천천히 (고속도로 갓길)

(2)는 자동차길 옆에 세워 놓은 팻말의 글귀다. 다 같은 '천천히'라는 글귀가 붙은 팻말이라도 (2가)처럼 초등학교 정문 앞 길 가운데 놓여 있으면 매우 텍스트답고 (2나)처럼 정문 모퉁이에 있으면 운전자들의 눈에 잘 띄지 않기 때문에 비교적 텍스트답다고 그 정도를 낮출 수 있다. 그래서 물음표를 하나 두었다. 이런 경우는 텍스트다움을 적실히 하기 위하여 팻말을 바른 자리에 놓을 수 있다. (2다)는 노인정 앞에 '천천히'라는 팻말이 붙은 경우인데 노인정 앞에는 보통 이런 팻말을 세우지 않는다는 점을 고려하면 반드시 텍스트답다고 할 수 없다. 그래서 물음표를 둘 두었다. 그러나 그것을 양로원 앞에 세워 놓았다면 (2가)와 같이 텍스트다움의 적실성을 보장받을 수 있다. 양로원에 거주하는 노인들은 어린이들과 같이 보호의 대상이 되기 때문이다. (2라)는 고속 도로 갓길에 팻말이 놓인 경우인데 이는 전혀 상황에 어울리지 않는다. 따라서 별표를 두었다. '갓길 운행 금지'란 팻말은 붙일 수 있어도 '천천히'란 말은 쓸 수 없다. 고속 도로에 이런 팻말을 붙이는 것은 고속 도로의 운행 규칙에 어긋나기 때문에 전혀 상황에 어울리지 않는다.

조선 시대 선조 때의 성리학자 율곡 이 이 (李珥)는 "소리" (聲)에는 "무용지성" (無用之聲)과 "유용지성" (有用之聲)이 있는데 사람의 의도로 산출되는 "유용지성"만이 텍스트가 될 수 있다고 하였음을 확인한 바 있다 (앞에 나옴, 8쪽). 이 이는 유용지성을 다시 미성 (美聲)과 오성 (惡聲)으로, 미성 (美聲)은 실성 (實聲)과 허성 (虛聲)으로 나누되 문자로 정착된 것만이 실성이 될 수 있다고 하였다. 이 이는 가장 좋은 텍스트를 다음과 같이 규정하였다.

(3) 실성 (實聲) 중에는 정자 (正者)와 사자 (邪者)가 있다. 정자 (正者)

인 듯하면서도 사자 (邪者)이고 사자 (邪子)인 듯하면서도 정자 (正者)인 것도 있다. 사람이 낸 소리가 다른 사람에게 호감을 주고 호감을 주면서 글에 정착되고 글에 정착되면서 정자에 합당한 것을 선명 (善鳴)이라고 한다. (조동일 1978: 158-9)

(3)에서 이 이는 글로 정착되고 도덕적 행위에 합당한 것을 "선명" (善鳴)이라고 하였다. 이는 물론 이 이의 유가적 문학관에서 우러나온 것이지만 우리의 중세적 텍스트관을 잘 대변한 구절이라고 하겠다. 특히 "정자인 듯하면서도 사자이고 사자인 듯하면서도 정자인 것도 있다"라는 발언은 같은 텍스트라도 관점이나 상황에 따라 그릇된 것일 수도 있고 바른 것이 될 수 있다는 뜻인데 이는 앞의 '천천히'라는 팻말이 상황에 따라 바른 텍스트가 될 수 있고 그릇된 텍스트가 될 수 있다는 현대적 텍스트관과 거리가 멀지 않다.

이 이는 또 다른 곳에서 "문" (文)을 "성현지문" (聖賢之文)과 "속유지문" (俗儒之文)으로 나누었는데 전자는 긍정적으로 보고 후자는 비판적으로 보았다. 이곳의 "문"은 넓은 의미의 문학, 곧 텍스트에 해당한다. (3)에서 이 이는 문자로 정착된, 도리에 합당한 바른 소리만을 텍스트로 간주하였다. 이곳의 "문"은 (3)의 "실성"과 같은 개념으로 파악된다. "실성"은 문자로 적히는 기호이기 때문이다. (3)에서는 "실성"을 "정자"와 "사자"로 나누었는데 이곳에서는 "도" (道)를 기준으로 삼아 "문"을 둘로 나눈 것이다. "성현지문"은 도를 섬기기 때문에 긍정적으로 평가하고 "속유지문"은 도는 외면하고 말단인 문 (文)을 숭상하기 때문에 부정적으로 본 것이다. 표현은 다르지만 다 같이 유가적 (儒家的) 텍스트관을 짊어지고 텍스트다움을 판정하였다는 점에서 큰 차이가 없어 보인다.

앞에서 지은이는 텍스트다움을 판정하는 한 가지 기준으로 상황과 맺는 관계를 중심으로 살펴보았다. 그런데 텍스트다움을 보장받는 데는 언어적인 결속 장치가 제대로 갖추어져야 하고 이에 발을 맞추어 의의의 연속에 걸림이 있어서는 안 된다. 전자를 "응결성" (cohesion), 후자를 "응집성" (coherence)이라 부른다. 이 문제는 텍스트 과학의 초기 단계에서부터 지금까지 합의가 이루어지지 않은 분야이나 지은이는 대체로 위와 같은 관점을 유지하면서 텍스트다움을 판정하는 기준으로 삼고자 한다.

4.2. 응결성과 텍스트다움

"응결성"은 흔히 "결속 구조" 내지 "표층 결속성"으로도 번역되는 텍스트다움의 언어적 조건이다. 이곳에는 자소적 /음운적 조건을 비롯하여 형태 · 통사적 내지 어휘적 기제 (機制)에 기대어 텍스트다움을 확보하는 장치가 포함된다.

응결성 장치는 크게 둘로 나눌 수 있다. 하나는 자소 · 음운 · 형태 · 통사적 특징에 의하여 텍스트를 형성하는 기제이고 다른 하나는 의미 · 기능적 절차에 따라 한 텍스트로 묶는 기제를 가리킨다. 전자를 응결성 장치 (1), 후자를 응결성 장치 (2)라 부르기로 한다.

4.2.1. 응결성 장치 (1)

먼저 응결성 장치 (1)을 보기로 한다.

(4) 응결성 장치 (1)
  가. 자소적 응결 장치
  나. 음운적 응결 장치
  다. 형태적 응결 장치
    (ㄱ) 품사론
    (ㄴ) 형태 · 통사 (화용)론

라. 통사적 응결 장치

(4가)의 자소적 (字素的) 응결 장치라 함은 한자 (漢字)에서 글자의 형태를 근거로 하여 의미를 설명하는 훈고학의 이른바 "형훈" (形訓)과 부분적으로 관련이 있다. 형훈은 성훈, 의훈, 관경 위훈과 함께 어려운 언어를 풀이하는 훈고학의 조례이다 (앞에 나옴, 17쪽). 육서 가운데의 회의 (會意)에 해당하는 조자 (造字) 방식이다. 공통되는 부수를 가진 글자는 한 부류의 공통된 텍스트로 엉길 수 있는 현상을 가리킨다. 옥편에는 모두 공통된 부수에 따라 글자를 배열하고 뜻을 풀었다. 이를테면 부수 '日'에 배열된 '旦, 旭, 景' 등의 글자는 의미론적으로 연관성을 이루어 같은 텍스트로 묶일 수 있다는 것이다. 옥편의 개별 부수를 기본 자소 단위라고 한다면 한자의 옥편은 자소를 중심으로 엮어진 부수만큼의 텍스트를 이루고 있다고 말할 수 있다. 한편 자소적 응결성은 훈민정음의 창제 원리에서도 발견할 수 있다. 이를테면 'ㄱ, ㅋ ; ㄴ, ㄷ, ㅌ, ㄹ ; ㅁ, ㅂ, ㅍ ; ㅅ, ㅈ, ㅊ, ㅿ'은 아음, 설음, 순음, 치음의 계열체를 형성하고 있는데 각 계열은 모두 기본자 'ㄱ, ㄴ, ㅁ, ㅅ'에 획을 더하거나 형태를 조금씩 바꿈으로써 차청, 전청, 불청불탁의 음운 자질을 더한다. 요컨대 기본 자소가 바탕이 되어 그와 음운적으로 관련 있는 글자들이 만들어지니 이는 자소적 응결성의 한 예로 손꼽힐 수 있다. 모음자에 대하여도 자소적 관점에서 해석될 수 있는 가능성이 없지 않다.

(4나)의 음운적 응결 장치라 함은 주어진 텍스트가 일정한 음운적 장치에 의해 독자적인 텍스트 유형을 형성하는 장치를 뜻한다. 중국 훈고학에서 예를 들면 앞에서 잠시 소개한 "인성구의" (因聲求義) (17-8쪽)의 방식이 그것이다. 음이 같으면 공통된 의미를 부여할 수 있다는 뜻이다. '물고기' (魚)는 명사이지만 이 글자로 '고기를 잡는다'라는 뜻의 '어' (漁)를 대신할 수 있다. 두 글자는 음의 공통성에 의하여 한 부류의 텍스트로 묶일 수 있다.

다음으로 문학 텍스트를 보면 그 나름의 음운적 장치에 기대어 텍스트다움을 확보하고 있다. 서양시의 두운법, 모음 각운, 운 (韻, Reime) 등은 모두 작품의 텍스트다움을 뒷받침하는 음운적 응결 장치이다. 한시의 절구와 율시는 일정한 시행에 같은 운목 (韻目)에 속하는 압운 (押韻)을 두는 압운법과 평측 (平仄)의 글자를 규칙에 따라 가려 쓰는 평측법을 지켜야 하는데 이는 절구와 율시를 텍스트답게 만들어 주는 음운적 장치이다. 이런 음운적 응결성을 지키지 않은 시는 정통 한문학에서는 비텍스트라 하여 시선 (詩選)에 올리지 않았다. 우리 민족의 고시조가 4음보로 구성되어 있다는 사실 역시 시조를 시조답게 만들어 주는 음운적 장치이다. 우리의 현대시에는 공통된 음의 연쇄가 공통된 의미의 상 (像)을 불러일으키는 시가 있음이 더러 지적되고 있다. 이를테면 서정주의 「영산홍」(映山紅)에 나오는 둘째 연 '산자락에 낮잠든 /슬픈 小室宅'의 '小室'을 나이 어려 팔려 와 슬픈 삶을 영위하는 '小室'이라 해석하고 같은 'ㅅ'의 반복이 '슬픔'이라는 같은 의미를 지녔다고 보는 것이 그것이다. 음운적 응결성의 하나인 "인성구의"에 기댄 동일 의의의 부여인 것이다.

그 다음으로는 일상 언어 텍스트를 보기로 한다. 우선 같은 단어가 반복될 때, 처음 등장하는 단어에는 악센트가 걸리지만 두 번째 단어에는 악센트가 걸리지 않는 일이 있다. 하르베크는 처음 나오는 단어를 "텍스트 시작 요소" (TA), 다음에 나오는 요소를 "텍스트 계속 요소" (TF)라 부른다. 이를테면 이양하의 수필에 반복되는 「나무」를 그런 예로 들 수 있다.

(5) 나무는 덕을 지녔다.
나무는 주어진 分數에 만족할 줄 안다. 나무로 태어난 것을 탓하지 아니하고 ……

(5)의 경우, 두괄적 (頭括的)인 주제문에 쓰인 첫 번째의 '나무'에는 악센

트가 걸리나 두 번째부터 나오는 '나무'에는 걸리지 않는다고 보는 것이다. 그러니까 두 번째 나오는 '나무'는 텍스트 계속 요소로서 앞의 문장과 함께 전체 텍스트의 구성 요소가 된다는 뜻이다.

또 억양 (어조)도 텍스트 형성에 큰 몫을 한다. 두 문장이 이어질 때 앞뒤 문장의 억양형에 따라 의미가 달리 파악될 수 있다. 곧 억양의 여하가 텍스트의 응결성을 결정한다는 뜻이다. 실험이 뒷받침되어야 하겠지만 (5)의 첫 번째 문장과 두 번째 문장이 같은 텍스트에 묶여진다면 그 사이에는 텍스트 경계 사이에 인식되는 억양과는 다른 또 다른 유형을 세울 수 있다. 입말 텍스트 (구어 텍스트)에 병행하여 글말 텍스트 (문어 텍스트)에서는 문장 부호, 줄 바꾸기 등에 기대어 텍스트의 경계를 세울 수 있다.

(4다)의 형태적 응결 장치는 품사론, 형태・통사・화용론으로 나누어 고찰하기로 한다.

(ㄱ) 품사론

품사란 단어를 공통된 문법적 성질에 따라 모아 놓은 단어의 묶음이다. 학교 문법에서는 명사, 대명사, 수사, 동사, 형용사, 관형사, 부사, 감탄사, 조사의 9품사를 두고 있지마는 사람에 따라서는 이른바 지정사를 단어로 인정하기도 하고 그렇지 않기도 한다. 그것이 조사이든 용언이든 단어의 범주에 들어오는 것은 틀림없다. 더구나 그것은 동사, 형용사와는 다른 독립적인 문형 (文型)을 이룬다는 점에서 독립된 단어로 인정하는 것이 편리한 점이 많다. 지은이는 이를 "계사" (繫詞)라 불러 의존 명사, 보조사와 함께 형식사의 하나로 보는 관점을 취한다.

텍스트를 형성할 때에는 같은 품사가 되풀이되기도 하고 그것이 대용어로 바뀌기도 한다. 특히 텍스트 형성에서 차지하는 대용어의 역할은 매우 크다. 대용어는 흔히 지시어라 불리는데 다음과 같이 체계를 세울 수 있다.

(6) 대용어의 체계

대명사	수 사	동 사	형용사	관형사	부 사
• 인칭 대명사: 이이 /이분, 그이 /그분, 저이 /저분, • 지시 대명사: 이것, 그것, 저것 (사물)	하나, 둘… (기수) 첫째, 둘째… (서수)	이리하다 그리하다 저리하다	이러하다 그러하다 저러하다	이런 그런 저런	이리 그리 저리

수사는 지금까지 대용어 체계에서 제외하는 것이 보통이었으나 그것이 사물의 수효를 객관적으로 지시하는 기능을 띠고 있기 때문에 대용어의 범주에 넣을 수 있다. 여기에는 물론 '두 사람'과 같이 수관형사를 동반한 명사구도 포함될 수 있다. 대용 동사 역시 지금까지 별로 관심을 두지 않았으나 선행 문장의 동사를 대용하는 기능을 수행하는 일이 있기 때문에 대용어의 범주에 넣었다.

대표적인 예를 몇 가지만 들기로 한다.

(7) 가. 나는 가끔 절에 간다. 그 절에는 유명한 스님이 계신다.
나. 나는 연필 다섯 자루를 샀다. 그중 두 자루만 내가 가지고 나머지 세 자루는 동생에게 주었다.
다. 갑: 운전사가 글쎄 깜박 졸았지 뭐야.
을: 운전사가 어쨌다고?
라. 갑: 박람회에 인파가 대단하더군.
을: 인파가 어떻다고?

(7가)의 둘째 문장에 나오는 부사어 명사구 '그 절'은 앞 문장의 부사어 명사구 '절'을 대용하여 같은 명사구 연쇄를 이루어 하나의 텍스트로 응결되어 있다. (7나)의 둘째 문장의 목적어 명사구 '두 자루'와 '세 자루'는 첫 문장의 '연필 다섯 자루'와 같은 명사구 연쇄를 이루어 두 문장을

하나의 텍스트로 응결시키고 있다. (7다)의 〈을〉의 말은 되물음 (더러 메아리 질문)인데 〈갑〉의 말에 나오는 동사 '좋았지'를 대용하고 있다. (7라)의 〈을〉의 말 역시 되물음인데 〈갑〉의 말에 나오는 형용사 '대단하더군'을 대용하고 있다.

종전의 텍스트 과학에서는 명사구 연쇄에 국한하여 "명명적 (命名的) 연쇄" (nominative Kette)라 불러 텍스트의 응결 장치로 이용하여 왔으나 지은이는 이런 현상이 명사구뿐만 아니라 동사와 형용사, 관형사, 부사에 걸쳐 나타난다는 점을 고려하여 "품사적 연쇄"라 부르기로 한다.

(ㄴ) 형태 · 통사 · 화용론

형태 · 통사론의 주요 대상은 조사와 어미이다. 조사에는 격조사와 보조사 등을 들 수 있다. 보조사는 텍스트를 형성할 때 텍스트 응결의 기능을 수행한다. 어미 가운데서 현대어의 종결 어미는 대체로 문장 경계의 표지 노릇을 하지마는 중세어와 근대의 이른바 우리의 민족 고대 소설은 반드시 그렇지 않다. 중세어의 대표적 산문 자료인 『석보상절』은 하나의 문장이 몇 장씩 계속되는 일을 흔히 볼 수 있다. 지은이는 중세어의 통사 구조를 합리적으로 설명하려면 문장보다 상위 단위인 텍스트를 세워야 한다는 견해를 내세운 일이 있는데 특히 평서형 종결 어미 '-다' (ᄂᆞ다, 더라, 리라, 거 /어다, ᄂᆞ니라, 더니라, 거니라)에 그런 성격이 강하게 포착된다. 현대 민족어도 사람에 따라서는 종결 어미 전체를 담화 /텍스트 표지로 간주하는 일이 있다. 선어말 어미 가운데서 시제의 '-었-'이나, 존경의 '-시-', 중세어의 낮춤의 '-숩-'은 텍스트 형성의 기능을 강하게 띠고 있다.

먼저 보조사의 응결 기능을 보기로 한다.

(8) 태백산 주위에는 많은 짐승이 살고 있었다. 짐승들은 사람들의 평화스럽고 다정하고 협동적인 생활을 부러워하였다. (『단군신화』의

한 구절)

(8)은 두 문장이 합쳐져 한 텍스트로 응결되어 있다. 앞의 문장에는 주어 명사구 '짐승'이 주격 조사를 취하였다. 우리말에서 일반적으로 새로운 정보를 전달할 필요가 있을 때에는 주격 조사 '이 /가'를 취한다. 그러나 그것이 일단 낡은 정보로 바뀔 때에는 주제의 보조사 '은 /는'으로 바뀐다. 둘째 문장에서 주제의 보조사가 나타났다는 것은 그것이 낡은 정보이기 때문이다. 정보를 언어 외적 요인으로 본다면 보조사의 응결 기능은 형태 · 화용론적이라고 말할 수 있다.

이른바 구조격의 하나인 대격 조사 '을 /를'을 취한 명사구도 그것이 낡은 정보로 바뀔 때에는 보조사를 취한다.

(8′) 어머니는 거리에서 사과 한 상자를 사셨다. 그런데 상자 속의 사과는 대부분 썩어 있었다. (만든 텍스트)

앞 문장의 목적어 명사구 '(한) 상자'가 뒤의 문장에서는 보조사 '는'을 취하였다.

앞의 '는 /은' 밖에 텍스트 응결의 기능을 띤 보조사를 더 들어 보면 다음과 같은 것이 있다.

(9) 가. 영수가 과자를 한 봉지 샀다.
나. 철수도 한 봉지 샀다.

(9나)의 '도'의 기능을 올바로 설명하려면 (9가)가 전제되어 있지 않으면 안 된다. 곧 앞 문장에서 철수와 같은 또래에 속하는 '영수가 과자를 산 행위'가 전제되어 있지 않으면 의미 있는 발화라고 하기가 어렵다.

우리 민족어에는 주어 명사구가 존경의 대상이 되면 동사에 선어말 어미 '-시-'가 쓰인다. 이런 현상은 중세 민족어나 이전의 고대 민족어에도 보인다. 중세 민족어의 공대법이 현대 민족어와 다른 점은 부사어 명사구가 존경의 대상이 될 때에는 겸손법 (낮춤법) 선어말 어미 '-습-'이 사용되는 일이 있다. 이런 현상 역시 고대 민족어에도 나타나는데 근년에 얼굴을 내민 『구역인왕경』의 석독 구결에는 다소 기능을 달리하여 쓰이고 있다.

대표적으로 중세 민족어에 나타나는 존경의 '-시-'를 중심으로 텍스트 응결 기능을 보기로 한다.

(10) 가. 御製〈製는 글 지슬 씨니 御製는 님금 지스샨 그리라〉(훈민정음언해 1앞)

나. 新制 二十八字ᄒᆞ노니〈制는 밍ᄀᆞᄅᆞ실 씨라〉(같은 책, 3뒤)

(10)에서 〈 〉안의 부분은 협주 (夾註)라 부르는데 이는 번안자나 번역자가 이해를 도모할 목적으로 삽입하는 일종의 역주 (譯註) 성격을 띠고 있다. 하르베크 (1993, 2001: 19-37)에서는 이러한 텍스트를 "복선 (複線) 텍스트" (plurilineale Text)라 부른다. 복선 텍스트란 단선적으로 시작되고 그 다음에는 특정한 대목에서 복선적으로 갈라지는 구성을 뜻한다. 복선 텍스트는 한 나무 둥치에서 갈라져 나온 가지에 비겨 볼 수 있다.

(10가)는 『世宗御製訓民正音』이라는 훈민정음 언해본의 책의 제목에 나타나는 '御製'에 대한 뜻풀이다. (10나) 역시 훈민정음 언해본에 나오는데 본문 텍스트의 '新制 二十八字ᄒᆞ노니'에 나타나는 '制'에 대한 뜻풀이다. 비슷한 뜻풀이임에도 불구하고 (10가)의 '製'에 대한 주석에는 '-시-'가 사용되지 않았고 (10나)에는 '-시-'가 사용되었다. 둘 다 본문 텍스트에서 같은 글자를 반복하여 갈라져 나온 복선 텍스트인 만큼 응결성을 유지하고 있지마는 (10가)에서는 구체적인 주어 명사구를 상정 (想定)하지 않는 보편적인 뜻풀이이기 때문에 '-시-'가 쓰이지 않았으나 (10나)에

서는 훈민정음 서문을 쓰고 있는 '세종대왕'이 동작주라고 생각하였기 때문에 '-시-'가 사용되었다. (10가)에 비하여 한층 더 응결성이 강화되었다고 할 수 있다. (10가)에서도 '御製'에 대한 주석에서는 '-시-'가 나오는데 이는 세종대왕을 직접 의식하였다고 하기보다 임금에게 관계될 때 붙는 접두사 '御'를 의식하였기 때문이다.

현대 소설의 지문을 보면 현재형과 과거형이 섞여 사용되는 일이 적지 않다. 현재형과 과거형을 바꾸어도 좋은 경우가 있는가 하면 그렇지 않은 일도 적지 않다. 그러나 현재형과 과거형이 교체될 때는 이를 기준으로 하여 텍스트를 분단할 수 있다.

(11) 어제 저녁에 백우영이를 김선용으로 보았다가 실망한 혜숙은 …… 공연히 안타까울 뿐이었다. 그러나 혜숙은 …… 백합꽃 같은 처녀이다. 길거리에 오고가는 행인을 누구든지 보고 웃는 순결한 꽃이다. (나 빈, 『환희』)

(11)의 첫째 문장은 과거형으로, 둘째 문장은 현재형으로 되어 있어 시제의 교체가 일어났다. 첫째 문장의 '안타까울 뿐이었다'의 '안타깝다'는 느낌 형용사로서 주어 명사구가 제1인칭일 때 쓰이는 것이 정상적인 용법이다. 주어가 제3인칭이면 '안타까워할 뿐이었다'로 되어야 한다. 그러나 소설의 독자는 이 문장이 잘못되었다고 생각하지 않는다. 서술자인 작자가 주어 명사구인 주인공 '혜숙'으로 변신하여 동작주인 '혜숙'의 심리 상태를 묘사한 것으로 생각할 수 있기 때문이다. 뒤의 문장이 현재형으로 된 것은 '혜숙'에 대한 작자의 태도가 두드러지게 보이는 방면으로 관점이 바뀌었기 때문에 시제의 교체가 일어난 것으로 해석할 수 있다. 이런 경우는 시제의 교체를 기준으로 하여 텍스트의 경계를 달리 잡을 수 있다.

우리 민족어와 같은 교착어는 어미가 문장의 성질을 결정짓는 필수적 요소가 되나 고립어인 중국어는 성격이 다르다. 중국어에도 우리 민족어의 종결 어미에 해당하는 이른바 어조사 (語助辭)가 있다. 이를테면 '乎, 哉, 矣, 也'는 문장의 끝에 오는 어조사인데 이들은 의미적으로는 큰 역할을 하지 못하지만 작품의 요소를 잘 꾸밀 수 있다. 일종의 형태·통사적 응결 장치라 할 만하다. 중국어는 고립어이기 때문에 어조사의 사용이 텍스트의 의미 해석에 근본적인 영향을 미치지 않으나 우리 민족어와 같은 교착어는 조사와 어미가 필수적으로 요구된다는 점에서 한문과는 차이가 있다. 텍스트 응결성도 언어 구조가 다름에 따라 달리 책정되어야 한다는 사실을 확인할 수 있다.

(4라)의 통사적 응결 장치란 문장을 연결시켜 텍스트를 형성하는 장치를 말한다. 이곳에는 순접, 역접, 인과 관계 등 논리적 접속 부사와 등시적·계기적 사건을 서술하는 데 쓰이는 시간적 접속 부사가 포함된다. 논리적 접속 부사에 기대어 두 문장이 이어져 한 텍스트가 되는 예로는 다음과 같은 것이 있다.

(12) 가. 부지런히 읽어라. 그리고 열심히 써라.
나. 부지런히 읽어라. 그러나 열심히 쓰지 않으면 좋은 글을 쓸 수 없을 것이다.
다. 비가 온다. 그러니까 빨리 가거라.

(12가)는 순접, (12나)는 역접, (12다)는 인과 관계로 텍스트를 만드는 논리적 접속 부사이다.

한편 시간적 접속 부사에는 다음과 같은 것을 들 수 있다.

(13) 가. 바람이 휘몰아 쳤다. 그때 철수는 잠에서 깨어났다.
나. 이때 한양성 도련님은 주야로 시서 백가어를 숙독하였으니 글로는 이 백이요 글씨는 왕희지라. (『열녀춘향수정가』의 일

절, 현대 역 — 지은이)

다. 나랏 사ᄅᆞ미 굴그니여 혀그니여 우디 아니ᄒᆞ리 업더라. 그ᄢᅴ 부텻 威光이 더욱 顯ᄒᆞ샤 一萬 ᄒᆡ ᄒᆞᆫᄢᅴ 도ᄃᆞᆫ ᄃᆞᆺᄒᆞ더라. (『월인석보』 10, 12 뒤)

[현대 역] 나라 사람들 중 큰 사람과 작은 사람들이 울지 아니할 사람이 없었다. 그때 부처의 위광이 더욱 드러나 일만 개의 해가 함께 돋은 듯하였다.

라. 차설 한림 (翰林)이 사례왈 명공이 허물치 아니시면 어찌 덕량 (德量)이 넓지 아니리 잇고마는 …… (『천수석』 권 3, 현대 역 — 지은이)

(13가)는 시간적 접속사 '그때'에 기대어 앞뒤 두 문장이 계기적으로 이어져 한 텍스트가 되게 하였다. (13나)는 시간 부사 '이때'가 말머리를 돌리는 기능을 한다. '이때'가 가리키는 상황은, 춘향이가 옥중에 갇혀서 모진 고문을 당하고 있을 때, 이도령이 서울에서 과거 준비에 열중하고 있었음을 이야기하는 것이다. 일반적인 고대 소설이라면 '차설' 등이 사용되어야 할 자리이다. 두 장면의 텍스트를 이어 좀 더 큰 텍스트로 엉기게 하였다. (13다)의 '그ᄢᅴ'는 나라의 사람들이 모두 우는 상황과 부처의 위광이 빛나는 상황을 계기적으로 이어 좀 더 큰 텍스트로 엉기게 하였다. (13라)의 '차설'은 『천수석』의 권 2가 끝나고 권 3으로 말머리를 돌리는 상황에 사용되었다. 사건의 연속인 만큼 시간적 접속사라고 할 수 있다. 이 역시 권 2라는 큰 텍스트를 권 3에 이어 주어 좀 더 큰 텍스트를 만들어 주는 역할을 한다.

구어 (口語), 곧 짜임새 없는 입말을 보면 군데군데 감탄사의 테두리에 넣을 수 있는 군더더기 말이 쓰이는 일이 적지 않다.

(14) 가. 암도 (/아무도) 없어도 저 우에다가 (/위에다) 물 떠 놓고 살

집어 넣고 빌지. 일테면 내가 애기 안 낳다고? (/이를테면 내가 애기를 낳았다고 해 봐) 그라믄 인자 애기 낳고 드러 누어 그라믄 인자 재앙님네 저그다가 앞에다가 웃에다가 (/위에다가). …… (이기갑 1995)

나. 요즘 소위 말하는 그, 레토르트 식품 같은 거 있잖아요. 그니까 물에 바로 넣어서 끓이는 거 — 그런 거는 그니까 이제 아주 완전히 멸균을 해 가지고 저기 공기를 완전히 차단해서. …… (신지연 1998)

(14가)에 나타난 '인자' ('이제'의 뜻)가 군더더기 말이다. 이 말은 접속사 '그라믄'에 의해 전술 언급 (前述言及)된 선행 발화를 매듭짓고 후행 발화에 초점을 맞추는 효과를 나타낸다. 일종의 텍스트 내지 담화 표지의 역할을 하는 것이다. (14나)의 '그니까' (그러니까)도 비슷한 기능을 표시한다. 일반적으로 '그니까'는 이유나 원인을 표시하는데 이곳에서는 그런 기능은 없고 선행 발화를 부연하여 설명해 주는 기능밖에는 인정하기가 어렵다. '그, 저기'도 군더더기 말이다.

한편 우리는 문학 작품에서도 통사적 응결성을 확인할 수 있다. 향가의 대표적 갈래인 사뇌가의 지배적인 형식이 10구체라든가, 별곡의 형태적 특성이 6구를 기준으로 하여 전후 양련으로 구분된다든가 하는 것이 민족 고전 시가의 통사적 응결성이다. 시조 가운데서 평시조는 6구로 되어 있고 엇시조 (중형 시조)는 종장 제1구를 제외한 어느 구절이나 하나만 길어진 것이며 사설 시조 (장형 시조)는 두 구절 이상이 길어진 것이다. 『용비어천가』와 『월인천강지곡』이 전후 양련으로 구성되어 있다는 것도 악장 갈래의 통사적 특성이 된다. 중국과 우리 민족의 한시는 대부분 절구나 율시로 되어 있는데 이에는 다시 5언과 7언이 있다. 이 역시 한시의 통사적 응결성이다.

4.2.2. 응결성 장치 (2)

응결성 장치 (1)에 이어 응결성 장치 (2)를 보기로 한다. 여기에는 다음 두 가지가 있다.

(15) 응결성 장치 (2)
　가. 의미적 등가성에 기댄 응결 장치
　나. 기능적 등가성에 기댄 응결 장치

(15가)와 (15나)를 구별하지 않는 일도 없지 않으나 (뒤에 나옴), 이곳에서는 일단 분리하여 텍스트 형성의 문제를 검토하기로 한다. 응결성 장치 (2)는 앞의 응결성 장치 (1)의 보조적 장치이다. 보조적 장치라 함은 놓이는 자리가 비교적 자유롭고 응결성 장치 (1)에 비하여 경계 기능이 분명하지 않다는 뜻이다. 이는 의미 · 기능적 등가성에 기댄 응결 장치가 텍스트 형성의 필요 조건은 되지마는 충분 조건은 되지 못한다는 뜻이다.

(15가)는 공통된 어휘 · 의미적 자질을 기반으로 삼아 품사적 연쇄를 이루어 텍스트를 형성하는 기제를 가리킨다. 이에는 다음과 같은 현상이 포함된다.

(16) 의미적 등가성에 기댄 응결 장치
　가. 명시적 재수용
　　같은 표현의 재수용 /유의어, 상 · 하의어, 반의어에 의한 재수용 /대용어에 의한 재수용
　나. 함축적 재수용

(16가)의 명시적 재수용이라 함은 언어 형태로 분명히 표시된 것을 반복한다는 뜻이다. (16나)의 "함축적 재수용"이라 함은 문맥을 통하여 추론

할 수 있는 응결성이다. 우선 같은 명사적 표현에 기대어 텍스트를 형성하는 절차를 살펴보기로 한다.

다음 (17)은 고유 명사가 재수용되어 명사적 사슬을 이룸으로써 텍스트를 형성하는 예이다.

(17) 연실이의 고향은 평양이었다. 연실이의 아버지는 옛날 감영의 이속 (吏屬)이었다. 양반 없는 평양서는 영리 (營吏)들이 가장 행세하였다. 연실이의 집안도 평양서는 한때 자기로라고 뽐내던 집안이었다. (김동인, 『김연실전』)

(17)은 위의 인용문만 대상으로 한다면 세 문장이 모여서 하나의 텍스트를 이루고 있다. 어떤 형태의 접속사도 사용되지 않았지만 의미적 연속성에 하등 걸림이 없다. 이런 경우는 아무런 접속 표현을 쓰지 않는 것이 더 텍스트답게 만들어 줄 수 있다. 비록 관형구의 성격을 띠고 있지만 고유 명사 '연실이'가 재수용됨으로써 세 문장이 하나의 텍스트로 엉겨 있다. 이런 경우 두 번째 놓이는 고유 명사에 악센트가 놓이느냐 하는 문제가 제기될 수 있으나 이곳에서는 접어 두기로 한다.

(18)은 보통 명사가 재수용되어 하나의 텍스트로 응결된 것이다.

(18) 나무는 덕을 가졌다. 나무는 주어진 분수에 만족할 줄을 안다. (e) 나무로 태어난 것을 탓하지 아니하고 왜 여기 놓이고 저기 놓이지 않았는가를 말하지 아니한다. (이양하, 「나무」)

이런 경우 사이사이 논리적 접속사를 넣을 수 없는 바 아니나 앞의 (17)과 같이 넣지 않는 것이 텍스트의 응집성을 강화하는 길이라고 믿었을 가능성이 더 많다. 첫 문장의 '나무'는 둘째 문장에서 그대로 재수용되었다. 이런 경우 대용어 '그것'으로 대치할 수 없는 바 아니나 이곳에서는

'나무 — 나무'라는 명사적 연쇄에 기대어 두 문장이 한 텍스트로 응결되어 있다. 셋째 문장에서는 앞의 두 문장에 나타난 주제어 명사구 '나무'가 이른바 공범주 (앞에 나옴, 3쪽)로 실현되고 대신 부사어 명사구 '나무'로 자리를 바꾸어 나타났다. 이렇게 의미적 등가성에 기댄 텍스트의 형성에서는 어휘의 위치가 자유롭다는 것을 알 수 있다.

앞뒤 문장에 쓰인 유의어, 반의어, 상·하의어가 서로 순응하면 하나의 텍스트로 응결될 수 있다. (17)의 둘째 문장에 나오는 '이속' (吏屬)과 셋째 문장에 나오는 '영리' (營吏)는 유의어로서 서로 순응하여 명사적 사슬을 이루는 것이다. 다음 (19)는 상·하의어가 순응하여 한 텍스트로 응결되는 예이다.

(19) 어린 아이를 달래듯이 목덜미를 어루만져 주니 나귀는 코를 벌름거리고 입을 투드르거렸다. 콧물이 튀었다. 허생원은 짐승 때문에 속도 무던히는 썩였다. (이효석, 「메밀꽃 필 무렵」)

(19)는 제시된 자료만 보면 세 개의 문장이 모여 한 텍스트를 구성하고 있다. 첫째 문장의 '나귀'는 셋째 문장에서 상의어 '짐승'으로 포섭 (包攝)되어 있다.

일반적으로 상의어와 하의어가 사슬을 이룰 때에는 "하의어 — 상의어"의 순서를 지킨다. 유의어, 상·하의어에 기댄 명사적 연쇄는 그레마스 (1966)의 동위소 (더러 동위성, Isotopie)와 코세리우 (1967)의 어휘소적 연대 (더러 어휘적 연대, lexikalische Solidalität)에 기대어 텍스트 형성의 기제로 정립된 것이다. 동위소란 '노루'와 '짐승'의 관계에서 보듯이 두 어휘 사이에는 상·하의어의 관계가 있지만 '네발 달린 짐승'이란 기본적 의미인 의미소가 공통되어 있다. 이러한 기본 의미에 의하여 두 문장이 한 텍스트로 엉기는 것이다. 기본 의미에 의하여 연결된 두 어휘는 등가성을 이루고 있다. 이른바 "구조적 의미 등가성" (strukturelle semantische Äquivalenz)을 형성하는 것이다.

반의어도 텍스트 형성에 기여한다.

(20) 낭떠러지 아래로는 깊이를 알 수 없는 푸른 강물이 흐르고 있었다. 그리고 낭떠러지 위에는 수백 년 묵은 소나무가 강 쪽으로 긴 가지를 늘어뜨리고 있었다. (만든 텍스트)

(20)은 '낭떠러지'를 중심축으로 하여 '아래'와 '위'라는 두 반의어가 짝을 이루어 두 문장을 한 텍스트로 응결시키고 있다. 이 역시 구조적 의미 등가성을 이루고 있다. 물론 이곳에는 '낭떠러지'와 '강'이 재수용되어 명사적 연쇄를 이루고 있으며 '흐르고 있었다'와 '늘어뜨리고 있었다'가 대구의 형식으로 동사적 연쇄를 이루어 두 문장의 응결성을 더욱 강화하고 있다.

유의어와 상·하의어, 그리고 반의어는 중국의 훈고학에서도 볼 수 있다. 앞에서도 잠깐 비친 바 있듯이 (17쪽), 훈고학에는 의훈 (義訓)이 있다. 성음이나 형태의 도움을 받지 않고 직접 의미를 설명하는 방법이다. 첫째는 "동의 상훈" (同義相訓)이 그것이다. 이를테면 '증' (增)을 풀이할 때, '증 (增), 익야 (益也)'와 같이 유의어 '익' (益)을 붙이는 방식이 그것이다. 현대의 사전 어휘 풀이가 이런 방식을 많이 쓴다. 옛말을 해석할 때에는 그에 대응되는 현대어 어휘를 붙인다. "반의 상훈" (反義相訓)은 '고' (故)를 설명할 때 반대의 뜻인 '금' (今)을 갖다 붙이는 방식을 말한다. 이 밖에도 하의어로써 상의어를 해석하는 방식도 있고 정의를 내리는 방법도 사용한다. 후자는 현대 사전의 뜻풀이와 비슷하다. 이런 것은 모두 피정의항과 정의항이 의미를 중심으로 엉기기 때문에 같은 텍스트에 속한다고 말할 수 있다.

의훈에 의한 뜻풀이는 우리 민족 고대의 역사서는 물론이고 중세 한글 자료의 협주에 응용된 예가 많다. 우선 『용비어천가』의 한문 주석이 훈고학의 주석 방식을 본떴고 그 뒤의 한글 문헌이 대부분 이를 답습(踏襲)하고 있다. 한글 문헌의 협주는 『용비어천가』의 한문 주석을 그대로 옮긴 것이 적지 않다. 대체로 "동의 상훈" (同義相訓)의 방식을 쓴 것이 많다.

(21)은 앞의 텍스트에서 출현된 명사구를 대용어로써 받아 텍스트를 형성하는 예이다.

(21) 낙엽 속에 파묻혀 앉아 깨금을 알뜰히 부수는 중실은 이제 새삼스럽게 그 향기를 생각하고 나무를 살피고 하늘을 바라보는 것이 아니었다. 그런 것은 한데 합쳐서 몸에 함빡 젖어 들어 전신을 가지고 모르는 결에 그것을 느낄 뿐이었다. (이효석, 「산」)

(21)에는 대용어가 세 군데 나타나 있다. 첫 문장의 '그 향기'는 앞 문장에 도입된 '과실같이 싱싱한 향기, 나무 향기, 흙냄새, 하늘 향기, 마을에서는 찾아볼 수 없는 향기다'에 나오는 '향기'를 전술 언급 (前述言及)하고 있다. 두 번째 문장의 '그런 것'과 '그것' 역시 앞 문장의 '그 향기'를 전술 언급하고 있다. 이곳에서도 대용어는 문장의 여기저기에 분포할 수 있음을 알 수 있다. 대용어는 흔히 문법론적 내지 통사적 응결 장치에 넣기도 하나 선·후행 명사구나 문장을 대용하여 명사적 연쇄를 이룬다는 점에서 의미적 등가성에 기댄 명사적 연쇄의 범주에 넣는 것이 이득이 많지 않은가 한다. 그리고 대용어에 기대어 전술 언급을 하게 되면 피대치어는 총칭적인 성격을 띠게 되고 대치어는 특칭적 성격을 띠게 된다. 대용어로 나타난 (21)의 '그 향기'가 바로 특칭성을 띠었고 그 앞에 처음으로 도입된 '마을에서는 찾아볼 수 없는 향기다'에 나오는 '향기'는 총칭적 성격을 띠었다.

(16나)의 함축적 재수용이라 함은 명사적 연쇄 사이에 동지시 (同指示) 관계가 성립되지 않는다는 뜻이다.

(22) 1956년 2월 20일에 입학시험을 보러 철수는 서울에 왔다. 역에서 철수는 친구 형의 안내를 받아 돈암행 전차를 타고 사변 때 마산에서 사귄 송 군네 집으로 갔다. (만든 텍스트)

(22)의 첫 문장에 나오는 '서울'과 그 다음 문장의 '역'은 그 자체만으로는 명사적 사슬을 이룰 수 없다. 둘 사이에는 어떤 의미 자질의 공통성도 찾을 수 없기 때문이다. 그러나 첫 문장에 '서울역'이라는 말이 도입되지 않더라도 뒤의 문장에 '역'이 있기 때문에 서울에 왔다는 것은 결국 기차를 타고 서울역에 도착했다는 사실을 추론할 수 있다. 물론 그 당시 청량리역이나, 지금은 없어진 성동역에도 도착할 수 있다. 그러나 그 당시 돈암동 가는 전차는 서울역밖에 없었기 때문에 '역'이라고 하면 서울역밖에는 생각할 수 없다. 이런 경우 '서울에 역이 있다'라는 명시적 표현을 보충하면 뒤의 '역'과 명사적 연쇄를 이룰 수 있으나 이렇게 되면 오히려 텍스트다움을 해칠 수 있다. 이러한 재수용은 일종의 존재론적 근접성에 기댄 텍스트의 형성이라 할 수 있는데 이러한 종류에는 논리적·문화적 근접성에 기반을 둔 재수용을 들 수 있다.

(15나)의 기능적 등가성에 기댄 명사적 연쇄에는 다음과 같은 예를 들 수 있다.

(23) 영철이는 동생의 손을 잡고 개울가로 나갔다. 형은 동생을 등에 업고 개울을 건넜다. (만든 텍스트)

(23)의 앞 문장의 주어 명사구 '영철이'는 뒤의 문장에서 '형'으로 대체되었다. '영철이'와 '형' 사이에는 앞에서 본 어떤 의미 자질의 공통성도 파악할 수 없다. 그럼에도 불구하고 두 명사적 표현 사이에는 훌륭한 등가성을 확인할 수 있다. 이 글을 쓴 사람이나 읽는 사람은 앞 문장에 도입되어 있는 관형어 명사구 '동생'을 통하여 '영철이'가 '동생'으로 지칭

되는 대상의 '형'이라는 사실을 인식할 수 있기 때문이다.

『석가보』를 보면 석가모니는 상황에 따라 다른 이름이 붙여지는 일이 많았다. 다음 예를 보면 그런 점이 확인된다.

(24) 釋迦如來 부톄 몯 ᄃᆞ외야 겨싫 젠 일후미 善慧시고 功德이 ᄒᆞ마 ᄎᆞ샤 補處 ᄃᆞ외야 兜率天에 겨싫 젠 일후미 聖善이시고 ᄯᅩ 일후미 護名大士ㅣ러시니 (『월인석보』 2, 8 뒤)

[현대 역] 석가여래가 부처가 되기 전은 이름이 선혜이시고 공덕이 이미 차서 보처 (주불의 좌우에 모신 보살)가 되어 도솔천에 계실 때에는 이름이 성선이시고 또 이름이 호명대사였더니

(24)를 보면 같은 대상인 석가모니에 대하여 부처가 되기 전은 이름이 '선혜'였고 도를 깨달아 도솔천에 있을 때에는 '성선'과 '호명대사'의 두 이름이 있었음을 알 수 있다. 단지 쓰이는 상황이 달랐다. 우리의 전통 사회에서 같은 사람에 대하여 아명 (兒名), 관명 (冠名), 자 (字), 호 (號)가 있어 상황에 따라 구별하여 사용했던 것과 사정이 같다.

(23), (24)와 같은 명사적 연쇄는 화·청자의 공통된 인식 세계나 구체적 통보 상황을 통하여 성립되는 만큼 기능적 (더러 실용적) 등가성에 기댄 텍스트의 형성이라고 한다. 특히 (23)에서 두 문장의 텍스트 형성을 돕는 데는 앞뒤에 '동생'이라는 명사구가 반복되어 있다는 점도 크게 작용한다. 그러나 명사적 연쇄를 다루다 보면 의미적 등가성과 기능적 등가성의 경계를 분명히 하기가 어려운 경우가 발생하기 때문에 양자를 특별히 구별하지 않는 일도 있다. 의미적 등가성이 언어 내적 경험에 기반을 둔 응결성이라면 기능적 등가성은 언어 외적 경험에 근거하였다고 말할 수 있다.

기능적 공통성에 기댄 명사적 사슬의 대표적인 예는 우리의 고전 시조 윤선도의 「오우가」에 나오는 다음 머리부이다.

(25) 내 벗이 몇이라 하니 수석과 송죽이라
동산에 달 오르니 긔 더욱 반갑고야
두어라 이 다섯밖에 더하여 무엇하리

(25)에 나타나는 '벗'의 기능적 하의어 '수석 송죽' (水石松竹)과 '달'은 어떤 어휘·의미적 공통된 자질을 기반으로 하고 있지 않음에도 불구하고 화자 (/작자)의 자연관에 따라 같은 테두리의 명사적 사슬로 포괄되는 예이다.

기능적 등가성에 기댄 텍스트 형성도 중국 훈고학에서 찾을 수 있다. "관경 위훈" (觀境爲訓)이 그것이다. 언어 환경, 곧 문맥이나 화맥을 근거로 하여 의미를 찾는 방식이다. 대체로 대문 (對文), 앞뒤 구절, 사례 (辭例), 수사 방법 등을 근거로 하여 의미를 추론한다. 이를테면 '東夏之命 古今之法 言異而典殊' (『여씨춘추』, 察明)에 나타나는 '東夏'는 '동방' (東方)으로 해석해 왔는데 이와 대문을 이루는 뒤의 구절의 '古今'이 반의사 (反義詞)로 이루어진 만큼 이에 유추하여 '東夏'도 그렇게 보아 '東'은 '夷'와 같은 뜻으로, '夏'는 중국을 뜻하는 것으로 보는 방식이 그것이다.

중세 민족어 자료에는 "관경 위훈"을 적용한 주석 방식을 찾을 수 있다. 훈민정음 언해의 '異乎中國'에 대하여 다음과 같은 협주를 붙였다.

(26) 中國은 皇帝 겨신 나라히니 우리나랏 常談애 江南이라 ᄒᆞᄂᆞ니라
[현대 역] 중국은 황제 계신 나라이니 우리나라의 상담에 강남이라 한다.

'中國'에 대한 주석은 '중국'이라는 지칭 대상은 하나이지만 보는 각도에 따라 '황제 겨신 나라ㅎ'와 '江南'으로 각각 달리 해석될 수 있다. (26)은 우리의 관점에서 붙인 주석이기 때문에 환경이나 문맥에 근거한

주석이라고 할 수 있다.

4.3. 응집성과 텍스트다움

응집성이라 함은 응결성에 상대되는 개념으로 "결속성"이나, "심층 결속성"이라고도 한다. 응집성은 한 텍스트를 텍스트답게 만들어 주는 의미적 조건이다. 이는 마치 '사람'이라는 말이 자족적인 어휘가 되려면 'saram'이라는 음성 형식에 '人'이라는 의미가 결부되어 있어야 함과 같은 것이다. 'saram'이라는 음성 부분은 텍스트의 응결성에 해당하고 '人'이라는 의미 부분은 텍스트의 응집성에 해당한다. '사람'이라는 말이 자족적인 언어 기호가 되려면 동전의 양면처럼 두 요소를 갖추지 않으면 안 된다는 뜻이다. 텍스트의 응결성과 응집성은 텍스트의 형식과 내용이라고 하면 그런대로 이해가 쉽다.

응집성은, 앞에서 잠깐 확인한 바와 같이, 초기에는 응결성의 기본 전제로만 삼았지만 그 이상은 깊이 파고들지 않았다. 이는 한 문장의 문법성을 따질 때 다음과 같이 무의미한 문장을 분석의 대상으로 삼지 않는 것과 사정이 비슷하다.

(27) 버섯이 구름을 신고 산을 넘는다.

(27)은 주어 명사구 '버섯'이 두 개의 목적어 서술부를 지배하고 있다는 점에서 의미적으로는 아무런 흠이 없는 문장이다. 그러나 이 문장은 많은 선택 제약을 어기고 있다. '신다'라는 동사는 '신, 구두, 양말' 등 발에 부착된 사물만을 선택할 수 있는 제약을 지니고 있는데도 불구하고 이와는 아무 관계가 없는 '구름'을 지배하고 있고 유정 명사구만을 주어로 선택할 수 있는데도 불구하고 '버섯'과 같은 무정 명사구가 와 있다.

'산을 넘는다'라는 서술부도 일반적으로 유정 명사구만 주어가 될 수 있다. (27)이 시의 한 구절이면 용인할 수 있는 문장이 될 수 있으나 일상 담화 가운데의 한 마디라면 이는 통사론의 분석 대상이 될 수 없다.

텍스트가 형성될 때에도 같은 논리가 적용될 수 있다.

(28) Es gibt niemanden, den ihr Gesang nicht fortreiß. Unsere Sängerin heißt Josephine. Gesang ist ein Wort mit funf Buchstaben, Sängerinnen machen viele Worte.

[번역] 그녀의 노래에 감동을 느끼지 않은 사람은 아무도 없다. 우리들의 여가수는 요세피네 (Josephine)라 부른다. 'Gesang' (노래)라는 단어는 다섯 개의 글자로 된 한 단어이다. 여가수들은 말을 많이 한다.

(28)은 비에르비슈 (M. Bierwisch) (1972)에서 해리스의 담화 분석을 비판할 때 든 예인데 비 (非)텍스트 내지 유사 텍스트의 예로 많이 인용된다. 하르베크 (1993 /2001a: 33)에서는 이런 텍스트를 "설익은 텍스트" (Rudimentärtexte)라고 부른다. (28)은 네 개의 문장으로 구성되어 있다. 첫째 문장의 'ihr Gesang' (그녀의 노래), 둘째 문장의 'Sängerin' (여가수), 셋째 문장의 'Gesang' (노래), 넷째 문장의 'Sängerinnen' (여가수들)는 표면상으로 보면 '노래'와 관련된 의미를 추출할 수 있다는 점에서 의미적 등가성을 지니고 있다고 할 수 있으나 각 문장 간에는 의미망이 전혀 이루어지지 않는다. 첫째 문장의 'ihr' (그녀)와 둘째 문장의 'Sängerin' (여가수)는 어느 정도 의미망을 이룬다고 할 수 있으나 셋째 문장의 'Gesang' (노래)과는 아무런 그물을 이루지 못한다. 의미 내용이 전혀 다르기 때문이다. 넷째 문장의 '여가수들'의 행위는 셋째 문장의 내용과 아무런 관계가 없다. 정신병자가 아니고서는 이런 텍스트를 만들 이유가 없지마는 (28)과 같은 예는 아무리 표면상으로 관련 있는 어휘가

배열되어 있어도 의미망을 이루지 못하면 텍스트다움을 보장받을 수 없다는 뜻으로 이해된다. 문장마다 주제가 다르고 그들 사이에는 어떤 통일된 주제를 잡아낼 수 없다. 또 여기에는 'Gesang'이라는 단어가 다섯 개의 글자로 되어 있다는 거짓된 진술도 나온다.

우리말의 다음 예도 같은 범주에 속한다.

(29) 오늘은 배가 몹시 고팠다. 따라서 나는 밥을 한 술도 뜨지 않았다.

(29)는 배가 고프면 이에 상응하여 결과적으로 밥을 많이 먹었다고 해야 논리적으로 올바른 문장이 될 수 있을 터인데 반대 개념의 명제가 왔으므로 비텍스트가 된 것이다. 그러나 가운데 이가 아파서 음식을 씹을 수 없다는 내용의 문장이 들어가면 (29)는 텍스트로서의 자격을 얻을 수 있다. 텍스트 형성에서 의미망이라는 것도 상황에 따라 가변성을 지니고 있음을 알 수 있다.

다음 예도 (29)와 성격이 같다.

(30) 전국 일주 태극기 날리기
뮤지컬 '명성왕후' 미국 순회공연
정부 수립 50주년 기념 국제 학술 포럼
산 강 바다 되살리기 국토 청결 운동
백범 김구 선생 일대기 창극 공연
겨레의 노래와 응원가 제정 보급
국민 화합 기원 봉화 올리기
안중근 의사 일대기 연극 공연
(『동아일보』 1998년 7월 9일 제1면)

(30)도 여덟 개의 말토막만 가지고는 그들 사이에 어떤 의미적 그물을

찾아낼 수 없기 때문에 비텍스트가 될 수밖에 없다. 그러나 이들이 '도약 힘찬 한국 정부 수립 50주년 기념 本報 8대 행사 펼칩니다'라는 표제와 함께 '8대 행사'라는 제목으로 묶여져 있고 이어 〈社告〉라는 큰 기사가 덧붙여져 있다면 종적인 의미망을 이루기 때문에 텍스트다움을 잃지 않는다.

그러면 구체적 텍스트를 대상으로 하여 의미망을 구축하는 방법론을 펼쳐 보기로 한다.

(31) (S_1 말은 사람과 사람의 뜻을 통하는 것이라.)S_1 (S_2 한 말을 쓰는 사람끼리는 그 뜻을 통하여 살기를 서로 도와주므로 그 사람들이 절로 한 덩이가 지고 그 덩이가 점점 늘어 큰 덩이를 이루나니 사람의 제일 큰 덩이는 나라라.)S_2 (S_3 그러하므로 말은 나라를 이루는 것인데 말이 오르면 나라도 오르고 말이 내리면 나라도 내리느니라.)S_3 (S_4 이러하므로 나라마다 그 말을 힘쓰지 않을 수 없느니라.)S_4 (주시경, 『한나라말』, 현대 맞춤법으로 고쳐 적음)

(31)은 종결 어미를 기준으로 하여 편의상 네 개의 문장으로 이루어진 하나의 텍스트로 간주하기로 한다.

S_1은 '말'의 기능적 측면을 정의한 것이다. S_1의 의미는 주어 명사구인 '말'이 목적어 명사구인 '사람과 사람의 뜻'과 서술부인 '통하는 것이라'와 결합되어 나타났다. S_2는, 같은 말을 사용하는 사람들은 상호 협동에 의하여 사회를 이루고 궁극적으로는 사회의 가장 큰 덩어리인 나라를 이룬다는 것이다. S_2의 의미는 S_1에서 도입된 총칭적인 '말, 사람, 뜻'이 '한 말, 사람, 그 뜻'으로 특칭화되어 작은 사회인 '덩이'가 이루어지고 궁극적으로는 큰 덩이인 '나라'가 이루어진다는 과정에서 구체화되었다. S_3는 S_2와 인과적으로 결합되어 있다. 이러한 의미를 선명히 하는 것은 통사적 응결 장치인 접속사 '그러하므로'이다. S_3에서는 S_1에서 도입된 총칭

적인 '말'과 S_2에서 도입된, 역시 총칭적인 '나라'를 연결시켜 양자의 상관관계를 합리화하였다. 특히 이곳에서는 '말이 오르면 나라도 오르고 말이 내리면 나라도 내린다'라는 대칭 구문을 사용함으로써 양자의 밀접한 상관성을 더 분명히 하였다. S_4도 S_3와 인과 관계로 연결되어 있다. 이곳에서도 접속사 '이러하므로'가 사용되었다. S_4에서는 S_2와 S_3에서 도입된 총칭적인 '나라'와 S_1과 S_3에서 도입된 '말'을 특칭화하여 나라마다 말 가꾸기에 힘을 쏟아야 한다는 의미를 구성하고 있다.

(31)을 분석한 결과를 간추리면 다음과 같다.

(31′) 말의 정의 — 말과 사회 — 말의 발전과 나라의 발전의 상관관계 —말 가꾸기에 힘을 쏟아야 함

(31′)와 같은 의미망의 구성을 뒷받침하는 텍스트 응결 장치로는 공통된 의미적 등가성을 표시하는 몇 개 어휘들의 명시적 재수용과 접속사의 사용을 들 수 있다. (31)의 분석을 통하여 우리는 텍스트의 응집성이란 응결성과 표리의 관계에 있음을 확인할 수 있다. (28), (29)와 같이 아무리 응결성이 갖추어져도 문장 사이에 의미망이 형성되지 못하면 비텍스트가 된다는 사실을 알 수 있다. 응결성은 텍스트다움의 필요 조건이기는 하지만 충분 조건은 될 수 없다. 요컨대 텍스트다움의 가장 기본 요건은 텍스트 사이에 의미의 그물망, 곧 응집성이 형성되어 있는가를 확인하는 길밖에 없다. 이곳의 응집성은 내용의 일관성 내지 주제의 일관성이라고 해도 좋다.

그런데 하나의 텍스트가 텍스트다움을 보장하는 데 있어서는 기본적인 의미의 그물을 1차적으로 갖추어야 하지만, 때로는 심리적 요인과 사회적 요인과 같은 실용적 요인이 텍스트다움을 적실하게 하는 일이 많다. 의도성 (intentionality)과 수용성 (acceptability)은 심리적 요인이고 정보성 (informativity)과 상황성 (situationality)은 사회적 요인이다.

“의도성”과 “수용성”은 생산자와 수용자 모두에 의해서 수행되는 사용자 중심 개념이다. 의도성은 텍스트 생산자의 의도를 달성하는 데 관여하는 도구로서 1차적인 기본 의미망이 충족된 텍스트를 적실하게 하는 역할을 한다. 의도성은 모든 통보 행위의 전제가 된다는 점에서, 그리고 수용성은 상당히 주관적이라는 점에서 텍스트다움을 판정하는 기준이 될 수 없다고 비판을 가하는 일도 없지 않으나 일단은 두 가지 기준도 텍스트다움의 판정 기준이 된다는 관점을 취하기로 한다.

텍스트 생산자가 느낌의 의미를 주고자 하여 그에 관련되는 형태소를 사용하였을 때 수용자도 같은 형태소를 사용하여 응수한다면 그 텍스트는 텍스트다움의 성격을 잃지 않을 것이다. 이를테면 어떤 사람이 중천에 뜬 밝은 달을 보고 ‘오늘 달이 무척 밝구나’라고 말할 때, 듣는 사람도 동감하여 ‘그래 무척 밝구나’라고 응수한다면 같은 감탄형 어미가 사용되어 있어 두 사람의 텍스트는 그만큼 매우 텍스트다움을 보장받게 된다. 그러나 이 경우 단순히 ‘밝다’라고 하여 평서형을 사용하였다면 그 텍스트는 일단은 텍스트다움의 성격을 덜 갖추었다고 해야 할 것이다. 극단적으로는 동문서답의 텍스트가 생산될 수 있다.

의도성과 수용성이 텍스트 형성에 미치는 문제를 중세 민족어를 가지고 설명해 보기로 한다. 중세 민족어에는 화자가 자신의 느낌이나 주관적 믿음을 선어말 어미에 기대어 표현하는 감동법이라는 문체법 장치가 있다. 화자가 청자에게 확신성 있는 답변을 요구할 때에는 감동법의 형태소 ‘ㅅ’이 들어가고 청자가 화자의 의도를 정확하게 인식하였다면 그 답변에서도 역시 감동법의 형태소가 호응한다.

다음 예를 비교해 본다.

(32) 부톄 圓通ᄋᆞᆯ 무ᄅᆞ실ᄊᆡ 내 證호맨 音聲이 上이로소이다 (능엄경언해 5, 33) 비교: 므슴 方便ᄋᆞᆯ브터 三摩地예 드순다 (같은 책 5, 31)
[현대 역] 부처가 원통을 물으시기에 내가 증함에 있어서는 틀림

없이 음성이 상입니다 /무슨 방변으로 삼마지에 들었느냐

아래쪽의 '드ᄉᆞᆫ다'는 '든다'라고 하는 제2인칭 의문형에 감동법의 'ㅅ'이 들어간 것이고 위쪽의 '(上)이로소이다'의 '롯 (<돗)'은 그에 대한 답변으로 청자가 화자의 의도를 알아차렸기 때문에 사용된 감동법의 형태소이다. 물음과 대답에 모두 언어 사용자의 확신성을 뒷받침하는 양태 부사 '틀림없이' 등의 부사를 삽입할 수 있다. 이런 경우 청자는 감동법을 사용하지 않을 수도 있는데 이는 청자가 화자의 의도를 이해하지 못하였다고도 볼 수 있고 손짓 등 다른 언어 외적 수단을 통해 의도가 전달되었다고 해석할 수도 있다.

"정보성"은 제시된 텍스트 자료가 담화 참여자들에게 알려지지 않은 새 정보인지 아니면 알려진 낡은 정보인지를 결정하는 요인이다. 만약 알려진 정보를 수용자에게 전달하였다면 그 텍스트는 그만큼 텍스트다움을 상실할 것이고 덜 알려졌거나 새 정보를 전달하였다면 그 텍스트는 텍스트다움의 정도가 높아질 수 있을 것이다. 『용비어천가』와 『월인천강지곡』의 첫머리에는 조선 시대 이태조의 여섯 조상의 사적과 부처의 무량무변한 공덕을 한 마디로 묶어서 찬양하는 글귀가 나오는데 이는 텍스트 수용자에게 새로운 정보가 앞으로 펼쳐진다는 사실을 알려 주고 있다는 점에서 정보성을 높게 지니고 있으며 그만큼 텍스트다움의 정도가 크게 매겨진다고 볼 수 있다. 대부분의 고대 소설과 민담은 첫머리에 정보의 새로움을 보장하는 장치로서 주격 표지 '이 /가'와 부정 관형사 '한' 이나 이와 비슷한 표현을 이용하는 일이 많다.

"상황성"은 한 텍스트를 현재의 발화 상황 또는 복원 가능한 상황에 적절하게 관련시켜 주는 요인을 가리킨다. (2)에서 이미 검토한 바와 같이 (96-7쪽), 어린이들이 왕래하는 길거리에 "천천히"라는 글귀와 함께 '어린이 보호 구역'이라는 팻말이 세워져 있는 것을 종종 목격하는데 이는 이곳을 지나가는 차량들에게 속도를 줄이라는 경고의 의미로 받아들

여야 한다. 만약 이 경고 팻말이 노인정 옆에 세워져 있다면 상황에 어울리는 텍스트라고 하기가 어렵다. 건널목 10여 미터 앞 도로에 다이아몬드형의 표지가 그려져 있다면 이는 상황에 어울리는 경찰 당국의 텍스트 배치라고 할 수 있다. 만약 그것이 건널목과 지나치게 떨어진 곳에 그려져 있다면 텍스트다움을 잃게 될 것이다.

우리의 고전 작품과 일제 강점기에 창작된 시 가운데는 그것이 창작될 당시의 사회적 상황과 결부시켜야만 텍스트다움이 명백해지는 것이 많다. 대표적으로 이상화의 「빼앗긴 들에도 봄은 오는가」와 심 훈의 「그날이 오면」 등을 들 수 있다. 시조 가운데는 당쟁 (黨爭)이나 망국 (亡國) 등의 역사적 사실이나 특정한 인물을 상정하지 않으면 텍스트다움의 진실을 캐내기가 어려운 작품이 많다. 고대 소설에서도 비슷한 예를 많이 발견할 수 있다. 『홍길동전』, 『춘향전』 등의 고전 작품을 읽을 때에는 당시의 사회적 상황과 관련시켜야만 텍스트다움이 분명해진다. 전자는 적서 (嫡庶)의 차별이 극심하였던 조선 중기의 사회상을 배경으로 하고 있고 후자는 탐관 오리 (貪官汚吏)가 민폐 (民弊)를 끼치던 조선 시대 후기의 사회상을 등에 업고 있다. 가사 작품 가운데서 「사미인곡」은 벼슬길에서 물러난 한 신하가 임금을 그리는 노래라고 해야 텍스트다움의 정도가 높아진다.

현대의 명편 최명희의 『혼불』에는 상황성을 어긴 것도 있고 지킨 것도 있다. 남자 주인공 강모가 첫날 저녁에 신부 효원에게 들려 준 무명씨의 시조 「백초를 다 심어도」와 윤선도의 「오우가」는 상황성을 어긴 대표적인 예이다. 당시는 민족어 말살 정책을 시행하던 때라고 생각하면 이런 시조의 인용은 언어 도단이며 그렇지 않다고 하더라도 과연 조선어 교과서에 이런 작품이 다루어졌는지 문제가 적지 않다.

『애국 금자탑』이라는 책자에 대하여 '아주 고지구 (고딕)로 제목을 뽑았어요'라든가 '지프테리아'를 '지유데리'라 쓴 것은 당시의 상황성에 맞는 어휘의 선택이라고 할 수 있다.

4.4. 응결성과 응집성의 상관관계

응결성과 응집성은 과연 그 순위를 매길 수 있을까. 동양의 고대 시학과 중세 우리 민족의 시학을 전개한 업적을 보면 사람에 따라 응집성을 우선하는 사람도 있고 응결성을 우선하는 사람도 있으며 양자의 조화 위에 좋은 텍스트가 형성된다고 하는 사람도 있었다.

동양의 텍스트 과학을 본격적으로 전개하였다고 하는 중국 남조 (南朝) 때의 유 협은 『문심조룡』에서 때로는 응결성을, 때로는 응집성을 강조하면서 결국은 양자의 조화 위에서 좋은 텍스트를 생산할 수 있다고 하였다. 관련 문구를 뽑아 보면 다음과 같다.

(33) 가. 한 편의 빛나는 문장이 되려면 그것을 구성하는 각 장 (章)에 결함이 없어야 하고, 장이 맑고 아름다우려면 그 구성 요소인 각 구 (句)에 티가 없어야 하며 구가 맑고 꽃다우려면 그 구성 요소인 각 자 (字)가 부실 (不實)해서는 안 된다. 근본을 바로잡으면 지엽 (枝葉)도 정리되는 것이니 하나의 근원에 통달하면 만사는 처리된 것이다. (141쪽)

나. 요점을 파악하는 일과 미묘한 언어는 양립하며 정확한 내용과 정치한 내용은 병존하는 것이니 그것은 성인의 문장에서 볼 수 있다 (13쪽).

다. 명료한 주장과 청정한 말, 원만한 내용과 윤택한 가락을 구비하면 저절로 굴러서 "구슬"이란 이름이 붙게 되는 것이다 (59쪽).

라. 풍골은 있어도 수사가 결핍된 문장은 문학의 숲에 매가 가만히 떼 지어 있는 것과 같고 수사는 훌륭하나 풍골이 결핍된 문장은 문학의 동산에 꿩이 도망쳐 버린 것과 같다. 수사가 빛나면서도 높이 비상할 수 있는 문장이야말로 명봉 (鳴奉)

인 것이다. (121쪽)

(33가)에서는 텍스트인 "문장"으로부터 문장인 "구"를 거쳐 단어인 "글자"에 이르기까지 결함이 없어야 한다고 하였는데 이는 응결성 장치를 지켜야 한다는 뜻으로 이해된다. (33나)에서는 응결성과 응집성의 병존을 강조하면서 성인 (聖人)의 문장이 그 모범이 된다고 하였다. (33다) 역시 응결성과 응집성의 조화 위에서만 구슬 같은 좋은 문장이 탄생된다고 하였다. (33라)에서 유 협은 "문학의 숲"에 떼를 짓고 있는 "매"와 "문학의 동산"에 도망쳐 있는 "꿩"에 비유하면서 응결성과 응집성을 갖춘 텍스트야말로 "명봉" (鳴奉: 봉황의 뜻)이 될 수 있다고 하였다. "명봉"은 이 이의 "善鳴"과 같은 의미로 보인다.

한편 우리의 고전 시학에서는 고려 시대부터 조선조 후기에 이르기까지 응결성과 응집성의 문제가 꾸준히 논의되었다. 시 텍스트를 생산할 (作詩) 때 신의 (新意)와 용사 (用事)의 문제가 고려 시론의 두 기둥이었던 이규보 (李奎報)와 이인로 (李仁老)에 의하여 제창되었다. "신의"란 대체로 응집성에, "용사"란 대체로 응결성에 해당한다 (앞에 나옴, 19쪽).

신의론자 (新意論者)인 이규보는 시란 설의 (設意)가 가장 어렵고 또 그것이 시의 성패를 좌우하기 때문에 먼저 내용을 세우는 것이 중요하고 다음에 철사 (綴辭)를 고려해야 한다고 하였다. 이 문제에 관련하여 이규보는 다음과 같이 말하고 있다.

(34) 시는 의경 (意境)이 주가 되므로 의경을 잡는 것이 가장 어렵고 말을 맞추는 것은 그 다음이다 (綴辭次之). 의경은 또 기 (氣)가 주가 된다. 기의 우열 (優劣)에 따라 의경의 심천 (深淺)이 생기는 것이다. 그러나 기란 천성에 딸린 것이어서 배워서 이룰 수는 없다. 그러므로 기가 떨어지는 사람은 글 다듬는 것을 능사로 여기고 의경을 앞세우지 않는다. (김진영 1984: 77)

이곳의 "의경"이란 내용, 곧 주제의 일관성을 의미하는 것으로 텍스트 과학의 응집성과 거리가 멀지 않다. 이는 멀리는 유 협의 『문심조룡』에 나오는 "문심"과 비슷한 측면이 없지 않다. 유 협은 "문심"이 형식인 "조룡"과 조화를 이루는 곳에서 좋은 글이 태어난다고 하였는데, 이규보는 형식보다는 내용을 우선하였다. 그리고 "기" (氣)란 천부의 재질을 의미한다.

한편 용사론자 (用事論者)인 이인로는 다음과 같이 말하였다.

(35) 사람의 재주란 그릇의 모나고 둥근 것과 같아 함께 겸비할 수 없다. …… 옛날 사람들은 비록 뛰어난 재주가 있어도 감히 경거망동 (輕擧妄動)하게 손을 놀리지 않고 반드시 갈고 닦는 공을 더한 후에라야 (必加鍊琢之工) 빛을 내려 무지개처럼 천고에 빛날 수 있었던 것이다. (전형대 밖에 1979: 62)

(35)에서 재주를 그릇에 비유하여 모나고 둥근 것을 겸할 수 없다고 한 것은 사람의 재능에 한계가 있음을 지적한 것이다. 재능의 한계를 극복하는 길은 내용보다는 형식을 다듬는 일이 중요하다고 본 것이다. 이인로의 용사론은 이규보의 '綴辭次之'에 대립되는 '必加鍊琢之工'인 것이다. 이인로의 용사론은 내용과 형식의 조화를 주장한 유 협과는 또한 반대의 입장에 서 있다. 용사론이란 크게 보면 응결성에 들어간다고 할 수 있으나 구체적 사정을 말하면 중국 문학 작품이나 중국 문화와의 간텍스트성 (intertextuality) 내지는 간문화적 (intercultural) 성격을 가리킨다. 간텍스트성은 다른 문화권 사이에서만 성립되는 것이 아니라 민족 문화의 시간을 꿰뚫고 공간을 가로지르는 데서도 얼마든지 확인할 수 있는 보편성을 띤 텍스트다움의 판정 기준의 하나이다 (뒤에 나옴).

뒤에 최 자 (崔滋)는, 이인로는 "용사"에만 치우쳐 "신의"를 보지 못하였고 이규보는 "신의"에만 치우쳐 "용사"의 장점을 보지 못하였다고 비판을 가한 다음, 둘을 포괄적으로 볼 수 있는 절충적 입장을 취하였다. 다시 말하면 두 사람의 좋은 점을 취하여 그 나름의 시 평가의 기준을 마련하였다. 이른바 "이십육품 팔병" (二十六品 八病)은 시 텍스트를 등급에 따라 상·중·하의 세 부류로 나눈 것인데 텍스트 과학에서 말하는 텍스트다움의 정도성과 일치하는 점이 적지 않다. 26품은 추구의 대상이 되지마는 8병은 경계의 대상이 된다고 하였다. 최 자의 이러한 견해는 『문심조룡』에 표백 (表白)되어 있는 유 협의 견해와 일치하는 것이다. 현대 텍스트 과학에서도 한때는 언어적 결속 장치인 응결성에 많은 관심을 두었다가 1970년대에 들어오자 실용적 전환이 불어닥치면서부터 응결성만으로는 텍스트다움을 판정할 수 없다고 보고 응집성을 잣대로 삼아 텍스트다움을 판정하는 방향으로 힘을 모으고 있다. 아무리 응결성이 완벽하여도 응집성이 뒤따르지 못하는 반례 (反例)가 나타남을 고려하였기 때문이다.

응결성과 응집성에 관련되는 논의는 조선 시대 숙종 때 홍만종의 시화 (詩話)에서 많이 목격할 수 있다. 홍만종은 시를 고르는 기준을 세우면서 시론을 전개하였다. 시를 고른다는 것은 텍스트의 수용과 관련시킬 수 있고 이를 기초로 한 시론의 전개는 가공 (加工, Verarbeitung)의 단계에 접어들었음을 뜻한다. 홍만종은 선시 (選詩)의 기준으로 다음 셋을 들었다.

(36) 홍만종의 선시 (選詩)의 기준
  가. 작자의 立意所在가 어디에 있는가 (立意深淺)
  나. 작품의 造語는 어떠한가 (造語巧拙)
  다. 시의 격률상의 조화가 이루어졌는가 (格律淸濁)

(36가)는 시의 내용이나 의미에 관련되는 문제로서 응집성에 해당한다. 이에 대하여 (36나)는 시의 형식이나 표현에 관련되는 문제로서 응결성

에 해당한다. 사람에 따라서는 전자를 "맛"에, 후자를 "멋"에 비유하는 경우도 있다. 한편 (33다)는 (33가)와 (33나)의 속성을 함께 갖춘 것으로 종합적 판정 기준이라고 말할 수 있다. 이는 내용과 형식이 조화를 이루는 곳에서 좋은 텍스트가 탄생된다는 중국의 유 협이나 고려 시대의 최자의 견해와 상충되지 않는다.

시 텍스트의 응집성과 응결성은 조선 시대 영조 때 신경준 (申景濬)의 "시칙" (詩則)에 체계적으로 진술되어 있다. 고려 이래의 시론은 대개 텍스트 수용의 관점에서 시론을 전개하였는데 신경준은 텍스트 생산의 관점에서 시작법을 저술하였다는 점에서 의의가 크다고 하겠다. 시의 가장 기본이 되는 것으로 "체 (體), 의 (意), 성 (聲)"의 셋을 두었다. 체 (體)는 절구와 율시와 같은 시 텍스트의 유형을 말한다. 의 (意)는 주의 (主意)와 운의 (運意)로 갈라지는데 주의는 시의 주제로서 대체로 응집성에 해당하고 운의는 작시상의 표현 기교로서 홍만종의 조어 교졸 (造語巧拙)과 관련지을 수 있다. 성 (聲)은 음운적 응결성과 관련지을 수 있는데 신경준은 특히 성률 (聲律)을 강조하고 있다.

응집성과 응결성의 문제는 박지원에서 더 구체화된다. 박지원은 『소단적치인』 (騷壇赤幟引)에서 응집성과 응결성의 문제를 장군과 사졸에 비유하였다. 사졸이 아무리 많다고 하더라도 통솔하는 장군이 없으면 오합지졸에 지나지 않듯이, 주제가 없는 글은 지휘관 없는 군대와 같이 글자의 단순한 나열에 지나지 않음을 뜻한다. 이는 텍스트의 생산에서 응집성의 중요성을 말한 것이다. 글을 쓸 때 전거 (典據)를 끌어온다면 글에 탄력을 불어넣어 주고 신뢰를 더해 준다고 하였는데 이는 옛 텍스트와의 간텍스트성을 의미한다.

이 밖에도 박지원은 텍스트의 생산에 부수 (附隨)하는 표현상의 문제를 군대의 북소리와 나팔소리 등의 부대 장비에 비유하였다. 그러면서도 박지원은 용병술에 비유되는 "이치" (理致: 결)를 중시하였다. 이 문제를 정 민 (1997)은 다음과 같이 풀었다.

(37) 아무리 훌륭한 주제와 글감이 있고 뛰어난 문장력을 지녔다 해도 '이치'를 얻지 못하면 아무런 소용이 없다. '이치'란 무엇인가? 그것은 글이 지녀야 할 결이다. 물에 물결이 있고, 살에 살결이 있으며 바람에 바람결이 있듯, 글에도 결이 있어야 한다. 그것은 달리 말해 장수가 적을 격파하는 용병술에 비유할 수 있고 글 쓰는 이의 재량하고 판단하는 역량에 견줄 수 있다.

(37)에서 논의하는 박지원의 "이치"가 용병술이나 역량이라면 이는 『문심조룡』의 "문심"과 "조룡"의 조화나 홍만종의 "격률 청탁"으로 볼 수 있지 않을까 한다.

흔히 텍스트다움의 기준으로 앞의 몇 군데서 논의한 바 있는 "간텍스트성" (intertextuality)을 드는 일이 많다. 의도성과 수용성이 심리적 요인이고 정보성과 상황성이 사회적 요인이라면 간텍스트성은 응결성과 응집성의 혼합 기준이라고 할 만하다. 간텍스트성은 텍스트를 생산하고 수용함에 있어서 텍스트 사용자들이 지니고 있는 다른 텍스트에 대한 지식을 포괄하는 개념이다. 이를테면 중국 시인들이나 이전의 우리의 민족 시인들이 사용하였던 운자 (韻字)를 이어받아 새로운 내용의 시를 지었다면 이는 응결성에 기댄 간텍스트성이라 할 수 있다. 중국의 성리학을 받아들여 우리 나름의 이기 (理氣) 철학을 창출하거나, 중국의 고증학이나 성운학을 수용하여 우리 나름의 차자 (借字) 표기 체계를 고안하거나 새로운 문자를 창제하였다면 이는 응집성에 기댄 간텍스트성이라고 할 수 있다. 일상 발화에서 남의 말을 자기 말로 바꾸는 간접 인용은 전형적인 간텍스트성이 작용한 것이다. 이는 언어적인 표현뿐만 아니라 남의 생각까지 가져온다는 점에서 응결성과 응집성에 기댄 간텍스트성의 예가 된다.

우리의 고전 작품 가운데는 설화나 민담을 소재로 하여 작품화한 것이 적지 않고 현대 작품 가운데서도 역사 소설은 역사적 사실을 소재로 하여 작품화한 것이다. 고전 작품 가운데는 무대를 중국으로 설정하고 중국의 역사적 사건을 소재로 한 작품도 적지 않다. 이런 것들은 모두 응집성에 기댄 간텍스트성이다. 「옹고집전」은 「둔갑설화」를, 「배비장전」은 「발치설화」와 「미궤설화」를, 「금원전」은 지하국 괴적을 각각 소재로 하였으며, 정한숙의 「예성강곡」은 「공처 (供妻)설화」를, 박종화의 「아랑의 정조」는 「도미설화」를 소재로 하였다.

시조 가운데는 중국의 한시를 모태로 하여 내용을 첨가하거나 생략한다든지 하여 우리의 고유한 정형시 형태로 환골탈태 (換骨奪胎)한 것도 눈에 띈다. 앞에서 잠깐 언급한 바와 같이 한시를 짓는 데 있어서도 우리 조상들은 "차운" (次韻)이라는 간텍스트적인 절차를 밟아 새로운 내용의 한시를 창작하는 전통을 형성하여 왔다. 문학 작품 가운데는 중국의 고사를 인용한다든지 하여 텍스트 사이의 상호 관련성을 더욱 밀접하게 추구하는 일도 적잖게 발견된다. 이런 것들은 모두 응결성에 기댄 간텍스트성이다. 시대적 요구에 부응하는 문화 창조가 항상 이전의 묵은 문화를 터전으로 새로운 형태로 탈바꿈을 하듯이 문학 작품도 전통 시대에는 중국의 것을, 현대에 와서는 서양의 것을 바탕으로 하여 민족적인 것으로 재창조하는 과정을 밟아 왔다. 때로는 응결성이, 때로는 응집성이 간텍스트성을 결정짓는 요인이 되기도 한다.

4.5. 간추림 — 박목월의 「나그네」의 응집성과 응결성

텍스트 응집성이 텍스트 응결성과 어떤 관계를 맺고 있는가를 알아보기 위하여 우리의 입에 자주 오르내리는 박목월의 「나그네」를 분석 대상으로 삼아 보기로 한다. 이 시는 원래 일제 말기 조지훈의 「완화삼」에 화답하기 위해서 쓰인 것으로서 해방 이듬해 (1946)에 발표되었다.

(38) [T_1 강나루 건너서 /밀밭길을
구름에 달 가듯이 /가는 나그네]T_1
[T_2 길은 외줄기 /남도 삼백리]T_2
[T_3 술 익는 마을마다 /타는 저녁놀
구름에 달 가듯이 /가는 나그네]T_3

(38)은 텍스트 구조상으로는 셋으로 분석된다. T_1은 1, 2연을 합친 것인데 나그네가 강나루를 건너 밀밭 사이로 난 길을 유유히 가고 있는 모습을 그린 것이다. T_2는 제3연으로서 나그네가 걷고 있는 길은 남쪽으로 삼백 리 정도 뻗어 있는 외줄기 길이라는 뜻이다. T_3는 나그네가 지나가는 마을에는 술 냄새가 향기롭게 풍기고 붉은 저녁노을이 타오른다는 뜻이다. T_1은 나그네의 출발지와 경유지를, T_2는 나그네의 짧지 않은 여정을, T_3는 배경을 묘사하고 있다는 점에서 이상과 같이 세 텍스트로 묶을 수 있다. 세 텍스트는 연속성 있는 의미망을 이루고 있다. 따라서 「나그네」는 응집성을 갖춘 작품이라고 우선 말할 수 있다.

이 시에는 1연을 제외한 다른 연들은 모두 명사로 끝나 있고 조사의 사용이 억제되어 있어 언어 구사가 비교적 간결하다는 인상을 받는다. 가시적인 응결 장치는 7·5조의 율격이라는 음운적 조건과, T_1의 '구름에 달 가듯이 가는 나그네'가 T_3에서 재수용된 통사적 조건 밖에는 달리 찾기 어렵다. 그러나 이곳에는 기능적으로 서로 인접 관계에 있는 어휘들이 사슬을 이루어 나가고 있다. '강나루'를 건너면 '밀밭길'이 펼쳐진다는 것은 강나루를 끼고 '밀밭'을 가꾸는 옛 농촌의 풍경을 떠올릴 수 있다. '구름'과 '달'은 우리에게 가리고 가림을 당하는 존재로서 인식되어 역시 물리적 근접성을 띠고 있다. 더욱이 '나그네'를 '구름'에 비유하였으니 시인은 '나그네'를 자연의 일원으로 간주하였음이 틀림없다. T_2에서 '외줄기 길'이 남쪽으로 '삼백 리'까지 뻗쳐 있다는 것은 가야 할 길이 매우 멂을 암시한다. 길이 여러 갈래 있으면 지름길도 택할 수 있으나 하나밖에 없어 더욱 멀다는 느낌을 자아낸다. '외줄기 길'과 '남도'는 가는 길이 바로 남도라는 점에서 물리적인 근접성이 인정된다. T_3의 '술'과 '마을' 역시 기능적 근접성이 인정된다. 옛날 농촌에는 농번기가 되면 술을 담그는 일이 많았는데 '술'과 '마을'의 기능적 근접성을 인식하기에 부족함이 없다. 붉게 타는 '저녁놀' 역시 농촌에서나 그 참된 풍경을 맛볼 수 있다는 점에서 '마을'과 기능적 근접성이 인정된다.

요컨대 「나그네」를 하나의 자족적인 텍스트답게 하는 요인은 음운적 응결 장치는 물론, 같은 어구의 반복 밖에도 기능적 근접성이 인정되는 '강나루－밀밭길－구름－달－나그네－길－남도－마을－술－저녁놀'이 명사적 사슬을 이루고 있다는 데서도 찾을 수 있다. 이들 어휘는 크게 보면 '자연'이라는 큰 기능적 상위 범주로 묶일 수 있다는 점에서 기능적인 등가성이 성립된다. '나그네'는 일제 치하에서 우리 민족이 자리를 잡지 못하고 자연처럼 방랑객의 신세가 되어 살아가고 있었던 생활상을 대변하는 존재였다는 점에서 '자연'이라는 큰 범주 속에 묶일 수 있다고 생각한다.

앞에서 지은이는 「나그네」가 연속성 있는 의미망을 이루고 있다는 점에 유의하여 응집성을 갖춘 텍스트라고 하였는데 응결성도 충분히 갖추고 있음을 실증할 수 있었다. 하나의 텍스트가 텍스트다움을 높게 지니려면 유 협이 지적한 바와 같이 응집성과 응결성이 조화를 이루는 데서 성취된다는 사실을 확인할 수 있다. 텍스트 생산에서 응집성이 중요하냐, 응결성이 중요하냐에 대하여 역대에 걸쳐 많은 논의가 있었지만 지은이는 응집성과 응결성의 성공적인 조화가 작품의 우열을 판가름하는 열쇠라는 사실을 강조하는 바이다. 그 한 예로 박목월의 「나그네」를 들어 보았다.

내용 보충

4.1. 문제의 제기

지은이의 텍스트다움의 정도성을 네 단계로 매긴 것은 샐키에 (R. Salkie) (1995)와는 차이가 있다. 샐키에는 문장 문법의 문법성에 짝이 되는 텍스트의 응집성을 "coherence", "비문법적" (ungrammatical)에 짝이 되는 문장 연쇄를 "incoherent" (비응집적)이라 불러 이분법을 취하였다.

텍스트성에 대하여는 보그랑드 · 드레슬러 (1981) /김태옥 · 이현호 (공역) (1991: 1-15), 파터 (1994) /이성만 (역) (1995: 23-62)를 보라. 보그랑드 · 드레슬러 /김태옥 · 이현호 (공역) (1991)에서는 "cohesion"을 "결속 구조", "coherence"를 "결속성"이라 옮겼다. 앞에서 잠깐 비친 바와 같이 "cohesion"은 "표층 결속성", "coherence"는 "심층 결속성"이라고도 부른다. 이정민 교수는 사석에서 위의 용어에 대하여 "응결성"과 "응집성"으로 번역한 바 있는데 파터 (1994) /이성만 (역) (1995) 등과 지은이도 이를 따르고 있으며 현재 많이 보급되어 있다. "텍스트다움"은 "Textualität, Texthaftigkeit, Textuality"에 해당하는 말인데 흔히 "텍스트성 (性)"이라 부르기도 한다. 독일어 사용권에서는 처음에는 "Texthaftigkeit"라는 말을 썼으나 요즈음은 보통 "Textualität"를 사용하고 있다. "텍스트다움"은 독일어의 조어법을 기초로 하여 만든 역어인데 요즈음 우리 사회에서도 더러 사용하고 있다. 차진순 (1982)에서는 할리데이 · 하산 (1976)의 응결성 모형을 "표준 체계 응결 모형" (Standard Systematic Cohesive Model)이라 부르고 그 결함을 보충한다는 뜻에서 "확대 표준 응결 모형"을 제안하기도 하였다. 차진순의 확대 표준 응결 모형이란 어휘 · 문법적인 응결성 (lexicogrammatical cohesion)에 한정하여 응결성 이론을 세운 할리데이 · 하산의 모형의 비타당성을 극복하고 텍스트의 거시 구조를 바탕으로 한 의미적인 응집성 (semantic cohesion)과 상황성 (situation)을 바탕으로 한 기호학적 응집성 (semiotic cohesion)을 고려하여 세운 것이다. 이는 어휘 · 문법적 기제에 치중하여 응집성 문제를 다룬 영국의 텍스트 과학에 의미 · 실용적 요인을 접합시켜야 한다는 1980년대 이후의 연구 동향이 가미된 모형이라 할 만하다.

이 이 (李珥)의 텍스트관에 대하여는 조동일 (1978: 158-9, 1996: 191)에서 해설한 것을 이용하였다. 우리 중세의 텍스트관에 대한 폭넓은 천착이 요청된다.

지은이는 고영근 (1990a, 1990b /1995b: 272-5)에서 통사적 통합 수단과 의미 · 기능적 통합 수단을 합하여 "응집성"이라 불렀다. 한편 정유상 (1993)에서는 독일어 사용권에서 사용되어 오던 “Kohärenz”를 “결속성”이라 옮기고 하르베크 (1968 / 1979)를 중심으로 한 텍스트 지시 (Textverweis), 어휘적 재수용 (lexikalische Wiederaufnahme), 주제 구조뿐만 아니라 세상 지식을 비롯한 실용적 문제까지 넣어 “결속성”이란 이름 아래 총괄하였다. 그리고 고영근 (1997a)에서는, 텍스트다움을 판정하는 조건이 전통적인 어휘・문법적인 측면만으로는 부족하다는 최근의 연구 동향 (파터 1994 /이성만 역 1995)와 관련시켜 볼 때, 텍스트다움과 이의 하위 구성 조건인 응집성을 응결성으로부터 독립시키는 태도가 바람직하다고 생각하고 텍스트다움의 판정 기준으로 다음의 일곱 가지를 들되,

(1) 텍스트다움의 판정 기준 (1)
응결성 (cohesion) /응집성 (coherence)
(2) 텍스트다움의 판정 기준 (2)
의도성 (intentionality) /용인성 (acceptability) /정보성 (informativity) /
상황성 (situationality) /간텍스트성 (intertextuality)

와 같이 둘로 묶어 본 일이 있다. 그러나 실제 자료를 분석해 보면 판정 기준 (2) 가운데서 의도성, 용인성, 정보성, 상황성은 판정 기준 (1)의 “응집성”에 넣을 수 있고 간텍스트성은 응결성과 응집성의 성격을 겸한 것으로 보는 것이 좋다고 생각하여 크게 응결성과 응집성으로 나누되 판정 기준 (2)를 (1)과 통합・서술하는 관점을 취하였다.

4.2. 응결성과 텍스트다움

응결성 장치 (1) 중 자소적 응결 장치에 대하여는 훈고학의 “형훈”을 현대적 관점에서 평가한 고영근 (1998c)를 보라. 자소적 응결성에 대하여는 고영근 (1998c)를, 음운적 응결 장치에 대하여는 기본・리히터 (eds.) (1984), 파터 /이성만 (역) (1995c: 75)를 보라. 그리고 통사적 응결 장치에 대하여는 피베거 (1977), 고영근 (1990ab)를 보라.

교통 표지는 물론, 광고, 안내문, 책 표지 등도 자족적인 텍스트의 범주에 들어온다. 그렇게 본다면 색채도 중요한 응결성으로 작용한다. 이를테면 전신주에 ‘절대 감속 /어린이 보호 구역’을 상하로 배치하되 두 하위 텍스트를 모두 검은 색으로 쓴 것을 볼 수 있는데 이는 텍스트다움을 올바로 갖추었다고 하기가 어렵다.

이런 종류의 텍스트의 중요한 기능은 '절대 감속'인 만큼 다른 교통 표지와 보조를 맞춘다는 뜻에서 붉은 색으로 써야 하고 '어린이 보호 구역'은 붉은 색과 대조를 이루는 청색 정도를 사용해야 하며 글자의 크기도 낮추어야 한다. 이런 경우, 색채적 응결성이라고 해야 할지 모르겠다. 책의 표지나 광고문을 작성할 때에는 글자의 크기와 모양도 조절해야 한다. 텍스트의 응결성을 체계화하는 데 있어서는 이런 문제도 깊이 있게 논의되어야 한다. 앞으로 영상 텍스트에 대한 연구가 깊어지면 텍스트의 응결성도 언어적인 장치에만 국한하기가 어려울 것으로 보인다. 관련된 논의는 고영근 (1998e)를 보라.

우리 현대시에 나타나는 음상과 의미의 상관관계에 대하여는 김태옥 (1976), 심재기 (1976)을 들 수 있다. 이런 현상은 서양의 시에서 많이 지적되고 있다. 이를테면 『Wüste und Wildnis』에서 회귀적으로 반복되는 음소 /w/는 회귀적으로 반복되는 의미소 '(비)문명화된'과 상응한다. 이러한 낯설게 하기를 "가상적인 음성적 의미적 동형체"라고 하며, 이는 중요한 시 창작법의 하나로 알려져 있다. (링크 /고규진 밖에 역 1994: 176)

하르베크 (1971, 1993, 2001a: 26-8), 고영근 (1994b: 469-70)에서는 처음 나오는 단어를 "텍스트 시작 요소" (Textanfangselemente: TA), 다음에 나오는 요소를 "텍스트 계속 요소" (Textfortsetzungselemente: TF)라 하였다. 보그랑드 · 드레슬러 (1981) /김태옥 · 이현호 (공역) (1991: 78)에는 영어의 예를 중심으로 하강형 음조는 정보 제공에, 하강-상승형 음조는 주의 환기에 사용된다고 하였다. 피퍼 (U. Pieper) (1976)에는 초분할 음소 (超分割音素)와 같은 음성적 매개 변인 (phonetische Parameter)이 텍스트 형성에 미치는 문제를 다루었다. 이현복 교수에 따르면 아직 우리나라에는 문장이 이어질 때 나타나는 음조형에 대한 연구는 볼 만한 것이 없다고 한다. 지은이는 고영근 (1993: 59)에서 글말에서 차지하는 문장부호의 중요성에 대하여 논한 일이 있다. 하르베크는 텍스트의 처음에 나타나는 고유 명사는 강세가 주어지고 계속되는 텍스트에는 그렇지 않다고 하나 (고영근 1994b), 차우더 (G. Tschauder)는 비강세의 고유 명사도 텍스트 도입문에 나타날 수 있으며 계속되는 텍스트에도 강세가 주어질 수 있다는 견해를 제시한 바 있다 (김진권 1996). 동양의 고전 시학에 나타나는 음운적 응결성에 대하여는 고영근 (1998c)를 보라.

형태적 응결 장치 가운데서 품사론은 그사이 언급된 일이 흔치 않다. 품사를 텍스트 형성과 관련시킨 업적으로는 하르베크 (1991)가 유일하지 않나 한다. 지은이는 품사의 텍스트 형성 기능을 밝히는 데 있어 위의 업적에 많은 시사를 받았다. 민족어의 품사 분류에 대하여는 학교 문법을 따른 남기심·고영근 (1985 /1993 / 1998 /2011: 58)이 참고되고 고영근 (1993: 80-93)에서 지은이의 견해의 한 가닥을 밝혔다. 동사의 대용어에 대하여는 양명희 (1998: 111-87), 김종현 (1998)을 보라. 피베거는 명사구의 재수용에 국한하여 "명명적 연쇄" (nominative Kette)라는 말을 썼으나 (피베거 1977), 텍스트의 형성에서는 대부분의 품사에 걸쳐 대용 현상이 일어나는 것으로 보고 "품사적 연쇄"라는 말을 써 보았다. 품사가 통사적 기능의 묶음인 이상, "기능적 연쇄"라는 말도 사용할 수 있으나 아직 단정할 수 없다.

보조사에 기댄 텍스트의 형성에 대하여는 장석진 (1985: 59-64), 고영근 (1976 / 1989: 126-40)을 보라. 지문에 나타나는 느낌 형용사의 기능에 대하여는 남기심 (1989 /1996: 623-9)를 보라. 구어에 나타나는 입버릇 말의 담화 기능과 실례는 이기갑 (1995), 신지연 (1998: 195-227)을 참고하였다. 소설 지문의 시제 교체에 대하여는 김정남 (1994, 2010), 고영근 (2008, 2011: 301-63)을 보라.

그레마스의 이론에 대하여는 서정철 밖에 (1985)에 실린 하윤금의 해설, 서정철 (1998: 235-338), 김성도 (2002)를 보라. 끝의 책에서는 그레마스가 프랑스 사상사는 물론, 현대 기호학과 언어학에서 갖는 의미를 부각시켰다. 코세리우 (1967)의 내용에 대하여는 코세리우 (1980) /허 발 (편역) (1985)와 허 발 (1998)에 실린 "어휘적 연대"를 보라. "lexikalische Solidalität"를 지금까지 어휘적 연대 등으로 번역해 왔으나 실상을 보면 의미소의 연대란 점에서 "어휘소의 연대"라는 번역이 타당하다. 그리고 "Isotopie"도 "동위소"로 번역하고 있으나 "동위 관계"나 "동위성"이 더 적절하다는 박여성 교수의 견해가 있다. 링크 (1974) /고규진 밖에 (공역) (1994: 11-3)에서 문학 작품의 분석에 중요한 것은 "부가 의미, 의미 동위체, 비유, 인물 구도"라고 하면서 특히 그레마스의 "의미 동위체" (의미 동위소)라는 범주는 문학 작품의 분석에서 실제적이고 전략적인 가치를 지니고 있다고 하였다. 대용어를 문법적 /통사적 응결성에 넣는 견해는 할리데이·하산 (1976)을 보라. 논리적·문화적 근접성에 기반을 둔 재수용은 하르베크 (1968 /1979), 정유상 (1993)을 보라. 훈고학의 의미적 /기능적 등가성에 기댄 응결성에 대하여는 주대박 (1987) /정명수·장동우 (공역) (1997: 247-60)을 보라.

중국 훈고학의 "의훈"에 대한 자세한 정보는 주대박 (1987) /정명수·장동우 (공역) (1997: 247)을 보라. 훈고학의 이론과 방법에 기대어 15세기 한글 문헌의 협주의 성격을 밝힌 것으로는 박금자 (1997)이 있다. 이곳에서는 중국 훈고학의 이론을 폭넓게 이해한 바탕 위에서 그것이 초기 『용비어천가』를 비롯한 한글 문헌의 협주에 미친 영향 관계를 자세히 밝히었다. "관경 위훈"에 대하여는 주대박 / 장명수 · 장동우 (공역) (1997: 252)를 보라.

4.3. 응집성과 텍스트다움

앞에서도 잠깐 본 바와 같이 응집성의 문제는 1980년대로 접어들면서 텍스트 과학이 실용론과 접목되고 인지 과학의 연구 결과를 수용함에 따라 텍스트 과학의 가장 중요한 주제로 등장하기 시작하였다. 특히 1982년부터 빌레펠트 대학교를 중심으로 전개된 이 방면의 협동 연구를 통하여 응결성과 응집성의 문제가 깊이 있게 논의되어 왔으며 그 결과는 하이드리히 밖에 (W. Heydrich et al.) (1989)에 집성되어 있고 국내의 연구 성과는 이현호 (1995), 박정준 (1994)에 비교적 소상하게 정리되어 있다.

의미망을 구축하여 응집성을 찾는 문제에 대하여는 보그랑드 · 드레슬러 /김태옥 · 이현호 (공역) (1991: 82-106)을 보라. 이곳에서는 응집성에 대하여 "결속성이란, 주요한 주제를 중심으로 하는 지식 공간들이 구성하는 하나의 망 (network)으로서, 개념들과 그들 관계가 그 안으로 결합해 들어감으로써 이루는 결과다"라고 말하면서 1차 개념과 2차 개념을 세운 토대 위에서 텍스트를 구성하고 있는 어휘들의 의미망을 축조하는 방법론을 보였다. 이 이론의 일반성도 문제가 되려니와 우리나라에서는 아직도 우리의 텍스트 자료를 중심으로 한 이런 방면의 연구가 나와 있지 않다.

샤롤 (M. Charolle) (1983)에서는 응집성을 "인간의 행위를 해석하는 일반 원리" (a general principle in the interpretaton of human action)로 간주하였는데 이는 응집성을 실용적으로 간주하는 최근의 동향을 대변한 진술이라고 할 수 있다. 텍스트를 인간 행동의 해석 행위로 간주하는 이러한 견해는 앞에서 검토한 바 있는 주시경 (1910)의 의미 해석 이론과 거리가 멀어 보이지 않는다 (40쪽). 주시경은 문장의 의미를 파악할 때에는 언어 기호, 곧 "말"과 "말" 사이의 통합 관계에 기대야 하나 그래도 의미가 분명하지 못할 때에는 "일의 뜻" (지칭 개념)을 화자의 "마음" (태도)에 따라 풀라고 하였다. 주시경은 비록 문장 문법을 전개하면서 이런 이론을 세웠지만 이는 텍스트의 의미망을 추출해 내는 데도 유효하다고 생각한다.

의도성과 수용성이 텍스트 형성에 미치는 논의와 관련된 문제는 고영근 (1981 /

2011: 177-80)을 보라. 이곳에는 중세 민족어의 감동법을 중심으로 비슷한 문제가 많이 논의되어 있다.

정보성에 대하여는 『용비어천가』와 『월인천강지곡』의 서장 (序章)의 정보성을 분석한 고영근 (1996a)와 이 책 제9장을 보라. 고대 소설의 머리 부분에 대하여는 이를테면 개작된 『흥부전』의 첫머리 "옛날 어느 곳에 놀부와 흥부라는 형제가 살고 있었습니다"를 참고할 수 있고 민담에 대하여는 『삼년고개』의 "옛날 두메에 한 노인이 살고 있었습니다"를 들 수 있다.

상황성과 관련되는 고시조의 예로는 당쟁을 소재로 한 김하서 (金河西)의 '어와 버힐시고 낙낙장송 버힐시고 /적은덧 두던들 동량재 되리러니 /어즈버 명당이 기울거든 무엇으로 받치려뇨'가 대표적이다. 이곳의 '동량재'는 정미사화 때 죽은 임사수 (林士遂)를 가리킨다고 한다 (정병욱 편저 1966: 329). 망국을 소재로 한 시조에는 고려의 유신인 길 재 (吉再)의 '오백년 도읍지를 필마로 돌아드니 /산천은 의구하되 인걸은 간 데 없네 /어즈버 태평연월이 꿈이런가 하노라'를 들 수 있다. 특정한 인물을 상정해야 하는 작품으로는 성삼문 (成三問)의 '이몸이 죽어 가서 무엇이 될꼬 하니……' 등이 있다. 일제 시대 작품으로 대표적인 것은 이상화의 「빼앗긴 들에도 봄은 오는가」와 심 훈의 「그날이 오면」 등 많은 작품을 들 수 있다.

초기의 텍스트 문법가들은 응결성 장치 중에서 음운적 응결 장치는 "텍스트 음운론" (Textphonologie)이라 불렀다. 자소적 응결 장치는 동양의 훈고학을 끌어들임으로써 마련된 것인데 굳이 이름을 붙인다면 "텍스트 자소론" (Textgraphemik)이라 부를 수 있다. 형태적 /통사적 응결 장치는 "텍스트 형태론" (Textmorphologie) 내지 "텍스트 통사론" (Textsyntax)에 해당하고 응결성 장치 (2) 중에서 "의미적 등가성에 기댄 응결 장치"는 "텍스트 의미론" (Textsemantik)에 해당한다. 초기의 텍스트 문법가들은 "텍스트 의미론, 텍스트 형태론, 텍스트 통사론, 텍스트 음운론"을 합하여 "텍스트 문법론" (Textgrammatik)이라 불렀다. 그리고 응집성 가운데서 의도성, 용인성, 상황성, 정보성은 대체로 "텍스트 실용론" (Textpragmmatik) 속에 넣었다. 초기의 텍스트 문법과 실용론의 체계에 대하여는 드레슬러 (1973) / 이재원 (역) (2004: 제3장), 칼페어켐퍼 (1981)을 보라.

4.4. 응결성과 응집성의 상관관계

중국 고대와 우리 중세의 시학에 나타나는 응결성과 응집성에 대한 논의는 고영근 (1998c)를 보라. 이곳에서는 주로 유 협 /최신호 (역) (1975), 전형대 밖에 (1979), 홍인표 (1986)을 보았다. 최 자의 26품은 상 (上), 중 (中)에 해당하고 8병은 하 (下)에 해당한다. 기상이 잘 나타난 시를 상, 수사의 기교가 잘 나타난 시를 중, 말이 거친 것을 하에 속하는 것으로 보았다. 유 협은 작품의 평가 기준으로 작품의 형체, 조사 (操辭), 전통의 계승과 변혁, 정통성 여부, 내용과 주장, 음악적 효과의 여섯 가지를 들었다 (최신호 번역본 200쪽).

"간텍스트성"은 흔히 "상호 텍스트성"이라고 번역하고 있으나 'inter' 본래의 뜻을 존중한다면 '간' (間)을 택하는 것이 온당해 보인다. 철학에서는 "intersubjectivity"를 "간주관성"으로 번역한다는 사실도 고려하였다. "텍스트 상호성"이라고 번역하자는 장석진 교수의 제안도 경청 (傾聽)할 만하다. 간텍스트성에 대하여는 박여성 (1995b), 김진권 (1996)을 보라. 설화와의 간텍스트성이 명백한 작품으로는 『춘향전』이 대표적이다. 『춘향전』은 각종 근원 설화가 소재가 되고 그것이 다시 판소리로 탈바꿈한 다음, 소설로 정착되었다는 사실이 널리 알려져 있다. 이들 세 갈래 사이에는 간텍스트성이 인정됨은 물론이다 (김동욱 1976). 『토끼전』은 『삼국사기』의 문헌 설화인 「龜兎之說」과 간텍스트성을 이루고 있다. 현대 작품 가운데서 박종화의 『세종대왕』, 『임진왜란』, 『자고가는 저구름아』는 역사적 소재를 비교적 충실하게 재현한 작품으로 알려져 있다. 이들은 물론 응집성에 기댄 간텍스트성이다. 중국의 한시를 모태로 하여 번안한 시조가 70여 수 전하는데 이들은 한시의 절구형을 시조로 개작한 것이 대부분이다 (정병욱 1977 /1983: 146-54). 박인로 (朴仁老)의 다음 시조는 중국 당나라 때의 가 도 (賈島)의 「심은자불우」(尋隱者不遇)를 번안한 것이다. 이런 경우는 응결성과 응집성에 기댄 간텍스트성이다.

> 솔 아래 아해들아 네 얼운 어데 가뇨 /藥 캐러 가시니 하마 돌어오련마는 /
> 山中에 구름이 졉후니 간곳 몰라 하노라 (현대 맞춤법으로 고침)
> 비교: 松下問童子 /言師採藥去 /只在此山中 /雲深不知處

차운시의 대표적인 작품은 정지상의 「송인」 (送人)이다. 이 작품은 왕 유 (王維), 이 백 (李白) 등 중국 시인의 작품을 바닥에 깔고 창작되었다. 또 이 작품을 바닥에 깔고 차운한 후세의 작품도 많다 (민병수 1996b: 73). 최근의 작품 가운데서 간텍스트성이 명백한 작품으로는 한동안 표절 (剽竊) 시비로 논란을 불러일으킨 이인화의 『영원한 제국』이 있다. 이 작품은 움베르트 에코의 『장미의 이름』과 밀접한 간텍스트성을 이루고 있다는 사실이 지적되고 있다 (박여성 1995b).

4.5. 간추림 — 박목월의 「나그네」의 응집성과 응결성

박목월의 「나그네」에 대하여는 평설된 업적이 적지 않다. 여기에서는 편의상 한계전 (1994)의 평설을 따르기로 한다. 김혜니 (1990: 179-81)에서는 기호 공간적인 관점에서 「나그네」를 분석한 바 있다.

연습 및 토론 과제

1. 다음 텍스트는 어느 대학 병원의 엘리베이터에 붙은 공시 텍스트이다.

이 엘리베이터는 지하 1층까지 운행합니다.

[길잡이] 위의 표현은 엘리베이터 내부와 외부에 똑같이 붙어 있다. 내부에는 적절하지만 외부에는 맞지 않다. 상황성을 어긴 대표적인 예이다. 엘리베이터 외부에는 다음과 같이 바꾸어 붙여야 한다.

이 엘리베이터는 지하 1층부터 운행합니다.

한편 꼭대기 층인 13층에는 다음과 같은 표현으로 바꾸어야 한다.

이 엘리베이터는 지하 1층까지 운행합니다.

2. 지은이는 보충 설명에서 텍스트 형성에서 차지하는 색채와 글자의 문제를 건드린 일이 있다. 광고 및 영상 등을 텍스트의 범주에 넣는다고 할 때 색채와 글자의 문제가 어떤 역할을 하는지 토론해 보라.

3. 일간 신문의 사설을 한 편 골라 먼저 응집성을 구명하고 어떤 응결 장치가 이를 뒷받침하고 있는가를 밝히고 그러는 가운데 텍스트의 응집성을 해친 것은 없는지 생각해 보라.

4. 문학 작품 중 텍스트 분석의 자료로 손쉽게 이용되는 것이 시 텍스트이다. 자신이 좋아하는 시 한 편을 대상으로 하여 먼저 응집성을 구명하고 이를 뒷받침하는 응결 장치를 찾아내 보라. 응집성의 파악을 위해서는 지금까지 나온 시 해석과 감상이 도움이 될 수 있다. 문학 작품의 응결성이 앞의 실용문과 어떤 차이점을 지니고 있는가도 생각해 보라. 본문에서 분석 대상으로 삼은 박목월의 「나그네」를 모형으로 삼을 수도 있다.

5. 자기가 좋아하는 옛시조나 현대 시 중에서 정보성이나 상황성과 관련되는 작품을 골라 그것이 작품의 응집성에 미치는 효과를 생각해 보라.

6. 자기가 읽은 문학 작품 가운데서 다른 텍스트와 특별히 간텍스트성을 보이는 것이 있었다면 이를 구체적으로 지적하고, 텍스트 생산에서 창의성의 문제를 이규보의 "기" (氣)와 관련하여 평가하는 문제를 토론해 보라.

연구 과제

1. 텍스트 형성에서 응집성과 응결성의 문제는 사람에 따라 그 처리가 다르다고 하였다 (내용 보충 참조). 지은이는 양자를 구분하는 태도를 취하였지만 통합하는 일도 있다. 지은이의 주장과 대비되는 관점에서 여러 사람의 견해를 종합하여 자기 나름의 견해를 확립해 보라.

2. 최근에는 응집성을 인간의 행위를 해석하는 원리로 보는 방향으로 의견이 모아지고 있다. 이런 방향의 흐름과 주시경의 의미 해석 이론을 접합시킬 수 있는 가능성은 없는지 잘 생각해 보라. 이 방면은 하이드리히 밖에 (1989)에서 관련 정보를 얻을 수 있다.

3. 영상 텍스트와 같은 다중 매체를 텍스트로 보는 관점을 취하면 색채를 비롯하여 문자의 모양과 크기를 외면할 수 없다. 이 문제를 텍스트의 범위 설정과 관련하여 어떻게 해결하면 좋을지 생각해 보라.

4. 지은이는 현대의 텍스트 과학을 토착화한다는 관점에서 고대 중국의 시학과 우리 고전 시론에서 많은 전거를 끌어왔다. 지은이의 태도가 과연 어느 정도 일반성을 띠고 있는지 검토해 보고 다른 전적에서는 이런 사고의 흔적을 발견할 수 없는지 조사해 보라.

5. 최근 문학 연구에서는 간텍스트성의 문제를 활발하게 논의하고 있다. 간텍스트성의 문제만 가지고도 어학과 문학의 공유 영역을 형성할 수 있는 가능성이 충분해 보인다. 우리의 문학 작품을 중심으로 이 문제를 다루어 보라. 이 방면에 대하여는 플레트 (1991), 클라인 /픽스 (Hg.) (1997), 조보라미 (2001, 2007, 2009)에서 많은 정보를 얻을 수 있다.

제5장 텍스트의 생성과 구조의 분석

5.1. 문제의 제기

앞에서 우리는 텍스트를 파악하는 태도로 명제적 견해와 동태적 견해가 있음을 본 바 있다. 그런데 지은이는 동태적 견해를 지향하되 절충적 입장을 취하여 명제적 견해도 고려한다고 하였다 (8쪽). 그리고 텍스트의 표층과 심층을 구성하고 있는 응결성과 응집성을 중심으로 텍스트다움을 판정하는 문제도 검토해 보았다 (제4장). 이곳에서는 주로 명제적 견해에 의존하여 텍스트를 생성하는 절차와 그 경계를 긋는 문제를 풀어보고 주제 전개의 몇 가지 모형을 제시해 볼까 한다.

텍스트의 구조는 텍스트의 유형에 따라 그 성격이 다르다. 둘 이상의 문장이 모여서 하나의 텍스트가 되는 경우는 응집성을 뒷받침하는 여러 가지 응결 장치가 동원될 수 있고 크고 작은 문학 작품도 그 나름의 응결 구조를 지니고 있다. 그리고 한시나 옛시조 및 가사는 대체로 기승전결(起承轉結)의 구조를 지니고 있다. 현대의 논문이나 논설문 등 논리적 전개를 목표로 삼는 텍스트는 서론－본론－결론의 3단법을 지킨다. 이 경우 본론은 장 (章), 절 (節), 항 (項), 목 (目)으로 세분될 수도 있다. 고대 소설은 "화설" (話說)로 시작되는 도입부, "차설" (且說) 등을 경계로 하여 몇 차례에 걸쳐 말머리를 돌리는 본체부, 끝이 행복하게 마무리되는 결미부의 3단으로 구성된다. 현대 소설에서는 발단－갈등－절정－결말의 4단법의 구조를 지니고 있다.

실용문은 그 나름의 구조를 지니고 있다. 일기문에는 먼저 날짜와 그 날의 날씨 상황이 적혀 있다. 편지는 동서양이 다소 차이를 보인다. 동양에서는 인사말로 시작하여 용건을 밝히는 본문과 끝 인사를 하는 끝맺음 부분으로 역시 3단으로 구성되어 있다. 마지막으로 날짜를 쓰고 이름을 적는다. 발신인의 주소는 편지 겉봉에 쓴다. 그러나 서양은 발신자 성명과 함께 발신 날짜를 적고 다음에 수신자의 성명과 주소를 적은 다음, 인사말, 용건, 끝맺음, 서명의 순서를 지킨다. 편지 쓰는 법도 요즈음은 옛날과 많이 달라졌다. 일제 시대에 나온 서간 문범 (書簡文範)을 보면 판에 박은 듯한 투식이 많았으나 최근에는 서양의 영향을 받아 인사말도 간단하고 발신인 성명과 발신 날짜를 적는 방식도 많이 달라졌다. 공문서, 영수증, 계약서 등의 실용문은 그 나름의 양식과 특징이 있다. 이런 것들이 모두 텍스트 구조의 분석 대상이 된다.

5.2. 텍스트의 생성 문제

텍스트의 생성은 다음과 같이 표시할 수 있다.

(1) a. TEXT → $(\#S\#)^n$ $(n \geq 1)$

b.

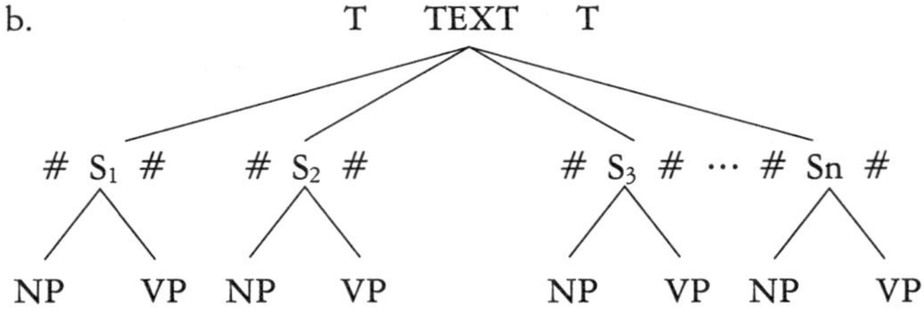

(1)의 규칙은 문장 중심 문법의 구절 구조 규칙이나 어휘 삽입전 규칙과 비슷하다. (1a)는 텍스트 형성의 기저 규칙으로서 텍스트는 하나 또는 그 이상의 문장으로 성립됨을 의미한다. 바꾸어 말하면 (1)의 규칙은 텍스트와 문장을 동시에 생성한다는 뜻이다.

하나의 자연 언어 L은 무한한 수의 텍스트로 이루어진다. 각 텍스트는 길이가 유한할 수도 있고 적어도 하나의 문장은 포함해야 한다. 문장은 "명사구+동사구" (NP+VP)로, 동사구는 "동사" (V)와 "명사구" (NP)로, 명사구는 "명사" (N) 등으로 고쳐 쓸 수 있다. 명사에는 그것이 가리키는 대상이 처음으로 언급되느냐 그렇지 않느냐, 청자에게 알려져 있느냐 그렇지 않느냐에 따라 임의의 부호를 붙일 수 있다. (1b)는 (1a)의 규칙이 다 적용되고 어휘 항목이 채워진 다음에 얻어지는 텍스트 표지 (Text-marker)이다. T는 텍스트 경계를, #는 문장 경계를 각각 표시한다. 작은 나무 꼭지 부호 S는 그것이 T에 직접 지배된다는 뜻인데, 이젠베르크는 이를 "일반화된 P-Marker"라고 부른다. (1b)의 텍스트 표지는 Sn개의 P-Marker를 가지고 있는 것이다. 이러한 이젠베르크의 텍스트 생성 규칙이 대명사의 비대용어적 기능을 표시할 수 없다고 하여 스스로 그 비합리성을 지적하지 않은 바 아니었으나 서사물과 같은 거시 텍스트를 분석하는 데는 큰 문제가 아닌 듯하므로 텍스트의 생성 규칙으로 이용하여도 그다지 무리가 없어 보인다. 최초의 한글 서사 작품인 『석보상절』은 미리 편찬된 『석가보』를 대본으로 하여 우리말로 옮겨지고 이를 토대로 하여 다시 『월인천강지곡』이 창작되었으며 나중에는 『월인석보』라는 이름 아래 한 작품으로 통합되었다. 이런 점에서 『석보상절』은 『석가보』와는 물론 석가와 관련된 모든 전기물과 간텍스트성을 이루고 있다. 여러 텍스트가 융합되었다는 관점에 서면 하이퍼 텍스트의 성격도 지니고 있다고 할 수 있다. 세 작품의 관계를 나무 모양으로 그려 보면 다음과 같다.

(2)

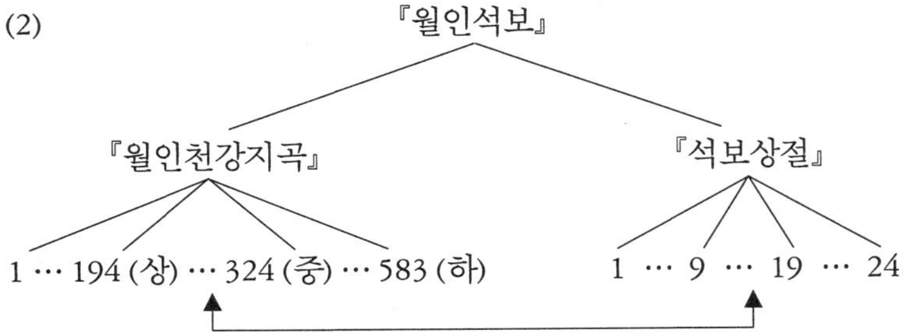

『월인석보』가 편찬 과정상으로는 『석보상절』과 『월인천강지곡』의 합본이지만, 구조상으로 볼 때, 결과적으로는 『월인천강지곡』과 『석보상절』을 하위 텍스트로 안고 있으므로 (2)와 같은 그림을 그리지 않을 수 없다. 곧 위에서부터 밑으로 시간의 분절에 따라 하위 텍스트로 분석한다는 뜻이다.

나무 그림 아래쪽에 두 텍스트를 화살표로 이은 것은 두 텍스트가 긴밀한 간텍스트성을 이루고 있음을 가리킨다. 『석보상절』은 크게 보면 석가의 전기라고 할 수 있으나 세부로 들어가면 그 가운데는 독립성을 띤 여러 갈래의 작품이 안겨 있어서 종합 작품집의 성격을 띠고 있다. 대표적으로 「녹모부인전」, 「인욕태자전」, 「선우태자전」, 「목련전」 등이 그러하다. 이들 작품은 간텍스트성을 기반으로 하여 횡적인 연관을 맺으면서 『월인석보』라는 좀 더 큰 텍스트를 구성하는 데 참여하고 있다. 『월인석보』와 같은 대 (大) 서사물을 분석하는 데 있어서는 먼저 동태적 견해를 취하는 것이 바른 순서이지만 개별 작품 텍스트를 횡적으로 관련시켜 상위의 텍스트로 나아가는 데 있어서는 명제적 견해를 따르지 않을 수 없다. 지은이가 동태적 견해와 명제적 견해를 배타적으로 보지 않고 상호 보조적인 관계를 맺고 있다고 한 것은 바로 이런 경험적인 작품 분석을 토대로 이끌어 낸 것이다.

『임꺽정전』은 텍스트다움과 구성적인 측면에서 『석보상절』과 비슷한 점이 많다. 우선 조선조 명종 때의 실존 인물이었던 '임꺽정' (林巨正)에 관한 사실 (史實)을 소재로 하여 작품화하였다는 점에서 강한 내용상 및 소재상의 간텍스트성이 포착된다. 이 작품은 「봉단편」, 「피장편」, 「양반편」, 「의형제편」, 「화적편」의 다섯 개의 하위 텍스트로 구성되어 있다. 각 하위 텍스트에는 『석보상절』과 같이 크고 작은 하위 서사 텍스트를 안으면서 간텍스트성을 이루어 의적 (義賊) '임꺽정'의 형상화에 귀착하고 있다. 마치 『석보상절』의 하위 텍스트들이 모두 성인 (聖人) '석가모니'의 형상화에 초점이 모이고 있는 것과 방불하다. 현대 우리 대하 소설의 대표작이라고 일컫는 박경리의 『토지』에도 중간중간 가지를 치고 뻗어 나간 복선적인 서사 텍스트가 많이 나온다.

5.3. 텍스트의 경계 긋기

앞에서 지은이는 텍스트의 상한선이 문학 작품의 경우 극단적으로 책 전체에 미친다는 사실을 확인한 바 있다. 그러나 상한선이란 것도 상대적이어서 그 경계를 일률적으로 긋기가 쉽지 않다. 텍스트의 하한선은 상한선에 비하여 경계가 비교적 선명하다고 할 수 있으나 그렇게 단순하지 않다. 제1장에서 본 바와 같이 텍스트에는 한 마디의 발화도 있고 속담과 같은 굳어진 말도 있으며 둘 이상의 문장의 연결도 있다. 실제의 예를 중심으로 텍스트의 하한선과 상한선에 관련된 문제를 풀어 보기로 한다.

대개 접속사와 같은 통사적 응결 장치, 보조사와 같은 형태 · 통사론 응결 장치를 비롯하여 의미 · 기능적인 응결 장치를 만족시키면 하나의 텍스트로 엉길 [凝結] 수 있다. 다음 두 문장의 연결을 예로 들어 보기로 한다.

(3) 아이들은 개구리를 잡으러 들로 나갔다. 그런데 개구리가 쉽게 눈에 띄지 않았다.

앞 문장은 접속사 '그런데'라는 통사적 응결 장치에 기대어 뒤의 문장에 이어져 있다. 또 이와 함께 앞 문장에 나오는 주어 명사구 '개구리'는 뒤의 문장에 그대로 반복되어 명사적 연쇄를 이루고 있다. 명사적 연쇄란 제4장에서 언급한 바와 같이 (113쪽), 명사구가 서로 연결되어 명사에 상당하는 사슬을 이루고 있다는 뜻이다. 대체로 두 기준은 병행되는 측면을 보여 주는데 중요한 것은 통사적 응결 장치다. 중세 민족어의 대표적 산문 자료인 『석보상절』의 텍스트 형성 절차를 보면 그러한 사실이 분명히 드러난다.

우리는 흔히 텍스트 위의 단위로서 단락을 설정한다. 문장, 텍스트, 단락이 어떤 관계를 맺고 있는가 하는 문제를 따져 보기로 한다. 문장과 텍스트는 서로 변형시킬 수 있는 것이 있는가 하면 그렇지 않은 것도 있다.

(4) 가. 바람도 멎었다. 비도 그쳤다. 우리는 곧 길을 떠났다.
　　나. 바람도 멎고 비도 그치니 우리는 곧 길을 떠났다.

(4가)는 세 문장의 모임인데 이들을 연결 어미로 결합시키면 (4나)와 같이 먼저 앞의 두 문장은 대등 관계로 이어지고 이는 다시 끝의 문장과 주종 (主從) 관계로 이어진다. 그 관계를 그림으로 보이면 다음과 같다.

(5) 바람도 멎고 비도 그치니 우리는 곧 길을 떠났다.

이와 같이 홑문장은 겹문장으로 이어질 수 있고 반대로 겹문장은 홑문장으로 끊을 수 있다. 이런 관점에 선다면 텍스트를 두는 것이 얼마만큼 의의가 있는지 의심스럽다는 생각이 들기도 한다.

한편 문장의 무리 가운데는 겹문장으로 이어지지 못하는 것도 있다.

(6) 가. 강철의 말에 은주는 아랫입술을 깨물었다. 다른 사람이 아닌 이 사람이 그런 이야기를 하다니……자기가 잘 알 뿐만 아니라 자기를 잘 아는 사람을? ……

나. 애국심! 얘 은별아, 알겠니? 재능 — 그것은 애국심의 크기와 정비례되는 인간 지능이다.

다. 은주 쪽이 얼핏 돌아섰다. 비록 군복을 입었어도 역시 그는 여성이었다. 기쁨으로 하여 맺힌 눈물을 보이지 않으려고 돌아선 그였으나 이슬은 그의 눈에 또 한번 맺혔다.

(6가)는 텍스트가 문장 부호의 제약을 받아 겹문장으로 변형되지 않는 것이다. 줄임표가 사용되어 있고 이와 함께 물음표가 사용되어 있기 때문에 변형이 불가능하다. (6나)는 문장 유형이 서로 달라서 변형되지 않는 예이다. 감탄문, 의문문, 평서문이 뒤섞여 있다. (6다)는 세 문장이 서로 얽혀서 겹문장으로 바꾸어지지 않는 예이다. 첫째 문장은 홑문장이고 둘째와 셋째 문장은 종속적으로 이어진 겹문장이다. 이 밖에도 연속된 긴 대화로 된 텍스트와 삽입 문장이 들어 있는 텍스트는 겹문장으로 이어질 수 없다.

(6)의 예를 통하여 텍스트는 단순히 겹문장을 끊어 놓은 존재가 아님을 알 수 있다. (4)와 같이 텍스트가 겹문장과 서로 변형될 수 있는 관계에 놓여 있다면, 앞에서 지적한 바와 같이, 텍스트라는 단위를 세우는 의의가 그리 크지 않다. 겹문장이 텍스트로 분해되지 않고 반대로 텍스트가 겹문장으로 환원되지 않기 때문에 텍스트라는 독자적인 문법 단위가 필요한 것이다. 지금까지 우리는 (4)와 같이 문장의 무리, 곧 텍스트를 연결 어미로 이으면 겹문장이 되어 문장 단위가 되고 이를 종결 어미에 기대어 끊으면 텍스트 단위가 된다고 하였다는 점과 관련시키면 위와 같은 텍스트 단위 획정법은 수용의 여지가 크다. 어떤 단위가 어엿한 언어 실체의 자격을 얻으려면 다른 단위가 갖지 못하는 그 나름의 특

징을 지니고 있어야 한다. 이런 점과 관련시킬 때 텍스트는 문장과 구별되는 고유한 특성을 지녔다고 말할 수 있다.

다음으로 텍스트가 단락과 어떤 관계를 맺고 있는가를 보기로 한다. 일반적으로 "단락"은 새 줄을 잡되 한 글자의 공간을 남기는 것을 형식적 기준으로 삼는다. 북한과 연변 자치주에서는 두 글자의 공간을 남겨 단락의 경계로 삼고 있다. 텍스트와 단락은 공통성도 있고 차이점도 있다. 연변의 조선어 학계의 전병선 (1988, 1990, 2004: 181-98)에서 이 방면에 대한 연구가 비교적 깊이 있게 수행되었다. 그 요지를 간추리면 다음과 같다. 전병선은 이곳의 텍스트를 "문장군"이라 불렀다.

(7) 문장군과 단락의 공통점

가. 문장군과 단락은 모두 문장을 기본 단위로 하여 결합된 것이다.

나. 문장군과 단락은 접속 형식을 이용한다.

다. 문장군과 단락은 의미적으로는 중심 의미를 표시한다.

(8) 문장군과 단락의 차이점

가. 단락은 글에서 새 줄을 잡는 것으로 명확히 나타나나 문장군은 단락처럼 시각상의 특징이 분명하지 않다.

나. 단락은 어떤 때는 하나의 문장 또는 하나의 문장군으로 성립되며, 어떤 때는 문장군과 문장군으로 성립되기도 하고, 또 어떤 때에는 문장군과 문장으로도 성립된다. 그러나 문장군은 두 개 또는 두 개 이상의 문장으로 되며 특수하게는 "작은 단락"으로도 될 수 있다.

다. 단락은 문장군보다 크거나 같으며 글의 내용을 전개하는 기본 단위가 되어 표현적 특징이 뚜렷한 반면, 문장군은 단락보다 작거나 같으며 문장의 연결에서 문법적 특징이 뚜렷이 드러난다.

이상의 논의에 기대면 문장 (S), 텍스트 (T), 단락 (P)을 설정할 수 있음을 알 수 있다. 한편 단락 위에는 문단 (A)이라는 단위를 설정할 수 있다. 문단이 모여서 절과 장이 이루어지고 궁극적으로는 가장 큰 텍스트인 한 편의 작품이나 책에 이를 수 있다.

앞에서 든 세 개의 언어 단위에 대한 이해를 발판으로 삼아 이효석의 단편 소설 「산」 (1936) (『신한국문학전집』, 어문각, 1978에 실림)을 대상으로 특히 텍스트와 단락의 문제를 구체적으로 논의해 보기로 한다.

(9) 가. (S_1 나무하던 손을 쉬고 중실은 발밑에 깨금나무 포기를 들쳤다.)S_1

(S_2 지천으로 떨어지는 깨금알이 손안에 오르르 들었다.)S_2 (S_3 익을 대로 익은 계절의 열매가 어금니 사이에서 오드득 두 쪽으로 갈라졌다.)S_3

나. (S_1 돌을 집어던지면 깨금알같이 오드득 깨어질 듯한 맑은 하늘.)S_1 (S_2 e 물고기등같이 푸르다.)S_2 (S_3 높게 뜬 조각구름 떼가 햇볕에 뿌려진 조개껍질같이 유난스럽게도 한편에 옹졸봉졸 몰려들었다.)S_3

다. (S_1 높은 산등이라 하늘이 가까우련만 마을에서 볼 때와 일반으로 멀다.)S_1 (S_2 구만 리일까.)S_2 (S_3 십만 리일까.)S_3 (S_4 골짜기에서의 생각으로는 산기슭에만 오르면 만져질 듯하던 것이 산허리에 나서면 단번에 구만 리를 내빼는 가을 하늘.)S_4

라. (S_1 산속의 아침나절은 졸고 있는 짐승같이 막막은 하나 숨결이 은근하다.)S_1 (S_2 휘엿한 산등은 누워 있는 황소의 등어리요, 바람결도 없는데 쉴새없이 나부끼는 사시나무 잎새는 산의 숨소리다.)S_2 (S_3 첫눈에 띄는 하얗게 분장한 자작나무는 산속의 일색.)S_3 (S_4 아무리 단장한대야 사람의 살결이 그렇게 흴 수 있을까.)S_4 (S_5 수북 들어선 나무는 마을의 인총보다도 많고 사

람의 성보다도 종자가 흔하다.)S_5 (S_6 e 고요하게 무럭무럭 걱정없이 잘들 자란다.)S_6 (S_7 산오리나무, 물오리나무, 가락나무……노가지나무 — 걱정없이 무럭무럭 잘들 자라는 —)S_7 (S_8 산속은 고요하나 웅성한 아름다운 세상이다.)S_8

마. (S 과실같이 싱싱한 기운과 향기, 나무향기, 흙냄새, 하늘향기, 마을에서는 찾아볼 수 없는 향기다.)S

(9가)는 작품 첫머리의 한 부분이다. 작품집의 단락을 가나다 순서에 따라 구분하되 각 단락을 온점을 기준으로 문장 단위로 끊은 것이다. 차례대로 텍스트가 어떻게 형성이 되어 단락으로 전개되는가 하는 문제를 검토해 보기로 한다.

(9가)는 작품집의 분단 (分段)대로 하나의 자족적인 텍스트가 될 수 있다. 우선 S_1과 S_2는 하나의 텍스트로 엉길 수 있다. S_1과 S_2는 통사적인 응결 장치는 쓰이지 않았지만 논리적으로 볼 때 인과 관계로 이어져 있다. 두 문장은 '나무하던 손을 쉬고 중실이 …… 포기를 들치니 지천으로 …… 들었다'와 같이 연결 어미 '-(으)니'에 기대어 이어질 수 있다. (4)와 같은 예이다. 기계적인 이음이 아니고 앞 절의 주제어 명사구 '중실은'이 주어 명사구 '중실이'로 바뀐다.

또 두 문장 사이에는 의미 · 기능적 등가성에 기댄 명사적 연쇄가 확인된다. S_2의 '깨금알, 손안'은 S_1의 '깨금나무, 손'과 사슬을 이루고 있다. S_3는 S_2와 계기적으로 이어져 있다. 그러나 이곳에서는 연결 어미에 기댄 이음이 허용되지 않는다. 깨금알이 손안에 들어오는 동작과 그것을 깨무는 동작 사이에는 필연적인 관계가 성립되지 않기 때문이다. 호주머니 안에 넣을 수도 있고 집으로 가져갈 수도 있다. 두 문장이 텍스트를 이루고 있다고 하더라도 한 문장으로 이어지지 않을 수도 있는 것이다. 앞의 (6)과 같은 예이다. 이곳에서도 '계절의 열매, 어금니'는 S_2의 '깨금알', S_1의 '중실'과 사슬을 이루고 있다. '어금니'는 중실의 신체의 한 부분이다. '깨금알'은 '계절의 열매'라는 상의어의 기능적 하의어이기 때문이다.

(9나)는 두 개의 텍스트로 이루어져 있다. S_1은 완결된 문장은 아니나 그 자체로도 내용 파악에 지장이 없다. S_2는 S_1과 관련시킬 때 생략된 주어 명사구 e가 '맑은 하늘'임을 알 수 있고 이는 동시에 '물고기등'과 비유적인 사슬을 형성하고 있다. 기능적 등가성을 지니고 있다고 하겠다. 이런 점에서 S_1, S_2는 자족적인 텍스트로서 엉겨 있다고 할 수 있다. (나)의 S_2를 대본에 따라 독립된 문장으로 간주하였으나 앞에 반점을 치면 S_1에 계속되는 문장으로도 볼 수 있다. 이곳에서는 대본에 따라 독립된 문장으로 보는 태도를 취한다.

그러나 S_3는 사정이 다르다. 내용이 구름에 관한 이야기다. 그 자체로서 문장과 텍스트의 기능을 다 가지고 있는 것이다. S_3는 S_1, S_2와 함께 단락의 구성 요소가 되어 있다. '하늘'이라는 더 포괄적인 내용으로 묶을 수 있기 때문이다.

(9다)는 (9가)와 같이 그 자체로서 자족적인 텍스트를 이루고 있다. 우선 내용에 있어 가을 하늘이 중심이 되어 있다. S_2, S_3는 전집에 두 문장으로 표시되어 있으나 반점으로 연결시켜 하나의 문장으로 보아야 한다. 텍스트 수정이 가해져야 한다. 의문형으로 끝나 있기는 하여도 문장 연결의 기능을 띠고 있기 때문이다. 추측 의문형 어미 '-(으)ㄹ까'는 '갈까 말까 망설였다'와 같이 연결 어미와 같이 사용되는 일이 더러 있다. S_4에 나타나는 '골짜기, 산기슭, 산허리'는 S_1의 '산등'과 사슬을 이루고 있고 그 밖에도 '구만 리'는 S_2의 '구만 리'와 같은 명사구이고 '가을 하늘'은 S_1의 '하늘'과 역시 사슬을 이루고 있다. 이렇게 본다면 (9다)는 (9나)와 함께 하나의 독립된 단락을 이루고 있다고 말할 수 있다. '가을 하늘'을 중심 내용으로 이야기가 전개되고 있기 때문이다. 이 단락은 세 개의 텍스트로 이루어져 있는 것이다.

(9라)는 다소 복잡한 성격을 띠고 있다. S_1과 S_2는 하나의 자족적인 텍스트로 엉길 수 있다. 전자의 '숨결'은 후자의 '숨소리'와 유의어로서 명

사적 사슬을 이루고 있다. 그러나 사슬이 미치는 범위가 뒷 절에만 국한되기 때문에 응결성이 그렇게 단단하다고 할 수 없다. 대신 S_2는 겹문장으로서 앞뒤의 두 절이 비유의 방식으로 주어 명사구와 서술어 명사구를 이어 주고 있어 절 안의 성분을 더 단단하게 매어 주는 역할을 하고 있다. '휘엿한 산등'은 (9다) S_1의 '산등'과 사슬을 이룰 수 있을 것 같으나 같은 의미를 주기가 힘들 것 같다. 후자는 실제의 경험을 통하여 나타난 '산등'인 데 대하여 전자는 머릿속에 들어 있는 추상적인 '산등'일 가능성이 더 많기 때문이다.

S_3와 S_4는 자족적인 텍스트로 엉길 수 있다. S_4는 '사람의 살결'을 S_3에 나온 주어 명사구 '자작나무'에 비유하였다. 양자는 기능적 등가성에 기댄 명사적 사슬을 이루고 있다. 비유의 과정에서도 동사와 형용사인 '단장하다, 희다'는 역시 같은 품사인 S_3의 '하얗다, 분장하다'와 동의어로서 용언적 사슬을 이루고 있다. S_5~S_7은 그대로 한 텍스트를 이루고 있다. S_6의 생략된 주어 명사구는 '나무'로서 앞 문장에 명시된 '나무'와 사슬을 이루고 있다. S_7은 나무의 종별을 열거한 것이니 역시 사슬을 이루고 있다. 이곳의 삽입된 부분은 S_6의 서술부를 되풀이하였다는 점에서 응결성이 그만큼 단단해졌다고 할 수 있다. S_8은 한 문장이자 한 단락을 이루었다. S_1과 합쳐서 하나의 텍스트를 이룬다고 해도 좋다. '산속'이라는 말이 되풀이되어 있기도 하지만 같은 내용을 달리 표현했다는 점에서 그러하다.

(9라)는 S_1, S_2가 완전하지는 않지만 텍스트를 이루고 있고 S_3, S_4는 완전한 텍스트를 이루고 있으며 S_5, S_6, S_7이 서로 엉겨서 자족적인 텍스트가 되어 있다. S_8은 그대로도 독자적인 텍스트가 될 수 있으나 S_1과 엉길 수도 있다.

(9마)는 하나의 문장으로서 텍스트는 물론, 하나의 단락의 성격을 지니고 있다. 그것이 하나의 텍스트이자 단락이라고 하는 것은 (9가~라)의 내용을 총괄하였기 때문이다.

지금까지 논의한 「산」의 첫머리 부분을 분석한 결과를 간추림으로써 텍스트의 실체를 분명히 하고 특히 상한 접촉 단위인 단락과의 관계를 종합해 보기로 한다. 또 작자 /전집 편찬자가 분단을 올바로 하였는가 하는 텍스트 수정 문제도 논의해 보려고 한다.

텍스트는 하나의 통일적인 의미를 중심으로 논리적, 통사적, 의미 · 기능적 수단에 기대어 엉기는 문장 위의 단위다. 이러한 조건을 충족시키는 예는 (9가, 다)이다. 중심적 의미는 전자가 '깨금알', 후자가 '가을 하늘'이다. 이 두 예는 하나의 텍스트이자 하나의 단락이기도 하다. 우선 (9가)에 이어지는 주제는 '하늘'이고 (9다)에 이어지는 주제는 '산속'이라는 점에서 주제가 다르니 다른 단락으로 보아야 한다. (9가)를 한 단락으로 잡은 작자 내지 전집 편찬자의 태도는 올바르다고 평가된다.

텍스트는 둘 또는 그 이상의 문장으로 이루어지는 일이 보통이나 한 문장이 그대로 텍스트가 될 수 있으며 경우에 따라서는 단락도 될 수 있다. (9나)의 S_1, S_2는 '맑은 하늘'이 중심이 된 하나의 텍스트이다. 그러나 S_3는 '맑은 하늘' 가운데의 '구름떼'를 중심으로 한, 하나의 문장이자 하나의 텍스트다. 그러면 S_1, S_2와 S_3는 각각 자족적 텍스트로서 하나의 단락을 구성하고 있다. (9마)는 (9가~라)의 내용을 총괄하였다는 점에서 하나의 문장이면서 텍스트가 되고 또 독립된 단락이 되는 것이다. 모두 작자 /전집 편찬자의 분단이 옳아 보인다.

복잡한 구성의 글에서는 응결성에 차등을 보이면서 대체로 문장이 모여서 텍스트가 되고 다시 단락을 이루어 나간다. (9라)의 예가 그러하다. S_1, S_2, S_3 S_4, S_5, S_6, S_7이 각각 텍스트를 이루고 이들이 다시 뭉쳐 하나의 단락을 이루어 나가고 있다. S_8은 하나의 문장이자 텍스트이고 단락이다. 앞에서 지적한 바와 같이, S_1과 엉겨서 하나의 텍스트를 이룬다고 말할 수 있다. 마땅히 새 줄을 잡아야 한다고 생각한다.

지은이가 분석한 이효석의 「산」 부분은 4부로 되어 있는 전체 작품의 1부의 머리 부분부터 중간 부분까지다. 계속하여 비슷한 이야기가 나오는데 같은 방식으로 문장, 텍스트, 단락으로 끊을 수 있다. 앞에서 지은이는 경우에 따라 텍스트와 단락의 지위를 동시에 인정하기도 하고 텍스트를 단락으로 묶기도 하였으며 한 문장에 대하여도 단락의 자격을 주는 일도 있었다. 그러면 제1부는 "문단"이라는 더 큰 단위로 포괄될 가능성이 있다. 실제의 작품을 대상으로 한 분석 결과에 기대면 "문장군", 곧 명제적 견해의 "텍스트"를 문장과 단락의 중간 단위로 본 전병선 (1988)의 견해가 상당한 설득력을 지니고 있음을 알 수 있다. 지은이는 잠정적으로 전병선 (1988)을 따라 텍스트의 상위 단위로서 단락을 인정하는 태도를 취하여 본다. 그렇다면 텍스트의 하한선은 문장이고 상한선은 단락이다. 두 단위가 직접 맞대고 있는 만큼 넘나드는 면도 많을 것이다. 앞으로 실제 자료의 분석을 통하여 명제적 견해의 텍스트를 확립하는 노력이 이어지기를 바란다. 만약 동태적 견해를 택한다면 작품 전체가 하나의 텍스트 (T)가 될 수 있고 문단 대신 T′, 단락 대신 T″ 등으로 차례차례 하위 분석할 수도 있다. 그러나 이곳에서는 명제적 견해를 택한 만큼 그런 방법론은 택하지 않는다.

끝으로 지은이가 분석한 이효석의 작품 「산」의 구조를 그림으로 표시한다. A는 문단, P는 단락, T는 텍스트, S는 문장의 줄임 기호이다.

(10) 이효석 「산」의 문단, 단락, 텍스트, 문장의 계층적 분석 그림

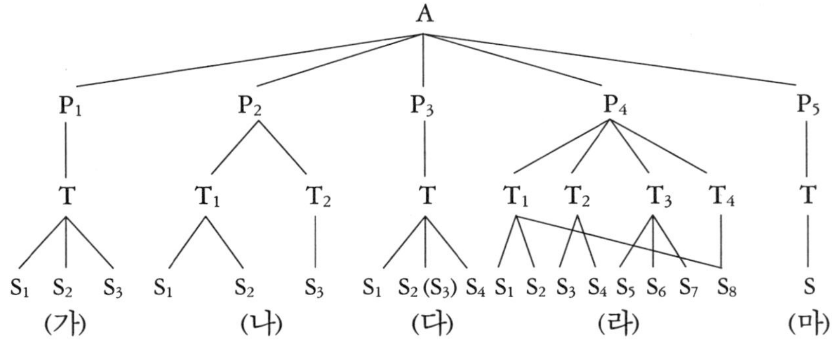

5.4. 텍스트 응결성의 주제적 문제

우리는 앞에서 몇 가지 텍스트 응결 장치를 검토한 바 있는데 이를 중심으로 텍스트 주제의 전개 문제를 살펴보기로 한다.

다음 (11)은 이양하의 수필 「나무」 가운데의 한 단락이다.

(11) (S_1 나무는 고독하다.)S_1 (S_2 나무는 모든 고독을 안다.)S_2 (S_3 e 안개에 잠긴 아침의 고독을 알고 구름에 덮인 저녁의 고독을 안다.)S_3 (S_4 e 보슬비 내리는 가을 저녁의 고독도 알고 함박눈 펄펄 날리는 겨울 아침의 고독도 안다.)S_4 (S_5 나무는 파리가 옴짝하지 않는 한여름 대낮의 고독도 알고 별 얼고 돌 우는 동지달 한 밤의 고독도 안다.)S_5 (S_6 그러나 나무는 어디까지든지 고독에 견디고 고독을 이기고 또 고독을 즐긴다.)S_6

이 작품에는 다른 작품과는 달리 유독 수필의 제목인 '나무'라는 어휘가 본문에 자주 재수용된다. (11)에서도 S_3, S_4만 제외하고는 네 개의 문장에 '나무'가 반복되어 있다. S_3와 S_4도 민족어의 구조적 특성 때문에 주어 명사구가 생략되었을 따름이지, 인도·유럽어 같으면 이 자리에 대명사가 나타날 수 있다. '나무'라는 말이 제목에서부터 시작하여 본문에 네 군데나 반복된다는 것은, 이 텍스트의 주제가 '나무'가 아니면 '나무'에 관련되는 내용임을 드러낸다고 할 수 있다.

다음 (12)는 재수용의 양상이 (11)과는 조금 다르다.

(12) (S_1 전주 중앙회관의 비빔밥은 맛이 있기로 유명하다.)S_1 (S_2 중앙회관은 전주 시내 한복판에 자리 잡은 음식점으로 12, 3년 전부터 비빔밥을 전문으로 내 놓고 있다.)S_2 (S_3 이 집의 주방 주인 남궁정례 씨는 본디 전주 역전의 오거리 "명동집"에서 콩나물 비빔

밥으로 손님들의 입맛을 끌었다.)S_3 (S_4 그 뒤 이곳에 큰 건물을 짓고 본격적으로 독특한 비빔밥을 만들어 뭇사람의 미각을 돋우고 있다.)S_4 (S_5 이 집의 이층 별실에 자리하여 벽면의 고서화, 또 장속에 진열된 여러 가지 골동품들을 감상하노라면 주방 부인이 손수 마련한다는 비빔밥이 상 위에 놓인다.)S_5 (최승범, 『전주의 비빔밥』)

(12)는 모두 다섯 개의 문장이 모여 이루어진 텍스트의 한 부분이다. S_1에서는 '전주 중앙회관'이라고 하여 '중앙회관'의 소재지가 명시되었고 S_2에서는 전주를 삭제한 '중앙회관'만이 사용되었다. S_3에서는 '중앙회관'이 '이 집'이라는 대용 표현으로, S_4에서는 다시 '이곳'이라는 대용 표현으로 바뀌었다. S_5에서는 다시 S_3의 '이 집'으로 되돌아갔다. 이런 경우 (11)과 같으면 '중앙회관'으로 일관할 수도 있을 터인데 작자는 표현을 조금씩 바꾸었다. 그러나 '비빔밥'만은 그대로 재수용되고 있다. 이렇게 텍스트에 재수용되는 어휘와 그에 관련된 표현을 통하여 텍스트의 주제를 파악할 수 있다.

한 텍스트의 주제 전개는 프라그 학파의 주제부-설명부 개념과 반 데이크의 서사 구조 개념이 응용된다. 두 주제 개념의 얼개를 살펴보고 이를 기초로 하여 주제 전개의 몇 가지 모형들을 제안해 볼까 한다.

5.4.1. 프라그 학파의 주제부-설명부 개념

프라그 학파의 주제부-설명부 개념은 1929년, 프라그 학파를 창단한 마테지우스 (V. Mathesius)의 기능적 문장 시점을 다네슈 (F. Daneś) 등이 발전시킨 텍스트 구조의 분석 방법이다. 이 견해에 기대면 문장은 전달가치 (Mitteilungswert) 측면에서 볼 때 두 부분으로, 곧 진술의 출발점인 "주제부" (Thema)와 진술의 핵심인 "설명부" (Rhema)로 구분된다. "주제부"란 알려진 정보, 이미 주어진 정보 또는 상황을 바탕으로 유추할 수 있거나 수용자가 자신의 사전 지식 (Vorwissen)과 세상 지식 (Weltwissen)에 기대어 검증할 수 있는 정보를 뜻한다. "설명부"란 주제에 관하여 전달되는 그 무엇이다. 설명부는 문맥상으로 보아 이전에 언급된 적이 없는 정보 또는 텍스트 맥락이나 상황 맥락으로부터 유도될 수 없는 새로운 정보를 뜻한다. 다네슈는 텍스트 구조에 대하여 문장 중심적인 노선을 거부하고 "주제들의 일련의 사슬" (eine Sequenz von Themen)이라고 명시하였다. 다네슈는 "텍스트의 본질적인 주제 구조는 주제들의 연쇄성 (Verkettung)과 접속성 (Konnexität), 주제들의 계층 관계와 계층 구조, 텍스트 단락들과 텍스트 총체 및 상황과의 관계"라고 정의하고 텍스트에 있어서 주제 관계의 총체적인 복합체를 "주제 전개" (thematische Progression)라 부른다. 다네슈는 그것이 바로 텍스트 구조의 뼈대 (Gerüst des Textaufbaus)를 이룬다고 보고 있다. 다네슈는 다섯 가지 주제 전개의 유형을 들었다.

첫째, 단순 선형식 전개 유형 (die einfache lineare Progression)

"단순 선형식 전개 유형"이라 함은, 첫째 문장의 설명부 (Rhema: R)가 둘째 문장의 주제부가 되는 주제 전개형을 말한다. 그 예를 들면 다음과 같다.

(13) 철수는 (T_1) 자전거를 한 대 샀다 (R_1). 그 자전거는 ($T_2=R_1$) 지하실에 있다 (R_2). 지하실에는 ($T_3=R_2$) ……

T는 주제부를, R는 설명부를 가리킨다. 문자 오른쪽의 숫자는 주제부와 설명부의 번호이다. T_1은 첫째 주제부, T_2는 둘째 주제부, R_1은 첫째 설명부, R_2는 둘째 설명부 …… 등을 표시한다. 이를 그림으로 보이면 다음과 같다.

(13′) 단순 선형식 전개 유형 그림

$T_1 \rightarrow R_1$

$\downarrow$

$T_2\ (/R_1) \rightarrow R_2$

$\downarrow$

$T_3\ (/R_2) \rightarrow R_3$

⋮

둘째, 주제 일관식 전개 유형 (die Progression mit einem durchlaufenden Thema)

"주제 일관식 전개 유형"은 문장이 이어질 때 주제부는 변동이 없고 개별 문장에 설명부만 추가되는 것이다. 예를 들면 다음과 같다.

(14) 내 자전거는 (T_1) 새로 산 것이다 (R_1). 그것은 (T_2) 우리 아버지가 주신 선물이다 (R_2).
그것은 (T_2) 지하실에 있다 (R_3). 그것은 (T_2) 내일 타기로 하였다 (R_4).

이를 그림으로 보이면 다음과 같다.

(14′) 주제 일관식 전개 유형

$T_1 \rightarrow R_1$

$\downarrow$

$T_2\ (/R_1) \rightarrow R_2$

$\downarrow$

$T_2\ (/R_1) \rightarrow R_3$

$\downarrow$

$T_2\ (/R_1) \rightarrow R_4$

셋째, 상위 주제 파생식 전개 유형 (die Progression mit abgeleiteten Themen)

"상위 주제 파생식 전개 유형"은 개별 문장의 주제가 상위 주제 (Hyperthema)로부터 파생되어 나오는 전개 유형이다.

(15) 코끼리의 긴 코는 (T_1) 매우 작은 물건까지 감아올린다 (R_1). 코끼리의 귀는 (T_2) 움직일 수 있다 (R_2). 코끼리의 성질은 (T_3) 온순하다 (R_3).

이를 그림으로 표시하면 다음과 같다.

(15′) 상위 주제 파생식 전개 유형의 그림

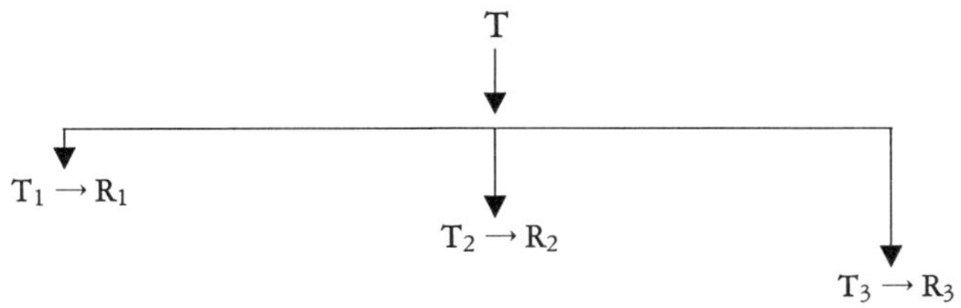

넷째, 설명부 분열식 전개 유형 (das Entwickeln eines gespalteten Rhemas)

"설명부 분열식 전개 유형"은 한 문장의 설명부가 여러 주제들로 갈라지는 전개 유형이다. 예를 들면 다음과 같다.

(16) 원탁에는 두 사람이 (T_1) 앉아 있었다 ($R_1 = R_1' + R_1''$). 한 사람은 ($T_2' = R_1'$) 담배를 피우고 있었다 (R_2'). 다른 한 사람은 ($T_2'' = R_1''$) 물을 마시고 있었다 (R_2'').

이를 그림으로 표시하면 다음과 같다.

(16′) 설명부 분열식 전개 유형의 그림

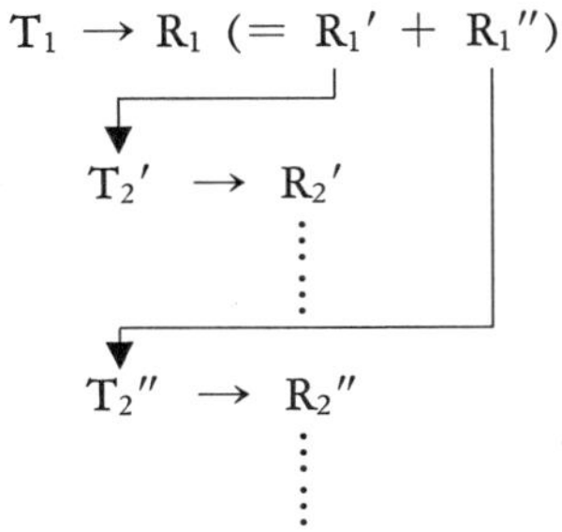

다섯째, 주제 비약식 전개 유형 (die Progression mit einem Sprung) 맥락을 통해 어렵지 않게 보충될 수 있는 주제 핵의 성분은 생략된다.

(17) 철수는 (T_1) 어두운 방으로 안내 받았다 (R_1). 그 방은 ($T_2=R_1$) 값비싼 가구들로 (R_2) 장식되어 있었다. …… 양탄자는 (T_4) 색상이 현란하였다 (R_4).

R_2 (가구)로부터 T_4 (양탄자)로의 비약은 주제 '양탄자'가 '방'으로부터 추론될 수 있기 때문에 응집성에 아무런 방해도 받지 않는다. 이 유형은 제5장에서 언급한 함축적 재수용의 형태와 일치한다. 이를 그림으로 그리면 다음과 같다.

(17′) 주제 비약식 전개 유형의 그림

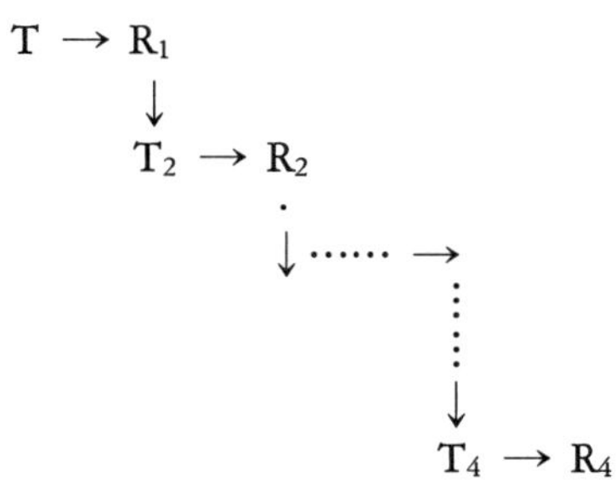

이상 언급한 다섯 개의 주제 전개 유형은 텍스트를 구체적으로 분석해 보면 하나의 순수한 형식으로만 나타나지 않는다. 여러 가지 방식으로 조합되어 나타나는 것이 보통이다. 이를테면 첫째 유형과 둘째 유형이 섞일 수 있고 첫째 유형과 셋째 유형이 섞일 수 있다. 그리고 언어에 따라 실현 양상이 다를 수 있다. 이를테면 우리말에는 주제부를 표시하는 문법적 수법이 조사에 기댄다는 점 등이 이른바 관사 언어인 인도·유럽어와 차이 나는 점이다.

5.4.2. 반 데이크의 거시 구조, 서사 구조, 논증 구조의 개념

(1) 거시 구조

반 데이크는 생성 문법의 영향을 받아 텍스트에도 표면 구조와 심층 구조가 설정될 수 있다고 생각하고 그 나름의 텍스트 분석 모형을 전개하였다. 그는 텍스트의 좀 더 큰 단위를 거시 구조 (巨視構造, Makrostruktur)라 불렀다. 거시 구조란 텍스트 전체의 가장 보편적이며 총괄적인 구조를 말한다. 텍스트 주제라고 생각하면 이해가 쉽다. 그는 하위 텍스트를 앞의 거시 구조에 대하여 미시 구조 (Mikrostruktur)라 부른다. 각 개별 텍스트는 그때마다 계층적 구조를 가질 수 있다. 반 데이크는 그 관계를 다음의 그림으로 표시하였다.

(18) 거시 구조의 계층 구조

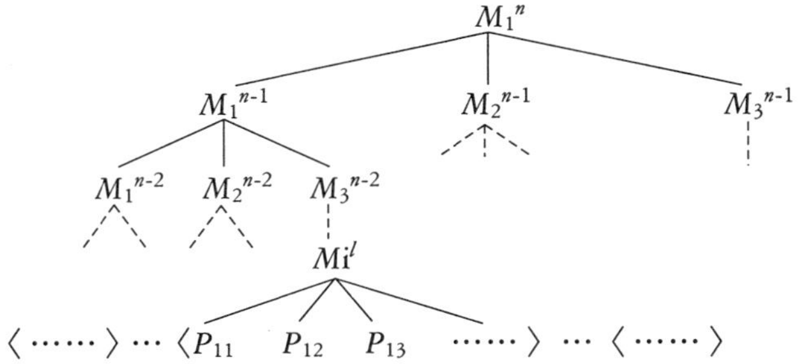

일련의 명제 P_{11}, P_{12}, P_{13}은 거시 구조 첫 번째 차원에서 Mi^{l}으로 기술되며 최고 층위 …… M^{n}까지 기술된다 (층위의 번호는 M의 오른쪽 위에 오는데 이는 각기 명제가 해당 거시층 위에 있음을 가리킨다). $n=0$일 경우도 가능한데 이때에는 미시 층위와 거시 층위가 같게 된다. 위의 그림을 보면 명제 〈P_{11}, P_{12}, ……〉는 명제 Mi^{l}에서 볼 때 서로 관련되는 것으로 해석된다. 또한 이런 명제들은 일련의 명제 전체를 다른 일련의 명제와 관련시킬 수 있다. 이를테면 〈$P_{11}-P_{20}$〉, 〈$P_{21}-P_{40}$〉이 그것이다. 거시 규칙이 없다면 P_{20}은 다만 두 명제 순서에서의 P_{21}과 관계를 맺을 수 있을 뿐이다. 두 명제는 텍스트 기저에서는 연속적으로 배열되어 있지만 연결이 되지 않거나 아무런 다른 응결 관계를 맺지 않는다.

반 데이크는 구체적인 텍스트, 곧 표면 텍스트의 명제들로부터 거시 규칙 (Makroregeln)이라고 하는 연산 과정을 적용하여 거시 명제 (Makroproposition)를 유도해 낸다. 반 데이크의 거시 규칙에는 다음과 같은 것이 있다.

(19) 가. 생략 (Auslassen)
　　나. 선택 (Selektieren)
　　다. 일반화 (Generalisieren)
　　라. 구성화 (Konstruieren) 또는 통합화 (Integrieren)

형식적으로 본다면 (19가, 나)는 삭제 규칙 (Tilgungsregeln)이고 (19다, 라)는 대체 규칙 (Ersetzungsregeln)이다.

첫 번째 규칙인 (19가)의 "생략"이란 핵심적이지 않은 정보는 제거될 수 있다는 뜻이다. 이를테면 '노란 원피스를 입은 한 소녀가 지나갔다'라는 문장은 다음과 같은 명제를 내포할 수 있다.

(20) 가. 어떤 소녀가 지나갔다.

나. 그 소녀는 원피스를 입고 있었다.
다. 그 원피스는 노란색이었다.

나머지 부분의 텍스트를 해석할 때 그 소녀가 원피스를 입었다거나 그 옷이 노란색이었다는 사실을 반드시 알아야만 하는 것이 아니라면 (19)의 규칙 (가)에 의해 다음과 같이 축소된다.

(21) 가. 한 소녀가 지나갔다
나. 그 소녀는 원피스를 입고 있었다.

마침내 다음과 같이 축소된다.

(22) 한 소녀가 지나갔다.

이런 경우, (20나, 다)와 같은 정보를 잉여적이라고 한다. 잉여적이라고 함은 중요하지 않다는 것이 아니고 총괄적인 해석을 가할 때 부차적이라는 뜻이다. 이런 경우 생략된 정보는 복원의 가치가 없다.

두 번째 규칙인 (19나)의 "선택"의 경우는 사정이 다르다. 여기서도 어느 정도의 정보량은 생략된다.

(23) 가. 영수는 자기 차로 갔다.
나. 그는 차에 탔다.
다. 그는 광주로 갔다.

(19나)의 선택 규칙에 의하여 (23가, 나)가 제거될 수 있다. 이런 명제들은 생략되지 않은 명제 (23다)의 조건, 전제, 결과 중 하나에 해당하기 때문이다. 일반적으로 우리나라에서 한 곳에서 다른 곳에 갈 때에는 자동차를 탄다. 따라서 '그는 광주에 도착하였다'와 같은 명제도 생략할 수

있다. 만약 광주로 가는 도중 자동차 사고를 당했다면 위의 정보는 결코 생략할 수 없다. 생략된 정보는 복원될 수 있으나 이는 특수한 경우에 한정된다.

세 번째 규칙인 (19다)의 "일반화"는 본질적 정보도 생략할 수 있음을 뜻한다. 그것이 설사 본질적인 구성 부분이라고 하더라도 새로운 명제에 의하여 대체될 수 있다면 삭제된다는 뜻이다.

(24) 가. 인형 하나가 마루에 놓여 있다.
나. 목제 (木製) 기차 하나가 마루에 놓여 있다.
다. 집짓기 놀이의 나무토막들이 마루에 놓여 있다.

(24가~다)에 나오는 '인형, 목제 기차, 집짓기 놀이의 나무토막'은 모두 '장난감'이라는 새로운 상위 개념에 의하여 대체될 수 있기 때문에 다음과 같이 표현할 수 있다.

(24′) 장난감들이 마루에 놓여 있다.

이러한 대체는 명사에서만 나타나는 것이 아니라 동사에서도 목격할 수 있다. 이를테면 '약속하다, 추천하다, 안심시키다'는 '말하다'라는 상위 개념의 동사에 포섭될 수 있는 것과 같다.

네 번째 규칙인 (19라)의 "구성화 /통합화"는 중요한 역할을 한다. 이 규칙은 두 번째 규칙과 비슷하지만 새로운 정보에 의하여 대체되기 때문에 제거되거나 선택되지는 않는다.

(25) 가. 나는 역으로 갔다.
나. 나는 차표 한 장을 샀다.
다. 나는 타는 곳 (플랫폼)으로 갔다.

라. 기차는 떠났다.

(25)는 기차를 타게 되면 누구든지 밟게 되는 절차이다. 이런 경우 다음과 같은 통합된 표현으로 바꾸어도 정보 전달에 아무런 흠이 없다.

(25′) 나는 기차를 탔다.

규칙이 다 적용되면 남는 것은 텍스트 요약, 곧 개요 (Resümee)이다. 반 데이크는 거시 규칙은 맥락, 수용자, 인지적 태도에 따라 다양하게 응용될 수 있으며 이에 따라 같은 텍스트도 다양하게 요약될 수 있다고 하였다. 텍스트 주제 (Textthema)는, 반 데이크에 기대면, 일정한 추상화 차원 (Abstraktniveau)을 근거로 하여 유도된 하나의 "거시 명제" (Makroproposition)와 다를 바 없다. 물론 이는 보통 텍스트에서 명시적으로 드러나지 않는다. 이런 경우에는 주제어나 주제문을 통하여 뽑아내어야 한다.

(2) 서사 구조

"서사" (敍事)란 일정한 줄거리를 지니고 있는 이야기를 말한다. 우리는 일상생활에서 겪은 사건을 사사로이 이야기로 주고받을 수도 있고 그것이 발전하면 익살, 신화, 민담, 우화, 전설 등으로 발전될 수 있으며 그것이 격식을 갖추어 문자로 표현되거나 하면 단편 소설, 장편 소설 등으로 탈바꿈할 수 있다. 반 데이크가 대상으로 삼는 서사 텍스트는 일상생활에서 주고받는 사사로운 이야기다.

서사 텍스트의 가장 기본적인 특징은 등장 인물의 행위 (Handlung)와 관계를 맺고 있다. 아침 식사나 편지 쓰기, 문 열기 등에 대하여 특별한 일이 일어나지 않는다면 이런 일들은 서사의 대상이 될 수 없다. 달리 말하면 서사 텍스트는 지시 대상으로서 적어도 흥미 기준을 충족시키는 어떤 행위 /사건을 지니고 있어야 한다. 여기에서 "갈등" (Komplikation)

이 일어나고 뒤이어 "해결" (Auflösung)이 등장한다. 갈등과 해결은 서사 텍스트의 핵심인데 이를 "사건" (Erreignis)이라고 한다. 각 사건은 특정한 시간과 장소에 따라 진행되는데 이러한 상황을 자세히 기술해 주는 서사 텍스트의 부분을 "배경" (Rahmen, 구조틀, setting)이라고 한다. 사건은 배경과 함께 "에피소드" (Episode)를 형성한다. 같은 배경 안에는 여러 가지 사건이 일어날 수 있다. 이러한 일련의 에피소드를 "줄거리" (Plot)라고 부른다. 줄거리에 대하여 이야기하는 사람은 자기 나름의 평가 (Evaluation)를 가할 수 있다. 평가와 줄거리가 "이야기" (Geschichte)를 형성한다. 마지막으로 "통고" (Ankündigung)나 "결말" (Schluß)을 가진 텍스트가 많은데 우화 (寓話)가 그중 하나이다. 우화에는 "모럴" (Moral)이 결부된다. 이를 통하여 우리는 무엇을 해야 하고 무엇을 하지 말아야 한다는 교훈을 얻는다. 이야기와 모럴이 결합하여 한 짝의 서사 텍스트가 형성된다. 이를 나무 그림으로 표시하면 다음과 같다.

(26) 서사 텍스트의 구조

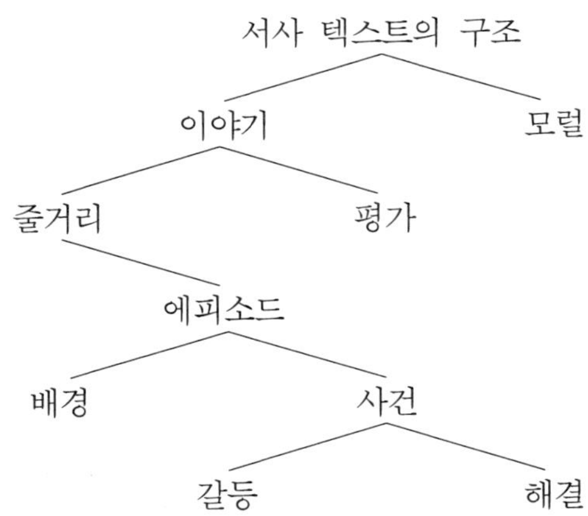

반 데이크는 (26)의 서사 텍스트의 구조를 생성 문법의 기저 규칙에 유추하여 형성 규칙을 다음과 같이 적었다.

(27) 서사 텍스트 → 이야기 + 모럴
이야기 → 줄거리 + 평가
줄거리 → 에피소드 (들)
에피소드 → 배경 + 사건 (들)
사건 → 갈등 + 해결

화살표 왼쪽의 범주는 화살표 오른쪽의 범주로 대체되거나 다시 쓰일 수 있다. 변수 n을 가진 범주들은 회귀적이기 때문에 여러 번 나타날 수 있다 (괄호로 표시된 부분).

(3) 논증 구조

"논증" (Argumentation)은 "증명" (Beweis)과 함께 철학과 논리학에서 가장 많이 논의되었다. 이들의 기저 도식은 "가정 (전제)−결론"이다. 이러한 구조는 형식적인 발화뿐만 아니라 일상어의 논증적 발화에서도 볼 수 있다.

(28) Ich bin krank. Also kann ich nicht kommen.
(나는 아프다. 그래서 나는 갈 수 없다.)
(29) Peter hat eine Vier geschrieben. Also hat er die Prüfung nicht bestanden. (페터는 평점 4를 받았다. 그래서 그는 합격하지 못하였다.)

(28), (29)에 나타나는 'also'는 사태 간의 인과적 관계를 나타내는 것이 아니라 '결론짓다'라는 행위와 관련된 실용적 기능을 지니고 있다. 텍스트의 논증 구조는 직접적 주장과는 반대로 설득적 대화 (Dialog)라는 배경에서 보아야 한다. 주장을 그럴듯한 것으로 해 준다든지, 그러한 주장이 나올 수 있는 가정을 내세움으로써 청자에게 주장의 정당성이나 진실성을 설득시키는 것이다.

일상적인 논증에서는 가정과 결론 간의 필연적인 관계가 중요하지 않고 개연성이나 신빙성이 중요하다. 그럼에도 불구하고 논증 구조를 가정과 결론 간의 관계에 기대어 세분할 수 있다. 형식적인 계산에서 (통사적) 추론 가능성 (Ableitbarkeit), (의미적) 함축 (Implikation), 마지막으로 (실용적) 결론 (Schlüsse)으로 세분화된다. 동시에 우리는 논증 관계의 이러한 세 가지 층위에서 또 하나의 구분을 세울 수 있는데 필연성 (Notwendigkeit), 개연성 (Wahrscheinlichkeit), 가능성 (Möglichkeit)이 그것이다.

(29)에서 페터가 평점 4로 시험에 합격하지 못하였다는 것은 그 시험에 평점 4는 불충분하며 그런 성적을 받은 사람은 누구든지 떨어진다는 암묵적 가정을 전제로 하고 있다. 논증 구조를 밝히고자 할 때에는 추론 관계와 이 추론이 근거하는 여러 사태 간의 조건적 의미가 이루어질 수 있는 바탕이 있어야 한다. 이러한 범주를 증명의 "정당성" (Rechtfertigung)이라고 한다. 평점 4를 불합격과 관련하여 진술하는 것은 정당성에 대한 강력한 "지지" (Unterstützung, backing)가 된다. 따라서 우리는 페터가 암묵적으로 졸업 시험을 쳤다는 가정에서 출발해야 한다. 서사 텍스트와 같이 이런 세분화를 논거의 "배경" (구조틀)이라고 한다. 앞의 서사 텍스트와 같이 논증의 계층 구조를 그림으로 표시하면 다음과 같다.

(30) 논증의 계층 구조

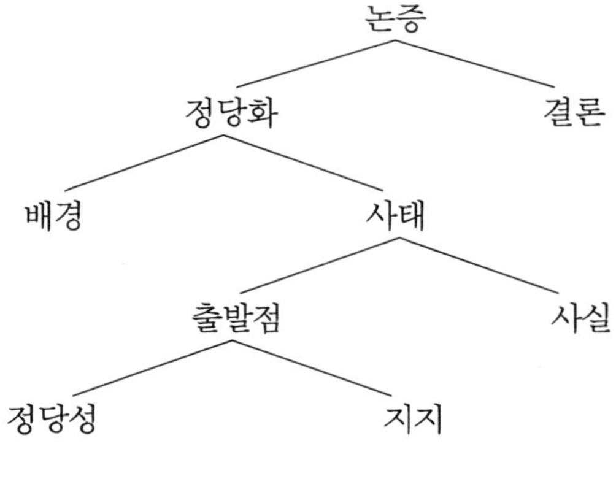

(4) 학술 논문

학술 논문은 논증 텍스트의 특이한 변종이다. 학술 논문의 기저 구조는 결론 (Schlussfolgerung)과 그 결론의 정당화 (Rechtfertigung)뿐만 아니라 문제 제기 (Problemstellung)와 해결 (Lösung)로 이루어져 있다. 반 데이크는 심리학과 같이 실험의 결과로 공표되는 보편 타당한 연구 보고서 (Untersuchungsberichte)를 실례로 삼아 학술 논문의 구조를 다음과 같이 설명하였다.

(31) 하나의 연구 보고서는 관찰 (Beobachtungen)로 시작하여 설명 (Erklärung)을 탐색하는데 여기에서 가설 (Hypothese)을 세운다. 이 가설로부터 규칙성과 관련된 기대 (예측)를 유도해 낼 수 있고 규칙성은 실험으로 검증될 수 있다 (테스트). 이러한 실험은 적절성과 같은 일반적 요구를 충족시켜야 하기 때문에 보고서 역시 이런 기준을 따르지 않을 수 없다. 곧 필요로 하는 피시험자 (Versuchspersonen), 실험의 구성 (Aufbau), 다양한 연구 조건 (Untersuchungsbedingungen), 실험의 실시, 피시험자의 태도, 실험 결과 (Resultaten), 결과에 대한 토론, 그리고 결론 등의 여러 가지 기준이 있는데 결론에 근거할 때 가설이 입증되기도 하고 그렇지 않기도 하는 것이다. 여기에서 애초의 관찰에 대한 적절한 설명을 발견했느냐 그렇지 않느냐가 밝혀진다 (해결).

이상과 같은 보고서의 계층적 구조를 다음과 같이 그림으로 표시할 수 있다.

(32) 연구 보고서의 계층 구조

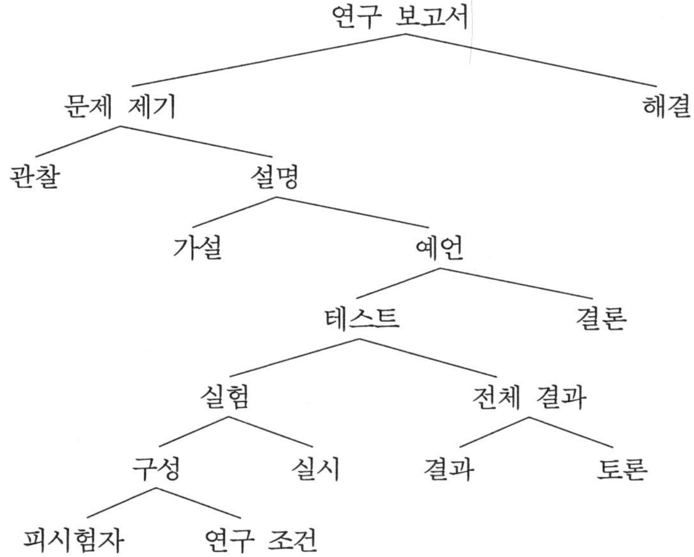

반 데이크의 논증과 보고서의 구조는 전통적인 기승전결이나 일반적인 논문 구성법에 논리학을 통합하여 세운 것이다. 이러한 구성법이 나오게 된 것은 현대 학문이 가설의 설정으로부터 시작하여 실험과 토론을 거쳐 결론을 도출하되 그것이 문제 제기에 합당한 해결을 보았는가 하는 방면으로 발전을 하고 있는 배경과 관련이 있어 보인다.

5.4.3. 텍스트 주제와 주제 전개

일상 언어에서는 주제를 텍스트나 대화나 비유적인 서술의 대상이라고 이해한다. 이를테면 “강연의 주제”, “어떤 주제를 다루다”를 보면 주제의 뜻이 무엇인지 알 수 있다. 물론 “주제”라는 단어는 어떤 텍스트의 통보적인 주 대상 (지배적인 지시 인자)과 관련을 맺고 있다. 그뿐만 아니라 일상 개념으로서의 주제는 핵심 대상, 다시 말해 텍스트의 기본 사상이나 중심 사상에 관해 간결하게 진술하는 것도 포함된다. 이를테면 "일정한 주제에 대하여 토론하다, 주제를 놓치다, 주제에서 벗어나다"를 보면 용법의 한 가닥을 알 수 있다.

일상 언어적인 용법에 근거한다면 "주제"는 "텍스트 내용의 핵" (Kern des Textinhalts)이라 규정할 수 있다. 이때 텍스트 내용이란 용어는 하나 또는 그 이상의 대상 (인물, 사태, 사건, 행위, 생각 등)과 관련된 텍스트의 사고 과정 (Gedankengang)을 가리킨다. 내용 핵으로서의 텍스트 주제는 일정한 텍스트 분절 (Textsegment)로도 실현될 수도 있고 그렇지 않으면 텍스트 주제를 텍스트 내용에서 뽑아내어야 한다. 텍스트 분절이라 함은 큰 텍스트를 구성하고 있는 제목이나 문장을 뜻하는데 이를 통하여 주제가 나타난다고 브링커 (K. Brinker)는 주장한다. 후자는 "요약식 바꿔 쓰기" (zusammenfassende Paraphrase)를 통해서 추론한다. 이렇게 보면 텍스트 주제는 텍스트 내용의 "최선의 요약" (größtmögliche Kurzfassung)이라고 말할 수 있다. 이 경우 반 데이크의 거시 규칙을 이용할 수도 있으나 브링커는 이를 받아들이지 않는다. 브링커는 주제를 규정하는 일은 그때그때의 독자가 텍스트로부터 받는 전체적인 이해에 의존한다고 말하고 대안을 제시하였다.

브링커는 주제를 분석할 때 먼저 유의해야 할 것은 재수용의 기제 (機制)라고 하였다. (11)에는 '나무'가 반복되어 있고 (12)에는 '비빔밥'이 재수용되고 있다. 재수용되는 어휘를 통하여 주제를 찾아낸다는 것이다. 같거나 비슷한 어휘가 재수용된다고 하더라도 그들 사이에 의미망을 이루지 못하면 비텍스트가 되는 것이 보통인데 사실 이런 경우는 의도적으로 만든 텍스트가 아니면 좀처럼 접할 수 없다. 한 텍스트의 주제는 복합적인 경우가 많다. 이런 경우 주제의 계층성을 인정할 수 있는데 핵심 주제 (Hauptthema)와 주변 주제 (Nebenthema)가 그것이다.

브링커는 핵심 주제를 뽑아내는 두 가지 원칙을 다음과 같이 제시하였다.

(33) 핵심 주제와 주변 주제의 구분 원칙
　　가. 유도 가능성의 원칙 (Ableitbarkeitsprinzip)
　　나. 양립성의 원칙 (Kompatabilitätsprinzip)

(33가)는 텍스트의 다른 주제들이 가장 확실하게 유도될 수 있는 주제를 핵심 주제로 간주한다는 뜻이다. (33나)는 주제와 통보 기능은 어느 정도까지는 서로 조건적이라는 가정에 기초를 둔 것이다. 이는 화행론의 발화 수반 행위와 명제 행위의 관계와 비교할 수 있다. 다음 장에서 보겠지만 텍스트의 핵심 주제로 볼 수 있는 것은 텍스트 실용적 분석에 기대어 구명되는 텍스트 기능과 가장 잘 양립할 수 있다.

브링커는 자신이 정립한 두 가지 원칙을 확인하기 위하여 '주택 화재'(Wohnungsbrand)에 관련된 독일 신문의 기사와 니베아 크림의 TV 광고 문안을 예로 들어 주제를 분석하였다. 이곳에서는 편의상 전자만 소개함으로써 주제 전개의 양상을 살펴보기로 한다.

먼저 주택 화재에 관련된 신문 기사를 우리말로 옮겨 보기로 한다. 괄호 안의 번호는 텍스트 분절문의 단위이다.

(34) [1] 아헨 — 어제 15시경 아헨의 직업 소방대에 비상 경보가 울렸다. [2] 이 소방대는 한 주택에 불이 난 토마스호프 가(街)로 출동하였다. [3] 소방대원들은 세 개의 C-관으로 불을 껐다. [4] 소방 위원회 회장 슈타르케 씨도 출동 장소에 있었다. [5] 두 개의 방이 완전히 타 버렸다. [6] 나머지 세 개도 함께 피해를 입었다. [7] 화재의 원인은 알려지지 않았다. [8] 수사관이 그사이 투입되었다. [9] 소방대원들은 위층으로부터 어린 아이를 구출해야 했다. [10] 불이 나는 동안 피해를 입은 주택에는 사람이 한 명도 없었다. (브링커 1992 /이성만 역 1994: 63)

(34)에서는 '소방대'와 '주택'이 가장 많이 재수용된다는 사실을 기초로 하여 '주택 화재'와 '소방대 출동'을 주제로 이끌어 내고 결국은 (33가)의 원칙에 기대어 '주택 화재'를 핵심 주제로 결정하였다. '주택 화재'와 '소방대 출동'이라는 주제 개념은 '사건 X에 관해 제보한다'에 상응하는 신문 뉴스라는 텍스트 유형과 양립한다.

브링커는 (33가)에서 제시한 "유도 가능성의 원칙"을 중심으로 주제 전개 모형을 전개하였다. 주제 전개는 실제로 통보적 요인과 상황적 요인 (통보 상황과 통보 목적, 참여자 관계의 종류, 참여자 평가와 같은 요인)을 통해 제어되기 때문에 근본적으로 한 주제를 다양하게 전개할 수 있는 가능성이 주어진다. 그러나 이러한 문제에 대하여는 알려진 것이 거의 없다고 하면서 더 이상의 설명을 붙이지 않았다.

주제가 텍스트의 전체 내용으로 전개되는 현상은 상관관계적 (relational) 범주, 곧 논리·의미론적 정의에 바탕을 둔 범주들의 접속이나 조합이라고 말할 수 있다. 이는 개별 텍스트 부분들 (예: 표제, 단락, 문장 등)에 표현된, 텍스트의 주제 핵 (텍스트 주제)의 부분 내용이나 부분 주제들의 내적 관계를 제시해 준다. 브링커는 텍스트의 주제 분석을 두 단계에 걸쳐 수행하였다. 첫째 단계는 개별 명제 /복합 명제들의 전체 내용에 대한 기여도를 형식화하고 둘째 단계는 첫째 단계에서 얻은 부분 내용이나 부분 주제의 논리·의미론적 관계를 규정하여 범주에 따라 명칭을 붙이는 일이다.

(34)의 신문 뉴스의 텍스트 주제는 '주택 화재'의 주제적 구성 성분이나 부분 주제들로 파악될 수 있는 다음 세 가지 사건 중심적 측면에서 전개된다.

(35) 가. 소방대의 화재 진화 작업
나. 화재의 결과
다. 화재의 원인

(35가)의 '소방대의 화재 진화 작업'은 분절문 [1]~[4]에 나타나는 일관식 지시 인자 '소방대'에 준거한 명제 복합체의 실현이다. (35나)의 '화재의 결과'는 물품 및 인명 피해로 구분되어 있는데 [5] /[6]과 [9] /[10]에서 볼 수 있다. 부분 주제 (35나)와 관련이 있는 것은 제목 '방이 전소되다'이다. (35다)의 '화재의 원인'은 분절문 [7], [8]에서 나타난다.

이상의 사실을 근거로 할 때 핵심 주제와 부분 주제를 연결시켜 주는 일반적인 범주는 "명세화" (Spezifizierung)의 범주이다. 부분 주제들의 배열 방식은 부분적으로 고정되어 있다는 인상을 받는다. 부분 주제 (35가)는 첫머리에 고정되어 있으나 부분 주제 (35나, 다)는 어느 정도 임의적이다. 특이한 것은 부분 주제 (35나)가 상관적으로 처리되지 않고 부분 주제 (35다)의 서술로 단절되고 있다는 사실이다. 이로 말미암아 두 번째 줄의 부분 주제 (인명 결과와 물건 결과)가 주제 계층 구조의 첫째 단계에 배열되어 (35가)와 (35다)의 두 부분 주제가 동일 선상에 있다는 인상을 주지만 논리적 배열 순서와는 어긋난다.

(36) 가. 논리적 구조

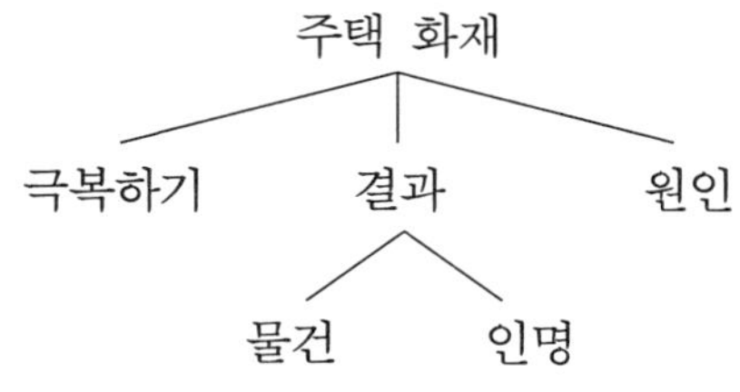

나. 실현된 주제 구조

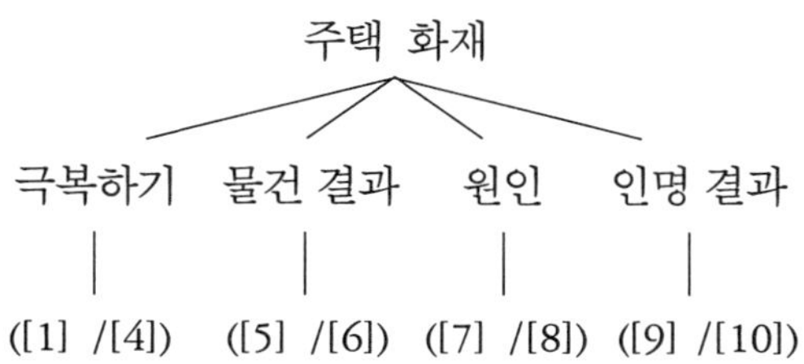

이상의 사실을 종합하면 앎 (Wissen)의 세계에서 재구성될 수 있는 "논리적" 구조는 부분 주제의 배열에서 나타나는 텍스트의 주제 구조와 일치되지 않는다는 사실을 알 수 있다. 두 번째 부분 주제가 불연속적으로 제시됨으로 말미암아 발생하는 이러한 차이점은 수많은 정보 제공자들이 텍스트의 마지막 부분을 무질서하다든지 비응집적이라고 생각하는 원인이 되기도 한다.

5.5. 주제 전개의 기본 모형

지금까지 우리는 주제 전개를 중심으로 텍스트의 구조를 분석하는 문제를 검토한 바 있는데 이를 바탕으로 하여 주제 전개의 기본 모형들을 살펴보기로 하겠다. 주제 전개의 기본 모형은 기본형에 따라 결정된다. 이는 기술형, 서사형, 설명형, 논증형으로 나눌 수 있는데 이곳에서는 실용 텍스트 (Gebrauchstext)의 주제 구조에 특별히 관여적인 기본형, 곧 기술형, 설명형, 논증형 주제 전개 모형들을 더 자세히 살펴보도록 한다.

5.5.1. 기술형 주제 전개 모형

기술형 주제 전개 모형 (deskriptive Themenentfaltung)에서는 하나의 주제가 그 구성 요소들 안에서 서술되어 공간과 시간에 따라 배열된다. 가장 중요한 주제상의 범주들은 명세화 (Spezifizierung /Aufgliederung)와 상황화 (Situierung /Einordnung)이다. 기술형 주제 전개는 여러 가지 텍스트 유형에서 나타나는데 주제의 특징은 대체로 다음과 같이 간추릴 수 있다.

(37) 기술형 주제의 특징

가. 그 주제는 일회적인 과정, 곧 역사상의 사건을 표시한다.

나. 그 주제는 규칙적으로 (일반화할 수 있거나 반복할 수 있는) 설명되는 과정을 표시한다.

다. 그 주제는 하나의 생물이나 대상을 표시한다.

(37가)는 기술형 주제 전개 모형이 제보 텍스트 유형인 뉴스 보도에 특징적임을 뜻한다. 브링커는 『함부르거 아벤트블라트』 (*Hamburger Abendblatt*)지 (紙)에 보도된 HSV팀의 소동을 (37가)의 예로 들었는데 그 번역문을 보이면 다음과 같다.

(37가′) 빌바오 (Bilbao) 축구 대회에서 함부르크 HSV팀은 오늘의 경기에 앞서 격렬한 소동을 치렀다. 연습 때 에른스트 하펠은 자기 팀의 수문장인 울리 슈타인을 언쟁이 있은 후 서둘러 선수 대기실로 보냈다.

텍스트 생산자는 무엇을 어떻게 (사건의 흐름), 누가 (행위자), 언제, 어디서 (사건의 시간과 장소) 등의 물음에 대한 정보를 제공하였다. 행위자의 동기 (왜), 사건의 뜻밖의 결과 (어떤 결과로)는 언급하지 않았다. 이에 대한 보충 정보는 그 신문의 다른 면으로 미루었다. 브링커는 문법적 관점에서 과거 시제 및 시간 부사어와 장소 부사어 (오늘의 경기에 앞서, 빌바오)가 지배적으로 나타남을 언급하는 정도에서 머물렀다. 이렇게 보면 기술형 주제 전개는 특히 제보 텍스트 유형인 “뉴스 보도”에 특징적임을 알 수 있다.

(37나)는 연장의 사용 방법을 설명한 문구를 대상으로 기술형 주제 전개의 모형을 제시한 것이다. 생산자는 망치의 손잡이를 이용하여 시간의 흐름에 따라 세부로 나아가는 과정을 설명하고 있다. 언어적인 특징으로는 행위 동사와 부정사의 지배적인 사용을 들었다. 브링커는 비슷한 예로 의학 교재의 한 절을 대상으로 하여 관사의 탈락과 부정사 구문의 등

위 접속을 언어적인 특징으로 꼽았다.

(37다)는 백과사전에 실려 있는 '코끼리' 항목을 대상으로 하여 기술적 주제 전개의 모형을 보인 것이다.

(37다′) 코끼리는 가장 크고 육중한 육지의 포유동물이다. 이것은 자유자재로 움직일 수 있는 긴 코를 가지고 있다. …… 코끼리는 60살, 최고 70살까지 산다. (브링커 1992 /이성만 역 1994: 76)

주제는 유종 (類種) 관계로 나타날 수 있는 부분−전체 관계나 함의 관계에 따라 실현된다. 다음으로 코끼리의 주요 자질 (코, 이빨, 다리, 눈, 귀 ……)에 따른 서술이 뒤따르고 있다. 이런 방식의 주제 전개에는 보통 앞에서 본 다네슈의 주제 일관식 전개 유형이 사용된다 (164-5쪽).

기술형 주제 전개는 특히 제보 텍스트 (뉴스 보도, 백과사전 항목, 학술 논문 등)에 특징적이다. 그러나 우리는 이런 모형을 요리법과 사용 지침 등의 교시적 텍스트와 헌법, 계약, 협정 등의 규범적 텍스트에서도 찾아볼 수 있다.

이상과 같은 기술형 주제 전개 모형에 대한 대체적인 지식을 중심으로 우리 텍스트의 예를 검토해 보기로 한다. 다음은 제보 텍스트의 한 종류인 신문 기사로서, 북한의 농구 선수 이명훈의 신상 명세에 대한 기술형 주제 전개 텍스트이다.

(38) 키 2m 35cm. 서서 농구링을 잡을 수 있다. 현 NBA 최장신 선수 게오르게 뮤레산 (워싱턴)보다 2cm 더 크다. 1990년 북경 아시안게임, 1996년 8월 대만존스컵대회 등 각종 국제 대회에서 모습을 드러내 국내 팬들에게도 낯이 익다. 당시 김유택 (기아, 1m 97cm)보다 머리 하나가 더 컸다. 발 크기 352mm, 손 크기 250mm.

1969년 함경남도 고원군에서 태어났다. 광산 기술자 이창균과 정신복의 2남 1녀 중 장남. 부모 형제들은 모두 정상 체격을 지녔다. 이명훈도 인민학교 시절엔 '정상아'였으나 평양고등중학교 입학 후 매년 8∼10cm씩 자랐다. 중학교 졸업 때 이미 2m를 넘었고, 23세 때인 1992년에야 성장이 멈췄다. 사춘기 시절 반항아적 기질을 보였지만 김무명 코치의 지도로 농구에 전념하게 됐다.

덩치가 큰 만큼 대식가 (大食家)이다. 불고기 10인분을 너끈히 먹어 치운다. 어머니가 끓여 주는 김치찌개를 제일 좋아한다. 워크맨을 갖고 다니며 클래식을 즐겨 듣는다. 평양체육대학에서 신체 생리학을 전공했다. 포커와 장기에 능하다. (『조선일보』, 1998년 3월 4일자)

(38)의 내용을 단락별로 간추리면 다음과 같다.

(38′) 가. ㄱ) 키 2m 35cm.
ㄴ) 서서 농구링을 잡을 수 있다.
ㄷ) 현 NBA 최장신 선수 게오르게 뮤레산 (워싱턴)보다 2cm 더 크다.
ㄹ) 1990년 북경아시안게임, 1996년 8월 대만존스컵대회 등 각종 국제 대회에서 모습을 드러내 국내 팬들에게도 낯이 익다.
ㅁ) 당시 김유택 (기아, 1m 97cm)보다 머리 하나가 더 컸다.
ㅂ) 발 크기 352mm, 손 크기 250mm. (첫째 단락)
나. ㄱ) 1969년 함경남도 고원군에서 태어났다.
ㄴ) 광산 기술자 이창균과 정신복의 2남 1녀 중 장남.
ㄷ) 부모 형제들은 모두 정상 체격을 지녔다.

ㄹ) 이명훈도 인민학교 시절엔 '정상아'였으나 평양고등중학교 입학 후 매년 8~10cm씩 자랐다.

ㅁ) 중학교 졸업 때 이미 2m를 넘었고, 23세 때인 1992년에야 성장이 멈췄다.

ㅂ) 사춘기 시절 반항아적 기질을 보였지만 김무명 코치의 지도로 농구에 전념하게 됐다. (둘째 단락)

다. ㄱ) 덩치가 큰 만큼 대식가 (大食家)이다.

ㄴ) 불고기 10인분을 너끈히 먹어 치운다.

ㄷ) 어머니가 끓여 주는 김치찌개를 제일 좋아한다.

ㄹ) 워크맨을 갖고 다니며 클래식을 즐겨 듣는다.

ㅁ) 평양체육대학에서 신체 생리학을 전공했다.

ㅂ) 포커와 장기에 능하다. (셋째 단락)

이 텍스트는 크게 세 부분, 즉 (가) 이명훈의 신체조건, (나) 출생 및 성장 과정, (다) 식성 및 전공·취미를 기술한 부분으로 나뉘어 각각의 소주제를 갖는다.

첫째 단락에서는 이명훈의 특별하게 큰 키가 주제로 등장한다. 'ㄱ) 키 2m 35cm'로 제시된 주제는 ㄴ), ㄹ), ㅁ)에서 상황화 (Situierung)되고 있다. ㄴ)은 농구장에서의 상황을 제시하면서 그의 키를 더 생생하게 전달한다. ㄷ), ㅁ)은 다른 장신 선수들과의 비교를 통해 이명훈의 키가 크다는 주제 진술을 뒷받침하고 있다. ㅂ)은 그의 큰 키에 따른 다른 신체조건이 명세화 (Spezifizierung)되고 있다. 첫째 단락은 고정된 상태에 대한 기술이므로 주로 현재 시제의 문장이 사용되고 있다.

둘째 단락은 이명훈의 출생과 성장 과정을 주로 신체적 변화를 중심으로 기술하고 있다. 둘째 단락은 다시 출생 배경이 제시되는 ㄱ), ㄴ), ㄷ)과 신체적 성장 과정이 제시되는 ㄹ), ㅁ), ㅂ)으로 나뉜다. ㄱ)에서는 그의 출생 시기와 고향이 제시되고 ㄴ)에서는 부모와 형제 관계가 명세화되고 있다. ㄷ)은 가족의 신체 조건을 제시함으로써 출생 배경과 신체 조건이라는 두 가지 소주제를 매개하는 역할을 수행한다. ㄹ), ㅁ)은 그의 특별한 신체적 성장을 명세화한다. ㅂ)은 이 단락 안에서 다소 응집성이 떨어지는 부분인데 농구 선수로 성공하게 된 배경이 제시되어 있다. 둘째 단락은 이미 있었던 역사상의 사건을 기술하는 것이므로 개개의 명제가 시간적 흐름에 따라 기술되어 있고 일관되게 과거 시제를 사용하고 있다.

셋째 단락은 이명훈의 식사 습관과 전공·취미가 소주제를 이룬다. 다시 식사 습관을 기술한 ㄱ), ㄴ), ㄷ)과 전공·취미를 기술한 ㄹ), ㅁ), ㅂ)으로 나뉜다. 식사 습관은 식사량과 기호 (嗜好)로 나누어 기술되고 있다. ㄱ)은 식사량에 대한 소주제문인데 이는 ㄴ)에서 상황화된다. ㄷ)은 기호에 대한 소주제문이다. ㄹ)과 ㅂ)은 그의 취미를 기술한 부분이고 ㅁ)은 전공을 소개한 부분인데, 명제 배열상 다소 혼란이 있다고 할 수 있다. 셋째 단락은 첫째 단락과 마찬가지로 어느 정도 고정된 상태에 대한 기술이기 때문에 현재 시제의 문장이 주류를 이루고 있다.

이 텍스트의 전체적인 특징은 첫째, 전형적 제보 텍스트로서 주관적 감정이 배제된 객관적 동사와 형용사의 사용이 압도적이라는 점, 둘째 이명훈이라는 한 인물에게 모든 기술의 초점이 맞추어져 있기 때문에 주어진 정보라 할 수 있는 문장의 주어가 모두 공범주로 실현되어 있다는 점, 셋째 그 결과로서 간단하고 간결한 경제적 언어 구조를 가진다는 점을 들 수 있다. 주제 일관식 전개의 형식을 띠었다고 말할 수 있다.

5.5.2. 설명형 주제 전개 모형

설명형 주제 전개 모형은 헴펠 (C. G. Hempel)과 오펜하임 (P. Oppenheim)의 과학적 모형 (간단히 "H-O 스키마"라 부름)을 바탕으로 한 것으로 그에 따르면 설명항 (Explanans), 곧 설명하는 사항 (Erklärendes)이라 불리는 일정한 다른 사태들로부터 논리적으로 어떤 사실을 유도해 냄으로써, 어떤 사태 (피설명항 /Explanandum, 곧 설명되어야 할 대상)를 설명하는 것이다. 이때 설명항은 시작 조건 (Anfangsbedingung, A)과 일반적인 법칙성 (Gesetzmäßigkeit, G)으로 구성된다. 이를 도식화하면 다음과 같다.

(39) 설명항과 피설명항과의 관계

A_1, A_2, ……, A_n (시작 조건을 기술하는 단일 진술들)
G_1, G_2, ……, G_n (법칙 진술) 설명항

E (설명되어야 할 현상을 기술하는 진술) 피설명항

다음 (40)의 예문을 검토해 보기로 하자. 논의의 편의를 위해 문장마다 번호를 붙였다.

(40) [1] 지구의 물은 순환하고 있다. [2] 매년 바다에서 3만 세제곱 마일의 물이 증발하고, 다시 비나 그 밖의 형태로 바다에 되돌아온다. [3] 이 바닷물에 들어 있는 물질 가운데서 증발하는 것은 오직 물뿐이므로, 비가 거의 순수한 물인 것은 바로 이 때문이다. [4] 회귀하는 물의 일부는 우선 비가 되어 육지로 떨어지고, 땅속을 흐르다가 녹기 쉬운 화학 물질을 담아 바다로 운반한다. [5] 예를 들면, 강물은 0.01%의 염분을 함유한다. [6] 이 정도의 함유량은 짠 느낌이 들 정도는 아니지만, 문제가 되기에는 충분하다. [7] 이는 바다가 강물을 통하여 육지에서 끊임없이 소량씩이나마 염분이나 그 밖의 화학 물질을 얻지만, 증발로는 전혀 잃지 않기 때문이다. [8] 그렇다면 바다는 점점 염분이 증가하지 않을까? [9] 물론, 매우 느린 속도이지만 그래도 수백, 수천만 년이라는 지질학적 시간의 관점에서 보면 바다의 염분이 크게 증가하는 것은 틀림없는 사실이다. (『과학동아』, 1991. 9)

설명형 주제 전개 모형에서 중요한 것은 어떤 것을 피설명항 [E]에 대한 법칙 진술 [G]로 간주할 것인가 하는 것이다. 위의 예문에서 피설명항 [E]은 [8]~[9]의 두 문장에서 말하고 있는 '바닷물은 점차로 염분이 증가한다'는 것이다. 이제 이러한 피설명항을 위해 나머지의 문장 가운데 시작 조건 [A]과 법칙 진술 [G]이 무엇인가를 결정해 보기로 한다. [1]~[7] 가운데 우선 법칙 진술 [G]이라고 할 수 있는 것은 [7]이다. '법칙 진술'은 단순한 현상들로부터 피설명항 [E]을 직접적으로 이끌어 낼 수 있는 것이어야 하기 때문이다. 지구의 물이 순환하고 염분을 포함한 화학 물질이 바다로 운반되더라도 그 화학 물질 (즉 염분)을 바다가 잃게 되면 바닷물은 짜질 수 없는데 바로 바다가 증발로는 염분을 잃지 않는다는 사실을 전제하면 피설명항, 곧 '바닷물의 염분이 증가한다'는 주제를 도출해 낼 수 있는 것이다. 이제 나머지 [1]~[6]은 피설명항 [E]과 법칙 진술 [G]을 위한 시작 조건 [A]이 된다고 할 수 있다.

이제 이상의 논의를 토대로 예문 (40)을 (39)에 따라 도식화하면 다음과 같다.

A_1 지구의 물은 순환하고 있어 매년 바다에서 3만 세제곱 마일의 물이 증발하고 다시 바다로 되돌아온다 ([1]~[2]).

A_2 바닷물에 들어 있는 물질 가운데서 증발하는 것은 물뿐이다 ([3]). (즉 증발로는 염분을 잃지 않는다)

A_3 회귀하는 물의 일부가 비가 되어 육지로 떨어지고, 땅 속을 흐르다가 녹기 쉬운 화학 물질을 담아 바다로 운반한다 ([4]).

A_4 강물은 0.01%의 염분을 지닌다 ([5]).

A_5 0.01%의 염분은 소량이지만, 문제가 되기에는 충분하다 ([6]).

G_1 바다는 강물을 통하여 육지에서 끊임없이 소량씩이나마 염분이나 그 밖의 화학 물질을 얻지만, 증발로는 전혀 잃지 않는다 ([7]).

E 바다의 염분은 점점 증가한다 ([8]~[9]).

5.5.3. 논증형 주제 전개 모형

브링커는 논증형 주제 전개를 위하여 영국의 철학자 툴민 (St. Toulmin)이 발전시킨 논증 모형을 이용하였다. 툴민은 논리·의미론적으로 정의된 다음의 여섯 가지 관계 범주들을 이용하여 일반 논증 구조를 서술하였다. 텍스트 생산자는 텍스트 주제를 나타내는 ① 주장 내지 테제를 ② 논거를 통해 증명한다. 인용된 자료가 테제에 대한 논거가 될 수 있다는 것, 다시 말하면 자료 D로부터 결론 C에 이르는 단계가 수행될 수 있다는 것은 ③ 추론 규칙을 통해 정당화된다. 이 추론 규칙은 'D이면 C이다'—더 정확하게 표현한다면 '자료 x, y, z가 주어졌다면 우리는 C임을 가정할 수 있다'—의 형식을 갖는 일반적인 가설 진술이다. 생산자는 추론 규칙이 허용될 수 있는가 하는 문제를 ④ 지원을 통하여 증명한다. 동시에 중요한 것은 관련 논증 영역의 특정한 내용상의 규준을 나타내는 진술이다. 가설의 개연성 (타당성) 정도는 이른바 ⑤ 양상 연산자 (아마, 추측건대)를 가지고 제시할 수 있고 추론 규칙의 효력을 한정시키는 상태를 이른바 ⑥ 예외 조건을 통해 제시할 수 있다. 다음 예문을 검토해 보기로 한다.

(41) '참여' 보장된 개혁으로

[1] 김대중 정권이 출범했다. 해방 이후 처음 이룬 정권 교체라 해서 많은 국민들의 기대가 크다. [2] 그러나 출발부터 총리 인준을 둘러싸고 정치권은 예전과 한 치도 다르지 않은 정치 게임을 시작했다. [3] 위기를 탈출하는 일만 해도 해결해야 할 과제가 산적해 있고, 21세기를 맞는 민족 공동체의 미래를 설계하는 일까지 생각하면, 하루를 아껴 쓰고, 우리 사회 모든 지혜를 모

아도 쉽지 않을 터에 다시 소모적 정치가 재연되는 듯하다. [4] 참으로 답답한 노릇이다. [5] 새 정부가 출범 이전에 제시한 100대 과제뿐만 아니라, 재벌, 정치권, 관료 조직과 언론 등 개혁의 내용과 대상에 대해서는 사회적 합의가 어느 정도 이루어졌다고 할 수 있다. [6] 문제는 이들 개혁의 대상이 오랜 기간 동안 기득권을 누려 오면서 단단한 사회적 동맹을 이루고 있기 때문에 무엇 한 가지 쉽지가 않다는 것이다. [7] 이들 기득권을 둘러싼 사회적 동맹은 부패의 사슬로 얽혀 있을 뿐만 아니라, 정보와 자금을 독점하고 있으며, 관변과 기업 연구소의 전문가 집단이 생산하는 전문 지식의 뒷받침을 받으면서, 어떠한 개혁안에 대해서도 '합리적인 딴죽'을 걸 수 있는 능력과 자원을 가지고 있다. [8] 김영삼 정권의 개혁은 부패의 사슬에 초점을 맞춤으로써 초기에 성과를 거둘 수 있었으나, 이들 기득권 세력의 사회적 동맹은 시장 자율과 민간 주도라는 이름으로 합리적 딴죽을 걸어 개혁을 실종시켰다. [9] 금융 실명제, 재벌 업종 전문화, 정치 개혁이 모두 이런 식으로 좌절된 경험에 비추어 볼 때, 새 정권 담당자들이 진정으로 개혁을 추진하고자 한다면, 이들 사회적 동맹이 가진 권력에 대항할 수 있는 지혜와 힘을 마련해야 한다. [10] 이 점에서 우리는 새 정부가 시민 사회의 참여에 대해 깊이 성찰해 주기를 바란다. (1998. 3. 9. 서울대학교 『대학 신문』에서 뽑음)

툴민이 제안한 논증 모형에 근거하여 위의 논증형 텍스트의 주제 전개 방식을 살펴보기로 한다. 분석을 객관화하기 위해서, 먼저 텍스트의 명제들을 좀 더 간략하게 표현하고 함축적인 진술들을 명시적으로 나타내 보자.

• 테제 (결론):

새 정부는 시민 사회의 참여를 보장해야 한다 (분절문 [10]).

테제는 제목 /표제에서 제시된 바를 좀 더 구체화한 것이라고 할 수 있다.

• 논거들:

(ㄱ) 개혁의 대상들이 오랜 기간 기득권을 누려 오면서 단단한 사회적 동맹을 이루고 있다 ([6]).

(ㄴ) 기득권을 둘러싼 사회적 동맹은 부패의 사슬로 얽혀 있고, 정보와 자금을 독점하고 있다 ([7]).

(ㄷ) 김영삼 정권의 개혁은 기득권 세력의 사회적 동맹의 시장 자율과 민간 주도라는 논리에 의해 실종되었다. 금융 실명제, 재벌 업종 전문화, 정치 개혁이 모두 이런 식으로 좌절된 경험이 있다 ([8], [9]).

(ㄹ) 새 정권 담당자들은 개혁 추진을 위해, 기득권층이 가진 권력에 대항할 수 있어야 한다 ([9]).

위의 논거들은 일정한 연관 관계를 가지고 있다. (ㄱ)과 (ㄴ)은 개혁 대상들이 개혁의 내용과 방법에 대해 저항할 수 있는 충분한 능력을 가지고 있음을 제시하고 (ㄷ)은 현재까지의 개혁을 위한 노력이 개혁 대상들의 저항에 부딪혀 실패했음을 밝히고 있다. 그리고 (ㄹ)에서는 새 정부가 개혁을 추진하기 위해서는 개혁 대상들이 가진 권력에 대항할 수 있는 힘을 가져야 한다고 말하고 있다.

• 추론 규칙 :

새 정권은 시민사회의 참여를 보장할 때 기득권층이 가진 권력에 대항할 수 있다.

추론 규칙은 위와 같이 명확하게 언급되어 있지 않다. 생산자는 새 정권 담당자들이 시민 사회의 참여를 보장한다는 전제 아래에서만 이전과 같은 실패를 반복하지 않을 것으로 전망하고 있다. 추론 규칙을 이런 식으로 형식화함으로써 행위 층위에서는 새 정권 담당자들에 대한 요구가 더욱 돋보이게 된다.

툴민식 규준의 나머지 범주들은 뚜렷이 드러나 있지는 않다. 위의 논증 분석에서는 분절문 [1]부터 [5]까지가 고려되지 않았다. 분절문 [1]부터 [5]에서 생산자는 여·야 간 정권 교체를 이룬 김대중 정부가 출범하였지만 정치권이 보이는 구태의연한 모습을 언급하고 현재의 당면 과제는 개혁을 단행하는 것이며 개혁의 대상에 대해서는 일정한 사회적 합의가 이루어졌음을 보이고 있다. 이 텍스트 단락에서의 주제 전개 형태는 기술형이다. 그러나 분명한 것은 이 텍스트 단락의 명제들이 가설을 더 넓은 우리나라의 현실 문제 해결과 미래의 설계라는 역사적·정치적 관계망에 편입시켜 논평의 동기를 제시하고 있다는 점이다. 이런 삽입식 텍스트 부분들은 정치 논평의 특징을 이루기 때문에, 툴민의 구조를 확장할 범주를 필요로 한다. 이 범주를 브링커는 "자료 삽입항"이라고 하였다. 자료 삽입항은 예시 텍스트에서 논증의 영역을 우리 사회가 이루어야 할 개혁에 한정시킴으로써 논증을 지원하는 역할도 한다.

끝으로 전반적인 논증 구조는 개혁의 본질과 방법에 대한 일정한 견해에 기반해 있다. 현실의 부정적 측면과 개혁이라는 과제를 제시함으로써 생산자가 독자와 공유하고 있다고 생각하는 것으로 보는 논평의 "가치 기반"이 밝혀졌다. 이 가치 기반은 논평에서 직접적으로 표현되는 경우는 드문데, 위의 예시 텍스트에서도 함축적인 모습을 보이고 있다.

지금까지 분석한 논증 구조를 그림으로 나타내면 다음과 같다.

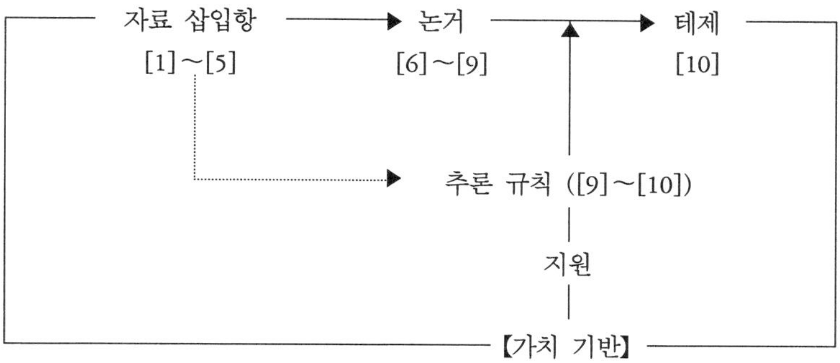

언어적 관점에서 확인될 수 있는 것은 병렬식 문장 접속이 지배적인 기술형 주제 전개 모형과는 달리, 논증형 주제 전개 모형에서는 문장들 간의 종속 접속의 원리가 지배적이라는 점이다. 이때 주문장과 성분 문장을 연결해 주는 주요한 방식은 인과적, 조건적, 결과적, 대조적 방식이다. 이는 문장 간의 논리적 관계를 중시하는 논증형 주제 전개 모형의 유형적 특징이라고 할 수 있다.

내용 보충

5.1. 문제의 제기

이곳에서는 각 텍스트의 구조를 극히 직관적으로 얼개만 언급하였으나 앞으로는 우리나라를 비롯한 동양의 예와 이제의 각종 텍스트를 대상으로 구조 분석이 깊이 있고 체계적으로 이루어져야 한다. 동양은 동양대로 전통 시대로부터 현대에 이르기까지 많은 텍스트를 생산해 왔다. 개별 텍스트는 그 나름의 구조를 지니고 있기 때문에 이를 정밀하게 분석하여 그 성격을 밝히는 작업을 성실하게 수행할 필요가 있다.

우리의 고전 문학 작품 가운데서 시가에 대하여는 구조적 특징이 많이 언급되었으나 소설의 경우는 최근에 와서야 관심을 기울였다. 고대 소설에는 "화설" (話說)과 같은 발어사 (發語詞)와 "차설" (且說)과 같은 화두 전환사 (話頭轉換詞)가 많이 쓰인다. 이런 표현은 중국 송대의 구어체로 된 화본 (話本) 소설로 거슬러 올라가며 문언체 소설에는 이런 표현이 쓰이지 않는 것으로 보고되어 있다. 우리의 고대 소설도 대체로 중국과 병행한다. 『금오신화』, 『구운몽』과 같은 작품은 발어사가 쓰이지 않으며 판소리계 소설에는 '이때'와 같은 고유어 표현이 나타난다. 한・중 두 나라의 소설에 나오는 발어사와 화두 전환사에 대하여는 이명구 (1992)가 있다. 화두 전환사에도 이름이 "각설, 선설, 설표, 익설, 재설, 화표" 등으로 분화되어 있고 어떤 경우에 이들 전환사가 쓰이는가 하는 문제에 대하여 규칙을 세우기가 어렵다는 보고도 있다. 이 문제에 대하여는 『華山仙界錄』의 화두 전환사를 분석한 김진세 (1990)을 보라. 『석보상절』에 나오는 '그쁴' 등에서 시작하여 고대 소설과 판소리계 소설에 나타나는 화두 전환사에 대한 종합적인 연구를 기대해 마지않는다. 『석보상절』과 『월인석보』에 나오는 화두 전환사에 대하여는 고영근 (1990b /2004a: 284-93)을 보라.

5.2. 텍스트의 생성 문제

텍스트의 생성 문제는 이젠베르크의 텍스트 이론을 중심으로 우리말의 텍스트 생성 규칙을 세운 고영근 (1990a), 고영근 (1990b /2004b: 270)에서 가져온 것이 많다. 대명사의 비대용어적인 기능이란 발화 현장에서 쓰이는 대명사의 상황 지시적인 용법을 가리킨다. 제1장의 (8)과 같은 예를 가리킨다 (7쪽). 이젠베르크의 생성 규칙은 명제적 견해를 대변하는 초기의 텍스트 문법의 전개인데 그사이 많은 비판이 있었으나 명제적 견해를 지향하면 이런 방식의 생성 규칙을 세울 수밖에 없다. 텍스트 가운데는 주술 구조로 이루어진, 이른바 문장을 안고 있는 것이 적지 않기 때문에 동태적 견해를 지향한다고 해도 명제적 견해를 아주 무시할 수 없다고 생각한다.

『임꺽정전』에 관련된 사항은 『林巨正』 10 (사계절, 1991)에 실린 임형택의 해설을 보라. 작품의 전반적인 구성에 대하여는 강영주 (1986: 104-44, 122)를 보라. 이를테면 임꺽정의 누이가 들려 준, 개와 고양이가 서로 앙숙이 되기에 이른 유래담이라든가, 도둑 오가가 이야기한 홍합에 관한 외설적인 야담이나, 여편네 맛에 관한 해학담, 그리고 예전 부인들이 아이의 울음을 그치게 하려고 할 때 입에 오르내리던 '곽쥐 온다'라는 말의 유래에 관한 전설이나, 임꺽정 일당이 다르내재를 넘을 때 서림이 들려 준 지명 전설 등이 작품 가운데 안겨 있는 소품들이다. 비슷한 예가 박경리의 『토지』에도 많이 나온다. 제1부 권 3 (삼성출판사, 1973: 188)을 보면 절제 없이 사냥을 하다가 새끼 밴 사슴을 잡고 양심의 가책을 받는다는 이야기가 나온다. 새끼 낳고 있는 노루에게 총을 쏘아 이를 둘러메고 집으로 오는 길에 채마밭에 서 있는 한 마리의 노루를 죽이고 마당에 서 있는 또 한 마리의 노루를 잡고 보니 노루가 아니라 그의 아들과 아내였다는 이야기다. 이는 물론 살생의 절도를 지키지 않은 인과응보의 서사담이겠지만 이런 소품이 있기 때문에 독자의 주의가 산만해지지 않는 것이다. 이런 복선 텍스트가 독자에게 미치는 심리적 문제도 중요한 연구 과제가 될 수 있다.

5.3. 텍스트의 경계 긋기

전병선은, 단락은 그의 이른바 문장군인 텍스트와 공통점이 있는 반면에 차이점도 있기 때문에 독립된 단위의 자격이 있다고 하였다. 그런데 공통점 가운데서 접속 형식을 이용한다는 것은 두 단위의 접속 형식이 같다는 것인지 다르다는 것인지 하는 문제가 전혀 논의되어 있지 않다. 중심 의미를 나타낸다는 점도 그 정도의 차이가 어떠한가 하는 문제가 깊이 있게 논의되어 있지 않다. 차이점 가운데서 새 줄을 잡는 것은 단락을 텍스트와 구별시켜 주는 가장 뚜렷한 형식상의 특징인데 어떠한 문법적인 기준에 따라 새 줄을 잡을 수 있는가 하는 문제 또한 논의되어 있지 않다. 새 줄을 잡는다는 것은 글 쓰는 사람에 의해 마련되는 표기상의 약속인 경우가 많다. 새 줄을 잡을 수 있는 뚜렷한 문법적인 현상을 발굴하는 일이 중요하다. 그러나 단락을 문장의 표현적 특징과 관련시키고 텍스트를 문법적 현상과 관련시킨 것은, 텍스트를 문법의 상위 단위로 삼은 이유가 어느 정도 충분하다고 할 수 있다. 텍스트 경계에 대하여는 박금자 (1997), 고성환 (2003 /2009)에서 현대와 중세의 민족어 텍스트를 중심으로, 고성환 (2002)에서는 중세의 악장인 『월인천강지곡』을 중심으로 깊이 있게 논의되었다.

중세 민족어의 텍스트 경계 긋기는 고영근 (1990b /2004a: 265-311), 고성환 (2003 /2009)를 보라. 통사적 응결 장치가 의미·기능적인 응결 장치와 병행하되 전자가 우선한다는 점이 많은 예를 통하여 실증되어 있다. 곧 두 문장이 접속사 등의 통사적 응결성에 기대어 하나의 텍스트로 엉길 때에는 그에 상응하여 의미·기능적으로 관련이 있는 어휘가 재수용된다. 특히 중세 민족어에는 대명사가 발달되어 있지 않아 같은 말이 되풀이되는 일이 많다. 다음 예를 보면 그 상관관계를 잘 알 수 있다.

> 八萬四千婇女와 臣下ᄃᆞᆯ히 갓ᄃᆞᆯ히 다 모다 夫人 侍衛ᄒᆞᅀᆞᄫᅡ 東山애 가싫 저긔 虛空애 ᄀᆞᄃᆞ기 八部도 조ᄍᆞᄫᅡ 가더라. 그 東山애 열 가짓 祥瑞 나며 (『월인석보』 2, 28장)
>
> [현대 역] 팔만 사천 채녀와 신하들의 아내들이 다 모이어 부인을 시위하여 동산에 가실 때에 허공에 가득하게 팔부도 좇아갔다. 그 동산에 열 가지의 상서가 나며

위의 텍스트는 두 문장으로 구성되어 있는데 앞 문장에서 나온 '東山'이 뒤의 문장에서 '그 東山'이라는 대용어의 형식을 빌려 재수용되고 있다. 고성환 (2009: 127-47)에서는 주어 명사구 생략을 중심으로 텍스트 경계의 설정 문제가 논의되어 있어 참고되는 바가 많다.

문장 가운데는 이어 놓으면 텍스트가 되는 것이 있고 그렇지 않은 것도 있다는 견해는 전병선 (1988, 1990, 2004: 181-98)에서 가져왔다. 전병선은 우리의 텍스트를 "문장군"이라 부르고 "문장"과 "문장군", "문장군"과 "단락"과의 관계를 규정하였다. 우리말을 중심으로 한 전병선의 단위 획정법은 전병선 (1995: 20-8)에서 더 정밀화되어 있다. 이곳에서는 문단 위의 단위로 "단편"을 두고 있는데, 이는 지은이의 문단에 해당한다. 전병선은 문장 이상의 단위들을 "초문장 통일체"라 부르고 "문장군, 문단, 단편"을 두었다. 그러니까 전병선은 초문장 통일체로 불리는 문장군, 단락, 단편의 세 단위를 묶어서 "본문", 곧 텍스트라 부르는 것이다.

이전에 비하여 "본문", 곧 텍스트의 범위가 많이 확대되었다. 특히 전병선은 "장, 절" 등을 "본문"의 범위에서 제외하는 까닭을 접속어, 지시어, 삽입어 등의 문법적 수단이 사용되지 않는다는 점에서 찾고 있다. "절, 장, 편, 전문"은 텍스트 과학의 대상이 아닌 수사학의 대상이라고 하였다. 본문의 범위를 확정한 것은 그런대로 의의가 없지 않으나 절 이상의 단위를 텍스트의 범위에서 제외한 것은 문제가 많아 보인다. 텍스트란 상대적 개념이지, 절대적 개념이 아니라는 것이 지은이의 견해이다. 전병선은 정태적 견해에 기반을 두고 텍스트를 세우고 있다.

문학 작품의 텍스트 수정 작업에 대하여는 앞에서 몇 차례 논의한 바 있다. 텍스트 수정은 지금까지 고전 문학 작품에서 해오던 교감 작업과는 성격을 달리한다. 내용에 근거하여 어휘와 문장은 물론, 구두점에 이르기까지 독자가 읽을 때, 의미 파악에 혼동을 일으키지 않도록 잘못을 파악하여 수정하는 작업을 가리킨다. 이 문제에 대하여는 『월인천강지곡』의 텍스트 수정을 논의한 윤석민 (2003), 고영근 밖에 (2003: 27-9)를 보라.

명제적 견해에 기댄 텍스트의 정의와 그것이 문장 및 단락과 맺는 관계, 그리고 민족어 문법에서 차지하는 위치에 대하여는 고영근 (1993: 43-6)을 보라.

5.4. 텍스트 응결성의 주제적 문제

프라그 학파의 주제부–설명부의 개념은 다네슈 (1970)에 그 전모가 나타나 있고 다네슈 (1983)에서는 간명제적 관계 (interproposionale Relationen), 합성 관계 (Kompositionsrelationen), 동위소 (Isotopierelationen)와 관련하여 텍스트 응집성의 문제를 다루었다. 귈리히 · 라이블레 (1977: 60-89)에 기능적 문장 시점에 관련된 이론이 종합되어 있고 특히 같은 책 89쪽에는 마테지우스, 다네슈, 드레슬러, 할리데이, 베네슈 (E. Beneš), 슈갈 (S. Sgall), 피르바슈 (J. Firbas)의 용어상의 대비표가 마련되어 있어 많은 참고가 된다. 그리고 브링커 (1992) /이성만 (1994: 52-6), 파터 (1994) /이성만 (1995: 87-116)에서는 영어와의 대조 분석도 볼 수 있다. 우리나라에서는 1960년대 후반에 프라그 학파의 이론이 김방한 (1967)에서 소개되고 1980년대에 들어오면서 민족어의 통사 구조에 그 적용 문제가 시도되었다 (채 완 1979, 1986, 유동석 1984). 허금회 (1993)에서는 우리 민족어와 독일어의 테마–레마 구조를 대조 분석의 관점에서 논의하였다. 정유상 (1993: 122-9)에서는 다네슈의 주제부 전개 이론을 소개하고 문제점을 지적하였다. 주제부 전개 이론에 의한 민족어 텍스트의 분석은 오현아 (2010: 80-103)을 통하여 볼 수 있다.

한편 연변 자치주에서는 전병선 (1991, 1995: 52-5)를 통하여 민족어의 주제 전개의 면모를 엿볼 수 있다. 이곳의 논의는 이들 업적을 기초로 하였다.

"Thema"와 "Rhema"는 "주제부"와 "설명부" (브링커 1992 /이성만 역 1994, 이희자 1994) 또는 "주제"와 "진술" (전병선 1995)의 두 번역이 있으나 지은이는 전자가 합당하다고 보고 이를 취하였다.

단순 선형식 전개 유형은, 귈리히 · 라이블레 (1977: 117)에서 언급한 바와 같이, 하르베크 (1968 /1979, 1993)에서 말하는 대용어의 사용에 기댄 텍스트의 형성과 거리가 멀지 않다. 하르베크는

Es war einmal ein König. (옛날 왕이 있었다)

Der hatte drei Töchter. (그에게는 딸이 셋이 있었다)

Die Töchter (sie) hießen... (그 딸들은 ……라고 불렀다)

와 같이 연속되는 세 문장을 중심으로 대용어에 기대어 텍스트가 형성되는 문제를 다루었다. 첫째 문장의 'ein König'는 둘째 문장에서 'der'로 대치되고 둘째 문장의 'drei Töchter'는 셋째 문장에서 'die Töchter'로 대치되었다. 이런 경우, 하르베크는 대치하는 항목을 "대치항" (Substituens), 대치되는 항목을 "피대치항" (Substituendum)이라고 부르고 양자의 관계를 "통합적 대치" (syntagmatische Substitution)라 불렀다. 하르베크의 대치 이론에 대하여는 정유상 (1993: 97-108)을 보라. 주제 일관식 전개 유형도 하르베크의 통합적 대치와 거리가 멀지 않다. 주제부가 불변한다는 점만 특이하고 주제부를 나타내는 말이 모두 대용어로 나타난다. 상위 주제 파생식은 상의어와 하의어의 관계라는 점에서 제5장 (165쪽)에서 말한 의미적 등가성에 의한 응결 장치와 큰 차이가 없다. 설명부 분열식 주제 전개는 수 표시어에 기댄 명사적 연쇄를 이루고 있다는 점에서 형태적 응결성과 거리가 멀지 않다. 주제 비약식 전개 유형은 함축적 재수용 (166쪽)과 같다. 다네슈의 주제 전개 모형이 제4장에서 언급한 텍스트 응결성과 상충되는 점이 없지 않으나 후자가 순전히 텍스트다움을 판정하는 기준으로서 설정된 것임에 대하여 다네슈의 주제 전개 유형은 문자 그대로 텍스트 주제의 전개 과정을 유형화하였다는 점에서 차이가 있다. 주제 일관식 전개 유형은 다네슈 (1972), 파터 (1994) /이성만 (역) (1995), 전병선 (1995)와 브링커 (1992) 사이에 차이가 있다. 전자의 사람들은 첫 문장의 설명부 R_1이 둘째 문장에서 주제부 T_2가 되어 변하지 않는 것으로 설명하

고 있으나 브링커는 둘째 문장의 주제부를 첫째 문장과 같이 T_1으로 설정하였다. 둘째 문장의 주제부가 첫째 문장의 설명부를 받아서 설정되는 만큼 다네슈의 의도대로 T_2로 세우는 것이 옳다고 본다.

다네슈는 주제부와 설명부를 구분할 수 있는 객관적인 기준으로서 "보충 질문법" (Ergänzungsfrage)을 들고 있다.

그는 한 동료로부터 그 책을 받았다—누구로부터 그는 그 책을 받았는가?

앞 문장의 부사어 '동료로부터'는 설명부를, 진술의 나머지는 주제부를 서술하고 있다는 것이다. 그러나 '무엇을 그는 한 동료로부터 받았는가?'라는 질문도 가능한데 이 질문의 '그 책'은 설명부가 된다. 귈리히 · 라이블레 (1977: 83)에서도 지적된 바 있듯이, 경우에 따라서는 주제부와 설명부가 분명하게 드러나지 않는 일이 있고 의미론적 관점과 통보 · 실용적 관점이 뒤섞여 있으며 너무 표층에만 집착하여 있다는 비판도 많다 (정유상 1993: 129).

반 데이크의 거시 구조와 초구조에 대하여는 반 데이크 (1980: 45-9, 128-59) / 정시호 (역) (2001: 73-9, 229-49)를 통하여 자세히 알 수 있다. 반 데이크의 텍스트 과학에 대하여는 정유상 (1993: 130-3), 브링커 (1992) /이성만 (역) (1994: 56-60), 이성만 (1994a), 파터 (1994) /이성만 (역) (1995: 80-7), 김재봉 (1996)을 참고하였다. 반 데이크의 견해는 그사이 많은 비판을 받아 왔다. 특히 귈리히 · 라이블레 (1977: 272)에서 총체적인 비판을 볼 수 있다. 거시 구조 자체의 형식과 유도 과정을 비롯하여 어떤 연산 과정을 밟아 의미론적인 심층 구조로부터 표면 구조로 생성되고 거시 구조에 도달하기 위하여 거시 규칙들이 개별적으로 어떻게 적용되는가 하는 문제가 비판의 논점이었다.

반 데이크는 거시 구조 밖에 초구조 (超構造, Superstruktur)를 도입하고 있다. 초구조라 함은 텍스트의 유형을 표시해 주는 총괄적 구조이다. 이를테면 가택 침입과 같은 특정한 주제를 다루는 서사물이 있다고 할 때, 앞서 말한 총괄적 주제인 거시 구조와는 별도로, 그것은 "서사" (敍事, Erzählung)라고 하는 특정한 텍스트 갈래에 넣을 수 있다. 특정한 서사물의 중심 내용, 곧 주제가 거시 구조라면 초구조는 그 서사물이 속하는 텍스트 형식 내지 유형을 말하는 것이다. 반 데이크는 논증 텍스트에 대하여도 초구조란 말을 사용하고 있고 서사 구조의 부분 구조인 "갈등, 해결"에도 이 말을 사용하고 있다. 분명한 설정 기준을 찾기가 매우 어렵다. 지은이는 텍스트 유형을 따로 세우기 때문에 반 데이크의 초구조는 채택하지 않는다. 이에 대해서는 반 데이크 자신도 태도가 분명치 않았고 더욱이 그사이 비판이 적지 않았다.

니베아 크림의 광고 문안은 니베아 크림이 피부 관리에 좋다는 핵심 주제와, 그것은 결과적으로 우리를 기쁘게 한다는 주변 주제를 담고 있다. 주변 주제를 통하여 특별한 광고 효과를 기대하는 생산자의 책략도 읽을 수 있다. 텍스트 실용적 효과를 기대한다고 하겠다. 예문의 번역과 논의는 브링커 (1992) /이성만 (역) (1994: 65, 69)를 보라.

하나의 텍스트는 그 자체만으로는 자족적 단위가 되지 않는다. 1차적으로는 생산과 수용의 절차가 있고 다음으로는 가공의 단계를 밟는다. 문학 작품의 경우는 비평가에게 평가를 받으며 다음으로는 다른 언어로 번역되는 절차를 밟아 새로운 형태의 인지적 구성체를 만들기도 한다. 논문이나 보고서는 본 텍스트 (Haupttext) 밖에 여러 가지 복선 텍스트 (plurilineale Text) 내지 기생 텍스트 (Paratext)가 붙는다. 우리 민족어로는 “가지 텍스트” 내지 “덤 텍스트”로 부르는 것이 좋겠다는 생각도 든다. 이들은 텍스트의 분지 (分枝)이기 때문이다 (하르베크 1993, 고영근 1994b). 논문 첫머리에 영문 등 다른 언어로 된 요약 텍스트가 붙고 끝에는 참고문헌이 붙는다. 만약 그 논문이 창의성을 띠고 있으면 다른 사람의 논문에 인용되며 다른 나라 말로 번역되기도 한다. 이런 점은 간텍스트성의 관점에서 해석할 수 있다. 보고서를 단행본의 형태로 출판하려고 하면 지은이는 서문이나 발문 (跋文)을 쓰기도 하고 헌사 (獻詞)를 붙이기도 한다. 또 후기 (後記)를 붙여 보충 설명을 붙일 수도 있다. 다음에는 지은이와 출판 책임자 사이에 일정한 조건에 따른 계약이 성립되어야 한다. 도안사의 손을 거쳐 책이 하나의 상품으로 제 모습을 갖추면 유통 기구를 통하여 시판 (市販)되기도 하고 신문이나 홍보 기관을 통하여 관련 독자들에게 알려지기도 한다. 그리고 얼마의 시간이 지나면 서평이나 서평 논문을 통하여 평가를 받는다. 이런 점 또한 간텍스트성의 관점에서 해석할 수 있다. 이렇게 하나의 텍스트가 자족성을 띠어 하나의 텍스트 공동체 (Textgemeinschaft)를 이루려면 기생 텍스트가 덧붙음은 물론이고 갖가지 절차의 가공 (Verarbeitung) 단계와 간텍스트적 절차를 밟게 된다. 이 방면의 정보는 박여성 (1997a)에서 얻을 수 있다.

5.5. 주제 전개의 기본 모형

주제 전개의 기본 모형에 대하여는 브링커 (1992) /이성만 (역) (1944: 71-96)을 주로 참고하였고 백설자 (1993, 1994), 이성만 (1992b, 1996b, 1997)에서도 유익한 정보를 얻을 수 있다. 그리고 이곳에 분석된 우리의 텍스트 자료의 수집과 분석에는 서울대학교 대학원 국문과 송원용, 최형용, 박재연 등 세 사람이 협조하였고 분석 결과에 대한 교열은 서울대학교 철학과 김영정 교수의 도움말이 있었다.

연습 및 토론 과제

1. 자신이 읽은 장편 및 대하 소설에서 기생 텍스트를 골라 그것이 본 텍스트와 어떤 관계를 맺고 있는가를 생각해 보라. 홍명희의 『임꺽정전』, 박경리의 『土地』, 최명희의 『혼불』에 기생 텍스트가 많다.

2. 홑문장으로 나열된 텍스트를 겹문장으로 잇거나 겹문장으로 구성된 텍스트를 홑문장으로 분해할 때 어떤 문제가 일어나는지 검토해 보고 문장의 상위 단위로서의 텍스트, 단락, 문단을 과연 세울 필요가 있는지 검토해 보라.

3. 다음은 본문의 (9)에서 든 이효석의 「산」에 이어지는 부분이다. 이를 문장, 텍스트, 단락, 문단으로 나누어 보고 원전의 문단 구분에 어떤 문제점이 있는지 텍스트 수정을 가하라. 텍스트 수정에 대하여는 윤석민 (2003)을 보라.

낙엽 속에 파묻혀 앉아 깨금을 알뜰히 바수는 중실은 이제 새삼스럽게 그 향기를 생각하고 나무를 살피고 하늘을 바라보는 것이 아니었다. 그런 것은 한데 합쳐서 몸에 함빡 젖어 들어 전신을 가지고 모르는 결에 그것을 느낄 뿐이었다. 산과 몸이 빈틈없이 한데 얼린 것이다.

눈에는 어느 결엔지 푸른 하늘이 물들었고 피부에는 산 냄새가 배었다. 바심할 때의 짚북더기보다도 부드러운 나뭇잎—여러 자 깊이로 쌓이고 쌓인 깨금잎, 가랑잎, 떡깔잎의 부드러운 보료—속에 목을 파묻고 있으면 몸뚱어리가 마치 땅에서 솟아난 한 포기의 나무와도 같은 느낌이다. 소나무,

참나무 총중의 한 대의 나무다. 두 발은 뿌리요, 두 팔은 가지다. 살을 베이면 피 대신에 나무 진이 흐를 듯하다. 잠자코 섰는 나무들의 주고받는 은근한 말을, 나뭇가지의 고개짓하는 뜻을, 나뭇잎의 소곤거리는 속심을, 총중의 한 포기로서 넉넉히 짐작할 수 있다. 해가 쪼일 때에 즐겨하고 바람불 때 농탕치고 날 흐릴 때 얼굴을 찡그리는 나무들의 풍속과 비밀을 역력히 번역해 낼 수 있다. 몸은 한 포기 나무다.

별안간 부드득 솟아오르는 힘을 느끼고 중실은 벌떡 뛰어 일어났다. 쭉 펴는 네 활개에 힘이 뻗혀 금시에 그대로 하늘에라도 오를 듯싶다. 넘치는 힘을 보낼 곳 없어 할 수 없이 입을 크게 벌리고 하늘이 울려라 땅에서 솟는 산정기의 힘찬 단순한 목소리다.

산이 대답하고 나뭇가지가 고개짓한다. 또 하나 그 소리에 대답한 것은 맞은편 산허리에서 불시에 푸드득 날아 뜨는 한 자웅의 꿩이었다. 살찐 까투리의 꽁지를 물고 나는 장끼의 오색 날개가 맑은 하늘에 찬란하게 빛났다.

살찐 꿩을 보고 중실은 문득 배가 허출함을 깨달았다. 아래편 골짜기 개울 옆에 간직하여 둔 노루 고기와 가랑잎에 싸 둔 개꿀이 있음을 생각하고 다시 낫을 집어 들었다. 첫잠 때까지에는 한 짐을 채워 놓아야 파장되기 전에 읍내에 다다르겠고 팔아 가지고는 어둡기 전에 다시 산으로 돌아와야 할 것이다. 한참 쉬인 뒤라 팔에는 기운이 남았다. 버스럭거리는 나뭇잎 소리가 품 안에 요란하고 맑은 기운이 몸을 한바탕 멱 감긴 것 같다. 산은 마을보다 몇 갑절 살기 좋은가. 산에 들어오기를 잘 했다고 중실은 생각하였다.

4. 본문 (12)에서 든 최승범의 『전주 비빔밥』을 프라그 학파의 주제 전개 모형에 따라 분석해 보라.

5. 다음은 『용비어천가』 제67장이다. 같이 보인 배경 설화를 읽고 어떤 거시 규칙에 기대어 한 편의 노래로 응축되었는지 분석해 보라.

ᄀᆞᄅᆞᇝ ᄀᆞᅀᅢ 자거늘 밀므리 사ᄋᆞ리로ᄃᆡ 나거ᅀᅡ ᄌᆞᄆᆞ니이다
셤 안해 자싫 제 한비 사ᄋᆞ리로ᄃᆡ 뷔어ᅀᅡ ᄌᆞᄆᆞ니이다
[현대 역] 강가 모래에서 자는데 사흘 동안 조수가 없더니 그 나간 다음에야 비로소 모래가 잠기니

섬에서 자는데 큰비가 사흘을 내리더니 그 비운 다음에야 비로소 섬이 잠기니

[배경 설화] 원 (元) 나라 중서우승상 (中書右丞相) 백안 (伯顔)이 송 (宋)나라를 치려고 전단강 (錢塘江) 가에 주둔하니 항인 (杭人: 항주 사람)이 바야흐로 다행히 생각하였는데 조수가 3일 동안 이르지 않다가 군사가 떠난 뒤에야 그곳이 물에 잠기었다.

이성계가 위화도 (威化島)에 진군함에 장맛비가 수일이나 내렸으나 물이 붙어나지 않다가 회군함에 온 섬이 물에 잠기었다. (허 웅 1955, 이윤석 1993, 김성칠 · 김기협 1997, 윤석민 · 유승섭 · 권면주 2006ab, 조규태 2007 등 참조)

6. 반 데이크의 서사 텍스트의 분석 모형에 따라 김동리의 『무녀도』를 분석해 보라. 개작인 『을화』와의 비교도 곁들이라.

7. 실용 텍스트를 모아 이를 기술형, 설명형, 논증형으로 유형화한 다음, 본문에서 보인 틀에 따라 분석하되 반드시 언어적 특징을 지적하라. 텍스트 종류에 따른 언어적 특징은 강범모 (1999)를 보라. 지은이의 교수 경험에 기대면 '버섯전골'의 조리 과정을 설명한 광고 문안을 중심으로 기술형 주제 전개 모형을 세우는 일도 있었고 대법원 판결문을 중심으로 논증형 주제 전개 모형을 추구하는 일도 있었다. '열대 지역에서도 낙엽은 지는가'라는 신문 과학 면의 기사를 대상으로 설명형 논증 모형을 세우는 사람도 있었다.

연구 과제

1. 텍스트의 경계 긋기는 단순치 않다. 짤막한 단편을 택하여 문장, 텍스트, 단락, 문단을 구분해 볼 수 있다. 이런 문제가 풀리면 고대 소설이나 『석보상절』, 조선 시대의 가사 작품, 판소리 등을 대상으로 확대적인 응용을 할 수 있다. 이러는 과정에서 제기되는 텍스트의 위상 문제를 논의해 보라.

2. “내용 보충”에 소개한 논저들을 참조하여 주제부와 설명부에 얽힌 여러 이론의 문제점을 검토해 보라.

3. 하나의 텍스트가 성립되는 과정을 구상에서부터 시작하여 집필, 수정, 원고 완성, 출판 회부, 교정, 장정, 인쇄, 시판, 신간 소개, 서평, 독자들의 반응에 이르기까지 두루 검토해 보고 어떤 조건을 갖춘 텍스트가 가장 텍스트다움을 지니는가 하는 문제를 생각해 보라.

4. 이 책에서는 주제 전개 모형으로 브링커의 것을 택하였다. 브링커의 모형에 어떤 문제점이 있는가를 살피고 기타 논리학 관련 논저를 참고하여 합리적인 분석 모형을 추구해 보라.

제6장 텍스트의 기능과 텍스트 유형

6.1. 문제의 제기

지은이는 앞에서 텍스트를 보는 관점에는 명제적 견해와 동태적 견해가 대립되어 있으나, 두 견해는 배타적이라기보다는 보완할 수 있다는 태도를 밝힌 바 있다 (8쪽). 그리하여 지은이는 제5장에서 먼저 명제적 관점에서 텍스트의 생성 문제를 비롯하여 텍스트의 경계를 세우는 문제와 텍스트의 구조를 분석하는 문제를 다루어 보았다. 이곳에서는 동태적 관점에서 텍스트의 기능을 처리하는 문제를 논의해 보고자 한다. 동태적 관점을 취하게 되면 한 권의 책은 그대로, 한 장의 문서는 그대로, 한 편의 문학 작품 (연극, 영화 포함)은 그대로, 한 편의 논설이나 논문은 그대로, 하나의 교통 표지는 그대로, 한 마디의 말은 그대로, 한 구절의 속담은 또한 그대로 각각 모두 완결된 텍스트가 될 수 있기 때문에 그 기능을 자세히 살펴 이를 유형화하는 문제를 건드리지 않을 수 없다. 사실 텍스트 과학은 텍스트다움을 결정짓는 조건을 따지고 이를 기초로 하여 그 구조를 분석하고 궁극적으로는 이를 유형화하는 것을 목표로 삼는다.

사실 우리 민족이 만들어 낸 텍스트는 수천 종류를 헤아릴 수 있으나 문학 작품을 제외하고는 그 유형화가 올바로 정립된 일이 없다. 작문 교과서나 문장 강화류를 보아도 일제 시대부터 적용되어 오던, 판에 박은 듯한 "일기, 서간문, 감상문, 서정문" 등의 테두리를 벗어나지 못하고 있다. 더욱이 전통 시대의 문장 종류도 "논변 (論辯)류, 주의 (奏議)류, 조령 (詔令)류, 서발 (序跋)류" 등과 같이 투식에 얽매어 있으며 우리 민족의 법적 문제와 외교 문제를 처리할 때 공용되던 이두문 (吏讀文)과 이문 (吏文)은 이 이 (李珥)의 이른바 "선명" (善鳴) (98쪽)의 테두리에 들어오지 않는다고 하여 문장의 분류에서 완전히 제외되어 있었다. 북한은 지난 50여 년 동안 사회주의 체제를 유지해 온 탓으로 남한과는 다른 텍스트를 적지 않게 생산하여 왔다. 연변 자치주 역시 비슷한 상황에 놓여 있다.

텍스트 과학은 1970년대 이후, 실용론의 강한 바람을 쐬면서 그 기능적 측면에 대한 연구가 적지 않은 성과를 거두어 왔다. 텍스트 기능에 대한 나라 밖의 움직임과 흐름을 둘러 본 바탕 위에서 텍스트를 유형화하는 문제를 살펴보고 이를 바탕으로 우리나라를 비롯한 동양의 텍스트를 텍스트 과학의 관점에서 어떻게 처리할 것인가 하는 문제를 제기해 보고자 한다.

6.2. 화행 이론과 텍스트의 기본 기능

일반적으로 "기능"이라고 하면 어떤 총체 안에서 인물이나 기관 (氣管)이나 대상이 갖는 임무를 가리킨다. 이를테면 심장 (心臟), 갑상선 (甲狀腺), 시장 (市長), 소설의 등장 인물의 기능에 대하여 이야기하는 것과 같다. 다소 전문성을 띤 "텍스트 기능"이라는 말도 비슷한 의미로 사용할 수 있다. 텍스트는 하나 또는 그 이상의 통보 기능을 표시할 수 있다. 이를테면 요리법은 제보 기능과 함께 호소 기능을 갖기도 하지만 지배적 기능은 호소 기능이다. 요리법은 음식 요리에 대한 생산자의 안내 행위로 볼 수 있기 때문이다. 텍스트가 지니고 있는 지배적 통보 기능을 "텍스트 기능"이라고 한다.

텍스트 기능을 정밀하게 파악하려면 화행론 (speech act theory)에 대한 지식이 필요하다. "화행" (話行)이란 텍스트 내지 발화가 가지고 있는 여러 가지 행위의 측면을 뜻한다. 다음과 같은 텍스트가 있다고 생각해 보자.

(1) 가. 나는 너에게 빨리 집으로 돌아가라고 명령한다.
나. 창문이 열려 있다.

(1)의 두 예는 화자가 청자에게 단순하게 말하였다면 특별한 의미를 지니지 않는다. 이런 말의 행위를 "발화 행위" (locutionary act)라고 한다. 곧 단순한 진술 (陳述, statement)의 평서문에 지나지 않는다. 그런데 (1가)는 이 말을 함으로써 명령이라는 행위가 성립된다. 발화에 수반하여 "시킴" (command)이라는 행위가 일어난다는 점에서 "발화 수반 행위" (發話隨伴行爲, illocutionary act: 줄여서 話隨行爲, 더러 언표 내적 행위)라고 한다. 이에 대하여 (나)가 겨울날 난방 장치가 되어 있지 않은 추운 강의실에서 강의를 하고 있는데 창문이 열려 있는 것을 보고 교사가 학생에게 한 말이라면 학생은 이를 "시킴"의 뜻으로 받아들인다. 화자의 발화가 상대방의 행위에 어떤 효력을 행사한다는 점에서 "발화 효과 행위" (發話效果行爲, perlocutionary act: 줄여서 話效行爲)라 부른다. 이 가운데서 텍스트의 기능과 직접 관련을 맺고 있는 것은 발화 수반 행위이다. 발화 수반 행위를 통하여 우리는 텍스트의 기본 기능을 정립할 수 있다.

텍스트의 기본 기능에 대하여는 20세기 전반기에 언어 심리학을 체계화한 뷜러 (K. Bühler)의 3분법, 곧 서술 기능 (Darstellungsfunktion), 표현 기능 (Ausdruckfunktion), 호소 기능 (Appellfunktion)을 바탕으로 삼아 많은 견해가 나왔으나 브링커는 현재 많이 수용되고 있는 설 (J. R. Searle)

의 분류안을 다소 변형하여 텍스트의 기본 기능을 다음과 같이 세웠다.

(2) 텍스트의 기본 기능 (브링커)
 가. 제보 기능 (Informationsfunktion)
 나. 호소 기능 (Appellfunktion)
 다. 책무 기능 (Obligationsfunktion)
 라. 접촉 기능 (Kontaktfunktion)
 마. 선언 기능 (Deklarationsfunktion)

(2)의 브링커의 분류는 간(間)인간적 관계 (interpersonale Beziehung)의 통보·기능적 측면을 고려하여 설의 미비점을 극복하였다는 점에서 긍정적 측면이 없지 않다.

(2가)의 제보 기능은 생산자가 수용자에게 정보를 전달하는 것을 임무로 삼는다. 그 기능은 다음과 같은 바꿔 쓰기를 통하여 분명히 나타낼 수 있다.

(2가′) 나 (생산자)는 너 (수용자)에게 사태 X (텍스트 내용)에 관하여 제보한다.

제보 기능은 직접적으로는 "알리다, 제보하다, 전달하다, 보고하다, 통고하다, 가르치다"와 같은 동사를 통하여 표시될 수 있다. 이런 경우 생산자는 '당국의 보도에 기대면'과 같이 출처를 밝히거나 '분명히, 틀림없이, 추측건대, 아마도'와 같은 양태 부사를 삽입하여 지식의 신뢰도를 높일 수 있다. 경우에 따라서는 추천서와 같이 자신의 평가 기준을 명시하는 표현도 사용할 수 있다.

관련 예문을 들어 보면 다음과 같다 (브링커 1992 /이성만 역 1994: 125).

(2가″-1) 미국 정부는 천연 가스관 수출 금지에 관한 유럽 동맹국과의 대결에서 양보할 가능성이 있음을 분명히 시사하고 있다.

(2가″-2) 언어적으로 기교적인 산문체를 이 (조잡하게 편집된) 책은 보여 주지 못하고 있다. 하지만 이것은 우리에게는 거의 알려지지 않은 대륙에 관한 두서너 가지의 정보를 제공하고 있다.

첫째 예문은 '분명히'와 같은 양태 부사를 사용하여 생산자가 지니고 있는 정보의 신뢰도를 높이고 있으며, 둘째 예문에서는 부정적인 면과 긍정적인 면을 동시에 드러내고 있다.

제보 기능은 뉴스 보도, 안내문, 진단서, 신간 소개, 교통 주의 /교통 지시 표지, 상호 (商號), 기관명 등의 텍스트에서 지배적으로 확인된다. 민족어에서는 해라체의 평서문으로 표시되는 것이 보통이며 상황에 따라서는 '함'과 같은 명사형이 사용되는 일이 많고 상호나 기관명은 '종로 약국, 미금 초등학교'와 같이 명사 연결체가 사용된다. 교통 주의 표지에는 그림과 함께 언어가 동반된다. 이런 경우, 언어는 그림을 번역한 것이다. 이를테면 '철길 건널목'임을 알리는 표지는 아래쪽에 연기를 뿜고 달리는 기차를 그려 놓고 위쪽에 '철길 건널목'이라고 적는다.

(2나)의 호소 기능은 생산자가 수용자에게 어떤 사실에 대하여 일정한 관점을 받아들이도록 하거나 아니면 일정한 행위를 수행하도록 움직이는 것을 임무로 삼는다. 이를 바꿔 쓰기로 표시하면 다음과 같다.

(2나′) 나 (생산자)는 너 (수용자)에게 입장 (의견) X를 떠맡고 /거나 아니면 행위 X를 수행할 것을 요구한다.

관련 예문을 들면 다음과 같다 (브링커 1992 /이성만 1994: 130).

(2나″) 이러한 중간 단계에서 보면 실제로 그들의 생존에 위협을 받

은 농부들을 위한 신용 보조는 가장 현명한 해결책이다. 왜냐하면 여기서도 "먼저 주는 사람은 곱으로 준다"라는 격언이 적용되기 때문이다.

위의 글은 신문 논평인데 이를 바꿔 쓰기 형태로 고쳐 적으면 다음과 같다.

(2나‴) 나 (필자)는 당신 (정치적인 책임을 진 사람)에게 X가 가장 합리적인 해결책임을 납득시키고 싶으며 "먼저 주는 사람은 곱으로 준다"라는 격언을 지시함으로써 신용 보조가 효력을 발생할 수 있도록 해 줄 것을 요구한다.

호소 기능은 상품 광고, 요리법, (공구) 조작법, 표어, 교통 규제 표지와 같은 텍스트에서 지배적으로 나타난다. 호소 기능은 '요구하다, 지시하다, 명령하다, 조언하다, 추천하다, 질문하다, 신청하다, 청구하다, 주문하다' 등의 동사를 통하여 표시할 수 있다. 우리말에서는 명령형이나 청유형으로 표시되는 것이 보통이며 그것도 존비법에 따라 '하라, 해라, 하시오, 하십시오; 하자, 하세, 합시다' 등 여러 가지가 사용된다. 경우에 따라서는 의문형도 사용된다. 정중하게 표현할 필요가 있을 때에는 '하기를 바랍니다'와 같은 해라체의 평서문도 많이 쓰인다. 교통 규제 표지에서는 그림과 함께 위쪽에 '금지, 제한, 양보, 정지, 서행'과 동사성 명사를 붙인다.

(2다)의 책무 기능은 생산자가 수용자에게 자기가 일정한 행위를 수행할 의무가 있음을 알려 주는 것을 임무로 삼는다. 이를 바꿔 쓰기로 표시하면 다음과 같다.

(2다′) 나 (생산자)는 너 (수용자)에게 행위 X를 행할 의무가 있다.

관련 예문을 들면 다음과 같다 (브링커 1992 /이성만 역 1994: 142).

(2다″) 이 계약과 그 이행 (履行)에 따르는 비용 전체를 구매자가 혼자 부담한다. 그러나 구매자가 떠맡지 않은 기존 부담의 청산 비용은 판매자가 부담한다.

이를 바꿔 쓰기의 형태로 고쳐 쓰면 다음과 같다.

(2다‴) 우리 (서명자로서의 구매자와 판매자)는 이로써 구매자가 X를 행할 의무가 있으며 판매자는 Y를 행할 의무가 있음을 합의한다.

책무 기능은 혼인 서약서, 선서문, 맹세문, 품질 보증서, 계약서 등의 텍스트에 특징적이다. 책무 기능은 '약속하다, 의무가 있다, 맹세하다, 서약하다, 떠맡다, 동의하다, 찬성하다, 보증하다, 내기하다, 제공하다' 등의 동사나 동사구를 통하여 표시할 수 있다. 이런 경우, 상황에 따라 합쇼체나 해라체를 쓸 수도 있고 '함'과 같은 명사형을 사용할 수도 있다.

(2라)의 접촉 기능은 생산자가 문제 삼고 있는 것이 개인적인 관계(특히 개인적인 접촉을 만들고 유지하는 일)임을 수용자에게 이해시키는 것을 임무로 삼는다. 관련 예문을 들면 다음과 같다.

(2라′) 저희 아이들의 혼인을 맞아 여러 가지로 후의를 베풀어 주시어 이에 충심으로 고마운 인사를 드립니다.

접촉 기능은 '감사하다, 고마운 인사를 드리다, 사과하다, 축하하다, 환영하다, 조의를 표하다'와 같은 동사나 동사구를 통하여 표현된다. 접촉 기능은 참여 텍스트 (Partizipationstext)에 지배적으로 나타나는데 사실은 생산자가 수신자와 교감하고 있는 것이다.

(2마)의 선언 기능은 생산자가 수용자에게 해당 텍스트가 새로운 현실(Realität)을 창조함을, 다시 말하면 그 텍스트의 성공적인 발화가 어떤 일정한 사실을 도입하고 있다는 사실을 이해시키는 것을 임무로 삼는다. 이러한 선언 기능은 다음과 같이 바꿔 쓰기를 통해서 더 구체화된다.

(2마′) 나 (생산자)는 이로써 X가 Y로 간주될 수 있도록 한다.

선언 기능을 기본으로 하는 텍스트에는 헌장, 담화문, 결의문, 성혼 선언문, 임명장, 위촉장, 유언장, 판결문, 각종 증명서를 들 수 있다. 관련 텍스트를 들면 다음과 같다.

(2마″) (직급) 교수 (성명) 홍길동
부교수에 임함
1994. 3. 1
대통령

위의 텍스트를 바꿔 쓰면 다음과 같다.

(2마‴) 나 (대통령)는 X (홍길동)가 1994년 3월 1일부터 Y (부교수)로 간주되도록 한다.

선언 기능도 제보 기능과 같이 평서문으로 성립되는 것이 보통이다. 동사는 '선언하다, 공포하다, 발표하다, 다짐하다, 약속하다' 등이 사용된다.

이상과 같이 브링커는 텍스트의 기능으로 다섯 가지를 세우고 있으나 지은이는 문학 작품도 텍스트의 테두리에 넣은 이상 (제3장), 그에 대한 배려를 소홀히 할 수 없다. 지은이는 위의 다섯 가지 외에 텍스트의 감동 기능을 더하기로 한다.

텍스트의 감동 기능은 생산자인 작자가 수용자인 독자에게 사태를 언어로 형상화하여 표현함으로써 나타난다. 그 기능을 바꿔 쓰기로 표현하면 다음과 같다.

(2′) 나 (생산자 /작자)는 사태 X를 언어로 형상화하여 너 (독자 /감상자)를 감동시킨다.

물론 작품 텍스트도 종류에 따라 그 구성이 단순치 않다. 특히 소설과 희곡은 그 내면을 들여다보면 일상 발화를 비롯하여 각종 텍스트가 혼입되어 있고 그 기능도 각양각색이어서 앞서 말한 텍스트의 다섯 가지 기능이 두루 파악된다. 그러나 "문서 텍스트"인 실용 텍스트와는 달리 특히 응결성에서는 비유 등 고도의 상징 수법이 동원된다. 이것이 다른 텍스트와 구별되는 작품 텍스트의 특징이다. 지은이는 브링커의 텍스트의 다섯 가지 기본 기능에 감동 기능을 더하여 다음의 여섯 가지를 두는 바이다.

(3) 텍스트의 여섯 가지 기능
제보 기능 /호소 기능 /책무 기능 /접촉 기능 /선언 기능 /감동 기능

우리는 제5장에서 텍스트의 구조를 살펴보았고 이곳에서는 텍스트의 기능을 검토하였다. 텍스트의 구조와 기능은 상보적이라는 점을 밝히면서 양자를 조화시키는 것만이 텍스트의 정체를 분명히 파악할 수 있다고 하였다. 이런 사실은 실제 텍스트 분석을 통해서 분명해진다.

다음은 〈국민 교육 헌장〉이다. "헌장"이라 함은 국가가 관여하여 이상 (理想)으로 정한 원칙이다. 따라서 선언 기능이 강하게 파악된다.

(4) 가. [1] 우리는 민족 중흥의 역사적 사명을 띠고 이 땅에 태어났다. [2] 조상의 빛난 얼을 오늘에 되살려, 안으로 자주 독립의 자세를 확립하고, 밖으로 인류 공영에 이바지할 때다. [3] 이에, 우리의 나아갈 바를 밝혀 교육의 지표로 삼는다.

나. [4] 성실한 마음과 튼튼한 몸으로, 학문과 기술을 배우고 익히며, 타고난 저마다의 소질을 계발하고, 우리의 처지를 약진의 발판으로 삼아, 창조의 힘과 개척의 정신을 기른다. [5] 공익과 질서를 앞세우며 능률과 실질을 숭상하고, 경애와 신의에 뿌리박은 상부상조의 전통을 이어받아, 명랑하고 따뜻한 협동 정신을 북돋운다. [6] 우리의 창의와 협력을 바탕으로 나라가 발전하며, 나라의 융성이 나의 발전의 근본임을 깨달아, 자유와 권리에 따르는 책임과 의무를 다하며, 스스로 국가 건설에 참여하고 봉사하는 국민정신을 드높인다.

다. [7] 반공 민주 정신에 투철한 애국 애족이 우리의 삶의 길이며, 자유세계의 이상을 실현하는 기반이다. [8] 길이 후손에 물려줄 영광된 통일 조국의 앞날을 내다보며, 신념과 긍지를 지닌 근면한 국민으로서, 민족의 슬기를 모아 줄기찬 노력으로, 새 역사를 창조하자.

본문의 분단에 따라 초장, 중장, 종장의 세 단락으로 나누되 온점을 기준으로 하여 다시 여덟 개의 분절문으로 나누었다. 초장인 (4가)에서는 우리 국민의 높은 긍지와 그에 따른 투철한 사명 의식을 밝혔다. 중장인 (4나)에서는 국민 교육이 나아가야 할 방향을 구체적으로 밝혔다. 종장인 (4다)에서는 반공 민주 정신에 투철한 애국 애족으로 새로운 역사를 창조할 것을 다짐하였다. 이 세 가지 내용이 이 헌장의 대표적 응집성이라고 하겠다. 〈국민 교육 헌장〉은 1968년 12월 5일에 선포되어 오랫동안 우리 국민 교육의 지표로 삼은 적이 있다.

종장이 '…… 새 역사를 창조하자'와 같이 청유문으로 끝나 있음을 보면 이 텍스트에 호소 기능을 줄 수 있으나 제목에 밝혀진 바와 같이 국가가 관여하여 마련한 "헌장"이라는 점에서 선언 기능을 주는 것이 나아 보인다. 이러한 기능에 보조를 같이하여 응결성의 측면에서도 상응하는 구조를 보여 주는지 검토해 보기로 한다.

분절문 [1]의 명사구 '민족 중흥의 역사적 사명'은 분절문 [2]에서 '조상의 빛난 얼, 자주 독립의 자세, 인류 공영' 등의 명사구와 이어져 명사적 연쇄를 이루고 있다. 위의 세 명사구는 [1]의 명사구 '민족 중흥의 역사적 사명'으로 수렴될 수 있는 기능적 하위어로 볼 수 있다. [3]의 명사구 '교육의 지표'는 [2]의 명사구를 상위에서 수렴하였다는 점에서 또한 명사적 연쇄를 이루었다. 이러한 명사적 연쇄가 (4가)의 응집성을 뒷받침하고 있다. 분절문 [3] 앞에 접속사적인 '이에'를 넣음으로써 분절문 [2]와의 응결성이 한층 더 단단해졌다.

[4]에 나타나는 '성실한 마음, 튼튼한 몸, 학문과 기술, 창조의 힘과 개척의 정신, 약진의 발판'은 [3]의 명사구 '교육의 지표'에 수렴되는 또 다른 기능적 하의어라는 점에서 명사적 연쇄를 이루고 있다. 이런 명사구들이 모여 '개인 윤리의 확립'이라는 응집성을 뒷받침하고 있다. [5]의 '공익과 질서, 능률과 실질, 경애와 신의'는 의미를 조금씩 달리하는 유의어로서 서로 엉겨 있으며, '상부상조, 협동 정신' 역시 유의어로서 엉겨 있다. 이런 명사구들이 명사적 연쇄를 이루어 '사회 윤리의 확립'이라고 하는 응집성을 뒷받침한다. [6]에서는 [4], [5]와 명사적 연쇄를 이루는 것이 많다. '창의'는 [4]의 '창조의 힘'과 '협력'은 [5]의 '협동 정신'과 또한 사슬을 이루고 있다. [6]의 '우리'는 '나'의 기능적 상의어이고 '나라'는 '국가'와 유의어로서 서로 명사적 연쇄를 이루고 있다. '발전'과 '융성', '책임'과 '의무'는 각각 유의적 관계를 맺고 있어 응결 구조가 더 단단해졌다. 이러한 응결 장치가 모여 [나]의 '국민 윤리의 확립'이라는 응집성을 뒷받침하고 있다. 한편 [나]의 세 분절문의 종결 서술어는

'기른다, 북돋운다, 드높인다'와 같은 유의적 표현이 동사적 연쇄를 이루어 응결성을 형성하고 있다.

[7]에서는 '반공 민주 정신, 애국 애족, 삶의 길, 자유세계의 이상, 기반'과 같은 명사구로써 우리 민족의 삶의 길이 반공 민주 정신으로 무장된 애국 애족이라는 응집성을 뒷받침하고 있다. 이 가운데서 '삶의 길'은 '민족 중흥, 나아갈 바, 교육의 지표'와 유의적 관계를 이루고 있다. [7]은 [2]의 '자주 독립, 인류 공영'과 내용상으로 응집성을 이루고 있다. [8]에서는 '후손, 통일 조국, 앞날, 신념과 긍지, 국민, 민족, 슬기, 노력, 새 역사' 등의 명사적 표현이 나온다. 이 가운데서 '통일 조국'은 [6]의 '나라, 국가'와 유의적 관계를 이루고 있다. '국민, 민족'은 [1], [3], [4], [6]의 '우리'와 기능적 등가성을 이루고 있다. '신념'과 '긍지'는 유의적인 관계로써 엉겨 있으며 '새 역사'는 [3]의 '나아갈 바, 교육의 지표'의 기능적 상위어가 되어 있다.

분절문 [8]의 끝이 '새 역사를 창조하자'와 같이 청유문으로 되어 있는 것은 헌장의 기능에 비추어 볼 때 그렇게 어울리지 않는다. 앞의 모든 분절문과 같이 평서문으로 맺는 것이 좋아 보인다. 텍스트 수정이 가해질 필요가 있다. 청유문을 사용한 것은 텍스트 생산자가 자라나는 2세들에게 새 역사 창조의 당위성을 일깨워 주기 위한 배려에서 우러나온 것이지만 전체의 문체법 (문장 종결법)과 균형이 맞지 않다.

이 텍스트의 흠을 지적한다면 반점을 지나치게 많이 사용하고 있다는 점이다. 민족어는 연결 어미가 다양하게 발달되어 있어 어미 자체가 인도·유럽어의 반점의 역할을 대신한다. 의미적 모호성을 불러일으키는 경우가 아니면 반점을 자제하여야 한다.

분절문 [2]에서는 '되살려' 다음에만 반점을 치고 '확립하고' 다음에는 빼어야 한다. 의미적으로 볼 때, '되살려'까지가 종속절이 되어 이하의 두 대등절을 수식하기 때문이다. [3]의 '이에' 다음에도 반점을 빼어야 한다. '이에'는 앞 분절문의 내용을 뒤의 분절문에 이어 주는 접속사의 역할을 하는데 이런 경우에는 굳이 반점을 칠 필요가 없다. [4]는 구성이 복잡하여 의미 파악이 쉽지 않다. '성실한 마음과 튼튼한 몸으로'가 어디에 걸리는지 분명하지 않기 때문이다. '학문과 기술을 익히며'에 걸리면 '몸으로' 다음의 반점은 지워야 한다. '타고난 저마다의 소질을 계발하고'까지 걸리면 '익히며' 다음의 반점을 지워야 한다. '발판으로 삼아' 다음의 반점 역시 빼어야 한다. [5]에서는 '이어받아' 다음의 반점을 지워야 한다. [6]에서는 '깨달아' 다음의 반점을 지워야 한다. [8]에서는 '국민으로서'와 '노력으로'의 다음에 있는 반점을 모두 지워야 한다. 〈국민 교육 헌장〉은 응결 구조가 응집성을 그런대로 뒷받침하고 있다고 생각하는데 반점을 과용 (過用)함으로써 텍스트다움을 상당히 떨어뜨렸기 때문에 중지 (衆智)를 모은 결실이기는 하여도 좋은 텍스트라고 하기가 어렵다.

6.3. 텍스트의 유형화 문제

우리는 앞에서 텍스트의 기본 기능을 검토하고 〈국민 교육 헌장〉을 중심으로 그것이 언어적 응결성과 맺는 관계를 확인하여 보았다. 이곳에서는 텍스트의 기본 기능에 따라 텍스트 유형 (Texttypen)을 세우는 문제를 건드려 보기로 한다. 텍스트 유형은 우리의 전통 수사학에서는 "문장의 종류" 가운데서 처리되었고 사람에 따라서는 텍스트 부류 (Textklasse), 텍스트 종류 (Textsorten)라고 말하기도 한다. 그러나 지은이는 번잡을 피한다는 뜻에서 "유형"이란 말을 사용하기로 하되 그 아래에 개별 텍스트를 두고 차례로 "텍스트 갈래"와 "텍스트 종류"라 불러 단계적인 유형화를 시도해 보기로 한다. 지은이는 제3장 (67-70쪽)에서 언어 기호를 크게 일상 언어 기호, 문학 언어 기호, 공용 언어 기호, 영상 기호의 넷으로 나누어 그 특징을 검토한 바 있다. 매체의 성격에 따라 그 이름을 붙여 유형화한다면 다음과 같다.

(5) 텍스트 유형
가. 발화 텍스트
나. 작품 텍스트
다. 문서 텍스트
라. 영상 텍스트

(5가)의 발화 텍스트에는 다음과 같은 하위 갈래를 들 수 있다.

(5가′) 발화 텍스트의 하위 갈래
ㄱ. 대화 (對話) 텍스트
ㄴ. 독백 (獨白) 텍스트
ㄷ. 독화 (獨話) 텍스트
ㄹ. 서사 (敍事) 텍스트

(ㄱ)의 대화 텍스트는 화자와 청자가 사사로이 주고받는 텍스트를 가리킨다. 양방향적 (兩方向的) 통보 행위 (wechselseitige Kommunikation)의 성격을 지니고 있다. 아침저녁으로 대하는 사람끼리 단순히 의례적인 인사를 주고받거나 길을 묻고 대답하는 경우라면 물음과 대답으로 텍스트를 형성할 수 있으나 이웃 사람들이나 직장의 동료들끼리 일정한 주제에 관하여 이야기를 한다든지 전문적인 주제를 대상으로 토론을 벌이면 텍스트의 길이가 길어질 수 있다. 대화 텍스트에는 전화로 주고받는 말씨도 포함됨은 물론, 사사로이 주고받는 편지나 휴대폰으로 주고받는 문자 메시지도 넣을 수 있다. 전화 대화는 보통의 대화와는 달리 공간적으로 떨어져 있고 편지는 시간적으로나 공간적으로 간격이 있다는 차이점이 있다. 대화 텍스트에는 일상 대화, 전화 대화 외에 전자 편지 대화와 같

은 종류를 들 수 있다.

20세기 말부터는 인터넷 사용이 일상화되어 통신 이용에 혁명이 일어났다. 전자 편지 (e-mail)라는 도구를 이용하여 지구가 하나의 마을이 된 듯 모든 정보가 순식간에 오고 간다. 아무리 먼 곳이라 하더라도 실시간으로 순식간에 소식을 주고받을 수 있다. 전자 편지를 이용하면 상대방의 숨결을 느낄 정도로 심리적으로 근접하여 있다. 전화도 휴대 전화가 보급됨에 따라 공간의 제약을 받지 않고 어디서든지 문자 메시지를 교환한다. 특히 스마트폰을 이용하면 전자 편지도 손쉽게 주고받고 '트위터'와 같은 '소셜 네트워크 서비스' (SNS)에 접속할 수도 있다. 전자 통신의 발달 덕분에 언제, 어디서든 다른 사람과 유선 또는 무선으로 연결되어 메시지를 지속적으로 주고받는다. 인터넷상에서 생산되는 댓글도 크게 보면 발화 텍스트의 범주에 넣을 수 있을 것 같으나 쉽게 단정할 수 없다.

(ㄴ)의 독백 텍스트는 화자 자신이나 청자를 마음속에 상정하고 수행하는 발화인 만큼 보통의 발화와 차이가 없다고 하겠으나 말끝이 대체로 해라체로 성립된다는 차이점이 있다. (ㄷ)의 독화 텍스트는 연사가 원고를 들고 청중을 향하여 말하는 텍스트이다. 엄격히 말하면 글말 [文語] 텍스트라고 하겠으나 음성 언어의 힘을 빌린다는 점에서 발화 텍스트의 유형에 소속시킬 수 있다. 통보 행위가 일방향적 (一方向的, einseitig)이라는 점이 (ㄱ)과 다른 점이다. 일반적으로 우리말의 독화 텍스트는 말끝이 합쇼체나 '요'-통합형 (흔히 해요체)으로 성립된다. 독화 텍스트에는 강의, 강연, 뉴스 보도 등의 종류를 들 수 있다. (ㄹ)의 서사 텍스트는 일정한 줄거리를 지닌 이야기를 음성 언어의 형식을 빌려 남에게 이야기하는 텍스트이다. 그것은 남에게서 듣거나 스스로 꾸민 개인 서사담일 수도 있으며 민담이나 전설과 같은 구비 텍스트도 포함된다. 그것이 문자로 정착되어 가공의 단계를 밟게 되면 서사적 소설 텍스트로 변모될 수 있다.

(5나)의 작품 텍스트에는 다음과 같은 갈래를 둘 수 있다.

(5나′) 작품 텍스트의 하위 갈래
ㄱ. 시
ㄴ. 소설
ㄷ. 희곡, 시나리오, 라디오 /TV 극본
ㄹ. 수상류

(ㄱ)의 시 텍스트에는 정형시, 자유시, 산문시, 서정시, 서사시, 극시 등의 종류가 있고 역사적으로는 사뇌가 (詞腦歌), 별곡 (別曲), 시조 (時調), 민요 (民謠), 무가 (巫歌), 판소리 등의 종류를 둘 수 있다. (ㄴ)의 소설 텍스트에는 소품 (小品), 단편 (短篇), 중편 (中篇), 장편 (長篇), 대하 소설 (大河小說)을 둔다. (ㄷ)의 희곡, 시나리오, 라디오 /TV 극본은 공연 (公演), 상연 (上演), 방송 (放送) /방영 (放映)을 전제로 한다는 점에서 완전한 문학 작품이라고 할 수 없으나 일단은 그 대본이 문자로 정착되어야 하기 때문에 작품 텍스트로 볼 수 있다. 역사적으로는 가면극 (假面劇)과 인형극 (人形劇)이 있다. (ㄹ)의 수필류에는 개인적 수필과 사회적 수필을 두기도 한다. 역사적으로는 가사 (歌辭), 내간 (內簡), 일기문을 수필의 영역에 넣기도 한다. 작품 텍스트는 작자가 독자에게 자신이 구축한 사태를 언어로 형상화하고 독자에게 일방향적으로 전달하여 공명 공감을 불러일으키는 역할을 한다. 그런데 독자는 단순히 읽기만 하는 데 그치는 것이 아니라 소감 (所感)을 피력 (披瀝)할 수도 있다. 그리고 작품은 전문적인 비평가의 손으로 우열이 평가되기도 한다. 이렇게 보면 작품의 생산자와 수용자와의 관계도 발화 텍스트와 마찬가지로 궁극적으로는 양방향성을 띠었다고 말할 수 있다 (앞에 나옴, 72쪽).

(5다)의 문서 텍스트에는 공문서, 영수증, 논문, 신문, 광고 등 문자로 기록된 실용 텍스트가 포함된다. 여기에는 감동 기능이 지배적인 작품

텍스트는 제외된다. 문서 텍스트의 생산자에는 공무 집행인, 상품 판매자, 필자, 논설위원, 신문 기자, 기업주 등이 포함되고 수용자에는 민원인, 상품 구매자, 전문 분야의 독자, 신문 독자, 고객 등이 포함된다. 문서 텍스트는 문자 (광고는 보통 문자와 그림의 혼성물인 경우가 많음)가 매개가 되고 통보 방식이 일방향적이라는 점에서는 작품 텍스트와 공통되지마는 사무적이고 실용적이라는 점에서는 차이가 난다. 그러나 이 경우도 수신자 측으로부터 어떤 형태로든지 반응을 들을 수 있다는 점에서 궁극적으로는 양방향성을 띠고 있다고 말할 수 있다.

(5라)의 영상 텍스트는 영화, TV, 컴퓨터의 화면을 통하여 나타나는 영상을 가리킨다. 이들은 모두 언어가 그림, 음향, 음악과 혼성되어 다중매체를 이룬다는 공통성을 지니고 있다. 매체가 복합적이고 화면 (畵面)이 움직인다는 점만 제외하고는 앞의 작품 텍스트나 문서 텍스트와 차이가 없다. 생산자인 제작자가 텍스트를 산출하면 수용자인 관람객이나 시청자는 이를 받아들인다. 이때에도 수용자는 작품이나 문서를 받아들일 때와 마찬가지로 간접적인 경로를 통하여 의견을 개진 (開陳)할 수 있기 때문에 반응 방식이 우회적이다. 그러나 컴퓨터는 사정이 조금 다르다. 인터넷을 통하여 상대방으로부터 텍스트를 받으면 바로 회신 (回信)할 수 있다는 점에서 수용자가 바로 생산자가 될 수 있다. 이런 점을 중시한다면 인터넷을 통하여 송·수신되는 텍스트는 앞의 발화 텍스트와 같은 성격을 지니고 있다고 말할 수 있다. 앞에서도 잠깐 언급한 바 있듯이 (70쪽), 영상 텍스트, 특히 인터넷을 통하여 생산되는 텍스트는 그 성격을 한마디로 규정하기가 아직은 일러 보인다.

이 밖에도 하이퍼 텍스트를 텍스트 유형 가운데에 넣는 문제가 제기될 수 있으나 이 방면에 대한 연구가 아직 초보적이어서 유형화를 시도하기가 쉽지 않아 보류하기로 한다.

사실 텍스트 유형론은 텍스트 과학에서도 가장 연구가 미진한 분야이다. 현재로는 "문서 텍스트"를 주축으로 하는 실용 텍스트의 분야만 어느 정도 표준적인 틀이 마련되어 있을 뿐이고 작품 텍스트를 비롯한 모든 종류의 텍스트를 포괄하는 텍스트 유형론에 대한 연구는 아직 초보적인 단계에 머물러 있다. 실용 텍스트는 1970년대 초부터 활발하게 이루어져 온 화행론 연구에 힘입어 유형화가 어느 정도 가시적인 성과를 거두고 있다. 앞에서 우리는 브링커가 텍스트의 기본 기능을 제보, 호소, 책무, 접촉, 선언 기능의 다섯 가지로 유형화한 것을 보았고 (208쪽), 지은이는 작품 텍스트와의 포괄적인 유형화를 시도한다는 점에서 "감동 기능"을 더하여 넓은 의미의 텍스트 기능을 여섯 가지로 잡은 일이 있다. 이를 바탕으로 하여 모든 텍스트를 유형화하면 다음과 같다.

(6) 텍스트의 유형화
  가. 제보 텍스트
  나. 호소 텍스트
  다. 책무 텍스트
  라. 접촉 텍스트
  마. 선언 텍스트
  바. 감동 텍스트

각 텍스트 부류에는 개별 텍스트의 갈래와 종류가 배당된다 (앞에 나옴).

6.4. 동양과 우리나라의 텍스트 유형화 문제

앞에서 더러 언급한 바 있는 6세기 중국의 유 협은 텍스트를 유형화한 바 있다. 이 자리에서는 유 협을 비롯한 중국과 중세 이래 우리의 텍스트 분류를 종합적으로 검토하여 우리 민족을 중심으로 한 동양의 텍스트를 유형화하는 문제를 제기해 보려고 한다.

6.4.1. 중국의 텍스트 유형화 문제

우선 지적할 수 있는 것은 유 협이 실용 텍스트와, 작품 텍스트인 감동 텍스트를 구별하지 않고 모두 "문" (文)의 테두리에 넣어 유형화를 도모한 것은 현대의 텍스트 과학이 지향하는 바와 큰 차이가 없다. 유 협은 곳곳에서 문장의 유형화를 시도하고 있다. 『문심조룡』 권 25 「서기」 편 (105-12쪽)에서 유 협은 "書記"를 크게 다섯 가지로 묶고 각각을 다시 세분하였다. "書記"란 서간과 실용문을 총괄하는 것인데 대체로 우리의 문서 텍스트에 해당한다.

(7) 서기의 유형화

가. 백성을 통치하기 위한 것 (譜, 籍, 簿, 錄)
나. 의술, 역법, 점성, 복서 (卜筮)를 위한 것 (方, 術, 占, 式)
다. 법률, 병사를 서술하는 것 (律, 令, 法, 制)
라. 정무나 상거래의 신용을 위한 것 (符, 契, 券, 疎)
마. 관리가 일을 도모하기 위한 것 (關, 刺, 解, 牒)
바. 백성이 뜻을 전달하는 것 (狀, 列, 辭, 諺)

각 무리의 글 종류에는 ( ) 안에 보인 바와 같이 다시 네 개의 하위 종류를 두고 그 분류 근거를 밝히고 있다. 하위 텍스트 종류의 뜻풀이를 보면 (7가)는 백성을 통치하는 데 사용되는 여러 가지 문서를 말하는데 선언 기능이 지배적인 점을 감안하여 선언 텍스트에 넣을 수 있다. (7나)는 제보 기능이 파악되므로 제보 텍스트에 속한다. (7다)는 책무 기능이 지배적이라는 점에서 책무 텍스트에 속한다. (7라)도 책무 기능이 지배적이므로 책무 텍스트에 넣을 수 있다. (7마)는 선언 기능이 지배적이라는 점에서 선언 텍스트에 넣을 수 있다. (7바)는 호소 기능이 지배적이라는 점에서 호소 텍스트에 넣을 수 있다.

한편 유 협은 권 2부터 권 5에 이르는 문체론의 영역에서는 제례문, 서약문, 교계문, 추모문, 비문, 조문, 제신문, 상주문 등 많은 실용문을 들었는데 기능에 따라 분류하는 방식을 보여 준다. 이 중에서 몇 가지 정의를 들어 현대적 수용 문제를 논의하기로 한다.

(8) 가. 제례문 (祭禮文): 축사를 통하여 신과 조상에 대하여 경건함과 공손함을 나타내는 글
나. 서약문 (誓約文): 충의와 효심을 장려하고 운명을 같이할 것을 서약하는 글
다. 교계문 (敎戒文): 지배자가 백성들에게 잘못을 방지하도록 하는 글
라. 추모문 (追慕文): 생전 (生前)의 덕행을 기리는 글
마. 비문 (碑文): 유덕을 기리기 위하여 돌에 새긴 글
바. 조문 (弔文): 죽은 사람을 추모하는 글
사. 제신문 (祭神文): 제왕의 업적을 새기고 하늘의 은혜에 보답하는 글
아. 상주문 (上奏文): 궁궐에 아뢰어 그 옳고 그름을 진술하는 글

(8가)의 제례문, (8라)의 추모문, (8마)의 비문, (8바)의 조문, (8사)의 제신문은 모두 접촉 기능을 지녔다는 점에서 접촉 텍스트의 테두리에 들어올 수 있고 (8나)의 서약문은 선언 텍스트에, (8다)의 교계문과 (8아)의 상주문은 호소 텍스트에 넣을 수 있다.

6.4.2. 우리의 옛 한문 문장과 이두, 이문의 유형화 문제

현재 전하고 있는 우리의 전통적 텍스트는 대부분 한문이나 이를 변용한 이두 내지 구결로 기록되어 있다. 그러면 한자가 이 땅에 들어오기 전에는 우리 민족은 어떠한 방식으로 텍스트를 생산하였을까? 구비 텍스트의 경우 신화, 설화, 전설, 민담, 민요 등은 한 사람이 텍스트를 산출하

면 입으로 전하면서 가공 (加工)되기도 하다가 후세에 문자로 정착되었음이 틀림없지만 실용 텍스트는 어떤 방식으로 생산되었을까? 중국 고대의 역사책인 『양서』(梁書)를 보면 신라에는 "문자가 없어 나무에 새겨서 신표 (新標)로 삼았다" (無文字 刻木爲信)라는 기록이 있는데 신라 사람들은 어떤 형태로든지 텍스트를 만들어 의사소통을 하였음을 알 수 있다.

일찍부터 경남 남해에는 바위 그림 [岩刻畵]이 알려져 여러 가지로 해석이 가해졌고 동남 지역에는 1970년대부터 많은 바위 그림이 발견되어 전문가들의 관심을 모으고 있다. 그것이 단순한 그림의 경지를 뛰어넘어 고대 우리 민족의 의사소통의 한 수단으로 사용되었다면 이는 훌륭한 텍스트가 될 수 있다. 실제로 고미술 사학자들은 울주 반구대의 고래 그림을 고래잡이 과정을 가르치는 교육용 그림으로 해석한다. 그렇다면 이는 비록 그림만으로 성립되어 있다고 하더라도 언어로 번역할 수 있으니 텍스트로서 손색이 없어 보인다. 중세나 현대와 같이 문자가 있으면 단순한 그림으로 볼 수 있겠지만 문자 없는 시대에는 그림이 의사소통의 수단이 될 수 있기 때문이다. 현대의 교통 신호나 교통 표지가 빛깔이나 기호만으로도 얼마든지 문자를 대신하는 부호로 사용된다는 점에서 그렇게 볼 수 있다.

우리의 텍스트는 역사적으로 볼 때 그 사정이 매우 복잡하다. 한문이 공용어의 역할을 하였던 까닭으로 한문 텍스트는 중국의 고대 이래의 문장 분류법을 거의 그대로 답습하였다. 그러나 문어였던 중국 한문과 민족어의 언어 구조가 달랐던 탓으로 한문 텍스트를 받아들이는 과정에서 우리의 방식으로 변모되어 새로이 창출된 텍스트가 적지 않았다. 신라 시대에는 한자를 민족어의 어순에 따라 나열한 이른바 서기체 (誓記體) 텍스트가 나왔고 이어 이두 텍스트가 얼굴을 내밀었으며 신라 후기에는 향찰 (鄕札)이라는 문자로 적혀진 향찰 텍스트가 태어나 문학 작품의 창작에 이용되었다. 고려 시대에 접어들면서는 한문을 민족어의 어순에 따라 읽는 석독 구결 텍스트가 발견되고 있으며 그 뒤를 이어 음독 구결 텍스트가 산출되었다. 훈민정음이 창제되면서 언해 텍스트가 산출되어 중국 문화의 민족 문화화에 새로운 전기 (轉機)를 마련하였다. 갑오개혁을 계기로 한글이 공용 문자로 등장함에 따라 국한문 혼용 텍스트 내지 한글 텍스트가 자리를 잡았다. 서양 문화와 일본 문화와의 접촉으로 말미암아 옛 텍스트가 자취를 감추고 시대적 요구에 부응 (副應)하는 많은 텍스트가 얼굴을 내밀었다. 일본의 국권 침탈은 우리의 텍스트 세계를 다시 이중 구조로 만드는 계기가 되었다. 20세기 중반 우리의 국토 분단은 텍스트 세계에도 변화를 가져와 같은 민족끼리 의사소통에 장애를 일으킬 정도로 텍스트의 유형과 갈래에 이질화를 불러왔다. 이곳에서는 한문 문장과 이에서 번져 나온 이두 (吏讀)와 이문 (吏文)의 텍스트 유형화 문제를 꾀해 보려고 한다.

먼저 조선 시대의 공식적 텍스트였던 한문 텍스트의 유형화 문제를 검토하여 보기로 한다. 논의의 편의를 위하여 간단히 정의를 내리고 해당 갈래 몇 가지를 든다.

(9) 가. 논변류(論辨類): 옳고 그름을 밝히는 글 (論, 辨, 說……)
나. 주의류(奏議類): 신하가 임금에게 올리는 글 (書疏, 章表, 奏啓……)
다. 조령류(詔令類): 왕이 신하에게 주는 글 (詔策, 命令, 諭勅……)
라. 서독류(書牘類): 편지글 (書說, 牘札, 間帖)
마. 증서류(贈序類): 멀리 떠나는 벗에게 주는 글 (序, 說)
바. 전장류(傳狀類): 사람의 일생을 기술한 글 (傳, 記)
사. 비지류(碑誌類): 죽은 사람의 행적을 돌에 새긴 글
아. 잡기류(雜記類): 산천, 누대, 대소사를 기념하기 위하여 지은 글
자. 서발류(序跋類): 책의 앞뒤에 붙이는 글 (序, 題, 跋……)
차. 잠명류(箴銘類): 권려 (勸勵)와 경계의 말을 적은 글 (箴, 戒, 規)

카. 송찬류(頌贊類): 죽은 사람의 공덕을 칭송하는 글
타. 애제류(哀祭類): 죽은 사람의 영전에서 죽음을 애도하는 글
파. 필기류(筆記類): 잡기 (雜記), 잡저 (雜著), 만록 (漫錄)의 총칭

위의 13종의 문장 유형은 중국 청대의 분류 양식을 따른 것인데 표현만 차이가 있을 뿐이지 앞에서 본 유 협의 것과 큰 차이가 없다.

(9)를 앞에서 제시한 화행 기능에 따른 텍스트의 부류에 따라 배열하면 다음과 같다.

(9′) 우리 옛 한문 문장의 화행에 따른 유형화
가. 제보 텍스트: 전장류 (바)
나. 호소 텍스트: 논변류 (가), 주의류 (나), 잠명류 (차)
다. 선언 텍스트: 조령류 (다)
라. 접촉 텍스트: 서독류 (라), 증서류 (마), 비지류 (사), 잡기류 (아), 서발류 (자), 송찬류 (카), 애제류 (타)

각 갈래에 속하는 문장을 정밀하게 검토한 다음에 내린 유형화가 아니기 때문에 수정의 여지가 없지 않으나 지배적인 화행 기능에 따라 배치해 본 것이다. 감동 텍스트의 전형적인 것은 절구, 율시, 배율, 고시, 악부 등이다. 이 밖에 사부 (辭賦), 병려문 (駢儷文), 고문 (古文) 등도 그 기능을 면밀하게 검토하면 감동적인 기능 외에 (9′)에서 보인 다섯 가지의 기능적 유형에 소속시킬 수 있는 가능성이 없지 않다.

필기류는 현대의 수상이나 수필에 해당하는데 성격에 따라 책무 기능을 제외한 다섯 가지 기능이 다 나타나는 것도 있고 한두 가지만 확인되는 것도 있다. 책무 텍스트에 해당하는 텍스트 종류가 보이지 않는 것은 전통 사회에서는 그것이 이문 (吏文)이나 이두문 (吏讀文)으로 작성되었기 때문이 아닌가 한다. 이두 텍스트는 갑오개혁 이전까지 사용되어 온

텍스트로서 행정 문서에 주로 쓰였고 민간에서 토지를 사고 팔 때에 많이 쓰였다 (뒤에 나옴). 이렇게 보면 우리의 전통 사회의 텍스트에도 앞에서 지은이가 기능에 따라 세운 여섯 가지 텍스트 유형이 거의 그대로 나타난다는 점을 알 수 있다.

이두는 한자의 음과 훈을 빌려 민족어를 적던 표기법의 하나이다. 이두는 신라와 고려 시대에는 탑이나 불상 등의 조성기 (造成記)에서 주로 나타나고 조선조로 접어들면서 한문을 번역하는 데 사용되었으나 훈민정음이 창제되면서부터는 그 기능이 위축되어 주로 문서를 작성하는 데 사용되었다. 이두는 왕이 신하에게 내리는 문서인 "녹권" (錄券)에 사용되기도 하고 신하나 백성이 왕에게 올리는 문서인 "상언류" (上言類), "장계류" (壯啓類)에도 사용되었다. 전자는 선언 텍스트에 속하고 후자는 호소 텍스트에 넣을 수 있다. 또 관청과 관청 사이에 주고받는 "첩정문" (牒呈文) 등에도 보이고 민간에서 관에 올리는 "원정류" (原情類)에도 사용되었다. 전자는 제보 텍스트에, 후자는 호소 텍스트에 넣을 수 있다. 또 백성들 상호 간에 주고받는 "문권류" (文券類)인 "명문 (明文), 성급문 (成給文), 화회 문기 (和會文記), 유서 (遺書)" 등과 "고목류" (告目類), "절목류" (節目類), "단자류" (單子類)에도 이두가 사용되었다. 명문은 부동산의 매매 문서라는 점에서 책무 텍스트에, 성급문은 발급된 증서라는 점에서 제보 텍스트에, 화회 문기는 접촉 텍스트에, 유서는 선언 텍스트에 소속시킬 수 있다. 고목류는 옛날 상인 (常人)이 양반에게 하던 편지였는데 호소 텍스트로 볼 수 있다. 절목류와 단자류는 제보 텍스트에 속한다. 남에게 물건을 보낼 때 품명을 쓴 텍스트란 점에서 그렇게 볼 수 있다. 이두 텍스트도 앞의 한문 텍스트와 같이 기능에 따른 유형화가 가능함을 알 수 있다.

이문 (吏文)은 중국과 주고받는 외교 문서 및 우리의 관청의 공문서 등에 사용되던 독특한 한문체 문장이다. 한문의 골격에 중국의 속어 또는 특수한 용어 등을 섞어 쓴 공문서식이다. 자문 (咨文), 서계 (書契),

관자 (關子), 감결 (甘結), 보장 (報狀), 제사 (題辭) 등에 사용되었다. 자문은 중국과 왕복하던 문서, 서계는 일본과 왕복하던 문서라는 점에서 접촉 텍스트에 속하고 관자와 감결은 상급 관청에서 하급 관청에 보내는 문서라는 점에서 선언 텍스트로 볼 수 있으며 보장은 상관에게 보고하는 공문이라는 점에서 호소 텍스트로 볼 수 있다. 제사는 백성이 제출한 소장 (訴狀)에 쓰는 관부의 판결이나 지령을 뜻하는데 선언 텍스트로 간주된다. 이문 역시 한문 문장이나 이두 텍스트와 같이 기능에 따른 유형화가 가능하다.

6.4.3. 전통 시대의 한글 텍스트의 유형화 문제

전통 시대에는 한문 텍스트와 이의 변종인 이두·이문 텍스트가 주류를 이루고 있었으며, 한편 한자를 모르는 일반 대중을 위하여는 언해라는 새로운 텍스트가 등장하였다. 훈민정음이 창제되면서 자리를 굳힌 텍스트는 언해 텍스트였으나 『용비어천가』와 같은 국한문 혼용 텍스트도 생산되었고 『월인천강지곡』과 같은 한글 텍스트도 얼굴을 내밀었다. 언해 텍스트란 한문 원문에 음독 구결을 달고 이에 맞추어서 우리말로 번역을 붙인 텍스트를 가리킨다. 그 가운데는 의역 (意譯)에 가까워 번안 작품이라고 할 수 있는 것도 있으나 대부분은 직역의 형태를 띠고 있다. 특히 뒤에 나온 번역이 직역인 경우가 많다. 전자의 예는 『석보상절』과 『월인석보』, 『번역소학』이 대표적이고 후자의 예는 『법화경언해』, 『소학언해』가 대표적이다. 한글이 사용 기반을 넓혀 가면서 여자가 발신인이 되거나 수신인이 되는 편지의 경우는 한자를 배제한 한글 텍스트가 대중 속에 뿌리를 박았다. 16세기 후반에 생산된 것으로 보이는, 순천 김씨의 무덤에서 발굴된 편지나, 송강 정 철의 어머니가 아들들에게 보낸 편지는 모두 한글만으로 쓰인 한글 텍스트이다. 이 밖에도 비문 (碑文), 교서 (教書), 전유 (傳諭), 유서 (遺書), 수표 (手標), 성문 (成文), 소지 (所志),

상언 (上言), 봉서 (封書) 등에 걸쳐 여자가 남기는 문서에 한글이 쓰이는 일이 더러 있었음이 보고되어 있다.

여기에서는 중종 31년 (1536)에 세워진 것으로 알려져 있는 「양주 (楊州)의 영비 각자 (靈碑刻字)」를 보기로 한다.

(10) 「양주의 영비 각자」

<table>
<tr><td rowspan="2">靈碑</td><td>녕훈 비라 거운 사르문 직화를 니브리라</td></tr>
<tr><td>이는 글 모르는 사룸드려 알외노라</td></tr>
</table>

(10)을 현대어로 풀이하면 '신령스러운 비이다. 함부로 손을 대는 사람은 재화를 입을 것이다. 이는 글 모르는 사람더러 고하는 말이다'와 같다. 글 모르는 사람이란 한문을 모르는 사람을 가리킨다. 신령스러운 비이기 때문에 함부로 손을 대면 재화를 입는다는 경고문의 성격을 띠었다고 하겠다. 제보 기능이 우세한 텍스트로 보는 것이 온당해 보인다. 앞부분의 '거운 사르문 직화를 니브리라'에는 손을 대면 재화를 입게 될 것이니 주의하라는 발화 효과 행위가 파악된다는 점에서 호소 기능이 파악되기도 한다. 그러나 제목에 나와 있는 '영비' (靈碑)를 고려하면 제보 텍스트로 보는 것이 온당하다. 비문은 일반적으로 죽은 사람의 행적을 돌에 새겨 유업을 기리는 접촉 텍스트인데 「양주의 영비 각자」는 제보 기능까지 겸하고 있으니 이런 비문이 달리 더 있는지 널리 탐색해 볼 필요가 있다.

텍스트의 생산과 소멸은 문화적 요인이나 사회 구조의 변혁과 밀접한 상관관계를 맺고 있다. 이두, 구결 등으로 적힌 텍스트는 중국 문화와의 접촉으로 태어난 텍스트이고 언해와 같은 문장은 훈민정음의 창제가 계기가 되어 얼굴을 내민 텍스트에 속한다. 임진왜란이 터지자 백성들이 실지로 읽고 감명을 받을 수 있는 「언서방문」 (諺書榜文)이라는 텍스트가 많이 생산되었다. 이는 사회 구조의 변혁과 관련하여 해석할 수 있는 텍스트의 탄생이다. 한글 방문이 나타났다는 것은 한글이 그만큼 많이 보급되었다는 뜻이기도 하겠지만 한문이나 이두문보다 한글 텍스트가 일반 민중에게 이해가 쉬웠기 때문이다. 그중 하나를 들면 선조의 「ᄇᆡᆨ셩의게 니ᄅᆞᄂᆞᆫ 그리라」이다. 그 첫머리와 끝 부분을 인용하면 다음과 같다.

(11) 「ᄇᆡᆨ셩의게 니ᄅᆞᄂᆞᆫ 그리라」

님금이 니ᄅᆞ샤ᄃᆡ 너희 처엄의 예 (倭)손ᄃᆡ 후리여셔 인ᄒᆞ여 ᄃᆞᆫ니기ᄂᆞᆫ 네 본 ᄆᆞᄋᆞᆷ이 아니라 나오다가 예손ᄃᆡ 들려 주글가도 너기며 도ᄅᆞ혀 의심ᄒᆞᄃᆡ 예손ᄃᆡ 드럿던 거시니 나라히 주글가 두려 이제드리 나오디 아니ᄒᆞ니 이제란 너희 그런 의심을 먹디 말오 서ᄅᆞ 권ᄒᆞ여 다 나오면 너희를 각별히 죄 주지 아닐 ᄲᅮᆫ 아니라……강남ᄇᆡ와 우리 나라 ᄇᆡ를 합하여 바ᄅᆞ예 나라희 드러가다 분탕할 거시니 그 저기면 너희조차 ᄡᅩ려 주글 거시니 너희 서르 닐러 그 젼으로 수이 나오라

만력 이십일련 구월일

「ᄇᆡᆨ셩의게 니ᄅᆞᄂᆞᆫ 그리라」는 방문의 제목이다. 첫 구절의 '님금'을 앞으로 두 자 올린 것은 대두법 (擡頭法)에 의하여 왕을 높이는 뜻으로 붙이는 전통 사회의 텍스트 생산의 한 요건이었다. '님금이 니ᄅᆞ샤ᄃᆡ'로 시작하는 것으로 보아 왕의 교시를 간접 인용의 방식으로 공시 (公示)하는 것이다. 왜인들에게 잡혀간 죄를 묻지 않을 것이니 돌아오면 누구든지 벼슬을 주며, 우리 군사와 명나라 군사가 합세하여 동래와 부산 등지의 왜군을 소탕할 때에는 빨리 나오라는 내용이다. 왕의 교서 (教書)라는 점에서 선언 기능이 지배적이라고 하겠으나 내용의 전개에서는 왜적에게

협력하는 백성들을 타이르는 면이 포착된다는 점에서 호소 기능도 적지 않게 파악된다.

17세기로 접어들면서는 한글 사용이 보편화되고 문학 담당층이 확대됨에 따라 많은 텍스트가 새로이 산출되었다. 시조에서는 장시조가 탄생되고 『청구영언』, 『해동가요』 등 시조집이 편찬되었으며 가사도 큰 변화를 일으켜 산문성을 띤 기행·유배 가사가 나타나는가 하면 규방 가사가 창작되기도 하여 문학 텍스트가 여러 갈래로 갈라졌다. 전에는 한문으로 기록되던 수필류가 국문으로 창작되기도 하여 한글 텍스트의 범위가 넓어져 갔다. 소설의 경우도 "전" (傳)의 테두리를 벗어나 새로운 형태의 소설 문학으로 발돋움하는 일이 많았다. 설화, 야담이 문자로 정착되어 독립된 갈래를 이루는가 하면 한문으로 된 단편 소설도 적지 않게 창작되었다. 더욱이 조선조 후기에는 소설을 빌려 주고 돈을 버는 세책가 (貰冊家)가 등장하면서 문학 텍스트 보급을 위한 매개 작용이 일어나기 시작하였다. 전라도 지방에서는 〈판소리〉가, 평안도 지방에서는 〈배뱅이굿〉이 태어난 것이 조선조 후기의 시대상을 반영하는 문학 텍스트의 확충으로 해석된다. 각 지방에서 태어난 탈춤의 대사는 중세적인 희곡이라는 점에서 역시 문학 텍스트의 테두리에 들어올 수 있다. 동학사상이 표현된, 『용담유사』 (龍潭遺詞)로 총칭 (總稱)되는 최제우 (崔濟愚)의 가사는 새로운 종교의 탄생으로 태어난 문학 텍스트이다. 이런 문학 텍스트는 대종교, 증산교 등 신생 종교의 경전을 통해서도 엿볼 수 있다. 동학혁명과 함께 태어난 참요 (讖謠) 〈파랑새 노래〉도 문학 텍스트의 테두리에 들어올 수 있다. 천주교 전래에 따른 〈천주 가사〉의 탄생도 같이 해석할 수 있다.

문학 텍스트 밖에도 적지 않은 실용 텍스트가 탄생되었을 것이나 현재로는 그에 대한 연구의 손길이 미치지 못하고 있다. 현재로는 「동학격문」이 동학란을 계기로 하여 탄생된 텍스트로 손꼽힐 수 있다. 「동학격문」에는 한문과 국문 두 가지가 있었는데 수신자에 따라 달리 작성되었다. 그 한마디를 보이면 다음과 같다.

(12) 우리가 의 (義)를 들어 차 (此)에 지 (至)함은 단단 (斷斷) 타 (他)에 있지 아니하고 창생을 도탄 중에서 건지고 국가를 반석의 위에다 두고자 함이라. 안으로 탐학한 관리의 머리를 버히고 밖으로는 횡포한 강적의 무리를 구축하고자 함이라. 양반과 부호 앞에 고통을 받는 민중들과 방백과 수령 밑에 굴욕을 받는 소리 (小吏)들은 우리와 같이 원한이 깊은 자라. 조금도 주저치 말고 이 시각으로 일어서라. 만일 기회를 잃으면 후회하여도 믿지 못하리라. (현대 맞춤법에 따라 고쳐 적음)

홍경래난 때만 하여도 격문이 한문으로 지어졌는데 동학 혁명 때에는 이렇게 국문을 위주로 지어졌다. 거사 (擧事)의 의의를 널리 알리면서 동참할 것을 요구하는 것이니 호소 텍스트로 보아야 한다. 만약 이 텍스트가 왕이나 그에 준하는 권력 기관에서 포고한 문서라면 선언 텍스트라고 할 수 있겠으나 민중 봉기 (民衆蜂起)를 권유하는 방문 (榜文)이기 때문에 호소 텍스트로 보는 것이 나아 보인다.

6.4.4. 개화기의 한글 텍스트의 유형화 문제

19세기 말의 갑오개혁은 우리의 텍스트의 소멸과 생산에 있어서 한문의 유입에 뒤지지 않는 결정적인 계기가 되었다. 우리의 전통문화가 서양 및 일본 문화와 접촉됨에 따라 전통적인 한문 텍스트는 점차 자취를 감추고 한글 중심의 텍스트가 얼굴을 내밀었기 때문이다. 모든 공문서는 국한문 혼용체로 바뀌었으며 각급 학교 교과서 역시 그러한 흐름을 따랐다. 『독립신문』, 『황성신문』 등의 한글 내지 국한문 혼용 신문이 창간됨에 따라 사설과 광고와 같은 새로운 텍스트가 나타났다. 문학 텍스트에서는 신문 소설이라는 문학 텍스트가 등장하는가 하면, 신소설, 신체시, 창가가 새로 나타나고 민요가 개작되었으며 시조가 모습을 달리하여 창작되었다.

〈언문풍월〉이라는 시가 (詩歌) 텍스트가 빛을 보기도 하였다. 언문풍월이란 한시의 압운을 본떠서 '고, 도, 노' 등과 같이 주어진 한글의 압운에 따라 시를 짓는 방식이다. 그 예를 하나 들면 다음과 같다.

(13) 비단같이 고옵고
맑은 향내 없으면
봄바람에 피어도
누가 사랑하겠노 (현대 맞춤법에 따라 고쳐 적음)

이 시는 미국에서 발행되던 『신한민보』의 현상 모집에 일등으로 뽑힌 것인데 제목은 '꽃'이었다. 한시의 7언 절구를 본떠서 만든 한시의 대용품이었다. 이렇게 한글이 공용 문자가 되니 새로운 텍스트가 여러 가지 모습으로 등장하였다. 이 밖에도 시사 토론문이라는 특이한 텍스트가 나타나서 시사 문제를 비판하는 소임을 맡기도 하였다.

개화기에는 한글이 공용화됨에 따라 새로운 텍스트가 많이 생산되었다고 하였는데 수사법에 관심을 가진 사람들은 새로 태어난 갈래에 해당하는 텍스트를 창작하여 모범을 보이는 일이 많았다. 앞서 든 최재학의, 『실지응용작문법』 (21쪽)에는 텍스트의 유형을 '논문 (論門), 설문 (說門), 전문 (傳門), 기문 (記門), 서문 (序門) 등 12개 문 (門)으로 유형화하여 그 아래에 개별 텍스트를 배치하였다. 이를테면 "논문"에는 "이론 (理論), 정론 (政論), 경론 (經論), 사론 (史論), 풍론 (諷論), 문론 (文論), 우론 (寓論)"의 하위 갈래를 두고 예시를 들었다. 이는 텍스트의 단계적 유형화에 비길 수 있는데 비록 그 분류 기준이 전통적인 수사학을 기준으로 하였으나 예로 든 문장이 모두 당시의 시체문 (時體文)이었다는 것은 개화기의 텍스트 종류를 알아보는 데 적지 않은 참고가 된다. 최남선의 『시문독본』 (時文讀本) (1916)은 대부분 자신의 글이지만 당시에 생산된 모든 종류의 텍스트가 망라되어 있다는 점에서 개화기의 텍스트를 연구하는 데 좋은 자료적 원천이 될 수 있다.

이곳에서 특기하고자 하는 것은 이미 대한 제국 시절부터 우리 어문을 연구하여 그 보급에 일생을 바친 주시경의 텍스트관과 텍스트의 생산이다. 주시경은 일찍부터 한자의 폐해 (弊害)를 지적하였으며 특히 국권 상실을 계기로 하여서는 문법 용어를 고유어로 고치면서 자신의 저술을 한글로 박아 내는 등 국문 보급에 앞장을 섰다. 그는 많은 논설과 저술을 한글로 썼다. 저술로 대표적인 것은 『대한국어문법』 (1906), 『월남망국사』 (1907), 『국문초학』 (1909), 『말의 소리』 (1914)가 있으며 논설로 대표적인 것은 「국문론」 (1897), 「말」 (1901), 「사람의 지혜와 권력」 (1902), 「국어와 국문의 필요」 (1907) 등이다. 주시경이 생산한 텍스트 가운데서 주목의 대상이 되는 것은 수료증, 졸업증, 우등상장, 개근상장의 서식이다. 국권 상실 이전까지만 해도 모든 증서를 국한문체로 작성하였는데 국권 상실을 전후하여서는 이들을 모두 우리의 고유어로 바꾸었다. 주시경은 졸업 증서는 〈맞힌 보람〉 내지 〈다 깬 보람〉, 수학 증서는 〈배혼 보람〉, 개근 증서는 〈부지런 보람〉, 우등 증서는 〈솟재 보람〉이라 하여 조선어 강습원생들에게 수여하였으며 현재 그 자료들이 발견되고 있다.

대표적으로 1911년의 국어연구학회 강습소에서 수여한 오봉빈 (吳鳳彬)의 수학 증서를 보이기로 한다. 세로로 쓴 것을 편의상 가로로 바꾸었다.

(14) 주시경이 만든 한글 수학 증서

나　　남

한말익 힘곳침

오봉빈

이는알에와같은말의다나를 두달
동안에익힘으로이를나남함이라

다　　소리갈
　　　기난갈
　　　짬듬갈
나　　익힘갈

셰종임글나이신네온예순아홉해넷재달쳣날
보셩즁학교안말익힘곳

스승　　쥬시경

앞의 증서를 풀기 [해독] 전에 바로 이보다 한 해 앞서 마련한 국한문 졸업 증서의 서식을 보이기로 한다.

(14′) 국한문 졸업 증서 서식

卒業證書
姓名
右는 本所의 科程을 履修하엿기로 此를 證함
科
소리　　기갈　　듬갈
程
隆熙四年六月三十日
隆熙三年九月一日로
隆熙四年六月三十日까지

(14)를 (14′)와 비교하면 고유어의 의미를 어느 정도 알 수 있다. '나남'은 증서를 뜻하고 '다나'는 과정을 뜻한다. '셰종임 글 나이신 네온 예순 아홉해 넷재달 첫날'은 증서의 발행 일자를 가리키는 주시경식의 우리말 표현이다. 그 뜻은 '세종 임금이 글을 내신 469년 4월 1일'이다. 당시의 보편적인 증서 텍스트는 (14′)와 같은 국한문 혼용 텍스트였는데 주시경은 한자를 전혀 사용하지 않은 새로운 양식의 증서 텍스트를 생산하였던 것이다. '나남'과 '다나'의 어원이 무엇인지 분명치 않으나 이런 방식의 서식은 우리 민족이 언젠가는 꼭 되짚어 보아야 할 선구적인 착상임에 틀림없다.

갑오개혁을 계기로 하여 얼굴을 내민 실용 텍스트는 우리의 노력 여하에 따라서 얼마든지 찾아낼 수 있다. 청년학우회의 「청년학우회발기취지서」(1909)와 「기미독립선언문」(1919)은 선언 텍스트로 분류될 수 있는 실용 텍스트이다. 당시의 영수증이 어떤 방식으로 꾸며져 있었고 임명장, 사령장, 재직 증명서, 재학 증명서의 서식은 어떠하였는가 하는 문제를 텍스트 유형론의 관점에서 조명할 필요가 있다. 기관이나 단체의 규약은 어떤 방식으로 마련되었는가 하는 문제도 유심히 살펴볼 필요가 있다. 주시경은 스스로 조선어 강습원 규칙을 만들고 조선언문회 규칙을 만들었다. 그 방식을 보면 현재의 우리 민족이 사용하고 있는 규칙과 큰 차이가 없다. 그러면 이런 규칙들이 전통 시대의 규칙과는 어떻게 다르며 다르다면 그 영향의 연원은 어디인가 하는 문제도 풀어내어야 할 것이다. 그리고 국권 상실 이후에는 공적인 문서가 대부분 일본문으로 작성되었다. 이런 사정도 우리의 텍스트 과학이 앞으로 밝혀야 할 과제라고 생각한다.

6.4.5. 일제 강점기의 한글 텍스트의 유형화 문제

1910년 일본의 국권 침탈은 우리의 텍스트 생산과 소멸에 중요한 계기였다고 말한 바 있는데 그것은 전통 시대와 마찬가지로 또다시 한글이 남의 문자에 종속되는 결과를 가져왔기 때문이다. 처음은 우리의 텍스트를 개화기와 마찬가지로 국한문 혼용체나 한글체로 생산하였다. 일본은 1912년 종래 사용되어 오던 전통적인 언문 표기법을 다소 손질하여 『보통학교용 언문철자법』을 공포하였다. 이에 따라 각급 학교 조선어 교과서가 편찬되었고 모든 출판물 또한 이에 준거 (準據)하여 얼굴을 내밀었다. 그러나 일본어의 보급이 늘어 가면서 공문서 등의 공적인 텍스트는 일본문으로 대체되었다. 특히 문필가들은 적어도 1930년대 말까지는 한글로 자유롭게 텍스트를 생산할 수 있었다. 어학자들은 일본 제국주의자들의 감시를 피해 가면서 한글 전용을 전제로 한 철자법의 제정에 전념하여 1933년 드디어 『한글맞춤법통일안』을 공포하기에 이르렀다. 일제 강점기의 우리의 텍스트가 일본문에 종속되어 있기는 하였어도 그 나름의 텍스트 유형을 발전시켰다. 우선 문필가들은 문예 독본류의 저술을 더러 펴내었다. 대표적으로 이윤재의 『문예독본』 (1931)을 보면 당시에 정착된 문학 텍스트의 갈래에 어떤 것이 있었는지 짐작할 수 있다.

(15) 이윤재의 『문예독본』에 나타나는 문학 텍스트
동화 (童話) /사화 (史話) /소품문 (小品文) /시조 /편지 /수필 /논문 / 감상문 /기행 /노래 /신시 (新詩) /소설 /희곡 /일화 /송 (頌) /평론 / 단평

개화기 최남선의 『시문독본』에는 갈래의 구분이 없이 뒤섞여 있었는데 이곳에서는 개별 텍스트에 대해 갈래의 이름을 주고 있어 문학 텍스트가 상당한 정도로 자리 잡았음을 알 수 있다. 그러나 같은 시 갈래에 들 수 있는 것을 '시조', '노래', '신시'와 같이 흩어 놓은 것을 보면 아직도 본격적인 유형화의 단계에 접어들지 못하였음을 알 수 있다.

일제 강점기의 텍스트 갈래에 대한 체계적인 분류는 이태준의 『문장강화』 (1940)에서 볼 수 있다. 이태준은 〈각종 문장의 요령〉이라는 제목 아래 다음 10가지를 들고 그 작성 요령을 베풀었다.

(16) 이태준의 문장의 갈래
일기 /서간문 /감상문 /서정문 /기사문 /기행문 /추도문 /식사문 / 논설문 /수필

당시에 실용되던 대표적인 문장의 종류를 거의 망라하였다는 점에서 앞에서 살펴본 개화기의 최재학의 분류보다 앞섰다고 할 수 있으나 일본의 문장 분류에서 크게 벗어나지 못하였다는 약점을 지니고 있다. 이곳에서 지적할 수 있는 것은 문학 작품으로 대표되는 감동 텍스트와 실용 텍스트를 종합하는 텍스트의 유형화가 아직도 시도되지 않았다는 점이다. 문장론을 연구하는 사람들과 문학 갈래론을 연구하는 사람들의 정보 교환이 이루어지지 않고 있다. 최근에 나온 고등학교 작문 교과서나 문장 작

법류를 보아도 이태준의 위의 분류법이 준거가 되고 있다는 데서도 그사이의 사정을 잘 알 수 있다.

일제강점기에는 개화기와 비교할 수 없을 정도의 새로운 텍스트가 많이 탄생하였다. 문학 작품에서는 희곡이 뚜렷한 갈래를 이루었고 시에서도 자유시라는 갈래가 등장하였으며 (15)에서 보는 바와 같이 동화, 사화, 소품, 일화, 평론 등 무수한 작품 텍스트가 얼굴을 내밀었다. '아는 것이 힘이다. 배워야 산다'와 같은 표어 텍스트가 농촌 계몽 운동원들 사이에 오르내렸으며 각종 성명서, 발기문, 취지문 등이 무수히 나왔다. 취지서로는 〈민립대학발기취지서〉 (民立大學發起趣旨書) (1923), 〈근우회발기취지서〉 (槿友會發起趣旨書) (1927), 성명서로는 〈이충무공 유적보존성명서〉 (李忠武公遺蹟保存聲明書) (1931), 대한민국 임시정부의 〈대일선전성명〉 (對日宣戰聲明) (1941) 등을 들 수 있다. 비록 가사이기는 하지만 1930년대에 잠깐 나타났다가 소멸한 〈문맹타파가〉의 한 구절을 소개하기로 한다.

(17) 귀 있고 못 들으면 귀머거리요
입 가지고 말 못 하면 벙어리라지
눈 뜨고도 못 보는 글의 소경은
소경에다 귀머거리 또 벙어리라

(17)은 글의 깨우침을 강조함과 동시에 기본 글자를 노래로 풀어 쉽게 깨치도록 하였는데 1935년까지 활발하게 전파되다가 총독부의 문자 보급 운동 중지령으로 저절로 소멸되었다. 1930년대에는 앞의 '아는 것이 힘이다. 배워야 산다'와 같은 표어가 많이 생산되었다. 지나간 시대의 표어를 수집하여 정리 · 분석하는 작업이 절실하다.

여기에서 하나 언급할 것은 일제 강점기의 실용 텍스트의 변화 문제이다. 대체로 1920년대 중반까지는 한문과 한글을 섞어 쓴 이른바 국한문 혼용 텍스트가 주류를 이루었으나 [사진 1], 1929년에 나온 차용 증서를 보면 한글을 일본문 옆에 부기 (附記)하는 형식을 취하였으며 [사진 2], 1930년대 중반에 나온 증서류에는 일본문으로만 서식이 작성되어 있다. 이러한 자료는 우리 텍스트 표기 양식의 변천을 알려 주는 중요한 자료로 평가된다.

재외 동포들의 텍스트 생산도 주목할 만한 것이 많다. 당시 재외 동포들은 만주, 러시아의 연해주, 미주, 일본에 흩어져 살았는데 특히 러시아와 미주의 신문은 모두 한글로만 생산되었다. 러시아의 동포 신문인 『선봉』을 보면 광고 텍스트는 특이한 것이 많다. '공청회원증을 잃엇오, 아부지 황병화를 찾소, 당표를 잃엇소'와 같이 모두 하오체로 되어 있다. 당시 반도의 신문은 국한문 혼용이었던 까닭에 '尋人' 등으로 나왔다. 구호는 '"레닌의 길대로"의 창간호를 축하한다'와 같이 표현되어 있다. 쉬운 우리말로 신문의 제호를 삼는 경향이 뚜렷하다. 이에 대하여 『신한민보』는 한자어를 한글로만 적고 있어서 이해에 어려운 점이 많다. 이를테면 '내지신문 번등'이라고 표기한 것이 그 한 예이다. 반도 안에서 나온 신문 기사를 옮겼다는 뜻이다.

19세기 중반부터 전래되던 사본 (寫本)을 바탕으로 하여 많은 고대소설이 찍혀져 나왔는데 이때 "언간독" (諺簡牘)이 많이 간행되었다. 자료를 보면 여러 가지 양식의 언간을 볼 수 있다. 이러한 언간의 전통을 발판으로 하여 개화기는 물론, 일제 강점기에도 많은 서간 문범이 간행되었다. 1917년 이전에 간행된 것으로 추정되는 이주완 (李柱浣)의 『시톄언문편지투』 (영풍서관)를 보면 여러 가지 편지 서식이 나온다. 친족 왕복, 인척 왕복, 조장 (弔狀), 위장 (慰狀), 친우 왕복, 치사 (致辭), 사제 간 왕복 등 11개 유형으로 나누고 그 아래에 구체적인 갈래를 두었다. 친족 간 왕복의 갈래를 들어 보면 다음과 같다.

(18) 부자간 /조손간 /조모 손자 간 /부녀간 /모녀간 /시부모와 자부 간 /

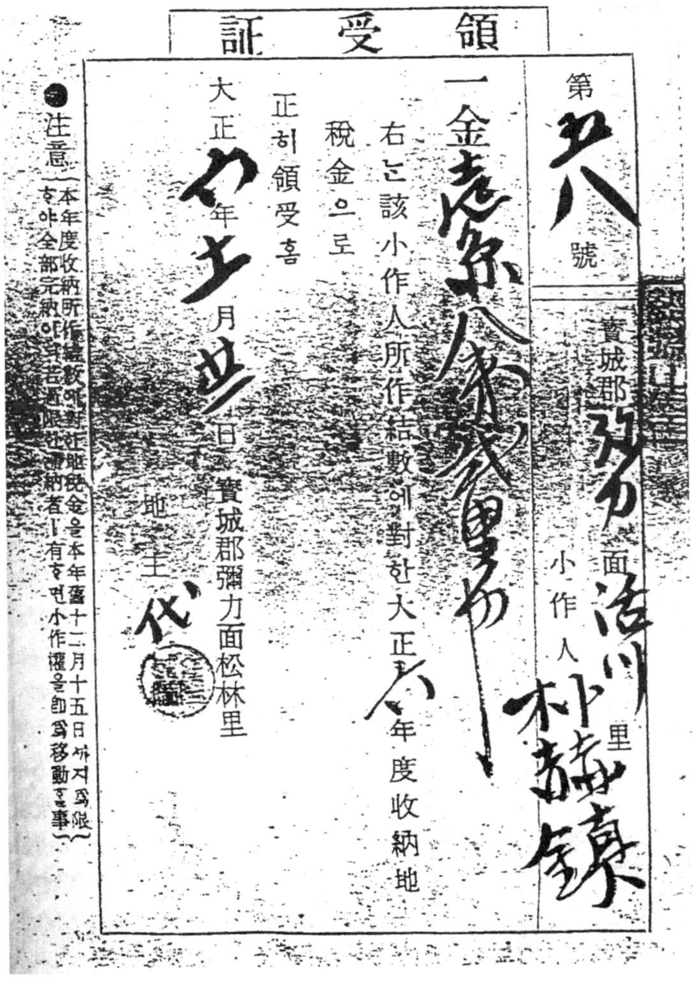

領受證

第 　號

寶城郡 　面 　里

小作人

一金

右ᄂᆞᆫ該小作人所作結數에對한大正 　年度收納地稅金으로

正히領受흠

大正 　年 　月 　日 寶城郡彌力面松林里

地主 　代

注意 一本年度收納所作結數에對한地稅金을本年陰十二月十五日까지爲限ᄒᆞ야全部完納이니若過限不納者ㅣ有ᄒᆞ면小作權을卽爲移動ᄒᆞᆯ事

▌사진 1▐

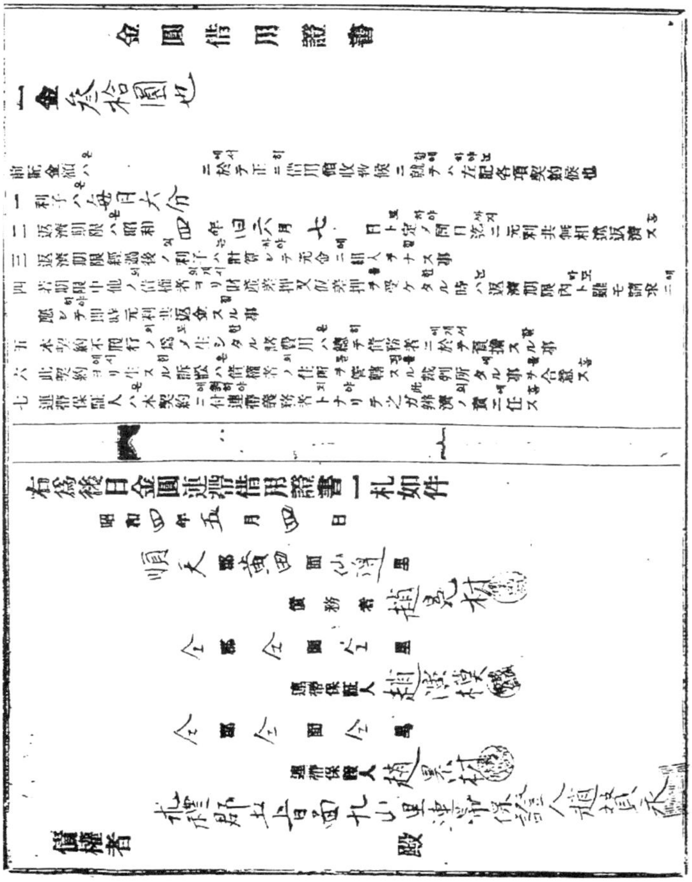
金圓借用證書

一金 參拾圓也

▌사진 2▌

자매간 /남매간 /여동서 간 /수숙 간 /부부간 /숙질간 /숙모 질부 간 /당숙 모당 질부 간 /고모 질부 간

이들은 대개 접촉 텍스트의 범위를 넘어서지 않으나 용건에 따라서는 제보, 호소, 선언의 기능도 파악된다. 이런 점에서 전통 사회의 편지에 대한 기능 분석도 소홀히 할 수 없다. 더욱이 이들 서간 문범은 반드시 답서도 함께 제시하였는데 이는 편지라는 것이 일상 대화와 마찬가지로 한쪽의 편지만으로는 온전한 텍스트가 되지 못한다고 인식하였기 때문이다. 1930년대에 들어오면서는 옛 투식을 벗은 서간 문범이 많이 나오지마는 기본 골격은 큰 차이가 없어 보인다.

6.4.6. 해방 후의 한글 텍스트의 산생 (産生)과 유형화 문제

1945년 우리나라가 일본 제국주의자들의 굴레에서 벗어난 것은 우리 나름의 독자적인 텍스트 생산의 권한을 부여받았다는 점에서 갑오개혁에 뒤지지 않는 역사적 의의를 띤다고 하겠다. 갑오개혁이 계기가 되어 한글이 공용 문자의 자격을 얻기는 하였어도 국한문 혼용의 상태를 벗어나지 못하였으며 그 기간도 15년에 지나지 않았다. 해방을 맞은 우리 민족은 1933년에 마련된 『한글맞춤법통일안』에 따라 각급 학교 교과서를 편찬하였다. 적어도 국민 교육에서는 한글 텍스트가 자리를 잡기 시작하였다. 일제 강점기에도 조선어 교과서가 편찬되지 않은 바 아니었으나 그것들은 대부분 국한문 혼용 텍스트였으며 해방을 계기로 하여 한글 텍스트만이 국민 교육에 사용되었다. 이 점은 북한도 마찬가지였다.

남한은 국민 교육에서는 한글 텍스트가 생산되었으나 현실적으로는 국한문 혼용 텍스트가 지배적이었다. 1948년 한글 전용법이 제정되기는 하였으나 필요한 때에는 한자를 병용할 수 있다는 단서 때문에 실질적인 한글 전용은 1970년대에 접어들면서 실시되었다. 남한은 해방으로부터

2년 동안 한글 텍스트와 국한문 텍스트가 병존하였다. 북한도 1948년의 『조선어신철자법』이 공포될 때까지는 한글 텍스트와 국한문 텍스트가 공존하였다. 인민 학교 등의 각급 학교 교과서는 한글 텍스트였으나 행정 문서나 신문은 모두 혼용 텍스트였다. 그러다가 1948년부터 주로 신문을 중심으로 단계적으로 한글 전용을 하다가 1954년 『조선어 철자법』의 공포를 계기로 전면적인 한글 전용이 실시되었다. 이때부터 북한은 모든 텍스트가 한글로만 생산되었다.

앞에서 우리는 텍스트의 생산과 소멸이 문화적 요인이나 정치적·사회적 변혁과 밀접한 관계에 있음을 언급한 바 있는데 남북한은 결정적인 계기를 만날 때마다 수많은 텍스트를 생산하였다. 해방이라는 정치적 변혁으로 지배자였던 일본인이 물러가고 그 자리에 연합군이 진주하였다. 우리나라 바깥에 흩어져 살던 동포들이 귀환 (歸還)하였다. 여간 큰 정치적·사회적 변혁이 아니었다. 더구나 한반도가 두 쪽으로 나뉘어 남쪽에는 미군이, 북쪽에는 소련군이 일본인을 대신하여 군정을 끌어 나갔다. 이를테면 표어와 같이 길고 짧은 우리말로 된 텍스트들이 우후죽순 (雨後竹筍)처럼 쏟아져 나왔다.

해방되던 1945년 12월, 5년간의 신탁 통치안이 모스크바 삼상 회의에서 결정되었다는 소식이 전해지자 신탁 통치를 반대하는 운동이 전국적으로 전개되었다. 당시 지은이는 국민학교 (지금의 초등학교) 2학년 생도로서 '신탁 통치 절대 반대'라는 리본을 가슴에 달고 고향의 각 마을을 돌며 시위를 한 경험이 있다. 당시의 『동아일보』를 보면 '信託統治絶對反對'라는 플래카드를 들고 시위를 하는 행렬을 볼 수 있는데 이런 텍스트가 바로 사회의 변혁과 관련해서 태어난 텍스트이다. 당시 국대안 반대도 극렬하였는데 그 당시 탄생한 표어나 플래카드도 상당히 많았다고 하나 현재로서는 그 자료를 보기가 쉽지 않다.

해방과 더불어 생산된 텍스트에는 앞의 표어뿐만 아니라 많은 성구를 접할 수 있다. 새로 생긴 것도 있지만 일본의 텍스트를 우리 텍스트로 바꾼 것도 상당히 많다. 우선 체조 구령 텍스트를 들 수 있다. 그 몇 가지를 들면 다음과 같다.

(19) 해방 뒤의 바뀐 체조 구령 텍스트
차려 /쉬어 /오른편으로 돌아 /뒤로 돌아 /앞으로 가아 /모두 서어 /바로 /모여 /집합

이 가운데서 '오른편으로 돌아'와 같은 구령은 '우향우'로 바뀌었지마는 나머지는 대부분 현재 그대로 사용하고 있다. 해방 후 몇 달 동안 일본어의 '氣オ着ケ'를 음독한 '기착'을 사용하였는데 곧 '차려'란 우리 고유의 표현으로 대체되었다는 기억을 지은이는 지금도 지니고 있다. 학교 교실의 칠판 좌우에는 태극기를 중간에 두고 교훈과 급훈이 나란히 붙어 있던 것도 기억한다. 1948년의 서울삼광국민학교 6학년 교실에 붙어 있던 교훈은 '곧세고 /바르고 /의좋게'였다.

해방 직후는 배외 사상 (排外思想)이 팽배해 있던 때라, 일본의 잔재를 몰아내자는 것이 민족 전체의 열망이었던 까닭에 일본 것이나 미국 것이면 무엇이든지 배격하는 풍조가 만연 (蔓延)하였다. 다음과 같은 11가지의 〈하지 말자〉라는 구호 텍스트가 이를 대변한다.

(20) 11가지의 〈하지 말자〉 구호 텍스트
일본말을 하지 말자 /일본식 이름을 부르지 말자 /일본 사람 물건을 사지 말자 /일본 인형이나 노리개를 갖지 말자 /코 흘린 얼굴로 미국 군인보고 '할로!' 하지 말자 /미국 군인보고 손을 내밀며 검을 달라지 말자 /싸움하지 말자. 더구나 외국 사람 보는 데서 싸움하지 말자 /나쁜 말을 하지 말자 /한길에서 음식 먹지 말자 /한길에서 장난하지 말자. 더구나 전찻길 위에서 장난하지 말자.

위의 텍스트는 『아동문학』 창간호 (1945. 12)에 실렸던 것인데 이런 구호를 통하여 당시 사회상의 일면을 엿볼 수 있다. 위의 구호들은 모두 호소 텍스트의 테두리에 들어온다.

한국 전쟁이 계기가 되어 새로 태어난 텍스트 또한 적지 않다. 대표적인 것으로 비행기에서 뿌리는 삐라 (전단)가 있다. 적치하 (敵治下)에서 시달리는 민심을 진정시키고 인민군을 회유 (懷柔)하기 위하여 비행기에서 많은 전단을 뿌렸다. 최근에 공개된 전단에는 직접적인 표현보다는 그림과 함께 4·4조 운율의 가사가 적힌 전단도 있어 그 종류가 다양했음을 알 수 있다. 물론 이런 텍스트는 호소 기능이 강하다. 특수 집단의 사람들이 비밀 조직을 만들어 군중을 선동하는 경우에도 삐라가 많이 사용되었다.

여기서 특별히 들고자 하는 것은 〈우리의 맹서〉와 같은 텍스트가 탄생되었다는 점이다.

(21) 우리의 맹서

가. 우리는 대한의 아들 딸 주검으로써 나라를 지키자.

나. 우리는 강철같이 단결하여 공산침략자를 쳐 부시자.

다. 우리는 백두산 영봉에 태극기를 날리고 남북통일을 완수하자.

(원문대로)

(21)은 1968년에 공포된 〈국민 교육 헌장〉 (앞에 나옴)과 마찬가지로 대한민국 정부에서 제정하여 교육 및 국민 단합의 지표로 삼아 오던 구국강령 (救國綱領)이다. 끝이 '하자'와 같은 청유형으로 되어 있다는 점으로는 호소 텍스트의 기능을 줄 수 있으나 국가가 관여하였다는 점에서 선언 텍스트로 보아야 한다고 생각한다. 이런 점으로 보면 청유형을 '지킨다, 부신다, 완수한다'와 같은 평서형으로 텍스트 수정을 할 필요가 있다.

1960년, 야당이었던 민주당의 선거 구호는 '못 살겠다, 갈아 보자'였다. 이러한 구호 텍스트의 호소 기능이 매우 강하여 당시 집권당인 자유당을 견제 (牽制)하는 효과가 매우 커서 야당에 대한 지지도가 상당하였으며 이를 의식한 여당은 3·15 부정 선거를 저질렀고 마침내 4·19 혁명을 유발하였다. 이어 교수단의 시위가 있었고 이승만 대통령의 하야(下野) 후에는 질서 회복을 호소하는 학생들의 시위가 있었다. 당시에 나온 플래카드에는

〈各 大學 教授團 學生의 피에 보답하자, 市民들이여 기뻐하시라 민의 학도는 승리했다 학도들이여 기뻐하라. 모두 집으로 돌아가자, 수습의 길은 대학생에게…〉와 같은 구호가 적혀 있다. (글자 크기 원문대로)

5·16 군사 정변을 계기로 하여 새로 태어난 텍스트 또한 적지 않다. 군사 정권의 이른바 혁명 공약이 대표적인데 1961년 5월 16일 새벽에 라디오 방송을 통하여 알려지고 그 밖에 각종 보도 기관을 통하여 홍보되었다. 모두 6개 항으로 되어 있는데 선언 텍스트의 성격을 지니고 있다. 군사 정권 시대에는 한일 회담을 반대하는 학생들의 플래카드에 '굴욕적인 한일 회담 결사 반대'라는 구호가 적혀 있었다. 어미가 생략되었기 때문에 그 기능을 단정하기 어려우나 선언 기능도 줄 수 있고 호소 기능도 줄 수 있다. 유신 정권 시절에는 '유신 헌법 철폐하라'와 같은 구호가 탄생되었다. 박 대통령 부인 육영수 여사가 저격되었을 때는 '일본인은 물러가라'라는 시위대의 구호가 나왔고 신군부가 정권을 잡았을 때는 '전 아무개를 처단하라' 등의 살인적인 구호가 많이 태어났다. 이들 역시 호소 텍스트이다. '산림 녹화, 수해 방지'와 같은 텍스트는 박 대통령의 치산치수 (治山治水)의 정책 의지를 나타낸 대표적인 텍스트이다. 종결 어미가 없어 그 기능을 무어라 단정할 수 없으나 선언적으로도 볼 수 있고 호소적으로도 볼 수 있다. 그 뒤로도 정치적·사회적으로 큰 사

건이 있을 때마다 시위대의 플래카드에는 언제나 새로운 형태의 텍스트가 나타났다.

1970년대에 들어서면서부터 한글 전용이 전면적으로 실시됨에 따라 우리의 텍스트 세계에는 큰 변화가 일어났다. 대부분의 텍스트가 한글로 생산되었기 때문이다. 1970년대 초에는 새마을 운동을 계기로 하여 많은 텍스트가 태어났다. 〈새마을 노래〉가 불리는가 하면 '선진 조국 창조, 새마을 교육, 새마을 사업 착수 대회'와 같은 표어나 구호가 플래카드 등에 군데군데 붙기도 하였다. 그리고 가정의례 준칙이 나옴에 따라 종래 한문투였던 각종 서식이 모두 한글로 쉽게 다시 마련되었다. 요즈음 사용되는 결혼 /환갑 청첩장과 인사장, 부고 등이 대부분 이를 계기로 하여 탄생된 텍스트 종류이다. 얼마 전 국립국어연구원과 조선일보사가 공동으로 편찬한 『우리말의 예절』(1991)에는 일상생활과 특정한 경우의 인사말에 대한 표준안이 들어 있는데 이런 것도 시대적 흐름에 부응하는 새로운 텍스트의 생산이다. 그러나 지방 (紙榜), 제문 (祭文) 등은 아직도 옛 한문투를 그대로 지키는 일이 많다.

1980년대에 접어들면서 우리나라가 산업 사회로 진입하자 환경 보호 문제가 큰 사회적 문제로 대두되었다. '자연 보호 사람 보호, 국토 사랑 나라 사랑, 샛강을 살립시다, 버리면 쓰레기 모으면 자원'과 같은 텍스트가 산출되었으며 각종 광고 텍스트가 무수히 산출되었다. '국어 사랑 나라 사랑', '국산품을 애용하자'와 같은 표어는 우리 사회에서라면 언제 어디서나 볼 수 있는 표어였다. 최근에는 IMF 사태를 맞아 '다시 뛰자, 경제를 살립시다'와 같은 텍스트가 나타났다. 이들은 모두 호소 기능을 띠고 있다. 자가용 시대의 도래 (到來)와 함께 교통 표지 텍스트 또한 무수히 탄생하였다. 그림과 부호만으로 된 텍스트가 있는가 하면 언어를 동반한 텍스트도 적지 않다. 이를테면 화살표와 함께 '광화문'이란 글귀가 쓰여 있으면 이는 제보 텍스트가 될 것이고, '속도를 줄이시오' 아래에 작은 글씨로 '굽은 길'이라는 글귀가 쓰여 있다면 전자에는 호소 기능을 주어야 할 것이고 후자에는 제보 기능을 줄 수 있다. 그러나 지배적인 기능은 호소 기능이다. 속도를 줄이라는 구절을 큰 글씨로 썼기 때문이다. 1983년 6월부터 몇 개월 동안 서울 여의도 광장에서 KBS 주최로 실시된 〈이산가족 찾기〉 운동을 계기로 하여 많은 텍스트가 탄생하였다. 또 88 올림픽을 계기로 하여서도 많은 새로운 텍스트가 태어났다. 이렇게 우리 사회가 격동을 겪을 때마다 새로운 형태의 텍스트가 얼굴을 내밀었다.

최근에는 개인용 컴퓨터와 인터넷의 보급으로 텍스트의 생산과 수용이 매우 쉬워져 바야흐로 텍스트의 홍수 속에서 산다고 해도 과언이 아닐 정도이다. 책이 넘쳐 나는가 하면 아침마다 배달되는 신문에는 수많은 종류의 광고 텍스트가 끼여 있다. 대부분 호소 텍스트의 테두리에 넣을 수 있다. 홈페이지를 통해 아무리 멀리 있는 외국 학자들의 논문이라 하더라도 보고 싶은 정보를 언제든지 꺼내 볼 수 있고 전자 우편을 통하여 정보를 주고받으니 편지는 말할 것도 없고 팩스나 디스켓을 통해서 정보를 주고받는 일은 이제 낡은 통보 방식이 되어 가고 있다. 텍스트를 받아 가공하고 다시 생산하여 전달하는 일이 순식간에 일어난다. 이런 점에서 지은이는 영상 텍스트도 텍스트의 한 유형으로 간주했던 것이다.

우리는 일제 강점기에 나온 문예 독본류를 중심으로 당시까지 생산된 우리 문학의 갈래를 대체로 굽어볼 수 있었는데 이러한 문학 텍스트의 갈래는 현대 문학사에서 기획한『新韓國文學全集』(어문각, 1978)에서 비로소 자리를 잡았다.

(22) 1970년대의 우리 현대 문학 갈래
소설 /현대 시 /시조 문학 /희곡 문학 /수필 문학 /아동 문학 /평론 문학

적어도 현대의 문학 텍스트에 관한 한, (22)의 분류 체계가 일단은 표준

적인 것이라 할 수 있다. 그러나 각 갈래를 세분할 때 어떤 종류를 두어야 할 것인지 문제가 적지 않다. 이를테면 소설 텍스트에서 장편, 중편, 콩트, 소품 등으로 세분할 것인지, 장편 소설에서도 대하 소설을 어떻게 처리할 것인지 문제가 적지 않아 보인다. 1980년대에 들어와 장편 대하 소설이 주류를 이루어 이전의 단편 위주의 문학 텍스트에 큰 변화를 주었다. 그러나 1990년대 중반에 접어들어 엽편 (葉篇) 소설이라고 하는 짧은 소설이 등장하여 작품 텍스트 세계에 변화를 가져오고 있다. 정보화 시대를 맞아 새로이 태어나는 텍스트인 것이다. 앞으로 정보화가 더 진척되면 어떤 종류의 작품 텍스트가 생산될지 모른다. 작품 텍스트를 비롯하여 우리의 텍스트 전반에 걸친 유형화 문제는 다음 장에서 더 논의하기로 한다.

특수 사회에서 생산되는 텍스트도 적지 않다. 전통 시대에는 산삼 채취인, 군대 사회, 걸인 사회의 은어가 관심의 대상이었으나 산업 사회로 접어들면서 계층이 다원화함에 따라 특수 계층에서 사용되는 은어 텍스트도 적지 않다. 이를테면 어떤 대학교에서 사용되는 말 가운데는 그 학교 학생 전체에게 사용되는 특수 텍스트가 있는가 하면 특정학과 학생들만이 이해하는 텍스트도 있고 특정 서클 회원에게만 통하는 텍스트도 있다. '강 건너 가다'는 '도림천을 건너다, 한강을 건너 갈 수 있는 신촌을 가다, 관악산 입구의 막걸리·음식 등을 파는 곳에 가서 술 먹다'라는 뜻인데 이들은 그 학교 전체 학생이 이해하는 텍스트이고 '시의 오해'와 같은 텍스트는 그 학교의 국어 교육과 학생들이 〈시의 이해〉라는 과목이 너무 어려움을 풍자한다는 뜻에서 나온 텍스트인데 해당 학과 밖의 학생들은 이해하지 못한다. '사다리 타자'는 국제 학생 협회에서 사용되던 텍스트인데 '무엇을 사 먹을 때 사다리를 그려 놓고 누가 살 것인지를 정하는 것으로 무엇을 먹자'라는 뜻을 표시한다.

북한에는 1960년대 후반 이후 주체사상을 신봉함에 따라 이에 관련된 텍스트가 수없이 생산되었다. '위대한 수령 김일성 동지의 주체사상으로 튼튼히 무장하자'와 같은 구호가 많이 사용되고 있는데 이는 호소 텍스트라기보다는 선언 텍스트라고 하는 것이 좋다. 북한의 정치 체제와 관련시킬 때 그러하다. 상황에 따라 그 기능이 달리 해석되는 예이다. '위대한 수령 김일성 동지의 만수무강을 삼가 축원합니다'와 같은 텍스트는 접촉 텍스트로 볼 수 있다. 그러나 아이스크림을 '얼음 보숭이'로 다듬어 놓고 '다듬은 말을 널리 씁시다'와 같은 구호를 써 놓았다면 이는 호소 텍스트로 보는 것이 좋다. 다듬은 말을 보급함에 있어서는 권장의 수준을 넘어서지 않는다는 것이 북한의 문화어 보급 방침이기 때문이다. 김일성 사후에는 김정일과 관련된 텍스트가 많이 나왔으며 그의 아들 김정은이 후계자로 지목됨에 따라 김정은과 관련된 텍스트도 서서히 나오고 있다. 연변 자치주와 중앙아시아의 우리 교민 사회에서는 중국과 소련 연방의 정치적·사회적 변혁에 순응하는 많은 한글 구호 텍스트가 산출되었다.

6.5. 간추림

이상과 같이 지은이는 고대 중국의 문장 분류를 포함하여 우리의 전 역사에 걸쳐 명멸(明滅)하였던 텍스트 갈래를 텍스트 유형과 관련하여 그 성격을 검토하여 보았다. 결과적으로 중국과 우리나라에서 생산된 대부분의 텍스트는 앞에서 검토한 화행 기능에 따른 여섯 가지 텍스트 유형에 속할 수 있음을 확인하였다. 특히 고대 중국의 시학서였던 『문심조룡』의 텍스트 유형화에 의거한 기준 논의는 앞으로 텍스트 유형론의 전개에서 다시 평가해야 할 지식 체계라고 생각한다. 텍스트에 따라서는 화행 기능이 중의적이어서 그 주종을 쉽게 구별할 수 없는 것도 없지 않으나 앞뒤의 상황과 텍스트 생산자의 의도를 잘만 파악하면 지배적인 기능을 파악할 수 있다. 이렇게 함으로써 우리나라를 비롯한 동양의 텍스트도 화행 기능에 근거한 유형화가 가능하다는 예측을 할 수 있다. 이곳에서는 개별 텍스트의 화행 기능을 산발적으로 검토하는 수준을 벗어나지 못하였다. 북한을 포함한 우리 민족의 텍스트와 전통적인 중국 텍스트에 대한 종합적인 검토는 보류하고자 한다.

지은이는 텍스트를 언어로 표현되어 있거나 언어로 표현할 수 있는 기호로 정의하였는데 (8쪽), 정보화 시대로 진입하고 있는 21세기는 과연 어떠한 텍스트가 산생될지 그 장래를 쉽게 예측할 수 없다. 현재도 다중 매체로 방영되는 영상 기호는 언어를 매개로 하지 않는 일이 많다. 문학 텍스트와 비문학 텍스트의 경계가 허물어져야 한다는 소리를 들으면 중세나 고대의 텍스트 세계로 복귀하는 듯하기도 하고 이와 함께 수천 년간 텍스트 산생의 주도적 역할을 해 오던 인쇄 매체가 전자 매체에 억눌려 그 위상이 축소되지나 않을까 하는 우려의 목소리가 들려오는 것을 보면 앞으로는 텍스트를 어떻게 정의해야 할지, 그리고 그 기능을 어떻게 파악하여 유형화해야 할지 그 장래를 점치기 어려운 처지에 놓여 있다. 이런 문제까지 포괄하지 않은 지은이의 텍스트 유형화는 그만큼 불완전할 수밖에 없다. 그럼에도 불구하고 전통 사회로부터 현대에 이르는 각종 텍스트를 기능에 따라 유형화해 본 것은 그 나름의 소득이 없지 않았다고 믿는다.

내용 보충

6.1. 문제의 제기

제6장은 브링커 (1992) /이성만 (역) (1992)의 제4장 내용을 많이 참조하되 특히 화행론에 대하여는 우리 언어학계의 성과도 두루 참조하였다.

슈미트는 미디어 산출물의 분류 및 기술 (記述)을 위한 화행론적 관점을 뒷받침하는 미디어 장르 이론을 다음과 같이 전개한 바 있다. (슈미트 1994 /박여성 역 1996: 227-30, 박여성 1995a, 1997b)

(1) 텍스트 /미디어 장르 분류의 목표는 모든 텍스트 종류에 대한 지시적 /의미적 규제를 포함하는 체계적 이론을 구성하는 데 있다.
(2) 텍스트 종류는 일정한 발화 형식을 일정한 행위 지향 수단으로 이용하는 인지 현상으로 해석된다. 따라서 텍스트 유형론은 기능 지향적이다.
(3) 한 사회 속에서 행위자들 사이의 협동은 커뮤니케이션의 복잡성을 줄이는 인지적 불변체인 텍스트 종류를 필요로 한다. 이는 인지 심리학의 인지 도식, 계획, 틀, 시나리오, 스크립트에 해당한다.

이에 따라 텍스트 종류는 심리적 층위와 사회적 층위에서 기능하며 양자는 구조적으로 접속되어 있다.

6.2. 화행 이론과 텍스트의 기본 기능

화행론 (話行論, speech act theory)은 오스틴 (J. L. Austin)이 창도한 이후, 이 방면에 대한 연구가 많이 쌓여 이제 실용론의 핵심 분야가 되었다. 설 (J. R. Searle), 프레이저 (B. Fraser), 카츠 (J. J. Katz), 분더를리히 (D. Wunderlich), 바크-하니시 (Bach-Harnish), 발머 (Th. Ballmer), 브레넨슈툴 (W. Brennenstuhl), 리치 (G. N. Leech) 등의 참여로 오스틴의 이론에 대한 대안 (代案)이 많이 나와 있다. 우리나라에는 장석진 (1987: 177-89)에 오스틴, 설, 프레이저, 카츠, 바크-하니쉬, 리치의 견해가 종합되어 있다. 분더를리히의 *Studien zur Sprechakttheorie* (1976), 발머와 브렌넨슈툴의 *Speech Act Classification* (1980)의 견해도 참고할 필요가 있어 보인다. "발화 수반 행위", "발화 효과 행위"의 용어 문제는 장석진 (1993: 76-7, 1994: 77-81)을 참조하였다.

설의 발화 수반 행위의 분류는 다음과 같다. 번역은 이성만의 브링커 번역본 (1994: 120)을 참고하였다.

- 제시 행위: 확언, 주장, 예보, 설명, 진단, 기술 등
- 지시 행위: 지령, 명령, 부탁, 지침, 기도 (祈禱), 신청, 청원, 조언, 추천, 제안 등
- 위임 행위: 약속, 서약, 맹세, 협박, 내기, 계약, 보증 등
- 정표 행위: 감사, 축하, 사과, 조위 (弔慰), 불평, 환영, 인사 등
- 선언 행위: 임명, 선전 포고, 혼례, 기증, 해약, 해고, 유언 등

브링커는 설의 분류를 두 가지 관점에서 긍정적으로 평가하였다. (1) 화행의 발화 목적을 명시하였고 (2) 발화 (단어)의 내용과 사실 (세계) 사이가 적절하게 대응되고 있다는 것이다. (1)은 이를테면 "제시 행위"에서 사태를 서술할 때, '참이냐 거짓이냐' 또는 '옳으냐 그르냐'를 따질 수 있다. (2)는 이를테면 제시 행위에서는 단어와 세계가 일치해야 하는 반면, 지시 행위와 위임 행위에서는 세계가 단어에 걸맞게 변화해야 한다는 것이다. 브링커는 설의 발화 수반 유형론에 뷜러의 기본 기능이 보인다고 그 영향 관계를 추상하였다. 야콥슨이 뷜러의 영향을 받았으니 (앞에 나옴, 55쪽), 간접적인 영향일지 모른다. 제시 행위는 "서술"과, 정표 행위는 "표현"과, 지시 행위는 "호소"와 어느 정도 일치한다고 보고 있다. 브링커는 뷜러를 비롯한 모든 사람들의 분류 기준이 동질적이지 않다고 비판을 가하였다. 이를테면 호소 기능과 접촉 기능은 통보 기능적 층위에서 정의되고 있는 반면, 서술 기능과 표현 기능 /자기 서술 기능은 주제적 층위에서 다양한 방식에 의하여 규정되고 있다고 보았다. 결국 브링커는 설이나 그로세 (Große)와는 달리 생산자가 수용자에게 텍스트를 수단으로 표출하는 통보적 접촉 방식에 근거를 두고 있다. 브링커는 설의 발화 수반 행위의 유형론을 받아들이기는 하였지만 "제시 행위"는 "제보 기능"으로, "정표 행위"는 "접촉 기능"으로 바꾸었다. 현재까지는 가장 합리적인 분류안으로 보인다. 브링커의 텍스트 기능에 대한 자세한 논의는 브링커 (1983)에서 이루어진 바 있다.

〈국민 교육 헌장〉의 문제점에 대하여는 이익섭 (1998: 234-5)를 보고 반점을 비롯한 민족어 문장 부호의 언어학적 의의에 관한 논의는 장소원 (1983)을 보라.

6.3. 텍스트의 유형화 문제

텍스트를 기능적 공통성에 따라 묶는 것을 "부류화"라 하고 이를 다시 상위의 유개념에 종속시킬 필요가 있으면 "유형화"라는 말을 쓰기도 한다. 곧 텍스트 유형 (Texttypen), 텍스트 부류 (Textklasse), 텍스트 갈래 /텍스트 종류 (Textsorten)가 그것이다. 이를테면 "시조"라는 텍스트 갈래는 "시"라는 "부류" (Klasse)에 속하고 "시"라는 부류는 문학 텍스트라는 더 큰 유개념에 속하는 것과 같다. 이렇게 하나의 텍스트 종류 및 갈래가 단계를 밟아 상위의 개념으로 수렴되는 위계적인 현상에 대하여 "갈래 /종류", "부류", "유형"과 같은 용어를 가려 쓰는 것이 이상적이겠으나 이곳에서는 번잡을 피한다는 뜻에서 개별 텍스트만 "갈래" 또는 "종류"라는 말을 사용하고 상위의 유개념에 대하여는 모두 유형화란 말로써 포괄하기로 하였다. 그리고 개별 텍스트에 대하여는 문학 작품을 가리킬 때에는 "갈래"란 말을 쓰고 텍스트 전반을 가리키거나 비문학 텍스트를 가리킬 때에는 "종류"란 말을 사용함을 원칙으로 하되 엄격하게 구별하지 않을 때도 있음을 덧붙여 둔다. 텍스트의 유형화에 대하여는, 파터 (1994) /이성만 (역) (1995: 171-83), 박여성 (1995a), 이난희 (1995), 박영철 (1996), 고익환 · 박영철 (1998)을 보라. 맨 끝의 업적에는 독일에서 이루어진 텍스트의 유형화에 관한 제반 견해를 거두어들여 문제점을 검토하고 있어 참고가 된다. 그리고 문학 장르에서는 상위 개념에 대하여 "장르류" (Gattung), 하위 개념에 대하여는 "장르종" (Art)으로 부르는 독일 문예학의 체계를 갖다 쓰기도 하고 (주종연 1993), 장르 대신 "갈래"란 고유어를 개발하여 사용하는 일이 없지 않으나 (조동일 1992: 11), 지은이는 이상과 같이 쓰기로 하였다.

텍스트를 가르는 기준에는 여러 가지가 있다. 지은이는 브링커를 따라 화행을 기준으로 한 분류법을 채택하였으나 (5)와 같이 매체에 기댄 분류법도 가능하다. 문제는 이러한 분류가 슈미트가 말한 대로 체계적인 이론을 형성하는 데 얼마만큼 유익하냐 하는 것이다. 최근 서승완 (서울대 국문과 박사 과정 수료)은 지은이에게 제출한 한 보고서에서 우리나라의 문서 텍스트를 운송 방식에 따라 배달 텍스트, 배포 텍스트, 게시 텍스트의 셋으로 나누었다. 그 분류 기준은 (1) 수신자의 특정성 문제, (2) 텍스트의 소지 (所持) 여부, (3) 텍스트의 수용 인원이다. 그러면서도 각 텍스트에 내재해 있는 화행 기능을 면밀하게 추구하였다. 기능을 기준으로 하여도 밑으로 내려가면 운송 방식이 문제가 되고 운송 방식을 기준으로 하여도 기능 문제를 거론하지 않을 수 없다. 어떤 분류 기준을 세우는 것이 다양한 텍스트 세계의 질서를 찾는 길인지 여러모로 생각해 볼 필요가 있다.

인터넷 게시판에서 생산되는 댓글 [리플]도 대화 텍스트의 범주에 넣을 수 있다. 최근 이 방면에 대한 유형학적 연구가 왕성하다. 우선 권순희 (2003), 조국현 (2007), 안태형 (2010)을 보라.

서양의 텍스트 유형론에서는 아직도 문학 텍스트와 비문학 텍스트의 유형론을 미래의 과제로만 생각하고 적극적인 통합을 시도하지 않고 있다 (브링커 1992 /이성만 역 1994: 153-72). 앞에서 본 바와 같이, 중국과 우리나라의 문장 분류에는 비문학적 텍스트와 문학적 텍스트가 특별히 구분되지 않았다. 그리고 과거에는 문학 작품으로 간주되지 않았던 것이 현대적인 관점에서 보면 훌륭한 문학 작품의 테두리에 들어오는 것이 적지 않다. 이런 점을 감안하여 지은이는 이들을 통합하되 하위의 단계에서 문학성과 비문학성을 부여하는 태도를 취해 왔다. 조동일 (1992, 2005a: 27-33)에서는 그 나름의 갈래 이론을 전개하면서 비문학 텍스트, 곧 실용문도 모두 민족 문학의 갈래 속에 넣는 태도를 취하였다. 그리하여 개화기, 이른바 그의 "이행기 문학"과 근대 문학에서는 수사학에 관련되는 지식 체계를 모두 문학사의 서술 대상으로 삼았다. 그는 민족 문학의 갈래를 크게 서정 /교술 /서사 /희곡의 넷으로 나누되 작품 외적 세계의 개입 여부와 "자아"와 "세계"의 대결 여부를 분류 기준으로 삼았다. 그의 교술 갈래에는 비문학적 텍스트도 포함하고 있어 우리의 텍스트 전반을 포괄하였다는 평가를 받을 수 있으나 특히 교술과 같은 갈래는 화행 기능과 어느 정도 관련성이 있는지 아직도 다듬고 보충해야 할 부분이 많은 것으로 보인다. 한편 주종연 (1993)에서는 조동일의 교술 갈래를 비판하고 조선 시대 후기에 창작된 일부의 가사 작품에 한하여 "교시적인 것"으로 볼 수 있다고 하였다. 조동일에 비하여 교술의 범위를 축소하였다. 정보화 시대를 맞아 일관성 있는 기준에 기댄 우리 민족의 텍스트의 유형화 문제가 대두되어야 한다고 생각한다.

6.4. 동양과 우리나라의 텍스트 유형화 문제

6.4.1. 중국의 텍스트 유형화 문제

유 협의 문장 분류에 대한 검토는 고영근 (1998c)를 보라. 유 협의 문장 분류는, 본문에서 언급한 바와 같이, 현대적인 화행 이론에 바탕을 둔 면이 적지 않게 발견된다. 중국에는 『문심조룡』 이후 문장론 및 수사학과 관련된 저술이 많이 나온 것으로 알고 있다. 훈고학의 현대적 수용과 함께 이 방면에 대한 현대적 수용 문제가 논의될 필요를 느낀다. 늦은 느낌이 없지 않으나 최근 『Text』 17 (4) (1997)에서 중국의 텍스트 분석을 특집으로 삼으면서 중국 어학계에서 유 협의 『문심조룡』을 다시 평가하기 시작하였다는 것은 동서양의 텍스트 과학의 통합에 서광 (曙光)이 비치는 조짐으로 보인다. 박여성 (2000)도 같은 성격의 내용이다. 한편 양세욱 (2001)에서는 고대 중국의 '文'을 텍스트 과학의 관점에서 해석하고 그 분류 체계를 텍스트 유형론의 관점에서 해석하기도 하였다.

6.4.2. 우리의 옛 한문 문장과 이두, 이문의 유형화 문제

우리의 옛 한문 문장의 종류와 그 예문은 민병수 (1996a : 345-419)에서 얻을 수 있고 이두와 이문 등 고문서에 대한 정보는 한국정신문화연구원의 『민족문화대백과사전』의 "이두" (남풍현 집필), "이문" (안병희 집필), 최승희의 『한국고문서연구』 (1989), 유탁일의 『한국문헌학연구』 (1989) 등을 보라. 박성종 (2006)에서는 조선 시대 초기의 이두문에 대한 역주를 공간하여 이두문의 기능적 측면을 구명할 수 있는 바탕을 제공하였다. 우리 옛 문장에 대한 유형화 문제도 중국의 옛 문장류와 함께 현대적인 조명이 필요하다. 지은이가 보인 것은 거친 소묘에 지나지 않는다.

6.4.3. 전통 시대의 한글 텍스트의 유형화 문제

남해의 바위 그림은 경남 남해군 이동면 양아리에 있다. 일찍부터 '서불과차' (徐市過此)라 불러 한문 비문으로 해석하여 왔다. 중국 진시황 때 삼신산 불로초를 구하기 위하여 시종인 서불 (徐市)이 동남동녀 (童男童女) 500명을 거느리고 이곳을 찾아와 한동안 수렵 등으로 즐기다가 떠나면서 그들의 발자취를 후세에 남기기 위하여 바위에 새겼다는 전설이 전해 온다. 또는 '서불기배일출' (徐市起拜日出)이라 해독하기도 한다. 그 밖에도 많은 해석이 나왔다. 이 전설이 사실이라면 이는 훌륭한 텍스트의 자격을 갖추고 있다. 그러나 이 해석은 같은 계곡에 비슷한 바위 그림이 있다는 것이 알려지면서 많은 학자들이 단순한 바위 그림이라는 점에 동의하고 있다. 어학자들은 이런 종류의 바위 그림을 대상으로 우리 민족의 고대 문자의 존재를 확인하려고 하였다 (김민수 1980: 40). 한편 울주 반구대의 고래 그림을 문예학자들은 원시 종합 예술의 관점에서 해석하기도 한다 (조동일 2005a: 53). 울산 반구대의 바위 그림은 고래잡이를 위한 교육용 그림으로 보는 견해도 있는데 이는 1994년 1월 23일 8시에 방영된 KBS 〈역사 스페셜〉에서 미술 사학자들이 진술한 것이다. 우리의 바위 그림에 대한 종합적 연구는 한국역사민속학회에서 집필한 『한국의 암각화』(한길사, 1996)에서 볼 수 있다. 앞으로 바위 그림의 기능과 의미가 정확하게 해독되면 역사 시대 이전의 우리의 텍스트 연구에 많은 진전이 있으리라고 생각한다.

한글 텍스트에 관련된 종합적인 논의는 안병희 (1993b)에 실린 "훈민정음 사용의 역사" (16장)에서 볼 수 있다. 역대 한글 편지 텍스트는 김일근의 『諺簡의 硏究』(건국대학교 출판부, 1986), 백두현의 『현풍곽씨 언간 주해』(태학사, 2003), 조항범의 『주해 순천 김씨묘 출토 간찰』(태학사, 1998)에서 많은 정보를 얻을 수 있고 「양주의 영비 각자」에 대한 정보는 이훈종의 「양주 (楊洲)의 영비 (靈碑) 각자 (刻字)」(『한글』 125, 1959)에 기대었다. 17세기 이후의 문학 텍스트 생산에 대하여는 조동일 (2005c)를 보았다. 조선 후기의 "전" (傳)의 성격에 대하여는 박희병 (1993)을 보라.

선조의 언문 교서에 대하여는 김종택 (1975)를 보라. 천주가사에 대하여는 조원형 (2009)를 보라.

6.4.4. /6.4.5. 개화기의 한글 텍스트의 유형화 문제 /일제 강점기의 한글 텍스트의 유형화 문제

개화기의 수사법과 텍스트의 유형화에 대한 전반적인 언급은 조동일 (2005d: 266-71)을 보라. 주시경이 만든 각종 증서에 대하여는 고영근 (2008: 129-41)을 보라. 개화기와 일제 강점기, 해방 후의 논설 자료에 대하여는 『光復20年紀念年表・主要文獻集』(『新東亞』, 1965年 一月號 附錄), 『近代韓國名論說集』(『新東亞』, 1966年 一月號 附錄), 『續・近代韓國名論說集』(『新東亞』, 1967年 一月號 附錄), 『朝鮮日報名社說五百選』(조선일보 편집국, 1972)를 보라. 문맹 타파가에 대하여는 『민족문화대백과사전』(손인수 집필)을 보라. 문맹 퇴치를 소재로 한 각종 표어는 조선 농민사에서 나온 『농민독본』(1930)에 많이 실려 있다. 이 책은 인천대학교 오양호 교수가 제공하였다. 몇 가지를 들면 다음과 같다.

글 모르는 자는 눈먼 자이다
무식한 사람은 어둡다
지식은 돈보다 귀하다

이광수의 『文章讀本』(1937)의 텍스트 분류도 이윤재와 큰 차이가 없다. 차이가 있다면 야담, 수양, 시극 (詩劇)에 관련되는 갈래를 추가한 것뿐이다. '수양'에 관련되는 내용이 과연 독립된 텍스트 유형이 될 수 있을지 문제가 많아 보인다. 해방 후에도 많은 문장 독본이 나왔으나 이윤재의 체재를 크게 벗어나지 못하고 있다. 『尙虛文學讀本』(1946)은 이태준 자신이 쓴 수필, 논설, 장단편에서 뽑아 엮은 것으로 전혀 분류가 되어 있지 않다. 양주동의 『文章讀本』(1947)도 자신의 글을 모은 것으로 시가, 시조, 수필, 서문, 평론의 순서로 배열되어 있다. 문장 연구회의 『文章寶鑑』(1949)는 각종 문학 갈래를 두루 넣고 있어 이윤재의 분류 체계를 넘어서려고 한 자취가 엿보인다. 신시조, 연구 논문, 단상, 수감 등이 새로운 갈래로 추가되었다.

언간독에 대하여는 홍은진의 「방각본 언간독에 대하여」(『문헌과 해석』 창간호 1997)을 보라. 이곳에는 김주완이 『해지초서언간필법』(1922)라는 석판본을 내었다는 사실이 보고되어 있다. 『註解附音新式尺牘』(박문서관, 1920), 박준표 (朴埈杓)의 『靑年實用無雙新式簡牘』(영창서관, 1924)는 국한문 혼용에다 한자음을 붙인 것인데 앞의 김주완과 큰 차이가 없다. 1910년대와 1920년대의 서간문 텍스트의 실상을 알아보는 중요한 자료로 평가된다. 『現代模範書翰文』(한성도서주식회사, 1932)는 김주완의 것을 개편한 것으로 보이며, 이광수의 『春園書簡文範』(1939)는 편지의 서식도 매우 다양하고 사과, 부탁, 초청하는 편지도 넣어 시대적 흐름에 부응한 자취가 뚜렷하다. 조선조 후기로부터 20세기 전반기에 걸친 간찰류는 한국학중앙연구원에서 역주한 『조선 후기 한글 간창 (언간)의 역주 연구』 1, 2, 3 (태학사, 2005)를 보라.

6.4.6. 해방 후의 한글 텍스트의 산생 (産生)과 유형화 문제

해방 후의 우리 민족어 및 민족적인 것 되찾기에 관련된 표어 텍스트는 이응호 (1974)를 보라. 한국 전쟁 후의 각종 플래카드, 표어, 전단에 대하여는 지은이의 기억과 『민족문화대백과사전』에 실린 해당 항목의 사진에 기대었다.

한국 전쟁을 계기로 하여 새로 태어난, 그림을 동반한 삐라는 『조선일보』 24134 (1998. 8. 4)호 3면에 소개된 바 있다. 이는 조선일보사와 예술의 전당에서 주최한 〈대한민국 50년 우리들의 이야기〉 (1998. 8. 15~9. 25)의 전시장에서 얼굴을 내민 것인데 아기를 안고 우는 어머니의 그림을 그려 놓고 그 옆에 민요 형태의 글을 박았다. 유엔군이 뿌린 것이다. 새로운 형태의 전단이다. 지난 100년 동안 생산된 우리 민족의 표어, 포스터, 전단을 모아 이를 기능에 따라 유형화하는 작업이 절실하다. 대학생들의 사회에서 생산되는 텍스트는 서울대인의 언어를 조사한 연규동 (1999: 271-2)에 조사되어 있는 자료를 이용하였다. 엽편 소설을 비롯하여 민족 소설 텍스트의 생산과 퇴조에 관련되는 문제는 오양호 (1997)에서 다루어졌다.

앞으로는 담화문, 성명서, 결의문, 안내문, 공문서, 편지, 제품 설명서, 각종 표어 등 문자 텍스트는 물론, 언어를 동반한 교통 표지와 그림을 동반한 포스터, 움직이는 화상과 함께 제공되는 영상 텍스트 등을 대상으로 텍스트 분석을 하여 좋은 텍스트를 생산하는 방안을 강구할 필요가 있다. 비록 독일어 자료를 이용하기는 하였으나 독일의 의약법에 따라 마련된 약품의 지침 텍스트를 분석하여 선전 책략을 구명한 김은희 (1998)은 우리 민족의 텍스트 자료를 분석하는 데 큰 도움이 되리라고 생각한다.

연습 및 토론 과제

1. 다음 천연색 간지에 나오는 텍스트들의 지배적인 기능을 지적하고 이를 유형화하라. 텍스트다움을 어긴 곳이 있으면 바로잡으라. 텍스트 수정은 언어적 표현뿐만 아니라 그림, 글씨 크기, 색도에 걸친다는 것을 명심하라.

[길잡이] 첫째 (대한항공 탑승권)는 '대한항공'과 'KOREAN AIR'의 크기를 같이 할 필요가 있는가. 고객이 내국인이라면 전자를 좀 크게 할 수 있고 외국인이라면 후자를 키울 수 있다. 일본이나 중국의 고객을 위하여서는 '탑승권'에 한자를 병기하는 것이 좋다. 좌석 번호는 크기가 너무 작다. 이 경우는 색깔을 달리하여 눈에 잘 띄도록 할 필요가 있다. 둘째 (그린열쇠총판)는 항목의 크기를 색깔을 달리하여 키우는 것이 좋다. 셋째 (우리들의 이야기)는 태극기가 너무 크다. '태극기' 대신에 대한민국 50년의 역사를 한눈으로 볼 수 있다는 요약된 표현을 넣는 것이 좋다. 넷째 (C주차장)는 10여 년 전 백화점 셔틀버스 제도가 있을 때의 주차장 안내 표시 텍스트인데 노선 안내의 글씨가 너무 작다. 색깔을 변화 있게 배치하였다는 점에서 4개의 텍스트 중 가장 흠이 적은 텍스트라고 할 수 있다. 다섯째 (招請狀)는 원장의 취임식에 참석해 달라는 한

국정신문화연구원 (현재 한국학중앙연구원의 전신) 부원장의 초청장이다. 지배적 기능은 호소적이다. '빛내 주시기 바랍니다'라는 표현이 그런 기능을 대변한다. 부차적인 것은 접촉 기능이다. 국한문 혼용 텍스트는 세로로 배치하면 어울리나 가로 쓰기에는 한글 텍스트가 좋다. 여섯째 (인사드립니다)는 조문객에 대한 인사장인데 이는 접촉 텍스트이다. '인사를 드립니다. 감사 드립니다'와 같은 표현이 그것을 대변한다. '孤子'와 같은 어려운 어휘를 쓸 필요가 있는지, 국한문 혼용에는 어울리나 한글 텍스트에는 역시 이질적이다. 그냥 '아들, 딸'로 쓰는 것이 좋다. 그리고 '올림'은 왼쪽으로 한 줄 내미는 것이 좋다. 일곱째 (교통 표지)는 국제적으로 통용되는 교통 표지인데 지배적인 기능은 제보적이고 부차적인 기능은 호소적이다. 여덟째 (신주인수권 배정 통지서)는 그 기능이 제보적이다. 주주의 이름이 너무 작다. 마지막 (전화요금 자동납부)은 한국전기통신공사에서 발행한 '전화 요금 자동납부 청구서'와 '전화 요금 영수증'이다. 전자는 호소적이고 후자는 제보적이다.

2. 다음 텍스트는 표어 또는 그에 준하는 표현이다. 그 기능을 분석하고 이를 유형화해 보라.

(1) 담배 꽁초는 반드시 불을 끄고 휴지통에 버립시다 (기차역의 타는 곳 맞은편에 서 있는 팻말).
(2) 버리면 쓰레기 /모으면 자원 (쓰레기통이나 청소차에 붙어 있음)
(3) 손길마다 자연 보호 /발길마다 금수강산 (국립 공원이나 기타 산 입구에서 볼 수 있음)
(4) 우리 부산진인은 질서와 품위를 지킵니다 (육교에 걸친 플래카드).
(5) 노약자, 장애자 지정석 /자리를 양보합시다 (지하철의 노약자석 위에 붙은 지팡이를 든 노인의 그림 위에 적혀 있음).
(6) 노약자, 장애인을 위하여 자리를 비워 둡시다 (위와 같음).
(7) 국어 사랑 나라 사랑 (국어 순화 운동 구호)

[길잡이] (1)은 호소 기능, 호소 텍스트. (2)는 선언 기능과 호소 기능, 선언 텍스트, (3)은 선언 기능과 호소 기능, 선언 텍스트, (4)는 선언 기능과 호소 기능, 선언 텍스트, (5)는 호소 기능, 호소 텍스트, (6)은 호소 기능, 호소 텍스트, (7) 선언 기능과 호소 기능, 선언 텍스트

열쇠총판
자신있게 권하고 싶습니다!
IMF
저렴한가격
AS확실 (신속 · 정확)
·뉴웰
·컴퓨터키 취급
·삼성카드키
·사파리보조키
·로렉스보조키
뉴웰
삼성카드키
사파리
컴퓨터
※책임을 다하겠습니다!
T.717-6063

대한항공 KOREAN AIR
탑승권
BOARDING PASS
KO/YOUNGKEUN
승객용
8
목적지 DEST
서울 SEOUL
편명 FLT NO. | 월/일 DATE | 탑승시각 BOARDING
1302 12/12 10:05
좌석번호 SEAT NO. 탑승구 GATE NO.
64H 3
목적지까지 본권을 소지하시기 바랍니다.
TO BE KEPT UP TO YOUR DESTINATION
SKYPASS (상용고객)
탑승누적거리
회 TIMES
마일 MILES

9호차
분당방면
배차간격 : 30분
운행시간 : 09:00~18:30
점심시간 : 12:00~13:00
노선안내
* 교통혼잡시 시간이 다소 지연될 수 있습니다.

C 주 차 장
PARKING TICKET

우리들의 이야기
1998. 8. 15(토) ~ 9. 25(금)
예술의전당 미술관(1, 2, 3층 전관)
일반권 3,000원

招　請　狀

本 研究院 第10代 院長 韓相震 博士의 就任式을 다음과 같이 擧行하오니 參席하셔서 자리를 빛내 주시기 바랍니다.

○ 日 時 : 1999年 1月 7日 (木), 11 : 00
○ 場 所 : 本硏究院 大講堂

1998年　12月　　日

韓國精神文化硏究院
副院長　李成茂 拜上

※ 참석여부를 '99년 1월 5일(화)까지 알려주시면 행사준비에 큰 도움이 되겠습니다.
전화 : (02) 234-5545　(0342) 709-2245

인사드립니다.

이번 저희 아버님께서 돌아가셨을 때에
베풀어주신 관심과 도와주심에 대하여 깊은
감사를 드립니다　저희에게 베풀어주신
마음의 덕택으로 무사히 잘 모실 수 있었습니다
좋은 곳으로 가셨으리라고 믿습니다
찾아 뵙고 인사를 드리는 것이 당연한
도리인 줄 아오나 혼미중이옵기에 우선
지면으로 인사를 드립니다.
거듭 감사드립니다.

一九九八年　十二月　　日

孤子 한　창영
　　　　일영
　　　　재영
　　　　종영
　　　　종수 올림

(유상증자) 신주인수권 배정 통지서

주주번호 0050-005-22109885　주주명 이명숙　4717

※ 신주인수권내역(배정율: 23 59906300 %　주당발행예정가액 : 보통주 5,000 원, 우선주 원)

소유주식수(주)		배정주식수	최종배정주식수	납입금액(원)	신주권교부처
주주명부	보통주					국민은행 증권대행부
	우선주				
실질주주명부	보통주 134	31.62	31	155000	증권회사의 거래계좌에 자동입고
	우선주				

상기와 같이 신주가 배정되었으니 붙임 신주모집요령에 의거 98 12 08　98 12 09 까지 청약하여 주시기 바라며 청약기간경과시 실권으로 처리됩니다.

전화요금영수증

1998년 6월분 0342

전화번호	712-7241 0

총 영 수 금 액	
계	25880
6월 분	25880
월이전분	
할인액	210
출금액	25670

위 전화요금은 98 6 30 예금계좌에서 자동납부되었습니다.

한국전기통신공사
분당 전화국장

사업자등록번호
(1 2 9 - 8 5 - 1 5 9 5 1)

콜보너스 고객번호	1336
6월분	161점
누계	2300점

○ 전월분 전화요금에 대한 영수증입니다. (금액란에 ･･･으로 표시된 때에는 예금잔액부족등으로 미납될 경우입니다.)

전화요금 자동납부 청구서

1998년 7월분 0342

전화번호	712-7241 0
이용기간	6. 1 - 6.30
납기일	1998. 7 .31
공급받는자등록번호	**************
공급가액(부가가치세 과세대상)	160
기타의요금(부가가치세 제외대상)	29280

당월요금계	29440
부가가치세	16
전화세	2920
미납요금	0
원단위절사	-6
납부액총계	32370
자동납부할인액	290
출금예정액	32080

사업자등록번호
(1 2 9 - 8 5 - 1 5 9 5 1)

한국전기통신공사
분당 전화국장

작성일자 7 .17

본 청구서는 국세청장에게 신고한 계산서이므로 세금계산서로 사용할 수 있습니다.

이 전화요금은 납기일에 아래예금계좌에서 자동납부됩니다.
1. 예금주명: 고 영 근
2. 금융기관: 신한은행

기본료	2500
부가사용요금	1160
시내전화요금	4010
인접지역요금	10660
시외전화요금	11110
요금계	29440

1241994

○ 납기일에 예금잔액을 확인하여 주십시오.
○ 전화번호가 변경되더라도 계속 자동납부됩니다.
○ 이번달 요금에 전월까지 미납된 요금을 합산하여 청구하였습니다.
○ 문의전화 국번없이 100번, 각국번 + 0000번

3. 다음 시조의 기능을 분석하고 이를 유형화해 보라.

(1) 잘 가노라 닫지 말며 못 가노라 쉬지 말라 /부디 긋지 말고 촌음을 아껴스라 /가다가 중지곳하면 아니감만 못하니라 (김천택, 교주해동가요)

(2) 이몸이 죽어 가서 무엇이 될고 하니 /봉래산 제일봉에 낙낙장송 되었다가 /백설이 만건곤할 제 독야청청하리라 (성삼문, 진본청구영언)

(3) 강원도 백성들아 형제 송사하지 마라 /종뀌 밭뀌는 얻기에 쉽거니와 /어디가 또 얻을 것이라 흘깃할깃 하난다 (정 철, 송강가사)

(4) 이런들 어떠하며 저런들 어떠하료 /만수산 드렁츩이 얽어진들 어떠하리 /우리도 이같이 얽어져 백년까지 누리리라 (이방원, 진본청구영언)

(5) 이몸이 죽어죽어 일백번 고쳐 죽어 /백골이 진토되어 넋이라도 있고 없고 /님 향한 일편 단심이야 가실 줄이 이시랴 (정몽주, 진본청구영언)

[길잡이] (1)은 초장과 중장은 호소 기능, 종장은 선언 기능, 종장에 역점을 두면 선언 텍스트, (2)는 선언 기능, 선언 텍스트, (3) 호소 기능, 호소 텍스트, (4) 선언 기능, 선언 텍스트, (5) 선언 기능, 선언 텍스트

4. 다음은 기미독립 선언문의 일절이다. 그 기능을 자세히 분석하고 이를 유형화하는 문제를 토론해 보라. 이와 함께 언어적 특징도 지적하라.

吾等은 玆에 我 朝鮮의 獨立國임과 朝鮮人의 自主民임을 宣言하노라. 此로써 世界 萬邦에 告하여 人類 平等의 大義를 克明하며, 此로써 子孫萬代에 誥하야 民族自存의 正權을 永有케 하노라. (이하 본문 모두임)

公約三章

一 今日 吾人의 此擧는……決코 排他的 感情으로 逸走하지 말라.

一 最後의 一人까지 最後의 一刻까지 民族의 正當한 意思를 快히 發表하라.

一 一切의 行動은 가장 秩序를 尊重하야 吾人의 主張과 態度로 하야금 어대까지든지 光明正大하게 하라.

[길잡이] 앞부분은 선언 기능, 선언 텍스트 ('선언하다'와 같은 동사에 주의), 공약은 호소 기능, 호소 텍스트 (명령형에 주의)

5. 다음은 언문 창제를 반대하는 최만리의 상소문 첫머리를 옮기고 그 내용을 간추린 것이다. 상소문의 기능을 말하고 이를 유형화해 보라.

신들이 언문 제작하시는 것을 엎드려 뵈옵건대 대단히 신묘하여 사리를 밝히고 지혜를 나타냄이 저 멀리 아득한 옛으로부터 나온 것을 알겠습니다. 그러하오나 신들의 좁은 소견으로는 아직도 의심할 만한 점이 있사옵기에 감히 근심되는 바를 나타내어 다음과 같이 상소하오니 재결하여 주시옵소서 (이하 내용을 간단히 추림).

1. 한자의 구성 원리와 어긋나는 언문을 창제한 것은 사대 정신에 어긋남.
1. 중국 주변의 오랑캐들과 같이 고유 문자를 만들어 내어 오랑캐가 되는 것은 옳지 못함.
1. 신라 이래로 사용하여 오는 이두를 버리고 언문을 사용케 하면 성리학이 쇠퇴하게 됨.
1. 언문으로 형정 (刑政)이 잘 다스려진다는 것은 옳지 못함.
1. 새로 한자음을 만들어 언문으로 음을 다는 것은 졸속임.
1. 성리학에 몰두해야 할 동국이 무익한 언문 연구에 정신을 쏟는 것은 옳지 못함.

―강신항, 『훈민정음연구』 (증보판, 1990)에서

[길잡이] 앞부분은 '재결하여 주시옵소서'와 같은 탄원성을 띤 명령형이 쓰였기 때문에 호소 기능을 띠었고 뒷부분은 몰랐던 사실을 알려 준다는 점에서 제보 기능을 띠고 있다고 할 수 있다. 위의 예는 상소문이기 때문에 결국 호소 텍스트로 보아야 한다.

6. 다음은 최치원이 가야산 독서당에 붙인 「題伽耶山讀書堂」의 원문과 번역문이다. 이 텍스트가 어떤 점에서 감동 텍스트에 들 수 있는지 응집성과 응결성에 걸쳐 살펴보라.

狂奔疊石吼重巒 /人語難分咫尺間 /常恐是非聲到耳 /故教流水盡籠山

[번역] 겹겹 바위틈을 미친 듯 달려 봉우리를 울리니 /사람의 말소리를 지척서도 분간키 어렵구나 /늘 시비 소리 귀에 이를까 꺼려하여 /짐짓 흐르는 물로 산을 다 두르게 하였다네

[길잡이] 최치원의 시는 『문헌과 해석』 창간호, 태학사 (1997, 가을)에 실린 이종묵의 「최치원이 가야산 독서당에 붙인 시」에서 가져왔다. 이곳에서 작품의 응집성과 응결 구조에 관련된 정보를 얻을 수 있다. 응결 구조로는 7언의 필수적 압운인 '巒, 間, 山'을 지킨 것을 들 수 있고 '狂奔疊石'이 '吼重巒'과 句中對를 이룬 것도 응결 장치로 볼 수 있다. 응집성에 대하여는 해설을 보라. 주관에 따라 여러 가지 의미를 줄 수 있다. 이 시는 예로부터 애송되어 왔기 때문에 다각도로 감상할 수 있는 여지가 많다.

연구 과제

1. 화행의 분류에 대하여는 설로부터 브링커에 이르기까지 여러 견해를 소개하였지만 관련 문헌을 다시 찾아 각 분류안의 문제점을 종합해 보라. 그리고 뷜러와 야콥슨의 분류가 어떤 점에서 공통되고 차이가 나는지도 세밀하게 추적해 보라.

2. 브링커는 실용 텍스트만을 대상으로 기능을 밝히고 유형화를 시도하였지만 지은이가 시도한 대로 실용 텍스트를 문학 작품과 같은 감동 텍스트와 통합하는 방면의 노력도 필요하다. 모든 텍스트를 이를테면 화행 기능과 같은 일관된 기준에 따라 유형화할 수 있는 길은 없는지 생각해 보라. 앞으로는 우리 민족의 작품 텍스트와 실용 텍스트를 한 그릇에 담아 그 기능을 분류하는 작업이 다각도로 탐색되어야 한다. 이 문제에 대하여 서로 토론해 보라.

3. 전통적인 동양의 문장 분류는 일관된 기준을 따른 것이 아니다. 또 지은이가 각종 문서를 다섯 가지 기능에 따라 배치한 것은 극히 주관적이다. 각종 한문 문장의 지배적인 기능을 깊이 탐색하여 이를 유형화하는 일이 결실을 거두면 우리의 민족 한문학 연구도 면모를 달리할 것으로 보인다. 특히 이두 텍스트에 대한 이 방면의 연구는 텍스트의 유형화에 많은 암시를 던져 줄

수 있다. 이 문제에 대하여 각자의 견해를 펴 보라.

4. 개화기 이후의 국한문 텍스트가 어떠한 과정을 밟아 일본문 텍스트로 바뀌었는가 하는 문제를 각종 자료를 통하여 확인해 보라. 243쪽에 보인 차용증서는 일본문을 주체로 삼고 앞에 한글로 번역한 것이다. 그러니까 이런 과도적 양식을 거쳐서 한글 텍스트가 일본문 텍스트로 바뀐 것이다. 해방 후에는 어떠한 과정을 밟아 해방 전의 일본문 텍스트가 한글 텍스트로 바뀌는가도 좋은 연구 주제가 될 수 있다.

5. 표어와 포스터를 널리 모아 이를 화행 기능에 따라 유형화하는 문제를 생각해 보라. 외국에서 표어와 포스터를 모으는 것이 습성화되어 있다고 한다.

6. 해방 후에 북한에서 탄생된 텍스트를 수집하여 기능을 구명하고 유형화해 보라. 이데올로기가 텍스트의 생산과 수용에 어떤 영향을 미치는가 하는 문제도 아울러 생각해 보고 남한과의 차이점이 무엇인지 토론해 보라. 로동신문등의 신문류를 보면 관련 자료를 얻을 수 있다. 옛 소련의 고려인 사회와 사할린의 한인 사회, 중국의 조선족 사회, 미국의 한인 사회, 일본의 민단 사회와 조총련 사회에서 발행되는 신문을 보면 한반도와는 다른 형태의 텍스트를 많이 모을 수 있다.

제 7 장　우리 민족 텍스트의 분석 실례

7.1. 문제의 제기

지은이는 지금까지 텍스트를 정의하고 이를 연구하는 분야로서 "텍스트 과학"이라는 새로운 분야의 설정이 가능하다는 것을 기호학적으로 뒷받침한 다음, 텍스트 기호론을 전개하였으며, 이어 어학과 문학을 연계시킬 수 있는 통합적 언어문학 기호론을 세웠다. 그리고 텍스트 형성에서의 응결성과 응집성의 문제를 풀어 보고 이를 바탕으로 텍스트의 생성 기제 (機制)를 검토하고 구조를 분석하는 문제도 아울러 제기해 보았다. 끝으로는 텍스트의 기능을 밝히는 문제를 제기함과 아울러 기능에 따라 텍스트를 유형화하는 문제도 건드려 보았다.

이 자리에서는 지은이가 세운 텍스트 과학을 잠깐 마무리한다는 관점에서 우리의 텍스트를 구체적으로 분석하는 문제를 제기해 보기로 한다. 앞 장에서 살펴본 바와 같이, 우리의 텍스트에는 수천의 종류가 있다. 지은이는 텍스트를 기능에 따라 유형화하는 자리에서 우리의 현대 텍스트를 크게 넷으로 나누고 하위 갈래를 두는 문제를 논의한 바 있는데, 이곳에서는 우리 민족 텍스트의 통합적인 분석을 시도하는 마당이란 점을 감안하여 제6장의 논의 결과를 거두어들이면서 다시 체계를 가다듬어 보기로 한다. 우선 갑오개혁을 기준으로 하여 크게 두 부류로 나눌 수 있고 다시 발화 텍스트, 작품 텍스트, 문서 텍스트 등의 부류로 나눌 수 있으며, 마지막으로는 개별적 갈래를 둘 수 있다. 이를 정리하면 다음과 같다.

(1) 민족 텍스트의 갈래

A. 현대 텍스트

가. 발화 텍스트: 대화, 독백, 독화, 토론, 연극·영화의 대사, 서사 (개인 서사담), 구호……

나. 작품 텍스트: 시 (노래 가사), 소설, 희곡, 시나리오, 라디오 /TV 극본, 수필

다. 문서 텍스트: 논설 /논문, 기사문, 서간문, 초대장, 인사장, 표어, 포스터, 삐라 (전단), 광고……

라. 영상 텍스트: 영화, TV, 컴퓨터의 영상, 영화·TV 화면의 각종 영상 광고

B. 고전 텍스트

가. 발화 텍스트: 민요, 무가, 전설, 설화, 가면극·인형극의 대사, 속담, 수수께끼

나. 작품 텍스트: 시가 (사뇌가, 별곡, 시조, 악장, 한시……), 설화, 소설 (한문 소설), 전 (傳), 야담, 가사, 번안 /언해, 판소리, 시화

다. 문서 텍스트: 한문 문장, 언간, 이문 및 이두 문권, 교서……

현대 텍스트와 고전 텍스트의 차이점은 고전 텍스트에는 영상 텍스트가 없다는 점이다. 수백 년 후의 우리 후손들이 조상들이 남긴 테이프, 디스켓, 시디 (CD), 디브이디 (DVD), 유에스비 (USB)를 통하여 20세기 후반의 다양한 종류의 영상을 보게 되면 고전 텍스트 가운데 영상 텍스트가

들어갈 수도 있을 것이다.

우리 민족의 텍스트 갈래를 모두 분석하려면 (1)에서 든 모든 종류의 텍스트 갈래를 상대로 하여야 할 것이나 이곳에서는 몇 가지만 지은이가 제안한 모형에 따라 다루기로 한다.

7.2. 현대의 작품 텍스트와 문서 텍스트

현대의 텍스트에는 일상 발화를 비롯하여 문학 작품과 실용문 등의 문서 텍스트, 영상 텍스트 등 많은 것이 있다. 이곳에서는 작품 텍스트 중에서 시와 수필을, 문서 텍스트 중에서 신문 기사를 대상으로 하기로 한다.

7.2.1. 시의 텍스트 분석 – 한용운의 「님의 침묵」

만해 한용운의 「님의 침묵」은 1926년에 출판된 『님의 침묵』에 실려 있다. 이곳에서는 한계전 해설 · 주석 『한용운 님의 침묵』 (1996)에 실린, 현대 맞춤법으로 바꾼 텍스트를 분석의 대상으로 삼는다. 분석상 초판의 텍스트가 필요하면 그때마다 밝히기로 한다.

(2) 「님의 침묵」의 텍스트 제시와 텍스트 분단

T_1 [(S_1 님은 갔습니다)S_1 (T_1' 아아)T_1' (S_2 사랑하는 나의 님은 갔습니다)S_2

(S_3 e 푸른 산빛을 깨치고 단풍나무숲을 향하여 난 작은 길을 걸어서 차마 떨치고 갔습니다)S_3

(S_4 황금의 꽃같이 굳고 빛나던 옛 맹서는 차디찬 티끌이 되어서 한숨의 미풍에 날아 갔습니다)S_4

(S_5 날카로운 첫 「키스」의 추억은 나의 운명의 지침을 돌려 놓고

뒷걸음질쳐서 사라졌습니다)S_5]T_1

T_2 [(S_6 나는 향기로운 님의 말소리에 귀먹고 꽃다운 님의 얼굴에 눈 멀었습니다)S_6

(S_7 e 사랑도 사람의 일이라 만날 때에 미리 떠날 것을 염려하고 경계하지 않은 것은 아니지만 이별은 뜻 밖의 일이 되고 놀란 가슴은 새로운 슬픔에 터집니다)S_7 (C 그러나)C (S_8 e 이별이 쓸 데 없는 눈물의 원천을 만들고 마는 것은 스스로 사랑을 깨뜨리는 것인 줄 아는 까닭에 걷잡을 수 없는 슬픔의 힘을 옮겨서 새 희망의 정수박이에 들어 부었습니다)S_8]T_2

T_3 [(S_9 우리는 만날 때에 떠날 것을 염려하는 것과 같이 떠날 때에 다시 만날 것을 믿습니다)S_9

(T_3' 아아)T_3' (S_{10} 님은 갔지마는 나는 님을 보내지 아니하였습니다)S_{10}

(S_{11} 제 곡조를 못 이기는 사랑의 노래는 님의 침묵을 휩싸고 돕니다)S_{11}]T_3

1926년이라면 조선 총독부의 『언문철자법』(1912 /1922)이 공용되던 때였다. 그런데 총독부의 철자법에는 띄어쓰기 규정은 물론, 문장 부호 규정이 마련되어 있지 않다. 초판에서 만해는 대체로 기식군(氣息群)을 단위로 하여 띄어쓰기를 하고 있는데 운율상의 의미를 주기 위한 배려인지 분명하지 않지만, 이런 문제는 뒷날의 과제로 돌리고 문장 부호를 제외한 나머지를 현대 맞춤법에 따라 고쳐 옮겼다.

「님의 침묵」은 주제 전개상으로 볼 때 세 단락으로 나누어진다. T_1에서는 '님'이 옛 맹세와 추억을 뒤로 한 채 내키지 않는 발걸음으로 떠났다는 내용이다. T_2에서는 눈이 멀 정도로 '님'을 사랑하였지만 '님'과 이별한 지금 그 슬픔을 초극하여 새로운 삶을 설계하겠다는 의지가 나타나 있다. T_3에서는 물리적으로는 떠났지만 정신적으로는 이별하지 않았다는 생각을 굳힘으로써 다시 만날 수 있다는 기대를 갖게 한다. 회자정리(會

者定離)의 불교 사상이 투영된 구절이다. 「님의 침묵」은 조국의 부재 (不在)를 뜻하는데 이는 바로 님이 없는 공간이다. 종교적 경지로까지 승화시킨 애국의 신앙이라고 평가하고 있다.

이상과 같은 응집성은 어떠한 응결 장치의 지원을 받는가 하는 문제를 보기로 한다. 우선 이 시는 서문에 해당하는 시집 첫 머리의 「군말」과 긴밀한 간텍스트성을 이루고 있다. 중요 부분만 끌어 오기로 한다.

(3) 「님」만 님이 아니라 기룬 것은 다 님이다. 중생이 석가의 님이라면 철학은 칸트의 님이다. …… 님은 내가 사랑할 뿐만 아니라 나를 사랑하느니라. 연애가 자유라면 님도 자유일 것이다. 그러나 너희는 이름 좋은 자유에 알뜰한 구속을 받지 않느냐.
너에게도 님이 있느냐. 있다면 님이 아니라 너의 그림자니라. 나는 해 저문 벌판에서 돌아가는 길을 잃고 헤매는 어린 양이 기루어서 이 시를 쓴다.

「군말」은 『님의 침묵』에 실려 있는 시 전체에 대한 메타 텍스트 (Meta-text)이다. 만해는 「군말」에서 '님'을 단순한 뜻의 '님'의 테두리를 벗어나게 하고 누구든지 그리워하는 것은 모두 '님'의 테두리에 넣었다. 「군말」에는 '님'이 11번이나 사용되고 있고 '님'과 기능적 등가성을 이루고 있는 마지막 구절의 '어린 양'까지 합치면 12번이나 쓰인 셈이다. 「님의 침묵」에 나타나는 '님'이 「군말」의 '님'과 언어상의 간텍스트성을 이루고 있다는 점에서, 나아가 시집의 제목 『님의 침묵』의 '님'과 간텍스트성을 이루고 있어서, 이 시집 자체가 '님'으로 표상되는 거대한 텍스트 공동체를 이루고 있음을 알 수 있다.

T_1은 모두 다섯 개의 분절문으로 구성되어 있다. 감탄사 '아아'를 T_1'이라고 표시한 것은, 그것이 자족적인 하나의 텍스트 자격을 지니고 T_1 속에 안겨 있다는 뜻이다. S_1의 주어 명사구 '님'은 S_2에서 '사랑하는 나

의 님'으로 더 구체화되어 명사적 연쇄를 이루고 있다. S_1의 서술부 '갔습니다'는 그대로 반복되어 동사적 연쇄를 이루고 있다. S_3에서는 주어 명사구가 생략되어 이른바 공범주로 실현되었다. 이곳의 'e'는 앞의 주어 명사구 '님'과 명사적 연쇄를 이루고 있고 '갔습니다'는 S_1과 S_2의 '갔습니다'와 동사적 연쇄를 이루되, '…… 걸어서 …… 떨치고 갔습니다'와 같이 가기 싫은 길을 억지로 갔다는 것을 구체적으로 표현하였다. S_4와 S_5에도 '가다'와 유의적인 동사구 '날아가다, 사라지다'가 쓰였다. 물론 각 동사의 주어는 다르지만 모두 '님'에 관련된 '맹서, 키스'라는 점에서 궁극적으로는 '님'을 주어 명사구로 삼고 있다.

T_2는 세 개의 분절문으로 구성되어 있다. T_1의 주어 명사구가 '님'인데 대하여 T_2는 시적 자아인 '나'로 되어 있다. 이런 사실도 T_2의 자족성을 뒷받침하는 응결 장치라 할 수 있다. S_6의 주어 명사구는 T_1과는 달리 '나'이며, T_1에서 주어 명사구로 나타났던 '님'이 '님의 말소리에, 님의 얼굴에'와 같이 부사어의 위치에 와 있다. S_7에서는 주어 명사구가 공범주의 형태 e로 나타났지만, 그것은 S_6의 '나'와 명사적 연쇄를 이루고 있다. S_7에서는 '만나다'와 '떠나다'가 반의어로서 맞서 있고, '염려하다'와 '경계하다'는 유의어의 관계에 있으며, '이별'과 '슬픔'은 기능적으로 관련이 깊다는 점에서 응결성이 매우 강하다. S_8의 주어 명사구도 공범주로 나타났는데 S_7과 마찬가지로 '나'로 상정된다. S_7과 S_8 사이에는 역접의 접속사 C '그러나'가 사용되어 있는데 앞 분절문의 '슬픔'을 뒤의 분절문에서 '희망'으로 전환시키는 역할을 하고 있다. 일반적으로 정형시에는 접속사가 잘 사용되지 않는데, 이렇게 접속사가 나타났다는 것은 이 작품의 산문성을 뒷받침하는 좋은 증거가 된다.

T_3도 세 개의 분절문으로 구성되어 있다. S_9는 주어 명사구가 '우리'로 바뀌었다. T_1에서는 '임'이, T_2에서는 '나'가 각각 주어 명사구가 되어 있는데 T_3의 첫 분절문에서는 두 텍스트의 주어 명사구를 통합하여 '우리'로 바꾸었다. 일종의 변증법적인 통합이다. 여기에서도 '만나다'와

'떠나다'가 반의어로 응결성을 이루고 있으며 '염려하다'와 '믿다'도 비슷한 관계를 맺고 있다. 감탄사 '아아'를 T_3'로 표시한 것은 앞의 T_1'과 마찬가지로 자족적인 텍스트의 자격을 지니고 T_3에 안겨 있다는 뜻이다. S_{10}에서는 선행절에서는 '님'이 주어 명사구가 되어 있지마는 후행절에서는 '나'와 '님'의 위치가 바뀌었다. 이곳의 '님'은 T_1과 T_2의 '님'과 긴밀한 응결성을 유지하고 있다. '가다' 역시 T_1의 '가다'와 동사적 연쇄를 이루고 있고, 후행절의 '보내다'와는 유의적인 관계로 동사적 연쇄를 이루고 있다. S_{11}의 주어 명사구는 '사랑의 노래'로 되어 있지만, 사실은 시적 자아가 부르는 노래인 만큼 주어 명사구를 '나'로 잡을 수 있다. 다시 말하면 '제 곡조를 못 이기는 내가 부르는 사랑의 노래' 정도로 주어 명사구를 상정할 수 있다. 이곳에도 '님'은 부사어의 위치에 와 있다.

「님의 침묵」은 주제 전개상으로 볼 때 세 단락으로 나누어진다고 하였는데 시제 (時制)에서도 그런 점이 반영되어 응집성을 강하게 뒷받침하고 있다. T_1이 자족적 텍스트가 될 수 있는 가장 큰 응결성은 시제 형태뿐만 아니라 시간 내용에서도 발화 시점인 현재와는 거리가 떨어진 과거의 사건에 대한 진술이라는 점이다. S_2, S_3, S_4의 서술어 '갔습니다'는 '님'이 간 사건이 모두 발화시로부터 떨어진 과거의 일임을 표시한다. 완료된 동작이 눈앞에 나타나 있거나 더이상 동작을 하지 않는다는 뜻이다.

T_2도 비슷한 원리로 설명할 수 있다. 대체로 현재 시제나 그와 관련된 의미로 파악할 수 있다. S_6의 '눈 멀었습니다'의 '멀다'는 현재 시제를 나타내는 경우에도 언제나 과거 형태를 요구하는 특이한 자동사이다. *눈이 먼다, *눈이 멉니다'와 같은 구성이 불가능하다는 데서도 용법상의 특이성을 알 수 있다. '늙다 (늙었다), (잘)생기다 (잘생겼다), 그르다 (글렀다)'도 같은 유형의 동사에 들어온다. S_7의 '터집니다'는 직설법 '니'에 의하여 현재 시제가 대신 표시되기 때문에 현재 시제의 테두리에서 설명할 수 있다. S_8의 서술어 '들어 부었습니다'는 형태상으로는 과거로 되어 있지마는 상황의 특수성을 고려할 때 현재 완료적인 기능이 파악되므로

그 시간 내용은 현재 시제의 테두리에서 설명할 수 있다. 이별의 '슬픔'을 '희망'의 정수박이에 들어 부은 그 결과가 눈앞에 드러나 있다고 보이기 때문이다.

한편 T_3에서는 미래나 현재와 관련된 의미가 파악된다. S_9의 서술부 '다시 만날 것을 믿습니다'는 미래를 지향한 직설법 현재형이다. S_{10}은 형태는 과거로 되어 있지만 시적 자아의 현재의 심경을 서술하였다는 점에서 시간 내용은 현재이다. 정신적으로는 '님'과 이별하지 않고 앞으로 계속 마음속에 지니고 있다는 뜻으로 이해된다. S_{11}은 시적 자아의 현재의 상황을 노래하였다. S_{11}의 시제 형태가 현재형이라고 하더라도 S_9의 회자정리의 사상으로 수렴될 수 있기 때문에 현재를 축으로 하여 다시 만날 때까지 노래가 이어진다는 뜻으로 이해된다.

만해의 「님의 침묵」은 작품 텍스트인 만큼 감동 텍스트이고 그런 만큼 감동 기능이 지배적이다. 보조를 같이하여 이 텍스트에는 시에만 확인되는 특이한 문법적 구성과 상징적 수법이 곳곳에 도사리고 있다. '푸른 산빛을 깨치고'의 '깨치고'는 '사물의 이치를 알게 되다'는 뜻으로 앎에 관한 추상적인 단어를 요구하는 선택 제약을 지니고 있는데, 이곳에서는 이를 어겨 '산빛'과 같은 단어와 쓰였다. 그럼에도 불구하고 전혀 어색한 느낌이 없다. '님의 침묵을 휩싸고 돕니다'의 '돌다' 역시 '침묵'이라는 추상 명사를 지배하고 있다. 선택 제약을 어기고 있다. '차마 떨치고 갔습니다' 역시 마찬가지다. '차마'는 일상 언어라면 '차마 떨치고 가지 못하였습니다'와 같이 뒤에 부정 표현을 요구하는데 긍정 표현이 왔으니 선택 제약을 어겼다. 그래도 수신자는 이 구절이 잘못되었다고 나무라지 않는다. '황금의 꽃같이 굳고 빛나던 옛 맹서, 한숨의 미풍, 날카로운 첫 키스, 향기로운 님의 말소리, 이별은 …… 눈물의 원천, 새 희망의 정수박이, 님의 침묵'과 같은 표현은 시 텍스트에서만 볼 수 있는 독특한 상징 수법이다.

만해의 「님의 침묵」은 세 개의 하위 텍스트가 엉겨서 자족적인 시 텍스트를 형성하고 있다. T_1에서는 주어 명사구가 '님'이고 시간 내용은 과거이다. T_2에서는 주어 명사구가 '나'이며 시간 내용은 현재이다. T_3에서는 '나'와 '님'이 통합된 '우리'가 주어 명사구이며 동사의 시간 내용은 미래로 귀결되어 있다. 한편 이 텍스트에는 일상어의 선택 제약을 지키지 않은 시 문법의 질서가 확인되고 고도의 상징 수법이 동원되어 있다.

7.2.2. 소설의 텍스트 분석 – 최명희의 『혼불』

『혼불』은 텍스트 형성에서 특이한 면을 많이 보여 주고 있다. 제4장에서 세운 텍스트 형성상의 기준을 발판으로 삼아 『혼불』의 구조를 분석해 보려고 한다. 『혼불』은 우리 시대의 명편의 하나로서 작고한 소설가 최명희의 작품이다. 모두 10권으로 구성되어 있다. 『혼불』에 대하여는 그사이 언어·문학적 측면은 물론, 민족지를 비롯하여 전통문화의 관점에서 다각도로 분석된 바 있다.

우선 『혼불』은 그 구성이 "교직적" (交織的)이다. 교직적이라 함은 개별 텍스트들이 선형적 (흔히 선조적)으로 배열되지 않고 서로 얽히면서 상위의 큰 텍스트로 엉겨 나간다는 뜻이다. 다시 말하면 텍스트들이 단속적 (斷續的)으로 연결되어 있음을 가리킨다. 1부 「백초를 다 심어도 대는 아니 심으리라」를 보면 신랑과 신부가 신방을 차렸을 때에 텍스트가 엇갈리며 짜여 있음을 알 수 있다. 이를 의미 단락에 따라 구분하여 보면 다음과 같다. 앞의 숫자는 한길사본의 권을, 뒤의 숫자는 쪽수를 가리킨다.

(1) 강모, 장가갈 때 아버지 이기채와 할머니 청암 부인이 당부하던 말을 회상함 (1. 31)
(2) 마을 입구에 들어서면서 대나무 숲을 바라보던 기억을 되살림 (1. 32)

(3) 아버지 이기채의 또 다른 당부의 말을 회상함 (1. 35)
(4) 어른으로서의 풍모를 잊지 말라는 어머니 율촌댁의 당부를 회상함 (1. 34)
(5) 제비부리 댕기를 하고 자기를 배웅하던 강실의 모습을 떠올림 (1. 34)
(6) 계속되는 부친의 당부를 떠올림 (1. 35)
(7) 강모, 신부에게 접근하고 자신도 잘 준비를 함 (1. 35-36)
(8) 강모, 혼례식 올리는 장면을 떠올리며 잠자리에 듦 (1. 39-40)
(9) 효원, 신방에서 낮의 혼례식 장면을 회상함 (1. 40-43)
(10) 강모, 자운영 화관을 쓴 강실이를 꿈에 봄 (1. 47-51)
(11) 강실의 자운영 화관과 효원의 화관이 뒤범벅이 되는 광경 (1. 50)
(12) 상피에 대한 응징인 덕석이 햇무리로 탈바꿈함 (1. 52)

(1)~(11)은 신랑 강모가 첫날 저녁 현란하게 꾸민 신부 효원을 보고 겁을 먹기 시작하는 장면에서부터 꿈을 깨기까지의 장면을 의미 단락에 따라 그 요지를 대강 간추린 것이다.

(1)은 남원의 매안에서 아버지 이기채와 할머니 청암 부인이 신방에서는 이치와 음양에 따라 행동하라는 당부를 회상하는 대목이다. 그 자체만 보면 이 텍스트는 자족성을 갖추었다고 할 수 있으나 뒤에 같은 "텍스트 공동체"에 수렴될 수 있는 다른 텍스트가 이어진다는 점으로 보면 큰 텍스트의 한 하위 텍스트라고 말할 수 있다. 그리고 텍스트 공동체(Textkosmos, Textgemeinschaft) (앞으로 "공동체"라 줄여 부르기도 함)라고 함은 공통된 의의의 그물에 포섭될 수 있는 텍스트의 집합이다. (2)는 장가올 때 대실 마을에 대나무가 많다고 느낀 것을 회상하여 신부에게 일러 주는 단락이다. 무명씨의 시조 「백초를 다 심어도」나 윤선도의 「오우가」도 모두 이 텍스트 가운데 포괄될 수 있는 기생 텍스트이다. (3)은 비록 대에 관한 텍스트 (2)에 이어지기는 하나 앞의 (1)과 함

께 묶일 수 있다. 아버지의 당부의 말이 중간에 끊어졌다가 다시 이어지는 것으로 볼 수 있기 때문이다. 지은이가 『혼불』의 텍스트 형성의 기제(機制, mechanism)가 교직적 · 단속적이라고 한 것은 성격이 다른 텍스트들이 선형적으로 배열되지 않고 열 손가락으로 깍지를 끼듯이 엇섞여 있다는 뜻이다. (4)의 율촌댁의 당부 역시 (1), (3)과 같이 묶일 수 있는 하위 텍스트이다. 이들은 모두 청암 부인을 중심으로 한 조선 가문의 구성원의 당부의 말이라는 점에서 더 큰 텍스트 공동체에 수렴될 수 있다.

(5)는 강모 일가와는 다른 공동체에 속하면서도 어릴 때부터 연정을 품었던 강실이가 장가갈 때 거리를 두고 배웅하는 장면의 회상이다. 또 다른 텍스트의 개입이다. (6)은 앞의 (1), (3), (4)에 연결되는 하위 텍스트이다. (7), (8), (9)는 신방을 기반으로 하였다는 점에서 그 나름의 공동체를 이룬다고 할 수 있으나, 강모는 강모대로, 효원은 효원대로 따로따로 혼례식의 장면을 회상한다는 점에서 자족적인 공동체를 이루었다고 하기가 어렵다. 서로 다른 텍스트 공동체에서 노닐고 있는 것이다. (10)은 강모가 꿈에 자운영 화관을 쓴 강실이를 보는 장면을 텍스트화한 것인데 이 역시 (5)에 귀속시킬 수 있는 부분 텍스트이다. 강모가 장가를 들었어도 마땅히 같은 공동체를 이루었어야 할 효원과는 심리적으로는 다른 텍스트 공동체를 이루고 있는 것이다.

(11)은 상이한 공동체의 구성원인 강실이와 효원의 화관이 융합되는 장면이다. 텍스트의 융합이 일어난 것이다. 지금까지 다른 공동체에 속하던 두 공동체가 합일이 되는 듯하면서도 다시 강실이와의 공동체로 회귀한다. 이는 크게 보면 (5)의 부분 텍스트이면서도 강실이와의 공동체를 예비하는 조짐으로도 해석할 수 있다. 이는 (12)를 통해서도 쉽게 이해된다. 다른 작품 같으면 선형적으로 배열될 텍스트가 지그재그로 구성되어 있다는 점에서 『혼불』은 적어도 구성적인 측면에서는 앞에서 더러 언급한 바 있는 하이퍼 텍스트적인 면모를 충분히 지니고 있다고 말할 수 있다. 여기서 지그재그로 구성되어 있다는 것은 하이퍼 텍스트에서 말하는

비선형성과 거리가 멀지 않다. 하이퍼 텍스트는 가상 공간에서만 생산되는 것이 아니라 이렇게 일상적이고 현실적인 글쓰기 공간에서도 확인할 수 있다.

『혼불』이 보여 주는 텍스트의 교직은 이 작품의 절정이라고 할 수 있는 강모와 강실이의 상피 장면 (2. 136)에서 더욱 두드러지게 드러난다. 텍스트의 길이가 너무 길어 적당한 곳에서 분단을 하기로 한다.

(1) 강실이, 토방으로 감 (2. 136)
(2) 오류골댁의 푸념
(3) 오류골댁, 강실과 헤어져 굿하는 곳으로 감, 해원경 소리를 들음
(4) 강수의 혼신 물색, 명혼 성사
(5) 강모, 효원을 원망하고 당골네의 경 소리를 들으며 강실을 만남, 자운영 화관을 쓰고 있던 첫날 저녁의 꿈을 회상함
(6) 강모에게 당골네의 명혼굿 소리가 들림
(7) 강모, 강실이 손을 잡고 텃밭으로 감

(1), (2)는 강실 중심의 공동체라는 점에서 같이 묶을 수 있다. 그러나 (3)은 오류골댁이 명혼이 이루어지는 곳으로 자리를 옮긴다는 점에서 강실 중심의 공동체에 균열을 일으키는 텍스트이다. 텍스트의 교직이 일어났다. (4)는 명혼을 중심으로 한 새로운 공동체가 생성되었다는 점에서 다시 한번 텍스트의 교직이 일어난 부분이다. (5)는 강모와 효원과의 공동체에 균열을 일으키면서 강실이와의 새로운 공동체의 형성의 길로 들어선다는 점에서 역시 텍스트의 교직을 일으킨 부분이다. (6), (7)은 강모와 강실 중심의 새로운 공동체의 형성을 예비하는 텍스트의 교직이다. 다음과 같은 서술자의 묘사는 강모와 강실이가 자족적인 텍스트 공동체를 조만간 이루게 된다는 것을 예감케 한다.

더욱이나 아직도 잡고 있는 **강실이의 팔과**, 무너진 흙담으로 넘겨 다 보이는 **동녘골댁의 마당**이 그를 어지러이 흔들었다 (2. 146).

이는 담을 사이에 두고 형성된 두 공동체가 융합하는 전초적 징후이다. 앞 구절의 '강실이의 팔'과 뒷 구절의 '동녁골댁의 마당'은 강모 (여기서는 '그'로 표현됨)로 하여금 새로운 공동체를 만들지 않을 수 없도록 한다. 두 텍스트 공동체의 합일이 새로운 공동체를 예비케 하는 것이다.

(7)에 이어지는 다음의 텍스트들에서도 상이한 텍스트 공동체 간의 교직을 엿볼 수 있다.

(8) 명혼 무대 서술 (2. 147)
(9) 강모, 허수아비 신랑·신부를 목격함, 강수를 생각함
(10) 평순네와 옹구네의 대화
(11) 강모, 허수아비 신랑·신부가 혼례 치르는 장면을 봄
(12) 강모, 강실과의 대화

(8)과 (9)는 텍스트 공동체가 다르다는 점에서 텍스트의 교직이 일어난 것으로 볼 수 있다. (10)은 천민들이 등장한다는 점에서 또 다른 텍스트의 교직이라 볼 수 있다. (11), (12)는 같은 강모와 강실 중심의 텍스트 공동체라는 점에서 다시 텍스트의 교직이 일어났다. 다음 텍스트는 명혼을 치르는 담 너머의 텍스트 공동체와 강모·강실 중심의 텍스트 공동체가 융합되어 그 경계를 구분할 수 없다는 것을 알려 준다.

그 아래 신랑과 신부는 술을 마신다. **종이 바른 얼굴의 꽃잎 같은 입술을 기울여 한 모금 한 모금 술을 마시는 신랑은 강모였다. 그리고 신부는 꽃무지개 에일 듯 아련하게 두른 강실이었다.** 강실이는 혼백보다 더 투명하고 선연하고 아득하였다. 강모는 어질어

질 취한다. (2. 150)

허수아비 신랑은 강모이고 허수아비 신부는 강실로 착각한 것으로 서술하였으니 두 텍스트 공동체는 완전히 합일이 되었다고 말할 수 있다. 명혼의 텍스트 공동체와 오누이 간의 텍스트 공동체가 분별이 안 될 정도로 하나가 되어 가고 있는 것이다. 텍스트의 융합이 일어난 것으로 해석할 수 있다.

다음의 텍스트들은 강모·강실만의 텍스트 공동체가 자족성을 띨 수 있는 전제 조건임을 알려 준다.

(11) 강모가 강실이를 부름
(12) 강모와 강실이에게 당골네의 독경소리가 들림
(13) 강모가 강실이를 안고 쓰러짐
(14) 당골네의 소리가 울리고 동녘골댁이 강수를 부름
(15) 강수와 대화하는 동녘골댁의 음성이 들림

(11)~(15)는 모두 강모·강실 중심의 텍스트 공동체에서 일어나는 일이다. 다음의 구절은 강모와 강실이의 두 공동체가 근접함을 예비한다.

허물어진 토담을 넘어 눈물로 목멘 소리가 들려온다. 그것은 강실이의 귀에도 역력히 들린다. (2. 153)

명혼의 목멘 소리가 강모와 강실이에게 들린다는 것은 그들 나름의 공동체의 형성에 가까이 다가섰음을 예비한다.

다음은 강모와 강실이 실질적으로 하나의 자족적인 텍스트 공동체로 융합됨을 묘사하는 대목이다.

마당에서 곡성이 낭자하게 들려온다. 그 울음소리가 물살처럼 토담을 무너뜨리며 강모와 강실이를 뒤덮는다. 두 사람은 그대로 아찔하게 떠밀려 어디론가 까마득하게 흘러가고 있었다. (위와 같음)

앞의 첫 구절은 위의 텍스트에 이어지는 것이다. 두 번째와 세 번째의 구절은 강모와 강실이 하나의 자족적인 텍스트 공동체가 되었음을 뜻한다. 지금까지는 윤리와 도덕의 굴레에 매여 물리적으로 다른 텍스트 공동체에 속하였던 두 오누이가 근친상간을 통하여 자족적인 텍스트 공동체를 이루었음을 서술하는 것이다. 다음 텍스트는 오류골댁 중심의 강실의 텍스트 공동체가 균열을 일으키는 징후를 드러낸다.

이 담 하나가 무슨 성벽같이 높고 높아서 이제는 어머니와 다시는 만나지 못할 것만 같은 절망이 금을 그어 놓고 있었다 (2. 154).

『혼불』은 성격이 다른 텍스트들이 선형적으로 배열되지 않고 지그재그로 교직되다가 마지막에 가서는 하나로 융합되는 텍스트의 형성이 많다. 이러한 교직적이고 하이퍼 텍스트적인 구성이 선형적이고 평면적인 텍스트 구성에 비하여 얼마나 작품의 텍스트성을 높일 수 있는가 하는 문제는 쉽게 단정할 수 없지만 이러한 구성법이 분명히 독자에게 역동감(力動感)을 주는 구성법인 것만은 부정할 수 없을 것 같다.

『혼불』을 읽으면 대화와 지문이 선명하게 구별되는가 하면 그렇지 않은 것도 있어 텍스트 해석에 어려움을 가져다 주는 예가 적지 않다. 작자는 많은 경우 소괄호를 하여 독자에게 독백임을 쉽게 알려 준다. 다음 아래의 예는 1. 26-27에 나오는 효원의 어머니 정씨 부인이 초례청에서 있었던 상서롭지 못한 광경을 보고 일으키는 심리적 갈등을 묘사한 것이다.

(1) 한 시름이 놓이고 마음이 가벼워져야 할 터인데, 웬 일로 그렇게 힘이 빠지는 것인지 알 수 없는 노릇이었다 (1. 26).
(2) …… 실이 그렇게 …… 어찌할꼬 …… 이 노릇을 ……
(3) 그네는 스스로 머리를 저었다.
(4) (사위스럽다)
(5) 그러나 그네는, 아까 분명히, 실이 얽히는 것을 보았다.
(6) (허나, 그런 일은 흔히 다른 초례청에서도 있는 일이 아닌가. 또한 그런 절차는, 모두, 정성을 다하려는 마음가짐을 이르는 것일 뿐, 그까짓 실타래가 무엇을 알랴)
(7) 정씨 부인의 얼굴에 깊은 그늘이 고인다.

(2)는 (1)에 안겨 있는 독백이다. '그렇게'와 '이 노릇'과 같은 원근의 지시 표현, '어찌할꼬'와 같은 독백체의 어미를 고려할 때, (2)는 (1)에 안겨 있는 독백임이 분명하다. 그럼에도 불구하고 이곳에서는 괄호 표지를 볼 수 없다. 그런데 (4)는 괄호를 에웠다는 점에서 (3)에 안겨 있는 독백임이 분명하고 (6)도 괄호로 미루면 역시 (5)와 (7) 사이에 안겨 있는 독백임에 분명하다. 흔히 현대 소설론에서는 지문에 섞여 있는 독백을 자유 간접 화법으로 처리하기도 하나 자은이는 이를 지문과 독백을 구별하지 않으려는 서술자의 하이퍼 텍스트적인 책략에서 빚어진 창작 수법으로 보고자 한다.

다음과 같은 텍스트도 같은 맥락으로 이해할 수 있다.

…… 신방에 들거든, 우선 작은 주안상이 들어올 게다. 신부가 술을 따를 것이니 마시도록 해라 …… 버선도 겉버선만 조금 잡아당겨 주면 되느니 (1. 35)

이 부분은 분명히 강모가 장가가는 날 아버지 이기채가 당부하던 말인데

도 불구하고 따옴표가 없다. 예사로 보면 지문인 듯하지만 끝이 해라체로 되어 있다는 점에서 일방향적인 대화의 한 부분임에 틀림없다. 문장부호 하나도 함부로 쓰지 않는 작자가 왜 이런 작위를 하였을까. 지문과 대화를 구별하지 않음으로써 독자로 하여금 역동적인 감상의 폭을 넓히려는 하이퍼 텍스트적인 책략에서 우러나온 구성 기법이 아닐까 생각해 본다.

다음은 강모가 첫날 저녁에 그대로 잠자리에 드는 것을 보고 신부 효원이 갖는 심리적 갈등을 묘사한 부분이다 (1. 44).

(1) 그렇지만 효원은 끔짝도 하지 않고 기어이 견디어 내고 있다.
(2) 그대로 앉아서 죽어 버리기라도 할 태세이다.
(3) 그네는 파랗게 질린 채 떨고 있었다. 그만큼 분한 심정에 사무쳤던 것이다.
(4) 손가락 하나도 움직이지 않으리라.
(5) 내 이 자리에서 칵 고꾸라져 죽으리라.
(6) 네가 나를 어찌 보고……
(7) 이미 새벽을 맞이하는 대숲의 바람소리가 술렁이며 어둠을 털어내고 있는데도 효원은 그대로 앉아 있었다.
(8) 그네는 어금니를 지그시 맞물면서 눈을 감는다.

(1)~(3)은 '효원'과 '그네'가 나오는 것을 보아도 서술자의 말임이 분명하다. 그런데 (4)~(6)은 효원의 내적 독백이다. 그럼에도 불구하고 괄호가 없다. 그리고 (7), (8) 역시 주어 명사구가 '효원'과 '그네'로 되어 있음을 보면 서술자의 지문임에 틀림없다.

지문과 독백 그리고 대화가 그 경계를 분명히 하지 않은 채 뒤섞여 있다는 것은 앞의 교직적인 텍스트의 배치와 함께 『혼불』의 하이퍼 텍스트적인 특성을 가장 극명하게 드러내는 작가의 책략으로 해석된다. 서술자와 등장 인물이 하나가 되었다는 것은 독자로 하여금 그만큼 작품의 이해와 감상에 개방성을 부여한다고도 해석할 수 있다. 일종의 구성주의적이고 해체 주의적인 책략으로 볼 수 있다.

7.2.3. 수필의 텍스트 분석 — 이양하의 「나무」

이양하의 「나무」는 앞에서 텍스트의 응결성을 논의하고 텍스트의 구조를 분석하는 마당에서도 부분적으로 인용한 바 있다 (101, 112, 161쪽). 이곳에서는 「나무」의 전편을 대상으로 하여 현대 수필을 텍스트 분석하는 예로 들고자 한다. 이양하의 「나무」는 이양하 제2 수필집 『나무』(1964)에 실려 있다. 이곳에서는 초판의 텍스트를 대상으로 하되 텍스트를 임의적으로 변조한 구인환의 『문학』(한샘, 1990)에 실린 것과 대조하는 관점에서 텍스트를 분석하기로 한다. 번잡을 피한다는 뜻에서 각 단락의 첫 분절문과 끝 분절문만 보이기로 한다. 나머지는 설명으로써 구성적 특징을 밝히기로 한다.

(3) 「나무」의 텍스트 제시와 단락 구분

가. (S_1 나무는 德을 가졌다)S_1 …… (S_n 진달래는 진달래대로 스스로 족하다)S_n

나. (S_1 나무는 고독하다)S_1 …… 그러면서도 (S_n 나무는 어디까지든지 고독에 견디고 고독을 이기고 고독을 즐긴다)S_n

다. (S_1 나무에 아주 친구가 없는 것은 아니다)S_1 …… (S_n 그리고 온갖 나뭇잎이 우거진 숲을 찾는 사람이 거룩한 전당에 들어선 것처럼 엄숙하고 경건한 마음으로 절로 옷깃을 여미고 우렁찬 찬가에 귀를 기울이게 하는 이유도 여기 있다)S_n

라. (S_1 나무에 하나 원하는 것이 있다면 그것은 천명을 다한 뒤에 하늘 뜻대로 다시 흙과 물로 돌아가는 것이다)S_1 …… (S_n 불

교의 소위 윤회설이 참말이라면 나는 죽어서 나무가 되고 싶다)S_n

마. (S_1 무슨 나무가 될까?)S_1 …… (S_n 이미 나무를 뜻하였으니 …… 가리지 않으련다)S_n

(3가)는 일곱 개의 분절문으로 되어 있다. 첫 번째와 두 번째 분절문에만 주제어 명사구 '나무'가 나와 있고 그 이하의 분절문에서는 모두 생략되었다. 이른바 공범주의 형태로 첫 번째 및 두 번째의 '나무'와 명사적 연쇄를 이루고 있다. 여섯 번째와 일곱 번째 분절문에서는 '나무'의 하의어인 '소나무'와 '진달래'가 나와 있어 첫째, 둘째 분절문의 상의어 '나무'와 명사적 연쇄를 이루고 있다. 분절문 S_1은 단락 (3가)의 주제문인데 그 아래 나오는 '나무가 분수에 만족할 줄 알고 후박과 불만족을 이야기하지 않는다'라는 내용은 모두 이 주제문을 뒷받침하고 있다. 그리고 첫 번째 '나무'에는 악센트가 걸리나 그 다음에 이어지는 '나무'에는 악센트가 걸리지 않는다고 해석할 수 있다 (101쪽). 그것은 두 번째 이하의 '나무'는 텍스트 계속 요소로서 앞에 나오는 '나무'와 함께 전체 텍스트의 구성 요소가 되기 때문이다. 시제는 현재형으로 실현되어 있다. '가졌다'는 형태만 과거형이지, 기능적으로는 현재 지속이다. 구인환은 원본의 '가졌다'는 '지녔다'로, '골짝'은 '골짜기'로 바꾸고 원본의 '소나무는 진달래를 내려다보되 깔보는 일이 없고 진달래는 소나무를 우러러 보되 부러워하는 일이 없다'를 삭제하였다. 모두 옳지 않다. 텍스트를 수정할 때에는 작품의 이해와 감상에 걸림돌이 되지 않으면 그대로 두어야 한다.

(3나)는 여섯 개의 분절문으로 구성되어 있다. 분절문 S_1은 단락 (3나)의 주제문이다. 이곳에서도 주어 명사구는 '나무'이다. 셋째, 넷째의 두 분절문만 주어 명사구가 공범주이고 나머지는 주어 명사구 '나무'가 드러나 있다. 여기에서도 두 번째 이하의 '나무'에는 악센트가 걸리지 않는다. (3가)와 마찬가지로 주어 명사구들은 그들끼리 명사적 연쇄를 이루고

있다. 그리고 이곳에서는 명사 '고독'이 10번이나 재수용되고 있다. 분절문 S_1에서는 서술어 '고독하다'의 어근으로 나타났지만 그 뒤로부터는 대부분 목적어 명사구로 나타났고 한 군데만 '고독에 견딘다'와 같이 부사어로 실현되었다. 이런 사실을 통해서도 (3나)의 주제가 나무의 고독을 문제 삼고 있다고 말할 수 있다. 구인환은 원본의 '옴짝'을 '옴쭉'으로 바꾸었다. '옴쭉'이 표준어라 하여 그렇게 바꾼 것으로 보이나, 작품 텍스트에서는 작자가 의도적으로 골라 쓴 방언형을 고쳐서는 안 된다. 마지막 분절문에서는 역접의 접속사 '그러나'가 쓰였다. 앞 분절문의 '…… 동짓달 한밤의 고독도 안다'라는 내용을 뒤집어 '고독에 견디고 고독을 이기고 고독을 즐긴다'고 하였으니 이런 접속사가 쓰이지 않을 수 없다. 그런데 구인환은 텍스트 수정을 가하여 '그러면서도'로 바꾸었다. 시제는 모두 현재형으로 되어 있다. 원본이 작자가 직접 교정한 것이요, 거기다가 앞뒤 분절문의 연결에 하등 걸림이 없으니 그대로 두어야지 함부로 손을 대어서는 안 된다.

(3다)는 22개의 분절문으로 구성되어 있다. 그럼에도 불구하고 작자는 줄을 바꾸지 않고 한 단락으로 처리하였다. 그러나 구성을 자세히 보면 두 단락으로 나눌 수 있다. 먼저 '나무'의 친구인 '달, 바람, 새'가 주어 명사구로 등장하는 단락을 먼저 가를 수 있다. 이를 (3다′)로 표시하여 다음과 같이 구분한다.

(3다′) (S_1 나무에 아주 친구가 없는 것은 아니다)S_1 …… 그리고 (S_n 가다 홍겨워 …… 기쁨이 되지 아니할 수 없다)S_n

이 단락에서 '나무'의 친구를 이야기할 때 앞 분절문에 '친구'가 나오면 다음 분절문에서는 공범주로 나타난다. 앞에 나온 명사구를 재수용하는 것보다 공범주로 나타내는 것이 응결성을 돕는다고 생각하였을 가능성이 많다.

다음으로는 '나무'가 주어 명사구로 등장하는 아래 단락을 독립된 텍스트로 간주할 수 있다.

(3다″) (S_1 나무는 이 모든 것을 잘 가릴 줄 안다)S_1 …… 그리고 (S_n 온갖 나뭇잎이 …… 이유도 여기 있다)S_n

이곳에서도 첫 분절문만 주어 명사구 '나무'가 나타나고 그 다음부터는 공범주로 실현되어 있다. 그러다가 주어 명사구로 실현된 '나무'와의 거리가 멀면 다시 '나무'가 되살아난다.

지은이는 작자가 한 단락으로 처리한 부분을 주어 명사구를 기준으로 하여 두 단락으로 나누었으나, 그것이 모두 나무의 친구를 주제로 삼는다는 점에서는 작자와 같이 한 단락으로 처리할 수 있다. 크게 보면 한 단락이라고 하겠으나 주어 명사구를 달리한다는 점에서는 두 단락으로 나눌 수 있다. 구인환은 작자가 분단하지 않은 나무의 친구 부분을 아무런 이유 없이 중간에서 단락을 나누었다. '바람'은 '달'과 같은 자격의 친구인데도 불구하고 독립된 단락으로 처리하였고, '새'는 '바람'과 함께 한 단락으로 처리하였다. 어떠한 기준도 상정하기 어려운 처리이다. 그리고 '같은 나무, 이웃 나무'로 시작하는 부분도 다른 줄을 잡았다. 이 역시 뚜렷한 기준을 상정하기가 어렵다. 그리고 작자가 사용한 '욱은'을 '우거진'으로 바꾸었다. '욱다'란 동사가 '숲'과 공존하기 어렵다는 것을 고려하여 '우거지다'로 바꾼 것으로 보이는데, 이 역시 옳다고 할 수 없다. 작자가 교정을 본 원고에 '욱다'가 사용되었으면 방언형으로 보든지 하여 그대로 두고 각주를 통하여 주석을 다는 태도가 바람직하다. 이 단락에는 순접의 접속사 '그리고'와 역접의 접속사 '그러나'가 교대로 사용되고 있다. '나무'의 장단점을 서술하게 되니 자연히 두 접속사의 교대적인 사용이 불가피하게 된 것으로 보인다. 이 단락에서도 현재형이 사용되었다.

(3라)는 나무가 견인주의자이며 고독의 철인이며 안분지족의 현인임을 확인하는 내용이다. 작자는 '불교의 소위 윤회설 …… 나는 죽어서 나무가 되고 싶다'를 (3라)에 붙였으나 이는 구인환의 분단대로 따로 떼어서 (3마)에 붙이는 것이 옳다. 끝 분절문의 내용은 바로 윤회설을 풀이한 것이기 때문이다. 이를 (마')로 표시하면 다음과 같다.

(3마') (S_1 불교의 소위 윤회설이 참말이라면 …… 나무가 되고 싶다)S_1
…… (S_n 가리지 않으련다)S_n

이상에서 논의한 것을 종합하면 작품 「나무」는 다음과 같은 구조를 지니고 있다.

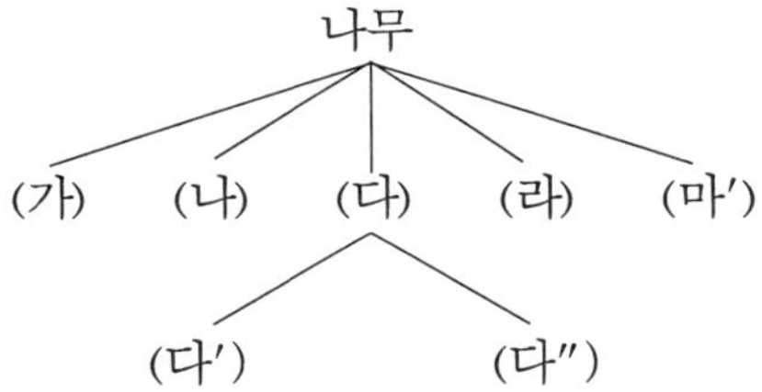

수필이 다른 텍스트, 이를테면 소설이나 논설문과 다른 텍스트 형성상의 특징은 무엇인가? 우선 생략해야 하거나 대용어를 사용해야 할 곳에 핵심 주제어를 노출시키는 경향이 강하다는 점을 지적할 수 있다. 이 점은 시 텍스트와 비슷하다. 논설 텍스트에 비하여 접속사의 사용이 적고 명사구의 생략이 빈번하다는 점을 둘째로 지적할 수 있다. 이 점은 소설이나 희곡의 대사 (臺詞)와 비슷하다. 시제형은 일반적으로 현재형이 지배적이다. 이런 점은 수필 텍스트가 전형적인 작품 텍스트와 전형적인 문서 텍스트의 중간에 놓인다는 갈래상의 특징과 병행되는 현상으로 보인다.

7.2.4. 대중 매체의 텍스트 분석 – 신문

현대는 대중 매체의 시대이다. 아침에 눈을 뜨면 현관에 배달되어 있는 신문을 들고 들어온다. 신문에는 우리나라를 비롯하여 세계 곳곳에서 일어나고 있는 정치, 경제, 사회, 문화에 걸친 크고 작은 사건들에 대한 소식이 실려 있다. 오락과 스포츠에 관한 기사도 접한다. 신문에는 기사뿐만 아니라 연재물, 특정인의 기고, 독자란을 비롯하여 광고도 적지 않게 실리며, 만화, 만평 /희평도 실린다. 광고는 각 면의 하단에 배치되기도 하지만 전면을 차지하는 일도 많다. 그리고 신문의 사이사이에는 광고물이 그득히 끼여 있다. 신문을 보다 말고 TV 전원 (電源)을 켜면 거기에도 수많은 텍스트가 우리를 맞는다. 글자와 사진을 통하여 얻는 신문 텍스트의 정보와는 달리 사진, 음성, 음향, 글자가 혼성된 각종 정보가 우리의 귀와 눈을 통하여 순식간에 나타났다가 사라지고 다음 정보가 쏟아져 나온다. 상업 방송의 경우에는 프로의 시작과 끝에 광고 텍스트가 얼굴을 내민다.

차를 타고 출근하게 되면 라디오를 통하여 뉴스를 비롯한 갖가지 음성 텍스트를 접하게 되고 음악도 자유롭게 들을 수 있다. 그리고 외국어 테이프를 넣게 되면 자기가 원하는 외국어를 자유롭게 듣고 연습할 수 있는 기회도 마련할 수 있다. 고개를 들면 건물 옥상에 자리 잡은 대형 TV의 뉴스와 광고가 또한 우리를 압도한다. 직장에 출근하여 컴퓨터 키보드 (단추)를 누르면 갖가지 정보를 꺼낼 수 있다. 이를 가공하면 새로운 텍스트를 만들 수 있고 이는 이내 인터넷을 통하여 다른 사람에게 전달된다. 저녁에 집에 돌아오면 아침에 보다 만 신문을 뒤적이기도 하고 TV 앞에서 각종 프로그램을 가려 시청한다. 더욱이 요즈음은 케이블 TV가 많이 생겨 전문성을 띤 프로그램을 각자의 취미에 맞추어 시청할 수 있다. 어린이들도 책에 매달리는 시간보다 어린이 프로그램을 시청하는 일이 더 많다. 농경 시대의 어린이들은 호롱불을 켜 놓고 할머니나 어머니의 입을 통해서 나오는 서사 텍스트 (흔히 옛날 이야기)를 듣는 것이 유일한 문학 감상의 기회였다. 요즈음 어린이들은 주말이 되면 비디오를 빌려 와서 보기도 한다. 스마트 폰, 휴대용 노트북, 태블릿 PC 등을 통하여 이동하면서도 인터넷에 접속하여 뉴스를 읽거나 동영상을 감상한다. 차나 지하철에서도 이런 휴대 매체를 통하여 트위터나 페이스북에 들어가 온 세계의 수많은 사람들과 메시지를 실시간으로 주고받는다. 정보화 시대를 달려가는 현대는 사람이 대중 매체를 제어 (制御)하는 것이 아니라 대중 매체가 사람을 압도하여 정신을 차리지 못하게 한다.

대중 매체에는 신문, 책, 보도 사진, 만평 /희평, 만화, TV, 라디오, 대중음악, 영화, 비디오, 광고 등이 있다. 현대 사회는 멀티미디어 사회라고 한다. 모든 정보가 컴퓨터를 통하여 합성되어 전달되기 때문이다. 이른바 매체 융합 현상이 일어나고 있는 것이다. 앞에서 지은이는 텍스트를 "언어로 표현되어 있거나 언어로 표현 가능한 기호"라고 규정하였다. 위의 대중 매체 가운데서 지은이가 규정한 텍스트의 성격에 비교적 근접하는 대중 매체로는 신문, 책, 광고, 만화를 들 수 있다. 이 가운데서 신문 텍스트에 국한하여 텍스트 분석을 시도하여 보고자 한다.

어느 신문사에서 생산한 어느 날짜의 '신문'이 과연 하나의 자족적인 텍스트가 될 수 있을까? 이런 물음을 던지는 것은 그 속에 들어 있는 모든 종류의 기사와 연재물, 그리고 이에 덧붙어 있는 광고들 사이에 과연 어떤 횡적인 연관성을 인정할 수 있겠는가 하는 점 때문이다. 이는 어느 특정한 방송국에서 방송·방영하는 라디오나 TV도 같은 성격을 지녔다고 할 수 있다.

보통, 신문의 기능으로 보도 기능, 지도 기능, 오락 기능, 광고 기능을 든다. "보도 기능"은 뉴스 보도처럼 사회에서 일어나는 사건들에 대한 정보를 제공하는 기능인데 이는 우리가 앞에서 본 텍스트의 기본 기능 중 "제보 기능"에 해당한다 (209쪽). "지도 기능"은 독자를 설득하고 계도 (啓導)하여 그들로 하여금 특정한 태도나 행동을 취하도록 하는 기능인데, 이는 앞에서 든 "호소 기능" (210쪽)에 해당한다. 지도 기능은 사설, 논설, 시사만평, 칼럼, 독자 투고 등을 통하여 나타난다. "오락 기능"은 독자들에게 오락을 제공하는 기능을 지니기도 한다. 오락 기능은 신문 소설, 만화, 연예, 레저, 스포츠, 취미 관련 기사에서 드러나는데, 이는 텍스트의 기본 기능 중 "감동 기능" (213쪽)과 관련이 깊다. "광고 기능"은 경제 면 과 광고 면, 특히 광고 면을 통하여 나타난다. 광고 기능은 텍스트의 기본 기능 중 호소 기능과 밀접한 관련을 맺고 있다. 하나의 기호가 텍스트의 자격을 갖추려면 하나의 지배적 기능만 파악되어야 하는데 이렇게 다기능적인 것을 과연 텍스트로 볼 수 있을까? 신문의 기사는 대부분 개별 사건의 보도가 대부분을 차지하고 있어 횡적인 연관이 성립되지 않는 것이 보통이다. 달리 말하면 간텍스트성이 인정되지 않는다는 뜻이다 (앞에 나옴, 132쪽). 그러나 사설과 만평 /희평은 경우에 따라 간텍스트성이 인정되는 일이 있다. 사설에서 정부의 수해 대책을 비판하는 글을 쓰면서 그것을 희화화 (戱畵化)하는 만평을 통해서 다시 한번 정부를 비판하였다면 두 텍스트 사이에 긴밀한 간텍스트성이 인정된다.

1998년 8월 20일자 우리나라의 어느 신문 국제란에는 미국 클린턴 대통령의 성 추문 사건과 관련되는 기사가 네 군데나 실려 있다. 첫 번째는 대통령의 부인 힐러리 여사가 같이 휴양지로 갈 때에 남편을 용서하였다는 성명을 발표하였다는 내용이고 두 번째는 클린턴이 성 추문의 상대자인 르윈스키가 선물한 넥타이를 매었다는 것이며, 세 번째는 대통령의 성 관계 시인으로 여론이 악화되고 있다는 기사이다. 네 번째는 그 신문사의 한 칼럼니스트가 그의 단골 코너를 통해 우리의 조선 시대에 아내의 간통 현장을 목격하고 돌로 쳐 죽인 사건을 마무리하는 당시 선비들의 기지 (機智)를 예로 들어 클린턴의 모호한 태도에 그 나름의 해석을 붙이기도 하였다. 이들 네 기사는 같은 면에서 모두 클린턴 대통령의 성 추문과 관련된 내용을 취급하였다는 점에서 간텍스트성이 인정되고 이들은 상위 (上位)에서 '클린턴의 성 추문 사건'이라는 더 큰 텍스트 공동체로 수렴(收斂)될 수 있다.

많은 신문 생산자들은 1면에서 기사를 간단히 처리하고 자세한 내용은 뒷면에서 보라고 하는 일이 적지 않다. 이를테면 1998년 8월 19일자 우리 사회의 어느 신문은 제1면 상단 왼쪽에 '與野 '대화 정치' 복원시동'이라는 제목 아래 김대중 대통령이 각 당 대표 및 국회 의장단과 정계 원로를 초청하여 오찬(午餐)을 같이한다는 내용을 싣고 '관련 기사'는 4면을 보라고 하였다. 4면에는 김대통령이 오찬을 함께 하는 의의(意義)를 자세히 해설하였다. 면을 뛰어넘기는 하였으나 이 역시 두 기사의 긴밀한 간텍스트성을 보증한다고 하겠다. 이 두 텍스트는 '김대통령의 대화 정치'라는 더 큰 텍스트로 묶일 수 있다.

관점을 달리하면 신문의 전체를 자족적인 텍스트로 볼 수 있는 면이 있다. 이를테면 정치면에 실린 기사는 그것이 정치적 내용을 공유한다는 점에서 하나의 텍스트로 묶일 수 있다. 그러나 개개의 정치적 사건 사이에는 간텍스트성이 인정되지 않는 것이 보통이다. 우리가 한 권의 책이나, 박경리의 『토지』와 같이 16권(솔출판사, 1994년 발행분 기준)으로 된 한 질의 책을 자족적인 텍스트로 보는 것은 일관된 주제, 곧 응집성(앞에 나옴, 119쪽)을 바닥에 깔고 그 나름의 응결성을 지니고 있기 때문이다. 같은 사건에 대한 보도라도 개별 신문 생산자의 사시(社是)나 편집 방침이 작용하여 그 나름의 특징이 드러나는 일도 적지 않다. 이렇게 보면 특정한 신문은 그 나름의 텍스트로서의 자족성을 지니고 있다고도 말할 수 있다. 그러나 이런 것은 특수한 경우에만 적용되지, 신문에 나오는 모든 텍스트에 적용되지 않는다. 텍스트 형성에 가장 우선되는 조건이 주제의 일관성이나 의의의 그물로 인정되는 "응집성"인데, 이러한 조건이 신문에 나오는 모든 텍스트에 적용되지 않기 때문에 자족적인 텍스트라기보다 신문 텍스트를 "유사 텍스트"라고 하는 편이 적절할 것 같다. TV도 신문과 마찬가지로 유사 텍스트의 범주에 들어온다.

지은이가 여기에서 주목할 것은 신문에 나타나는 뉴스 텍스트의 기사화 과정과 표제 뽑기이다. 뉴스를 보도할 때에는 큰 활자의 표제나 작은 활자의 부제를 뽑고 다음으로 리드를 작성하고 마지막으로 "몸글"이라 불리는 기사 본문을 싣는 3단계의 과정을 밟는다. 리드란 본문의 바로 앞에 나오는 문장으로 기사의 내용을 간추리는 것이다. 독자들은 자신의 관심과 거리가 먼 기사는 표제나 부제만 보고 넘어가며 관심을 끌 수 있는 기사는 몸글까지 봄은 물론이고 다른 면에 나오는 관련 기사까지 읽는다. 독자는 표제로부터 몸글로 나아가지마는, 신문 생산자는 반대의 과정을 밟는다. 각 부서에서 일하고 있는 기자들이 취재를 하여 원고를 써 오면 편집과 교열을 거치고 광고와 합쳐서 컴퓨터 조판 과정을 거치고 인쇄의 과정을 밟아 마침내 독자들에게 배달된다. 독자들은 신문이 제공하는 각종 정보를 읽는 데만 그치는 것이 아니라 소견을 적어 신문사에 보내는 일이 적지 않은데 신문 생산자는 이를 수용하여 더 나은 신문의 생산을 위하여 노력한다. 지은이는 앞에서 모든 텍스트가 생산자와 수용자 사이에서 생산 · 수용 · 가공의 단계를 밟는 순환적 성격을 띠었음을 지적한 바 있는데 (72쪽), 신문도 마찬가지 성격을 띠고 있다고 하겠다. 라디오나 TV도 같은 성격을 지니고 있다.

앞에서 지은이는 텍스트 거시 규칙을 세운 바 있다 (168쪽). 텍스트 거시 규칙에는 크게 보아 삭제 규칙과 대체 규칙이 있다. 이곳에서는 신문 텍스트 생산자가 어떤 거시 규칙을 적용하여 리드, 부제, 표제를 뽑아내는가 하는 문제를 다루어 보기로 한다. 다음은 1998년 8월 21일자 『동아일보』 A1면에 실린 팔당호 상류에 식당, 축사 (畜舍) 등의 신축을 전면적으로 금지한다는 대한민국 환경부 최재욱 장관이 발표한 '팔당호 특별 종합 대책'에 관련된 기사이다 (사진 참조). 우선 몸글부터 인용하기로 한다. 띄어쓰기와 단락 구분은 원래의 기사대로 하되 작업의 편의를 위하여 각 단락 앞에 (가), (나), (다)로 표시한다.

창간정신
민족의 표현기관으로 자임함
민주주의를 지지함
문화주의를 제창함

東亞日

1920년 4월 1일 창간 ⓒ 동아일보사 1998 THE DONG-A

팔당호상류 강변 1km內 식당 축사등 신축 전면금지

서울 및 수도권에 마시는 물을 대는 팔당호의 상수원 특별대책지역내 남한강 북한강 경안천의 물가 1km이내 지역이 '수변(水邊)구역'으로 지정돼 모텔 음식점 축사 공장 등이 새로 들어서지 못하게 된다.

〈A3면에 관련기사〉

팔당호 물을 식수로 사용하는 수도권 주민들은 가구당 매달 1천원 정도의 원수료(源水料)를 추가 부담하게 되며 이를 재원으로 재산권 행사에 제약을 받게 되는 상류지역 주민들의 의료보험료 등을 지원하게 된다.

팔당댐과 잠실 수중보 사이의 경기도 관할 수역은 상수원 보호구역으로 추가 지정돼 기존의 농가주택 증축을 제외한 모든 건축행위가 제한되는 등 그린벨트 지역보다 훨씬 강한 규제를 받게 된다.

환경부 수질개선 특별대책마련

한가구 수도료 月 1,000원 추가부담
상류지역주민 의료보험료등 지원

정부 2005년까지 2조6천억원 투입키로

환경부는 20일 이같은 내용의 '팔당호 특별종합대책'을 서울시 경기도 등 자치단체와 협의를 거쳐 마련하고 25일 공청회를 거쳐 정부안으로 최종 확정해 2005년까지 2조6천3백85억원을 투자할 계획이라고 발표했다.

이에 따르면 팔당호 특별대책지역 바깥쪽도 북한강의 경우 의암댐까지, 남한강은 충주댐까지 하천 물가 5백m이내 지역이 수변구역으로 지정돼 이곳에 들어서는 음식점과 숙박시설은 엄격한 폐수 처리기준을 지켜야 한다.

오염이 심한 한탄강 신천 포천천 등 임진강 수계는 팔당호와 대청호에 이어 상수원 특별대책지역으로 추가 지정돼 공장이 새로 들어서지 못한다.

한강 수계의 모든 하천에서는 취사 야영 세차 낚시 등 오염행위를 할 수 없게 된다. 이미 유원지가 된 하천구역은 별도의 고시를 통해 오염행위를 규제할 계획이다.

환경부는 이같은 특별대책을 시행할 경우 현재 2급수인 팔당호 수질이 2005년이면 1급수로 개선될 것으로 기대하고 있다.

〈이진영기자〉
ecolee@donga.com

(4) '팔당호 특별 종합 대책'에 관한 몸글 텍스트의 제시

(가) 팔당호 물을 식수로 사용하는 수도권 주민들은 가구당 매달 1천원 정도의 원수료 (源水料)를 추가 부담하게 되며 이를 재원으로 재산권 행사에 제약을 받게 되는 상류지역 주민들의 의료보험료 등을 지원하게 된다.

(나) 팔당댐과 잠실 수중보 사이의 경기도 관할 수역은 상수원 보호구역으로 추가 지정돼 기존의 농가주택 증축을 제외한 모든 건축행위가 제한되는 등 그린벨트 지역보다 훨씬 강한 규제를 받게 된다.

(다) 환경부는 20일 이같은 내용의 '팔당호 특별종합대책'을 서울

시 경기도 등 자치단체와 협의를 거쳐 마련하고 25일 공청회를 거쳐 정부안으로 최종 확정해 2005년까지 2조6천3백85억원을 투자할 계획이라고 발표했다.

(라) 이에 따르면 팔당호 특별대책지역 바깥쪽도 북한강의 경우 의암댐까지, 남한강은 충주댐까지 하천 물가 5백m이내 지역이 수변구역으로 지정돼 이곳에 들어서는 음식점과 숙박시설은 엄격한 폐수 처리기준을 지켜야 한다.

(마) 오염이 심한 한탄강 신천 포천천 등 임진강 수계는 팔당호와 대청호에 이어 상수원 특별대책지역으로 추가 지정돼 공장이 새로 들어서지 못한다.

(바) 한강 수계의 모든 하천에서는 취사 야영 세차 낚시 등 오염행위를 할 수 없게 된다. 이미 유원지가 된 하천구역은 별도의 고시를 통해 오염행위를 규제할 계획이다.

(사) 환경부는 이같은 특별대책을 시행할 경우 현재 2급수인 팔당호 수질이 2005년이면 1급수로 개선될 것으로 기대하고 있다. (이진영기자)

한편 리드에는 다음과 같이 적혀 있다.

(4′) 서울 및 수도권에 마시는 물을 대는 팔당호의 상수원 특별대책지역내 남한강 북한강 경안천의 물가 1km이내 지역이 '수변 (水邊) 구역'으로 지정돼 모텔 음식점 축사 공장 등이 새로 들어서지 못하게 된다.

그리고 제호는 '팔당호상류 강변 1km內 식당 축사등 신축 전면금지'로 5호 활자로 박았으며, 그 부제로 '환경부 수질개선 특별대책마련'을 역상으로 달고 그 내용을 '한가구 수도료 月 1,000원 추가부담 /상류지역

주민 의료보험료등 지원'으로 명시하였으며, 그 끝에 고딕으로 '정부 2005년까지 2조6천억원 투입키로'를 박았다.

표제는 리드의 내용을 명사구의 형태로 압축한 것이다. 이 과정에서 텍스트 생산자는 삭제 규칙에 기대어 핵심적이 아닌 정보는 덜어 버렸다. 이를테면 팔당호가 '서울 및 수도권에 마시는 물을 대는' 사실은 우리나라 사람들이나 서울 시민들이 다 알고 있는 정보이기 때문에 삭제한 것 같다. 리드의 '팔당호의 상수원 특별대책지역내 남한강 북한강 경안천의 물가 1km이내 지역이 '수변 (水邊)구역'으로 지정돼'는 표제에서 '팔당호상류 강변 1km內'로 대체되었다. '남한강, 북한강, 경안천'은 '(팔당호의) 상류'에 포섭되는 한강의 하의어이기 때문에 '팔당호상류만'으로도 어디를 가리킨다는 것은 누구든지 알고 있다. '수변 구역'은 '강변'으로 대체되었다. 같은 날짜 『한국일보』도 『동아일보』와 같이 1면 머리기사로 다루었는데 '수변 구역'이란 말을 그대로 노출하였다. 『동아일보』의 텍스트의 생산자는 '수변'이라는 귀에 선 어휘보다는 일반에게 친숙한 '강변'이 더 친화력이 있다고 생각하였을 가능성이 많다.

리드의 '모텔 음식점 축사 공장 등'은 '식당 축사 등'으로 대체되었다. 4개의 정보 중에서 둘만 선택되고 나머지는 생략되었다. '모텔'은 요즈음은 많은 사람들이 차로 나들이한다는 점에서 잉여적인 것으로 간주되었을 가능성이 많고 '공장'은 이해 당사자가 아니면 관심을 덜 기울인다고 생각하였을 가능성이 많다. '음식점'은 '식당'으로 대체되었다. 음절이 하나 더 길다는 점을 생각하였을 가능성이 없지 않다. 『한국일보』에는 『동아일보』에서 삭제하였던 '공장'을 취하고 『동아일보』에서 취하였던 '축사'는 버렸다. 같은 환경부의 '특별 종합 대책'을 보도하는 데 있어서도 텍스트 생산자에 따라 이렇게 텍스트의 모습이 달리 실현되는 것이다. 리드의 '새로 들어서지 못하게 된다'라는 표현은 표제에서 '신축 전면금지'로 대체되었다. 동사적 표현이 명사적 표현으로 대체된 것이다. 신문 텍스트의 표제는 간결성을 지향하기 때문에 명사적 표현으로 바뀌는 일이 많다. 요즈음의 신문이 모두 한글 전용으로 나아간다는 점을 생각하면 표제도 '…… 식당 축사 등 못 짓게 함'과 같이 고유어 표현으로 바꾸는 문제를 깊이 생각해 볼 필요가 있다.

역상으로 박은 부제는 (4다)의 내용을 간추린 것이다. 부제는 몸글 가운데서 작은따옴표로 표시한 '팔당호 특별종합대책'에서 '팔당호'를 삭제하고 '특별대책'만 따왔다. 부제의 내용 중 '한가구 수도료 月 1,000원 추가부담'과 '상류지역주민 의료보험료등 지원'은 몸글 (4가)에서 가져왔다. (4나)의 신규 건축 행위의 제한은 이미 표제에 나와 있기 때문에 반복하지 않았다. 부제의 명세 내용인 '정부 2005년까지 2조6천억원 투입키로'는 (4다)에서 뽑아 왔다. (4라)는 특별 대책 지역의 바깥쪽에 대한 제한 조처인데 표제와 부제에 나오지 않았다. 잉여 정보라고 생각하였을 가능성이 많다. (4마)는 임진강 수계가 특별 대책 지역으로 추가·지정되었다는 내용이며, (4바)는 한강 수계에서 취사, 야영 등 오염 행위를 할 수 없다는 내용이고, (4사)는 팔당호가 2005년에는 1급수로 개선된다는 내용이다. 이들은 모두 표제와 부제에 반영되지 않았다. 잉여 정보 (곧 세부 정보)라고 생각했기 때문이 아닌가 짐작된다.

앞에서 우리는 라디오나 TV도 신문과 비슷한 성격을 띠었다고 여러 번 언급하였는데 이제 그 사정을 자세히 검토해 보기로 한다. 만약 위의 기사가 TV로 방영된다면 아나운서는 신문의 리드에 해당하는 내용을 보도하고 이와 동시에 화면에는 신문의 표제에 해당하는 자막이 나타난다. 이어 아나운서는 아무개 기자가 그 내용을 자세히 보도한다고 보도권을 취재 기자에게 넘긴다. 취재 기자의 사진이 나옴과 동시에 기자는 신문의 몸글에 해당하는 취재 내용을 자세히 보도한다. 이와 함께 화면에는 오물 (汚物)로 덮여 있는 팔당호의 수면을 비롯하여 무분별하게 들어선 한강 수계의 각종 시설이 방영된다. 신문에서는 보통 관련 기사의 중요한 한 장면만 사진으로 제시하는 데 대하여 TV에서는 움직이는 화면을 통하여 관련 기사의 많은 장면을 계기적으로 보여 준다는 차이점이 있다. 그러나 기본적으로 TV 등의 전자 매체에 기댄 뉴스 보도도 신문 보도와 그 성격을 같이한다고 한 것이다.

7.2.5. 광고의 텍스트 분석

빠르게 변화하는 현대 사회에서는 기업들이 상품에 대한 소비자의 인지도를 높이는 데 총력을 기울이기 마련이다. 이러한 수단으로 가장 흔히 사용면서도 가장 큰 효과를 담보해 주는 것이 광고라고 할 수 있다. 광고는 소비자에게 매우 짧은 시간 안에 광고하려는 상품에 대한 정보를 제공할 뿐만 아니라 구매력을 제고하는 데 있어 그 어떤 수단보다도 탁월한 효과를 발휘한다. 따라서 특히 상품 광고에 사용되는 수단들은 오로지 구매력의 촉진을 위해 모든 것이 협력의 관계에 있어야 하는 것이 대원칙이라고 할 수 있다. 이 점에서 광고는 텍스트다움의 여러 특성이 매우 선명하게 부각되는 텍스트의 하나라고 할 수 있다.

광고 텍스트는 표제, 부표제, 바디 카피, 그래픽, 주장, 슬로건, 삽입, 로고로 구성되어 있다. "표제" (Headline)는 독자의 눈길을 끌게 하는 기능을 수행한다. "부표제" (Subheadline)는 표제에 대하여 보충적 역할을 수행한다. "바디 카피" (Body Copy)는 광고의 주문 (主文)에 나오는 언어 표현을 가리킨다. "그래픽"은 수신자가 표제, 부표제, 카피보다 우선적으로 인지하는 주요 영상 모티브이다. "주장" (Claim)은 카피의 중점 내용을 진한 글자체로 박아 수신자가 이해하기 쉬운 표현으로 제시한다. "슬로건" (Slogan)은 숨겨진 유혹자 (Ver borgener Verführer)에 비유된다. 슬로건은 대체로 광고의 끝에 자리하며 대부분 상품명과 일치한다. 광고 텍스트 중에서 슬로건에 대한 연구가 가장 많다. "삽입" (Insert)은 광고 속의 작은 광고이다. "로고" (Logo)는 오른편 하단에 자리 잡는 회사의 이름과 관련된 정보를 제공하는 역할을 한다.

우선 다음의 광고 카피를 통하여 텍스트다움이 어떻게 발현되고 있는지 분석해 보기로 하자.

(1) 그이가 출장을 갔다.
비가 많이 온다.
난 걱정하지 않는다.
아시아나를 탔기 때문이다.
〈아시아나 항공〉

응결성의 측면에서 (1)은 인과 관계의 언어적 수단이 우선 주목된다. '걱정하지 않는' 이유가 '(왜냐하면) 아시아나를 탔기 때문이다'에 의해 뒷받침되고 있다.

또한 '아시아나'를 탄 주어는 '그이'이다. 외형상으로는 '비'나 '나'도 '타다'의 후보가 될 수 있지만 우선 '타다'는 [+animate] 자질을 가진 동작주를 요구한다는 점에서 '비'는 일차적으로 제외된다. 다음 '나'가 배제되는 것은 인과 관계의 응집성 측면에서 살펴볼 수 있다. '나'는 유정성 ([+animate])이라는 자질은 만족시키지만 만약 '나'가 아시아나를 탔다면 '그이가 출장을 갔다'라는 문장은 아무런 의미를 가지지 못하게 되고 (1)은 하나의 텍스트로 기능할 수 없게 되기 때문이다. 따라서 '아시아나를 탔기 때문이다'는 '왜냐하면 그이는 아시아나를 탔기 때문이다'이다. 또한 여기에서 '그이'가 응결성의 측면에서 언어적으로 재수용되고 있음을 아울러 살펴볼 수 있다. 즉 행위의 주어인 '그이'는 단순히 생략되어 있을 뿐이다.

그리고 광고는 기본적으로 상품이나 서비스의 인지도를 높이고 해당 상품의 구매나 서비스의 이용에까지 소비자를 '인도'해야 하므로 의도성과 정보성 측면에서는 다른 어떤 텍스트보다도 집약적이라고 할 수 있다. (1)의 예문도 마찬가지여서 '아시아나 항공'을 이용하게 하려는 광고주의 의도가 이 짧은 텍스트에 충분히 반영되도록 구성되어 있으며 여기서는 특히 '안전성'이라는 정보에 초점이 맞추어져 있음을 볼 수 있다. 이는 앞에서 말한 슬로건이다.

또한 (1)은 소비자의 용인성을 증대시키기 위해서 여러 가지 전략을 사용하고 있다. (1)의 화자는 '그이' 즉 남편을 출장 보낸 '아내'이다. 이 광고가 나오는 배경 화면에서 '아내'는 장대비가 내리는 창밖 풍경을 바라보며 마치 그럴싸한 영화의 한 장면처럼 음악을 들으며 커피 한 잔을 마신다. 그 표정에서는 평화로움이 넘쳐 '걱정'이라고는 찾아볼 수 없다. 이를 보는 수용자 즉 소비자들은 '아내'에게 가장 소중한 '남편'을 이 '장대비'에 출장을 보내고서도 안심할 수 있게 만들어 주는 '아시아나 항공'에 대해 귀가 솔깃해지지 않을 수 없을 것이다.

게다가 (1)은 비행기를 이용할 수 있는 여러 가지 상황 가운데 '출장'을 제시함으로써 상황성도 만족시키고 있다. '시간이 돈'인 현대 사회에서는 아무리 가까운 지방이라도 일처리의 신속성을 위해 비행기를 이용하는 경우가 많다는 시대적 상황도 아울러 고려되고 있는 것이다.

(1)의 광고가 하필이면 '안전성'에 초점을 맞추어 자기 회사의 비행기를 이용해 달라고 한 이유는 무엇일까? 언뜻 생각해 보면 저렴한 항공료나 향상된 서비스 혹은 다양한 운항 시간 등을 들어 광고할 수도 있을 것이다. 그런데 이 요소들을 배제하고 '안전성'에 승부수를 던진 것은 이 회사가 당시 경쟁 상대로 삼은 다른 회사의 항공기가 잦은 사고를 일으키고 있다는 상황과 무관하지 않다. 즉 이 광고는 지금의 상황에서는 무엇보다도 '안전성'이 소비자들의 주의를 집중시킬 수 있는 요인이라는 사실을 놓치지 않고 있는 것이다. 이 점에서 (1)의 광고는 그 이전의 일련의 항공기 관련 사건 보도와 간텍스트성을 확보하고 있다고 말할 수 있다.

그런데 광고에 따라서는 제품을 홍보하는 효과를 극대화하기 위해 독특한 전략이 사용되기도 한다. 다음의 광고처럼 '동음성'에 의한 '중의성'을 통해 광고 효과를 노리는 경우가 이러한 예라고 할 수 있다.

(2) N: 비가 내린다 (장면은 비가 오고 우산을 받쳐 든 모델이 의자에 앉아 있다).

N: 통화비가 내린다.

N: 수업이 끝나면 할인이 시작됩니다.

자막 N: 수업이 끝나는 시간 (오후 4시)부터 통화비 최저 50%에서 최고 77%까지 할인 (신문광고 참조)

N: TTL 스쿨 요금 탄생, TTL 스쿨 요금

〈011 TTL 휴대폰 스쿨 요금제〉

(N: Narration)

표면적으로 보면 이 광고의 '비가 내린다'와 '통화비가 내린다'는 응집성 부분에서 현저한 결함이 있는 것으로 판단될 수 있다. 자연 현상으로서의 '비' [雨]와 '통화비' 즉 '통화 요금'은 의미적으로 전혀 연결되지 않기 때문이다. 그러나 이 광고를 자세히 살펴보면 '비' [雨]'와 '통화비'의 '비' (費)가 가지는 동음성을 광고 전략의 하나로 사용하고 있다는 것을 알 수 있다. 이를 위해 함께 살펴볼 것은 '내리다'라는 동사이다. '비가 내리다'의 '내리다'와 '통화비가 내리다'의 '내리다' 사이에는 다의 관계가 포착된다. 전자가 구체적인 의미라면 후자는 추상적인 의미를 가지고 있기 때문이다. 즉 이 광고에서 '비가 내린다'는 오직 '통화비가 내린다'를 위해서 존재한다. 이는 일종의 언어유희에 가깝지만 '비가 내린다'를, 궁극적으로 '통화비가 내린다'라는 광고 목적을 효과적으로 전달하기 위해 배경화하고 있다는 점에서 오히려 더 높은 수준의 응집성을 겨냥하고 있는 것으로 분석할 수 있다. 이 역시 슬로건으로 해석할 수 있다.

한편 반 데이크는 앞에서 제시한 논증 구조 (§5.4.2 참조)의 측면에서 광고를 분석하여 광고를 암묵적이고 (아래 광고 분석 예에서의 *표 한 부분) 간접적이며 실제적인 결론에 대한 전형적인 예로 간주한 바 있다. 이번에는 이러한 반 데이크의 논증 구조에 따라 광고를 분석해 보기로 하자. (3)은 이 광고를 논증 구조의 틀에 맞추어 분석한 것이다.

(3) 캡슐 없는 요구르트 마시기?
밑 빠진 독에 물 붓기!
캡슐에 싸이지 않은 유산균은 위에서 죽어 버리기 십상—
아무리 마셔 본들 효과를 기대할 수 있겠습니까?
하지만 닥터 캡슐의 장 생존율은 당사 비캡슐 요구르트의 최소 1,000배!
이제 닥터 캡슐로 골라 드십시오, 유산균을 고스란히 챙기십시오.
2중 구조라 확실한 특수 캡슐
위에서는 녹지 않고 장에서만 녹는 특수 캡슐로 유산균을 보호하는 닥터 캡슐!
무려 180만 개의 유산균을 함유한 캡슐이 한 병에 150개 이상 들어 있습니다.
캡슐 요구르트의 놀라운 유산균 효과
특수 캡슐로 싸여 있으니까, 장까지 많이 많이 살아서 가니까—
닥터 캡슐 한 병이면 당사 비캡슐 요구르트 열 병 이상의 유산균 효과를 보실 수 있습니다.
〈닥터 캡슐 요구르트〉

(3)은 특수 캡슐이 다른 요구르트보다 유산균 효과가 월등하다고 선전하는 광고의 예이다. 반 데이크의 논증 구조는 정당화를 통해 결론을 도출하는 방식을 계층화하고 있으므로 이에 따라 (3)을 분석하면 다음과 같다.

(4) 가. 닥터 캡슐을 사십시오 (결론).
나. 닥터 캡슐은 유산균을 특수 캡슐로 보호하고 있습니다 (사실).

다. 특수 캡슐은 유산균을 장까지 산 채로 많이 운반합니다 (정당성 1).
라. 특수 캡슐은 위에서는 녹지 않습니다 (지지).
마. *(다, 라)는 실험으로 입증되었습니다 (사실).
바. *유산균이 죽지 않고 장까지 많이 도달한다면 다른 요구르트보다 더 저렴한 비용이 듭니다 (지지).
사. *당신은 경제적인 유산균 효과를 얻고 싶습니다 (동기=정당성 2).
아. *당신은 장까지 살아 가지 못하는 유산균 요구르트를 위해 돈을 지불하고 싶지 않습니다 (정당성 3).
자. *당신은 튼튼한 장을 가지고 싶어 하는 사람입니다 (배경).

(4마)에서 (4자)에 이르는 부분은 이 제품에 관심을 가지고 있을 구매자들이 암묵적으로 동의하는 부분을 제시한 것이다. 이 역시 슬로건의 관점에서 해석할 수 있다.

실제로 광고에서 위와 같거나 흡사한 논증 구조를 가진 것들을 접하는 것은 그리 어렵지 않다. 광고에서 이와 같은 논증 구조를 선호하고 있는 이유는 비교적 자명하다. 소비자들에게 자신의 상품이나 서비스가 다른 회사의 그것보다 월등하다는 것을 논리적으로 증명하여 해당 상품이나 서비스를 구매 또는 이용하게 하려는 의도가 가장 높게 반영되는 것이 광고이기 때문이다. 따라서 반 데이크의 논증 구조는 광고에서 가장 흔히 사용되는 전략 가운데 하나라고 할 수 있다.

7.3. 고전 텍스트

갑오개혁 이전의 텍스트를 고전 텍스트라고 할 때, 앞에서 본 바와 같이, 우리나라 사람들은 수천 년에 걸쳐 많은 양의 텍스트를 생산하여 왔다. 한글 창제 이전은 한문과 이두, 구결로 텍스트를 생산하여 왔으며, 한글 창제 이후에도 대부분의 텍스트가 한문이나 이두로 작성되었다. 한글 문서 텍스트는 극히 적었다. 이 문제에 대하여는 앞 장에서 몇 가지를 보았으므로 생략하고 이곳에서는 주로 작품 텍스트의 범주에 드는 악장, 시조, 언해, 번안류의 텍스트를 중심으로 분석의 실례를 보이기로 한다.

7.3.1. 악장의 텍스트 분석 – 『용비어천가』와 『월인천강지곡』

악장 갈래의 대표적인 작품으로는 『용비어천가』와 『월인천강지곡』을 들 수 있다. 두 작품은 구성적 측면에서 공통점도 있고 차이점도 있다. 내용상으로 볼 때 두 작품 모두 처음 두 장을 머리 장 [序章]으로 삼고 있다. 『용비어천가』는, 첫째 장은 한 줄, 둘째 장은 두 줄, 끝 장 (제125장)은 석 줄로 되어 있다. 『월인천강지곡』은 첫째, 둘째 장은 『용비어천가』와 같은 형식을 취하고 있으나, 제582장으로 추정되는 끝 장은 현재 해당 『월인천강지곡』 권 하 (下)나 『월인석보』의 마지막 권이 나타나지 않았으므로 『용비어천가』와 같이 석 줄로 되어 있었는지, 아니면 두 줄로 되어 있었는지 속단할 수 없다. 머리 장의 공통성으로 미루어 볼 때 『월인천강지곡』 역시 석 줄로 되었을 가능성이 많다. 『용비어천가』의 머리 장은 조선 왕조의 건국의 당위성과 그 무궁한 발전을 총체적으로 서술하겠다는 작자의 의도가 표백되어 있고, 『월인천강지곡』의 머리 장은 작자 세종의 처지에서 석가의 끝없는 공덕을 기리겠다는 의도가 표출되어 있다. 셋째 장부터는, 『용비어천가』는 일반적으로 앞줄에서 중국 역대 제왕의 사적을, 뒷줄에서 조선 왕조의 사적을 읊었다. 작자는 중국 역대 제왕의 사적을 앞세움으로써 조선 왕조 건국의 당위성을 뒷받침하려고 하였는데, 이는 중국 고사와 조선 왕조 사이에 간텍스트성의 기준을 적용함으로써 『용비어천가』의 텍스트다움을 더 적실하게 만들겠다는 생산자의 의도성이 드러나 있는 것으로 해석할 수 있다. 『월인천강지곡』 역시 두 줄로 되어 있으나 『용비어천가』와는 달리 석가의 생애와 행적만이 찬송의 대상으로 되어 있다. 『월인천강지곡』은 가까이는 수양 대군의 『석가보』 내지 『석보상절』, 그리고 멀리는 인도와 고려 시대에 지어진 비슷한 유형의 노래와 간텍스트성을 이루고 있다.

A. 『용비어천가』

작업의 편의상 1, 2, 3장만을 분석의 대상으로 삼되 현대 역을 붙인다. 먼저 제1장을 보기로 한다.

(5) 용비어천가 제1장의 분석

[T (S_1海東六龍이 ᄂᆞᄅᆞ샤)S_1 (S_2 e 일마다 天福이시니)S_2 /(S_3 e 古聖이 同符ᄒᆞ시니)S_3]T

[현대 역] 해동 육룡이 나시어 (하는) 일마다 천복이시니 고성이 (그 행적과) 일치하시니

우선 통사적으로 볼 때 제1장은 세 마디 [節]로 나눌 수 있고 각 마디는 2음보 (또는 토막)로 구성되어 있다. 『용비어천가』에는 각 마디들 사이에 중권점과 하권점이 찍혀 있어 이를 율격 표지로 이해하는 일이 없지 않은데, 그렇다면 이는 음운적 응결성으로 해석될 수 있다. 그러나 이곳에서는 이런 점에 매이지 않고 서술어 중심으로 세 마디로 나누었다. 끝의 어미 '-니'는 연결 어미가 아니고 반말의 종결 어미로 보기로 한다. 지은이는 적어도 중세 민족어에서는 종결 어미가 텍스트를 분단하는 경계가 된다는 관점을 취하기로 한다. 이 세 마디의 전개 방식은 한시의 그것과 상응되기도 하여 S_1은 기 (起), S_2는 승 (承), S_3는 전 (轉)을 포함한 결 (結)로 되어 있다. 이는 시조의 짜임새와도 일치한다.

통사적으로 볼 때, S_2와 S_3의 주어 명사구는 S_1의 그것과 같아 생략되

어 있다. e는 성분의 생략을 표시하는 이른바 공범주이다. 마디가 이어질 때 뒷마디의 주어 명사구가 앞마디의 그것과 같으면 생략이 되어야 텍스트의 응결성이 그만큼 단단해진다. 그렇지 못하면 텍스트다움을 잃게 된다. 그러나 존경의 정보를 표시하는 '시'가 서술어마다 반영되어 있어 이를 통해서도 뒷마디의 생략된 성분이 무엇인지 짐작할 수 있다. 서술어를 단위로 할 때 『용비어천가』 제1장은 세 개의 문장으로 구성된 텍스트임을 확인할 수 있다.

주석에 기대면 '六龍'은 목조로부터 태종에 이르는 세종의 여섯 조상을 가리키는데, 이는 셋째 마디에 보이는 '고성' (古聖) (중국의 옛 성인이라는 뜻)과 명사적 사슬을 이루고 있다. 작자는 육조와 고성의 행적의 유사함에 유추하여 양자를 동일시하고 있다. 중국의 옛 성인과의 간텍스트성을 바탕으로 하고 있다. 『용비어천가』 제1장은 음운적 수단을 비롯하여 통사적 수단과 기능적 등가성에 힘입어 응결성이 보장되었다고 말할 수 있다.

『용비어천가』 제1장은 응집성도 그런대로 만족시키고 있다. 우선 주석에서 조선 왕조의 건국과 홍성 (興盛)이 천명 (天命)의 도움에 말미암는다고 말한 것을 보면, 지은이는 제1장을 통하여 그 의도성을 충분히 개진하였다고 믿었을 것이 틀림없다. 텍스트 수신자는 대부분 이를 그대로 받아들일 수도 있으나 상황에 따라서는 그렇지 않을 수도 있다. 만약 텍스트 수신자에게 생산자의 의도대로 수용되지 않았다면 제1장은 텍스트다움이 그만큼 미약해질 것이다.

앞에서도 잠깐 언급한 바 있듯이, 해동 육룡이 하늘로 올랐다는 것은 처음 알려지는 정보이기 때문에 주격 표지도 '은 /는' 아닌 '이'가 선택되었다고 말할 수 있다. 이미 세종 때에는 건국 과정에서 빚어진 갈등이 많이 해소된 뒤였기 때문에 이런 노래를 지어 보급하여도 큰 문제없이 수용될 수 있다고 판단하였을 가능성이 많으니 당시의 사회적 상황도 어느 정도는 반영하였다고 할 수 있다. 조선 왕조의 건국에 관련된 사실을 중국 역대 제왕의 사적과 관련시킨 것은, 앞에서도 언급한 바와 같이, 『용비어천가』의 간텍스트성이 가장 극명하게 표출된 것이라 할 수 있다. 당시의 사회적 상황을 고려할 때, 한 작품의 텍스트다움을 수용자로부터 용인받기 위하여는 중국 역사와의 간텍스트성을 추구하는 것 이상의 다른 방도가 없지 않았나 한다.

두 번째로 제2장을 검토하기로 한다. 전반적 통사적 특징은 (5)의 제1장과 차이가 없다.

(6) 『용비어천가』 제2장의 분석

가. [T_1 (S_1 불휘 기픈 남ᄀᆞᆫ ᄇᆞᄅᆞ매 아니 뮐씨)S_1 (S_2 e 곶 됴코 여름 하ᄂᆞ니)S_2]T_1

[현대 역] 뿌리가 깊은 나무는 바람에 움직이지 아니하므로 꽃이 아름답고 열매가 많이 열리느니

나. [T_2 (S_1 ᄉᆡ미 기픈 ᄆᆞᄅᆞᆫ ᄀᆞᄆᆞ래 아니 그츨씨)S_1 (S_2 e 내히 이러 바ᄅᆞ래 가ᄂᆞ니)S_2]T_2

[현대 역] 샘이 깊은 물은 가뭄에 그치지 아니하므로 내가 이루어져 바다에 가느니

서술어를 중심으로 할 때 앞뒤 줄을 모두 두 마디로 가르고 각 마디는 2음보로 다시 나눌 수 있다. 그리고 두 줄 모두 같은 문형 (文型)을 발판으로 삼고 있다는 것도 두드러진 통사적 특징이다. 앞뒤 줄 모두 뒷마디는 앞마디와 주어 명사구 ('불휘 기픈 남ᄀᆞᆫ', 'ᄉᆡ미 기픈 ᄆᆞᄅᆞᆫ')를 같이하고 있기 때문에 이른바 공범주로 실현되어 있다. 이 역시 응결성을 단단히 하는 데 기여함은 물론이다.

그런데 제2장에서는 주어 명사구가 보조사 'ᄋᆞᆫ /은'을 취하였다. 제1장에 '나모' (>낡)와 'ᄆᆞᆯ'에 관련된 어떤 정보도 도입된 일이 없고 주석에도 그런 사실이 명시되어 있지 않음에도 불구하고 이 조사를 취한 것

은, 그것이 낡은 정보에 관련된 쓰임이 아니라 주제의 기능을 표시하는 것과 관련이 있지 않나 한다. 민족어에서 'ᄋᆞᆫ/은' 등의 조사가 유개념을 표시하는 명사구에 붙으면 주제어가 된다는 사실과 관련시킬 때 그렇게 볼 수 있다. 더욱이 제2장은 반말의 직설 원칙 평서형 어미 'ᄂᆞ니'로 끝나 있다. 원칙법은 일정한 규범에 속하는 사실을 상대방에게 일깨워 타일러 설명하는 기능을 지니고 있다는 사실과 관련시키면 주어 명사구의 주제적 기능이 한층 더 분명해진다.

제2장에는 의미·기능적 등가성도 파악된다. (6가)의 '나모'는 뒷마디의 '곶, 여름'과 명사적 사슬을 형성하고 있다. '곶'과 '여름'은 '나모'와 어휘·의미적으로는 관계가 없으나 이곳에서는 '나모'에서 '곶'이 피고 뒤이어 '여름'이 맺히는 것으로 보았으니 기능적 등가성이 성립된다. '불휘'는 '나모'의 수식부의 주어 명사구이기는 하나 '나모'에 딸려 있는 한 부분이라는 점에서 기능적 등가성이 성립된다. 이렇게 보면 제2장 앞줄은 '불휘, 나모, 곶, 여름'이 명사적 사슬을 이루고 있다. 앞줄과는 반대로 뒷줄은 어휘·의미적 등가성에 기댄 명사적 사슬이 확인된다. '믈, 내ㅎ, 바ᄅᆞᆯ'이 상·하의어의 관계를 지니면서 명사적 사슬을 이루고 있다. '믈'은 '내ㅎ'의 상의어이고 '내ㅎ'는 '바ᄅᆞᆯ'의 상의어로 볼 수 있는 측면이 어느 정도 파악된다. 수식부에 나타나는 'ᄉᆡᆷ'은 이곳에서 '수원'(水源)이란 의미를 띠고 있기는 하나 역시 '믈'과 하의 관계를 세울 수 있다. 이렇게 본다면 제2장의 앞뒤 두 줄은 마디의 경계를 뛰어넘어 의미·기능적 등가성을 유지하고 있으니 텍스트의 응결성을 매우 강하게 유지하고 있다고 볼 수 있다.

제2장의 응결성은 앞뒤 줄 사이에서도 확인된다. 수식부의 서술어가 '기픈'이 되어 서로 공통되어 있고 앞마디의 서술어가 모두 부정 부사 '아니'에 기대어 부정되고 있다는 것은 두 줄의 응결성을 역시 강하게 보증해 준다. '불휘'와 'ᄉᆡᆷ'은 의미적으로 관련이 없는 어휘이기는 하여도, '근본, 근원'이라는 공통된 기능적 특수성을 지니고 있다는 점에서

응결성의 강화에 크게 이바지한다. 'ᄇᆞᄅᆞᆷ'과 'ᄀᆞᄆᆞᆯ'도 다 같이 '시련'이라는 공통된 기능적 특수성을 인정할 수 있다는 점에서 두 줄의 응결성 강화와 밀접한 관련성을 띠고 있다. 앞뒤 두 줄이 같은 문형을 발판으로 삼아 응결되어 있기 때문에 두 개의 텍스트가 모여 제2장이라는 상위의 텍스트가 성립됨을 알 수 있다.

『용비어천가』 제2장은 응집성의 기준도 그런대로 만족시킨다. 주석에 나와 있는 바와 같이 제2장은 나무와 물에 의탁하여 왕업이 누대에 걸쳐 심원 (深遠)할 것을 읊었으니 생산자의 의도성이 충분히 발현 (發顯)되어 있다고 볼 수 있으며, 텍스트 수신자도 특별한 사유가 있지 않은 한, 그것을 긍정적으로 수용할 수 있다고 하겠다. 고도의 상징적 수법으로 왕조의 흥성 · 발전을 읊었으니 정보성 또한 낮다고 볼 수 없다. 상황성은 앞의 제1장과 마찬가지이다. 간텍스트성은 특별한 것을 발견할 수 없다. 작자의 머릿속에서 우러나온 창의적인 표현이기 때문이다. 여느 장과 달리 제2장에는 고사 (故事)와 관련된 특수한 주석이 보이지 않는다.

세 번째로 제3장을 보기로 한다.

(7) 『용비어천가』 제3장의 분석

가. [T_1 (S_1 周國大王이 豳谷애 사ᄅᆞ샤)S_1 (S_2 e 帝業을 여르시니)S_2]T_1

[현대 역] 주나라 대왕이 빈곡에 사시어서 (그곳에서) 제업을 여시니

나. [T_2 (S_1 우리 始祖ㅣ 慶興에 사ᄅᆞ샤)S_1 (S_2 e 王業을 여르시니)S_2]T_2

[현대 역] (그와 같이) 우리 시조가 경흥에 사시어서 왕업을 여시니

통사 구조는 제2장과 같다. 서술어를 기준으로 할 때 앞뒤 줄이 두 마디

로 갈라지고 각 마디는 2음보로 구성되어 있으며, 뒷마디의 주어 명사구는 앞마디의 그것과 같아 이른바 공범주로 실현되었기 때문이다.

제3장은 앞 장과는 달리 조선 왕조의 원래 거처를 중국의 고성 (古聖)의 그것과 관련시킴으로써 간텍스트성을 추구하여 텍스트다움을 더 적실하게 하였다. 각 마디끼리는 특별한 명사적 사슬이 발견되지 않으나 앞뒤 마디끼리는 어휘적 내지 기능적 등가성을 지닌 어휘를 배치함으로써 응결성을 강화하였다. (7가)의 주어 명사구 '주국대왕, 빈곡'은 (7나)의 주어 명사구 '우리 시조, 경흥'과 기능적 등가성에 기댄 명사적 사슬을 이루었다. 어휘적 의미는 다르지만 기능적 공통성이 인정되기 때문이다. 그 밖에는 모두 같은 또는 비슷한 어휘가 사용되어 응결성이 강화되어 있다. 우선 '사ᄅᆞ샤, 여르시니'는 같은 동사가 반복되어 있는 예이고 '제업'과 '왕업'은 비슷한 의미의 명사의 반복이다. 제3장도 제2장과 같이 두 텍스트의 결합에 의해 제3장이라는 하나의 텍스트가 되어 있다.

『용비어천가』 제3장은 응집성도 그런대로 만족시키고 있다. 의도성, 용인성, 상황성, 간텍스트성은 이미 제1장과 제2장에서 논의한 테두리에서 벗어나지 않으므로 특별히 반복할 필요가 없다. 다만 정보성만은 두드러지게 파악된다. 두 줄 모두 주어 명사구가 주격 표지 '이' (ㅣ)를 취하고 있는데, 이는 '주국대왕'과 '우리 시조'가 모두 처음 등장하는 새 정보이기 때문이다. 제1장에서 '해동육룡'과 '고성'이 도입되었으나 이는 총칭적 의미만 지니었는데, 이곳에서는 구체적으로 주어 명사구 '주국대왕'과 '우리 시조' (목조를 가리킴)를 들어 텍스트 수신자에게 텍스트의 주어가 누구라는 것을 알려 주고 있다. 주격 표지를 취한 두 인물이 새 정보에 속한다는 것은 이어지는 제4장에서 주어가 문면에 등장하지 않는다는 사실과 관련시키면 그 정당성이 충분히 입증된다.

문학사가들 가운데는 악장인 『용비어천가』를 교술 장르에 넣는 일도 있다. 이는 『용비어천가』가 다분히 실용적이요 교훈적인 성격을 띠었음을 의미한다. 이 작품은 화가위국 (化家爲國)의 당위성을 백성들에게 알리고 앞으로 왕의 자리에 오를 사람들에게 좋은 정치를 베풀 것을 당부하는 것을 내용으로 하고 있다. 호소 기능이 매우 강하다. 문학 작품인 만큼 감동 기능이 지배적이기는 하여도 이에 곁들여 호소 기능도 강하다는 것을 지적할 수 있다.

B.『월인천강지곡』

『월인천강지곡』도 3개 장만 분석하기로 한다.『월인천강지곡』은 단행본과『월인석보』속의 것이 표기가 다르다. 전자에서는 한글 음이 앞서고 한자를 그 아래 작은 글자로 박았으나 후자는 반대의 순서를 보여 준다. 이곳에서는 단행본에서 끌어오기로 한다.

먼저 기일 (其一)을 아래에 보인다.

(8)『월인천강지곡』기1의 분석

[T (S e 외巍외巍 셕釋가迦뮨佛 무無량量무無변邊 공功득德을 겁劫겁劫에 어느 다 솔ᄫᆞ리)S]T

[현대 역] 높고 큰 석가모니 부처의 그지 없고 가이 없는 공덕을 어찌 다 여쭐 수 있으리

『월인천강지곡』기1은 석가의 높고 큰 공덕을 찬양하는 총서적 (總敍的) 내용을 담고 있다는 점에서『용비어천가』와 그 성격이 비슷하지만 형식에서는 얼마간 차이가 있다.『용비어천가』제1장은 한 줄로 되어 있으되 서술어를 기준으로 할 때 세 개의 마디로 끊을 수 있었으나,『월인천강지곡』은 (8)에서 보듯이 하나의 마디만으로 성립되어 있다. 한 마디로 된 한 줄의 머리 장의 음보를 어떻게 측정해야 할지 현재의 지은이로서는 대안이 없다. '無量無邊 功德을'을 경계로 앞뒤에 각각 2음보를 세울 수 있는 가능성이 없지 않으나 이 문제는 더 이상 나아가지 않기로 한다. 어쨌든 기1은 하나의 문장이자 하나의 자족적 텍스트라고 말할 수 있다.

어미 ‘리’는 반말의 추측 의문형 어미이다. 『용비어천가』와 『월인천강지곡』에는 ‘니’와 ‘리’로 끝나는 텍스트가 많은데 지은이는 이들을 원칙적으로 반말의 가치를 띤 어미로 보고 있다.

주어 명사구는 공범주 e로 실현되어 있다. 작자가 세종인 이상, ‘나’ 정도의 주어 명사구를 설정할 수 있다. 어미는 반말의 추측 의문형 어미 ‘리’로 끝났다는 점에서 『용비어천가』와 같이 텍스트 수신자는 특정한 계층에 매이지 않는 일반 독자인 것으로 보인다. 『용비어천가』와 성격이 크게 달라 보이지 않는다. 이곳에서는 특별한 명사적 사슬은 찾기가 힘들고 단지 석가불에 대한 수식어 ‘巍巍’와, 공덕에 대한 수식어 ‘無量無邊’이 대구를 이루어 텍스트의 응결성을 한층 더 강화하였다고 볼 수 있다. 위와 같은 석가불에 대한 찬양은 독자들에게 새로운 정보를 제공한다는 점에서 텍스트다움을 더 적실하게 만들었다고 할 수 있다.

다음으로 기이 (其二)를 보기로 한다.

(9) 『월인천강지곡』 기2의 분석

가. [T_1 (S_1 e 셰世존尊ㅅ 일 ᄉᆞᆯᄫᆞ리니)S_1 (S_2 e 먼萬리里외外ㅅ 일 이시나)S_2 (S_3 e_1 e_2 눈에 보논가 너기ᅀᆞᄫᆞ쇼셔)S_3]T_1

[현대 역] 세존의 일 [事跡]을 여쭈려고 하니 (우리나라로부터) 만리 밖의 일이시나 눈에 보는 듯이 여기시옵소서

나. [T_2 (S_1 e 셰世존尊ㅅ 말 ᄉᆞᆯᄫᆞ리니)S_1 (S_2 e 천千재載상上ㅅ 말 이시나)S_2 (S_3 e_1 e_2 귀예 듣논가 너기ᅀᆞᄫᆞ쇼셔)S_3]T_2

[현대 역] 세존의 말씀을 여쭈려고 하니 천 년 전의 말씀이시나 귀에 듣는 듯이 여기시옵소서

『월인천강지곡』 기2는 한 줄이 세 마디로 나누어진다는 점에서는 『용비어천가』 제1장과 비슷하고 앞뒤 줄이 같은 문형을 발판으로 삼아 상반된 내용으로 대구를 이루고 있다는 점에서는 제2장과 비슷하다. 그리고

각 마디가 2음보씩으로 구성된 점 또한 『용비어천가』와 비슷하다.

(9가)의 S_1의 주어 명사구는 공범주로 실현되었는데, 활용형에 화자 표지의 '오'가 나타난다는 점에서 주어 명사구는 작자인 세종임이 틀림 없다. 이 점은 (9나)의 S_1도 마찬가지이다. (9가)의 S_2의 주어 명사구는 앞 마디에 나와 있기 때문에 공범주로 실현되었다. 이 점은 (9나)의 S_2도 마찬가지이다. (9가)의 S_3에는 두 개의 주어 명사구가 공범주로 실현되었다. e_1은 존비법이 ᄒᆞ쇼셔체로 되어 있다는 점에서 이 텍스트의 직접적인 수용자인 소헌왕후의 영령 (英靈)임이 틀림없고, e_2는 S_1에서 도입된 '世尊ㅅ 일'임이 분명하다. 이 점은 (9나)의 S_3도 마찬가지이다. 한편 (9가)와 (9나)의 '일'과 '말', '萬里外'와 '千載上', '눈'과 '귀'는 의미는 다르지만 서로 대구를 이루어 짝을 이루고 있다는 점에서 응결성 강화에 이바지하고 있다. 동사구 '보논가'와 '듣논가'도 대구를 이루어 짝을 이루고 있으니 역시 응결성을 강화하고 있다. 한편 앞뒤 줄에는 '世尊ㅅ, 술보리니, 너기ᅀᆞᄫᆞ쇼셔' 등의 어휘가 공통되어 있어 이 역시 응결성 강화에 크게 이바지하고 있다. 『월인천강지곡』 기2는 앞뒤의 두 연이 같은 문형을 바탕으로 하여 대구를 이루어 상위의 텍스트를 만들고 있다. 적어도 기2만은 『용비어천가』의 대부분의 노래와 같이 두 텍스트의 대등적 결합에 의해 한 텍스트로 묶여 있다.

『월인천강지곡』 기2는 응집성의 조건도 그런대로 만족시키고 있다. 『월인천강지곡』의 창작 의도가 석가의 행적과 설법을 노래함으로써 죽은 소헌왕후의 영혼을 위로한다는 데 있음을 알 수 있고, 그러한 의도성은 텍스트 수신자에게 공감을 얻을 수 있으며, 나아가서는 세종의 치국 (治國) 철학의 한 가닥으로도 받아들일 수 있다. 기2는 기1의 내용을 더 구체화했다는 점에서 정보적 가치가 한층 높아 보인다. 상황성은 소헌왕후의 서거와 관련된 세종의 슬픈 마음과 관련하여 해석할 수 있다. 현재의 정신적 외로움을 달래는 데 있어서 석가를 끌어왔다는 것은 간텍스트성의 대표적인 예가 된다.

『월인천강지곡』 기1, 기2는 『석보상절』 권 1의 아무데서도 관련 내용을 볼 수 없다. 이 점은 주석을 통해서나마 관련 고사를 베풀고 제작 의도를 명백히 밝힌 『용비어천가』와는 성격을 달리한다.

그러나 기삼 (其三)부터는 사정이 다르다. 모두 『석보상절』의 관련 내용을 응축하여 시가화하고 있다. 그 사정도 아울러 살펴보기로 한다.

(10) 『월인천강지곡』 기3의 분석

가. [T_1 (S_1 e 아阿승僧끼祇쪈前셰世겁劫에 님금 위位ㄹ ᄇᆞ리샤)S_1 (S_2 e 졍精샤舍애 안잿더시니)S_2]T_1

[현대 역] 아승기나 되는 헤아릴 수 없는 전 세상 끝없는 세월에 임금의 자리를 버리시고 (수도를 위하여) 정자에 앉아 계시더니

나. [T_2 (S_1 오五ᄇᆡᆨ百쪈前셰世 원怨쓯讐ㅣ 나랏 쳔 일버ᅀᅡ)S_1 (S_2 e 졍精샤舍ᄅᆞᆯ 디나아 가니)S_2]T_2

[현대 역] (이때 마침) 오백 전 세상의 원수가 (도둑으로 태어나서) 나라의 재물을 훔쳐 가지고 (수도하고 있는) 정자 앞을 지나가니

앞뒤 줄 모두 종속절과 주절의 두 마디로 성립되어 있으나, 앞의 기2나 『용비어천가』 제3장 이하와 같이 대구를 이루거나 같은 문형을 발판으로 삼고 있지는 않다. 그것은 기3 이하의 『월인천강지곡』이 『석보상절』의 관련 내용을 요약하여 시가화하였기 때문이다. 따라서 두 작품 사이에는 긴밀한 간텍스트성이 파악된다. 각 마디의 음보가 2음보로 성립되어 있는 것은 기1, 기2와 차이가 없다.

(10가)의 S_1에서 주어 명사구가 공범주로 실현되어 있는 것은 이미 그 주어 명사구가 기1과 기2에서 도입된 석가와 동일시할 수 있는 인물로 텍스트 수신자에게 비칠 수 있다고 보았기 때문이 아닌가 한다. 텍스트

생산자는 주어 명사구가 이미 알려진 낡은 정보라고 생각하였을 가능성이 많다. 이에 대하여 (10나)에서는 앞마디의 주어 명사구 '오백전세 원수'가 명시되어 있다. 새로 등장한 인물이기 때문이다. 그리고 앞뒤 줄의 S_2에서 주어 명사구는 모두 공범주로 실현되어 있다. (10가)의 S_2에서 주어 명사구가 공범주로 실현된 것은 S_1의 공범주와 같기 때문이고, (10나)의 S_2에서 주어 명사구가 공범주로 실현된 것은 S_1의 주어 명사구와 같기 때문이다. 『월인천강지곡』 기3부터는 앞뒤의 두 텍스트가 계기적으로 연결되어 있다. 그것은 석가의 일대기를 시간적 순서에 따라 시가화하였기 때문이다.

그러면 『월인천강지곡』이 어떠한 과정을 밟아 시가화하는가 하는 문제를 보기로 한다. (10가)는

(10가′) 녯 阿僧祗劫時節에 …… 精舍 밍ᄀᆞᆯ오 ᄒᆞ오ᅀᅡ 안자 잇더시니
(『석보상절』 권 1, 4장 앞~6장 앞)

에서 보는 바와 같이 3쪽에 걸치는 내용을 간추려서 한 줄로 표현하였다. 해당 『석보상절』은 아득한 옛날 왕의 자리를 지키고 있던 한 보살이 나라를 아우에게 맡기고 구담바라문과 옷을 바꾸어 입고 구걸을 하다가 사탕수수 밭에 정사를 만들고 혼자 앉아 있었다는 내용이다. 작자는 시가의 형식에 맞도록 표현을 조정하고 내용과 직접 관련 있는 부분만 따서 표현하였다. 앞의 신문의 리드, 부제, 표제를 뽑는 과정에서 살펴본 바와 같이 긴 텍스트를 요약하는 데는 삭제 규칙과 대체 규칙이 적용된다. 『석보상절』의 '녯 阿僧祗劫時節에'는 '阿僧祗前世劫에'로 표현을 바꾸되 글자 수를 줄였고 보살의 변복 구걸 행각은 완전히 삭제하였으며, 그 밖에 이야기의 전개에 직접적인 관계가 없는 정보는 삭제하여 버렸다.

한편 (10나)는 사정이 조금 다르다.

(10나′) 도즉 五百이 그윗거슬 일버서 精舍ㅅ 겨트로 디나가니 그 도즈기 菩薩ㅅ 前世生ㅅ 怨讐ㅣ러라 (『석보상절』 권 1, 6~7장)

(10가)에 비하여 관련 『석보상절』의 내용이 극히 짧다. 『석보상절』의 앞뒤 마디에 있던 '도즉 五百'과 '菩薩ㅅ 前世生ㅅ 怨讐'를 조합하여 '五百 前世 怨讐'로 응축・대체시키고 '그윗것'을 '나랏 쳔'과 같은 유의적 표현으로 바꾸는가 하면 '精舍ㅅ 겨트로'를 '精舍롤'로 고치었다. 이러한 변화가 무엇에 말미암는지 모르지만 『석보상절』의 시가화에서는 여러 가지 절차를 상정할 수 있다. 『월인천강지곡』이 한문 『석가보』를 보고 지었는지, 아니면 언해된 『석보상절』을 보고 지었는지 아직 단정할 단계가 아니지만 시가화의 과정에서는 표기법의 차이도 적지 않게 발견된다. (8)~(10)의 자료를 제시하는 마당에서도 보았지만 단행본 『월인천강지곡』에서는 한글 음을 우선으로 하고 한자를 종속적 자리에 놓았는데, 『월인석보』에서는 반대의 순서로 되어 있는 것이 대표적인 차이점이다.

문학 사가들 가운데는 악장 갈래에 속하는 『월인천강지곡』을 교술 장르에 넣는 일도 있다. 『용비어천가』가 서사시의 성격을 띠었다면 『월인천강지곡』은 서정시의 성격을 띠었다. 비록 석가의 일대기를 시가화하였다는 점에서는 서사적 기능이 강하나 죽은 소헌왕후의 명복을 빌고 실제로 기2를 보면 소헌왕후의 영령에게 부처의 행적과 설법을 마음에 새길 것을 기원하였으니 호소 기능이 지배적임을 알 수 있다. 이렇게 교술 장르에도 서정성이 깃들 수 있고 호소 기능이 간취된다는 사실을 확인할 수 있다. 만약 이를 창작 의도대로 소헌왕후의 명복 (冥福)을 비는 데 근본 목적이 있었다면 접촉 기능도 부여할 수 있다. 그러나 기1의 끝이 명령형으로 되어 있다는 점에서 호소 기능이 표백된 것으로 보는 것이 좋지 않을까 한다.

7.3.2. 시조의 텍스트 분석

시조는 3장 6구로 된 평시조가 대표적이며 종장 제1구를 제외한 어느 한 구가 길어지면 엇시조가 되고 두 구 이상이 길어지면 사설시조가 된다. 이곳에서는 평시조 몇 수를 대상으로 텍스트 분석을 시도해 보려고 한다. 시조, 특히 평시조는 일반적으로 4음보로 되어 있으므로 따로 언급하지 않는다. 작업의 편의를 위하여 풀어 적는다.

(11) 「태산이 높다 하되」의 분석

가. [T_1 (S_1 e (S_1' 泰山이 높다)S_1' 하되)S_1 (S_2 e 하늘 아래 뫼히로다)S_2]T_1

나. [T_2 (S_1 e 오르고 또 오르면)S_1 (S_2 e 못 오를 理 없건마는)S_2

다. (S_3 사람이 제 아니 오르고)S_3 (S_4 e 뫼흘 높다 하나니)S_4]T_2

(11)의 「태산이 높다 하되」는 양사언의 작품으로 『진본청구영언』에 실려 있으며 이본 (異本)에 따라 작자가 이 이, 조덕중으로도 알려져 있다. 우선 특징적인 응결 구조로는 초장이 종결형으로 맺어져 있으며, 중장은 양보의 연결형으로서 평서형인 종장과 연결되어 있다. 응결 구조상으로는 아무런 흠을 발견할 수 없다. 종결형을 기준으로 할 때 (11)의 작품은 두 개의 텍스트가 연결되어 자족적 상위 텍스트가 되었음을 알 수 있다.

초장 (11가)는 두 마디로 구성되어 있다. S_1의 주어 명사구는 종장 (11다)의 첫 구에 나오는 '사람'으로 상정되는데, 공범주로 실현되어 있으며 '태산이 높다'라는 또 하나의 문장을 안고 있다. S_2 역시 주어 명사구가 공범주로 실현되었는데, 그것은 앞마디의 안긴 문장 S_1의 주어 명사구 '태산'을 가리킨다. 중장인 (11나) 역시 초장과 같이 두 마디로 구성되어 있다. 앞마디 S_1의 공범주인 주어 명사구는 (11가)의 S_1과 같이 '사람들'

로 상정된다. 여기에는 또 '오르다'라는 동사의 부사어 명사구 '태산 (에)'을 세울 수 있다. 뒷마디 S_2에서도 '오르다'의 주어 명사구로 '사람들'을 세울 수 있다. 종장인 (11다)도 두 마디로 구성되어 있다. 앞마디 S_3의 둘째 구는 재귀 대명사 '제'가 나타났는데 이는 자수와도 관련을 시킬 수 있고, '자발적'이라는 의미를 강화하기 위하여 쓰였다고도 할 수 있다. '아니 오르고'가 이미 5자인 이상 전자보다는 후자의 해석이 타당할 것 같다. 종장 둘째 마디 S_4에도 주어 명사구가 공범주로 실현되었는데 이는 S_3의 주어 명사구를 가리킨다.

(11)에는 의미 · 기능적 등가성에 기댄 응결성도 발견된다. (11가)에서는 '산'의 하의어이며 동시에 고유 명사인 '태산'이 상의어인 '뫼ㅎ' 앞에 놓임으로써 의미적 등가성이 형성되어 있다. 이 경우의 '뫼ㅎ'는 총칭적인 의미를 지녔다. (11나)에서는 '오르다'가 세 번 반복되어 있는데, 이는 태산에 오르는 일이 힘들기는 하지마는 중요하다는 것을 강조하기 위한 응결 장치라 생각된다. (11다)에서는 앞에서 본 바와 같이 주어 명사구가 다시 재귀 대명사로 구현되었으며, 서술어 '오르다'의 부사어 명사구인 '뫼ㅎ'를 생략하는 대신 둘째 구에 '뫼ㅎ'를 재수용함으로써 응결성을 강화하였다. 종장의 '뫼ㅎ'는 초장의 총칭적인 산이 아니라 초장의 '태산'을 가리키는 특칭적인 산이다.

(11)의 시조는 응집성도 그런대로 만족시키고 있다. 주제는 종장에 나타나 있는데 태산을 높다고만 말하고 오르려고 하지 않는 사람들의 안이한 자세를 비판하는 작자의 의도성이 충분히 파악된다. 텍스트 수신자는 이상과 같은 텍스트 생산자의 의도성을 교훈으로 삼아 어려운 일을 극복하겠다는 자세를 지닐 수 있고, 이런 점 때문에 유교 사상을 신봉하던 조선 시대를 통하여 애송되어 온 것이 아닌가 한다. 태산이 높다는 사실은 알려진 정보이나, 노력만 하면 거기에 오를 수 있다는 사실은 알려지지 않은 정보이다. 작자가 텍스트 수용자에게 알려지지 않은 정보를 제공했다는 점에서 정보성 또한 높다고 할 수 있다. '태산이 높다 하되'로

도입되어 있다는 점으로 보면 이 시조의 작자는 태산을 직접 목격한 것은 아니고 다른 사람으로부터 들었거나 책을 통하여 본 것이 틀림없다. 우리 민족의 고전 작품에 나타나는 중국과의 간텍스트성은 대개 이와 같은 간접 경험을 통하여 형성되었다. 문학사가들은 일반적으로 시조를 서정 장르에 넣는다. 그러나 (11)의 작품은 교술성이 매우 두드러지게 나타난다. 호소 기능이 강하다는 뜻이다.

다음은 고려의 유신이었던 길 재 (吉再)의 시조를 분석해 보기로 한다.

(12) 「오백년 도읍지를」의 분석

가. [T_1 (S_1 e 五百年 都邑地를 匹馬로 도라드니)S_1

나. (S_2 山川은 依舊하되)S_2 (S_3 人傑은 간 데 없네)S_3]T_1

다. [T_2 (S (T_2' 어즈버)T_2' (S′ 太平烟月이 꿈이런가)S′ 하노라)S]T_2

(12)는 『진본청구영언』에 실려 있으며 회고가 (懷古歌)로 널리 알려져 있다. 초장 (12가)는 전체가 한 마디가 되어 시간적으로 중장에 앞서는 사실 구속의 의미를 표시하고 있다. 주어 명사구는 공범주로 실현되어 있다. 상황으로 볼 때 주어가 화자 자신인 경우는 생략되는 것이 민족어의 특징에 부합한다. '匹馬'를 통해서도 주어 명사구가 작자임을 알 수 있다. 중장 (12나)는 주어와 서술어를 달리하는 두 문장이 이어져 있다. 곧 초장과 중장이 결합되어 하나의 텍스트를 이루고 있다. 종장 (12다)에는 간투사 '어즈버'와 작은 문장 S′를 안고 있다. 간투사에 대하여 T_2'로 표시한 것은 그것이 자족적인 텍스트로서 T_2라는 텍스트 속에 안겨 있다는 뜻이다.

(12)에는 기능적 등가성도 발견된다. 중장의 '산천'과 '인걸'은 기능적으로 볼 때 (12가)의 오백 년 도읍지인 개경에 소속되어 있으니 기능적 등가성이 성립된다. '의구하다'와 '간 데 없다'는 대구를 이루는 반의적 표현인데, '산천'과 '인걸'을 대비함으로써 그러한 속성이 더 분명해졌고 이에 따라 응결성도 더 강화되어 있다. 종장의 '태평연월'도 오백 년 도

읍지에서 성립되었던 만큼 한 가지로 명사적 사슬을 이루고 있다고 말할 수 있다. ‘꿈’ 역시 ‘태평연월’과 등가 관계가 성립된다. 이렇게 (12)에는 어미에 기댄 응결 장치 밖에 기능적 등가성에 기댄 응결성도 발견된다.

(12)는 응집성도 그런대로 만족시키고 있다. 작자 길 재는 500년 동안의 찬란했던 고려의 왕업을 꿈에 비유함으로써 왕조의 무상함을 읊는 데 목표를 두었던 만큼 의도성이 충분히 달성될 수 있었고, 이 시조를 읽는 텍스트 수신자 역시 동감할 수 있었기 때문에 누대에 걸쳐 애송되었음을 알 수 있다. 이 작품을 통하여 작자를 비롯하여 조선의 건국에 협력하지 않은 고려의 유신이 적지 않았다는 당시의 시대적 상황도 읽을 수 있으니 이러한 점 또한 텍스트다움을 적실하게 만든 요인이었다고 말할 수 있다.

다음은 「단심가」(丹心歌)로 알려져 있는 정몽주의 작품이다.

(13) 「단심가」의 분석

가. [T (S_1 이몸이 죽어 죽어 一百番 고쳐 죽어)S_1

나. (S_2 白骨이 塵土ㅣ 되어)S_2 (S_3 넋이라도 있고 없고)S_3

다. (S_4 임向한 一片丹心이야 가싈 줄이 이시랴)S_4]T

초장 (13가)는 서술어 ‘죽어’가 세 번 되풀이되어 있어 세 문장으로 분해할 수도 없지 않으나 편의상 한 마디로 된 홑문장으로 처리하기로 한다. 중장 (13나)는 주어 명사구를 달리하는 두 문장의 복합으로 분해된다. 종장 (13다)는 서술절을 안은 홑문장으로 일단 보기로 한다. 앞의 두 마리의 시조는 초장과 중장 중에서 어느 하나가 종결형으로 끝나 있는데 「단심가」는 초장과 중장이 모두 연결형으로 끝나 있다. 네 개의 문장이 한 텍스트가 된 작품이라고 말할 수 있다. 초장에서 일백 번에 걸치는 죽음의 결과가 중장으로 지속되었고 백골이 진토되어 넋이 있건 말건 임 향한 충성심은 변할 수 없다고 끝을 맺었다. 통사적인 응결 장치 외에도 의미·기능적 등가성에 기댄 명사적 사슬도 발견된다. 초장의 '이몸'은 '백골'과 어휘적 등가성을 이루고 있고 '백골'은 다시 '진토'와 계층적으로 기능적 등가성을 이루고 있다. '진토'도 '넋'과 기능적 등가성을 이루고 있다고 말할 수 있다. '넋'은 작자의 '몸'에 내재해 있는 영혼이므로 그렇게 볼 수 있으며, 이는 결국 '일편단심'으로 귀결되어 있다. 그리고 '죽다'가 세 번이나 반복되어 있다는 것도 이 작품의 응결성을 강화하는데 크게 기여하는 것으로 보인다. (13)은 앞의 어느 작품보다도 응집성을 적실하게 만족시키고 있다. 이 작품은 이방원의 「하여가」(何如歌)에 대한 화답으로 지어졌다는 증언이 있기 때문에 두 작품 사이에는 간텍스트성이 분명히 확인된다. 동시에 조선의 건국에 은근히 협조하기를 바라는 이방원의 제안을 완강하게 거절하지 않을 수 없는 당시의 상황성이 적나라(赤裸裸)하게 표백(表白)되어 있다. 주제는 종장의 '일편단심'에서 찾을 수 있는데, 이는 작자의 의도성이 가장 분명히 표백된 것이다. 이 작품은 동시에 텍스트 수용자들에게 감명을 주어 후대의 왕을 비롯한 많은 거유(巨儒)들에게 애송되었음을 보면 작자의 의도성이 그만큼 적실하게 표현되었기 때문으로 보인다.

위의 세 마리의 시조에 대한 텍스트 분석을 통하여 우리는 하나의 텍스트가 한 마리의 시조가 되는 것이 있는가 하면 두 개의 텍스트가 모여 한 마리의 시조가 되는 것도 있음을 알았다. (13)은 하나의 텍스트가 한 마리의 시조가 되는 것이고, (11), (12)는 두 개의 텍스트가 모여 한 마리의 시조가 된 것이다. 작품에 따라서는 세 개의 텍스트가 한 마리의 시조를 이루는 것도 없지 않다. 제4장 (118쪽)에서 든 윤선도의 「오우가」의 첫 연은 세 개의 텍스트가 모여서 하나의 작품을 이루는 것이다. 이를 끌어오기로 한다.

(14) 내 벗이 몇이라 하니 수석과 송죽이라
동산에 달 오르니 긔 더욱 반갑고야

두어라 이 다섯밖에 더하여 무엇하리

(14)에서 초장은 종결형으로, 중장은 감탄형으로, 종장은 의문형으로 끝나 있다. 이런 예들은 세 개의 텍스트가 모여 작품 하나를 형성하고 있다.

7.3.3. 언해의 텍스트 분석

앞에서도 언급한 바 있듯이, 언해는 15세기 훈민정음의 창제를 계기로 하여 새로 태어난 텍스트이다 (230쪽). 중세 민족어에는『용비어천가』와『월인천강지곡』과 같이 창작된 텍스트도 있었지만 대부분은 불경을 비롯하여 한문 텍스트를 우리 민족어로 옮긴 언해 텍스트가 큰 흐름을 이루고 있었다. 언해란 원칙적으로 한문 원문에 음독 구결을 달고 이를 기초로 민족어의 문법 구조에 맞도록 번역하는 절차를 말한다. 13세기까지는 이른바 석독 구결을 이용하여 한문을 민족어로 번역하여 읽는 전통이 이어져 왔었는데, 14세기부터 이런 독법은 점점 쇠퇴하고 한문의 중간 중간에 토를 넣어 읽는 음독 구결이 자리를 잡아 나갔다. 15세기의 언해 텍스트는 먼저 음독 구결을 달고 이를 한글로 번역한 것이다. 언해 텍스트는 한글의 창제를 계기로 하여 그 모습만 달리하였을 뿐이지, 사실은 전통적으로 내려오던 석독 구결을 한글로 바꿈으로써 이루어진 것이기 때문에 완전히 새로운 텍스트라고 하기가 어렵다.『훈민정음』서문을 예로 들어 언해 텍스트의 성격을 알아보기로 한다.

먼저『어제훈민정음』(御製訓民正音)의 원문, 구결문, 언해문을 차례로 보이기로 한다.

(15)『어제훈민정음』의 원문, 구결문, 언해문

가. 國之語音 異乎中國 與文字不相流通 故愚民有所欲言 而終不得伸其情者多矣 予爲此憫然新制二十八字 欲使人人易習

便於日用耳

나. 國之語音이 異乎中國ᄒᆞ야 與文字로 不相流通ᄒᆞᆯᄊᆡ 故로 愚民이 有所欲言ᄒᆞ야도 而終不得伸其情者ㅣ 多矣라 予ㅣ 爲此憫然ᄒᆞ야 新制二十八字ᄒᆞ노니 欲使人人ᄋᆞ로 易習ᄒᆞ야 便於日用耳니라

다. [T_1 (S_1 나랏 말ᄊᆞ미 中國에 달아)S_1 (S_2 e 文字와로 서르 ᄉᆞᄆᆞᆺ디 아니ᄒᆞᆯᄊᆡ)S_2 (C 이런 젼ᄎᆞ로)C (S_3 어린 百姓이 니르고져 ᄒᆞᇙ 배 이셔도)S_3 (S_4 e ᄆᆞᄎᆞᆷ내 제 ᄠᅳ들 시러 펴디 몯ᄒᆞᇙ 노미 하니라)S_4]T_1 [T_2 (S_1 내 이ᄅᆞᆯ 爲ᄒᆞ야 어엿비 너겨 새로 스믈 여듧 字ᄅᆞᆯ ᄆᆡᇰᄀᆞ노니)S_1 (S_2 e 사ᄅᆞᆷ마다 ᄒᆡᅇᅧ 수ᄫᅵ 니겨 날로 ᄡᅮ메 便安킈 ᄒᆞ고져 ᄒᆞᇙ ᄯᆞᄅᆞ미니라)S_2]T_2

(15가)는 최근에 교감 (校勘)된 『어제훈민정음』을 구두점에 따라 띄어쓰기한 것이다. (15나)는 『월인석보』 권 1의 첫머리에 나오는 구결문을 옮긴 것이고 (15다) 역시 『월인석보』 권 1의 언해문을 옮긴 것인데 분석의 편의를 위하여 문장 단위로 분단하고 다시 텍스트 단위로 묶어 보았다. 언해문은 구결문보다 한 글자 아래 배치하였다. 구결문이든 언해문이든 각 글자에는 방점이 찍혀 있는데 이곳에서는 고려하지 않는다 (사진 참조).

(15나)는 한문인 (15가)의 구두점을 기준으로 음독 구결을 달면서 각 한자마다 동국정운식 한자음을 달았다. 이와 함께 협주란에서 작은 글자를 이용하여 『어제훈민정음』을 비롯하여 구결문에 나타나는 글자나 특수 어휘에 대한 뜻풀이를 두 줄에 걸쳐 배치하였다. 이런 경우에도 모두 개별 한자의 음을 달았다. 협주는 나무 둥치에서 갈라져 나온 가지와 같은 것으로 일종의 기생 (寄生) 내지 덤 텍스트의 기능을 하는 것으로 현대의 논문에서 요구하는 각주와 같은 역할을 한다 (200쪽). 이렇게 『어제훈민정음언해』는 한편으로는 구결문과 간텍스트성을 유지하고 다른

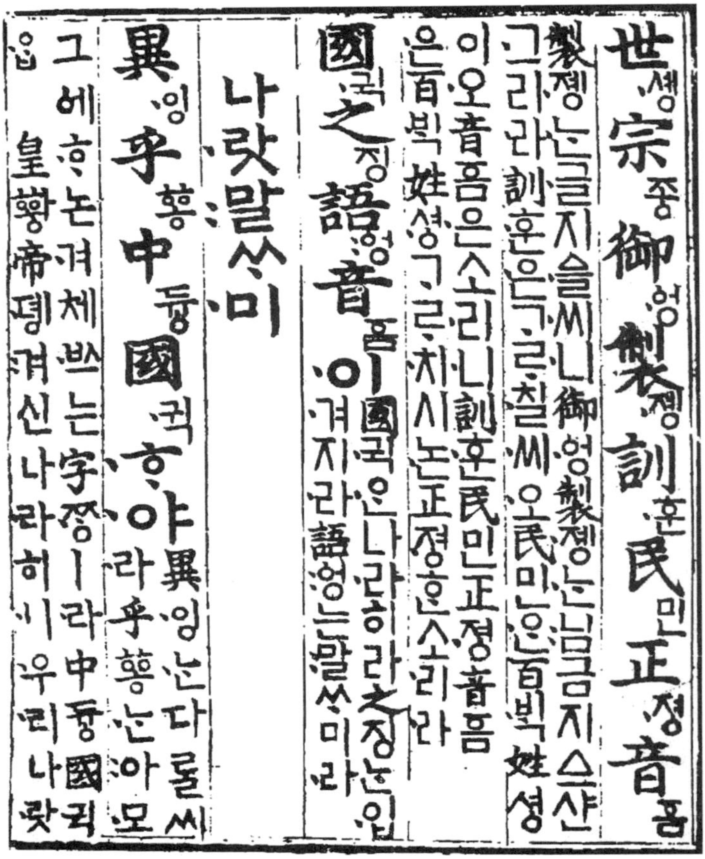

世솅宗종御엉製졩訓훈民민正졍音음
製졩는 글 지슬 씨니 御엉製졩는 님금 지스샨 그리라 訓훈은 ᄀᆞᄅᆞ칠 씨오 民민은 百ᄇᆡᆨ姓셩이오 音음은 소리니 訓훈民민正졍音음은 百ᄇᆡᆨ姓셩 ᄀᆞᄅᆞ치시논 正졍ᄒᆞᆫ 소리라
國귁之징語ᅌᅥᆼ音음이
國귁은 나라히라 之징는 입겨지라 語ᅌᅥᆼ는 말ᄊᆞ미라
나랏 말ᄊᆞ미
異잉乎ᅘᅩᆼ中듕國귁ᄒᆞ야
異잉는 다ᄅᆞᆯ 씨라 乎ᅘᅩᆼ는 아모 그에 ᄒᆞ논 겨체 ᄡᅳ는 字ᄍᆞᆼㅣ라 中듕國귁은 皇ᅘᅪᇰ帝뎽 겨신 나라히니 우리 나랏

한편으로는 협주와 간텍스트성을 유지하면서 하나의 큰 텍스트 공동체를 이루고 있다. 이러한 방식의 텍스트에는 『월인석보』에 실린 「석보상절 서 (序)」와 「어제월인석보 서」가 속한다. 그러나 간경도감에서 나온 언해류는 구결문에는 구결만 달고 방점은 붙이지 않았으며 특수 어휘에 대한 주석도 언해문에서만 보인다.

이상과 같은 텍스트 외적인 특징을 중심으로 『어제훈민정음언해』의 텍스트 내적인 문제를 다루어 보고자 한다. 우선 언해문은 종결형을 기준으로 할 때, 두 개의 텍스트로 분단할 수 있다. 이를 T_1과 T_2로 표시하였다. T_1은 네 개의 문장으로 구성되어 있는데, S_2에서는 주어 명사구가 공범주로 실현되어 있어 S_1의 주어 명사구인 '나랏 말쌈'과 명사적 사슬을 이루고 있다. 사실 S_2와 S_3는 현대어라면 두 개의 독립된 문장으로 끊을 수 있다. 더욱이 이곳에서는 앞의 문장의 내용을 대용하는 접속사 C '이런 젼ᄎᆞ로'가 나타나 있어 그럴 개연성이 충분하다. S_4에도 주어 명사구가 공범주로 실현되어 있다. 그것은 S_3의 주어 명사구 '어린 百姓'과 명사적 사슬을 이루기 때문이다. T_2는 두 개의 문장으로 끊어 보았다. 동사 하나하나를 모두 고려한다면 이보다 몇 개 더 많은 문장으로 분석할 가능성도 없지 않으나 이 정도에서 그치기로 한다. S_2에서 주어 명사구가 공범주로 나타난 것은 S_1과 명사적 사슬을 이루고 있기 때문이다.

훈민정음이 창제된 것은 글자를 모르는 어리석은 민중들이 문자 생활을 마음 편케 할 수 있도록 하는 데 근본 취지가 있었다. 훈민정음의 창제 동기를 중국과의 언어상의 이질성을 기준으로 한 것은 언어 구조상의 차이뿐만 아니라 당시의 우리나라나 다른 아시아 국가들의 정치적·문화적 가치관이 모두 중국을 모형으로 삼고 있었다는 데 그 까닭이 있지 않은가 한다. 그리고 『어제훈민정음』의 지배적 기능은 선언 기능이라고 할 수 있다. 그것은 왕의 이름으로 공시된 선언 성격을 띤 교서 (敎書)이기 때문이다. 따라서 이 텍스트는 선언 텍스트에 속한다고 말할 수 있다.

7.3.4. 번안의 텍스트 분석

중세 민족어의 한글 텍스트는 대부분 (15다)와 같은 언해 텍스트라고 하였다. 그 가운데서도 유일한 예외가 『석보상절』과 『월인석보』이다. 이 둘은 문체상의 차이가 없지 않지만 구결문이 얹혀 있지 않다는 점뿐만 아니라 민족적인 소재가 가미되었다는 점에서 번안 텍스트로 보아도 잘못이 없다. 『월인석보』 중의 "상절부"보다 『석보상절』이 번안적인 특성을 더 강하게 지니고 있다. 이제 『월인석보』 권 1의 “상절부”에 나오는 「구담씨 흥가기」 (瞿曇氏興家記) (4~8장)를 중심으로 『석보상절』의 텍스트 분석을 시도해 볼까 한다. 각 한자에 붙어 있는 동국정운식 한자음은 생략하였다.

(16) 「구담씨 흥가기」의 텍스트 제시

가. 녜 阿僧祇劫時節에 ᄒᆞᆫ 菩薩이 王 ᄃᆞ외야 겨샤 나라ᄒᆞᆯ 아ᅀᆞ 맛디시고 道理 ᄇᆡ호라 나아가샤 瞿曇婆羅門을 맛나샤 ᄌᆞ갸 오ᄉᆞ란 밧고 瞿曇ᄋᆡ 오ᄉᆞᆯ 니브샤 深山애 드러 果實와 믈와 좌시고 坐禪ᄒᆞ시다가 나라해 빌머그라 오시니 다 몰라 보ᅀᆞᆸ더니 小瞿曇이라 ᄒᆞ더라

나. 菩薩이 城밧 甘蔗園에 精舍 ᄆᆡᇰᄀᆞᆯ오 ᄒᆞ오ᅀᅡ 안자 잇더시니 도ᄌᆞᆨ 五百이 그윗거슬 일 버ᅀᅥ 精舍ㅅ 겨ᄐᆞ로 디나가니 그 도ᄌᆞ기 菩薩ㅅ 前世生ㅅ 怨讐ㅣ러라다

다. 이틄나래 나라해 이셔 도ᄌᆞᄀᆡ 자최 바다 가아 그 菩薩ᄋᆞᆯ 자바 남ᄀᆡ 모ᄆᆞᆯ ᄢᅦᅀᆞᄫᅡ 뒷더니 大瞿曇이 天眼ᄋᆞ로 보고 虛空애 ᄂᆞ라와 묻ᄌᆞᄫᅩᄃᆡ

“그디 子息 업더니 므슷 罪오”

菩薩이 對答ᄒᆞ샤ᄃᆡ

“ᄒᆞ마 주글 내어니 子孫ᄋᆞᆯ 議論ᄒᆞ리여”

라. 그 王이 사ᄅᆞᆷ 브려 쏘아 주기ᅀᆞᄫᆞ니라

마. 大瞿曇이 슬허 쁘리여 棺애 녀ᅀᆞᆸ고 피 무든 ᄒᆞᆯᄀᆞᆯ 파 가져 精舍애 도라와 왼녁 피 닫 담고 올ᄒᆞᆫ녁 피 닫 다마 두고 닐오ᄃᆡ

“이 道士ㅣ 精誠이 至極ᄒᆞ단디면 하ᄂᆞᆯ히 당다이 이 피ᄅᆞᆯ 사ᄅᆞᆷ ᄃᆞ외에 ᄒᆞ시리라”

바. 열ᄃᆞᆯ마내 왼녁 피ᄂᆞᆫ 男子ㅣ ᄃᆞ외오 올ᄒᆞᆫ 녁 피ᄂᆞᆫ 女子ㅣ ᄃᆞ외어늘 姓ᄋᆞᆯ 瞿曇氏라 ᄒᆞ더니 일로브터 子孫이 니ᅀᅳ시니 瞿

曇氏 다시 니러나시니라

[현대 역]

가. 옛날의 아승기겁 시절에 한 보살이 왕이 되어 나라를 아우에게 맡기고 도리를 배우러 나아가시어 구담바라문을 만났다. 당신의 옷은 벗고 구담의 옷으로 갈아입으시고 깊은 산에 들어가서 과일과 물을 드시고 좌선하시다가 나라에 구걸하러 오셨는데 모두 몰라보고 소구담이라고 하였다.

나. 보살이 성 밖 사탕수수 밭에 정사를 만들고 혼자 앉아 있었는데 도적 500명이 관청의 재물을 훔치어 정사 옆으로 지나가니 그 도적이 보살의 전세의 원수였다.

다. 이튿날 나라에서 도적의 발자취를 좇아가서 그 보살을 나무에 꿰어 두었는데 대구담이 천안으로 보고 허공에 날아와 묻되
"자네가 자식이 없는데 무슨 죄인가."
보살이 대답하시되
"곧 죽을 나인데 자손을 의논하겠는가."

라. 그 왕이 사람을 시켜 쏘아 죽였다.

마. 대구담이 슬퍼하여 싸서 관에 넣고 피 묻은 흙을 파 가지고 정사에 돌아와 왼쪽 피는 따로 담고 오른쪽 피는 따로 담아 놓고 이르되 "이 도사가 정성이 지극하다고 할 것 같으면 하늘이 당당히 이 피를 사람이 되게 하실 것이다."

바. 열 달 만에 왼쪽 피는 남자가 되고 오른쪽 피는 여자가 되니 성을 구담씨라 하였다. 이로부터 자손이 이으시니 구담씨가 다시 일어나셨다.

(16)은 「구담씨 흥가기」의 전문을 문체법을 기준으로 하여 분단을 한 것이다. 대화는 큰 문장 속에 포함되는 것으로 간주하여 따로 분단하지 않았다. 단락에 따라 텍스트 구조를 분석하기로 한다. 주로 형태·통사적

응결 장치와 의미·기능적 응결 장치에 따라 텍스트의 형성 문제를 살펴보기로 한다.

• (16가)의 텍스트 분석

'녜 阿僧祇劫時節에'는 『석보상절』 전체 텍스트의 도입자로서 민담과 설화 등에서 흔히 목격되는 표현이며, 많은 고대 소설의 '화설' (話說) 등에 해당하는 부분이다. 흔히 문단 도입자라 부른다. 문단 도입자는 일반적으로 시간 부사어로 성립되며 부사격 조사 '에'를 취한다. 이러한 도입자는 이야기의 시작을 알려 그 내용에 독자의 주의가 집중되도록 하는 기능을 띠고 있다. 이렇게 도입자가 들어오면 다음부터는 텍스트와 텍스트, 문장과 문장 사이에 '그쁴'와 같은 시간적 접속사가 사용된다.

'혼 菩薩'은 새로운 정보를 제공하는 주어 명사구인데, 이러한 의미는 부정 관형사 '혼'과 주격 표지 '이'에 기대어 표시된다. 전통적인 민담 구성과 큰 차이가 없다. 우리는 『용비어천가』 제1장을 분석하는 마당에서도 그런 사실을 본 바 있다. '옛날 금강산 어느 산골짜기에 한 나무꾼이 살고 있었다'의 '…… 한 나무꾼이 ……'와 비교해 볼 수 있다 (104쪽).

'王 드외야 겨샤'로부터 '오시니'까지는 동사들이 '-아, -고, -라, -다가'와 같은 여러 종류의 연결 어미에 이어져 있어 각각 독립된 문장의 자격을 줄 수 있지마는, 주어 명사구 '혼 菩薩'과 명사적 연쇄를 이루는 공통된 공범주를 세울 수 있기 때문에 작업의 편의를 위하여 일단은 전체를 한 문장으로 간주한다. 존경의 대상이 되는 주어 명사구를 공유하고 있기 때문에 대부분의 활용형에 존경의 '시'가 사용되었다. 같은 주어 명사구를 공유하는 문장이 이어질 때에는 그 명사구가 핵이 되어 문법적 일치 현상이 일어나고 따라서 그 자체로서 하나의 복합 문장이 형성될 수 있다. 또 이 문장에는 일반적으로 한 문장 내부에서 선행 명사구와 응결 관계를 이루는 제3인칭 존경의 재귀 대명사 'ᄌᆞ갸'가 나타난다. 이 곳의 'ᄌᆞ갸'는 선행하는 여러 단계의 동사구를 뛰어넘어 앞에 있는 주어 명사구 '호 菩薩'과 결속되어 있다.

'오시니'까지를 하나의 문장 단위로 끊은 것은 이 자리에 앞서 말한 문장의 경계 표지 '그쁴'가 나타날 수 있다는 점을 고려하였기 때문이다. 중세 민족어에는 접속사가 종결형과 독립성이 강한 '-니, -더니, -거늘, -거니와, -어, -면' 등에 분포된다. '다 몰라 보숩더니~ᄒᆞ더라'는 연결 어미 '-더니'로 이어져 있다는 점은 앞의 동사구와 다름이 없지마는 주어 명사구가 다르다는 차이점이 있다. 주어 명사구는 공범주로 나타났는데 선행 구절로 미루어 '나랏 사ᄅᆞᆷ' 정도로 생각할 수 있다. 후행절의 주어 명사구도 같다. 이런 점에 근거하여 '다~ᄒᆞ더라'는 그 자체로서 일단은 자족적인 문장을 구성하고 있는 것으로 파악된다.

재귀 대명사가 선행 명사구와 함께 명사적 연쇄를 구성하고 있듯이 명사구끼리 명사적 연쇄를 구성하는 예도 보인다. '瞿曇婆羅門' 다음 절에서 고유 명사인 '瞿曇'으로 약칭되는 것이 그러하다. 끝 구절에 나오는 '小瞿曇'은 앞의 '瞿曇婆羅門'의 하의어가 되므로 역시 명사적 연쇄를 이루고 있다. 그러나 이야기의 상황을 자세히 들여다보면 '小瞿曇'은 '瞿曇婆羅門'과 의미적 등가성을 공유하는 것이 아니라 첫째 문장의 '호 菩薩'과 등가성을 이루고 있다. 그것은 '호 菩薩'이 '瞿曇婆羅門'과 옷을 바꾸어 입은 탓으로 '瞿曇'으로 보인 것이지, 화자 (서술자)와 청자 (독자)에게는 현실적인 지칭 대상이 '호 菩薩'로 인식된다. 기능적 등가성에 기댄 명명적 연쇄임을 알 수 있다.

(16가)는 현대적인 문장 분단의 기준으로는 하나의 문장이라 하겠으나 두 개의 문장으로 구성된 더 큰 문장, 곧 하나의 텍스트로 구성되어 있음을 알 수 있다.

(16가)의 구조를 보기 쉽게 표시하면 다음과 같다.

(16가′) [T 녯 阿僧祇劫時節에 (S_1 호 菩薩이~오시니)S_1 (S_2 e ~다~ᄒᆞ더라)S_2]T

• (16나)의 텍스트 분석

(16나)도 (16가)와 같이 표면상으로는 하나의 문장으로 구성된 것 같지만 세 개 또는 그 이상의 작은 문장이 모여서 이루어진 텍스트이다. '菩薩이~잇더시니'는 동사를 기준으로 하면 두 개의 문장으로 분석할 수 있으나 주어 명사구를 공유하므로 일단은 하나의 문장으로 간주한다. 이곳에는 문장 경계 표지 '그쁴'가 나타날 수 있는 자리란 점이 분단의 큰 기준이 된다. '도족 五百이~디나가니'도 전체를 하나의 자족적 문장으로 간주한다. 동사를 기준으로 하면 이 부분도 두 개의 문장으로 분석할 수 있다. 그러나 이들은 '도족 五百'이라는 주어 명사구가 공유되어 있기 때문에 일단은 하나의 문장으로 보았다. 더욱이 '디나가니'의 뒤에는 문장 경계 표지가 나타날 수 있다. 마지막 문장의 주어 명사구 '그 도족'은 앞 문장의 명사구 '도족 五百'을 의존적 대용어를 사용하여 재수용하고 있으므로 그 자체만으로 독립된 문장이 될 수 있는 충분한 조건을 갖추고 있다.

민족어의 지시어 '그, 이'는 문장의 경계에 자리 잡아 앞 문장에 언급된 내용을 반복 지시하는 기능을 띠고 있다. 첫머리의 주어 명사구 '菩薩'은 텍스트 (16가)에서 새 정보로 도입된 명사구 '혼 菩薩'을 반복하는 것으로 그 정보는 하등 새로운 것이 없다. 이런 경우 현대 민족어라면 '그 보살' 정도로 나타날 수 있으며 중세 민족어에도 이런 구성이 발견된다. 조사는 주제의 보조사 '은'을 취할 수 있다. 다음에 이어지는 '도족 五百'은 새로 도입되는 주어 명사구로서 새 정보를 담고 있다. 또 다음에 이어지는 주어 명사구 '그 도족'은 의존적 대용어 '그'를 취하였는데, 선행하는 주어 명사구를 반복함으로써 명사적 연쇄를 이루고 있다. '원수'는 선행하는 '도족 五百'과 기능적 등가성을 공유하는 명사적 연쇄이다.

(16나)를 중심으로 하면 명사적 연쇄에 기댄 응결 장치도 통사적인 응결 장치와 어느 정도 병행하여 텍스트를 형성하는 기능을 지니고 있다고 말할 수 있다. (16나)의 구조를 다음과 같이 도식화한다.

(16나′) [T (S$_1$ 菩薩이~잇더시니)S$_1$ (S$_2$ 도즉 五百이~디나가니)S$_2$ (S$_3$ 그 도즈기~怨讐ㅣ러라)S$_3$]T

• (16다)의 텍스트 분석

(16다)는 앞의 (16가, 나)보다 그 구조가 한층 더 복잡하다. 대화가 두 군데나 인용되어 있기 때문이다. 첫머리의 '이틄날'은 (16다)의 사건이 (16나)에서 일어난 사건의 연속임을 표시하는 텍스트 경계 표지로서 앞서 말한 '그쁴'와 같은 가치를 지니고 있다. 중간 텍스트 표지로 시작되는 (16다)의 구조를 분석하기로 한다.

첫 문장은 '나라해 이셔~뒷더니'로 끊을 수 있다. 이곳에서도 동사를 기준으로 하면 더 잘게 나눌 수 있다. 그러나 주어 명사구를 공유하고 있기 때문에 일단은 한 문장으로 처리한다. 주어 명사구 '나라ㅎ'는 겉으로는 무정 명사이지만 실제로는 유정 명사의 집합체인 단체 명사이다. 다음 문장은 '大瞿曇~ "그디~罪오"'이다. 현대 민족어에 유추하면 물음 동사가 끝으로 와서 '묻즈ᄫ니라'가 될 수 있을 터인데, 중세어에서는 설명 연결형 '오딕'를 취하여 이처럼 인용문 앞에 놓이는 것이 보통이었다. 이 경우 인용 동사 'ᄒᆞ다'가 인용문 뒤에 다시 나타나는 일도 있다.

세 번째 문장은 '菩薩이 對答ᄒᆞ샤딕 "ᄒᆞ마~議論ᄒᆞ리여"'이다. 두 번째 문장과 같이 현대 민족어라면 '對答ᄒᆞ다'가 끝으로 가서 '對答ᄒᆞ시니라'로 나타날 수 있는 예이다. 관형어 명사구 '도즉'은 텍스트 (16나)에서 도입된 명사를 되풀이하고는 있지만 '자최'와 합성하여 하의어가 되어 명사적 연쇄를 이루고 있다. 목적어 명사구 '그 菩薩'은 (16가)에서 도입되고 (16나)에서 되풀이된 '菩薩'을 의존적 대용어에 기대어 표시한 것인데 문장 밖의 대상을 지시하고 있다. '大瞿曇'은 '瞿曇'의 하의어로서 (16가)의 '瞿曇婆羅門', '小瞿曇'과 함께 명사적 연쇄를 이루고 있다. 대화에 나타나는 '그디'와 '나'는 각각 이미 도입된 '菩薩'을 가리키는 것으로 기능적 등가성에 기대어 명명적 연쇄를 구성하고 있다.

(16다)의 구성을 다음과 같이 도식화한다.

(16다′) [T (C 이틄나래)C (S_1 나라해 이셔~뒷더니)S_1 (S_2 大瞿曇이~묻즈보듸 "그듸~므슷 罪오")S_2 (S_3 菩薩이 對答ᄒᆞ샤듸 "ᄒᆞ마~議論ᄒᆞ리여")S_3]T

이곳에 나타나는 물음과 대답의 두 문장은 대화의 격률을 어기지 않은 완전한 대화로서 그 둘이 짝이 되어 하나의 텍스트를 이루고 있다. 현대 작품은 작자가 지문을 통하여 등장 인물을 먼저 소개하기 때문에 각 대화마다 화자를 설정하지 않는 것이 보통이다. 그런데 중세 민족어는 대화에 참여하는 인물을 반드시 밝히고 있다. 이러한 점 역시 중세 민족어와 현대 민족어의 텍스트 형성상의 특징이다.

• (16라)의 텍스트 분석

(16라)는 하나의 문장으로 성립된 하나의 텍스트이다. (16가~다)는 두 개 이상의 문장으로 성립된 하나의 텍스트인 데 대하여 (16라)는 "한 문장—한 텍스트"의 예가 된다. 주어 명사구 '그 王'은 (16가)에서 나온 선위 (禪位) 받은 아우 왕인데 (16다)의 주어 명사구 '나라ㅎ'와 기능적인 등가성을 보임으로써 (16다)와 자연적으로 응집되는 효과를 거두고 있다. 의존적 대용어 '그'를 사용함으로써 이 텍스트가 선행 텍스트와 긴밀하게 엉겨 있음을 보이고 있다. 도식화는 생략한다.

• (16마)의 텍스트 분석

(16마)는 (16라)와 같이 하나의 문장으로 성립된 하나의 텍스트이다. 이 문장도 물론 동사를 기준으로 하면 더 잘게 나눌 수 있으나, 여기에서는 주어 명사구의 공유를 기준으로 삼아 일단 하나의 문장으로 처리한다. (16라)와 다른 점은 인용문이 들어 있다는 것인데 이는 또 (16다)와

비슷한 점이기도 하다. 이 문장의 주어 명사구 '大瞿曇'은 (16다)에서 처음 도입되었는데 같은 말을 반복함으로써 명사적 연쇄를 구성하고 있다. 대화 가운데의 '이 道士'는 지문에서 '菩薩'로 지칭되던 대상을 가리키는 말인데 기능적 등가성을 바탕으로 하여 '菩薩'과 명사적 연쇄를 이루고 있다. (16마)의 구조를 도식화하면 다음과 같다.

(16마′) [T (S 大瞿曇이~ᄢᅳ리여~녀ᅀᆸ고~가져~도라와~담고~두고 닐오ᄃᆡ "이 道士ㅣ~至極ᄒᆞ단디면 하ᄂᆞᆯ히~ᄒᆞ시리라")S]T

• (16바)의 텍스트 분석

(16바)는 네 개의 문장으로 이루어진 텍스트이다. 분단 기준은 앞의 텍스트와 차이가 없다. 다만 첫 문장 '왼녁~女子 ᄃᆞ외어늘'은 두 문장으로 끊을 수 없지 않으나 여기에서는 일단 한 문장으로 간주한다. '열ᄃᆞᆯ마내'는 텍스트 경계 표지로서 (16마)를 (16바)에 시간적으로 이어 주는 기능을 한다. 중간에 쓰인 '일로브터'도 앞뒤 문장을 시간적으로 이어 주는 결합 기능을 띠고 있다. 첫째 문장은 '왼녁 피ᄂᆞᆫ~ᄃᆞ외어늘'이다. 그것은 어미 '-거늘' 뒤에 문장 경계 표지 '그ᄢᅴ'가 삽입되는 일이 많다는 사실을 고려하였기 때문이다. 둘째 문장은 '姓올~ᄒᆞ더니'이다. 어미 '-더니' 다음에 문장 경계 표지가 삽입될 수 있다는 점을 고려하였기 때문이다. 셋째 문장은 '일로브터'에 이어지는 '子孫이 니ᅀᅳ시니'이다. 어미 '-니' 역시 문장 경계 표지가 쓰일 수 있다. 넷째 문장은 '瞿曇氏 다시 니러나시니라'이다. 첫째 문장의 주어 명사구 '왼녁 피'와 '올ᄒᆞᆫ 녁 피'는 (16마)에서 처음 도입된 말을 그대로 반복하여 명사적 연쇄를 이룬 것이다. '男子'와 '女子'는 (16마)의 대화에서 도입된 '사ᄅᆞᆷ'의 하의어로 분열된 것인데 명사적 연쇄를 이루고 있다. 셋째 문장에서 도입된 '瞿曇氏'는 끝 문장에서 그대로 반복되어 서로 명사적 연쇄에 기대어 엉겨져 있다.

(16바)를 도식화하면 다음과 같다.

(16바′) [T (C 열둜마내)C (S_1 원녁 피ᄂᆞᆫ~ᄃᆞ외어늘)S_1 (S_2 姓ᄋᆞᆯ 瞿曇氏라 ᄒᆞ더니)S_2 (C 일로브터)C (S_3 子孫이 니ᅀᅳ시니)S_3 (S_4 瞿曇氏 다시 니러나시니라)S_4]T

이상과 같이 「구담씨 홍가기」를 문체법을 중심으로 여섯 개 단락으로 나누어 먼저 문장 경계 표지의 삽입을 기준으로 삼아 개별 문장으로 하위 구분하고 이와 아울러 의미 · 기능적 등가성에 기댄 명사적 연쇄의 문제도 검토하여 보았다. 사람에 따라서는 통사적 응결 장치와 명사적 연쇄가 필연적인 관련성이 없다고 말하기도 하지만 텍스트 (16나)의 분석 결과를 토대로 하면 어느 정도 관련성이 인정된다는 사실을 확인할 수 있었다.

「구담씨 홍가기」라는 큰 텍스트는 우선 여섯 개의 작은 텍스트로 나누어지고 이들은 다시 개별 문장으로 구분될 수 있다. 그리고 문장에 따라서는 대화 텍스트를 안는 일도 없지 않았다. 이를 나무 모양으로 그려 보면 다음과 같다.

(17)

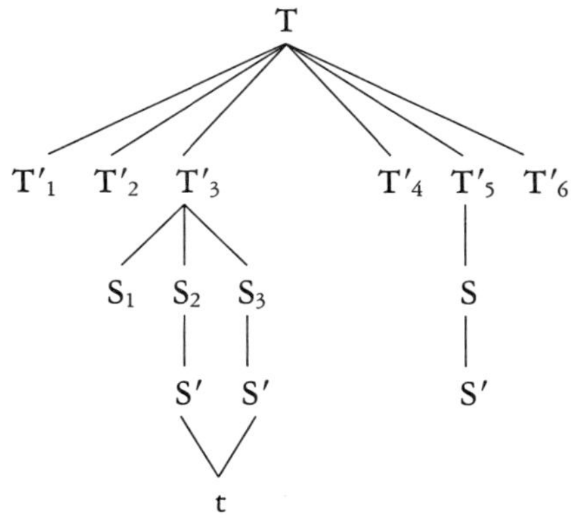

꼭대기의 T는 「구담씨 홍가기」라는 큰 텍스트를 의미하고 그 아래 여섯 개의 T′는 하위 텍스트를 뜻한다. T'_3의 세 개의 S 가운데 S_2와 S_3는 각각 S′를 안고 있는데, 아래쪽에서 작은 t로써 연결시킨 것은 두 개의 대화가 짝을 이루어 또 하나의 특수한 대화 텍스트를 형성한다는 뜻이다. T_5의 S 아래 S'를 둔 것은 대화 (엄격히는 독화임)가 안겨 있다는 뜻이다.

내용 보충

7.1. 문제의 제기

민족 문학 작품의 갈래 이론과 그 구체적인 분류 문제에 대하여는 조동일 (1992)를 보라. 문학 작품에 대한 텍스트 분석은 그사이 여러 가지 측면에서 시도되어 왔다. 조동일 (2002)와 서정철 (2003)에는 소설 텍스트를 분석하는 여러 가지 모형이 제시되어 있고, 서용좌 (1999)에는 호프만의 『모래귀신』을 텍스트 분석하는 모형이 나와 있다. 하르베크 (2009)에서는 소설의 시간을 서사 시제의 관점에서 논의함으로써 이 방면 연구의 물꼬를 텄다. 윤석민 (2004 /2009)는 민족 문학 작품의 전반에 대한 텍스트 분석의 모형을 보였다. 현대의 민족 소설 작품을 텍스트 분석한 업적으로는 『혼불』의 언어 세계와 문학 세계를 조명한 혼불기념사업회 · 전라문화연구소 (2004a)와 혼불기념사업회 · 전라문화연구소 (2004b), 이태동 밖에 (1993)을 들 수 있다. 특히 김동근 (2009), 양영희 (2009)는 고영근 (1999)에서 개발한 텍스트 분석 모형에 따라 우리 시대의 대하 장편 소설인 『혼불』과 『태백산맥』을 분석한 것이다. 현대시에 대하여는 이현호 (1993), 오세영 밖에 (1993), 장소원 (2007 /2009), 최용호 (2004 /2009)가, 현대 희곡에 대하여는 이현호 밖에 (1997), 조보라미 (2001, 2007, 2009)가 있다. 개인 서사담을 비롯한 구비 문학에 대한 연구는 김경섭 (1998)이 텍스트 과학을 직접 짊어지고 이룩한 성과이다. 한국 구비문학회의 기관지 『구비문학연구』에서도 관련 업적을 볼 수 있다. 김완진 밖에 (1996)에는 최근의 텍스트 과학의 흐름을 직접 · 간접으로 탄 분석이 많다. 「어부단가」(김성규), 「오우가」(고성환), 「속미인곡」(신지연), 「三唐詩人漢詩分析」(이종묵), 김소월의 「산유화」(이필영), 윤동주의 「또 다른 고향」(김정아), 서정주의 「국화 옆에서」(김창섭), 신경림의 「목계장터」(이승재) 등을 들 수 있다. 다음 조동일의 일련의 저서에는 프랑스 구조주의 분석 방법론에 영향을 받은 분석 모형이 제시되어 있다. 인터넷에서 생산되는 전자 편지는 그 나름대로 특징이 있다. 『탈춤의 역사와 원리』(홍성사, 1979)에는 「봉산탈춤」과 「양주산대」가, 『우리문학과의 만남』(홍성사, 1979)에는 현진권의 『적도』가 분석되어 있다. 『문학연구방법』(지식산업사, 1980)에 나오는 "문학작품은 어떻게 이루어져 있는가"도 같은 방식의 작품에 대한 텍스트 분석이다. 고전 시가에 대하여는 김열규 밖에 (1992ab), 성기옥 (1982 / 2009b), 유동석 (2002), 윤석민 (2002)에서 관련 분석을 볼 수 있다. 고전 산문 문학에 대하여는 조동일 (2000)의 『월인석보』 중의 「구담씨 홍가기」, 정 민 (2000)

의 「온달전」, 황선엽 (1994 /2009)와 신지연 (2002)의 『월인석보』 중의 「안락국태자전」을 들 수 있다.

7.2. 현대의 작품 텍스트와 문서 텍스트

7.2.1. 시의 텍스트 분석 – 한용운의 「님의 침묵」

시집 『님의 침묵』은 1925년 설악산 백담사에서 탈고되어 이듬해 1926년 회동서관에서 출판되었다. 『님의 침묵』의 정본의 확정 문제를 비롯한 제반 정보에 대하여는 서울대학교 인문과학연구소 고전 총서로 나온 『한용운 님의 침묵』 (서울대학교 출판부, 1996)과 한계전의 해설 · 주석을 보라.

조선 총독부의 『언문철자법』이 한문을 섞어 쓰는 일본의 철자법을 기준으로 만들어졌다는 견해는 신창순 (1997)을 보라.

「님의 침묵」의 내용 해설은 한계전 (1994: 609-13)을 보라. S_8의 경우, 원문에는 한 문장으로 이어져 있는데 한계전은 '사랑을 깨치는 줄 아는 까닭에'까지를 앞줄에 놓고 나머지는 줄을 바꾸어 배치하였다. 분단을 해도 텍스트 구조에 영향을 주는 것이 아닌 만큼 그대로 두는 것이 좋아 보인다. 문학 작품의 경우, 옛 텍스트를 수용할 때 텍스트 수정을 가하는 것을 더러 볼 수 있는데 철자법은 이해와 감상에 절대적으로 영향을 미치지 않기 때문에 큰 문제가 없으나 근거 없이 어휘를 바꾼다든지 줄을 바꾸는 것은 신중을 기할 필요가 있다.

몇몇의 자동사에 붙어 어간의 의미를 상태화시켜 주는 '-었-'의 기능에 대하여는 송철의 (1995)를 보라. 이곳에서는 일반적인 '-었-'은 그 작용역이 문장 전체에 미치는 데 대하여 '늙었다, 못생겼다, 글렀다, 쌨다, 거칠었다'의 경우는 시제와는 관계가 멀고 어간을 상태화시켜 주는 기능을 띠고 있다는 견해를 내놓고 있다.

7.2.2. 소설의 텍스트 분석 – 최명희의 『혼불』

이 부분은 지은이가 제2회 혼불 문학제 학술 발표회 (2001. 12. 11, 전북대학교 삼성문화회관)에서 발표하고 혼불기념사업회 · 전라문화연구소 (2004a)에 기고한 혼불과 텍스트성 판정의 문제에서 뽑아낸 것이다.

"텍스트 공동체"는 "텍스트 코스모스"라고도 하는데 이 문제에 대하여는 하르베크 (1968 /1979: 143-7, 2001a: 30-2, 2001b: 229 등)과 본서 200쪽을 보라.

지은이가 규정한 이런 구성이 장일구 (1999)의 "서사적 구성의 역학"과 관련되는지는 아직 단정할 처지가 아니다.

7.2.3. 수필의 텍스트 분석 – 이양하의 「나무」

이양하의 수필집 『나무』는 1963년 그가 작고한 이듬해인 1964년에 그의 부인 장영숙이 서문을 붙여 출판되었다. 「나무」를 비롯하여 42편의 수필이 실려 있다. 장영숙의 서문에 기대면 지은이의 손으로 교정이 일단 끝나고 서문만 미루다가 작고하였다고 한다. 그러니까 보통의 유고집처럼 남의 손으로 교정을 보지 않았음을 알 수 있다. 수필 「나무」는 『한국수필문학전집』 (국제문화사, 1965), 『신한국문학전집』 44 (어문각, 1978) 등에도 실려 있고 고등학교 교과서와 대학 국어류에도 많이 실려 있는 우리 수필의 명편 (名篇) 가운데 하나이다. 서울대학교 국문학과 강사 유준필 박사 (현재 인하대 교수)는 지은이가 이양하의 수필 「나무」를 예로 들어 문서 텍스트와 작품 텍스트의 중간에 자리 잡는 유형으로 정한 데 대하여 강한 의문을 제기하였다. 유 박사는 동일한 명사구 '나무'가 반복되는 이런 수필은 매우 예외적이라는 근거를 대었다. 문제는 문서와 작품의 중간에 자리 잡는, 수필류에 포괄되는 신변잡기의 응결 장치를 깊이 있게 천착할 필요를 느낀다.

7.2.4. 대중 매체의 텍스트 분석 – 신문

신문, 광고 등 대중 매체의 특징에 대하여는 강상현 · 채 백 (편) (1996), 김성재 밖에 (1998)을 보라. 팔당호의 "특별 종합 대책"은 1998년 8월 21일자의 각 신문에 보도되었는데 신문에 따라 조금씩 다르다. 환경부의 팔당호에 대한 종합 대책 발표를 『한국일보』와 『동아일보』는 1면 머리기사로 다루었지만 『조선일보』는 사회 면에서 처리하였다. 이런 점을 통해서 우리는 환경 문제에 대한 신문 생산자의 태도를 엿볼 수 있다. 『조선일보』가 여느 신문과 달리 머리기사로 다루지 않은 것은 수도권과 경기 지역 밖의 독자는 이 문제에 큰 관심을 돌리지 않는다는 점을 고려하였을 가능성도 있고 다른 기사의 중요성을 우선하였을 수도 있다. 이는 한 신문의 내적 텍스트 분석과 다른 신문과의 외적 텍스트 분석이 뒷받침되면 풀릴 수 있을 것이다.

이곳에서는 실용문의 대표적 텍스트로 신문을 들었지만 일상생활에서 접하는 수많은 만화와 만평을 비롯한 수많은 문서도 텍스트 분석의 대상이 될 수 있다. 만화를 텍스트 과학의 관점에서 분석한 것은 양명희 (2002)에서 볼 수 있다. 음성 상징어가 응결 장치로 많이 사용된다는 점이 밝혀져 있다. 이정복 (2009a)에서는 전자 편지의 특정을 다루었다. 이곳에서는 전자 편지가 일상 편지와 다른 점을 지적하였다. 장소원 (2002)에서는 공문서의 텍스트성을, 장소원 · 양정호 (2009)에서는 언론 기관에 제공되는 보도 자료의 내용상의 특징과 형식상의 특징을 가려내어 텍스트 분석과 텍스트 수정을 가하였다. 이은경 (2003 /2009)에서는 공지문을 대상으로 그 구조와 기능은 물론, 언어적 장치를 드러내었다. 신지연 (2000 /2009)와 엄 훈 (2002 /2009)는 전통 시대의 실용문을 텍스트 분석한 것이다. 전자는 『훈민정음언해』와 『훈민정음해례』에 나오는 훈민정음 서문을 비교하여 그 간텍스트성을 구명하였다. 후자는 조선조 전기의 공론 영역에 나타나는 "논변"을 논증 분석 방법론을 이용하여 분석하였다. 이홍식 (2002)에서는 서평 텍스트의 성격과 언어적 특성을 추출하였고 이은경 (2002)에서는 한국어 교재에 나타나는 어미의 사용 양상을 다루었다. 텍스트 유형에 따라 실현되는 언어재가 다르다는 사실을 통계 수치를 통하여 제시하기도 하였다. 이 방면의 저술로 참고가 되는 것은 강범모 (1999), 강범모 밖에 (2000)을 들 수 있다. 이들 저서에는 장르별 언어 특성이 통계 수치로 제시되어 있어 유형별 텍스트의 언어적 특징을 밝히는 지침서로 활용될 수 있다. 아직 연구 수준이 초보적 단계인 만큼 더 깊이 있는 연구를 할 필요가 있다.

7.2.5. 광고의 텍스트 분석

이곳에서 보이는 광고 텍스트의 분석은 최형용 (2000 /2009)를 간추린 것이다. 최형용 교수가 본서의 취지에 맞게 가공하여 보내온 것이다. 이에 고마운 인사를 표한다. 광고의 구성 요소에 대하여는 김원식 (2000)에서 가져왔다. 광고 텍스트에 대하여는 지난 세기 90년대부터 많은 업적을 쌓아 왔다. 이 방면은 독일어 사용 지역에서 성과가 많아 자연히 독일에 유학한 독어독문학도들이 그쪽의 광고 분석 모형을 소개하는가 하면 한독 광고 텍스트를 비교하는 경향도 목격할 수 있다. 김원식 (2000)에서는 광고를 송신자가 일정한 목적을 가지고 시각 언어 (비주얼)나 텍스트 등의 일정한 수단에 의하여 수신자에게 영향을 미쳐 자신에게 유리한 목적을 달성하려는 의도적이고 일방향적인 커뮤니케이션이라 정의하고 광고 언어의 특징과 기능을 논의하였다. 구명철 (2001)은 광고에 사용되는 언어 유희를 음성학적 및 음운적 기법, 형태적 기법, 통사적 기법, 의미적 기법, 사회 언어학적 기법에 걸쳐 자세하게 고찰하였다. 구명철 (2002)에서는 광고 카피에 있어서 그림의 역할을 다루었다. 김양훈 (2002)도 광고 텍스트의 언어적 특성을 다루었다. 김영순 (2001)에서는 영상 광고의 텍스트성과 구성 원리를, 오장근 (2003)에서는 광고의 호소 기능을 다루었다. 김영순 (2003)에서는 손짓 기호를 통하여 광고 텍스트에 숨겨진 의미를 읽을 수 있음을 증명하여 보였다. 김영순과 오장근의 광고 텍스트에 대한 일련의 업적은 김영순 · 오장근 (2004)에 "광고 읽기의 즐거움"이라는 한 권의 책으로 묶여졌다. 위의 광고 텍스트 분석은 대부분 독일 광고를 대상으로 하였으나 우리 민족의 광고를 분석하는 데도 유익하게 적용할 수 있다. 한편 외국의 광고에 대한 분석 이론을 우리의 광고 분석에 적용한 것으로는 앞의 최형용 (2009), 신선경 (1999 /2009), 오장근 (2003 /2009), 이인경 (2003 /2009), 강연임 (2007)을 들 수 있다. 특히 강연임의 것은 공익 광고를 분석한 것이다. 이재원 (2009)에서는 광고 언어를 바라보는 여러 가지 방향을 제시하고 있어 도움되는 바가 많다. 특히 이 논문에서는 광고에 등장하는 음운적 응결성을, 곧 압운의 사용을 시의 경우와 유사하게 사용하고 있어 (50쪽), 광고 텍스트의 분석에 참고되는 바가 많다. 광고에 사용되는 언어 표현 (흔히 카피)과 이미지 [그림]와의 관계에 대하여는 최용호 (2004 /2009)와 조국현 (2010)을 보라. 전자에서는 글과 그림이 어떻게 고유한 기능을 수행하는가 하는 문제를 기호학적 관점에서 해석하고 있으며 후자에서는 텍스트-이미지 복합 기호를 분석하는 문제가 제기되어 있다.

7.3 고전 텍스트

7.3.1. 악장의 텍스트 분석 – 『용비어천가』와 『월인천강지곡』

『용비어천가』의 텍스트 분석에 대하여는 앞의 1~3장에 이어 4장은 고영근 (2001b)에서, 5장과 125장은 고영근 (2002a)에서 분석되었다.

『용비어천가』의 형식에 대하여는 논의가 많다. 대표적으로 정병욱 (1977 /1983), 김대행 (1984), 조동일 (2005b: 273-92)를 보라. 『용비어천가』의 구조에 대하여는 정병욱 (1977 /1983)을 보라. 그 결미법에 대하여는 초창기부터 논의가 계속되고 있다. 지은이는 고영근 (1981 /1998 /2011: 16-7, 69 [붙임말 5])에서 최근의 논의에 대하여 사족 (蛇足)을 붙인 일이 있다. 요컨대 '-니, -리'로 끝나는 일련의 활용형이 그 자체로 자족성을 띤 어미인지, 아니면 생략형인지 하는 문제로 돌아간다. 『용비어천가』의 '-ᄂᆞ니'와 관련한 원칙법의 기능적 특수성에 대하여는 고영근 (1981 /1998d /2011: 140)을 보라.

용비어천가의 주해서는 허 웅 (1955), 조규태 (2006), 윤석민 · 유승섭 · 권면주

(2006)이 있고, 지난 세기 90년대에 번역이 두 종류 나왔다. 김성칠 · 김기협 (1997)과 이윤석 (1992)가 그것이다. 전자는 1948년에 낸 김성칠의 책을 그의 아들 김기협이 다시 손질하여 펴낸 것이다. 『월인천강지곡』의 운율적 특징에 대하여는 조홍욱 (1994)를 참고하고 『월인천강지곡』의 저경과 그 문학적 성격에 대하여는 김기종 (1910)을 보라.

석가의 전기는 인도의 『불소행찬』 (佛所行讚), 고려 시대의 『석가여래행적송』 (釋迦如來行蹟頌)에서 시가화된 일이 있다. 관련 논의는 조동일 (2005b: 273)을 보라. 『월인천강지곡』이 앞의 작품과 맺는 관계를 간텍스트성의 관점에서 면밀하게 추구할 필요가 있다. 이 방면의 업적으로는 이종석 (2001)이 있다. 『월인천강지곡』의 주석서로는 허 웅 · 이강로의 주석이 1962년에 나왔고 1999년에 신판이 나왔다. 박병채 (1974), 남광우 · 성환갑 (1978)도 볼 수 있다. 『석보상절』이 어떠한 과정을 밟아 『월인천강지곡』으로 시가화하는가 하는 문제는 고니시 (1992b), 고영근 · 박금자 · 고성환 (2003)에서 자세히 다루었으며 이곳에서는 기1부터 기92까지의 92곡을 『석보상절』과 비교하여 그 시가화 과정이 추적되어 있다. 『월인천강지곡』의 단행본과 『월인석보』 안의 삽입부 '월인천강지곡'의 표기법에 대한 자세한 논의는 고영근 (1993 /2004a: 356)을 보라.

7.3.2. 시조의 텍스트 분석

시조 작품의 출전은 정병욱 (편저) (1966)에 기대었다. 각 시조의 이본 비교는 심재완 (편저) (1973)을 보라. 김대행 (역주) (1993)이 최근에 나온 시조에 대한 주석서이다. 길 재의 작품에 대한 전반적인 정보는 민병수 (1992)를 보라. 「하여가」의 전승과 해석에 대하여는 정운채 (1992)를 보라.

7.3.3. 언해의 텍스트 분석

1970년대 중반에 고려 시대 구결 자료가 얼굴을 내밀고 최근 이에 관련되는 자료가 많이 나타남에 따라 이 방면에 관심을 갖는 사람들이 늘어나 구결 학회까지 창립되어 기관지 『口訣硏究』가 2009년 현재 20권이 나왔다. 고려 시대의 석독구결 연구에 대한 제반 정보는 『口訣硏究』 1 (1996), 2 (1997), 3 (1998)과 남풍현 (2000)을 보라. 한문을 새겨서 읽는 구결을 "석독 구결", 음독하면서 사용하는 구결을 "음독 구결 /순독 구결"이라고 부르고 있지마는 전통적으로는 "새김토", "붙임토"라 불렀다는 보고가 있다. 이 문제에 대하여는 한문 해독 방법과 관련하여 고찰한 유탁일 (1989: 51-67)을 보라. 중세 민족어의 언해 텍스트에 대한 전반적 정보는 안병희 (1979 /1992a: 497-556, 2009b)와 고영근 (2010a: [붙임1])을 보라.『훈민정음언해』의 교감에 관련된 문제는 안병희 (1986 /1992b: 186-95)와 문화재청 (2007)을 보라.

7.3.4. 번안의 텍스트 분석

『석보상절』과『월인석보』에 대하여는 연구가 많다. 최근 이 방면의 업적으로는 고영근 (1993 /2004a: 337-64)가 있다.『석보상절』의 텍스트 분석은 고영근 (2004a: 275-308), 고니시 (1992a), 정진원 (1993), 박금자 (1997), 황선엽 (1993 /2009)를 보라.「구담씨 홍가기」는 고영근 (1990a)에서 시도한 분석을 많이 수정하여 이곳에 옮겼다.

한 문장을 홑문장과 겹문장으로 나누는 데는 두 가지 방식이 있다. 첫째는 주어 명사구와 서술어와의 관계가 한번만 성립되면 주어 명사구가 복수이고 서술어가 복수라 하더라도 홑문장으로 처리하는 방식이다. 둘째는 복수적인 주어 명사구와 복수적인 서술어를 분해하여 겹문장으로 처리하는 방식이다. 전자는 김두봉, 최현배 등의 전통 문법가들이 취해 온 방식이고, 후자는 주시경이나 현대의 생성문법가들이 취하는 방식이다. 지은이는 후자의 방식을 택하였으나,『석보상절』을 분석할 때 특히 같은 주어 명사구를 공유하는 경우에는 더러 작업의 편의상 홑문장으로 처리하기도 하였다.

의미·기능적 등가성에 기댄 명사적 사슬이 텍스트 형성에 기여하는 문제와 그것이 통사적 응결 장치와 병행한다는 점에 대하여는 고영근 (1990 /2004a: 295-308)에서 자세히 논한 바 있다. 통사적 응결 장치와 명사적 사슬 사이에 필연적 관련성이 없다는 점은 피베거가 주장하였다. 그러나 지은이는『석보상절』을 분석한 결과를 기초로 할 때, 명사적 연쇄가 통사적 응결 장치에 우선하지는 않지만 어느 정도 병행적이라는 점을 확인하였다. 이 문제는 좀 더 많은 경험적인 연구가 집적되어야만 확실한 결론을 내릴 수 있을 것이다. 관련 논의는 고영근 (1990 /2004a: 265-308, 305)를 보라.

연습 및 토론 과제

1. 각급 학교 국어 교과서에는 여러 갈래의 텍스트가 실려 있다. 현대 시, 고전 시가, 고전 소설, 현대 소설, 가사, 소설 (고전 /현대), 희곡, 수필, 논설 중 몇몇을 택하여 먼저 응집성을 파악하고 이를 뒷받침하는 응결 구조를 확인해 보라. 응집성이나 응결성에서 부족한 점이 있으면 수정하는 문제도 아울러 지적하여 좋은 텍스트를 만드는 길이 무엇인지 토론해 보라.

2. 같은 뉴스를 보도하는 경우, 신문과 라디오와 TV의 보도 방식이 어떻게 다르고 응결성의 차이점과 공통점은 무엇인지 비교해 보라. 같은 보도 내용이 국영 방송과 민간 방송에서 어떤 방식으로 굴절되는가 하는 문제를 관찰해 보고, 사건을 보도하는 시각이 어떻게 다른지도 검토해 보라.

3. 일간 신문 하나를 택하여, 거기에 실려 있는 각종 기사의 리드, 부제, 표제가 어떤 거시 규칙에 기대어 몸글 텍스트로부터 뽑혀져 나오는가 하는 문제를 풀어 보라. 거시 규칙을 잘못 적용하여 부제나 표제가 잘못 뽑히는 일은 없는가 하는 문제도 아울러 생각해 보라.

4. 텍스트 유형이 다르면 언어적 특성도 달리 실현된다. 어휘뿐만 아니라 문법 형태와 구문에서도 차이가 난다. 이를테면 수필과 일기에는 1인칭 대명사가 많이 쓰이고 '부끄럽다, 솔직하다' 등의 느낌 형용사가 자주 출현하며 문장의 길이는 비교적 짧다. 반면 학술 논문은 한자어 계통의 전문 용어가 많이 쓰이며 동화는 끝이 '-습니다'와 같은 합쇼체가 많이 쓰인다. 문어냐 구어냐에 따라 차이나는 것도 상당하다. 성격이 다른 텍스트 유형을 임의로 선택하여 언어적 특징을 문법과 어휘에 걸쳐 조사해 보라. 이 방면에 대한 정보는 앞에서 든 강범모 (1999), 강범모 밖에 (2000)에서 얻을 수 있다.

5. 정 철의 『관동별곡』은 해방 후 고등학교 국어 교과서에서 한 번도 빠진 일이 없다. 이렇게 국민 교육에서 이 가사가 애독되는 것은 무슨 까닭인지 응

집성과 응결성에 걸쳐 살펴보라. 이 방면의 정보는 이종묵 (1992)를 보라.

6. 공익 광고는 상품의 소비를 알리는 일반 광고와는 다른 면이 있다. 앞에서 든 강연임 (2007)을 참고하여 그 구조와 특징을 들어 보라.

연구 과제

1. 지은이는 특히 시 텍스트를 분석할 때 일단은 서술어를 중심으로 문장 단위를 세우고 이를 응집성에 따라 상위의 텍스트로 묶어 나가는 방식을 택하였다. 이러한 분석법이 지니는 문제점을 지적하고 대안이 있으면 제시해 보라.

2. 텍스트 분석의 근본 목적은 한 텍스트가 어느 정도 응집성과 응결성이 조화를 이루어 텍스트다움을 확보하고 있는가를 판정하는 능력을 기르는 데 있다. 이러한 훈련이 몸에 배면 스스로 좋은 텍스트를 만들 수 있는 능력이 길러진다. 좋은 텍스트를 만드는 데 있어서 지은이가 제시한 분석 모형의 문제점을 지적하고 더 나은 틀이 있으면 제안해 보라.

제 8 장 텍스트의 생산과 수용

8.1. 문제의 제기

앞에서 지은이는 응결성과 응집성을 형식화할 때에 고시조와 현대 시조를 인용하여 감상의 문제를 건드린 일이 있고 텍스트의 생성과 텍스트 경계, 그리고 주제를 논의할 때에도 수필과 헌장, 그리고 신문 기사를 분석의 대상으로 삼은 일이 있다. 그리고 텍스트의 기능을 분석할 때는 현대의 논설을 비롯하여 전통 시대의 격문을 자료로 이용한 일이 있다. 이곳에서는 지금까지 논의한 텍스트 분석 자료를 바탕으로 하여 텍스트의 생산과 수용에 관련되는 문제를 종합적으로 논의해 보려고 한다. 사실 무슨 목적으로든지 텍스트를 분석한다는 것은 그 자체가 벌써 텍스트 수용의 단계를 밟고 있다는 뜻이다.

텍스트 수용은 텍스트 이해라고도 하거니와 텍스트 생산과 함께 텍스트 처리에 소속시키는 일이 많다. 앞에서 우리는 텍스트 형성의 기저 규칙을 세우고 이를 다시 문장과 그 하위 구성단위로 분석해 나가는 절차를 도식적으로 살펴본 일이 있다 (148쪽). 이 자리에서는 하나의 텍스트가 어떠한 과정을 밟아 생산되고 다시 그것이 수용자에게 수용되는가 하는 문제를 다루어 보기로 한다.

도이취와 야르벨라는 언어 심리학의 선구자인 뷜러 (K. Bühler)의 『공리론』 (Axiomatik) (1933) 출간 50년을 맞아 다음과 같이 설파한 일이 있다.

(1) 하늘에서 떨어진 것도 아니고 진공 상태에 놓여 있는 것도 아니다. 그것은 뷜러가 그의 『공리론』에서 강조한 바와 같이 한편으로는 누군가에 의하여 생산되고 다른 한편으로는 다른 누군가에 의하여 수용되어 가공된다.

텍스트 수용은 위의 인용문에서 보다시피 텍스트 생산이 전제되고 수용과 함께 가공이 뒤따른다. 특히 가공의 단계에는 백과사전적인 지식이 스며들기 때문에 그 처리가 용이하지 않다. 텍스트 수용은 고대 수사학에 이미 그 씨앗이 배태되어 있었다 (15쪽). '착상, 배열, 문체, 발표, 암기' 중의 '암기'가 바로 텍스트 수용의 원초적인 개념이다. 기억은 발표에 선행한다. 발표를 하려면 텍스트를 외우고 있어야 한다는 뜻이다. 고대 수사학에서는 기억 행위가 텍스트로 드러나 있지 않기 때문에 크게 주목하지 않았으나 현대적인 관점에 서면 텍스트의 이해 내지 수용에 해당한다고 하겠다. 그리고 발표는 텍스트 생산에 해당한다.

텍스트 수용 문제는 그사이 텍스트 과학 연구에서 크게 주목을 받지 못하였다. 언어 심리학자들에 의하여 텍스트 이해와 텍스트 해석의 문제가 본격적으로 다루어짐으로써 전면에 부상하기에 이르렀으며 2000년 이후에 나온 텍스트 과학 입문서에 텍스트 수용에 관한 장이 할애됨으로써 텍스트 과학의 한 분야로서 떳떳한 자리를 차지하게 되었다. 우리나라도 텍스트 수용 문제는 그 역사가 오래지 않다. 언어 심리학자들은 그사이 문자 /음운, 단어, 문장의 인지적 처리에 관심을 두었다가 최근에 와서 대명사, 문장 통합, 글 이해를 중심으로 한 연구가 언어 심리학의 핵심 과제로 자리를 잡아 가고 있다. 그리고 국어 교육학에서 독서를 중심으로 텍스트 수용 문제가 활발하게 논의되고 있다. 앞에서 검토한 광고 읽기에 대한 활발한 논의도 텍스트 수용과 관련하여 거둔 수확이다.

앞에서 우리는 텍스트 처리가 인지 과학의 발달에 의하여 가속화되었다고 하였다. 언어 처리는 인간 정신 활동의 일부이며 인지 과학이 대상으로 하는 것이 바로 이러한 정신 활동이다. 인지 과학은 인지의 정태적인 측면뿐만 아니라 절차적 측면과도 관련을 맺고 있다. 인지적 과정에는 보통 인지 과정, 언어 처리 과정, 사고 과정을 든다. 이 세 가지 과정은 세 가지 표상과도 일치한다. 포더 (J. A. Forder)와 같은 사람은 지각 과정과 언어 처리 과정을 입력 체계 (Input System)에 넣고 카르스톤 (R. Carston)과 같은 사람은 중심 체계 (Zentrales System)가 모든 사고 과정을 포괄한다고 한다. 중심 체계에는 모든 종류의 사고 과정을 포함시킨다. 카스톤은 '생각하기'에 논증, 문제 해결, 사색과 그 밖에 공상, 환상, 백일몽 등도 포함한다. 또한 기억도 여기에 속한다. '배우기'와 같은 복잡한 사건은 문제 해결과 기억과 같은 사고 활동을 포함한다.

인지 과정에서 출발하는 텍스트 이해에는 기억, 질문, 추론, 흔적 읽기 등도 포함된다. 특히 흔적 읽기는 쉐르너 (M. Scherner)가 1989년 하르베크와 피베거 사이에 전개된 응집성에 대한 견해 (텍스트 내재적 대 텍스트 동태적)를 절충하여 제안한 텍스트 수용론이다. 쉐르너는 에코 (U. Eco)의 『장미의 이름』에 나오는 말의 발자국을 보고 그것이 결국 누구의 말임을 표상하는 기호 (Zeichen, sign)라고 한 작자의 진술과 관련하여 기호인 (말발굽의) '흔적'으로부터 의미를 읽어 내는 텍스트 이해 방식이라고 하였다. 텍스트 생산자가 한 편의 논문이나 소설을 쓰고자 할 때에는 구상의 단계를 뛰어넘어 개요라든지 얼개라 부를 수 있는 밑그림 [설계도]을 그린다. 짧은 글은 구상만으로 족하나 큰 저서나 장편 대하소설을 생산할 때에는 밑그림에 따라 텍스트를 생산해 나간다. 텍스트 수용자가 특정한 텍스트를 이해하고자 할 때에는 텍스트 생산자가 그려 놓은 밑그림의 틀을 거시 규칙을 적용하여 읽어내어야 한다. 그러니까 어떠한 구도 (構圖) 아래 텍스트를 생산하였는가를 분석하여 재구성하여야 한다. 수용의 단계에는 수용자의 세계 지식이 여러모로 가미되어 생산자의 의도와는 다른 틀을 구성해 낼 수도 있다. 텍스트 생산과 텍스트 수용 사이에 불균형이 일어난다는 것이 바로 이를 의미한다. 같은 텍스트를 여러 학생들에게 분석시키면 그 개요가 매우 다양한 것을 보면 쉬이 짐작할 수 있다. 세계 지식에는 상황, 지평 등 여러 가지가 있다. 지평은 상황과 밀접하게 관련되어 있다. 지평은 파트너들 간의 관계, 그들의 사회적 역할, 경험, 기억 그리고 기대뿐 아니라 그들의 '선지식' (先知識, Vorwissen), 곧 그들이 '생각하는' 모든 것을 포함한다. 텍스트 이해에는 지각적 이해, 통사적 이해, 개념 이해, 지시 이해, 의미적 이해, 실용적 이해 등이 있다. 킨취 (Kinch)와 반 데이크 (van Dijk)는 텍스트 이해를 위한 책략 이론을 개발하여 이를 실천하는 가정 (Annahme)으로서 구성주의적 가정, 온라인적 가정, 전제적 가정, 책략적 가정을 세웠다.

8.2. 실용문의 생산과 수용

실용문의 대표적인 것으로 우리가 날마다 대하는 신문의 기사문을 먼저 들어 보기로 한다. 그 예로 앞에서 든 '팔당호 특별 종합 대책' (A1면)에 대한 몸글을 다시 가져오기로 한다 (298쪽). (가), (나), (다)는 작업의 편의상 지은이가 붙인 것이다.

(1) 팔당호 특별 종합 대책

(가) 팔당호 물을 식수로 사용하는 수도권 주민들은 가구당 매달 1천원 정도의 원수료 (源水料)를 추가 부담하게 되며 이를 재원으로 재산권 행사에 제약을 받게 되는 상류지역 주민들의 의료보험료 등을 지원하게 된다.

(나) 팔당댐과 잠실 수중보 사이의 경기도 관할 수역은 상수원 보호구역으로 추가 지정돼 기존의 농가주택 증축을 제외한 모든 건축행위가 제한되는 등 그린벨트 지역보다 훨씬 강한 규제를 받게 된다.

(다) 환경부는 20일 이같은 내용의 '팔당호 특별종합대책'을 서울시 경기도 등 자치단체와 협의를 거쳐 마련하고 25일 공청회를 거쳐 정부안으로 최종 확정해 2005년까지 2조6천3백85억원을 투자할 계획이라고 발표했다.

(라) 이에 따르면 팔당호 특별대책지역 바깥쪽도 북한강의 경우 의암댐까지, 남한강은 충주댐까지 하천 물가 5백m이내 지역이 수변구역으로 지정돼 이곳에 들어서는 음식점과 숙박시설은 엄격한 폐수 처리기준을 지켜야 한다.

(마) 오염이 심한 한탄강 신천 포천천 등 임진강 수계는 팔당호와 대청호에 이어 상수원 특별대책지역으로 추가 지정돼 공장이 새로 들어서지 못한다.

(바) 한강 수계의 모든 하천에서는 취사 야영 세차 낚시 등 오염행위를 할 수 없게 된다. 이미 유원지가 된 하천구역은 별도의 고시를 통해 오염행위를 규제할 계획이다.

(사) 환경부는 이같은 특별대책을 시행할 경우 현재 2급수인 팔당호 수질이 2005년이면 1급수로 개선될 것으로 기대하고 있다.

위의 기사는 두 단계의 텍스트 생산자를 거쳐 형성되었다. 제1 생산자는 환경부 장관이 팔당호 특별 종합 대책을 발표한 내용을 기사화하고 리드까지 덧붙인 사회부 이진영 기자이고 제2 생산자는 이 기자가 작성한 기사를 다시 가공하는 편집부 기자이다. 편집부 기자는 이진영 기자가 작성해 온 몸글을 거시 규칙과 삭제 규칙을 이용하여 부제와 표제를 뽑아낸다. 먼저 이진영 기자가 써 낸 리드를 보기로 한다.

(1′) 서울 및 수도권에 마시는 물을 대는 팔당호의 상수원 특별대책지역내 남한강 북한강 경안천의 물가 1km이내 지역이 '수변 (水邊) 구역'으로 지정돼 모텔 음식점 축사 공장 등이 새로 들어서지 못하게 된다.

편집부 기자는 몸글과 (1′)를 중심으로 부제와 표제를 차례로 뽑아낸다. 이 과정에서 텍스트 생산자는 삭제 규칙에 의하여 핵심적이 아닌 정보는 삭제해 버리고 표제를 '팔당호상류 강변 1km內 식당 축사 등 신축 전면금지'와 같은 명사구의 형태로 압축하였다.

텍스트 수용은 텍스트 생산과는 반대의 과정을 밟는다. 앞에서 언급한 바 있듯이 텍스트의 생산과 수용은 "물려받음"과 "물려줌"의 관계를 맺고 있다 (71쪽). 위의 기사 내용과 직접 관련이 없는 비수도권 독자들은 팔당호 상류 강변에 식당과 축사 (畜舍)를 신축할 수 없다는 정도로 이해하지마는 수도권 독자들은 전혀 다른 반응을 일으킨다. 특히 팔당호 상류 강변에 식당과 축사를 운영하는 독자들은 제호에서부터 역상으로 박은 부제 '환경부 수질개선 특별대책마련'을 읽고 (가)~(사)의 몸글을 샅샅이 읽을 것이고 더 자세한 내용을 알려면 A3면을 보게 될 것이다. 텍스트 생산은 삭제 규칙과 대체 규칙에 의하여 이루어지지만 텍스트 수용은 앞에서 본 바와 같이 사정이 매우 복잡하다. 이해관계가 크지 않는 비수도권 독자들은 수박 겉 핥기 식으로 넘길 것이고 수도료를 추가로 부담해야 하는 수도권 주민들은 신경을 곤두세워 읽을 것이다. 한편 의료 보험료 혜택을 보는 상류 지역 주민들은 이 법안에 긍정적 태도를 취할 것이고 음식점과 숙박업을 운영하는 주민들은 생계를 잃게 되어 이 법안에 대하여 부정적인 반응을 일으킬 것이다.

다음은 텍스트의 기능을 검토할 때 들었던 〈국민 교육 헌장〉의 생산과 수용 문제를 검토해 보기로 한다.

(2) 가. [1] 우리는 민족 중흥의 역사적 사명을 띠고 이 땅에 태어났다. [2] 조상의 빛난 얼을 오늘에 되살려, 안으로 자주 독립의 자세를 확립하고, 밖으로 인류 공영에 이바지할 때다. [3] 이에, 우리의 나아갈 바를 밝혀 교육의 지표로 삼는다.

나. [4] 성실한 마음과 튼튼한 몸으로, 학문과 기술을 배우고 익히며, 타고난 저마다의 소질을 계발하고, 우리의 처지를 약진의 발판으로 삼아, 창조의 힘과 개척의 정신을 기른다. [5] 공익과 질서를 앞세우며 능률과 실질을 숭상하고, 경애와 신의에 뿌리박은 상부상조의 전통을 이어받아, 명랑하고 따뜻한 협동 정신을 북돋운다. [6] 우리의 창의와 협력을 바탕으로 나라가 발전하며, 나라의 융성이 나의 발전의 근본임을 깨달아, 자유와 권리에 따르는 책임과 의무를 다하며, 스스로 국가 건설에 참여하고 봉사하는 국민정신을 드높인다.

다. [7] 반공 민주 정신에 투철한 애국 애족이 우리의 삶의 길이며, 자유세계의 이상을 실현하는 기반이다. [8] 길이 후손에 물려줄 영광된 통일 조국의 앞날을 내다보며, 신념과 긍지를 지닌 근면한 국민으로서, 민족의 슬기를 모아 줄기찬 노력으로, 새 역사를 창조하자.

앞에서 언급하였듯이 〈국민 교육 헌장〉은 대한민국 정부에서 국민 교육 지표로 삼기 위하여 1968년에 공포한 교육 헌장이다. 위의 헌장은 철학자 안호상, 박종홍, 교육학자 이인기 등 많은 학자들이 관여하여 작성되었다. 각급 학교 교과서의 첫머리에 실려 널리 보급되었으며 모든 학생들에게 암기할 것을 강요하는가 하면 헌장 암송 대회를 열기조차 하였다. 우선 텍스트 생산자들은 국민의 교육 지표로 (2가)에서는 한국 국민의 높은 긍지와 사명 의식을 담았고 (2나)에서는 국민 교육이 나아가야 할 방향을 제시하였으며 (2다)에서는 반공 민주 정신에 투철한 애국 애족을 바탕으로 하여 새로운 역사를 창조할 것을 선언하였다. 그러나 텍스트 수용 단계에서는 그 양상이 고르지 않다. 국민 교육을 받는 초·중등학교 학생들은 헌장을 암송을 통하여 맹목적으로 수용하지마는 대학생들이나 일반 성인들은 집단주의적이고 획일적인 사고 방식을 강요한다고 하여 부정적인 태도를 취할 수 있다. 이러한 부정적인 측면으로 말미암아 〈국민 교육 헌장〉은 1994년에 폐기되고 말았다.

셋째로는 앞에서 들었던 표어 (262쪽)의 생산과 수용 문제를 다루어 보기로 한다.

(3) 가. 담배 꽁초는 반드시 불을 끄고 휴지통에 버립시다 (기차역의 타는 곳 맞은편에 서 있는 팻말).
나. 버리면 쓰레기 /모으면 자원 (쓰레기통이나 청소차에 붙어 있음)
다. 손길마다 자연 보호 /발길마다 금수강산 (국립 공원이나 기타 산 입구에서 볼 수 있음)
라. 노약자, 장애자 지정석 /자리를 양보합시다 (지하철의 노약자석 위에 붙은 지팡이를 든 노인의 그림 위에 적혀 있음).
마. 국어 사랑 나라 사랑 (국어 순화 운동 구호)

(3)에서 든 예들은 호소 기능이 지배적이거나 그것이 우세한 텍스트들이다.

(3가)는 사람들이 담배를 피우고 나서 함부로 꽁초를 버리지 못하도록 계도한다는 의미에서 텍스트 생산자가 만든 표어이다. 수용자에 따라서는 이를 따르는 일도 있지만 이를 무시하고 길거리에 아무렇게나 버리는 일도 없지 않은 것 같다. 요사이는 담배 피우는 장소가 지정되어 있어서인지 이런 표어를 보기가 쉽지 않다. 어떤 나라에서는 세금을 내기 때문

에 담배 꽁초를 거리에 버리는 것이 법에 저촉되지 않는 일도 있다고 한다. (3나)는 무엇이든지 함부로 버려서는 안 된다는 것을 계도한다는 뜻에서 텍스트 생산자가 붙인 표어인데 표면상으로는 선언 기능이 우세한 것 같으나 궁극적으로는 호소 기능이 담겨 있다. 사실 이런 표어를 대하면 무엇이든지 함부로 버려서는 안 된다는 생각을 갖게 되나 자원의 중요성을 모르는 사람들은 예사로 대한다. (3다)는 국립 공원을 찾는 시민들에게 자연 보호의 필요성을 인식시킬 의도에서 작성한 것이다. 이런 표어를 보면 아무래도 나무 한 가지 풀 한 포기도 예사로 꺾어서는 안 되겠다는 경각심을 갖게 되지만 자연 보호의 필요성을 모르는 사람들에게는 예사로 보일 수도 있다. (3라)는 노약자, 장애자에게 자리를 양보해야 한다는 당위성을 호소하는 텍스트이다. 글자를 몰라도 그림을 그려 놓아서 함부로 앉아서는 안 된다는 것을 누구든지 이해할 수 있지만 그 당위성을 모르는 어린이들에게는 예사로 보일 수 있다. (3마)는 영어 등의 외래어에 오염되는 우리말을 순화할 필요성에서 만들어진 텍스트이다. 이런 표어를 보면 외래어를 함부로 써서는 안 되겠다는 경각심을 불러일으킬 수 있으나 외래어 특히 영어가 구석구석 침투하여 우리의 언어생활을 지배하는 현재의 환경에서는 공염불로 들릴 수 있다.

8.3. 논설문의 생산과 수용

논설문도 실용문의 한 가지다. 논설문은 정치·경제·사회·문화 등 전반의 문제에 대하여 자기의 의견과 주장을 조리에 맞게 논하여 다른 사람의 이해와 동의를 구하는 텍스트의 한 종류로서 신문의 사설이 대표적이다. 신문의 사설 하나를 택하여 그것이 어떤 절차를 밟아 생산되고 독자에게 수용되는가 하는 문제를 검토해 보기로 한다.

다음 (4)는 2010년 11월 22일 조선일보 A35의 「수신료도 올리고 광고도 계속하겠다는 KBS」라는 제호의 사설이다. 편의상 텍스트 생산자가 매긴 단락을 (가), (나), (다)로 표시하였다.

(4) 수신료도 올리고 광고도 계속하겠다는 KBS

가. KBS는 지난 19일 이사회를 열어 수신료 2,500원을 3,500원으로 올리면서 KBS 2TV 광고는 계속하기로 했다. 지난해부터 KBS 경영진이 수신료를 6,500원으로 올리는 대신 2TV 광고를 없애겠다고 말해 온 것과는 완전히 다른 결정이다. 이사회 의결안이 방송통신위 심의를 거쳐 국회에서 통과되면 한 해 수신료 수입이 5,500억 원에서 7,700억 원으로 늘어나게 된다. KBS는 늘어난 수신료를 방송시스템의 디지털 전환을 비롯한 공영방송사업 비용에 쓰겠다고 밝혔다.

나. 그러나 KBS는 국민에게 손을 벌리면서도 스스로 몸집을 줄이는 구조조정은 소홀히 했다. KBS의 인건비는 35%를 넘어 MBC 21%보다 훨씬 높다. 직원도 5,200명으로 SBS보다 6배나 많다. 수신료만으로 운영하는 일본 NHK는 2007년 경영합리화에 나서면서 오히려 수신료를 10% 깎고, 직원을 10% 줄이는 구조조정을 거친 끝에 시청자 신뢰를 회복했다. 자발적으로 시청료를 내는 시청자들이 늘어나 수신료 수입이 올라갔다. 수신료 수입이 예산의 80%가 넘는 BBC도 2007년 직원 2,500여 명을 줄이는 내부 개혁을 벌여 뉴미디어 시대에 맞는 조직을 갖췄다.

다. KBS는 수신료를 걷는 공영방송이면서도 매출에서 차지하는 광고 비중이 40%에 이르는 기형적 구조를 갖고 있다. KBS 2TV가 상업 방송 채널과 다름없이 선정적인 오락 프로그램과 막장 드라마를 내보내는 것도 광고를 유치하고 광고 수입을 유치하기 위한 측면이 크다.

라. 프랑스 공영방송 프랑스텔레비지옹은 지난해 시청료를 올리면서 곧바로 밤 8시 이후 광고를 없앴다. 2012년엔 모든 광고를 없애 진정한 공영방송으로 거듭난다는 계획이다. 그러나 KBS는 수신료도 올리고 광고도 그대로 하겠다고 나섰다. 도리어 수신료를 한 번 더 올려야 2013년쯤 '광고 비중 축소가 가시화될 것'이라고 말하고 있다.

마. KBS가 국민에게 수신료를 더 요구하려면 광고를 어떻게 줄이고 없앨 것인지 구체적인 일정부터 밝혀야 한다. 조직의 군살도 빼어야 한다. 시청자들은 수신료를 더 내는 만큼 상업광고는 덜 보고 고품격 프로는 더 즐길 권리가 있다.

(4)는 2010년 11월 20일자 조선일보 A1면에 보도되었던 KBS의 수신료 인상에 대한 조선일보사의 의견 진술이다.

(4가)에서는 현행 2,500원의 수신료를 3,500원으로 올려 공영 방송 사업에 쓴다는 내용을 요약한 것이다. (4나)에서는 국내의 다른 방송사와 외국의 예를 들어 KBS의 구조가 방만하고 광고 비중이 과다하다는 내용을 담았다. (4다)는 KBS가 공영 방송이면서도 광고 비중이 과다하다는 부정적 측면을 드러내고 있다는 내용이다. (4라)에서는 KBS가 수신료를 올리면서도 광고를 그대로 거둔다는 사실을 비판하였다. (4마)는 KBS가 수신료를 올리려면 광고료를 줄이겠다는 일정을 자세하게 제시하라는 내용이다.

이상의 내용은 신문사를 대표하는 제1 텍스트 생산자인 논설위원이 쓴 내용인데 제목은 논설위원이 달지만 주필과 편집 기자의 눈을 거쳐 제목이 최종적으로 결정된다. (4)는 한 편의 사설이 두 단계를 거쳐 생산되는 과정을 보여 주는 예이다.

텍스트 수신자인 독자는 앞의 (1)과 같이 반대의 과정을 밟아 (4)의 내용을 이해할 것이다. 제호「수신료도 올리고 광고도 계속하겠다는 KBS」

만 보아도 KBS가 한꺼번에 두 마리의 토끼를 잡겠다는 속내를 드러내고 있음을 알 수 있다. 수신료의 인상은 모든 국민의 이해관계에 얽힌 문제이기 때문에 이틀 전의 20일자 기사를 본 독자들은 신문사 측의 태도가 어떠한가 하여 사설을 자세히 읽을 것이며 KBS의 시청료 인상안이 합리성이 부족하다는 사실을 확신할 수 있을 것이다. 언론 기관의 부정적 반응에 대하여 실제로 KBS 김인규 이사장은 11월 22일 기자 회견에서 "이번 인상안은 공영 방송다운 재정 구조를 마련하기 위한 차원"이라고 해명을 하였으나 언론학자들 역시 구체적인 조정 계획을 밝히지 않았다고 부정적인 반응을 보였다. 이렇게 두 단계의 텍스트 생산자가 내놓은 사설에 대하여 KBS 사장의 기자 회견이라는 반응과 언론학자들의 반응이 동시에 나왔다.

8.4. 논문의 생산과 수용

논문은 논설문과는 달리 주장을 뒷받침하기 위하여 각주와 참고 논저를 달고 논문의 핵심 내용을 국문이나 외국어로 붙이며 논문 가운데 나오는 핵심 어휘를 노출시킨다. 그 생산 과정을 적어 보면 다음과 같다.

(5) 논문의 생산 과정

가. 주제의 설정
나. 자료 수집과 분석
다. 연구 동향의 점검
라. 개요 작성
마. 집필
바. 필자 및 특정 독자의 퇴고
사. 참고 논저 정비

아. 요지 (국문 또는 외국어) 작성과 핵심어 추출

다음 자료를 중심으로 한 편의 논문이 어떤 과정을 밟아 생산되고 수용되는가 하는 문제를 검토해 보기로 한다.

(6) 논문의 생산과 수용의 예

주거의 철학적 의미와 그 위기[1)]

I. 보금자리를 잃어버린 현대인

필자는 금년도 『공간』 3월호와 5월호에 어떻게 환경 위기가 발생했는가 하는 원인 규명과, 생태학적 위기의 실태, 자연 보전의 실현의 가능 방안 등에 관해서 살펴본 바 있다. 이제 우리는 그러한 현대의 환경 위기가 바로 현대의 건축에 어떤 영향을 미치었으며 왜 현대인은 아늑한 보금자리를 상실하게 되었는가를 철학적 인간학의 측면에서 살펴보기로 하자.

'집 없는 인간', '보금자리를 잃어버린 현대인', '거리에 던져진 사람'. 이런 말들은 현대인의 본질상 (本質相, Wesenszug)을 아주 적절하게 드러내 준다. 다시 말해서 현대인은 그를 보호해 주고 편안하게 쉴 수 있는 집을 빼앗겨 버렸다는 것이다. 현대인은 아무런 제어 장치도, 아무런 조종간도 없는 수레를 타고 그저 내리막길을 아무런 목표도 없이 무작정 달려가고 있다고, 심하게 말하면 현대인은 더러운 시궁창에서 온갖 하수도에 쏟아져 나오는 생활 하수에 이리저리 밀리면서 정처 없이 떠내려가는 검부러기와 유사하다고 말할 수도 있다.

옛날에도 집을 떠나 사는 사람, 집 없이 사는 사람들이 있었다. 가령 나그네, 방랑자, 떠돌이. 인정 많은 우리의 선조들은 그런 사람들을 가엽게 여기어 가능한 한 그들에게 잠시나마 쉬어갈 곳을 예비해 두고 살뜰하게 보살펴

---

1) (주) 공간사, 『공간』, 1989년 8월호에 실린 글.

주기도 했다. 그래서 생각하기에 따라서는 다소 감상적이긴 하지만, 나그네나 방랑자는 그런대로 낭만적인 멋이 깃들어 있는 것 같다고 느끼는 사람들도 있었다. 예컨대 김병년 (김삿갓)의 방랑기가 멋이 있다고 생각하는 사람들이 있었다. 또 편력승, 유랑자 (Wanderer)도 때로는 멋이 있다고 보는 사람들이 있었다. 그러나 지금 우리가 직면하고 있는 '집 없는 인간'이란 말은 매우 절박한 것이고, 인류 전체가 당면하고 있는 일대 위기이다. 아무런 목적도, 아무런 휴식과 안정과 안전도 없는 삶이란 바람직한 인간의 삶이 아니다.

그러나 대다수의 현대인은 집 없이 사는 것이 마치 완전한 자유를 누릴 수 있는 것처럼 생각하고 스스로를 속이고 있다. 그래서 엄청난 수의 독신자들과 집 없는 사람들이 도시를 메우고 있다. 그들은 오히려 가족 (가정)과의 유대 속에서 사는 것이 마치 허위의식인 것처럼 생각하고 홀로 사는 것을 자랑스럽게 (?) 생각하기까지 한다.

우리는 처음 누구를 만나 사귀게 되면 "너는 어디에 사느냐?", "너는 어떤 집에서 사느냐?"고 묻는다. 여기서 '산다'는 말은 '거주한다' (wohnen)는 뜻이다. 인간은 집 속에서만 사람답게 살 수 있다. 왜냐하면 인간은 본질적으로 집 속에서만 살 수 있도록 되어 있기 때문이며 집 속에서만 평화를 누릴 수 있기 때문이다. 그러면 인간은 자기의 집과 어떤 관계가 있는가? 우리는 다음 장에서 집의 인간학적 의미, 다시 말해서 집에 대한 철학적 의미를 음미해 보자.

II. 집에 대한 철학적 의미

집의 인간학적 의미란 인간의 본질 규명에 대한 집의 의미를 묻는 것이다. 사람이 산다는 것은 집에서 사는 것을 의미한다. 집 없는 사람은 버림받은 사람이다. 산다는 것 (wohnen, 거주한다는 것)은 근본적인 형태로는 집 속에서만 일어나고 또한 집을 매개로 한 환경 (세계) 안에서만 일어난다. 왜 남녀가 서로 사랑하면 그들만이 사는 오붓한 보금자리를 마련하고 싶어 하는가? 왜 신혼부부는 집을 소유하고 싶어 하는가? 그 이유는 그들은 그들만의 공간 속에서 바깥 세계로부터 방해와 간섭을 받지 않으며, 사람의 눈치를 보지 않고 오로지 사랑하는 사람끼리만 자유롭게 살고 싶기 때문이다. 그래서 신혼

부부뿐만 아니라 사람은 누구나 사랑하는 사람과 함께 자기 집이 위생적이든 아니든 간에, 화려하든 화려하지 않든 간에 상관없이 한평생을 평화롭게 살고 싶어한다. 저 달 속에 계수나무 옥도끼로 찍어 내어 금도끼로 다듬어서 초가삼간 집을 지어 천년만년 살고 싶은 것은 인간의 본성이다.

에드몽 바르보탱 (Edmond Barbotin)은 "집은 사적 세계이다. 나의 집은 사적 소유권뿐만 아니라 나만 자유롭게 거주할 수 있는 공간이다. 나의 허락없이 누가 내 집에 들어오는 것은 가택 침입죄에 해당한다. 나는 아무도 알 권리가 없는 삶을 내 나름대로 살며, 나는 내 집 속에서 이웃의 평화를 깨지 않는 한 자유롭게 행동하며, 누구의 간섭도 받지 않고 산다…나는 내 집에서 일체의 가식과 공중 앞에서의 역할을 벗어 버리고 사회적 구속으로부터 해방되며, 먹고 마시고 잠자고 휴식하며 여가를 즐긴다. 내 집은 내가 실제로 있는 그대로를 드러내는 '진실의 장소'이며, 나의 정체 (正體, dentity)가 밝혀지는 장소이다… 그래서 '저 집은 오르레앙의 집이며 이 집은 그 사람의 집이다'라고 사람들은 말한다"[2]라고 집에 대해서 서술한 바 있다.

생텍쥐페리 (Saint-Exupery)는 그의 『사막의 도시』 (Zitahelle)에서 인간의 견고한 성을 구축함으로써 사막의 이미지를 띠고 있는 카오스 (혼돈)적인 힘에 대항해서 튼튼한 기반을 유지할 수 있는가를 문제 삼는다. 그는 "인간이 산다는 것 (due les hommes habitent)과 인간을 위한 사물의 의미가 그 인간의 집의 의미에 따라서 변화한다는 위대한 진리를 나는 발견했다"라고 기술한다. 인간이 거주한다는 것, 인간은 오직 거주함으로써만 가장 내적인 본질을 채울 수 있다는 사실을 생텍쥐페리는 여러 가지로 깊이 고찰했다.[3]

하이데거 (Heidegger)는 그의 『다름슈타트의 대화』의 「집을 짓고 거주하며 생각한다」는 논문에서 "인간은 무엇보다도 먼저 산다는 것 (wohnen)을 배워야 한다"고 강조했다. 하이데거는 "저 집에 유령이 산다"는 말은 "저 집에 유령이 있다"는 말과 같으며 따라서 '산다'는 말과 '있다'는 말은 근원적으로 같은 의미를 가지고 있다고 해석한다. 그는 독일어의 '거주한다' (wohnen)는 말은 어원학적으로 고트 (Goth)족의 말에서 온 것인데, 원래 평

---

2) Edmond, Barbotin, *L'humanite de L'ahombre*, Editions Aubier, Paris, 1970, trans, M.J. Mc O'connell Obris Books, N.Y., 1975, pp. 292-293.

3) A. de Saint-Exupéry, *Citadelle*. Gallimard, Paris 1948. übersetzt von O.R. Nostiz, Die Stadt in der Wuste, Düssedorf, 1951.

화 속에 머문다는 뜻을 가지고 있다고 풀이하면서 산다는 말, 즉 집에서 산다는 말은 '편안하게 있다'는 뜻이라고 해석한다. 그는 "인간은 집 속에 살 수 있으면서 비로소 평화를 누릴 수 있다"고 말한다.[4)]

메를로퐁티 (Merleau-Ponty)는 산다는 문제를 가장 극단적인 방법으로 취급했다. '산다'는 개념은 그에게 있어서는 그의 모든 사상이 융합되어 있는 기본 개념이다. 산다는 말은 메를로퐁티에게서는 단순히 집안에서 산다는 의미를 넘어서는 하나의 전체적이고 우주적인 의미를 가진다. 그리고 그는 인간은 육체 내에서, 그리고 물체들 사이에서, 공간과 우주의 내부에서 살며, 보편적으로 말해서 존재 안에서 살고 있다고 그는 말한다. 그러나 산다는 것은 인간과 세계와의 참다운 본래적인 관계를 말하는 것이다. 이러한 보편적인 삶은 다시 좁은 의미에서 주거, 곧 집에 거주한다는 것과 밀접히 관계되어 있다. 그래서 집은 인간의 본질을 규정하는 데 있어서 중심적인 기능을 가지는 것이다.[5)]

우리는 이제 집은 철학자들에게서도 하나의 인간 존재의 근본 문제라는 것을 분명히 알 수 있다. 볼로흐 (Bollnow)는 주거의 철학적 의미를 몇 단계로 나누어 해명하려고 한다.[6)]

1단계: 거주한다 (산다)는 것은 공간 속의 임의의 한 장소에 단순히 위치하는 것이 아니라, 특정한 장소에 속해 있는 것을 말한다. 이 장소는 여기서부터 세상에 있는 모든 길이 뻗어 나가고 또한 반대로 모든 길이 되돌아오는 곳이다. 그리고 이 장소에서 뿌리를 내리고 이 장소로부터 세계를 이룩하는 곳을 말하는 것이다. 다시 말해서 인간이 거주할 수 있는 동안 자기 세계는 하나의 중심을 가지고, 또 그럼으로써 자기 세계는 정리된 하나의 질서가 되는 것이다.

2단계: 인간은 자기의 주거지 (Wohnort)에서 살기 위해서 자기의 생활을 발전시킬 수 있는 공간적인 확장을 필요로 한다. 사람들은 이러한 거주 공간

---

4) Martin Heidegger, "Bauen, Wohnen, Denken, Darmstäadter Gespräche," 1951, in: *Vorträge und Aufsäatze*, Pfullingen, 1967, 19쪽 이하.

5) Maurice Merleau-Ponty, *Phenomenology of Perception*, trans., Colin Smith, Humanities Press, N.Y., 1961, 1장과 2장 참고.

6) O.F. Nollnow, *Neue Geborgenheit*, Kohlhammer, Stuttgart, 1972, S.183-197 참고, 같은 사람, *Mensch und Raum*, Kohlhammer, Stuttgart, 1954, 172쪽 이하.

을 주택이라고 표현한다. 이렇게 해서 인간이 체험하고 생활하는 공간의 기본 조직이 생겨난다. 즉 내적 공간과 외적 공간의 구별이 생겨난다. 이 두 공간은 근본적으로 상이한 성격을 가지고 있다. 그 하나는 노동과 노력의 공간이며 생활 공간이다. 다른 하나는 인간이 뒤로 물러나서 안락함을 느끼는 휴식과 평화의 공간이며 안전 (Sicherheit)이다. 건전한 인간의 삶은 이 두 영역이 상호 간에 올바른 균형을 이루는 데 그 근거를 둔다.

3단계 : 인간은 안정과 안전을 얻기 위해서 경계가 그어져야 하고 반갑지 않은 침입자로부터 보호되어야 한다. 가장 단순한 상황에서는 동굴이 그러한 역할을 했다. 이것이 발달하여 나중에 오늘날의 집 (Haus)으로 발전했다.

4단계 : 집이라는 사적인 공간을 소유한다는 것은 인간의 정신 건강을 위해서 불가결의 조건이다. 집이란 인간이 육체적으로 피곤할 때, 다시 새롭게 원기를 회복하여 다시 사업에 종사할 수 있기 위해서 내적으로 자기 자신에게로 돌아갈 수 있는 그러한 곳이다.

가정적인 영역을 보유한다는 것은 친숙하지 못한 사람들의 접근을 막을 뿐만 아니라, 무명의 형태, 즉 매스 미디어, TV, 라디오 등의 침입으로부터도 담을 쌓는 것이다. 그러므로 매스컴은 가정에 위협이 된다. 수도원이나 사원에서 매스 미디어를 멀리하는 것은 중요한 의미가 있다. 특히 TV는 가정에서 가족 간의 대화를 단절시킨다.

5단계 : 집은 안식과 안주를 위해서 외부 세계로부터의 보호뿐만 아니라 집 내부에서 인간이 즐겁게 머무를 수 있는 공간이어야 하며 평화의 분위기, 즉 아늑함을 유지할 수 있어야 한다. 민코프스키 (Minkowski)는 집은 합리성만을 강조해서는 안 되며 안락감과 친밀감을 줄 수 있어야 한다고 강조한다. 그는 또 집은 영속성의 요소를 지니고 있어야 한다고 말한다. 이 말은 다시 말해서 시대의 흐름 속에서 살아가는 인간의 삶의 역사가 공간 속에서, 즉 집 속에서 쌓여져 있어야 한다는 것을 의미한다.[7)]

지면 관계로 이제 우리는 이 정도에서 집에 대한 철학적 의미를 살펴보는 것을 그칠 수 밖에 없다.

생텍쥐페리는 이렇게 말한 바 있다. "어느 집이나 다 위협받고 있다"고, 그러면 우리는 다음 장에서 어떻게 우리의 보금자리가 위협받고 있는가를 살펴보기로 하자.

---

7) E. Minkowski, Espace, intimité, habitat, Utrecht, Antwerpen, 1954, 172쪽 이하.

III. 현대 건축의 단말마 (斷末魔)와 위기

"건축은 각 시대의 사회를 반영한다"는 말은 다시 설명할 필요가 없는 주지의 사실이다. 오늘날 건축—특히 신도시, 대단지라고 불리워지는 곳에 가보면—은 시멘트와 철근을 넣어 만든 긴 상자를 일직선으로 나열하거나 수직으로 높이 쌓아 올린 것으로 강제 수용소나 포로수용소를 연상시킨다. 사무소 건물 같은 대도시의 고층 빌딩은 강철과 유리로 만든 고도의 기술로 만들어진 것이지만, 그 얼어붙은 것 같은 차가움과 살벌함은 금방 사람의 목을 조를 것만 같고 악몽에 시달리는 사람의 기분을 맛보게 한다.[8)]

도시의 위기는 바로 건축의 위기이며, 건축의 위기는 주택의 위기이며, 이것은 환경의 위기와 직결되어 있다. 이제 우리는 현대 건축의 단말마를 편의상 몇 가지로 나누어 살펴보기로 하자.

1) 도시의 거대화와 건물의 대형화는 정치권력의 집중 의지를 반영시킨 것이며, 특히 부자연스러운 직각과 직선의 사용은 군국주의나 자본주의의 역사와 밀접히 관련되어 있다. 라공 (Ragon)은 "대도시는 중앙 집권과 권력 집중의 상징과 동의어"라고 말했다.
2) 현대 건축의 공업화는 건축을 단조롭게 만들었다. 여기서 단조롭다는 말의 의미는 기술적인 면보다는 사상적인 면에서 결합이 있다는 뜻이다. 다시 말해서 지나치게 획일적이고 기능주의적이라는 것이다. 가령 소련의 전체 주택의 70%는 조립 주택 (prefab)으로 되어 있다고 하는데, 조립 주택은 오늘날 개발 도상국에도 만연되고 있다. 또 고층 아파트는 빨리 짓는 데만 관심을 가지고 폭넓게 이론적인 면에서 충분한 검토를 할 수 있는 시간 여유를 가지지 못한 상태에서 지어졌다. 그래서 고층 아파트는 노인들의 느낌을 무시했으며 특히 소음 공해가 심하다.
3) 현대 건축은 투기업자들의 전횡 (專橫)과 만행으로 녹지대는 주차장 및 자동차 도로의 출구 등으로 축소되었고, 수림 (樹林)은 남벌되었다. 그

---

8) Hans Sedlmeyer, *Die Verlust der Mitte*, Fischer, Frankfurt am Main, 1957. 제들마이어는 현대 조형 예술가의 질료가 주로 차갑고 비정한 무기물을 사용하는 것을 징후로 보고 그밖에 불균형과 극단적임을 고발한다. 그의 책 *Wahrheit und Methode* (Wien, 1978)에서 현대 조형 예술의 특징을 악마적이라고까지 혹평한다.

결과 사람들은 신선한 공기를 마실 수 없게 되었고 아이들은 극성스럽게 되었고, 조용함이나 아늑함을 전혀 누릴 수 없게 되었다.

4) 고층 건물에 사는 사람들, 특히 고층 아파트에 사는 사람들은 단전 (斷電), 단수 (斷水), 청소부의 파업 등에 대해서 항상 잠재적인 불안을 가지고 산다.

5) 아파트에 사는 사람들은 익명인 채로 산다. 그들은 이웃 사람들에 대해서 무관심하며 매우 이기적이며, 무간섭을 좋은 것으로 착각한다. 그래서 대도시는 범죄의 온상이다.

6) 대도시의 주택들은 아파트나 연립 주택은 물론이고 단독 주택들까지도 소위 '잠자는 동네' (bed-town)로 변모해 버리고 있다. 도시의 근로자들은 그들이 원하건 말건 아침 일찍 집에서 나와 직장에서 종일 기계처럼 일하다가 밤이 어둑해서 집에 돌아온다. 집에 돌아온 근로자들은 가족들과 담소할 시간적 여유를 갖지 못하며 이웃 사람들과의 대화도 단절한 채 잠만 잔다. 그래서 베드 타운이라는 말이 생겨났다. 그들은 과밀한 사람들 속에 살면서도 고독하게 산다.

7) 도시에 사는 현대인은 소위 '도시병'으로 신음한다. '도시병'이라는 말은 도시의 역사 연구가였던 앙리 라브당 (Henri Rabeden)이 "19세기 도시의 역사는 병의 역사이다"라고 한 말에서 비롯하는데, 그 후 정신과 의사들이 도시인의 특유의 병이라는 뜻으로 사용하기 시작했다. 정신과 의사인 로베즈 아즈망 (Robert Hazemann)은 1961년 10월 어느 날 파리의 파스퇴르 (Pasteur) 연구소에서 위생 공학 (衛生工學) 및 공중위생의학협회에서 "가정에서 안정할 수 없는 사람은 질병 속으로 도피해 버리게 된다"고 주의를 환기시켰으나 당시의 건축가나 기업가들과 시 관리 (市官吏)들은 그를 우스꽝스러운 어린애 취급을 했다고 라공 (M. Ragon)은 기술했다.[9] 아즈망은 "세계적으로 전염병은 반 이하로 감소하였지만 적어도 부분적인 원인이 피로, 특히 노이로제에 있는 병들은 증가 일로에 있다"고 말하고, 이어서 "한편에서는 암의 발생이 늘어나고 있다. 그 원인의 일부는 교통, 매연, 공업 식품 등에 있으며, 대개 신경 소모 (神經消耗)에 의하여 촉진되고 있다. 그리고 한편으로는 정신 신경 계통의 병들이 늘어나고 있는데, 강제적이며 강압적으로

9) Michel Ragon, 같은 책, 3장의 제목이 『새로운 병: 도시병』이며, 이를 상론한다.

일어나는 생체 리듬의 단절과 책임의 과중이 그 원인의 일부로 작용하고 있는 것 같다. 즉 정신 착란, 강박 관념, 정신 불안정, 생리 장애; 정신 신경 장애로 오는 심장병, 심근 경색, 위궤양, 알레르기, 천식, 편두통, 습진, 피부병 등 그 밖에 마치 음식물처럼 소비되고 있는 엄청난 양의 진통제 마약 계통의 약, 진정제, 아스피린 또 알코올과 담배의 소모율의 급상승…도피 수단으로서의 스피드, 라디오, TV, 음란 행위, 이유 없는 논쟁과 화풀이가 만연되고 있다"고 부연했다. 또 그는 이렇게 말하기도 했다. "도시의 대단지들은 거대하여…신경의 긴장도가 높아지기 쉽고, 자살 미수나 청소년 범죄가 일어나기 쉽다."

8) 현대의 대도시화가 바로 생태학적 위기의 근본 원인이라는 것은 널리 알려진 사실이다. 특히 대도시의 주택 단지에서 버리는 생활 하수가 대부분의 하천 오염의 제1의 원흉이다. 우리는 주말이나 공휴일마다 엄청난 수의 사람들이 도시로부터 필사의 탈출을 하여 해안이나 야산으로 맑은 공기와 맑은 물을 얻기 위하여 가는 것을 목격한다. 그러나 건축 투기업자들은 도시인들을 유혹하기 위한 레저 타운을 만든다는 구실로 푸른 녹지대와 산림과 해안이나 강안 (江岸)을 또 파괴한다. 소위 휴가 건축이 세계적으로 아름다운 천연 풍경들을 망쳐 놓고 있다.

IV. 인간 소외의 극복과 집

우리는 이제 자연의 위기, 도시의 위기, 집의 위기, 인간의 위기가 상호 밀접한 연관이 있음을 알 수 있다. 그러면 우리는 이러한 위기를 어떻게 극복할 수 있겠는가?

제비는 옛날 흔히 볼 수 있었던 것처럼 처마 밑에 좀처럼 둥지를 틀지 않는다. 그러나 새들은 믿음을 가지고 곳곳에 둥지를 짓는다. 인간의 집은 세계 내에 있는 하나의 보금자리이다. 우리는 어떤 고난 속에서도 좌절하지 말고, 자연을 믿고, 하느님을 믿고, 사람을 믿고, 우리가 살 집을 지어야 한다. 우리는 지상의 평화와 안정을 위한 노력을 게을리 하지 말아야 하며, 사람답게 사는 길이 무엇인가를 탐구하여야 한다. 우리는 언제까지나 유랑민이나 유랑자로서 집 없이 살 수는 없다. 이제 가옥은 투자 수단이나 교환 가치가 되어서는 안 된다. 이제 우리는 이 이상 집의 파괴를 방관해서는 안 된다. 우리는 자연 파괴와 도시의 황폐화 속에서도 우리의 보금자리를 재건하여야 한다. 집은 인간성의 요람 (搖籃)이며, 안식처 (安息處)이므로 우리는 우리와 우리의 후손들이 안주할 수 있는 집을 지어 보자.

집의 재건은 의식주를 창조하는 인간 정신의 재건으로부터 시작될 수밖에 없다. 그러므로 건축가는 한갓 기능인이 아니라 정신적 활동의 수행자가 되어야 한다. 건축은 건축 기술자의 전유물이 아니라 안식 (安息)을 구하는 모든 사람의 관심사이다.

"잘 짓고 잘 사세. 우리 집 잘 짓세. 만세반석 위에다 우리 집 잘 짓세."

위의 논문은 앞의 (5)에서 제시한 틀에 따라 쓰였다. 그 개요를 구체적으로 뽑아 보면 다음과 같다.

(7) 「주거의 철학적 의미와 그 위기」의 개요

주제문: 집은 인간성의 요람이며 안식처이므로 우리와 우리 후손들이 안주할 수 있는 집을 짓도록 노력해야 한다.

Ⅰ. 보금자리를 잃어버린 현대인

'집'의 인간학적 의미를 탐색함.

Ⅱ. '집'에 대한 철학적 의미

필자는 바르보탱, 생텍쥐페리, 하이데거, 메를로퐁티, 볼로흐 등의 철학자들의 '집, 거주, 삶'에 대한 견해를 개관하고 특히 주거의 의미를 5단계로 나누어 설명한 볼로흐의 견해를 소개함.

Ⅲ. 현대 건축의 단말마

고층 빌딩으로 점철 (點綴)된 현대 신도시는 도시의 위기이고 도시의 위기는 건축의 위기이며 건축의 위기는 주택의 위기이며 이는 바로 환경의 위기와 직결되어 있다고 말하고 현대 건축의 단말마를 8개 항에 걸쳐 그 부정적 측면을 지적함.

Ⅳ. 마무리—인간 소외의 극복과 집

주제문에서 명시된 대로 집은 인간성의 요람이며 안식처이므로 우리와 우리 후손들이 안주할 수 있는 집을 짓도록 노력해야 함.

필자는 위의 틀에 따라 (6)에서 보인 대로 한 편의 논문을 완성할 수 있다. 논문으로서의 격식을 갖추려면 위에서 보인 대로 9개의 각주를 달고 저서일 때에는 유럽어 (영독불)의 경우는 이탤릭체로, 논문인 경우는 겹따옴표 (“ ”)로 표시하고 각주에 나오는 논문과 저서를 ABC 순서로 배열하기도 한다. 필자는 독자를 위하여 다음과 같은 국문 요지를 제목과 본문 사이에 배치할 수 있다.

(9) (6)의 요약문

인간의 집은 하나의 보금자리다. 우리는 어떤 고난 속에서도 자연, 하느님, 사람을 믿음으로써 우리가 안주할 수 있는 집을 지어야 한다. 우리는 지상의 평화와 안정을 위한 노력을 아끼지 말아야 하며 사람답게 사는 길이 무엇인가를 탐구하여야 한다. 우리는 유랑민이나 유랑자처럼 집 없이 살아서는 안 된다. 집이 투자 수단이나 교환 가치가 되어서는 안 된다. 이제 우리는 집이 이 이상 파괴되는 것을 방관해서는 안 된다. 우리는 자연 파괴와 도시의 황폐화 속에서도 우리의 보금자리를 재건하여야 한다. 집은 인간성의 요람 (搖籃)이며, 안식처 (安息處)이므로 우리와 우리의 후손들이 안주할 수 있는 집을 짓는 데 온갖 노력을 기울여야 한다.

일반적으로 요약문은 결론부의 내용을 더 간결하게 표현하는 것이다. 위의 요약문도 결론 부분의 내용을 간추린 것이다.

마지막으로 텍스트 생산자는 (6)의 논문에서 내용과 직접 관련이 있는 핵심어 (key word) 몇 개를 뽑아낸다.

(10) 논문 (6)의 핵심어
철학적 인간학, 자연의 위기, 도시의 위기, 건축의 위기, 인간의 위기, 도시의 거대화, 잠자는 동네, 집의 재건, 인간성의 요람

핵심어는 논문을 검색할 때 우선적으로 이용될 수 있고 색인을 작성할 때 유효하게 활용될 수 있다.

논문 (6)은 어떠한 과정을 밟아 수용·이해되는 것일까. (6)은 도시에서 가정을 꾸리고 있는 사람들은 누구든지 어렵지 않게 접근할 수 있고 인간학에 대한 깊은 조예 (造詣)가 없이도 쉽게 이해할 수 있다. 우선 제목이 흥미를 유발시킬 수 있다. 먼저 요약문을 보면 내용의 개략을 짐작할 수 있고 핵심어를 통하여 주장하는 바가 무엇인지 짐작할 수 있다. 그러나 내용을 읽어 나가면 동의할 수 있는 부분도 있지마는 부정적인 태도로 임할 수도 있다. 필자는 시멘트와 철근으로 일직선으로 높이 쌓아 올린 신도시의 주택 대단지를 포로 수용소를 연상시킨다고 부정적인 반응을 보였지만 지난 세기 60년대에 여유 없이 닥지닥지 붙여 지은 개인 주택에 살다가 입주한 시민들에게는 더없이 좋은 보금자리로 느껴질 것이다. 도시를 관통하는 왕복 6차선 도로에다 지하철까지 완비되어 있고 지하 주차장과 수목이 울창한 근린 공원을 대하면 이런 천국이 어디 있겠느냐는 생각에 잠길 것이다. 이렇게 텍스트 수용은 텍스트 생산과는 달리 수용자에게 갖가지 다른 반응을 보일 것이다. 만약 텍스트 생산자의 견해에 동의를 하지 못하게 되면 그 나름의 대안을 낼 수 있다. 곧 '도시의 발전은 건축의 발전이며 건축의 발전은 주택의 발전'과 같은 안티테제를 생각해 낼 수 있다. 사실 환경 문제는 환경 보호법을 잘 활용하면 해결할 수 있다고 생각할 수 있을 것이다.

8.5. 문학 작품의 생산과 수용

문학 작품, 특히 시 텍스트의 경우는 이해와 해석의 차원을 넘어서 감상의 단계가 더 추가되기 때문에 수용의 문제가 단순하지 않다. 텍스트를 기능에 따라 분류할 때에 브링커 (K. Brinker) 같은 사람은 문학 작품을 당분간 제외한다고 하기도 하나 지은이는 감동 기능을 텍스트의 기본 기능의 하나로 보는 입장을 취한다. 감동 기능은 야콥슨 (R. Jakobson)의 표출적 기능과 심미적 기능을 종합한 것이다.

사실 문학 작품의 완벽한 이해를 위하여는 해석의 단계를 뛰어넘어 감상의 경지에 이르러야 한다. 비문학 텍스트는 앞에서 언급한 바와 같이 텍스트 생산자의 생산 의도가 반영된 밑그림을 파악하면 이해가 그리 어렵지 않을 수 있으나 시 텍스트의 경우는 사정이 단순치 않다. 언어 심리학자들이 비문학 텍스트의 수용과 이해에 관하여는 그런대로 가시적인 성과를 거두고 있으나 문학 작품의 경우는 손을 거의 대지 못하고 있다. 그러나 우리 선학들이 세워 놓은 문학 감상 이론과 의미 해석 이론을 현대의 텍스트 과학에 접합하면 문학 작품, 특히 시 텍스트의 수용·이해가 불가능하지 않다. 감상이란 텍스트 수용자가 텍스트 속에 스며 있는 '美'를 발견해 내는 활동이다.

우리는 앞에서 시 (현대 시, 악장, 시조)는 박목월의 「나그네」, 한용운의 「님의 침묵」, 이조년의 「이화에 월백하고…」를 들어 감상의 문제를 다룬 일이 있다. 앞에서 예로 든 이조년의 작품을 다시 가져와서 감상의 문제를 본격화하기로 한다.

(1) 이화에 월백하고 은한이 삼경인 제
일지춘심을 자규야 알랴마는
다정도 병인 양 하여 잠 못 들어 하노라

위의 작품을 올바로 감상하려면 먼저 세계 지식을 활용할 필요가 있다. 이희승은 '이화, 자규, 달'을 소재로 하여 읊은 중국과 한국 역대 시인들의 작품을 인용함으로써 위의 시조의 간텍스트성을 추구하였다. 하나의 텍스트가 텍스트로서의 자족성을 지니려면 간텍스트성을 확보하는 것이 좋다. 전통 시대의 시 (한시)는 차운 (次韻)이라는 응결 장치를 이용하여 다른 작품과의 간텍스트성을 추구하였다. 이희승이 보여 준 문학 작품의 감상에 있어서 간텍스트성의 추구는 텍스트 과학의 간텍스트성 추구와 직접 연결된다는 점에서 시사하는 바가 크다.

다음으로는 언어 지식을 활용하여야 한다. '은한, 자규'는 기능적 공통성을 기반으로 하여 계열적 사슬을 이루고 있고 '일지'와 '이화', '춘심'과 '이화'는 통합적으로 연결되어 있어 의미·기능적인 등가성을 이루고 있다. 초장의 '이화에 월백하고'와 중장의 '일지춘심을 자규야 알랴마는'에는 어순 도치가 일어났고, 중장의 3음보는 규칙적 4음보에서 벗어났다. 탈자동화 ('낯설게 하기')를 보인 예라고 하겠다.

언어 지식에서 지나칠 수 없는 것은 의미 해석의 주관성이다. 의미 해석의 주관성은 앞에서 언급한 바 있듯이 우리말 문법 연구의 창시자인 주시경의『국어문법』(1910)에서 찾아볼 수 있다. 주시경은 의미를 파악할 때는 궁극적으로 사람의 마음과 관련시켜야 한다고 하였다. 언어 사용자의 마음먹기에 따라 의미가 달라진다고 하였다. 이는 의미 해석의 주관성을 가키리는 것으로 퍼스 (Ch. S. Peirce)의 기호학과 연결된다. 또 현대의 문학 교육이 지향하는 '텍스트의 생산적 이해'와 거리가 멀지 않다. 인지 중심의 텍스트 이해가 문학 작품의 시적 텍스트에 큰 자극이 되고 있다는 것은 이미 실증된 바이다. 이희승은 '다정도 병인 양하여'의 주어를 작자와 자규의 둘로 설정할 수 있다고 하면서 그것이 바로 문학 작품의 묘미라고 하였다. 위의 구절에 중의성이 개재하는 것은 연결 어미 '-여' (<-어)의 기능과 밀접한 관련이 있다. 연결 어미 '-여'가 이유의 용법을 띨 때에는 주절의 주어와 같을 수도 있고 다를 수도 있다. 이는

문학 작품의 이해·감상에 있어서 문법적 정보가 매우 중요하다는 것을 웅변하는 근거가 된다. 문학 작품의 묘미, 곧 이조년의 시조에서 볼 수 있는 문법 요소의 중의성이 이규보가 말하는 "氣"와 관련되는 것은 아닐지 모르겠다. 앞에서 본 바와 같이 (129쪽), "氣"는 천부의 재질이다. 영감 (靈感, inspiration)과도 통하는 면이 있어 보인다. 지금까지는 문학 작품을 감상하는 데 있어서 직관에 의한 종합적 판단에 기대었으나 문법 요소와 같은 면에 치중하여 작품의 가치를 평가하는 방면으로 시야를 돌릴 필요가 있어 보인다.

시에 이어 소설을 감상하는 문제를 제기하여 보기로 한다. 앞에서 지은이는 최명희의 작품 『혼불』을 예로 들어 소설을 분석하는 문제를 제기한 바 있다. 앞에서 언급한 바와 같이 텍스트를 분석한다는 그 자체가 텍스트 수용의 단계를 밟고 있는 것이다. 『혼불』은 그 구성이 교직적이어서 하이퍼 텍스트적 면모를 지니고 있다고 하였다. 강모가 첫날 저녁에 그대로 잠자리에 드는 것을 보고 신부 효원이 갖는 심리적 갈등을 묘사한 부분 (287쪽)을 다시 가져오면 다음과 같다.

(2) 『혼불』의 구성적 특징

(1) 그렇지만 효원은 꼼짝도 하지 않고 기어이 견디어 내고 있다.
(2) 그대로 앉아서 죽어 버리기라도 할 태세이다.
(3) 그네는 파랗게 질린 채 떨고 있었다. 그만큼 분한 심정에 사무쳤던 것이다.
(4) 손가락 하나도 움직이지 않으리라.
(5) 내 이 자리에서 칵 고꾸라져 죽으리라.
(6) 네가 나를 어찌 보고……
(7) 이미 새벽을 맞이하는 대숲의 바람소리가 술렁이며 어둠을 털어내고 있는데도 효원은 그대로 앉아 있었다.
(8) 그네는 어금니를 지그시 맞물면서 눈을 감는다.

앞에서 지적한 바와 같이, 첫날 저녁의 잠자리 묘사는 지문과 독백, 그리고 대화가 그 경계를 분명히 하지 않은 채 뒤섞여 있다. 이는 『혼불』의 하이퍼 텍스트적인 특성을 가장 극명하게 드러내는 작가의 책략으로 해석된다. 서술자와 등장 인물이 하나가 되었다는 것은 독자로 하여금 그만큼 작품의 이해와 감상에 개방성을 부여한다고도 해석할 수 있다. 이렇게 문학 작품은, 앞의 이조년의 시조에서도 본 바와 같이, 중의적인 측면이 있어 독자는 그러한 점에 매료되어 문학의 세계에 몰입하는지도 모른다. 이 점은 시에서 가장 강하게 표출되고 희곡도 큰 차이점이 있어 보이지 않으며 수필에서는 그 정도가 약화되어 비문학과의 경계를 넘나드는 것이 아닌가 한다.

『혼불』은 관점에 따라 독자에게 여러 가지로 읽힐 수 있다. 먼저 서사적 축에 기대는 구조적 읽기이다. 청암 부인의 서사와 남자 주인공인 강모의 서사가 일치하는 부분도 있지마는 격리되어 있는 부분이 많다. 이는 작자가 근대적 삶의 가치를 표방하기보다 전통적인 가치의 조명에 역점을 두고 있기 때문이다. 둘째는 다양한 민속지 자료를 통한 문화적 읽기이다. 『혼불』에는 수많은 민속지 또는 전통문화들이 생생하게 재현되어 있다. 『혼불』은 앞에서 본 바와 같이, 교직적 구성을 보여 줌으로써 독자들에게 해석과 감상의 개방성을 부여하여 주기도 하고 섬세한 묘사와 응축된 문체는 한 편의 서정시를 읽는다는 착각을 일으킬 때가 많다. 위의 세 가지 요소들이 응결되고 응집되어 명편으로 군림한 것으로 보인다.

조정래의 『아리랑』과 『태백산맥』은 박경리의 『토지』, 최명희의 『혼불』과 함께 우리 시대를 대표하는 대하 장편 소설이다. 특히 『아리랑』은 식민지 시대를 깊은 역사 인식으로 탐구한 대하 소설로서 김제 출신의 인물들이 군산, 하와이, 동경, 만주, 블라디보스토크 (더러 해삼위) 등지로 옮기면서 40여 년의 세월을 살아가는 모습을 그린 작품이다. 이 작품은 일제 시대의 생활상뿐만 아니라 일제의 폭압에 맞선 우리 민족의 저항과

투쟁과 승리의 역사를 부각시키고 있어 민족적 긍지와 자긍심, 자존심을 회복케 하는 역작이다. 이 작품을 통하여 우리는 개화기로부터 일제 강점기까지의 우리 민족이 겪은 파란만장한 역사를 배울 수 있고 공감도 할 수 있다. 그러나 일제 강점기를 겪지 못한 세대들은 이 작품을 통하여 역사의 한 단면만 배울 수 있을 뿐이지 일제 강점기를 겪은 세대가 갖는 공감대는 형성하지 못할 것이다. 『태백산맥』은 민족 분단의 아픔의 역사를 묘사한 작품이다. 이 작품은 대한민국의 건국을 필연적인 역사의 전개로 보는 보수성이 짙은 독자들에게는 부정적인 태도로 비칠 것이고 반대의 관점을 가진 독자들에게는 긍정적인 반응을 일으킬 것이다.

셋째로 희곡을 분석하고 수용하는 문제를 제기하여 보기로 한다.

먼저 기호학적 분석을 들 수 있다. 희곡 작품을 기호 체계 (sign system)로 보고 기호들의 체계와 의미 작용을 탐구하는 방식을 가리킨다. 희곡은 공연을 전제로 한 언어 텍스트이다. 희곡과 연극 장르에 관한 지식과 희곡의 구조 원리를 이해하고 있지 않으면 안 된다. 작품을 읽으면서도 극의 모든 놀이를 발견할 수 있는 안목을 지니고 있어야 한다. 앞서 말한 시나 소설과는 달리 희곡은 읽히면서도 동시에 상연을 전제로 한다. 희곡은 무대를 이용하여 인간의 행동을 언어 기호로 표현하는 기호 체계이다. 희곡에 대한 기호학적 분석은 심층 구조의 층위에서는 행위소, 표층 구조의 층위에서는 행위자, 텍스트 층위에서는 형상소 (figure)를 통하여 의미 효과를 얻는다. 이를테면 유치진의 희곡 「토막」 (1932)는 1920년대 일제 강점기에 가난한 한 농촌 마을을 배경으로 한국 농민의 궁핍한 삶을 사실적으로 그리며 어두운 현실을 비판적으로 드러낸 희곡이다. 명서 일가를 중심으로 한 중심적 플롯에 경선 일가의 부차적 플롯이 '보조물'의 기능을 하면서 극적 효과를 거두고 있다.

다음으로 텍스트 과학 (텍스트 언어학)의 관점을 들 수 있다. 표준 텍스트 이론을 창시하여 텍스트 과학의 발전에 큰 영향을 미친 독일의 언어학자 하르베크 (R. Harweg)는 처음으로 문학의 한 장르인 희곡을 텍스트 과학과 픽션 이론의 관점에서 분석하여 『드라마에 있어서 상황과 텍스트』 (*Situation und Text im Drama*) (2001)이라는 책을 낸 바 있다. (하르베크 2001b). 이 책은 드라마를 분석함에 있어서 두 개의 큰 기둥에 의지하고 있다. 그 첫째 기둥은 드라마의 책 형태 (Buchformen)와 상연 형태 (Bühnen)의 구분이다. 문예학에서는 많은 경우, 대화 부분만을 다루고 상연 형태, 곧 지문은 부차적인 것으로 다루어 왔다. 그러나 하르베크는 대화와 지문을 언어학적 관점에서 서로 관련시킴으로써 하나의 큰 텍스트 공동체를 이루는 것으로 보고 있다. 지문이 오히려 상위에 있다는 관점을 취하고 있다. 둘째 기둥은 드라마의 상황을 중심으로 하는 픽션 분석적 방법이다. 텍스트 연구 방법에는 내재적인 것과 초월적인 것이 있다. 내재적인 것은 전술 언급 (anaphora)과 같은 언어적인 응결 장치를 가리키고 초월적인 것은 텍스트 공동체와 관련된 화용적 측면을 가리킨다. 화용적 측면이란 텍스트 생성과 수용에 참여하는 참여자들의 공동체를 가리킨다.

하르베크는 책 형태에서 소설의 내포 작자와 같은 역할을 하는 것을 내용 기술자라 불렀다. 드라마 지문의 시제가 현재 시제로 되어 있다는 것이 이를 뒷받침한다. 유치진의 희곡 「소」 (1935)를 보면 무대와 배경 등 지문은 모두 현재 시제로 되어 있다. 소설과 같이 무대 상연 형태는 자립적 허구 세계를 이루고 있다. 희곡도 소설과 같이 대화만을 대상으로 할 것이 아니라 지문과 관련시킴으로써 전체를 자족적인 텍스트 공동체로 보는 관점을 취하면 희곡의 문학성의 파악에 도움이 많을 것이다. 하르베크는 스위스의 희곡 작가이며 소설가인 뒤렌마트 (F. Dürrenmatt)의 『노부인의 방문』 (*Der Besuch der alten Dame*)을 분석 대상으로 삼았다. 이 작품은 1955년에 나왔는데 여러 나라말로 번역되는가 하면 세계 도처에서 공연되기도 하였으며 영화화하기도 하였다. 물론 우리나라에서도 번역되고 상연되었다. 미국으로 이민 간 한 남자가 큰 부자가 되어 고향인 초라한 산골 마을로 돌아와서 옛날의 연적에게 복수하리라 작정한다.

그는 마을 사람들에게 자신의 연적을 누군가가 죽여 주기만 하면 큰돈을 주겠다고 제안한다. 그러나 마을 사람들은 이에 격분하여 마침내 그 남자의 계획을 방해하기로 하였다. 그런데 어느 날 눈에 덮인 깊은 숲속 벌목장에서 이 남자는 넘어지는 나무에 치여 죽었다는 줄거리다. 처음에는 소설로 작품화하였으나 중도에 희곡으로 바꾸어 썼다.

마지막으로 희곡의 문학성을 수용하는 데 있어서는 간텍스트성 또한 놓칠 수 없다. 조보라미는 소설가 최인훈의 「달아 달아 밝은 달아」와 판소리 「심청가」와의 긴밀한 간텍스트성을 추구하고 있다. 특히 최인훈의 작품은 닫힌 구조라기보다는 역동적이며 과정적인 면을 부각시킴으로써 독자들에게 수용의 정도를 높였다고 할 수 있다. 심청에 대한 이야기는 한국 사람이면 누구든지 쉽게 공감할 수 있는 간텍스트적인 소재이기 때문이다. 조보라미는 또 오태석 희곡의 「심청이는 왜 두 번 인당수에 몸을 던졌는가」를 통시적으로는 심청가와, 공시적으로는 현대의 다른 작품과 간텍스트성을 추구함으로써 하이퍼 텍스트적인 면모를 부각하였다고 보았다. 교직적 텍스트 형성의 세계는 수용자에게 긴장을 유발시키는 요인으로 작용할 수 있다.

넷째로 수필 텍스트의 수용 문제를 다루어 보기로 한다. 수필도 다른 문학 작품과 마찬가지로 독자에게 이해될 것을 전제로 하여 창작된다. 이해란 말로 표현된 의미를 인식하는 수용의 절차이다. 작자의 의도가 모두 언어로 표현되지는 않는다. 문학 작품의 해석 내지 감상은 말로 표현된 의미에 기반하여 표현되지 않은 함축적 의미를 추출하고 표현된 의미와 연관을 지어 작품 전체의 의미를 알아내는 수용의 과정이다,

앞에서 구조를 분석할 때 제시한 이양하의 「나무」를 다시 가져오기로 한다.

(3) 「나무」의 구성적 특징

가. (S_1 나무는 德을 가졌다)S_1 …… (S_n 진달래는 진달래대로 스스

로 족하다)S_n

나. (S_1 나무는 고독하다)S_1 …… 그러면서도 (S_n 나무는 어디까지든지 고독에 견디고 고독을 이기고 고독을 즐긴다)S_n

다. (S_1 나무에 아주 친구가 없는 것은 아니다)S_1 …… (S_n 그리고 온갖 나뭇잎이 우거진 숲을 찾는 사람이 거룩한 전당에 들어선 것처럼 엄숙하고 경건한 마음으로 절로 옷깃을 여미고 우렁찬 찬가에 귀를 기울이게 하는 이유도 여기 있다)S_n

라. (S_1 나무에 하나 원하는 것이 있다면 그것은 천명을 다한 뒤에 하늘 뜻대로 다시 흙과 물로 돌아가는 것이다)S_1 …… (S_n 불교의 소위 윤회설이 참말이라면 나는 죽어서 나무가 되고 싶다)S_n

마. (S_1 무슨 나무가 될까?)S_1 …… (S_n 이미 나무를 뜻하였으니 …… 가리지 않으련다)S_n

수필의 수용은 앞의 논설문이나 논문과 같이, 읽으면서 개요를 작성하고 이를 바탕으로 하여 작품을 분석하고 마지막으로 작품을 해석・감상하는 단계를 밟는다.

5개의 분절문의 개요를 간추리면 다음과 같다.

(3) 가′. 나무는 주어진 분수에 만족할 줄 안다.
   나′. 나무는 고독을 이겨내는 존재이다.
   다′. 나무는 친구가 많다.
   라′. 나무는 견인주의자이다.
   마′. 나는 무슨 나무든지 가리지 않고 좋아한다.

이상과 같은 개요를 바탕으로 하여 앞에서 보인 바와 같은 분석 절차(292쪽)를 밟으면 나무를 닮아 분수를 지키면서 모든 어려움을 참고 살아가겠다는 작가의 인생관을 추출할 수 있다. 한 편의 텍스트의 주제를 파악하는 데는 반복되는 텍스트의 제목과 반복되는 어휘에 주의를 돌려야 한다. (3)은 제목도 '나무'요, 이 '나무'는 이 작품 도처에 깔려 있다.

모든 텍스트에 반영되는 언어 표현이 같지는 않다. 앞에서 우리는 텍스트를 유형화하고 그 기능을 검토한 바 있거니와 시를 비롯하여 소설의 대화와 지문에 사용되는 언어 표현이 차이가 있는가 하면 논설문과 논문은 물론, 수필에 활용되는 언어 표현 또한 같지가 않다. 텍스트 생산자가 어떤 유형의 텍스트를 생산할 것이냐 하는 의도에 따라 그때그때마다 언어 표현이 달리 선택된다. 시나 소설에는 감동을 불러일으키는 어휘나 표현이 선택될 것이고 논설문이나 논문에서는 시사성을 띤 표현이나 전문 학술 용어가 활용될 것이다.

일반적으로 수필에는 체언, 1·3인칭 대명사, 지시어, 현재와 과거 시제 등의 표현이 선호된다. 앞에서도 언급한 바와 같이 (342쪽), 수필은 문서 텍스트와 작품의 중간에 자리 잡는 성격의 텍스트인 만큼 언어 표현도 정감적인 어휘와 전문적 어휘가 공존할 것이 예상된다. 예를 들어 수필에는 다른 문어 유형에 비하여 '-께서', '-님' 등의 존칭 표현과 1·3인칭의 대명사, 짧은 부정 표현 '안', 담화 접속어 '근데' 등 문어보다 구어에 많이 사용되는 언어 표현들이 많이 나타나고 그 밖에도 '그' 계열의 지시어, 추측의 '-겠-', '슬프다' 와 같은 느낌 형용사 등이 다른 문어 텍스트보다 많이 나타난다. 반면 일반적인 문어 텍스트보다 합성 명사, 한자어, 외래어 등이 덜 나타나고 문장의 길이도 상대적으로 짧다. 따라서 수필은 논문, 문서 등 전형적인 문어 유형과 거리가 멀고 상대적으로 구어에 가깝다.

8.6. 광고의 생산과 수용

앞에서 우리는 광고의 구조를 살펴본 바 있거니와 이 자리에서는 고객, 곧 텍스트 수용자가 광고를 수용하는 문제를 논의해 보기로 한다. 다음 광고는 2010년 12월 31일까지 서울의 지하철 선릉역에서 사당행 승강장의 스크린 도어에 부착되어 있던 광고이다. 〈무궁무진 **포천** **“포천”**으로 오세요!〉라는 표제 아래 포천에서 생산되는 사과, 포도, 막걸리, 인삼, 쌀, 한과 종류를 광고하는 것이다 [사진 1]. 여기에서 눈에 띄는 것은 오른쪽에 배치된 포천 쌀의 슬로건의 내용이다. '해솔촌'이라는 상표의 쌀을 '氣찬 쌀'이란 표현으로 광고하고 있다. '氣' 바로 아래에는 한글로 '기'라고 음을 달았다 [사진 2]. 앞에서 우리는 동음성 (同音性)을 광고 책략으로 이용하는 것을 보았는데 해솔촌의 '氣찬 쌀'도 마찬가지이다. 그냥 말만 들으면 '氣찬 쌀'은 기가 찰 정도로 맛이 좋은 쌀이라는 의미를 불러일으킬 수 있다. '기 차다'는 하도 어이가 없어 말이 나오지 않는다는 의미이다. '氣'가 적힌 표현을 육안으로 보면 '氣'가 가득 차 있을

▌사진 1▐

정도로 좋은 쌀이라는 의미를 줄 수 있다. '氣'란 사람이 활동하고 살아가는 데 필요한 정신적 · 육체적 힘으로서 원기, 정기, 기력을 뜻하며 한의학에서는 오장육부의 활동 능력을 뜻한다. 앞의 '기 차다'의 '기'도 어원적으로는 뒤의 '기'와 같을 가능성이 많다. 어떤 뜻으로 해석해도 텍스트 수용자에게는 포천의 해솔촌이 품질이 우수한 쌀임을 알고 밥을 지어 먹고 싶은 욕망을 가질 수 있다.

▌사진 2▐

최근에 등장하는 광고의 카피는 개화기의 독립신문류에 보이는 직설적인 표현보다는 중의성을 동반하는 모호한 표현을 즐겨 사용한다. 이를테면 독립신문 창간호 (1896. 4. 7)에 보이는 서울 정동 안창회사의 광고 '서양 물건과 청국 물건을 파는데 상등 서양 술과 각색 담배가 많이 있더라'와 같은 표현이 대부분을 차지하고 있다. 그러나 시대가 내려올수록 직설적 광고보다는 완곡법을 사용함으로써 소비자로 하여금 상품 구매에 선택의 여유를 주는 방향으로 표현을 바꾸는 경향이 포착된다. '海맑은 제주 특산물'이라는 슬로건은 제주에서 잡히는 생선류를 광고하는 표현이다. 바다 '海'를 눈으로 보면 제주도가 청정 해역이라는 의미를 읽을 수 있고 소리로 들으면 '매우 맑다'로도 들릴 수 있다. '해'라는 동음성에서 포착되는 두 가지 의미를 노리는 언어유희에 의한 광고 책략으로 볼 수 있다.

8.1. 문제의 제기

텍스트의 생산과 수용에 대하여는 안토스 (G. Antos) · 크링스 (H. P. Krings) (1989), 슈트로너 (H. Strohner 1990), 부세 (D. Busse) (1992), 김태옥 (1994), 이성만 (1998a), 하이네만 (M. Heinemann) · 하이네만 (W. Heinemann) (2002: 121-93), 간젤 (Ch. Gansel) · 유르겐즈 (F. Jürgens) (2002: 125-64)를 보라. 특히 마지막 책에서는 인지적 기반을 토대로 하여 텍스트 생산과 수용에 관한 문제를 다루고 있어 참고되는 바가 많다.

텍스트 분석이 바로 텍스트 수용의 단계를 밟고 있다는 내용은 김혜정 (2010)에 나와 있다. 박영목 (1996)은 외국의 독서 이론을 소개하면서 독서 연구의 실제를 보였고 이정모 · 이재호 (편) (1997)에서는 언어 이해, 그중에서도 우리의 텍스트를 "덩이글"이라고 하여 그 인지 및 이해 문제에 관심을 기울였다. 특히 인지과학회의 창립과 그 기관지 『인지 과학』의 창간은 2010년 현재까지 이 방면의 연구를 활성화시키는 데 많은 기여를 하고 있다. 우리나라의 인지 과학의 흐름에 대하여는 이정모 (2002)가 참고된다. 『인지 과학』에는 한글의 개별 문자, 우리말의 음성, 음절, 문장, 텍스트, 대용어와 '것' 등의 의존 명사에 대한 인지 및 이해에 대한 성과를 볼 수 있다. 임지룡 (1999)에서는 인지 의미론의 기본 개념을 평설하고 원형 이론, 범주화, 인지 모형을 다루어 인지 의미론 분야의 길잡이 노릇을 하고 있다. 김혜정 (2001, 2002)에서는 구성주의적 관점에서 비판적 읽기의 이론을 전개함으로써 독서 교육의 새로운 지평을 열었다. 한편 고영근 밖에 (2009: VI)에서는 텍스트 생산, 수용, 해석, 이해, 요약에 관한 제문제를 다룬 논고를 선별하여 텍스트 처리에 대한 성과의 일부를 보였다.

도이치 (W. Deutsch)와 야르벨라 (R. J. Jarvella)의 견해는 뷜러 (K. Bühler)의 『언어학의 원자론』 (*Axiomatik der Sprachwissenschaften*)의 간행 50주년에 즈음하여 펴낸 그라우만 (C. F. Graumenn) · 헤르만 (Th. Herrmann) (Hg.) (1984)에 기고한 "Asymmeterien Sprachproduktion und Sprachverstehen"의 첫머리에 나와 있다. 언어 생산과 언어 이해는 균형을 이루고 있지 않다는 뜻이다. 뷜러는 『언어학의 원자론』을 기반으로 삼아 동시에 『언어 이론』 (*Sprachtheorie*)을 내었는데 이는 지광신 교수에 의하여 번역되었다 (뷜러 1934, 1965 /지광신 · 최경은 2008). 말발굽의 흔적 읽기는 파터 (2001: 120)을 보았고 이성만 교수의 번역본이 크게 도움이 되었다.

8.2. 실용문의 생산과 수용

실용문은 종류가 많다. 실용문 쓰기는 앞에서 본 바와 같이 (220쪽), 공문서, 영수증, 논문, 신문, 광고 등 수없이 많다. 이런 유형의 텍스트는 문자 그대로 실용에 부응하기 위하여 작성되는 만큼 응집성은 물론, 응결성에도 결함이 없어야 한다. 수용자에게 이해를 어렵게 하거나 모호한 표현이 있어서는 안 된다. 신문 기사의 예를 들면 제호나 리드를 통하여 대체적인 내용을 짐작할 수 있고, 자세히 알고 싶으면 다른 신문의 기사와 비교할 수도 있고 다른 독자와 의견을 교환할 수도 있으며 다른 매체의 보도 내용과 비교해 볼 수도 있다. 이 방면의 참고 서적으로는 일제 강점기부터 널리 읽혀 온 이태준 (1943) /임형택 (해제) (2005)가 있고 최근의 것으로는 서정수 (1991: 583-92), 서정수 (1998)을 들 수 있다. 인터넷 신문의 수용자 반응 분석을 시도한 권순희 (2003)은 인터넷 신문의 리필을 분석한 것으로 이 방면 연구의 단초를 열었다.

8.3. 논설문의 생산과 수용

논설문을 수용하는 가장 손쉬운 길은 신문 사설의 경우, 제목을 보면 대체적인 내용의 윤곽을 짐작할 수 있다. 더 자세히 알고 싶으면 첫머리나 가운데 끝을 보고 다시 제목을 볼 수 있다. 어떤 신문사의 논조가 자신에게 거슬리면 비슷한 주제를 다룬 다른 신문사의 논설과 비교해 볼 수 있다. 이른바 생산적 이해를 말한다. 역시 다른 매체의 뉴스 해설을 들으면 화두가 되는 문제를 더 정확하게 이해할 수도 있다.

8.4. 논문의 생산과 수용

전문적인 논문은 그 방면에 대한 지식이 없이는 접근하기 어렵다. 한 편의 논문을 이해하고자 할 때에는 그 방면에 대한 지식을 쌓아 두는 절차를 밟아야 한다. 진교훈 교수의 「주거의 철학적 의미」는 누가 읽어도 이해할 수 있는 논문이다. 이 논문은 인간학 전공의 진교훈 교수 (서울대)의 『현대 사회 윤리 연구』 (을력, 2003)에 실린 것이다. 어떤 분야의 논문을 읽어서 이해하려고 할 때에는 우선 논문의 제목과 요지, 그리고 핵심 어휘를 보면 대체적인 윤곽을 파악할 수 있다. 요즈음은 정보가 홍수처럼 쏟아져 나오기 때문에 자기에게 직접 관련이 없는 논문은 치지 도외 (置之度外)하기 쉽다. 전문은 읽지 않아도 요지만은 읽어 내용의 윤곽을 파악해 두어야 한다.

8.5. 문학 작품의 생산과 수용

감동 기능에 대해서는 고영근 (1999: 99, 259-60 /본서 213쪽)을 보라. 이곳에서는 야콥슨의 언어의 여섯 가지 기능을 들기만 해 놓고 이를 감동 기능과 관련을 시키지 못하였다. 이 자리에서 이를 시정하는 바이다.

의미 해석 이론과 문학 작품의 감상 이론에 대하여는 (75-6쪽)을 보라. 간텍스트성에 대한 자세한 내용은 고영근 (1999: 175-6), 이성만 (2009)를 보라. 최근의 이 방면의 나라 밖의 정보는 홀티우스 (1993), 클라인 · 픽스 (1997), 호프만 · 케슬러 (2003)에서 얻을 수 있다. 최근 독일에서는 해석에 치중하는 방식이 사라지고 학생들의 자유로운 수용을 자극하는 이른바 생산적 이해 (produktives Verstehen) 방식이 부각되고 있다. 앞에서 든 수용 미학에 근거를 둔 이해를 말한다. 이 문제에 대하여는 권오현 (1999)를 보고 생산적 이해에 대한 철학적 접근은 권오현 (1997)을 보라. 수필 문학의 수용에 대하여는 이대규 (1996)을 보라. 텍스트 유형이 다름에 따라 언어 표현이 달라지고 어떤 텍스트에 어떤 언어 표현이 선호되는가 하는 문제는 강범모 (1999), 강범모 · 김흥규 · 허명희 (2000)을 보라. 수필 텍스트의 언어 표현에 대하여는 강범모 교수의 협조가 컸다.

8.6. 광고의 생산과 수용

광고의 생산과 수용에 대하여는 앞의 광고의 구조 분석에서 든 논저를 다시 읽어 보면 많은 정보를 얻을 수 있다. 구명철 (2001), 이재원 (2009)를 읽으면 광고에 나타나는 언어 표현은 물론, 시각 기호 (비주얼)를 통한 텍스트 수용의 문제를 이해할 수 있다. 개화기 이후의 우리나라의 광고 언어의 변천상에 대하여는 채 완 (2010)을 보라.

연습 및 토론 과제

1. 텍스트 수용에서 가장 손쉬운 것이 신문의 기사문과 같은 실용문의 수용이다. 신문을 펼쳤을 때 제호라든지 리드를 보지 않고 몸글 텍스트부터 먼저 읽고 스스로 리드와 제호를 만들어 신문사 측의 리드와 제호와 비교해 보면 자신의 실용문 이해가 올바른가 하는 문제를 판단할 수 있다.

2. 요즈음 일간 신문에는 사설이 보통 두세 개씩 실린다. 자신이 특별히 관심을 갖는 한 편의 사설을 택하여 먼저 전문을 읽고 이를 몇 자 안으로 간추리고 마지막으로 제호를 뽑은 다음 신문사의 제호와 비교해 보라. 그러면 신문사 측의 논조를 더 분명히 이해할 수 있다.

3. 논문은 전문 학술지를 통하여 발표되는 만큼 논설문에 비하여 독자가 매우 좁다. 자신의 연구 분야와 관련되는 논문을 학술지에서 골라 전문을 읽고 스스로 요지와 핵심어 등을 추려 내어 필자의 것과 비교해 보라. 그러면 내용에 대한 자신의 이해가 어느 정도 과녁을 맞추었는가 하는 문제를 측정할 수 있다.

4. 몇 사람이 조를 짜서 같은 문학 작품, 이를테면 소설, 시, 희곡, 수필의 어느 한 장르를 택하여 먼저 언어적 특징을 지적하고 텍스트 유형에 따라 언어 표현이 어떻게 달라지는가 하는 문제를 토론해 보라. 그러면 문학 텍스트도 종류에 따라 언어 표현이 어떻게 달라지는가를 알 수 있다.

5. 일간 신문에 나오는 광고를 모아 언어적 표현, 곧 카피와 비언어적 표현 (비주얼)이 수신자에게 어떻게 수용되는가 하는 문제를 토론해 보라. 그러면 광고의 호소 기능을 더 분명히 알 수 있고 이는 더 나은 광고 텍스트의 생산을 이끌 수 있는 바탕을 제공할 수 있다.

연구 과제

1. 텍스트 수용 문제는 심리 언어학의 소관으로 알려져 있다. 이 방면의 참고 논저를 찾아 이를 텍스트 과학의 영역에 포섭하는 문제를 생각해 보라.

2. 문학 작품 특히 시는 고도의 상징적 수법이 동원되는 만큼 그것을 수용하는 것도 사람마다 다를 수 있다. 앞에서 언급한 바와 같이 텍스트 언어학자들은

문학 작품의 수용에 대하여는 분명한 입장을 유보하고 있다. 그러나 지은이는 주시경의 의미 해석 이론과 이희승의 시조 감상 이론을 토대로 하여 문학 작품을 수용하는 문제가 불가능한 것이 아님을 확인하였다. 이희승 (2004)에는 고시조를 분석하고 감상하는 문제를 다룬 글들이 많다. 이런 업적을 토대로 하여 문학 작품의 수용 문제를 포괄적으로 논의해 보라.

제 9 장　마무리

9.1. 간추림

지금까지 지은이는 8개 장에 걸쳐 주로 우리나라를 포함한 동양의 텍스트 자료를 중심으로 텍스트 과학에 관련된 크고 작은 문제를 검토하여 왔다. 지금까지 논의한 결과를 우선 간추려 보기로 한다.

제1장에서는 텍스트를 인간의 의도적인 언어 표현이나 언어로 옮길 수 있는 문화 기호로 한정하고 이를 연구하는 분야를 "텍스트 과학"이라 하였다. 텍스트 과학 연구의 대상에는 일상 발화, 문학 작품, 문서를 우선 포함시킬 수 있고 다중 매체로 방영되는 TV와 컴퓨터의 영상도 텍스트로 보는 관점을 취하였다. 현재는 텍스트를 정태적으로 보는 편보다는 동태적으로 파악하는 견해가 큰 흐름을 이루고 있다. 그리고 텍스트 과학은 그 기초 학문으로는 위로는 기호학을 떠받치고 있고 아래로는 언어학을 바닥에 깔고 있다. 텍스트 과학은 인지 과학을 비롯하여 인문 과학 및 사회 과학과 서로 이웃하고 있다. 특히 그 가운데서도 실용론과 겹치는 부분이 적지 않다. 이곳에서는 텍스트 과학이 고대로부터 현대에 이르기까지 걸어온 발자취를 간단히 더듬었다. 텍스트 과학은 그리스와 로마의 고대 수사학에 이미 뿌리가 박혀 있었으며 1960년대에 들어와 옛

서독을 중심으로 독자적인 학문 분과로 발전을 거듭해 왔다. 동양에서는 고대 중국을 비롯하여 우리 중세의 훈고학과 고전 시학, 현대의 문장론과 문체론의 연구에서도 텍스트 과학의 유산을 발굴할 수 있음을 확인하여 텍스트 과학의 기본 유산으로 삼았다.

제2장에서는 제1장에서 내세운 텍스트 과학의 상위 학문이 기호학이라는 명제를 확인한다는 취지에서 우리 나름의 기호학 이론을 세운 주시경의 기호 이론을 현대 서양의 기호학과 접합시킴으로써 우리의 민족적인 텍스트 과학을 전개할 수 있는 바탕을 마련하였다. 이에 발을 맞추어 언어로 표현되거나 표현 가능한 기호가 어떠한 기호학적 근거에서 텍스트로 인정되는가 하는 문제를 기호학적 관점에서 다루었다. 현대의 텍스트 과학은 근본적으로 행위 이론적 기호학을 머리에 이고 있다. 이는 텍스트를 동태적으로 보는 관점과 이가 물려 있다. 행위 이론적 관점은 밖으로는 퍼스의 기호학과 연결되고 안으로는 주시경의 이론과 연결된다.

제3장에서는 오랫동안 어문학과에서 각방거처를 하던 어학과 문학을 연계시킬 수 있는 이론적 기초를 다졌다. 일상 언어 기호, 문학 언어 기호, 공용 언어 기호, 영상 기호는 모두 생산자와 수용자를 전제로 하고 있기 때문에 텍스트라는 단위에 포괄될 수 있다. 지은이는 주시경의 의미 해석 이론과 이희승의 문학 감상 이론이 모두 행위 이론적 기호학에 뿌리를 둔 텍스트 의미 분석 방법론임을 확인하면서 문학 작품을 텍스트 기호론, 다시 말하면 언어문학 기호론의 테두리 안에서 분석할 수 있는 틀을 제안하였으며, 어학과 문학을 연계시킬 수 있는 공통 과제도 부각시켜 보았다.

제4장에서는 텍스트 형성에서 가장 중요한 개념인 응결성과 응집성의 문제를 집중적으로 거론하였다. 응결성은 텍스트의 구성 요소를 표면에서 연결시키는 장치를 가리킨다. 응결 장치는 둘로 가르되, 자소론, 음운론, 형태론, 통사론, 화용론에 걸쳐 텍스트를 형성하는 응결성을 "응결성 장치 (1)", 의미 · 기능적 절차에 따라 텍스트를 형성하는 응결성을 "응결

성 장치 (2)"라 하였다. 응집성은 응결 장치의 밑바닥에 그물처럼 엉겨 있는 의의의 흐름, 곧 주제의 일관성을 말한다. 주제의 일관성을 유지하는 데는 심리적 내지 사회적 요인이 작용하는 일이 많은데, 의도성, 수용성, 정보성, 상황성이 그러하다. 간텍스트성은 응결성에 관여하기도 하고 응집성의 범주에 들어오는 것도 있다. 이 과정에서 지은이는 우리나라를 포함한 동양의 훈고학과 고전 시학을 현대의 텍스트 과학에 통합하였다. 자소적 응결성은 중국의 훈고학을 현대적으로 조명함으로써 얻은 응결성 장치이다. 이 밖에 색채적 응결성도 텍스트 형성에 중요한 역할을 함을 지적하였다.

제5장에서는 텍스트의 생성과 구조를 분석하는 문제를 다루었다. 텍스트의 생성에서는 명제적 견해에 기반을 둔 문장 문법의 구절 구조 규칙을 따랐으며 텍스트의 경계를 세우는 문제도 역시 이 방법론을 원용하였다. 문장 바로 위에 텍스트를 두되 그것이 문단, 단락, 문장과 어떠한 관계를 맺고 있는가 하는 문제를 소설 작품을 대상으로 그 타당성을 검증하였다. 텍스트 응결성에 대한 주제적 문제를 비롯하여 거시 구조, 서사 구조, 논증 구조 등과 같이 텍스트의 구조를 분석하는 몇 가지 모형을 소개하면서 우리 민족 사회의 텍스트 자료를 중심으로 기술형, 설명형, 논증형의 세 가지 주제 전개 모형에 기댄 자료를 분석하였다.

제6장에서는 화행 이론이 텍스트 기능과 맺고 있는 상관성을 검토한 후에 이를 기초로 텍스트를 유형화하는 이론적 근거를 제시하였다. 텍스트의 기본 기능에는 제보, 호소, 책무, 접촉, 선언, 감동의 여섯 가지 기능을 세웠다. 감동 기능은 문학 작품 텍스트에서 지배적으로 파악된다. 이에 따라 텍스트 유형에는 제보 텍스트, 호소 텍스트, 책무 텍스트, 접촉 텍스트, 선언 텍스트, 감동 텍스트의 여섯 가지를 둘 수 있었다. 이러한 점을 토대로 하여 고대 중국의 문장 종류를 기능에 따라 다시 유형화하여 보았으며 우리의 한문, 이두, 이문, 한글 텍스트의 유형화 문제도 건드려 보았다. 특히 한글이 공용 문자로 바뀐 개화기로부터 1990년 후

반에 이르기까지 우리의 텍스트가 생산되고 소멸되는 과정을 더듬어 보았다. 이 과정에서 지은이는 역사적으로 우리의 텍스트 유형이 어떠한 요인에 의하여 생성·소멸되는가 하는 문제도 다루어 보았다.

제7장에서는 텍스트 과학을 잠정적으로 마무리한다는 관점에서 우리의 텍스트를 현대와 고전의 두 묶음으로 나눈 다음, 두 시기의 텍스트 몇 가지를 임의로 골라 분석하는 예를 보였다. 현대의 작품 텍스트에는 시, 소설, 수필, 신문 기사, 광고를 대상으로 하였고 고전 텍스트에는 악장, 시조, 언해, 번안 텍스트를 대상으로 하였다. 이런 과정을 통해서 지은이가 세운 바 있는 텍스트 형성의 응결성과 응집성을 중심으로 한 텍스트의 형성 문제는 물론, 기능적 측면을 대상으로 한 텍스트의 유형화 문제를 종합적으로 마무리하였다.

제8장에서는 제7장까지의 분석을 바탕으로 하여 텍스트의 수용을 생산과 관련하여 논하였다. 앞에서 간간이 들었던 각종 텍스트를 다시 끌어 오거나 그와 비슷한 성격의 텍스트를 예로 들어 텍스트 수신자가 어떠한 과정을 밟아 텍스트를 이해하고 해석하고 감상하는가 하는 텍스트 처리의 문제를 종합적으로 논의하였다. 사실 텍스트 수용이라는 것은 한 걸음 더 나아가면 텍스트 생산의 발판이 된다는 점에서 수용의 문제를 소홀히 할 수 없다는 점을 강조하였다.

9.2. 응용 분야

지은이는 총론에서 텍스트 과학의 기초 학문과 이웃 학문과의 관계를 언급한 바 있는데 (11, 14쪽), 이곳에서는 텍스트 과학의 응용적 측면을 더듬어 보기로 한다. 텍스트 과학이 기여하는 응용 분야로 중요한 것에는 문예학, 언어 교수법, 번역학 등이 있다.

문예학은 몇 군데서 언급한 바와 같이 (11, 62쪽), 텍스트 과학의 한 영역이기도 하고 인접 분야이기도 하지만 텍스트 과학에서 개발된 응결성과 응집성을 잘만 활용하면 문학 작품의 이해와 감상을 더 명시적으로 이끌 수 있다. 문학 텍스트는 언어학의 발전 추이에 따라 여러 가지 분석 방법이 적용되어 왔다. 구조주의 시대에는 러시아 형식주의자, 프랑스 구조주의자, 프라그 학파의 구조주의자들이 탈자동화의 개념을 응용하여 문학 텍스트를 일상 텍스트와 구별하는 문제를 거론하였다. 생성문법 시대에는 일상어 문법과 구별되는 시 문법의 구축을 위한 규칙의 형식화를 시도하였다. 그러나 이러한 분석 모형은 규모가 큰 작품을 분석할 때에는 한계가 있다는 것이 드러나자 텍스트 단위로 작품 분석을 시도하는 움직임이 현재 꿈틀거리고 있다.

우리의 민족 사회에서도 그동안 어학도와 문학도의 손으로 문학 작품을 언어학적으로 또는 기호학적으로 분석하는 노력을 많이 기울였으나 표준적인 틀을 세웠다고 보기에는 어려운 점이 많다. 현재는 언어학과 문예학이 모두 행위 이론적 기호학을 등에 짊어지고 있는 이상 잘만 노력하면 두 학문의 통합이 가능해질 수 있으며, 이런 풍토가 건전하게 조성된다면 언어학의 응용성은 물론 문예학의 응용성도 그 폭이 넓어지리라고 생각한다. 사실 언어학은 그사이 너무 추상적 체계의 해명에 치중하여 응용성과 거리를 두는 일이 많았고 문예학 역시 작품 구조의 분석에 치중한 나머지 기능적 측면을 소홀히 하는 일이 많았는데 텍스트 과학의 개발과 발전에 힘입어 두 학문을 하나로 합칠 수 있는 이론적 바탕을 마련해 가고 있으며 실천적 문제의 해결을 위해서도 적지 않은 기여를 할 것이 틀림없다.

언어 교수법에는 모국어 교육과 외국어 교육이 포괄된다. 텍스트 과학은 우선 모국어 교육에 기여하는 바가 적지 않다. 교실에서 학생들끼리 일정한 주제를 중심으로 토론을 벌이거나 회의를 진행할 때, 텍스트 과학에 대한 기초 지식이 갖추어져 있으면 시간을 낭비하지 않고 소기의 성과를 거둘 수 있다. 흔히 말하는 화법 내지 화술이라는 것도 고대 로

마 시대로부터 수사학의 테두리에 속해 있었던 만큼, 그것이 텍스트 과학과 접맥된다는 것은 너무나 당연하다. 또한 긴 텍스트를 읽고 문단을 나누고 단락을 구분한다든지 긴 글을 읽고 짧게 간추리는 과정이 모두 텍스트 과학을 바닥에 깔고 있다. 거시 규칙에 기대어 거시 명제를 이끌어 내는 절차가 바로 텍스트 과학의 중요 영역 중 하나였다는 점과 관련시키면 (168쪽), 텍스트 과학이 모국어 교육에 어느 정도의 비중을 차지하고 있는가를 알 수 있다. 요즈음 각급 학교에서 중시하고 대학 입학시험에서도 반드시 출제되는 논술 고사도 기본적으로 텍스트 과학의 응용적 측면의 하나라고 하겠다.

텍스트 과학이 외국어 교육에 응용되는 측면 또한 상당하다. 대부분은 모국어 교육에 적용되는 것이 그대로 외국어 교육에 적용되지마는 차이 나는 점도 적지 않다. 우선 문화적 배경이 다른 외국어를 습득한다고 할 때 부딪히는 어려움을 극복하려면 학습자들에게 우선적으로 텍스트 생산 능력을 심어 주어야 한다. 문장 하나를 가르쳐도 통보 상황을 깊이 고려하는 측면에서 교수법을 개발해야 한다. 우리나라에는 해마다 많은 외국 유학생들이 찾아와서 우리 민족어를 배우고 있으며 나라 밖에는 한국학과가 세워지고 우리 민족어 강좌가 줄을 지어 설강되고 있느니만큼, 교재 편찬에서부터 보조 교재, 교수 방법에 이르기까지 세심한 주의를 기울이지 않으면 안 된다. 종래와 같이 단선적으로 문형을 반복하게 한다든지 어휘를 암기하도록 하여서는 시대적 요구에 부응하는 효과적인 민족어 교육과 보급에 실효를 거두기가 어렵다. 외국에서는 텍스트 과학을 바닥에 깔고 새로운 교재와 교수법을 개발하고 있다는 점을 살펴 이 방면에 대한 관심을 높여야 할 것이다.

텍스트 과학은 번역학에도 상당한 기여를 한다. 번역은 단순히 출발언어를 목표 언어로 바꾸는 기계적인 옮김의 과정이 아니다. 번역자는 원저자의 저술 의도를 충분히 파악하여 단순한 이해의 경지를 넘어서 가공의 단계에 이르도록 노력해야 한다. 특히 번역물을 읽는 독자가 원 저자와 문화 배경을 달리하는 경우에는 문화적 이질성을 극복하는 문제를 해결하지 않으면 소기의 성과를 거둘 수 없다. 번역학의 이러한 시대적 요구는 1970년대부터 성황을 이루어 온 실용론에 기반한 텍스트 과학과 함께 독자적인 학문으로 발돋움을 하였으며 특히 최근에 등장하기 시작한 구성주의 문예학 이론과도 이가 물려 있어 번역학에 대한 관심이 그 어느 때보다 높다고 하겠다.

번역에는 직역도 있고 의역도 있다. 학술 서적의 경우는 직역을 나무랄 수 없으나 문학 작품과 같이 언어의 문제 밖에 문화적 요인이 개입되는 경우는 직역이 큰 의의를 가지지 않는다. 번역자가 원작이 탄생된 문화적 배경이나 정치·사회적 특수성을 몰라서야 어떻게 독자들이 작품을 올바로 이해하고 감상할 수 있겠는가. 번역이 이미 존재하는 인지적 구성체에 대한 메타 구성체 (Metakonstrukt)라는 것도 이러한 사정을 말한다. 메타 구성체라 함은 원작의 언어 밑바닥에 흐르고 있는 문화적 속성까지 송두리째 이해하여 새로운 다른 언어로 창조한다는 뜻이다.

우리 민족은 역대에 걸쳐 많은 번역 작품을 생산해 왔다. 전통 시대에는 한문으로 된 불교와 유교의 경전을 민족어로 번역하여 왔다. 고려 시대 이전까지는 이른바 석독 구결과 역독점이라는 번역 장치에 기대어 한문을 이해하여 왔으며 그 뒤에는 한문의 구절마다 이른바 음독 구결을 넣어 송독 (誦讀)하는 독법에 기대어 경전을 외우고 해석하는 과정을 밟아 왔다. 훈민정음 창제 이후에는 먼저 음독 구결을 달아 독송하는 한편, 다시 번역을 하여 "언해"라는 번역 텍스트를 생산하였다 (326쪽). 언해 텍스트를 보면 대체로 처음 나온 번역일수록 의역이 지배적이고 뒤에 나온 것일수록 직역이 큰 흐름을 이루고 있었다. 이는 한문의 보급이라는 중국 문화와의 긴밀한 간텍스트성과도 관련이 없지 않으나 그보다도 번역자의 독자 층위에 대한 의식과 더 밀접한 관련이 있는 것 같다. 독자가 일반 대중이라면 의역을 택할 수 있고 전문가 집단이라면 직역을 택할 수 있다.

근대 이후에 와서는 서양 서적의 번역이 대종 (大宗)을 이루고 있다. 해방 이후는 일본을 통한 서양 서적의 번역이 번역물의 대부분을 차지하고 있었다. 이른바 중역 (重譯)이라는 기형적인 번역 텍스트가 생산되었다. 일본적인 눈을 거쳐 이룩된 번역물을 충분한 여과 (濾過)의 기회도 거치지 않은 채 수용하였기 때문에 출발 언어와 목표 언어인 민족어 사이에 충분한 간문화성 (interculturality)이 유지될 수 없었다. 일본이라는 또 하나의 간문화적 장애물이 가로놓여 있었던 것이다. 지금은 유럽이나 미주 등지로 유학을 하여 그곳의 언어와 문화를 익힌 젊은 학도들이 번역 텍스트를 생산하는 시대가 되었다. 이제는 출발 언어와 목표 언어의 문화적 특성이 구조적으로 이어지기는 하였으나 다른 한편으로 한문 교육의 부실 등으로 전통문화를 소홀히 하고 민족어에 대한 깊은 지식이 갖추어지지 않아 바람직한 번역 텍스트를 생산한다고 장담하기가 어려운 처지에 놓여 있다. 텍스트 과학에 대한 연구가 깊어지고 그것이 번역학의 이론 정립과 실제 문제에 응용되는 분위기가 조성되면 번역 문화에도 새로운 지평이 열리리라고 생각한다.

이상으로 텍스트 과학이 기여하는 응용 분야로서 세 가지만 들었으나 텍스트 과학은 자연 언어 처리, 컴퓨터학, 옛 문헌 해독과 암호 풀이 등에도 응용될 수 있고, 정신 분석학과 상담 심리학, 논리학이나 수학 등의 자연 과학에도 넓게 응용될 수 있는 가능성을 지니고 있다.

9.3. 내다보기

텍스트 과학은 언어학, 문예학, 수사학, 미디어학으로 분화되어 있는 개별 학문을 상위의 독립된 학문으로 통합하는 것을 목표로 삼는다. 오늘날의 텍스트 과학은 인지 과학의 강한 영향을 받아 가면서 학제성 (學際性, Interdisziplinärität)과 이행성 (移行性, Transdisziplinarität)을 띠는 방향으로 발전되어 가고 있다. 학제성이란 다른 학문과의 접촉 지대가 그만큼 넓다는 것이요, 이행성이란 다른 학문으로 넘나든다는 뜻이다. 모든 학문이 그렇듯이, 이 학문 역시 표준적이라고 내세울 만한 모형이 그리 많지 않다. 몇 가지 틀이 제시되기는 하였지만 얼마 안 있어 새로운 틀로 교체되어 왔다. 그러나 지난 2000년에 나온 그뤼터의 『텍스트 언어학과 대화 언어학』과 2008년에 나온 『수사학과 문체론』에 의하여 텍스트 과학의 정체성이 확보되었다. 텍스트 과학은 같은 책에 대화 언어학과 묶여 있어 그 둘이 한 집안에서 살림을 차릴 수 있음을 알 수 있고 이웃에는 문체론과 수사학이 한 동네의 구성원으로서 참가하고 있으니 일단 표준적인 틀이 형성되었다고 할 수 있다. 더욱이 2000년에 텍스트 언어학과 대화 언어학이 표준적인 틀을 제시함에 따라 이를 바탕으로 한 입문서가 몇 종류 나오고 『우리는 새로운 텍스트 개념을 필요로 하는가』(*Brauchen wir einen neuen Textbegriff?*, 2002)를 내어 신종 매체인 하이퍼 텍스트를 어떻게 처리할 것인가 하는 문제가 토론되는 것을 보면 지난날을 마무리하고 새로운 도약을 예비하는 조짐을 보이는 것 같다.

언어 연구의 단위를 문장에 국한하지 않고 인간의 의도적인 활동에까지 넓히고 있는 것은 극도로 분화된 현대 학문을 상위에서 묶을 수 있는 가능성을 제시하였다는 점에서 그 기여가 적다고는 할 수 없다. 현대 학문의 총아인 기호학 및 인지 과학과 비슷한 면이 없지 않다. 텍스트 과학과 같이 학제성과 이행성을 띤 학문의 통합화는 동서양의 고대나 중세의 학문으로 복귀하는 것이면서 동시에 정보화 시대를 맞아 신종 학문으로의 발돋움을 예비하는 것이기도 하다.

지은이는 현대의 텍스트 과학 /텍스트 언어학에서 가장 무게를 두고 있는 텍스트의 생산과 수용 (인지 /이해)에 관련되는 문제를 매우 피상적으로 다루었다. 텍스트를 분석하면서 들었던 예를 반추하면서 텍스트의 수용이 생산과는 달리 복잡한 요인이 작용한다는 점을 부각시키는 정도에 머물렀다. 텍스트의 생산과 수용에 관한 문제가 깊이 있게 다루어지려면 언어학도는 인지 과학 내지 인지 심리학에 대한 전문 지식을 잘 소화하여 그 나름의 이론적인 틀을 세울 필요가 있다.

또 지은이는 대화 언어학을 적극적으로 다루지 못하였다. 총론에서 물음과 대답으로 짝을 지어야만 자족적인 텍스트가 될 수 있다는 논의만 펼쳐 놓고 본론에서는 그에 대한 분석을 시도하지 않았다. 앞에서 본 바와 같이 대화 언어학은 텍스트 과학과 한 집안에서 살림을 차릴 수 있을 만큼 가까운 분야이다. 지은이는 일상 언어에서 사사로이 주고받는 대화나, 공식 석상에서 나누는 토론은 문학 작품과 마찬가지로 계층적으로 텍스트를 이루어 나간다고 보기 때문에 텍스트 과학과 성격을 같이한다고 믿고 있다. 최근 들어 이 방면의 성과가 눈에 띄고 있으니 텍스트 과학과 함께 보조를 같이하여 발전될 것임이 틀림없다.

책을 마무리하기 전에 지은이의 집필 태도에 대하여 밝혀 둘 것이 있다. 그것은 이 책이 대안적 (代案的, Alternative) 성격을 크게 벗어나지 못하였다는 점이다. 언어 연구의 분야에서는 아직도 문장 중심의 연구가 큰 흐름을 이루고 있기 때문에 이를 극복하려면 자연히 대안적인 서술법을 쓰지 않을 수 없었다. 텍스트 과학의 본 고장인 독일어 사용권을 보면 20세기 말까지는 대안적인 연구가 주류를 이루었으나 21세기에 들어서면서 텍스트 언어학과 대화 언어학이 그 나름의 틀을 정립함에 따라 독자적인 성격을 띤 저술이 나오기 시작한 것은 환영할 만하다.

텍스트 과학의 장래에 대하여 1960년대에 표준 텍스트 과학을 창시하여 이 방면에 많은 업적을 쌓아 온 독일 보훔 대학교 독어독문학과 명예 교수 하르베크 (R. Harweg)의 말을 인용함으로써 마무리를 지어 보려고 한다.

> 텍스트 언어학은 매우 다양하고 이질적인 분야이다. 이는 관심을 갖는 연구자의 수가 날로 늘어 가고 있을 뿐만 아니라 연구 대상의 엄청나고 거의 마르지 않는 복잡성 및 다양성과 관련되어 있다. 그러나 이러

한 대상의 복잡성과 다양성은 분과로서의 텍스트 언어학을 엄청나게 흥미 있게 만들어 주며 그것에 긴 미래를 선사해 줄 수 있다는 측면을 지니고 있기도 하다.

내용 보충

텍스트 과학의 응용적 측면에 대하여는 보그랑드·드레슬러 (1981) /김태옥·이현호 (1991: 200-10), 조빈스키·박종식 (1992: 182-221), 전병선 (1995: 12-3), 하이네만·피베거 (1991: 278 /백설자 역 (2001)), 김병선 (1997)을 보라. 텍스트 과학의 응용적 측면은 인지 과학의 관점에서 특징 있는 이론을 구성한 바 있는 보그랑드 (1997)에서 많은 정보를 얻을 수 있다.

문예학 방면의 응용성에 대하여는 권오현 (1992), 김창원 (1995), 김중신 (1995)를 보라.

우리나라의 모국어 교육에 대한 응용성에 대하여는 박영목 (1996), 원진숙 (1994), 김재봉 (1996), 김창원 (1995), 김중신 (1995), 서 혁 (1996)을 보라.

텍스트 과학과 번역학의 관계에 대하여는 심재기 (1993), 김효중 (1998)을 보라. 특히 앞의 업적에는 언어학적 번역 이론과 문예학적 번역 이론의 흐름을 자세히 소개하고 번역 비평의 과제를 논의하고 있다. 조동일 (1999: 399-504)에서는 번역학의 동향을 소개하고 동아시아 번역이 학문적인 대상이 될 수 있음을 논하면서 문학 작품의 번역을 중심으로 동아시아 번역학의 여러 문제를 거론하였다.

한편 서울대학교 인문학 연구소에서는 "번역과 문학"이라는 주제의 번역학 심포지엄을 개최한 바 있다 (1999. 5. 28). 이 자리에서는 「번역의 개념과 언어학적 번역 이론」 (김윤환), 「문학 작품 번역 이론」 (김효중), 「번역자의 편집인 역할」 (유영난), 「번역의 손실과 보상」 (김윤진)의 4편의 논문이 발표되어 번역에 기여하는 텍스트 과학의 응용 문제가 다각도로 논의되었다.

언어 처리에 대하여는 문영호 (1990), 문영호 밖에 (1993), 권종성 (1994), 이희자·이종희 (1998), 김병선 (1997)을 보라. 텍스트 과학이 옛 문헌의 해독과 암호해독에 응용될 수 있다는 견해는 문영호 (1990: 255)에서 볼 수 있다. 문영호는 옛 문헌과 암호를 해독하는 것이 텍스트 과학의 중요한 과업이며 분야라고 하였다. 무엇에 근거한 서술인지는 잘 모르겠으나 텍스트 과학의 응용성이 그만큼 넓다는 뜻으로 이해된다.

텍스트의 생산과 수용에 대하여는 안토스·크링스 (1989), 슈트로너 (1990), 부세 (1992), 김태옥 (1994), 이성만 (1998a), 간젤·유르겐즈 (2002)를 보라. 특히 마지막 책에서는 인지적 기반을 토대로 하여 텍스트 생산과 수용에 관한 문제를 다루고 있어 참고되는 바가 많다.

대화 텍스트 분석의 흐름과 움직임에 대하여는 박용익 (2001)을 보라. 박용익 (1998c)에서는 대화 분석론의 흐름과 움직임을 둘러 본 바탕 위에서 민족어 자료를 중심으로 대화 분석의 실례를 보여 주고 있다. 민족어 대화를 적극적으로 다룬 업적으로는 장경희 (1997, 1998, 2002, 2009), 윤석민 (1998), 이은경 (1998)을 들 수 있다.

텍스트 과학 /텍스트 언어학의 미래에 대하여는 1991년에 피베거 (작고)와 함께 텍스트 언어학 입문서를 쓴 하이네만의 70세 탄생을 맞아 낸 안토스·티에츠 (Hg.) (1997)에 실린 기고를 보라. 이 논문집은 1996년 3월 8일부터 10일 사이에 할레 (Halle)에서 열린 국제 집담회에서 발표된 16편의 논문을 모은 것이다. 머리에는 「텍스트 언어학, 어디로」라는 안토스와 티에츠의 "들어가기" (Einleitung)와 보그랑드의 「텍스트 언어학: 새로운 해안으로?」가 실려 있다. 텍스트 과학을 언어학적·인지적·사회적 관점에서 바라보고 이론과 실천의 변증법적 통합을 거쳐 발전되어야 한다는 점을 강조하였다. 책의 끝에는 회의를 마무리하는 티에츠의 「텍스트 언어학의 미래」가 실려 있다. 이곳에서 티에츠는 실용론과 인지 과학의 통합, 텍스트 정의에 대한 새로운 시도, 텍스트의 유형화, 텍스트의 생산과 수용이 교수법 및 대학의 글쓰기 교육에 기여하는 문제 등을 미래의 과제로 꼽았다.

하르베크의 발언은 하르베크 (1993 /2001: 19-37), 고영근 (1994b)를 보라.

민족어 요지

텍스트 과학

고영근 (高永根)
(서울대학교 명예교수)

이 책은 저자가 1999년에 대우학술총서 448로 출간한 『텍스트 이론』의 제2판이다. 제2장의 「텍스트 연구의 흐름과 움직임」의 내용을 줄여서 제1장 「들어가기」에 넣고 대신 제8장에 텍스트의 생산과 수용에 관한 문제를 다룬 내용을 새로 두었다. 그리고 책의 제목도 『텍스트 과학』이라 바꾸었다.

제1장에서는 "텍스트, 텍스트 이론, 텍스트 과학"에 정의를 내리고 텍스트 과학의 이웃 학문과의 관계, 텍스트 과학 연구의 역사와 현재의 연구 상황을 다루었다.

제2장에서는 텍스트 과학을 특히 기호학적으로 뒷받침하되 주시경의 기호학을 끌어들임으로써 '언어문학'이라는 독자적인 분야의 창출을 가능하게 하였다.

제3장에서는 주시경의 '의미 해석 이론'과 이희승의 '문학 감상 이론'을 적절하게 통합하여 "언어문학 통합론"을 전개하였다.

제4장에서는 텍스트 과학에 관련되는 동서양의 인식을 통합함으로써 텍스트 과학의 주요 개념인 "응결성"과 "응집성"으로 "텍스트다움" (텍스트성)을 확인하는 원리를 탐색하였다.

제5장에서는 텍스트의 생성과 텍스트의 경계 긋기, 텍스트 응결성의 주제적 문제와 주제 전개의 기본 모형을 다루었다.

제6장에서는 화행 이론에 기대어 텍스트의 기본 기능을 탐색하고 이를

바탕으로 전통 시대의 중국과 한국의 텍스트를 유형화하는 문제를 다루었다.

제7장에서는 한국의 현대와 고전 텍스트를 분석함으로써 저자의 텍스트 과학이 실제의 텍스트 자료의 분석에 어떻게 응용될 수 있는가 하는 문제를 다루었다.

제8장에서는 7장까지 다루어 온 텍스트 자료를 중심으로 텍스트의 생산과 수용 중에서 수용에 관련되는 문제를 집중적으로 다룸으로써 지금까지 미개척 분야로 남겨 두었던 텍스트 수용의 문제를 전면에 부각시켰다.

제9장에서는 책 전체의 내용을 마무리하고 텍스트 과학의 응용 분야가 문예학, 언어 교수법, 번역학에 걸쳐 있음을 확인하고 텍스트 과학의 발전 방향을 내다보았다.

이 책은 초판 이후 수행된 국내외의 텍스트 과학의 연구 성과를 최대한 반영하여 개별 언어문학과의 어학 분야와 문학 분야가 한 집안에서 합방 거처를 할 수 있는 이론적 근거와 응용적 근거를 보강하였다. 그리고 끝에는 용어 풀이 (glossary)를 붙였다. 이를 [찾아 보기]의 '사항'과 관련시켜 이용하면 내용 파악에 도움을 얻을 수 있다.

Zusammenfassung (독문 요지)

Textwissenschaft

Yong-Kun Ko
(Professor Emeritus,
Staatliche Universität Seoul)

Das ist die zweite Auflage meines Buches *Theyksutu-iron (Texttheorie)*, welches im Jahre 1999 als 448. Band in der Reihe Daewoo Academic Series erschienen war.

Ich verkürzte Kapitel 2 'Die Tendenz und Bewegung von Textforschung' und setzte die dort fortgelassenen Teile in Kapitel 1 'Die Einführung' ein. Auch fügte ich Kapitel 8, das sich mit der Herstellung und Rezeption von Texten befasst, als ein neues Kapitel ein. Den Titel des Buches änderte ich in *Textwissenschaft* um.

In Kapitel 1 definierte ich die Begriffe "Text, Texttheorie, Textwissenschaft" und beschäftige mit sowohl mit den Beziehungen zwischen Textwissenschaft und anderen Wissenschaften wie auch mit der Geschichte der Textwissenschaft und mit gegenwärtigen Forschungstendenzen.

Kapitel 2 wurde der semiotischen Unterstützung der Textwissenschaft gewidmet, indem ich ein eigenes Feld, die 'Sprachliteraturwissenschaft', mit Verweis auf die Semiotik von Ju Si-gyeong einführe.

In Kapitel 3 entwickelte ich die 'Theorie für die Vereinigung von Sprach- und Literaturwissenschaft', wobei ich eine Vereinigung der 'Theorie für die Interpretation von Bedeutungen' von Ju Si-gyong und der 'Theorie für den Genuss der Literatur' von Yi Hŭi-sŭng durchführte.

In Kapitel 4 versuchte ich die textwissenschaftlichen Erkenntnisse von Ost und West zu vereinigen, indem ich die Prinzipien der Textualität mit Bezugnahme auf "Kohäsion" und "Kohärenz", die zwei prinzipiellen Standards, erforschte.

Kapitel 5 beschäftigt sich mit der Herstellung von Texten, die Grenze von Texten, den Problemen der Textkohäsion, und den grundlegenden Modelle der Themenentfaltung.

In Kapitel 6, untersuchte auf der Basis der Sprechakttheorie die Grundfunktionen von Text, und auf Grund dieser Untersuchung diskutierte ich die Textsorten im vormodernen und modernen China und Korea.

Kapitel 7 zeigt, auf welche Weise die von mir entwickelte Textwissenschaft auf die Analyse praktischer Textdaten anwenden kann anhand von Analyseexemplaren aus der alten und der modernen koreanischen Sprache.

Kapitel 8 stellt die Rezeption von Texten, die Bereich, der bis heute unerforscht war, in den Mittelpunkt. In diesem Kapitel behandelte ich die Sprachdaten, die in diesem Buch schon erwähnt wurde, um die Probleme der Herstellung und insbesondere der Rezeption von Texten intensiv zu diskutieren.

Ich vollendete dieses Buch mit Kapitel 9, das die Tatsache bekräftigt, dass die Anwendungsbereiche der Textwissenschaft Literaturwissenschaft, Sprachlehrmethodik und Übersetzungstheorie einschließen. Danach zeigte ich die Entwicklungsperspektiven der Textwissenschaft auf.

Dieses Buch spiegelt die textwissenschaftliche Forschungen weltweit seit 1999, dem Jahr der ersten Auflage dieses Buches, wider, indem sowohl theoretische wie auch praktische Gründe für das Zusammenleben von Sprach- und Literaturwissenschaft in einer Fachrichtung angeführt werden. Der Anhang bietet das Glossar und das Sachregister, um den LeserInnen, die den Inhalt dieses Buches zu verstehen wünschen, zu helfen.

Abstract (영문 요지)

Science of Text

Yong-Kun Ko
(Professor Emeritus,
Seoul National University)

This book is the second edition of Theyksutu-iron (Text Theory) which was published in 1999 in the Daewoo Academic Series 448. The writer changed the title to Science of Text and reduced the content of the second chapter (of the first edition) 'Stream and Movement of Text Research' and incorporated it into the introduction (of the second edition). Instead, he moved the contents regarding production and reception to Chapter 8.

In Chapter 1, the writer defined the text, text theory and science of text. He treated relations between science of the text and related sciences and surveyed the research on text so far.

In Chapter 2, the writer discussed support for text science from a semiotic perspective. By incorporating Chu Sigyong's semiotics, he made it possible to establish an independent field of the language-literature.

In Chapter 3, the writer integrated Chu Sigyong's semantic interpretation theory and Lee Huisung's literature appreciation theory to develop a language-literature theory.

In Chapter 4, cohesion and coherence, the key concepts of text science, were treated by integrating the understanding of text science in the East and the West. With the application of these two concepts, the writer probed approaches to ensure textuality.

In Chapter 5, generation of the text, limits of the text, thematic problems of text cohesion and a basic model of thematic progression were treated.

In Chapter 6, the basic function of the text was researched in terms of speech act theory. Also, text typology was attempted in traditional text materials of China and Korea.

In chapter 7, by analysing text materials in Modern and Premodern Korean. the writer showed how the science of text is applied in real text analysis.

In Chapter 8, with the above mentioned text materials, the writer examined text production and text reception. Particularly, he focused on and highlighted the problems of text reception which have been overlooked so far.

In Chapter 9, the entire contents of the book were summarized and the applicable fields of text science were discussed. The prospect for future development was presented.

By reflecting a wide range of research results accomplished at home and abroad since the first edition, this book reinforced a theoretical basis and rationale for making language and literature live together in the same room. A glossary is attached to help readers when used in parallel with the index articles.

참고 문헌

(1) 본문에서 '홍길동 1990 /2010'과 같이 빗금을 중심으로 문헌 표기를 한 것은 원칙적으로 뒤의 문헌만 등재의 대상으로 삼았다. 같은 사람이 같은 해에 두 편 이상을 발표하였을 때에는 '홍길동 (2002abc) …'로 구분하였다.
(2) 성명은 한국인, 중국인, 일본인, 서양인을 가리지 않고 한글로 적어 가나다 순서로 배열하였으며 괄호 안에 한자나 원명을 적었다.

간젤·유르겐즈, (Christina Gansel /Jürgens) (2002), Textlinguistik und Textgrammatik, Westdeutscher Verlag.

강범모 (1999), 한국어의 텍스트 장르와 언어 특성, 고려대학교 출판부.

_____ ·김흥규·허명희 (2000), 한국어의 텍스트 장르, 문체, 유형, 태학사.

강상현·채 백 (편) (1996), 대중 매체의 이해와 활용, 한나래.

강연임 (2007), 공익 광고의 텍스트 구조의 특징, 우리말글 39, 1-29.

강영주 (1986), 한국 근대역사소설연구, 서울대학교 박사 논문.

강혜선 (1996), 박지원 산문의 古文 변용 양상에 대한 연구, 서울대학교 국문과 박사 논문.

고니시 (小西敏夫) (1992a), "월인석보" 제23 '목련전'의 텍스트 언어학적 분석, 국어연구 107.

_____ (1992b), 언어표현에 있어서 "월인천강지곡"과 "석보상절"의 관계, 국어학논집 1 (서울대 국문과), 161-76.

_____ (1993), 일본에서의 텍스트 언어학 연구 동향, 텍스트 언어학 1, 483-519.

고성환 (1996), 『오우가』의 어학적 분석, 김완진 밖에 (1996: 140-55).

_____ (2002), 응결 장치와 텍스트 경계, 고영근 밖에 (2002: 633-652).

_____ (2009), 응결 장치의 계층성과 텍스트 경계, 고영근 밖에 (2009: 127-47).

고영근 (Yong-Kun Ko) (1982), 주시경의 문법이론에 대한 형태·통사적 접근, 국어학 11, 고영근 (1983: 289-310, 2010b: 141-70).
______ (1983), 국어문법의 연구, 탑출판사.
______ (1989), 국어 형태론 연구, 서울대학교 출판부.
______ (1990a), 텍스트 이론과 국어 통사론 연구의 방향, 배달말 15, 1-33.
______ (1990b), 문장과 이야기의 관련성에 관한 연구, 관악어문연구 15, 고영근 (2004a: 265-311).
______ (1992), 텍스트 연구 동향, 대우재단소식 42.
______ (1993), 우리말의 총체서술과 문법 체계, 일지사.
______ (1994a), 통일시대의 語文問題, 도서출판 길벗.
______ (1994b), 텍스트 언어학, 장석진 (편) (1994: 460-80).
______ (1994c), 독일의 언어학계를 돌아 봄, 텍스트 언어학 2, 485-505.
______ (1995a), 주시경 『국어문법』의 형성에 관한 문제, 대동문화연구 30, 233-77.
______ (1995b), 단어·문장·텍스트, 한국문화사.
______ (1995c), 최현배의 학문과 사상, 집문당.
______ (1996a), 한국 고전 작품에 대한 텍스트 언어학적 분석, 새국어생활 6.1, 89-107.
______ (1996b), 윤선도 『오우가』의 텍스트 분석, 이기문교수 정년퇴임 기념논문집 (신구문화사), 27-44.
______ (1996c), 우리 언어문화의 뿌리를 찾아서, 한신문화사.
______ (1997a), 텍스트 형성과 응집성의 문제, 淸凡陳泰夏敎授 啓七頌壽紀念論叢 (太學社), 345-62.
______ (1997b), 텍스트 이론의 기호학적 근거, 독일어문학회 '96 겨울학술대회 기조 발제 논문.
______ (1997c), 1920년 소련 한인 사회의 한국어문 표준화 운동, 관악어문연구 22, 1-28.
______ (1997d), 텍스트 이론과 문학 작품의 분석, 텍스트 언어학 4, 1-20.
______ (1997e), 표준 중세국어문법론 (개정판), 집문당.
______ (1998a), 한국 어문 운동과 근대화, 탑출판사.
______ (1998b), Zur koreanischen traditionellen Sprachphilosophie und ihren

modernen Transformationen, Beitrag zum Ost-West Kolloquium fur Sprachwissenschaft : analitisches und synthetisches sprachliches Wissen, 4.-6. 9. 98. in der Humboldt- Universität zu Berlin und im Landhotel Krausnick (Unterspreewald), 국문 원고는 『이승환 선생 정년퇴임 기념 논문집』, 한국문학사 (1999)에 실렸으며 독문 원고는 K. Ezawa et al. (Hg.) (2002), *Linguisrik jenseits des Srtukturalismus*. Tübingen : Narr, 437-49에 실림.
______ (1998c), 동양의 훈고학 및 고전 시학과 텍스트 이론, 텍스트 언어학 5, 1-26.
______ (1998d), 중세국어의 시상과 서법 (보정판), 탑출판사.
______ (1998e), 좋은 텍스트를 만드는 길, 새국어생활 8.4 (겨울), 213-21.
______ (1999), 텍스트이론 (대우학술총서 448), 아르케.
______ (2001a), 텍스트 과학과 문학 연구, 고영근 (편) (2001: 53-66).
______ (2001b), 말・글・텍스트, 시학과 언어학 1, 17-35.
______ (2001c), 한국의 언어 연구, 역락.
______ (2002a), 문법과 텍스트 과학, 고영근 밖에 (2002: 3-28).
______ (2002b), 텍스트 과학–그 정체성을 찾아서, 텍스트 언어학 12, 1-19.
______ (2004a), 단어・문장・텍스트 (보정판), 한국문화사.
______ (2004b), 북한의 문법 연구와 문법 교육, 박이정.
______ (2005), 텍스트의 개념 정립과 텍스트 처리에 관한 문제, 텍스트 언어학 19, 1-18.
______ (2008), 민족어의 수호와 발전, 제이앤씨.
______ (2009), 텍스트의 개념 정립과 텍스트 처리에 관한 문제, 고영근 밖에 (2009: 27-42).
______ (2010a), 표준 중세국어문법론 (제3판), 집문당.
______ (2010b), 민족 어학의 건설과 발전, 제이앤씨.
______ (2011), 중세국어의 시상과 서법 (제4판), 집문당.
______ (편) (1985), 국어학 연구사, 학연사.
______・남기심 (공편) (1983), 국어의 통사・의미론, 탑출판사.
____________ (공편) (1997), 중세어 자료 강해, 집문당.

_____ · 박금자 · 고성환 · 윤석민 (2003), 월인천강지곡의 텍스트 분석, 텍스트 언어학 총서 5, 집문당.
_____ 밖에 (2001), 한국 텍스트 과학의 제과제, 역락.
_____ 밖에 (2002), 문법과 텍스트, 서울대학교 출판부.
_____ 밖에 (2009), 한국 문학 작품과 텍스트 분석, 텍스트 언어학 총서 1, 집문당.
_____ · 이 용 · 최형용 (교감) (2010), 주시경 국어문법의 교감과 현대화, 박이정.
__________________ (2011), 현대어로 풀어 쓴 주시경의 국어문법, 박이정.
_____ · 이현희 (공동교감) (1986), 주시경 국어문법, 탑출판사.
_____ · 박영철 (1998), 텍스트 유형 — 분류기준에 대한 비판적 고찰, 독일어문학 8, 5-31.
곽정식 (1985), 복타러 가는 이야기, 부산 한글 4, 11-26.
구노 (S. Kuno, 久野璋) (1977), Generative Discourse Analysis in America, in 드레슬러 (ed.) (1977: 275-94).
구명철 (2001), 광고문에 나타난 언어유희적 특성, 한국 광고 홍보 학보 3, 62-87.
_____ (2002), 독일 광고에 나타난 언어기호와 시각기호의 관계, 독일 문학 84, 426-45.
구인환 · 구창환 (1987), 문학개론 (新稿), 삼지원.
권순희 (2003), 인터넷 신문의 리플 텍스트에 나타난 수용자 반응 분석, 국어교육 111, 227-253.
권오현 (1992), 문학 소통 이론 연구, 서울대학교 교육학 (독어교육) 박사 논문.
_____ (1993), 경험주의 문예학의 학문 이론적 기초, 독어교육 11 , 175-99.
_____ (1997), 가다머에 있어서 이해의 보편성과 '언어'의 문제, 독어교육 15, 351-86.
_____ (1999) 문학 텍스트와의 생산적 만남 — 이론적 토대 및 교육 가치 분석, 독어교육 18, 37-72.
권재일 (1998), 텍스트 언어학과 인문학의 발전, 추상과 의미의 실제, 박이정.
권종성 (1994), 조선어 정보 처리, 과학 백과사전 종합출판사 (한국문화사 영인, 1996).

귈리히 · 라이블레 (E. Gülich, W. Raible) (1977), Linguistische Textmodelle, Fink.
그라우만 (C. F. Graumann) · 헤어만 (Th. Herrmann) (Hg.) (1984), Karl Bühlers Axiomatik: 50 Jahre Aximatik der Sprachwissenschaften, Klostermann.
그라임스 (J. E. Grimes) (1975), The Thread of Discourse, Mouton.
그레마스 (A. J. Greimas) (1966), Sémantique structurale, Larousse.
그로스 (E. U. Grosse), French Structuralist Views on Narrative Grammar, in 드레슬러 (ed.) (1977: 155-73).
기본 · 리히터 (G. Gibbon /H. Richter) (eds.) (1984), Intonation, Accent and Rythm : Studies in Discourse Phonology (RTT Vol. 8), de Gruyter.
김경섭 (1998), 설화 연행의 텍스트 언어학적 연구, '98년도 대우학술재단 박사과정 장학 연구 보고서.
김경용 (1994), 기호학이란 무엇인가, 민음사.
_____ (2001), 기호학의 즐거움, 민음사.
김규철 (1988), 모습과 바탕, 관악어문연구 13, 1-23.
김기종 (2010), 월인천강지곡의 저경과 문학적 성격, 보고사.
김대행 (1976), 한국 시가 구조 연구, 삼영사.
_____ (1984), 용비어천가의 권점에 대하여, 국어교육 49 · 50, 111-28.
_____ (역주) (1993), 한국 고전 문학 전집 (1), 고려대학교 민족문화연구소.
김도련 (1998), 한국 고문의 원류와 성격, 태학사.
_____ (편) (1998), 한국 고문의 이론과 전개, 태학사.
김동근 (2009), 『혼불』의 기호 체계와 텍스트성, 고영근 밖에 (2009: 231-49).
김동욱 (1976), 증보 춘향전 연구, 연세대학교 출판부.
김래현 (1999), 다중 매체 시대에 있어서 문학의 기능, 독일어문학 9, 1-34.
김민수 (1980), 국어학사, 일조각.
_____ 밖에 (공편) (1984), 국어와 민족 문화, 집문당.
김방한 (1967), 프라그학파의 언어 이론, 어학연구 3.2, 김방한 (1970: 360-89).
_____ (1970), 언어학논고, 서울대학교 출판부.
_____ (1992), 언어학의 이해, 민음사.
_____ (1998), 소쉬르, 민음사.

김병국 (1995), 한국 고전 문학의 비평적 이해, 서울대학교 출판부.
김병선 (1997), 한국 전산 언어학의 현황과 과제화, 어문연구 5 (한국정신문화연구원), 193-233.
김병욱 밖에 (1993), 한국 문학 형태론, 일조각.
김봉순 (1996), 텍스트 의미 구조의 표지 연구, 서울대학교 국어교육과 박사 논문.
김상태 · 박덕근 (1990), 문체의 이론과 한국 현대 소설, 도서출판 한실.
김성도 (1997), 기호와 추론, 기호학연구 3 (삶과 기호), 351-79.
_____ (2002), 구조에서 감성으로 — 그레마스의 기호학 및 일반 의미론의 연구, 고려대학교 출판부.
_____ (2003), 디지털 언어와 인문학의 변형, 경성대학교 출판부.
_____ (2007), 기호, 리듬, 우주: 기호학적 상상력을 위하여, 인간사랑.
김성재 밖에 (1998), 매체미학, 나남출판.
김성칠 · 김기협 (1997), 역사로 읽는 용비어천가, 들녘.
김성희 (1993), 한국 희곡과 기호학, 집문당.
김양훈 (2002), 광고 텍스트에 대한 텍스트 분석, 독어 교육 25, 173-97.
김열규 밖에 (1992a), 한국 고전 시가 작품론 1, 집문당.
_____ 밖에 (1992b), 한국 시가 작품론 2, 집문당.
김영배 (1984), 국어학사상의 양주동, 논문집 23 (동국대학교), 고영근 (편) (1985: 426-41).
김영순 (2001), 영상 광고의 텍스트성과 구성 원리, 텍스트 언어학 11, 199-223.
_____ · 오장근 (2004), 광고 텍스트 읽기의 즐거움—기호적 인간의 아름다운 문화사회를 위하여, 연극과 인간.
김완진 (1979), 언어와 문학, 탑출판사.
_____ 밖에 (1996), 문학과 언어의 만남, 신구문화사.
김용직 (1996), 김소월 전집, 서울대학교 출판부.
김우룡 · 장소원 (2004), 비언어적 커뮤니케이션, 나남.
김욱동 (2002), 수사학이란 무엇인가, 민음사.
김원식 (2000), 광고 텍스트의 언어적 특성, 독일 문학 73, 264-92.
김은희 (1998), 지침 텍스트에 나타난 선전 책략, '98년도 대우학술재단 박사과정 장학연구 보고서.

김인자 (1993), 텍스트 화용론적 관점에서의 합성 명사 고찰 — 독일어, 한국어 신문기사의 임시 합성 명사를 중심으로, 고려대학교 독문과 박사 논문.
김재봉 (1996), 텍스트 요약 전략에 대한 국어 교육학적 연구, 조선대학교 박사 논문.
김정남 (1994), 현대 소설의 지문에 나타나는 시상의 양상과 기능, 텍스트 언어학 1, 317-40.
_____ (2010), 소설 텍스트 시제 이동의 한 가지 새로운 기능, 텍스트 언어학 28, 1-22.
김종택 (1975), 宣祖大王諺敎考, 국어 교육 논지 3 (대구교대), 27-34.
김종현 (1998), 한국어의 메아리 질문 연구, 서울대학교 언어학과 박사 논문.
김중신 (1995), 소설 감상 방법론 연구, 서울대학교 출판부.
김진권 (1996), 상호 텍스트성 — 차우더의 거시 텍스트 이론을 중심으로, 텍스트 언어학 4, 207-39.
김진세 (1990), 고전 소설의 話題轉換 語句考 (一), 청파 문학 16 (숙명여자대학교 국어국문학과), 213-27.
김진영 (1984), 이규보 문학 연구, 집문당.
김진우 (1981), 시조의 운율, 한글 173 · 174, 김민수 밖에 (공편) (1984: 174-94).
_____ (1985), 언어, 탑출판사.
김창원 (1995), 시 교육과 텍스트 해석, 서울대학교 출판부.
김태옥 (1976), 시의 언어학적 소고, 언어 1.1, 218-36.
_____ (1994), 담화 생산과 분석, 장석진 (편) (1994: 891-924).
_____ · 이현호 (1995), 담화 연구의 텍스트성 이론과 적합성 이론, 담화와 인지 1, 1-77.
김태자 (1987), 발화 분석의 화행 의미론적 연구, 탑출판사.
김한곤 (1969), 의미론의 대상과 방법, 어학연구 5.2, 1-18.
김해연 (Haeyeon Kim) (1992), Clause Combining in Discourse and Grammar: An Analysis of some Korean Clausal Connectives in Discourse, PhD Dissertation of University of Hawaii.
김헌선 (1994), 한국의 창세 신화, 도서출판 길벗.

김 현 (편) (1985), 수사학, 민음사.
김현이 (1990), 박목월 시 공간의 기호론적 연구, 이화여자대학교 박사 논문.
김형효 (1993a), 데리다의 해체철학, 민음사.
_____ (1993b), 기호학과 문화의 해독법, 김형효 밖에 (1993: 111-57).
_____ 밖에 (1993), 언어·문화 그리고 인간, 한국정신문화연구원.
김혜정 (2001), 비판적 읽기를 위한 텍스트 분석 시론, 텍스트 언어학 10, 73-105.
_____ (2002), 하이퍼 텍스트 구조이해, 텍스트 언어학 13, 267-94.
_____ (2010), 문학적 텍스트의 다층적 구조 분석을 위한 텍스트 이해 전략, 텍스트 언어학 29, 143-75.
김효중 (1998), 번역학, 민음사.
남광우·성환갑 (1978), 月印千江之曲, 형설출판사.
남기심 (1996), 국어 문법의 탐구 II, 태학사.
_____·고영근 (2011), 표준 국어 문법론 (제3판), 탑출판사.
남풍현 (2000), 口訣研究, 태학사.
노석기 (1988), 우리말 담화의 결속관계 연구, 동아대학교 국문과 박사 논문.
노은경 (E. K. Nho) (1993), Pronominalisierung und Konnektive. Aspekte einer Schreibdidaktik fur Fremdsprache, Dissertation der Universität Bielefeld.
_____ (1994), 제2언어에 있어서의 텍스트 생성 능력, 텍스트 언어학 2, 165-90.
뇌트 (W. Nöth) (1978), The Semiotic Framework of Textlinguistics, in 드레슬러 (ed.) (1977: 21-34).
___ (1995), Handbook of semiotics, Indiana University Press.
___ (2000), Handbuch der Semiotik: 2, Vollständig neu bearbeitete und erweiterte Auflage, Sttutgart: Metzler.
다네슈 (F. Daneś) (1970), Zur linguistischen Analyse der Textstruktur, Folia Linguistica 4, 72-78.
_____ (1983), Welche Ebenen der Textstruktur soll man annehmen?, Linguistische Studien Reihe A Arbeitsberichte 112, 1-11.

드레슬러 (W. Dressler) (1973) /이재원 (역) (2004), 텍스트 언어학 개론 (Einführung in die Textlinguistik), 한국문화사.

_______ (1977), Introduction, in 드레슬러 (ed.) (1977: 1-5).

_______ (1989), Semiotische Parameter einer textlinguistischen Natürlichkeitstheorie, Der Österreichen Akademie der Wissenschaften, Wien.

_______ (1991), Marked and Unmarked Text Strategies within Semiotically Based Natural Textlinguistics, in 황신자 (Shin Ja J. Hwang) · 메리필드 (W. R. Merrifield) (eds.) (1991: 5-18).

_______ (ed.) (1977), Current Trends in Textlinguistics, de Gruyter.

_______ · 슈미트 (S. J. Schmidt) (1973), Textlinguistik: kritische Information, Fink.

랜도우 (G. P. Landow) (1997) /여국현 (역) (2001), 하이퍼 텍스트 2.0 (Hypertext 2.0: the convergence of contemporary critical theory and technology), 문화과학사.

레빈 (B. Lewin) (1974), Textlinguistik in Japan, Veröffentlichungen des Ostasien-Instituts der Ruhr-Universität 11, 90-103.

렌케마 (J. Renkema) (1992) /이원표 (옮김) (1997), 담화 연구의 기초 (Discourse Studies: An Introductory Textbook), 한국문화사.

로젠그렌 (I. Rosengren) (Hg.) (1979), Sprache und Pragmatik, Lunder Symposium, CWK GLEERUP.

롱에이커 (R. Longacre) · 레빈슨 (S. Levinsohn) (1978), Field Analysis of Discourse, in 드레슬러 (ed.) (1977: 103-22).

리몬-캐넌 (S. Rimmon-Kenan) /최상규 (역) (1985), 소설의 시학 (Narrative Fiction), 문학과 지성사.

리저 (H. Rieser) (1977), On the Development of Text Grammar, in 드레슬러 (ed.) (1977: 6-20).

립 (H. Lieb) (1971), On Subdividing Semiotic, in 바-힐렐 (Y. Bar- Hillel) (ed.) (1971: 94-119).

링케 (A. Linke) · 누스바우머 (M. Nussbaumer) · 포스트만 (P. R. Postmann) (1994), Studienbuch Linguistik, 2. Auf. Niemeyer.

링크 (Jürgen Link) (1974) /고규진 밖에 (공역) (1994), 기호와 문학 (Literaturwissenschaftliche Grundbegriff), 민음사.

메이너드 (S. K. Maynard) (1982), Hiroshima forktales: Text-typology from the perspective of structure and discourse modality, Text 2.4, 375-93.

모치 (W. Motsch) · 라이스 (M. Reis) · 로젠그렌 (I. Rosengren) (1990), Zum Verhältnis von Satz und Text, Deutsche Sprache 18, 97-124.

문영호 (1990), 계산기 언어학 개론, 사회과학출판사.

_____ 밖에 (1993), 응용 언어학, 사회과학출판사 (한국문화사 영인, 1994).

문화재청 (2007), 훈민정음 언해본 이본 조사 및 정본 제작 연구.

뮐러 (B. L. Müller) (1985), Der Satz, Niemeyer.

민병곤 (2001), 서평: R. de Beaugrande, *New Foundations for a Science of Text and Discourses,* 고영근 밖에 (2001: 401-78).

민병수 (1992), 회고가 『오백년 도읍지에 ……』에 대하여, 김열규 밖에 (1992a: 471-80).

_____ (1996a), 한국한문학사, 태학사.

_____ (1996b), 한국한시강해, 태학사.

바르트 (E. Barth) (Hg.) (1974), Louis Hjelmslev : Aufsätze zur Sprachwissenschaft, Klett.

바-힐렐 (Y. Bar-Hillel) (ed.) (1971), Pragmatics of Natural Languages, Reidel.

박갑수 밖에 (1994), 국어 문체론, 대한교과서 (주).

박금자 (1997), 15세기 언해서의 협주 연구 (텍스트 언어학 총서 3), 집문당.

_____ (2002), 간텍스트성, 변형, 다시쓰기, 고영근 밖에 (2002: 509-36).

박병채 (1974), 논주 월인천강지곡, 세영사.

박성종 (朴盛鍾) (2006), 朝鮮初期 古文書 吏讀文 譯註, 서울대학교 출판부.

박성현 (2008), 한국어 말차례체계와 화제 (텍스트 언어학 총서 7), 집문당.

박여성 (1994) (Yosong Park), Ubersetzung als interkulturelle Neukonstruktion: Eine textlinguische Analyse der assertiven Textsorten im Deutschen und im Koreanischen, Studien zur linguistik Bd. 2, Münster: LIT Verlag.

_____ (1995a), 화행론적 텍스트유형학을 위하여, 텍스트 언어학 2, 1-60.

______ (1995b), 언어학과 문예학 사이의 학제적 이론으로서의 구성주의: 텍스트 이해 (verstehen)의 문제를 중심으로, 한국 뷔히너학회 (1995. 11. 11) 발표 논문.
______ (1995c), 번역 이론의 새로운 과제: 텍스트 언어학과 화행론을 토대로 한 구성주의 번역 이론, 연구보고서 언정연 (고려대학교 언어정보연구소), 95-8.
______ (1996a), 텍스트 언어학의 이론과 실제, 서울대학교 국문과 대학원 강연 원고.
______ (1996b), 간텍스트성의 문제 — 현대 독일어의 실용 텍스트를 중심으로, 텍스트 언어학 3, 83-122.
______ (1997a), 비난 또는 헌사 — 서평에 대한 텍스트 언어학적 고찰, 텍스트 언어학 4, 89-137.
______ (1997b), 구성주의 번역 이론, 언어정보 창간호, 151-190.
______ (1999), 텍스트 유형의 결정 변수와 분포에 관한 연구, 한국텍스트 언어학회 '99 춘계 학술 대회, 한양대학교 사범대학.
______ (2000), Brennpunkt der vergleichenden Sprachtheorie-Chinesische Rhetorik als textlinguistische Fundgrube, 2000년 제3회 동서언어학집담회 원고, 베를린.
______ (2001), 미디어 폴리스 시대의 텍스트 과학, 한국 텍스트 과학의 제과제, 역락.
박영목 (1996), 국어 이해론, 법인문화사.
박영배 (1995), 언어학과 문학, 어문학논총 14 (국민대학교), 167-85.
박영철 (1996), 지침의 구조와 유형, 경북대학교 박사 논문.
박용익 (1998a), 대화 분석론, 한국문화사.
______ (1998b), 텍스트 언어학 문헌 정리 — 독일어권의 자료를 중심으로, 텍스트 언어학 5, 269-324.
______ (1998c), 대화 분석론의 이론과 전망, 한국텍스트 언어학회 '98 추계학술대회 발표요지, 텍스트 언어학 6, 1-24.
______ (2001), 대화 분석론 (개정증보판), 역락.
박재민 (2009), 三國遺事所載 鄕歌의 原典批評과 借字・語彙 辨證, 서울대학교

국문학과 박사 논문.
박정준 (1994), 담화의 텍스트 언어학적 분석 연구, 서울대학교 언어학과 석사 논문.
박종성 (1999), 한국 창세 서사시 연구, 태학사.
박지홍 (1988), 훈민정음에 나타나는 역학적 배경, 훈민정음의 이해 (한신문화사), 239-60.
박희병 (1993), 조선 후기 傳의 소설적 성향 연구, 성균관대학교 출판부.
반 데이크 (T. A. van Dijk) (1980) /정시호 (역) (1995), 텍스트학 (Textwissenschaft), 민음사.
_______ (T. A. van Dijk) (1980) /정시호 (역) (2000), 텍스트학 (Textwissenschaft) (제2판), 민음사.
발머 (Th. Ballmer) · 포스너 (R. Posner) (Hg.) (1985), Nach-chomskische Linguistik, Gruyter.
백설자 (Solja Paek) (1993), Die sprachliche Form hypothetischen Denkens in der Wissenschaftssprache, iudicium.
_____ (1994), 조건 구문과 학술 논증의 이행점, 텍스트 언어학 2, 375-402.
보그랑드 (B. de Beaugrande) (1980), Text, Discourse, and Process, Ablex.
______ (1991) /정동빈 밖에 (공역) (1996), 언어학이론 (Linguistic Theory), 한신문화사.
______ (1997a), New Foundations for a Science of Text and Discourse, Ablex.
______ (1997b), Textlinguistik: zu neuen Ufern?, in 안토스 (G. Antos) · 티에츠 (H. Tietz) (Hg.) (1997: 1-11).
______ · 드레슬러 (W. Dressler) (1981), Einfuhrung in die Textlinguistik, Niemeyer.
______________ (1991) /김태옥 · 이현호 (역) (1995), 담화 · 텍스트 언어학 입문 (Introduction to Textlinguistics, 1981), 양영각 /한신문화사.
봉일원 · 박여성 (1994), 구성적 번역의 위치 규정에 대하여, 독일문학 35. 3, 487-519.
부세 (D. Busse) (1992), Textinterpretation, Westdeutscher Verlag.

뷜러 (K. Bühler) (1934 /1965), Sprachtheorie – die Darstellungsfunktion der Sprache, Fischer.

___ (1965) /지광신 · 최경은 (역) (2008), 언어이론 (Sprachtheorie), 나남.

브링커 (K. Brinker) (1983), Textfunktionen Ansätze zu ihrer Beschreibung, ZGL 11, 127-48.

_____ (1992) /이성만 (역) (1994), 텍스트 언어학의 이해 (Linguistische Textanalyse), 한국문화사.

_____ (2000), Text- und Gesprächlinguistics /Linguistics of Text and Comversatiom, I. Halbband /Volume 1, Berlin: de Gruyter.

_____ · 안토스 (G. Antos) · 하이네만 (W. Heinemann) · 자거 (S. F. Sager) (Hg. /eds.) (2000), Text- und Gesprächlinguistics /Linguistics of Text and Comversatiom, I. Halbband /Volume 1, Berlin: de Gruyter.

비놀트 (G. Wienold), Textlinguistic Approach to Writtten Works, in 드레슬러 (ed.) (1977: 133-54).

비에르비슈 (M. Bierwisch) (1965 /1972), Zum Textbegriff – Rezension von Z. S. Harris, in 이베 (J. Ihwe) (Hg.) (1972a).

사진실 (1997), 한국 연극사 연구, 태학사.

샐키에 (R. Salkie) (1995), Text and Discourse Analysis, Routledge.

샤롤 (M.Charolle) (1983), Coherence as a principle in the interpretation, Text 3.1, 71-97.

샤피로 (Shapiro) (1983), The Sense of Grammar, Indiana University Press.

서용좌 (1999), 텍스트 언어학적 분석에 의한 에.테.아.호프만의 『모래귀신』, 한국문화사.

서울대학교 국어교육 연구소 (1996), 고등학교 문법, 교육부.

서울대학교 인문과학 연구소 (1984), 인문과학의 새로운 방향, 서울대학교 출판부.

서윤석 (1994), 『문심조룡』 연구, 서울대학교 중문과 박사 논문.

서정수 (1991), 문장력 향상의 길잡이, 한강문화사.

_____ (1994), 국어문법, 뿌리 깊은 나무.

_____ (1998), 정보화 시대의 책과 논문 쓰기 길잡이, 동광출판사.

서정철 (1998), 기호에서 텍스트로, 민음사.

_____ (2003), 인문학과 소설 텍스트의 해석, 민음사.
_____ 밖에 (1985), 현대 프랑스 언어학, 문학과 지성사.
서 혁 (1996), 담화의 구조와 주제 구성에 관한 연구, 서울대학교 국어교육과 박사 논문.
설 (J. R. Searle) · 키퍼 (F. Kiefer) · 비에르비슈 (M. Bierwisch) (1980), Speech Act Theory and Pragmatics, Reidel.
성기옥 (2009), 용비어천가의 서사적 짜임, 고영근 밖에 (2009: 205-27).
셰르너 (M. Scherner) (1984), Sprache als Text, Niemeyer.
셰커 (M. Schecker) · 분더를리 (P. Wunderli) (Hg.) (1975), Textgrammatik, Niemeyer.
소두영 (1991), 기호학, 인간사랑.
송철의 (1995), '-었-'과 형태론, 국어사와 차자표기, 태학사, 847-63.
송효섭 (1997), 문화 기호학, 민음사.
슈넬레 (H. Schnelle) (1991), Die Natur der Sprache: Dynamik der Prozesse des Sprechens und Verstehens, de Gruyter.
슈미트 (S. J. Schmidt) (1987) /박여성 (역) (1995), 구성주의 (Der Diskurs des Radikalen Konstruktivismus), 까치글방.
_____ (1994) /박여성 (역) (1996), 미디어 인식론 (Kognitive Autonomie und soziale Orientierung), 까치글방.
_____ · 하우프트마이어 (H. Hauptmeyer) (1985) /차봉희 (역) (1995), 구성주의 문예학 (Einfuhrung in die Empirische Literaturwissenschaft), 민음사.
슈템펠 (W.D. Stempel) (1971), Beiträge zur Textlinguistik, Fink.
슈트로너 (H. Strohner) (1990), Textverstehen, Westdeutsher Verlag.
스터브스 (M. Stubbs) (1983) /송영주 (1993) (역), 담화 분석 (Discourse Analysis), 한국문화사.
신선경 (2009), TV 광고의 텍스트 언어학적 특성, 고영근 밖에 (2009: 423-44).
신용하 (1976), 주시경의 사회 사상, 한국사회학연구 1, 13-58.
신지연 (1996), 『속미인곡』의 텍스트 언어학적 분석, 김완진 밖에 (1996: 201-20).
_____ (1998), 국어의 지시 용언 연구, 태학사.
_____ (2002), 『월인석보』 「안락국전」의 텍스트 분석, 고영근 밖에 (2002: 653-

73).

______ (2009), 『훈민정음』 두 서문의 텍스트성, 고영근 밖에 (2009: 379-96).

신창순 (1997), 조선 총독부 언문 철자법과 통일안 맞춤법과의 비교연구, 한국어문 5 (한국정신문화연구원), 15-58.

심우장 (2001), 설화의 구연 전략에 대한 텍스트 언어학적 분석, 한국텍스트과학의 제과제 (역락), 193-236.

______ (2002), 구비 문학과 텍스트 과학, 구비 문학과 인접 학문 (박이정), 35-64.

심재기 (1976), 「영산홍」의 시 문법적 구성 분석, 언어 1.2 , 1-17.

______ (1993), 최근 문학 번역 이론의 흐름과 번역 비평의 나아갈 길, 번역연구 1 (한독문학번역연구소), 67-104.

심재만 (1991), 시어의 일탈성과 등가성에 대한 텍스트 언어학적 연구, 서강대학교 독문과 박사 논문.

심재완 (편저) (1973), 歷代時調全書, 세종문화사.

아펠 (K.-O. Apel) (Hg.) (1976), Sprachpragmatik und Philosophie, Suhrkamp.

안명철 (1996), 시에서의 반복과 이미지 생성, 김완진 밖에 (1996: 733-55).

안병희 (1989), 이병기 — 국어학의 재조명, 주시경 학보 4, 185-98.

______ (1992a), 국어사 자료 연구, 문학과 지성사.

______ (1992b), 국어사 연구, 문학과 지성사.

______ (2009a), 國語 硏究와 國語 政策, 월인.

______ (2009b), 國語史 文獻 硏究, 신구문화사.

안인경 (In-Kyoung Ahn) (1993), Substitution als Prinzip der Textkonstitution, Brockmeyer.

안정호 (2009), 텍스트의 이해, 고영근 밖에 (2009: 529-50).

안태형 (2010), 인터넷 토론 게시판 댓글의 유형 연구, 우리말 연구 26, 311-333.

안토스 (G. Antos) · 브링커 (K. Brinker) · 하이네만 (W. Heinemann) (2000), Text- und Gesprächlinguistik, de Gruyter.

______ · 크링스 (H, Krings) (1989) (Hg.), Textproduktion, Niemeyer.

______ · 티에츠 (H. Tietz) (1997), Die Zukunft der Textlinguistik: Tradition, Transformationen und Trends, Niemeyer.
야콥슨 (R. Jacobson) (1960) /김태옥 (역) (1977), 언어학과 시학, 언어과학이란 무엇인가, 문학과 지성사.
______ /신문수 (역) (1989), 언어학과 시학, 문학과 지성사.
양명희 (1998), 현대국어 대용어에 대한 연구, 태학사.
______ (2002), 텍스트 이론과 만화, 고영근 (2002: 759-83).
양영희 (2009), 『태백산맥』의 주제 전개를 위한 응결성 실현 양상에 대한 고찰, 고영근 밖에 (2009: 251-70).
양세욱 (2001), 고대 중국의 텍스트관과 텍스트 유형론, 고영근 밖에 (2001: 261-73).
엄 훈 (2009), 조선 전기 공론 영역 논변의 사례 분석, 고영근 밖에 (2009: 397-420).
연규동 엮음 (1999), 서울대인의 언어, 태학사.
에코 (U. Eco) (1975) /서우석 (역) (1985), 기호학 이론 (A Theory of Semiotics), 문학과 지성사.
___ (1984) /서우석 · 전지호 (역) (1991), 기호학과 언어 철학 (Semiotics and the Philosophy of Language), 청하.
___ (1984) /김성도 (옮김) (2009), 기호학과 언어 철학 (Semiotics and the philosophy of language), 열린 책들.
오세영 밖에 (1993), 구조와 분석 I, 도서출판 창.
오양호 (1997), 엽편 소설 형성의 문학사적 검토, 동서문학 여름호.
오장근 (2003), 광고 언어의 호소적 기능에 대한 텍스트 언어학적 연구—인쇄광고 헤드 카피의 텍스트 화용론적 분석, 텍스트 언어학 14, 321-49.
______ (2009), 텍스트 이해와 수용자의 전략, 고영근 밖에 (2009: 567-91).
오현아 (2010), 표현 문법 관점의 문장 초점화 교육 내용 연구, 서울대학교 국어교육과 박사 논문.
우한용 (1990), 한국 현대 소설 구조 연구, 삼지원.
원진숙 (1994), 작문 교육의 이론적 기초와 방법론 연구, 고려대학교 박사 논문.
위딩 (G. Ueding) (1996) /박성철 (옮김) (2003), 고전 수사학 (Klassische Rheto-

rik), 東文選 現代新書.
유동석 (1984), 양태 조사의 통보기능에 대한 연구, 국어연구 60.
______ (2002), 문법을 통해서 본 「동동」의 화자 문제, 고영근 밖에 (2002: 585-605).
유준필 (1991), 안자산의 국문학 연구, 국문학 연구 119.
______ (1998), 형성기에 있어서 국문학 연구, 서울대학교 국문과 박사 논문.
유탁일 (1989), 한국 문헌학 연구, 아세아문화사.
유 협 (劉勰) /최신호 (역) (1975), 文心雕龍, 현암사.
윤석민 (1989), 국어의 텍스트 언어학적 연구 시론, 국어연구 92.
______ (1994), RST와 국어의 텍스트 분석, 텍스트 언어학 1, 127-167.
______ (1996), 현대 국어의 문장 종결법 연구, 서울대학교 국문과 박사 논문.
______ (1998), 설화 텍스트의 대화 분석, 텍스트 언어학 6, 107-151,
______ (2002), 『월인천강지곡』의 텍스트 형성 규칙, 고영근 밖에 (2002: 675-704).
______ (2003), 텍스트 수용과 수정과 텍스트 언어학, 텍스트 언어학 14, 111-137.
______ (2009), 텍스트 언어학과 문학 작품의 분석, 고영근 밖에 (2009: 97-126).
______ · 유승섭 · 권면주 (2006a), 쉽게 읽는 용비어천가 (I), 박이정.
____________________ (2006b), 쉽게 읽는 용비어천가 (II), 박이정.
윤형식 (1997), 퍼스 기호 철학의 기본 사상과 얼개, 언어정보 1 (고려대학교 언어정보연구소), 109-46.
윤희원 (1991), 조윤제 ― 국어학사의 재조명, 주시경 학보 8, 131-9.
이기갑 (1995), 한국어의 담화 표지 '이제', 담화와 인지 1, 261-81.
이기문 (1982), 소월시의 언어에 대하여, 국어학 연구, 신구문화사.
이난희 (1995), 번역에 있어서 텍스트 유형 구분의 문제, 텍스트 언어학 3, 435-65.
이대규 (1996), 수필의 해석, 신구문화사.
이두원 (1997), 찰스 퍼스의 커뮤니케이션 사상에 대한 연구, 기호학 연구 3 (삶과 기호), 432-54.

이명구 (1992), 鮮・明代小說의 比較文學的 硏究, 자산이상비박사 화갑기념논총, 3-61.

이병근 (1992), 일석 국어학의 성격과 시대적 의의, 주시경 학보 9, 112-32.

이베 (J. Ihwe) (Hg.) (1972a), Literaturwissenschaft und Linguistik 1, Athenäum.

___ (Hg.) (1972b), Literaturwissenschaft und Linguistik 2, Athenäum.

이성구 (1985), 훈민정음 연구, 동문사.

이성만 (1991), Das Korea-Bild in der deutschen Presse: Textlinguistischen Untersuchungen ausgewählter Berichte in Zeitungen und Zeitschriften, Dissertation der Universität Trier.

_____ (1992a), 통합적 텍스트 언어학을 위한 테제, 주시경 학보 9, 3-33.

_____ (1992b), 통보 기능적 텍스트 유형론의 가능성과 문제점 — 클라우스 브링커의 언어학적 텍스트 분석론을 중심으로, 독어 교육 10, 83-109.

_____ (1992c), 언어 화용론의 행위 이론적 전통과 발전, 인문 논총 6 (배재대학교), 109-50.

_____ (1993a), 텍스트는 체계인가, 독일 문학 — 반 데이크의 분석 모델을 중심으로, 독일 문학 50, 303-32.

_____ (1993b), 저자 시점의 언어적 실현에 대하여 — 사회적 이미지 형성의 텍스트 언어학적 연구 시론, 인문 논총 7 (배재대학교), 141-70.

_____ (1993c), 신문 통보 형태 '논설'에 나타난 텍스트 응집성과 저자 시점, 독어 교육 11, 85-118.

_____ (1993d), 텍스트 구조의 이해, 텍스트 언어학 1, 7-36.

_____ (1994a), 텍스트의 의미 구조, 인문 논총 8 (배재대학교), 129-98.

_____ (1994b), 화용 문체론의 대상과 과제, 독어 교육 12, 205-27.

_____ (1994c), 화용 문체론적 텍스트 분석 시론, 텍스트 언어학 2, 191-214.

_____ (1995a), 텍스트 구조의 두 가지 차원 — 텍스트 이해의 지평, 독일 문학 55, 411-33.

_____ (1995b), 텍스트의 화용 구조 — 텍스트 구조의 총체적 서술을 위한 시론, 독일 언어문학 3, 381-98.

_____ (1995c), 언어학적 텍스트 이해의 의미론적 과제, 텍스트 언어학 3, 1-30.

_____ (1996a), 문체와 텍스트 — 화용 문체론의 텍스트 분석, 독일 문학 59, 385-407.
_____ (1996b), 논증의 언어학적 의미와 기능, 배재 논총 1 (배재대학교), 53-74.
_____ (1996c), 텍스트 언어학의 위상과 과제, 인문 논총 10, 143-72.
_____ (1996d), 텍스트에 있어서 논증 행위의 구조, 독어 교육 14, 199-229.
_____ (1997), '결의문'의 텍스트 유형론적 연구, 배재 논총 2, 79-121.
_____ (1998a), 텍스트 이해에서 바꿔쓰기의 기능, 텍스트 언어학 5, 59-85.
_____ (1998b), 독자 편지의 텍스트 유형론적 연구, 독어 교육 16, 149-82.
_____ (1999), 기능주의 텍스트 언어학의 성과와 과제 — 드레스덴 모델을 중심으로, 인문 논총 14 (배재대학교), 201-29.
_____ (2009), 텍스트 이해에서 '바꿔쓰기'의 기능, 고영근 밖에 (2009: 593-619).
이성준 (1993), 언어 내용 이론, 국학자료원.
이윤석 (1993), 완역 용비어천가 (상중하), 보고사.
이은경 (1998), 텔레비전 토크쇼의 연결 어미 분석, 텍스트 언어학 5, 181-204.
_____ (2002), 한국어 교재에서의 어미의 사용 양상, 고영근 밖에 (2002: 729-57).
_____ (2009), 공지문 텍스트의 구조와 기능, 고영근 밖에 (2009: 351-78).
이은희 (1993), 접속 관계의 텍스트 언어학적 연구, 서울대학교 국어교육과 박사 논문.
이응호 (1974), 미 군정기의 한글 운동사, 성청사.
이익섭 (1998), 국어사랑은 나라사랑, 문학사상사.
이인경 (2009), TV 광고의 텍스트 언어학적 분석, 고영근 밖에 (2009: 497-526).
이재선 (1969), 개화기의 수사론, 한국 근대문학 연구, 서강대 인문과학연구소.
이재원 (2009), 광고로 읽는 언어학 (개정판), 공감.
이재호 (1993), 한국 현대시의 텍스트 언어학적 연구, 서울대학교 국문과 박사 논문.
이 정 (1980), 언어 기호론, 한글 167, 179-205.
이정모 (2002), 인지 과학의 현재, 과거, 미래, 인지 과학 13.4, 69-79.

_____ · 이재호 (편) (1998), 인지 심리학의 제문제 (II): 언어와 인지, 학지사.
이정복 (2003), 인터넷 통신 언어의 이해, 월인.
_____ (2009a), 인터넷 통신 언어의 확산과 한국어 연구의 확대, 소통.
_____ (2009b), 전자 편지 텍스트의 구조와 기능, 고영근 밖에 (2009: 71-95).
이젠베르크 (H. Isenberg) (1977), Text versus Satz, Studia Grammatica 18, 119-46.
이종묵 (1992), 『관동별곡』을 읽는 재미, 김열규 밖에 (1992b: 665-77).
_____ (1995), 해동 강서시파 연구, 태학사.
이종석 (2001), 월인천강지곡과 선행 서사시 비교 연구, 서울대학교 국문과 석사 논문.
이케가미 (池上嘉彦) (1975), 意味論, 大修館書店.
_____ (ed.) (1989), Discourse Analysis in Japan : Introduction, Text 9.3, 263-73.
_____ (1992) /이기우 (역) (1994), 詩學과 文化 記號論, 한국문화사.
이태동 밖에 (1993), 구조와 분석 II, 도서출판 창.
이태준 (2005) /임형택 (해제), 문장강화, 창비.
이현호 (1993), 한국 현대시의 담화 · 화용론적 연구, 한국문화사.
_____ (1995), 담화 연구의 텍스트성 이론과 적합성 이론, 담화와 인지 1, 1-78.
_____ 밖에 (1997), 한국 현대 희곡의 텍스트 언어학적 연구, 한국문화사.
이현희 밖에 (1997), 杜詩와 杜詩諺解, 신구문화사.
이홍식 (2002), 서평 텍스트에 대한 계량적 고찰, 고영근 밖에 (2002: 705-28).
이효상 (Hyo Sang Lee) (1987), Tense-Aspect-Modality: A Discourse- pragmatic Analysis of Verbal Affixes in Korean from a Typological Perspective, Dissertation of UCLA.
이희승 (1949), 시조 감상 (時調鑑賞) 일수 (一首), 학풍 1, 74-81.
_____ (1953), 언어와 문학가, 민주 공론 2.1, 김민수 밖에 (공편) (1984: 44-5).
_____ (1955), 국어학개론, 민중서관.
_____ (2000), 一石李熙昇全集 (전 9권), 서울대학교 출판부.

______ (2004), 고시조와 가사 감상, 집문당.
______ (2008), 이희승 전집 (전자책), 서울대학교 출판부.
이희자 (Hee-ja Lee) (1992), Thema-Rhema-Strukturen im Deutschen und Koreanischen, Dissertation der Freie Univesitȧt Berlin.
______ (1994), 국어의 주제부 /설명부 구조 연구 — 텍스트의 구성 성분으로서의 '발화문'과 '발화문'의 구성 성분으로서의 '주제부 /설명부', 국어학 24, 319-51.
______ · 이종희 (1998), 텍스트 분석적 국어 조사의 연구, 한국문화사.
인키넨 (S. Inkinen) (1999), Mediapolis: Aspects of Texts, Hypertexts,and Multimedial Communication, Berlin: de Gruyter.
임주탁 (2005), 고려 시대 국어 시가의 창작 · 전승 기반 연구, 부산대학교 출판부.
임지룡 (1999), 인지 의미론, 탑출판사.
장경희 (1980), 지시어 '이, 그, 저'의 의미 분석, 어학연구 16.2, 고영근 · 남기심 (공편) (1983: 283-305).
______ (1988), 국어의 간접 표현, 주시경 학보 1, 130-50.
______ (1989), 지시사 '이, 그, 저'의 범주 지시, 인문 논총 17, 27.
______ (1996), 김광균의 『外人村』에 나타난 회화성과 상징성, 김완진 밖에 (1996: 662-83).
______ (1997), 대화 텍스트의 결속구조, 언어와 문학의 새 연구 (한양대학교 국문과), 283-300.
______ (1998), 국어의 수용형 대화법, 『텍스트 언어학』 6, 25-44.
______ (2002), 국어의 지시 화행에 대한 응대 수행의 방법, 고영근 밖에 (2002: 537-71).
______ (2009), 국어의 대화 구조, 고영근 밖에 (2009: 43-69).
장덕순 (1995), 한국 설화 문학 연구, 박이정.
______ 밖에 (1971), 구비 문학 개설, 일조각.
장석진 (1985), 화용론 연구, 탑출판사.
______ (1987), 오스틴: 화행론, 서울대학교 출판부.
______ (1993), 화용과 문법, 탑출판사.
______ (1994), 통합 문법론 — 담화와 화용, 서울대학교 출판부, 387-403.

______ (편) (1994), 현대 언어학 — 지금 어디로, 한신문화사.
장소원 (1983), 국어 구두점 문법 연구 서설, 관악 어문 연구 8, 387-403.
______ (2002), 우리 나라 공문서의 텍스트성에 관한 연구, 고영근 밖에 (2002: 607-32).
______ (2009), 한국 현대시를 통해 본 상호 텍스트성, 고영근 밖에 (2009: 165-82).
______ (2010), 한국에서의 텍스트 언어학 연구 성과 및 향후 과제, 텍스트 언어학 29, 429-54.
______ · 양정호 (2009), 보도 자료 텍스트의 특성 연구, 고영근 밖에 (2009: 325-50).
장일구 (1999), 『혼불』 서사 구성의 역학, 『혼불』의 작가 최명희의 문학 세계, 현대 문학 이론 연구 12 (현대문학이론학회).
전병선 (1988), 문장 이상의 단위인 문장군에 대하여, 조선어 연구 2 (연변사회과학원 언어학연구소).
______ (1990), 문장군에 대하여, 조선학연구 2, 전병선 (2004: 181-98).
______ (1991), 화어언어학의 홍성과 발전, 중국조선어문 2 · 3 · 4 · 6.
______ (1995), 본문 언어학, 과학백과사전종합출판사 (한국문화사 영인, 1998).
______ (2004), 중국조선어연구, 집문당.
전성기 밖에 (2004), 텍스트분석방법으로서의 수사학, 유로서적.
전형대 · 정요일 · 최 웅 · 정대림 (1979), 한국 고전 시학사, 기린원.
정규복 (1974), 구운몽 연구, 고려대학교 출판부.
정달현 (1992), 국어 작문 교육에서의 단락 이론과 그 적용에 관한 분석적 연구, 한양대학교 박사 논문.
정동현 (1994), 텍스트 결속성과 주제, 효성여자대학교 독문과 박사 논문.
정 민 (1997), 박지원의 소단치적인 (騷壇赤幟引), 글쓰기와 병법, 문헌과 해석 창간호, 태학사.
______ (2000), 고전 문장 이론상의 篇章字句法으로 본 〈온달전〉의 텍스트 분석, 텍스트 언어학 9, 15-38.
정병설 (1998), 완월회맹연 연구, 태학사.
정병욱 (1983), 한국 고전 시가론 (증보판), 신구문화사.

______ (편저) (1966), 時調文學事典, 신구문화사.
정시호 (1996), 현대 언어학의 이론적 배경, 성곡 논총 27.1, 569-696.
______ (1998), 반 데이크의 텍스트학 이론에 대하여, 텍스트 언어학 5, 27-57.
정운채 (1992), 『단심가』의 전승 계통에 따른 해석의 방향, 김열규 밖에 (1992a: 447-59).
정유상 (1993), 텍스트 결속성 (Kohärenz)에 대한 연구, 부산대학교 독문학과 박사 논문.
정진원 (1993), 15세기 국어의 화법 연구, 홍익대학교 박사 논문.
정희자 (Hi-ja Chung) (1987), A Study of the Function of Tense and Aspect in Korean Narrative Discourse, Dissertation of Ball State University (Hanshin Publishing Co.).
조국현 (2002), 텍스트 구조 및 생산의 관점에 본 메타 의사 소통의 역할, 텍스트 언어학 13, 189-208.
______ (2007), 인터넷 "댓글"의 텍스트 유형학적 연구, 텍스트 언어학 23, 203-30.
______ (2005), 한국 텍스트 언어학사 연구의 이론적 토대와 과제 및 절차—텍스트 개념에 대한 고찰을 예로—, 독어교육 32, 205-33.
______ (2010), 텍스트 언어학에서 텍스트 기호학으로, 독일문학 115, 1-26.
조규태 (2007), 용비어천가, 한국문화사.
조남현 (해설・주석) (1996), 상록수, 서울대학교 출판부.
조동일 (1978), 한국 문학사상사 시론, 지식산업사.
______ (1992), 한국 문학의 갈래 이론, 집문당.
______ (1996), 한국의 문학사와 철학사, 지식산업사.
______ (1997), 인문학문의 사명, 서울대학교 출판부.
______ (1999), 하나이면서 여럿인 동아시아 문학, 지식산업사.
______ (2000), 문학 작품의 분석, 텍스트 언어학 9, 1-13.
______ (2002), 소설의 사회사 비교론 1, 지식산업사.
______ (2005a), 한국문학통사 1 (제4판), 지식산업사.
______ (2005b), 한국문학통사 2 (제4판), 지식산업사.
______ (2005c), 한국문학통사 3 (제4판), 지식산업사.

_____ (2005d) 한국문학통사 4 (제4판), 지식산업사.
_____ (2005e), 한국문학통사 5 (제4판), 지식산업사.
조보라미 (2001), 최인훈의 〈달아 달아 밝은 달아〉와 판소리 〈심청가〉의 간텍스트성 고찰, 고영근 밖에 (2001: 309-24).
______ (2007), 최인훈 희곡의 연극적 기법과 미학 연구, 서울대학교 국문과 박사 논문.
______ (2009), 오태석 희곡의 상호텍스트성 연구, 고영근 밖에 (2009: 271-97), 한국 문학 작품과 텍스트 분석 (한국텍스트 언어학총서 1), 집문당.
조빈스키 (B. Sowinski) (1983) /박종식 (역) (1992), 텍스트 언어학 (Textlinguistik), 태화출판인쇄사.
조숙환 (2009), 응집성과 텍스트 이해, 고영근 밖에 (2009: 551-65).
조원형 (2009), 천주 가사에 대한 텍스트 언어학적 연구, 서울대학교 언어학과 박사 논문.
조윤제 (1955), 국문학 개론, 동국문화사.
조일영 (1991), 북한의 문체론사, 김민수 (편), 북한의 조선어 연구사 1, 녹진.
조흥욱 (1994), 월인천강지곡 연구, 서울대학교 국문과 박사 논문.
주대박 (周大璞) (1987) /정명수 · 장동우 (공역) (1997), 훈고학의 이해, 동고서.
주시경 (1910), 국어문법, 박문서관 (고영근 · 이현희, 공동교감, 1986).
주종연 (1993), 한국 고전 문학 장르 연구, 한신문화사.
지마 (P. Zima) (1980) /허창운 (역) (1991), 텍스트사회학, 민음사.
___ (1989) /허창운 · 김태환 (역) (1996), 이데올로기와 이론 (Ideologie und Theorie: Eine Diskuskritik), 문학과 지성사.
지인자 (1995), 성공적인 의사소통의 기본 전제들, 텍스트 언어학 3, 123-45.
진교훈 (2008), 현대사회 윤리 연구, 을력.
진딘 (S. I. Gindin) (1977), Contributions to Textliguistics in the Soviet Union, in 드레슬러 (ed.) (1977: 261-74).
진필상 (陳必祥) /심경호 (역) (1995), 한문문체론, 이화.
차봉희 (1985), 수용 미학, 문학과 지성사.
_____ (대담) (1995), 쉬미트 교수와의 인터뷰, 문학사상 1 · 2.
차진순 (1982), Linguistic Cohesion in Texts, PhD Dissertation of McGill

University (한신문화사 영인, 1982).
채 완 (1979), 화제의 의미, 관악어문연구 4, 205-27.
_____ (1986), 국어 어순의 연구, 탑출판사.
_____ (2010), 광고와 상표명의 언어 연구, 知敎.
최승희 (1989), 한국 고문서 연구, 지식산업사.
최신호 (1970), 고려시화에 나타난 수사에 대하여, 논문집 2 (서울대학교 교양과정부), 97-119.
_____ (1972), 초기 시화에 나타난 용사 이론의 양상, 고전 문학 연구 1, 117-36.
최용호 (2009), 김소월의 〈진달내쏫〉, 그 의미에 관하여, 고영근 밖에 (2009: 183-203).
최학선 (1985), 향가 연구, 우주.
최현무 (1987), 한국 문학과 기호학, 탑출판사.
최형용 (2009), 광고 전략과 언어적 중의성, 고영근 밖에 (2009: 445-68).
칼페어켐퍼 (H. Kalverkämper) (Hg.) (1981), Orientierung zur Textlinguistik, Niemeyer.
켈러 (O. Keller) · 하프너 (H. Hafner) (1986), Arbeitsbuch zur Textanalyse, Fink.
코세리우 (E. Coseriu) (1967), Lexikalische Solidalitäten, Poetica 1, 293-303.
______ (1980) /허 발 (편역) (1985), 구조적 의미론 (Strukturelle Semantik), 고려대학교 출판부.
______ (1980) /신익성 (역) (1995), 텍스트 언어학, 사회문화연구소.
코흐 (W. Koch) (Hg.) (1974), Perspektiven der Textlinguistik II (Körners Taschenausgabe 447), Kröner.
클라인 (J. Klein) · 픽스 (U. Fix) (Hg.) (1997), Textbeziehungen, Tübingen: Stauffenburg.
티츠만 (M. Titzmann) (1977), Strukturelle Textanalyse, Fink.
파레트 (H. Parret) /김성도 (역) (1995), 현대 기호학의 흐름, 이론과 실천.
파이크 (K. L. Pike) (1982) /주신자 · 신현숙 (공역) (1994), 언어 개념 (Linguistic Concept), 한국문화사.
파터 (H. Vater) (1994) /이성만 (역) (1995), 텍스트 언어학 입문 (Einführung

in die Textlinguistik), 한국문화사.

___ (2001), Einführung in die Textlinguistik 3, Aufl, UTB.

팔머 (R. E. Palmer) /이한우 (역) (1988), 해석학이란 무엇인가, 문예출판사.

팔코바 (Z. Palková) · 팔레크 (B. Palek) (1977), Functional Sentence Perspective and Textlinguistics, in 드레슬러 (ed.) (1977: 212-27).

팽철호 (1992), 문심조룡 연구, 서울대학교 중문과 박사 논문.

퍼스 (Ch. S. Pierce) /김성도 (편역) (2008), 퍼스의 기호 사상 (A System of Logic, Considered as Semiotic), 민음사.

포더 (J. A. Fodor) · 카츠 (J. J. Katz) (eds.) (1964), The Structure of Language: Readings in the Philosophy of Language, Prentice Hall.

포스너 (R. Posner) (1985), Syntactics. Its Relation to Morphology and Syntax to Semantics and Pragmatics, and to Syntagmatics and Paradigmatics, in 발머 · 포스너 (Hg.) (1985: 247-61).

프로프 (V. Propp) (1928) /유영대 (역) (1987), 민담형태론, 새문사.

프린스 (E. F. Prince) (1977), Discourse Analysis in the Framework of Zellig S. Harris, in 드레슬러 (ed.) (1977: 191-211).

플레트 (H. F. Plett) (1975), Textwissenschaft, Quelle & Meyer.

_____ (1991), Intertextuality, de Gruyter.

_____ (2001) /양태종 (역) (2002), 수사학과 텍스트 분석, 도서출판 동인.

피베거 (D. Viehweger) (1977), Zur semantischen Struktur des Textes, Studia Grammatica 18, 103-17.

_____ (1979), Pragmatische Voraussetzung, deskriptive und kommunikative Explizität, in I. Rosengren (Hg.) (1979: 109-21).

_____ 밖에 (1977), Probleme der semantischen Analyse, Studia Grammatica 17, Akademie Verlag.

피퍼 (U. Pieper) (1976), Zur Stellung einer phonetischen Komponete in der Textkonstitution, Folia Linguistica IX-1-4, 335-41.

픽스 (U. Fix) · 아담치크 (K. Adamzik) · 안토스 (G. Antos) (2002), Brauchen wir einen neuen Textbegriff, Lang.

하르베크 (R. Harweg) (1971), Die Textologische Rolle der Betonung, in 슈

템펠 (Hg.) (1971: 123-59).

_______ (1974), Textlinguistik, in W. Koch (Hg.) (1974: 88-116).

_______ (1975), Präsuppositionen und Rekonstruktion. Zur Erzählsituation in Thomas Manns Tristan aus von textlinguistischer Sicht, in 셰커 / 분더를리 (Hg.) (1975: 166-85).

_______ (1977), Substitutional Text Linguistics, in W. Dressler (ed.) (1977: 247-60).

_______ (1979), Pronomina und Textkonstitution (erweiterte Auf.), Fink.

_______ (1991), Wortarten und Textkonstitution, die deutsche Sprache-Gestalt und Leistung. H. Brinkermann in der Diskussion, Nodus Publikationen, Münster, 165-87.

_______ (Manuskript) (1993), Perspektiven der Textlinguistik, in 하르베크 (2001: 19-37) (위의 원고는 고영근 1994b에서 번안됨).

_______ (2001a), *Studien zur Textlinguistik*, Aachen: Schaker Verlag.

_______ (2001b), Situation und Text im Drama: eine textlinguistischee Studie am Beispiel von Friedlich Dürrenmatts Tradische Kömedie *Der Besuch der alten Damem*, Heldelberg: Universitätsverlag C. Winter.

_______ (2009), Zeit in Mythos und Geschichte (4), Berlin: LIT.

하산 (R. Hasan) (1977), Text in the Systemic-Functional Model, in 드레슬러 (ed.) (1977: 228-46).

하이네만 (W. Heinemann) · 피베거 (W. Viehweger) (1991), Textlinguistik — Eine Einfuhrung, Niemeyer.

______________ (1991) /백설자 역 (2001), 텍스트 언어학 입문 (Textlinguistik: Eine Einführung), 역락.

_______ · 하이네만 (M. Heinemann) (2002), Grundlagen der Textlinguistik, Niemeyer.

하이드리히 밖에 (W. Heydrich et al.) (1989), Connexity and Coherence, de Gruyter.

한계전 (1994), 한국 현대시 해설, 관동출판사.

_____ (1996), 한용운 님의 침묵, 서울대학교 출판부.

할리데이 (Halliday) · 하산 (Hasan) (1976), Cohesion in English, Longman.
허금희 (1993), 테마—레마 분절과 번역, 텍스트 언어학 1, 59-85.
허 발 (1998), 현대 의미론의 이해, 국학자료원.
허 웅 (1955), 용비어천가, 정음사.
_____ · 이강로 (1999), 주해 월인천강지곡 (상), 신구문화사.
허창운 (1989), 현대 문예학의 이해, 창작과 비평사.
헬비히 (G. Helbig) (1986), Entwicklung der Sprachwissenschaft seit 1970, VEP, 158-75.
호프만 (M. Hoffmann) · 케슬러 (Ch. Kessler) (2003), Berührungsbeziehungen zwischen Linguistik und Literaturwissenschaft), Lang.
혼불 기념 사업회 (2003), 혼불과 전통 문화 (혼불학술총서 1), 신아출판사.
_____________ · 전라 문화 연구소 (2004a), 혼불의 언어 세계 (혼불학술총서 2), 전북대학교 출판부.
_____________________________ (2004b), 혼불의 문학 세계, 소명출판.
홀티우스 (S. Holthius) (1993), Intertextualität, Tübingen.
홍인표 (1986), 홍만종 시론 연구 — 한국 역대 한시 평론, 서울대학교 출판부.
홍종선 · 최호철 (1998), 남북 언어 통일 방안 연구, 문화관광부 연구보고서.
황미향 (1998), 한국어 텍스트 계층 구조와 결속 표지의 기능 연구, 경북대학교 국문과 박사 논문.
황선엽 (2009), 텍스트 생산자를 중심으로 한 '안락국 태자전'의 텍스트 언어학적 분석, 고영근 밖에 (2009: 299-322).
황 (주)신자 (Shin-Ja Joo Hwang) (1980), The Referential Structure of a Korean Folktale: The Story of Shim Chung, Language Research 16, 1: 255-80.
________ (1987), The Discourse Features of Korean Narration, The Summer Institute of Linguistics, The University of Texas Arlington.
________ (1995), 미국에서의 텍스트 언어학 연구동향, 텍스트 언어학 3, 467-83.
________ · 메리필드 (W. R. Merrifield) (eds.) (1992), Language in Context, the Summer Institute of Linguistics and The University of Texas at Arlington.

용어 풀이 (glossary)*

가공 (행위): 남이 생산한 텍스트를 물려받아 자기의 것으로 만드는 과정

가지 텍스트: 본 텍스트에서 갈라져 나온 텍스트. 각주가 대표적임. "덤텍스트"라 부르기도 함

가추법: 假推法. 하나의 결과와 일반적 규칙으로부터 경우 [사례]를 정식화하는 논증 방식임. 흔히 "외전법" (外轉法)이라고도 함

각설: 却說. 고대 소설에서 새로운 텍스트가 시작될 때 사용하는 화두 전환사

간명제적 관계: 명제 사이의 관계

간문화적: 문화와 문화 사이의 관계

간텍스트성: 흔히 "상호텍스트성"이라고도 함. 응집성이나 응결성에 걸쳐 다른 텍스트와 맺는 관계

갈등: 서사 텍스트를 이루는 핵심 요소의 하나

갈래 이론: 문학 작품의 양식 (장르)에 대한 이론

감동 기능: 텍스트 수신자에게 감동을 불러일으키는 기능

감동 텍스트: 시, 소설과 같이 텍스트 수신자에게 감동을 불러일으키는 텍스트

감정 가치: 기분과 연상을 수반하는 상황 의존적인 의미

개방성: Offenheit. 예술 작품 이해의 주관성

개요: 텍스트 내용의 요약

개인 서사담: 한 개인의 서사적 이야기

거시 구조: 텍스트 전체의 보편적이며 총괄적인 구조, 곧 텍스트 주제임

거시 규칙: 거시 명제를 유도해 내는 생략, 선택, 일반화, 구성화 (통합화)에 대한 규칙

---

* 이 용어 풀이에는 본문에서 나온 핵심어 중 본서의 이해에 도움을 주는 것을 뽑아 간단히 해설을 붙인 것이다. 찾아 보기를 이용하여 해당 쪽을 찾으면 더 자세한 정보를 얻을 수 있다. 필요한 경우에는 한자, 독일어, 영어, 프랑스어의 용어를 병기하였다.

거시 명제: 텍스트 주제와 같음

게슈탈트 심리학: Gestalt Psychologie. 정신 현상은 감각 등의 요소로써 형성되는 것이 아니고 그것 자체가 전체로써 파악되어야 한다는 심리학의 한 분과

격률 청탁: 格率淸濁. 내용과 형식의 조화

겹문장: 복합 문장의 다듬은 말

경험 구성적 문예학: 행위 이론을 중시하는 문예학

경험 사실적 문예학: 과학적으로 문학 텍스트에 접근하는 문예학. "구성주의 문예학"이라고도 함

계열론: paradigmatics. 계열 관계에 관한 이론

계열적 사슬: 같은 또는 비슷한 부류에 속하는 말들이 체계를 이룬 연쇄체

고문: 古文. 사륙 병려체 (四六駢儷體)에 대하여 진한 (秦韓) 이전의 달의 (達意), 명쾌 (明快)를 주로 한 고래의 산문

고시: 古詩. 한시의 고체시 (古體詩)의 준말. 글자와 글귀에 일정한 수가 없는 시로서 근체시의 대를 이룸

고목류: 告目類. 낮은 계층의 사람이 높은 계층의 사람에게 보내는 편지

공범주: 주어, 목적어 등의 명사구가 생략되었음을 표시하는 약정. 흔히 'e'로 표시함

공용 언어 기호: 문자로 적히는 문서

과학적 언어: 수학과 기호 논리학에서 사용되는 인공 언어

관경 위훈: 觀境爲訓. 언어 환경, 곧 문맥이나 화맥을 근거로 하여 의미를 찾는 방식

관사 언어: 인도 · 유럽어와 같이 정관사나 부정 관사를 취하는 언어

관어적 기능: 언어를 가지고 언어를 설명하는 기능. 낱말의 뜻이 바로 관어적 기능임

관조: 예술 작품에 대하여 주관을 개입시키지 않고 냉정한 태도로 관찰하고 완상 (玩賞)하는 행위.

관형어 명사구: '나의 책'의 '나'와 같이 관형어로 사용되는 명사구

광고 텍스트: 고객에게 상품의 정보와 구매력을 알리는 텍스트 과학의 용어

교서: 왕이 발하는 명령서

교술: 작품 외적 세계의 개입으로 이루어지는 자아의 세계화. 가사나 수필이 그

예임

교통 표지 텍스트: 교통의 안전에 필요한 표지판 또는 노면상에 표시하는 선이나 문자로 적힌 텍스트

구비 텍스트: 口碑 ~. 민담이나 전설과 같이 입으로 전승되는 텍스트

구성주의 문예학: 행위 이론을 중시하는 문예학. 더러 "경험 사실주의 문예학"이라고도 함

구성주의 언어학: 통보 이론을 중시하는 언어학, 곧 화용론

구조적 의미 등가성: 두 어휘가 기본 의미에 의하여 연결되어 등가성을 이루는 것

구조주의 (적) 기호학: 기표와 기의 중심의 기호학

구체화: 미결정성이나 빈자리를 제거하거나 채우는 독자의 보완 행위. "현동화"의 반대 개념

구호 텍스트: 연설이 끝났을 때에나 시위행진을 할 때 감명을 주기 위하여 외치는 간결한 문구로 된 텍스트

국한문 (혼용) 텍스트: 한글과 한문을 섞어 쓴 텍스트

귀납법: 일정한 수의 특수한 경우들과 하나의 결과로부터 일반적 규칙을 이끌어 내는 추리법

글말 텍스트: 더러 "서사 (書寫) ~ "라 함. 문자로 적힌 텍스트. "입말 [음성] 텍스트"의 대가 됨

기: 氣. 천부의 재질

기능적 등가성: 의미적 공통성은 없으면서 상황의 특수성에 의하여 같은 동아리로 묶이는 명사적 사슬

기생 텍스트: 寄生 ~, 본 텍스트에 기생하고 있는 "가지" 내지 "덤 텍스트"

기술형 주제 전개 모형: 하나의 주제가 구성 요소들 안에서 공간과 시간에 따라 배열되는 전개 모형

기승 전결: 동양의 시문을 짓는 격식

기표: 記標. 언어 기호의 음성 측면, 시니피앙을 가리킴

기의: 記意. 언어 기호의 의미 측면, 시니피에를 가리킴

기호 과정: 무엇이 기호로 작용하는 과정을 가리킴

기호 체계: 인간과 비인간에 의하여 생성되는 기호 범주

기호학: 기호를 연구 대상으로 삼는 인문 과학의 한 분야

낡은 정보: 구정보. 이미 알려진 정보

낯설게 하기: 문학 작품의 중의성을 달리 일컫는 말, 더러 "탈자동화"라고도 함
내포 독자: 작품 속에 함축된 독자
내포 작가: 작품 속에 함축된 작자
녹권: 錄券. 왕이 신하에게 내리는 문서
논리적 접속사: 인과 관계를 표시하는 접속사 내지 접속 부사
논변류: 한문 문체의 하나
논증 구조: "가정-결론"의 도식으로 성립된 증명 방식
논증 텍스트: 논증을 주안점으로 삼는 텍스트
논증형 주제 전개 모형: 문장들 간의 논리적 관계를 중시하는 주제 전개 모형
뉴스 텍스트: 알려지지 않았거나 진귀한 소식을 담은 텍스트. 방송을 통하기도 하고 신문지상을 통하여 보도되기도 함.
다문장 텍스트: 하나 이상의 문장으로 구성된 텍스트
다중 매체: 컴퓨터를 매개로 하여 영상, 음성, 문자 등 다양한 정보 매체를 복합시킨 장치. "대중 매체"라고도 하며 순화어는 "복합 매체"임
단락: 텍스트의 상위 단위
단자류: 부조 (扶助), 선물 등 남에게 보내는 물건의 품목과 수량을 적은 텍스트의 한 종류
담화: 문장 이상의 단위를 가리키는데 주로 미주의 언어학계에서 많이 사용됨. 독일의 텍스트보다는 지칭 범위가 좁음
담화 표지: 종결 어미와 같이 담화의 경계 역할을 하는 장치. "텍스트 표지"라고도 함
대두법: 글을 쓸 때 경의를 표하는 글귀는 딴 줄로 잡되 다른 줄보다 몇 자 올리거나 비우고 씀으로써 다른 텍스트와 구별하는 텍스트 표지임
대상: 기호학의 용어로서 의식, 감각, 행동 등의 작용이 향하는 목표물로서, 구체적 대상을 가리킴. 흔히 "지칭 대상"이라고 하며 고유어로는 "일"임 (주시경)
대용어: 대명사, 지시 관형사, 지시 부사를 총괄하는 용어
대체 규칙: 일반화된 표현이나 통합된 표현으로 바꾸는 규칙
대치어: 대치의 주체가 되는 어휘
대치항: 대치하는 항목. "피대치항"의 대가 됨
대화 텍스트: 화자와 청자가 주고받는 텍스트
대화 분석론: 대화의 구성 원리를 밝히는 텍스트 과학의 한 분야

대화의 격률: 대화를 성공적으로 이끄는 격률

도상 (기호): 한 기호의 특징이 그것이 대신하여 나타내는 특징과 비슷한 현상(의) 텍스트

도상성: 기호의 3요소 가운데에서 가장 자연스런 기호적 성격

독백: 청자를 직접 상정하지 않는 말, "혼잣말"이라고도 함

독백 텍스트: 혼잣말 텍스트. 말끝이 대체로 해라체로 나타남

독화 텍스트: 연사가 청중을 향하여 일방향적으로 말하는 텍스트. 말끝이 합쇼체로 성립됨

동 화상: 화상 처리 과정에서 변하는 화상. 전경 부분이 이에 속함. "정지 화상"의 대가 됨

동물 기호: 동물의 의도적인 울음소리 같은 것

동사 서법: verbal mood. 선어말어미에 의하여 표시되는 직설법, 회상법, 감동법 등의 서법

동위소: 의어와 상·하의어에 의한 명사적 연쇄에 공통되는 의미 요소

동의상훈: 의훈 (義訓)에 의한 뜻풀이 방식

동적 기호학: 행위 이론적 기호학의 다른 이름

동지시 관계: 명사적 연쇄가 같은 대상을 가리킬 때 쓰는 말

동태적 견해: 퍼스류의 기호학과 같이 기호학에서 언어 사용자를 포함하는 견해

동태적 단위: 동태적 관점의 텍스트 단위

되물음: "메아리 질문"이라고도 함. 상대방의 이야기 내용을 이해하지 못하였을 때 재차 묻는 물음

두운법: 시구의 첫머리에 같거나 비슷한 음을 되풀이하여 배치하는 음위율 (音爲律)의 하나. 요운 (腰韻), 각운 (脚韻)과 대를 이룸

등가: 동등한 가치를 지니는 언어 활동

등시성: '계기성'과 대를 이룸. 공시성과 같은 의미

랑그: langue. 머릿속에 잠재되어 있는 사회적 언어의 체계. 파롤 (parole)의 대가 됨

리드: lead. 신문, 기사의 개요를 적은 도입부

마당: 놀이 한 편. 완결된 한 편의 작품. 텍스트에 가까움

마음: 화자의 사태에 대한 태도를 의미하는 주시경의 용어

마음으로 살피는: 화자의 태도가 반영되는, 주시경의 용어

말: 언어 기호의 뜻. 주시경의 용어

매우 텍스트다움: 가장 좋은 텍스트를 일컬을 때 쓰는 말
매체 미학: 미디어학의 다른 이름
매체 융합 현상: 컴퓨터를 통하여 매체가 융합되는 현상
메타 구성체: 기존의 인지 구성체를 다른 언어로 창조하는 구성체
메타 텍스트: 내용을 대표하는 축약된 표현
명령적 기능: 화자가 청자에게 행동하도록 하는 기능
명문: 明文. 부동산 매매 문서
명봉: 가장 좋은 텍스트. 유 협의 용어
명사구의 재수용: 앞에 나온 명사구가 뒤에 다시 반복되는 현상
명사적 사슬: 명사구로 이루어지는 사슬 내지 연쇄
명사적 연쇄: "명사적 사슬, 명명적 연쇄"와 같은 표현
명세화: 핵심 주제와 부분 주제를 연결시켜 주는 범주
명시적 재수용: 언어 형태로 분명히 표시된 것을 반복하는 일
명제적 견해: 언어 체계 중심의 텍스트관
모럴: 우화에 결부되는 윤리관
모음 각운: 공통된 모음의 연쇄가 운을 이루는 현상
목적어 명사구: 목적어의 기능을 수행하는 명사구
몸글: 신문의 본문 기사
몸글 텍스트: 본문 기사를 텍스트 과학의 관점에서 일컫는 말
무용지성: 무의식적 소리
무표성: 특징이 덜하고 자연스러운 면. "유표성"의 대가 됨
문: 文. 문자로 적힌 전적 종류. 넓은 의미의 텍스트. sentence의 뜻으로 사용하기도 함
문단: 단락 위의 단위
문단 도입자: 내용이나 이야기의 시작을 알려 주는 표지. 고대 소설의 화설이 그 예가 됨
문맥 지시적 지표: 전술 언급과 같이 문맥 간을 연결시키는 대명사를 가리킴
문법론적 응결 장치: 문법 형태에 의하여 하나의 텍스트로 연결시켜 주는 장치
문법성: 문법 규칙을 준수한 문장. "비문법성"의 대가 됨
문서: 문자로 기록된 서류. 보통 땅, 집 등의 소유권이나 어떤 권리를 주장하는 증거 서류를 가리킴. "文券"이라고도 함

문서 텍스트: 문자로 기록된 실용 텍스트
문심: 文心. 문장의 내용
문자 언어: 문자로 적혀진 언어. 더러 "글말"이라고도 함
문자 텍스트: 문자만으로 기록된 텍스트
문장: ① Satz, sentence, phrase. 주술 구성의 정돈된 표현
② 시와 시부 (詩賦)
문장 경계 표지: 문장을 구획하는 표
문장군: 텍스트의 중국 조선어학계의 용어
문장 문법: 주술 구성의 표준 문장을 대상으로 연구하는 문법. 텍스트 내지 담화 문법의 대가 됨
문장 발화 행위: 문장의 형태로 나타나는 발화 행위
문장 언어학: 문장 중심의 언어학. 텍스트 언어학의 대가 됨
문채: 文彩, Figur. 첨가, 생략, 도치에 의한 표현적 변종
문체: elocutio. 고대 수사학의 한 요소. "표현"으로 번역하기도 함
문체론: Stylistik. 문장을 유형적으로 연구하거나 표현의 개성적 구조를 연구하는 분야. 어학과 문학의 접면 영역
문학 실용론: literary pragmatucs. 인지적 문제 등을 다루는 문학 연구의 한 분야
문학 언어 기호: 문학 작품에 사용되는 언어 기호
문학적 언어: 문학 언어 기호와 같은 뜻으로 씀
문학적 통보 행위: 문학 작품을 작품 외적 요인과 관련시키는 행위
문학 텍스트: 시, 소설 등의 문학 작품을 총칭하는 텍스트 과학의 용어
문헌학: 언어로 기록된 문헌을 바탕으로 하여 민족이나 문화를 연구하는 학문. 언어학이나 서지학의 뜻으로 사용되기도 하고 어문학 전반을 지칭하는 일도 있음
문화 기호론: 문화의 여러 측면을 기호 현상으로 간주하는 기호론의 한 분야
문화 인류학: 언어, 관습 등 인간의 제반 문화 현상을 비교하여 연구하는 사회 과학의 한 분야
물아일체: 외물 (外物)과 자아, 객관과 주관, 물질계와 정신계가 하나가 되는 현상
미: 一編文. 문장의 상위 단위로 텍스트에 근전하는 주시경의 용어
미디어학: 영상 매체가 분석 대상인 사회 과학. 더러 "매체 미학"이라고도 함
미시 구조: 하위 텍스트의 구조. "거시 구조"의 대가 됨

미학적 기능: 언어를 아름답게 표현하는 기능. "시적 기능"이라고도 함

미확정성: 문학 작품의 의미 해석의 주관성을 가리킴. "빈자리" (Leerstellen)라고 도 함

민담학: 민담을 분석 대상으로 삼는 사회 과학의 한 분야

반영 이론: 인식은 인간의 의식 속에서 객관적 실체를 반영한다는 마르크스-레닌주의의 인식론

반의사: 반의어

반의 상훈: 反意相訓. 반의어를 가지고 의미를 설명하는 뜻풀이 방식

발기문: 발기의 취지와 목적을 적은 텍스트

발문: 책의 끝에 붙이는 기생 텍스트

발어사: 소설의 시작을 알리는 표지

발표: actio. 고대 수사학의 5대 요소의 하나

발화: 한 덩어리의 말. 말토막

발화 수반 행위: 발화에 수반하여 어떤 행위가 일어나는 현상. "화수행위" 또는 "언표 내적 행위"라고도 함

발화 텍스트: 입으로 나오는 텍스트

발화 행위: 말을 하는 행위

발화 효과 행위: 화자의 발화가 상대방의 행위에 효력을 행사하는 현상

방문: 榜文. 널리 알리기 위하여 길거리 등에 붙이는 텍스트

배경: 더러 "구조틀"이라고도 함. 사건의 상황을 자세히 기술해 주는 서사 텍스트의 부분

배열: 고대 수사학의 5대 요소의 하나. 사고의 배치를 뜻함

배율: 한시체의 하나

번안 텍스트: 원작의 줄거리나 사건은 그대로 두고 풍속, 인명, 지명 등을 자기 나라에 맞게 바꾸어 쓴 텍스트

번역 텍스트: 번역문을 이름

번역학: 번역을 대상으로 연구하는 인문 과학의 하나

병려문: 한문 문체의 하나

보도 기능: 사회에서 일어나는 정보를 보도하는 기능

보충 질문법: 주제부와 설명부를 구별하는 객관적 기준의 하나

보편 실용론: 의사소통의 보편적 제약을 확인하고 구성하는 것을 과제로 삼음

복선 텍스트: 본 텍스트에서 갈라져 나온 기생 텍스트
본문: 텍스트를 의미하는 북한의 용어
본문 언어학: 텍스트 언어학 내지 텍스트 과학의 북한 용어
본체부: "차설"로 시작되는 고대 소설의 중심 부분
본 텍스트: 한 텍스트 공동체의 핵심되는 텍스트. "본체부"와 비슷함
봉서: 왕비가 친정에 보내던 편지 텍스트
부류: 텍스트를 기능적 공통성에 따라 묶은 것
부의: 실제 상황에서 나타나는 구체적 의미
부지런 보람: 개근상의 다듬은 말. 주시경의 용어
분절문: 종결 어미 단위로 끊은 문장 상당어
붙임토: 음독 구결의 전통적 용어
비문: 비에 새긴 글. 비문 텍스트라고 부름
비문학 텍스트: 실용문 등 순정 문학 작품이 아닌 텍스트
비언어적 약호: 언어 밖의 약호로 된 텍스트를 달리 일컫는 말
비 텍스트: 非 ~, 자격이 없는 텍스트, 텍스트답지 못한 것. "유사 텍스트" 내지 "설익은 텍스트"라고도 함
빈자리: 여백. "미확정성"의 뜻
사단법: "발단－갈등－절정－결말"의 문장 구성법
사부: 辭賦. 초사 (楚辭)의 형식에 의거한 산문에 가까운 운문
사설 시조: 시조의 한 형식
사전 지식: 이미 알고 있는 지식
사화: 설화처럼 꾸며진 역사 이야기
사회 과학: 인간 사회의 여러 현상을 과학적, 체계적으로 연구하는 학문
사회 심리학: 사회 속에서 행동하는 개인이나 집단의 의식과 행동을 연구 대상으로 하는 심리학
삭제 규칙: 생략과 선택을 아우르는 규칙
삼단법: "서론－본론－결론"의 문장 구성법
상언: 上言. 신하가 임금에게 사사로운 일을 글로 올리던 일
상황성: 한 텍스트를 현재의 발화 상황에 적절하게 관련시켜 주는 요인
새김토: 석독 구결의 전통적 용어
서발류: 서문과 발문을 총괄하는 말

서사: 어떤 사건이나 상황을 시간의 연쇄에 따라 있는 그대로 적는 일
서사 구조: 이야기와 모럴로 구성되어 있음
서사 텍스트: 일정한 줄거리를 가지고 있는 텍스트. "이야기 텍스트" 또는 "설화 텍스트"라고도 함
서사형: 敍事型. 일정한 줄거리를 엮는 주제 전개 모형
서술 기능: 뷜러의 오르가논 모델 중의 하나. 언어의 가장 중요한 기능임
서술자: 이야기하는 사람
서지학: 도서를 연구 대상으로 하는 인문 과학의 하나
서평 논문: 책의 내용을 단순히 소개하는 데 그치지 않고 평자의 소견을 강하게 반영하는 논문 형태의 서평
석독 구결: 한문을 새겨서 읽을 때 넣은 구결. "새김토"의 다른 말
선명: 善鳴. 좋은 텍스트를 의미하는 이 이의 용어
선상성: 말의 소리가 줄로 꿴 듯이 배열되어 있다는 소쉬르의 용어. 주시경은 "줄"로 표현함
선설: 先說. 화두 전환사의 전통 시대의 한 용어
선언 기능: 새로운 현실을 창조하는 기능
선언 텍스트: 선언 기능이 지배적인 텍스트
선택 규칙: 필요한 정보만 선택하는 규칙
선행 텍스트: 대용어 '그'로 지시되는 앞에 나온 텍스트
설명부: 진술의 핵심 부분
설명항: 피설명항을 설명하는 대상. 시작 조건과 법칙으로 구성됨
설명형: 說明型. 피설명항을 설명하는 주제 전개 모형
설의: 設意. 주제와 내용을 세우는 일
설익은 텍스트: 텍스트다움을 갖추지 못한 비텍스트
설표: 設標. 화두 전환사의 하나
성: 聲. 기호 일반을 가리키는 이 이의 용어
성급문: 발급된 증서
성률: 한자의 성조인 사성의 발음 규칙
성리학: 중국 남송의 주희가 집대성한 유학의 한 파
성명서: 공공 기관이나 단체 등이 일정한 방침이나 견해를 표명하는 텍스트
성문: 成文. 글자로 나타낸 문서

성운학: 한자의 음운을 연구하는 동양 언어학의 한 부문
성층 문법: 언어 구조가 몇 개의 구조적 층위에 따라 이루어진다고 보는 이론 문법의 하나
성현 지문: 모든 조건을 갖춘 최상의 텍스트
성훈: 성음을 가지고 의미를 탐구하는 방법
세계 지식: 사람들이 사는 세계에 대한 지식
소설 텍스트: 소설을 텍스트 과학의 관점에서 이르는 말
소지: 所志. 청원할 때 관청에 내던 서면
소품: 小品. 일상생활에서 일어나는 작은 일에 대한 짤막한 텍스트
수사학: 문장과 언어의 사용법을 연구하는 인문 과학의 한 부문
수용 미학: 독자에 의한 감상에 치중하는 독자 반응 비평 이론
수용성: 다른 대상이 가진 여러 측면을 받아들이는 능력
수표: 手標. 돈이나 물품 따위를 꾸거나 꾸어 줄 때 또는 맡길 때 주고받는 증서. 유가 증권인 "手票"와 혼동하지 말 것
순서 인위성: 인위적으로 순서를 매김
시각적 판독 능력: 시각적 표현이나 시각 언어를 가독하거나 생산할 수 있는 능력
시 문법: 시의 세계에서 포착되는 문법 규칙
시사 토론문: 시사적 문제를 토론하는 텍스트
시성: 詩性. 시의 고유한 특성. "시 문법"과 비슷함
시작 조건: '일반적인 법칙성'과 함께 설명항을 이루는 요소임
시칙: 詩則. 시 작법. 신경준의 용어
시 텍스트: 시의 종류를 텍스트 과학의 관점에서 부르는 말
신문 생산자: 신문의 생산에 종사하는 신문 사원
신의: 新意.. 응집성을 뜻하는 고전 한시 용어
신의론자: "新意"를 우선하는 사람들
신화: 신격을 중심으로 한 전승적인 설화
실용론: 언어 기호와 언어 사용자의 관계를 다루는 기호학의 한 분야
실용적 전환: 실용론을 중시하는 방향의 언어 연구
실용주의적 기호학: 실용을 중시하는 기호학
실용 텍스트: 실용문을 텍스트 과학의 관점에서 부르는 말
실제 독자: 현실적 독자

실제 작자: 현실적 작자
실질적 의미: 사람의 마음과 현실에 토대를 둔 현실적 의미
심층 구조: 추상적 문법 구조
악부: 한시의 한 형식
악장: 조선 초기에 발생한 시가 형태의 하나
암기: memoria, 고대 수사학의 5대 요소의 하나. 텍스트 수용의 원초적 개념
압운법: 시행의 첫머리나 중간 또는 끄트머리에 동일한 운을 규칙적으로 다는 법
양방향적 통보 행위: 텍스트 생산자와 텍스트 수용자가 즉발적으로 정보를 주고 받는 행위
양태 부사: 확실성 등 화자의 태도를 표시하는 부사. 양상 부사 (manner adverb)와 혼동해서는 안 됨
어문학: 어학과 문학을 총칭하는 인문 과학의 한 분야
어휘적 기제: 어휘적 원리
어휘·문법적 응결성: 어휘적 수단과 문법적 수단에 의한 텍스트 형성법
어휘소적 연대: 공통된 의미소의 연쇄
어휘적 등가성: 의미소가 공통된다는 뜻
언간독: 諺簡牘. 언문 편지를 목판에 새겨 찍은 책. 전통 시대의 서간 문법
언론학: 언론 정보학의 다른 명칭
언어 기호: 언어를 기호학적 관점에서 부르는 말
언어 기호론: 언어를 연구 대상으로 하는 기호학의 한 분야
언어문학: 언어와 문학을 한 단위로 간주하는 영역
언어문학 기호론: 언어와 문학을 통일된 단위로 간주하는 기호학의 한 분야. 달리 텍스트 기호론에 속함
언어문학 통합론: 언어와 문학을 한 단위로 묶는 이론
언어 사회학: 언어를 사회 집단과 관련하여 연구하는 인문 과학의 한 분야
언어적 약호: 언어 기호를 달리 일컫는 말
언어 처리: 컴퓨터를 통하여 한국어의 입출력, 반역, 검색, 질의 등을 연구 과제로 함
언어학적 문체론: 시, 소설 중심의 언어적 특징을 구명하는 문체론
언어학적 실용론: 언어 외적 요인과 관련하여 연구하는 언어학의 한 분야. 흔히 "화용론"이라고 함
언표 내적 행위: 발화 수반 행위의 다른 번역어

언해: 한문을 한글로 번역하는 것
언해 텍스트: “언해”를 텍스트 과학의 관점에서 부르는 말
엇시조: 시조의 한 양식
에피소드: 사건과 배경을 총칭하는 말
역독점: 석독 구결에 의하여 한문을 번역하여 읽을 때 찍는 점
영상 기호: 컴퓨터 화면을 통하여 실현되는 영상을 기호학적 관점에서 부르는 말
영상 언어: 언어로는 도저히 표현 불가능한, 따라서 글로써는 설명이 불가능한 감각적인 메시지
영상 텍스트: “영상”을 텍스트 과학의 관점에서 부르는 용어
요약식 바꿔쓰기: 내용을 간추리면서 다른 말로 바꿔쓰기
용사: 用事. 응결성에 해당하는 전통 시대의 용어
용사론자: 응결성을 중시하는 사람. 이인노가 대표적임
용언적 사슬: 동사면 동사, 형용사면 형용사가 연결되어 사슬을 이루는 것
운: 韻, rheim. 성조의 차이에 의하여 평상거입 (平上去入)의 사성으로 나누고 다시 유별한 것
위장: 慰狀. 위로하고 문안하는 편지
유도 가능성의 원칙: 텍스트의 다른 주제들이 가장 확실하게 유도될 수 있는 원칙
유사 텍스트: 비텍스트, 설익은 텍스트
유용지성: 有用之性. 인공 기호에 해당하는 이 이의 용어
유의어: 비슷한 뜻을 가진 단어류
유정 명사구: 유정 명사를 포괄적으로 가리키는 말
유표성: 有標性. 표지 [특징]가 뚜렷한 성격
율격 음운론: 음운 단위가 강약의 상관적 대립으로 규정된다는 음운론의 한 영역. 흔히 “운율 음운론”이라고도 함
율시: 여덟 구로 된 한시의 한 체
은어 텍스트: 은어 [변말]의 텍스트 과학적 용어
음독 구결: 한문을 읽을 때 중간중간에 붙이는 구결. “순독 구결, 붙임토”라 함
음독 구결 텍스트: 음독 구결의 텍스트 과학적 용어
음성 언어: 음성으로 표출되는 말. “문자 언어”에 대가 됨
음성적 매개 변인: 음성의 가변적 요인
음운적 응결성: 음운적 장치에 의한 응결 양상

음운적 응결 장치: 공통된 음이 텍스트를 구성하는 장치
응결 구조: 언어적 결속 구조
응결성: 凝結性, cohesion. 텍스트의 언어적 구조를 일컫는 말
응결성 장치: 텍스트 형성에 동원되는 언어적 장치
응집성: 凝集性. 의의의 연속성
의: 意. 주의와 운의가 있음
의경: 意境. 주제의 일관성
의도성: 텍스트 생산자의 의도를 달성하는 데 관여하는 측면
의미·기능적 등가성: 의미적 등가성과 기능적 등가성을 총칭하는 표현
의미·기능적 응결 장치: 어휘 의미와 기능에 의한 텍스트 결속 장치. 의미·기능적 수단
의미·실용적 요인: 의미론과 실용론에 의하여 생기는 요인
의미 동위체: 의미 동위소와 같은 뜻
의미론: 언어 기호와 대상과의 관계를 다루는 기호학의 한 분야
의미망: 의미의 연속성을 가리킴. 의미적 그물
의미소: 핵심 의미. 음운 내지 음소, 형태소에 비교할 수 있음
의미 해석 이론: 언어 기호의 의미를 화자의 태도 및 사태의 특수성과 관련시켜 해석하는 것
의미적 응집성: 어휘적 응집성과 기능적 응집성을 총괄하는 응집성
의존적 대용어: '그'와 같이 전술 언급의 기능을 띤 대용어를 가리킴
의훈: 義訓. 성훈과 형훈의 도움을 받지 않고 직접 의미를 설명하는 방법
이두 텍스트: 이두문을 텍스트 과학적인 관점에서 부르는 용어
이문: 吏文. 중국과 주고받는 외교 문서 및 한국의 관공서에서 사용하던 한문체 문장
이십육품팔병: 二十六品八病. 시 텍스트를 등급에 따라 나누는 것. 텍스트다움의 정도성
이야기: "텍스트"의 학교 문법 용어
이중 분절: 자음과 모음으로 분할할 수 있다는 언어 기호의 특징
이차 기호: 객관적 의미에 덧씌워진 주관적 의미를 지닌 기호
이행성: 다른 영역으로 넘나드는 것
익설: 翌說. 화두 전환사의 다른 이름

인문 과학: 인간의 역사와 문화에 관한 학문의 총칭
인성 구의: 因聲求義. 음이 같으면 공통된 의미를 부여할 수 있다는 뜻
인지 과학: 인간이나 생물의 인지 과정을 대상으로 하는 신종 인문 과학
인지 심리학: 행동의 주관적 측면을 중시하여 지식 획득의 내재적 과정을 연구 대상으로 하는 심리학의 한 분야
일: 지칭 대상을 표시하는 주시경의 용어
일반화: 하위 개념을 상위 개념에 포괄하는 것
일상 언어 기호: 일상생활에서 주고받는 말
일차 기호: 객관적 의미를 표시하는 기호
입말 텍스트: 입으로 나오는 말을 텍스트 과학의 관점에서 부르는 말. 흔히 "발화" 내지 "구어 텍스트"라고 함
자소적 응결성: 기본 자소를 중심으로 하는 텍스트 형성 기제
자소적 응결 장치: 공통된 획이나 부수 등의 기본 자소에 의한 텍스트 형성 장치
자연 과학: 자연 현상을 연구 대상으로 하는 학문의 총칭
자연성 이론: 언어의 자연성을 구명하는 이론. 유표성의 대가 됨
자연 언어 처리: 자연 언어에 존재하는 모호성을 컴퓨터를 통하여 최소화하는 작업
자족적 시 텍스트: 시로서의 자족성을 갖춘 텍스트
자족적 텍스트: 텍스트 형성 조건을 만족시킨 텍스트
작품: 독자가 읽고 재생해 낸 문학적 텍스트
작품 텍스트: 문학 작품을 텍스트 과학의 관점에서 부르는 말
장시조: 사설시조의 다른 이름
재귀 조직: 동적이고 다원적으로 개방되어 있는 체계
재설: 再說. 화두 전환사의 다른 이름
전: 傳. 특정 인물의 행정을 적은 글
전술 언급: 한 문장에서 앞에서 나온 말을 대용어로 다시 언급하는 현상. 전방 조응 (anaphora)이라고도 함. 후술 언급의 대 (후방 조응. cataphora)가 됨
전유: 傳諭. 임금의 명령을 의정 (議政) 또는 유현 (儒賢)에게 전하는 글
절구: 絶句. 한시의 근체시의 하나로 기승전결 (起承轉結)의 네 구로 이루어진 정형시. 5언과 7언이 있음
절목류: 법률이나 규정 따위의 낱낱의 항이나 조목

접촉 기능: 개인적인 접촉을 문제 삼는 기능
정보성: 정보의 신구 (新舊) 성격
정보적 기능: 대상에 대하여 알려 주는 기능
정지 화상: 동 화상의 대가 됨
제2차적 질서 언어: 비언어적 기호를 달리 표현하는 말
제보 텍스트: 정보를 제공하는 텍스트
조령류: 임금의 명령을 적은 문서
조롱: 형식, 응결성에 해당함
조어 교졸: 언어 표현의 익숙함과 서투름
조장: 弔狀. 조상하는 글월
종적인 의미망: 계열 관계에서 파악되는 의미의 그물
주관적 의미: 함축적 의미
주의: 主意. 일차적 의미
주의: 奏議. 왕에게 알리는 의견서
주제: 내용의 핵심
주제 비약식 전개 유형: 어렵지 않게 보충될 수 있는 주제 전개 모형
차설: 且說. 화두 전환사의 하나
차운: 次韻. 남이 지은 시의 운자를 따서 시를 짓는 것
차운시: 次韻詩. 남이 지은 시운을 따서 지은 시
차자 표기 체계: 한자를 빌어서 민족어를 적는 표기 체계. 이두, 향찰, 구결 등
착상: inventio. 주제의 설정
책무 기능: 일정한 의무를 수행하는 기능
책무 텍스트: 책무 기능을 표시하는 텍스트
첩정문: 적의 형편을 정탐하여 보고하는 글월
체조 구령 텍스트: 체조 구령을 텍스트 과학의 관점에서 부르는 말
초언어학: 관심 영역이 언어학을 넘어선다는 뜻에서 붙인 이름
초구조: 텍스트의 유형을 결정해 주는 총괄적 구조
초문장 통일체: 문장 이상의 텍스트 단위를 가리킴
추론 규칙: 논증형 주제 전개의 한 단계
치사: 致詞. 공적인 행사에서 칭찬하거나 고마워하는 말
친교적 기능: 인사와 같은 비사무적 기능

탈자동화: "낯설게 하기"와 같은 뜻임
텍스트 갈래: 텍스트 유형의 하위 갈래
텍스트 경계 표지: 텍스트 경계를 표시하는 증거물
텍스트 계속 요소: 한 텍스트에서 두 번째 반복되는 요소를 말함
텍스트: 사람의 의도적인 표현이나 언어로 번역할 수 있는 문화 기호. 학교 문법 용어로는 "이야기", "덩이글, 덩이글말"로도 불림
텍스트 공동체: "텍스트 우주" (Textkosmos)라고도 함. 공통된 의의의 그물 (응집성)에 포섭될 수 있는 텍스트의 집합임
텍스트 구조의 뼈대: 주제 관계의 총체적 복합체
텍스트 기능: 텍스트가 지니고 있는 지배적 통보 기능
텍스트 기호론: 텍스트를 기호학적 관점에서 붙인 이름
텍스트 내용의 핵: 주제를 의미함
텍스트다움: "텍스트성"과 같은 뜻. 텍스트의 자격
텍스트 문법론: "텍스트 문법"과 같은 뜻임. 문장 이상의 단위를 연구 대상으로 삼는 문법의 한 분야
텍스트 부류: "텍스트 종류"와 같은 뜻
텍스트 분절문: 주제에 따라 텍스트 경계를 그은 문장 부류
텍스트 사회학: 사회 현상 자체를 텍스트로 간주하는 사회학의 한 분야
텍스트 생산자: 텍스트를 만들어 내는 주체
텍스트성: "텍스다움"과 같은 뜻
텍스트 수신자: 텍스트를 수용하는 주체. "텍스트 수용자"라고도 함
텍스트 수정: 내용에 근거한 텍스트 수정 작업
텍스트 시작 요소: 텍스트의 시작을 알리는 첫 단어
텍스트 실용론: 상황성, 정보성 등 언어 외적 상황에 나타나는 텍스트의 기능을 탐구하는 텍스트 과학의 한 분야
텍스트 언어학: 텍스트 과학과 비슷한 지칭 개념을 띠고 있으나 그보다는 범위가 좁음
텍스트 유형론: 텍스트의 유형에 따라 그 기능을 구명하는 텍스트 과학의 한 분야
텍스트 음운론: 음운적 응결 장치를 구명하는 텍스트 과학의 한 분야
텍스트 의미론: 의미적 등가성에 의한 응결 장치를 구명하는 텍스트 과학의 한 분야
텍스트 이론: 텍스트 과학을 정립하기 이전 단계의 프로그램 형태의 이론으로서

텍스트 과학의 전신
텍스트 자소론: 문자의 형성과 관련되는 텍스트 과학의 한 분야
텍스트 종류: 텍스트 유형의 하위 갈래
텍스트 지시: 대용어에 의한 전술 내지 후술 언급
텍스트 통사론: 통사적 응결 장치를 구명하는 텍스트 과학의 한 분야
텍스트 표지: 텍스트 경계임을 표시하는 언어적 장치
텍스트학: "텍스트 과학"을 의미하는 "Textwissenscaft"의 번역어
텍스트 형태론: 형태적 응결 장치를 구명하는 텍스트 과학의 한 분야
텍스트 화용론: 텍스트 실용론과 같은 용어
토론 텍스트: 토론이나 토론문을 텍스트 과학의 관점에서 부르는 말
통보 상황: 커뮤니케이션이 성립되는 상황
통보·실용적 요인: 사태의 특수성이나 화자의 의도에 관련되는 요인
통보의 기호학: 커뮤니케이션을 기호학적 관점에서 부르는 말
통보학: 커뮤니케이션을 연구하는 사회 과학의 한 분야
통사론: 기호와 기호 사이의 관계를 다루는 기호학의 한 분야
통사적 응결 장치: 문장을 연결시켜 텍스트를 형성하는 장치
통합론: 통합 관계에 대한 이론
통합적 대치: 대치항과 피대치항 사이의 관계
통합적 언어문학 기호론: 언어와 문학을 통합하는 기호론
통합화: "구성화"라고도 함. 보다 일반적인 통합된 표현으로 바꾸는 거시 규칙의 하나임
투명성: 자연성의 한 개념
평시조: 3장 6구의 단형 시조
평측법: 한시의 평측에 관한 법식
표어 텍스트: 표어를 텍스트 과학의 관점에서 부르는 말
표출적 기능: 화자의 감동과 느낌을 표시하는 기능
표현 기능: 뷜러의 오르가논 모델의 하나. 대체로 정표 행위에 해당함
표현 문체론: 표현 수단을 중심으로 하는 문체론의 한 영역
피대치어: 대치되는 어휘
피설명항: 설명되는 항
하권점: 『용비어천가』에 보이는 절 단위 표지

하위 텍스트: 상위 텍스트에 안겨 있는 텍스트. 일종의 내포 텍스트
한글 텍스트: 한글로만 작성된 텍스트
한문 텍스트: 한문으로 작성된 텍스트
함축적 재수용: 문맥을 통하여 재수용되는 응결성
해석학적 언어 철학: 언어를 사용자와 관련시켜 해석하는 언어 철학
행위 이론적 견해: 언어 사용자와 관련시키는 텍스트관. "동태적 견해"라고도 함
행위 이론적 기호학: 언어 사용자의 의도, 사태의 특수성과 관련시키는 기호학
향찰 텍스트: 향가 표기 문자를 텍스트 과학의 관점에서 부르는 말
헌사: 책의 첫머리에 붙이는 다른 사람에게 헌정하는 글
현상학적 예술 이론: 후설 (Husserl)의 현상학에 근거한 예술 이론으로서 수용 미학의 발전에 큰 영향을 미침
형식적 의미: 실질적 의미의 대가 됨. "지시적 의미"라고도 함
형태·통사적 응결 장치: 텍스트 형성의 기능을 띤 조사와 어미
형태적 응결 장치: 품사적 연쇄와 조사 및 어미에 의한 텍스트 형성 장치
형훈: 글자의 형태를 근거로 하여 의미를 설명하는 훈고학의 조례
호소: 뷜러의 오르가논 모델 중의 하나. 대체로 지시 행위에 해당함
호소 기능: 수용자에게 일정한 관점을 받아들이도록 하는 기능
호소 텍스트: 호소 기능이 우세한 텍스트
화두 전환사: 말머리를 돌리는 표지
화문: 입말 텍스트와 글말 텍스트를 총괄하는 텍스트
화본: 중국 당대에서 시작하여 송·원대에 연예인 강창할 때 쓰던 대본
화설: 고대 소설의 도입부를 일컫는 문단 도입자
화수 행위: 발화 수반 행위
화어: "텍스트"의 중국어 번역어
화어 언어학: 텍스트 과학 내지 텍스트 언어학의 중국어 번역어
화용론: 언어학적 실용론의 준말
화표: 話標. 화두 전환사의 한 이름
화효 행위: 발화 효과 행위
화회 문기: 화회 (和會)에 의하여 작성된 재산 분배에 관한 문서
후경: 덜 중요하고 더 정지적인 경치
훈고학: 문자의 의미를 연구하던 고대 중국의 언어학의 한 분야

찾아 보기

1. 고유 명사와 고유 명

1. 이곳에서는 인명과 단체, 기관, 책 /작품명 등의 고유 명사와 고유 명을 색인 대상으로 삼았다.
2. 본문에 표시된 대로 책이나 이에 준하는 간행물은『 』로, 작품이나 이에 준하는 것은「 」로 표시하였고, 인명이나 단체, 기관은 특별한 표시를 하지 않았다.

《국문부 (國文部)》

ㄱ

가 도 (賈島) 142
가정의례 준칙 249
간젤 400
강길운 92
강상현 28, 342
강영주 195
고규진 54, 138, 139
고니시 92, 345, 346
고려대학교 87
고성환 92, 340
고영근 23, 24, 30, 44, 54, 57, 87, 88, 90, 91, 92, 136, 138, 139, 141, 194, 196, 200, 257, 259, 344, 346, 401
고익환 256
「공처 (供妻) 설화」 133
『관동별곡』 347
광고 텍스트 241
『口訣研究』 345
「구담씨 홍가기」(瞿曇氏興家記) 330, 338, 346
『구비문학연구』 340
『구역인왕경』 106
『구운몽』 86, 194
구인환 89, 288, 289, 290, 291
구창환 89
「龜兎之說」 142
국립국어연구원 249
「국문론」 235
『국문초학』 235
〈국민 교육 헌장〉 213, 255, 355
『국어국문학』 64
국어연구학회 강습소 235
「국어와 국문의 필요」 235
권오현 90, 400
권종성 400
귈리히 (E. Gülich) 198, 199
「그날이 오면」 126, 141
그레마스 (A. J. Greimas) 24, 38, 113, 139
그로세 (Große) 255
〈근우회발기취지서〉(槿友會發起趣旨書) 240
『금오신화』 194
「금원전」 133

「기미독립선언문」 237
기본·리히터 137
기퍼 (H. Gipper) 58
기호학회 1
길 재 (吉再) 142, 323, 345
김경섭 92, 340
김경용 26, 32, 55
김규철 58
김기협 203, 345
김대행 344, 345
김동리 203
김동욱 91
김두봉 346
김래현 89
김민수 258
김방한 55, 88, 197
김병선 400
김사엽 64
김상태 88
김선기 92
김성규 340
김성도 54, 55
김성재 28, 342
김성칠 203, 345
김성희 91
김여수 54
김열규 340
김영배 88
김영정 201
김완진 88, 92, 340
김용직 91
김은희 261
김일근 259
김재봉 199, 400
김재철 63
김정아 340
김정희 27
김종택 259
김종현 139
김중신 400
김진권 138
김진세 194
김진우 88
김창섭 340
김창원 89, 400
김태옥 26, 55, 91, 136, 138, 140, 400
김태준 63, 87
김태환 26, 30
김하서 (金河西) 141
김헌선 92
김형규 63
김형효 55
김혜니 143
김효중 90, 400

ㄴ

「나그네」 133, 143, 144
「나무」 288
남광우 345
남기심 139
『노부인의 방문』 377
「녹모부인전」 150
뇌트 (W. Nöth) 44
「님의 침묵」 273, 341

ㄷ

다네슈 (F. Daneś) 162, 197, 198
「단심가」(丹心歌) 12, 324
『담연일기』 86
〈대일선전성명〉(對日宣戰聲明) 240
대종교 232
『대한국어문법』 235
「도미설화」 133
『독립신문』 233

『동아일보』 245
「동학 격문」 232
『두시언해』 66
「둔갑설화」 133
뒤렌마트 (F. Dürrenmatt) 377
드레슬러 (W. U. Dressler) 24, 44, 57, 136, 140, 197, 400

ㄹ

라이블레 (W. Raible) 198, 199
라이스 (M. Reis) 24
레비스트로스 (C. Lévi-Strauss) 39
로젠그렌 (I. Rosengren) 24
로크 (J. Locke) 36
로트만 (Ju. M. Lotman) 43, 56
리치 (G. N. Leech) 254
립 (H. Lieb) 43, 56
링케 (A. Linke) 26
링크 (J. Link) 138, 139

ㅁ

마테지우스 (V. Mathesius) 162, 197
「말」 235
『말의 소리』 235
「메밀꽃 필 무렵」 113
모리스 (C. W. Morris) 36, 41, 50
「목련전」 150
『무녀도』 203
〈문맹타파가〉 240
『문심조룡』(文心雕龍) 127, 129, 132, 252, 257
문영호 23, 400
『문예독본』 239
『문장강화』(文章講話) 239
『文章讀本』 260
뮐러 (B. L. Müller) 24
「미궤설화」 133
〈민립대학발기취지서〉 (民立大學發起趣旨書) 240
민병수 142, 258, 345
『민족문화대백과사전』 258

ㅂ

바르트 (R. Barthes) 24, 38
바이스게르버 (L. Weisgerber) 58
바이츠체커 (C. F. von Weitzsäcker) 74
바크-하니시 (Bach-Harnish) 254
박갑수 88
박경리 151, 195
박금자 139, 346
박덕근 88
박목월 133, 143
박병채 345
박승빈 (朴勝彬) 62
박여성 90, 139, 143, 200, 256
박영목 400
박영철 256
박용익 401
박인로 (朴仁老) 142
박재연 201
박정준 140
박종성 92
박종식 29, 400
박종철 88
박종홍 355
박종화 142
박지원 131
박지홍 87
박희병 259
반 데이크 (van Dijk) 29, 171, 199, 352
발머 (Th. Ballmer) 254
「발치설화」 133
방종현 64
〈배뱅이굿〉 232

「배비장전」 133
『번역소학』 229
『법화경언해』 229
베네슈 (E. Beneš) 197
보그랑드 (B. E. Beaugrande) 24, 29, 136, 140, 400
『보통학교용 언문철자법』 238
보훔 대학교 87
「봉산탈춤」 340
부세 (D. Busse) 400
분더를리히 (D. Wunderlich) 254
『불소행찬』(佛所行讚) 345
뷔상스 (E. Buyssens) 36
뷜러 (K. Buühler) 39, 55, 350
브레넨슈툴 (W. Brennenstuhl) 254
브링커 (K. Brinker) 22, 26, 177, 178, 198, 199, 201, 208, 211, 254, 255, 257
블라디보스토크 375
비에르비슈 (M. Bierwisch) 120
빌레펠트 대학교 87, 140
「빼앗긴 들에도 봄은 오는가」 126, 141

ㅅ

「사람의 지혜와 권력」 235
「사미인곡」 126
「산」 155, 159, 160, 201
『삼국사기』 142
『삼국지연의』 86
『삼년고개』 141
『상록수』 91
〈새마을노래〉 249
샐키에 (R. Salkie) 136
샤롤 (M. Charolle) 140
샤피로 (M. Shapiro) 44, 55, 57
서승완 256
서우석 56
서울대학교 87
서재극 92
서정수 91
서정주 101
서정철 24, 55, 139
서 혁 400
석가 308
석가모니 117, 151
『석가보』 117, 149, 309, 320
『석가여래행적송』(釋迦如來行蹟頌) 345
『석보상절』 85, 92, 104, 149, 151, 152, 194, 203, 229, 309, 320, 329, 346
『선봉』 241
「선우태자전」 150
설 (J. R. Searle) 254
성삼문 (成三問) 141
성환갑 345
세종 316, 317
『세종대왕』 142
〈세한도〉(歲寒圖) 27
『소단적치인』(騷壇赤幟引) 131
소두영 54
소쉬르 (F. de Saussure) 36
『소학언해』 229
소헌왕후 317
「소」 377
「속미인곡」 92
송영주 26
송원용 201
송철의 341
송효섭 55, 56
수양 대군 309
쉐르너 (M. Scherner) 351
슈갈 (S. Sgall) 197
슈미트 28, 90, 254
슈트로너 400
스터브스 26

『시문독본』(時文讀本) 235
『시톄언문편지투』 241
신경준 (申景濬) 87, 131
신명균 (申命均) 63
신문수 55
신익성 54, 55, 58
신지연 92, 139, 340
신창순 341
『新韓國文學全集』 250
『신한민보』 234, 241
심재기 91, 400
심재완 64, 345
심 훈 91, 126, 141

ㅇ

『아동문학』 247
「아랑의 정조」 133
『아리랑』 375
아펠 30
안명철 91
안병희 259, 346
안토스 (G. Antos) 400
안호상 355
안 확 (安廓) 62
야콥슨 (R. Jacobson) 38, 44
양명희 139
양사언 321
『양서』(梁書) 225
양주동 (梁柱東) 63, 90, 260
「양주산대」 340
「양주 (楊洲)의 영비 (靈碑) 각자 (刻字)」 230, 259
『어제훈민정음』 326
『언문철자법』 274, 341
〈언문풍월〉 234
「언서방문」(諺書榜文) 230
에코 (U. Eco) 43, 56, 79, 143, 351
『여요전주』 85
「영산홍」(映山紅) 101
『영원한 제국』 143
「예성강곡」 133
옐름슬레우 (L. Hjelmslew) 44
오봉빈 (吳鳳彬) 235
오세영 88, 91, 340
오스틴 (J. L. Austin) 254
「오우가」 92, 117
오펜하임 (P. Oppenheim) 186
「옹고집전」 133
「완화삼」 133
왕 유 (王維) 142
『용담유사』(龍潭遺詞) 232
『용비어천가』 85, 92, 110, 114, 125, 140, 141, 202, 229, 308, 310, 313, 315, 326, 344
『우리말의 예절』 249
〈우리의 맹서〉 247
우한용 88, 91
원진숙 400
『월남망국사』 235
『월인석보』 149, 194, 229, 328, 346
『월인천강지곡』 85, 92, 110, 125, 141, 149, 229, 308, 315, 320, 326
유동석 197
유르겐즈 400
유준필 87, 342
유창균 92
유치진 376, 377
유탁일 346
유 협 127, 129, 131, 142, 222, 223, 257
윤석민 401
윤선도 92, 117
윤형식 55
『을병연행록』 86

『을화』 203
이강로 345
이광수 260
이규보 (李奎報) 128, 129, 144
이기갑 139
이기문 91
이난희 256
이두원 55
이명구 194
이방원 (李芳遠) 12, 325
이　백 (李白) 142
이병기 (李秉岐) 63, 87
이상화 126, 141
이성구 87
이성만 22, 26, 28, 136, 137, 197, 198, 199, 201, 208, 211, 254, 256, 400
이성준 58
이숭녕 63
이승재 340
이양하 288
이윤석 203, 345
이윤재 239, 260
이은경 401
이　이 (李珥) 8, 32, 97, 136, 206
이익섭 255
이인기 355
이인로 (李仁老) 128, 129
이인모 (李仁模) 66
이인화 143
이재호 23
이저 (W. Iser) 89
이　정 55
이정민 136
이젠베르크 (H. Isenberg) 24, 149, 194
이종묵 91, 340, 348
이종희 400
이주완 (李柱浣) 241
〈이충무공 유적보존성명서〉 (李忠武公遺蹟保存聲明書) 240
이케가미 (池上嘉彦) 44, 57
이태동 88, 340
이태준 (李泰俊) 239, 260
이필영 340
이현복 138
이현호 26, 90, 91, 136, 140, 340, 400
이효석 155, 159, 160, 201
이훈종 259
이희승 63, 64, 76, 77, 88, 90
이희자 23, 400
인가르덴 (R. Ingarden) 79, 89, 90
인도·유럽어 167, 216
「인욕태자전」 150
임꺽정 (林巨正) 150
『林巨正』 195
『임꺽정전』 150
임주탁 92
『임진왜란』 142
임형택 195

ㅈ

『자고가는 저구름아』 142
장경희 89, 91, 401
장동우 139
『장미의 이름』 143
장석진 139, 142
장소원 255
『적도』 340
전병선 24, 154, 160, 195, 196, 198, 400
『전주 비빔밥』 202
전형대 142
정규복 91
정렬모 92
정명수 139

정몽주 (鄭夢周) 12, 324
정 민 131
정병욱 64, 65, 141, 344, 345
정시호 58, 199
정운채 345
정유상 136, 139, 197, 199
『正音』 63
정인보 (鄭寅普) 63
정지상 142
정진원 346
정 철 92, 347
정한모 (鄭漢模) 66
정한숙 133
조남현 91
조동일 23, 28, 54, 87, 136, 257, 258, 340, 344, 400
조빈스키 (B. Sowinski) 29, 400
『조선고가연구』 85
『조선어 철자법』 245
『朝鮮語文學會報』 63
『조선어신철자법』 245
『조선어연구』 64
조선일보사 249
조윤제 63, 65, 84, 87, 90
조지훈 133
주대박 139
주시경 (周時經) 36, 49, 62, 74, 140, 235, 238, 346, 373
주종연 256, 257
증산교 232
지현영 64
『진본청구영언』 321, 323

ㅊ

차봉희 90
차우더 (G. Tschauder) 138
차진순 136
채 백 342
채 완 197
『청구영언』 232
최남선 235
최명희 375
최상규 89
최승범 202
최승희 258
최신호 142
최 자 (崔滋) 129, 131
최재학 (崔在學) 234, 239
최제우 (崔濟愚) 232
최치원 268
최학선 92
최한기 (崔漢綺) 22
최현배 346
최형용 201
『춘향전』 126, 142

ㅋ

카르납 (R. Carnap) 43
카르스톤 (R. Carston) 351
카츠 (J. J. Katz) 254
칼페어켐퍼 (H. Kalverkämper) 141
켈러 (O. Keller) 55
코세리우 (E. Coseriu) 55, 58, 113, 139
콘스탄츠 대학교 87
쿰머 (W. Kummer) 28
크링스 (H. P. Krings) 400
킨취 (Kinch) 352

ㅌ

『태백산맥』 375
『태평광기』 86
텍스트 언어학회 1
『토끼전』 142
『토지』 151, 195, 375

티에츠 (H. Tietz) 401

ㅍ

〈파랑새 노래〉 232
파레트 (H. Parret) 54
파터 (H. Vater) 136, 137, 198, 199, 256
퍼스 (Ch. S. Peirce) 373
포더 (J. A. Forder) 351
포스너 (R. Posner) 43, 44, 56
포스트모더니스트들 (postmodernists) 5
프라그 학파 162, 197
프레이저 (B. Fraser) 254
프로프 (V. Propp) 38
프리에토 (L. J. Prieto) 38
플레트 (H. F. Plett) 145
피르바슈 (J. Firbas) 197
피베거 (D. Viehweger) 25, 139, 346, 400
피퍼 (U. Pieper) 138

ㅎ

하르베크 (R. Harweg) 51, 106, 120, 137, 138, 200, 376, 398, 401
하산 (R. Hasan) 136, 139
「하여가」(何如歌) 12, 325
하이네만 (W. Heinemann) 400
하이드리히 (W. Heydrich) 140, 144
하프너 (H. Hafner) 55
한계전 91, 143, 341
한국 구비문학회 340
『한국어문학』 64
『한국언어문학』 64
한국역사민속학회 259
『한글』 63
『한글맞춤법통일안』 238, 244
한용운 273
할리데이 (Halliday) 136, 139, 197
『해동가요』 232
해삼위 375
허금회 197
허 발 139
허 웅 64, 203, 345
허창운 89, 90
헴펠 (C. G. Hempel) 186
『혼불』 375
홍기문 92
『홍길동전』 126
홍만종 130, 132
홍인표 142
『華山仙界錄』 194
황선엽 346
『황성신문』 233
『흥부전』 141

《구문부 (歐文部)》

D

Discourse Processes 31

T

Text 31

2. 사항

1. 텍스트 과학에 관련되는 용어나 특수 용어가 자세히 설명된 곳의 쪽수는 고딕자로 박았다.
2. 구문 (歐文) 사항은 화살표로 본문에 나오는 역어 (譯語)를 가리킴으로써 국문부 (國文部)의 사항과 서로 관련을 짓도록 하였다.

《국문부 (國文部)》

ㄱ

가공 (加工, Verarbeitung) 71, 130, 200
가공 행위 **89**
가능성 (Möglichkeit) 174
가상적인 음성적 의미적 동형체 138
가설 (Hypothese) 175
가지 텍스트 200
가추법 (abduction) 43, **56**
각설 194
각주 360
간명제적 관계 (interpropositionale Relationen) 197
간문화적 (intercultural) 129
간 (間)인간적 관계 (interpersonale Beziehung) 208
간접 인용 132
간텍스트 295
간텍스트성 (intertextuality) 12, 129, **132**, 142, 150, 295, 308, 313, 318, 325, 373, 391
간 (間)텍스트 작용 71
갈등 (Komplikation) 171
갈래 256, 257
감동 기능 213, 222, 278, 391
감동법 124, 125
감동 텍스트 222, 223, 227, 239, 278
감상 76
감상문 239
감정 가치 (感情價値) 72
개근상장 235
개근 증서 235
개방성 (Offenheit) 79, 91
개연성 (Wahrscheinlichkeit) 174
개요 (Resümee) 171
개인 문체론 66
개인 서사담 219
객관적 의미 72
거시 구조 (Makrostruktur) 167, **199**, 391
거시 규칙 168, 347, 353, 394
거시 명제 (Makroproposition) 168, 171
거시 층위 168
게슈탈트 심리학 49
격률 청탁 (格律淸濁) 130, 132
결과 (Resultaten) 175
결론 (Schlussfolgerung) 175
결론 (Schlüsse) 174
결말 (Schluß) 172
결미부 148
결속 구조 10, 99, 136
결속성 136, 137
결코 텍스트답지 못함 96
겸손법 (낮춤법) 106
겹따옴표 370
겹문장 152

경제학 14
경험 구성적 문예학 66
경험 사실적 문예학 74
계기성 (繼起性) 41
계사 (繫詞) 102
계약 200
계약서 148
계열론 (paradigmatics) 57
계열적 사슬 82
계열체 (le paradigme) 38
고대 수사학 389
고대 중국의 시학 145
고목류 (告目類) 228
고문 (古文) 227
고시 227
고유 명사 112
고전 시학 390
고전 텍스트 307, 392
고증학 132
공동체 280
공리론 (Axiomatik) 350
공문서 148
공범주 81, 113, 276, 290, 310, 311, 314, 321, 332
공용 언어 기호 67, 69, 89, 217, 390
공용 언어 기호의 성립 과정 69
공통된 인식 세계 117
과학적 언어 89
관경 위훈 (觀境爲訓) 118, 140
관사 언어 167
관어적 기능 55
관조 76
관조의 세계 77
관찰 (Beobachtungen) 175
관형어 명사구 116, 335
광고 텍스트 250, 293
교계문 (敎戒文) 224
교서 (敎書) 229
교술 257
교술 장르 314
교양 국어 64
교직적 279
교직적 구성 375
교통 표지 137
교통 표지 텍스트 249
구 128
구비 문학 13
구비 텍스트 219, 224
구성 (Aufbau) 175
구성주의 66
구성주의 문예학 74
구성주의 문예학 이론 395
구성화 (Konstruieren) 168, 170
구절 구조 규칙 391
구조격 105
구조적 의미 등가성 (strukturelle semantische Äquivalenz) 113, 114
구조적 읽기 375
구조주의 기호학 10
구조주의적 기호학 39, 51
구조틀 (setting) 172
구체적 통보 상황 117
구체화 (Konkretisierung) 90
구호 텍스트 248
국문학 65
국어 65
국어국문학 65
국학 (國學) 62
국한문 졸업 증서 서식 237
국한문 텍스트 245
국한문 혼용 텍스트 226, 229, 240
귀납법 56
글 23
글말 138

글말〔文語〕 텍스트 102, 219
글문 23
글월 23
글자 128
글자의 모양 138
글자의 크기 138
기 (氣) 129, 144, 374
기능 206
기능적 공통성 117, 314
기능적 등가성 82, **116**, 117, 118, 135
158, 312, 314, 324, 325,
333, 334, 335, 337
기능적 상의어 215
기능적 연쇄 139
기능적 특수성 313
기능적 하위어 215
기생 (寄生) 텍스트 (Paratext) **200**,
280, 327
기술형 181, 203, 391
기술형 주제 전개 183
기술형 주제 전개 모형 181, 183, 203
기승전결 (起承轉結) 147
기의 (記意) 37
기표 (記標) 37
기행 239
기호 과정 42
기호 체계 27, 376
기호학 36, 389, 397
기호 학계 1
기호학 이론 390
기호학적 응집성 136

ㄴ

낡은 정보 125
낯설게 하기 80, 373
내용 (contenu) 38
내용의 일관성 123
내포 독자 89
내포 작자 89
노래 239
녹권 (錄券) 228
논리적 근접성 116, 139
논리적 수단 159
논리적 접속사 112
논리학 396
논문 239
논변류 (論辨類) 226, 206
논술 고사 394
논증 (Argumentation) 173
논증 구조 391
논증 텍스트 175
논증형 181, 203, 391
논증형 주제 전개 모형 189, 193, 203
뉴스 보도 182
뉴스 텍스트 296
느낌 형용사 139

ㄷ

다 깬 보람 235
다네슈의 주제부 전개 이론 197
다문장 텍스트 (Mehr-Satz-Text) 25
다중 매체 8, 253
단락 (paragraph) 154, 155, **160**,
195, 391
단속적 279
단순 선형식 전개 유형 (die
einfache lineare Progression) 198, 163
단자류 (單子類) 228
단체 명사 335
단편 소설 171
단평 239
닫힌 과학 75
담화 (談話, discourse) 23
담화 층위 73, 79

담화 표지 104, 110
대 (大) 서사물 150
대두법 (擡頭法) 231
대상 (object) 40
대용어 102, 115, 198
대중 매체 294
대체 규칙 (Ersetzungsregeln) 168, 297, 319, 354
대치어 115
대치항 (Substituens) 198
대칭 구문 123
대화 375
대화 언어학 398
대화의 격률 336
대화 (對話) 텍스트 218
대화 텍스트 분석의 흐름과 움직임 401
덤 텍스트 200, 327
덩이글말 23
도상 (icon) 41
도상 기호 41
도상성 48
도입부 147
독백 68, 375
독백 (獨白) 텍스트 218, 219
독일의 수용 미학 66
독일의 텍스트 과학 66
독자 70, 71, 333
독자적인 텍스트 158
독화 (獨話) 텍스트 218
동 (動) 화상 28, 92
동물 기호 28
동사적 연쇄 114, 276, 277
동양의 고대 시학 127
동양의 고전 시학 138, 391
동양의 텍스트 206
동양의 텍스트 과학 127
동양의 텍스트 자료 389
동양의 훈고학 391
동위소 (Isotopie) 113, 139
동위소 (Isotopierelationen) 197
동의 상훈 (同義相訓) 115
동적 기호학 47
동지시 (同指示) 115
동태적 견해 (dynamische Auffassung) 24, 51, 95, 147, 205
동태적 단위 (dynamische Größe) 24
동화 (童話) 239
되물음 (메아리 질문) 104
두운법 101
등가 39
등시성 (等時性) 41

ㄹ

랑그 (langue) 37
러시아 형식주의 66
리드 297, 300

ㅁ

마당 23
마음 (태도) 40, 140
마음으로 살피는 75
말 37, 140
말—일—마음 50
말문 23
맞힌 보람 235
매우 텍스트다움 96
매체 미학 9
매체 융합 현상 294
매체의 성격 217
메타 구성체 (Metakonstrukt) 395
메타 이론 (Metatheorie) 35
메타 텍스트 (Metatext) 275
명령적 기능 55
명명적 (命名的) 연쇄 (nominative Kette)

104, 335, 139
명문 (明文) 228
명봉 (鳴奉) 128
명사구의 재수용 139
명사적 사슬 116, 135, 157, 310, 312, 314, 316, 324, 325, 329, 346
명사적 연쇄 113, 114, 116, 117, 152, 156, 215, 276, 289, 332, 334, 335, 337, 338
명세화 (Spezifizierung /Aufgliederung) 180, 181, 185
명시적 재수용 111
명제적 (命題的) 견해 (propositionale Auffassung) 6, 24, 51, 95, 147, 205
모국어 교육 393
모럴 (Moral) 172
모음 각운 101
목적어 명사구 290
몸글 297, 354
몸글 텍스트 347
무용지성 (無用之聲) 8, 97
무정 명사구 119
무표성 (unmarked) 47
문 (文) 22, 223
문단 160, 391
문단 도입자 332
문맥 지시적 지표 41
문법론적 응결 장치 115
문법성 (文法性, grammaticality) 95, 136
문법적 구성 278
문법적 응결성 139
문서 9, 12, 69, 70, 389
문서 텍스트 77, 213, 218, 220, 272, 273
문심 132
문예학 11, 61, 73, 392, 393
문예 학계 1
문예학 방면의 응용성 400
문자 언어 22
문자 텍스트 261
문장 (sentence) 2, 22, 23, 128, 160, 391
문장 경계 149
문장 경계 표지 334, 337, 338
문장군 154, 160, 195
문장 문법 391
문장 발화 행위 (diktive Handlung) 25
문장 부호 138
문장 부호의 제약 153
문장의 종류 217
문제 제기 (Problemstellung) 175
문채 (文彩)상의 조작 (操作) 80
문체 15, 30, 350
문체론 12, 64
문체법 124
문학 (文學) 22
문학 감상 이론 372
문학 기호론 67
문학 언어 기호 67, 68, 217, 390
문학 언어 기호의 성립 과정 69
문학의 동산 128
문학의 숲 128
문학 작품 9, 389
문학적 실용론 74
문학적 언어 88
문학적 통보 행위 73
문학 텍스트 101, 232, 234, 253, 257, 393
문헌학 (Philologie) 9, 64, 65
문형 (文型) 102
문화 기호론 28, 43
문화 인류학 12
문화적 근접성 116, 139
물려받음 71, 354
물려줌 71, 354

물리적 근접성 134
물아 일체 (物我一體) 77
미 (美) 23, 372
미국의 구조주의 66
미국의 수사 구조 이론 66
미국의 화용론 66
미디어 장르 이론 254
미디어학 9
미시 구조 (Mikrostruktur) 167
미시 층위 168
미학적 기능 **55**
미확정성 (Unbestimmtheit) 79
민담 13
민족 문화 58
민족정신 58
밑그림 351

ㅂ

바위 그림 〔岩刻畵〕 225
박승빈의 표준화 운동 87
반 데이크의 거시 구조 199
반 데이크의 서사 구조 개념 162
반영 이론 (Abbildungstheorie) 48
반의 상훈 (反義相訓) 114
반의사 (反義詞) 118
반의어 113, 114, 277
발기문 240
발문 200
발어사 (發語詞) 194
발표 15, 30, 350
발화 (發話) **1**, **22**, 68
발화 수반 행위 (發話隨伴行爲, illocutionary act) 178, **207**
발화 텍스트 77, **218**, 272
발화 행위 (locutionary act) **207**
발화 효과 행위 (發話效果行爲, perlocutionary act) **207**, 230
방문 (榜文) 233
배경 (Rahmen) 172, 174
배율 227
배혼 보람 235
백골 325
번안류 308
번안 텍스트 329
번역 장치 395
번역 텍스트 395
번역학 392, 394
법칙성 (Gesetzmäßigkeit) 187
법학 14
변형 생성 문법 57, 66
병려문 (騈儷文) 227
보도 기능 **294**
보충 질문법 (Ergänzungsfrage) 199
보편 실용론 (Universalptagmatik) 30
복선 (複線) 텍스트 (plurilineale Text) 106, 195, **200**
본문 23, **196**
본문 언어학 4
본체부 148
본 텍스트 (Haupttext) 200
봉서 (封書) 230
부류 256
부분 텍스트 281
부사어 명사구 322
부의 (副義) 72
부정 관형사 125
부제 354
부지런 보람 235
분절문 (Segment) 22
불교 문화 13
붙임토 345
비 (非)텍스트 120
비교적 텍스트다움 96
비대용어적인 기능 194

비문 (碑文) 224, 229
비문 (非文) 95
비문법적 (ungrammatical) 136
비문학 28
비문학 텍스트 253, 257
비언어적 약호 45, 46
비지류 (碑誌類) 226
비텍스트 121, 123
빈자리 (Leerstellen) 79, 91

ㅅ

사건 (Erreignis) 172
4단법 148
사부 (辭賦) 227
사설 시조 110
사전 지식 163
사화 (史話) 239
사회 과학 11, 13, 35, 54, 389
사회 심리학 13
사회적 요인 67, 123
사회 학문 54
삭제 규칙 (Tilgungsregeln) 168, 297, 300, 319, 353, 354
3단법 147
상・하의어 113
상관관계적 범주 179
상담 심리학 396
상언 (上言) 230
상언류 (上言類) 228
상연 형태 377
상위 주제 (Hyperthema) 165
상위 주제 파생식 198
상위 주제 파생식 전개 유형 (die Progression mit abgeleiteten Themen) 165
상주문 (上奏文) 224
상징 41
상징적 수법 278
상호 텍스트성 142
상황성 (situationality) 123, 125, 136, 313, 391
상황적 요인 179
상황 지시적 지표 41
상황화 (Situierung /Einordnung) 181, 185
새김토 345
새 정보 125
색채적 응결성 138, 391
생략 (Auslassen) 168
생산 200
생산자 71
생산자의 의도성 313
서간 문범 (書簡文範) 148
서기의 유형화 223
서기체 텍스트 225
서독류 (書牘類) 226
서문 200
서발류 (序跋類) 206, 226
서사 (敍事, Erzählung) 171, 257
서사 구조 391
서사 텍스트 218, 294
서사적 축 375
서사형 181
서술 55
서술 기능 207
서술어 명사구 158
서술자 282, 333, 375
서약문 (誓約文) 224
서정 257
서지학 9
서평 200
서평 논문 200
석가의 전기 150
석독 구결 326, 345, 395
석독 구결 텍스트 226
선명 (善鳴) 98, 206

선상성 37
선상적 37
선설 (先說) 194
선시 (選詩)의 기준 130
선언 기능 (Deklarationsfunktion) 208, 212, 213, 215, 231, 329
선언 텍스트 222, 223, 224, 227, 228, 233, 237, 248, 252
선지식 (Vorwissen) 352
선택 (Selektieren) 168, **169**
선택 제약 119
선행 텍스트 336
설계도 351
설명 (Erklärung) 175
설명부 (Rhema) **162**, 198
설명부 분열식 전개 유형 (das Entwickeln eines gespalteten Rhemas) 165
설명부 분열식 주제 전개 198
설명하는 사항 186
설명항 **186**
설명형 181, 203, 391
설명형 논증 모형 203
설명형 주제 전개 모형 **186**
설의 (設意) 128
설 (J. R. Searle)의 분류안 207
설익은 텍스트 120
설표 194
성 (聲) 8, 28, 131
성급문 (成給文) 228
성률 (聲律) 131
성리학 62
성명서 240
성문 (成文) 229
성운학 132
성층 문법 57
성현지문 (聖賢之文) 98
성훈 17, 100
세상 지식 163
소설 213, 239, **250**
소설 텍스트 220
소쉬르의 기호학 43
소지 (所志) 229
소품 251
소품문 (小品文) 239
속유지문 (俗儒之文) 98
솟재 보람 235
송 (頌) 239
송찬류 (頌贊類) 227
수료증 235
수사학 9, 12
수사학의 대상 197
수용 200
수용 미학 89
수용 미학자들 7
수용성 (acceptability) 123, **124**, 140, 391
수용자 71
수표 (手標) 229
수필 239
수필 문학 250
수학 396
수학 증서 235
순서 인위성 48
시 문법 73
시사 토론문 234
시성 (詩性, poeticalness) 47
시작 조건 187
시제 (時制) 277
시조 239, 308
시조 감상론 88
시조 문학 250
시조의 간 (間)텍스트성 77
시조의 응결 구조 91
시칙 (詩則) 131

시 텍스트 220, 278, 292
시판 200
신문 생산자 342
신문 텍스트 296
신문학 13
신시 (新詩) 239
신의 (新意) 128
신의론자 (新意論者) 128
신화 13
실용론 6, 30, 42, 84, 140, 389
실용문 148
실용적 요인 123
실용적 전환 73, 130
실용주의적 기호학 10
실용 텍스트 181, 220, 223
실제 독자 89
실제 작자 89
실질적인 의미 58
심리적 요인 67, 123
심층 구조 167

ㅇ

아동 문학 250
악부 227
악장 308
안 확의 국학 연구 87
암기 15, 30, 350
암호 풀이 396
압운법 101
애제류 (哀祭類) 227
양극 39
양립성의 원칙 (Kompatabilitätsprinzip) 178
양방향적 통보 행위 72, 218
양주동의 민족어 연구 88
양태 부사 125
어문학 54
어문학과 64
어문학자 58
어문학자의 공동 작업 84
어조사 (語助辭) 108
어학 53, 59
어학과 문학의 공유 영역 145
어휘·문법적인 응결성 136
어휘소의 연대 139
어휘소적 연대 113
어휘·의미적 자질 111
어휘적 기제 (機制) 99
어휘적 등가성 325
어휘적 연대 139
어휘적 재수용 137
억양 102
언간독 (諺簡牘) 241, 260
언론학 13
언어 교수법 392, 393
언어 기호 140
언어 기호론 67
언어 내적 경험 117
언어문학 53
언어문학계 84
언어문학 기호론 67, 84, 89, 390
언어문학론 62
언어문학 통합론 94
언어상의 간텍스트성 275
언어 외적 경험 117
언어적 약호 46
언어적 응결성 217
언어적인 결속 장치 98
언어 지식 373
언어 처리 400
언어 체계 지향적 25
언어학 52, 61, 389
언어 학계 1
언어학적 문체론 66

언어학적 실용론 14, 30
언표 내적 행위 207
언해 308, **326**
언해 텍스트 226, 229, 326
엇시조 110
에피소드 (Episode) 172
여백 79
역독점 395
역동감 285
연구 보고서 (Untersuchungsberichte) 175
연구 조건
(Untersuchungsbedingungen) 175
연변의 조선어 학계 154
연쇄성 (Verkettung) 163
연역법 **56**
열린 과학 75
엽편 (葉篇) 소설 251
영감 (inspiration) 374
영국의 텍스트 과학 136
영상 (映像) 28, 67, 70, 389
영상 기호 253, 390
영상 언어 92
영상 텍스트 92, 138, 218, **221**, 261
영수증 148
옛 문헌 해독 396
오락 기능 **295**
옥편 100
외국어 교육 393, 394
외래어 357
요약식 바꿔 쓰기 177
『용비어천가』의 간텍스트성 311
용사 (用事) **128**
용사론자 (用事論者) 129
용언적 사슬 158
우등상장 235
우등 증서 235
우리 고전 시론 145
우리나라의 모국어 교육에 대한 응용성 400
우리의 전통적 텍스트 224
우리의 텍스트 225
우리 중세의 텍스트관 136
운 (韻, Reime) 101
운의 (運意) 131
원정류 (原情類) 228
위장 (慰狀) 241
유가적 (儒家的) 문학관 98
유가적 텍스트관 98
유교 문화 13
유도 가능성의 원칙
(Ableitbarkeitsprinzip) 178, 179
유물 사상 87
유사 텍스트 **120**, 296
유상 (類像) 55
유서 (遺書) 228, 229
유용지성 (有用之聲) 8, 97
유의어 113, 215
유의적 관계 215
유의적인 동사구 276
유정 명사구 119
유종 (類種) 관계 183
유표성 (marked) 47
유형 256
율격 음운론 66
율시 101, 227
은어 텍스트 251
음독 구결 326, **345**, 395
음독 구결 텍스트 226
음성 언어 22
음성적 매개 변인 138
음성 형식 119
음운론 390
음운적 응결성 131, 138, 309
음운적 응결 장치 100, 135, 137, 141

음운적 조건 99, 134
응결 구조 217
응결성 99, 119, 271, 323, 325, 390
응결성 장치 (1) 91, 99, 111, 390
응결성 장치 (2) 91, 99, 111, 141, 390
응결 장치 391
응용 분야 392
응집성 11, 99, 119, 136, 144, 217, 271, 296, 324, 325, 391
의 (意) 131
의경 129
의도성 (intentionality) 123, **124**, 140, 391
의미 · 기능적 등가성 82, 111, 156, 312, 322, 324, 338, 346
의미 · 기능적 수단 159
의미 · 기능적 응결 장치 151, 196, 332
의미 동위체 139
의미론 42
의미론적 관점 199
의미망 120, 121
의미소 39, 113
의미 · 실용적 요인 136
의미 자질의 공통성 116
의미 작용 376
의미 작용의 기호학 38
의미적 그물 121
의미적 등가성 115, 117, 120, 198, 322
의미적 연속성 112
의미적 조건 119
의미적인 응집성 136
의미 해석의 모호성 **78**
의미 해석의 주관성 373
의미 해석 이론 74, 372
의역 395
의의의 언어학 59
의의의 흐름 391
의존적 대용어 334, 335, 336
의훈 (義訓) 114
이기 (理氣) 철학 132
이두 (吏讀) 226, **228**
이두문 (吏讀文) 206, 227
이두 텍스트 225, 269
이문 (吏文) 206, 226, 227, **228**
이병기의 민족어 연구 88
이십육품 팔병 (二十六品 八病) 130
이야기 4, **23**, 24
이인로의 용사론 129
이젠베르크의 생성 규칙 194
이조년의 시조 75
이중 분절 88
2차 개념 140
2차 기호 **72**
이치 (理致) 131
이희승의 문학 감상 이론 **75**, 390
이희승의 문학 작품 감상 이론 93
이희승의 민족어 연구 88
익설 194
인가르덴의 구체화 이론 90
인간 행동의 해석 행위 140
인문 과학 11, 35, 54, 389
인문 학문 54
인성구의 (因聲求義) **100**
인쇄 매체 253
인지 과학 11, 140, 351, 389, 397
인지 심리학 398
인지적 구성체 90
인척 왕복 241
인터넷 221, 250, 293
일 **40**
일기문 148
일반 언어학 62
일반화 168, **170**
일반화된 P-Marker 149

일방향적 219
일본문 텍스트 270
일상 발화 9, 389
일상 언어 기호 67, 217, 390
일상 언어 기호의 성립 과정 68
일상적 언어 88
일의 뜻 40, 50, 75, 140
1차 개념 140
1차 기호 72
일화 239
입말 텍스트 102
입버릇 말 139
立意深淺 130
잉여적 169

ㅈ

자료 삽입항 192
자소론 390
자소적 응결성 391
자소적 (字素的) 응결 장치 100, 137, 141
자소적 조건 99
자연 과학 35, 54
자연성 이론 (Natürlichkeitstheorie) 47
자연 언어 처리 396
자연학 36
자연 학문 54
자족적인 시 텍스트 278
자족적인 어휘 119
자족적인 언어 기호 119
자족적 텍스트 137, 157, 296, 315
작자 71, 118, 159
작품 7, 68, 89
작품 분석 이론 74
작품의 구성 원리 83
작품의 평가 기준 143
작품 텍스트 77, 218, 220, 223, 272, 273, 278
잠명류 (箴銘類) 226
잡기류 (雜記類) 226
장계류 (壯啓類) 228
장시조 232
장편 251
장편 소설 171
재귀 조직 77
재설 194
재수용의 기제 (機制) 177
전 (傳) 232, 259
전달 가치 162
전설 13
전술 언급 115, 377
전유 (傳諭) 229
전자 매체 253
전장류 (傳狀類) 226
전집 편찬자 159
전통적인 언문 표기법 238
전통적 의미 해석 이론 74
전형적 제보 텍스트 186
절구 101, 227
절목류 (節目類) 228
접속성 (Konnexität) 163
접촉 기능 (Kontaktfunktion) 208, 211, 213, 320
접촉 텍스트 222, 224, 227, 229, 252
정당성 (Rechtfertigung) 174
정당화 (Rechtfertigung) 175
정보성 (informativity) 123, 125, 141, 391
정보적 기능 55
정보화 시대 251
정신 분석학 396
정지 화상 28
제2인칭 의문형 125
제2차적 질서 언어 44

제례문 (祭禮文) 224
제보 기능 (Informationsfunktion) 206, **208**, 209, 213
제보 텍스트 183, 222, 223, 227, 228, 230
제신문 (祭神文) 224
조동일의 교술 갈래 257
조령류 (詔令類) 206, 226
조롱 132
조문 (弔文) 224
조어 교졸 (造語巧拙) 130, 131
조장 (弔狀) 241
존재론적 근접성 116
졸업증 235
졸업 증서 235
종류 256
종적인 의미망 122
주격 표지 125
주관적 의미 72
주변 주제 (Nebenthema) **177**
주시경의 기호 이론 390
주시경의 기호학 58
주시경의 기호학적 틀 (1) 50
주시경의 기호학적 틀 (2) 51
주시경의 사회 사상 58
주시경의 의미 해석 이론 52, 75, 87, 90, 93, 144, 390
주시경의 텍스트관 235
주어 명사구 116, 156, 158, 161, 289, 310, 314, 316, 323, 336, 337
주의 (主意) 72, 131
주의류 (奏議類) 206, 226
주제 **177**
주제 개념 179
주제들의 일련의 사슬 163
주제부 (Thema) **162**, 198
주제 비약식 전개 유형 (die Progression mit einem Sprung) 166, 198
주제어 312
주제어 명사구 113, 289
주제의 기능 312
주제의 일관성 123, 391
주제 일관식 전개 유형 (die Progressionmit einem durchlaufenden Thema) 164, 198
주제 전개 163
주제 전개의 기본 모형 181
주제 핵 179
주체 사상 87
줄거리 (Plot) 172
중권점 309
중세 민족어의 감동법 141
중세 우리 민족의 시학 127
중역 (重譯) 396
중편 251
증명 (Beweis) 173
증서류 (贈序類) 226
지도 기능 **294**
지문 (地文) 139, 375
지배적 기능 206
지시 (dénotation) 38
지지 (Unterstützung, backing) 174
지표 41
지표성 **48**
직역 395
진술 207
진술의 핵심 162

ㅊ

차설 109, 147, 194
차운 (次韻) 133, 373
차운시 142
차자 (借字) 표기 체계 132
착상 15, 30, 350
참여 텍스트 211

책 형태 377
책무 기능 (Obligationsfunktion) 208, 211, 213
책무 텍스트 222, **223**, 227
철사 (綴辭) 128
첩정문 (牒呈文) 228
청자 71, 333
체 (體) 131
체조 구령 텍스트 246
초 (超)언어학 38
초구조 (Superstruktur) **199**
초기의 텍스트 과학 38
초문장 통일체 **196**
초분할 음소 (超分割音素) 138
총칭적인 성격 115
최만리의 상소문 268
최선의 요약 177
추론 가능성 (Ableitbarkeit) 174
추론 규칙 192
추모문 (追慕文) 224
추상 명사 278
추상화 차원 (Abstraktniveau) 171
취지문 240
치사 (致辭) 241
친교적 기능 **55**
7·5조의 율격 134

ㅋ

컴퓨터학 396
콩트 251

ㅌ

탈자동화 80, 373
탈춤의 대사 232
텍스트 1, 4, 7, **8**, 24, 67, 70, **73**, 89, 154, **160**, 195, **377**, 389
텍스트 갈래 217, 252, 256
텍스트 거시 규칙 297
텍스트 경계 149
텍스트 경계 표지 337
텍스트 계속 요소 101, 138, 289
텍스트 공동체 (Textgemeinschaft) **200**, 280, 328
텍스트 과학 **9**, 10, 11, 74, 85, 140, 205, 271, 340, 389, 396
텍스트 과학과 번역학의 관계 400
텍스트 과학의 응용적 측면 400
텍스트 구조의 뼈대 163
텍스트 기능 206, **207**, 391
텍스트 기호 67
텍스트 기호론 57, 67, 84, 89, 271, 390
텍스트 내용의 핵 (Kern des Textinhalts) 177
텍스트다움 96, 116, 124, 126, 136, 205, 217, 308, 314
텍스트다움의 정도 125
텍스트다움의 정도성 136
텍스트다움의 판정 기준 (1) 137
텍스트다움의 판정 기준 (2) 137
텍스트답지 못함 96
텍스트 문법 (Textgrammatik) **6**, 8
텍스트 문법론 141
텍스트 부류 (Textklasse) 256, 217
텍스트 분석 강의 84
텍스트 분절 (Textsegment) 177
텍스트 분절문 22
텍스트 사회학 26, 30
텍스트 상호성 142
텍스트 생산자 71, 318, 322
텍스트성 96, 136
텍스트 수신자 310, 313, 314, 317, 322
텍스트 수용 349, 354
텍스트 수용자 125
텍스트 수정 157, **197**, 216,

261, 290, 341
텍스트 시작 요소 101, 138
텍스트 실용론 141
텍스트 언어학 **9**
텍스트 유형 (Texttypen) 218, 252, 256, 392
텍스트 유형론 221, 257
텍스트 유형화 252
텍스트 음운론 141
텍스트 응결성 391
텍스트 응집성 197
텍스트의 기본 기능 391
텍스트 의미론 29, 141
텍스트의 상위 단위 160
텍스트의 상한선 151
텍스트의 생산과 수용 400
텍스트의 생산과 수용의 과정 71
텍스트의 생성 **148**
텍스트의 생성 기제 (機制) 271
텍스트의 심층 147
텍스트의 여섯 가지 기능 213
텍스트의 융합 281
텍스트의 응결성 119, 138
텍스트의 응집성 79, 112
텍스트의 의미망 140
텍스트의 표층 147
텍스트의 하한선 151, 160
텍스트 이론 (Texttheorie) 9, 28
텍스트 이해 349
텍스트 자소론 141
텍스트 종류 217, 256
텍스트 주제 (Textthema) 171
텍스트 지시 137
텍스트 층위 73, 79
텍스트 통사론 29, 141
텍스트 표지 (Textmarker) 104, 110, 149
텍스트학 (Textwissenschaft) 7, **9**, 28
텍스트 형성의 기제 281
텍스트 형태론 141
통고 (Ankündigung) 172
통보·기능적 측면 208
통보 상황 26
통보·실용적 관점 199
통보·실용적 (通報實用的)인 요인 67, 84
통보·실용적 전환 6
통보적 사건 26
통보적 완결성 25
통보적 요인 179
통보적 출현 6, 24
통보 체계 지향적 25
통보 행위 26
통사론 42, 390
통사적 수단 159
통사적 응결성 110, 139
통사적 응결 장치 80, **108**, 115, 122, 141, 152, 196, 334, 346
통사적 조건 134
통사적 특징 311
통합론 (syntagmatics) 57
통합적 대치 (syntagmatische Substitution) 198
통합적 언어문학 기호론 271
통합적 언어문학론 74, 83
통합적 언어문학론의 과제 83
통합적 언어 이론 73
통합체 (le syntagme) 38
통합화 (Integrieren) 168, **170**
투명성 **49**
특칭적 성격 115

ㅍ

파롤 (parole) 37
파롤의 행위 38

판소리계 소설 194
퍼스의 기호학 43, 390
퍼스의 프래그머티시즘 58
편지 239
평가 (Evaluation) 172
평론 239
평론 문학 250
평시조 110
평측법 101
표면 구조 167
표어 356
표어 텍스트 240
표제 354
표준 체계 응결 모형 136
표준 텍스트 과학 398
표출적 기능 55
표현 (expression) 38, 55
표현 기능 207
표현 문체론 66
품사적 연쇄 104, 111, 139
프랑스 구조주의 분석 방법론 340
피대치어 115
피대치항 (Substituendum) 198
피설명항 187
피시험자 (Versuchspersonen) 175
피화자 89
필기류 (筆記類) 227
필연성 (Notwendigkeit) 174
필자 70, 71

ㅎ

하권점 309
하르베크의 대치 이론 198
하위 텍스트 150, 151, 278, 281
하이퍼텍스트 281, 287, 375
학술 논문 175
학제성 396
한글 수학 증서 236
한글 전용법 244
한글 텍스트 226, 229, 231, 245
한글 학자 58
한문 텍스트 225, 233
한 줄 37
함의 (connotation) 38
함의적 기능 84
함축 (Implikation) 174
함축적 재수용 111, 115, 198
합방 거처 61
합성 관계 (Kompositionsrelationen) 197
해결 (Auflösung) 172
해결 (Lösung) 175
해석 76
해석 내용 (interpretant) 40
해석자 40
해석학적 언어 철학 87
핵심 어휘 360
핵심 주제 (Hauptthema) 177
핵심 주제어 292
행동주의적 기호학 10
행위 이론적 견해 25
행위 이론적 기호학 52, 390, 393
행위 이론적 성격 30
향찰 텍스트 225
허구의 세계 69
헌사 200
혁명 공약 248
현대 시 250
현대의 생성 문법가 346
현대의 작품 텍스트 392
현상학적 예술 이론 7
현실 212
현실의 세계 77
형상소 (figure) 376
형식적 의미 58

형태·통사론 응결 장치 151
형태·통사적 기제 (機制) 99
형태·통사적 응결 장치 108, 331
형태론 390
형태적 응결 장치 102, 138, 141
형훈 100, 137
호소 55
호소 기능 (Appellfunktion) 206, 207, 208, 209, 210, 213, 215, 230, 248, 249
호소 텍스트 222, 224, 227, 228, 229, 233
홍만종의 시화 130
홑문장 152
화두 전환사 194
화문 23
화법 393
화본 (話本) 194
화설 (話說) 147, 194, 332
話隨行爲 207
화술 393
화용론 6, 14, 30, 390
화자 71, 89, 118, 333
화자의 태도 40
화표 194
화행 (話行) 207
화행 기능 252
화행론 (speech act theory) 178, 207, 254
화행 이론 391
話效行爲 207
화회 문기 (和會文記) 228
확대 표준 응결 모형 136
회고가 (懷古歌) 323
회의 (會意) 100
후경 49
훈고학 114, 118, 139, 390
희곡 213, 239, 240, 257
희곡 문학 250

《구문부 (歐文部)》

A

a second-order language → 제2차적 질서 언어 44
Abbildungstheorie → 반영 이론 48
abduction → 가추법 43
Ableitbarkeit → 추론 가능성 174
Ableitbarkeitsprinzip → 유도 가능성의 원칙 178
Abstraktniveau → 추상화 차원 171
acceptability → 수용성 123
acte de parole → 파롤의 행위 38
Anfangsbedingung → 시작 조건 187
Ankündigung → 통고 172
Appell → 호소 55
Appellfunktion → 호소기능 208
Argumentation → 논증 173
Aufbau → 구성 175
Aufgliederung → 명세화 181
Auflösung → 해결 172
Ausdruck → 표현 55
Ausdruckfunktion → 표현 기능 207
Auslassen → 생략 168

B

Beobachtungen → 관찰 175
Beweis → 증명 173

C

coherence → 응집성 99, 136
cohesion → 응결성 99, 136
communication → 통보 26
connotation → 합의 38
contenu → 내용 38

D

Darstellung → 서술 55
Darstellungsfunktion → 서술 기능 207
das Entwickeln eines gespalteten Rhemas → 설명부 분열식 전개 유형 165
Deklarationsfunktion → 선언 기능 208
dénotation → 지시 38
die einfache lineare Progression → 단순 선형식 전개 유형 163
die Progression mit abgeleiteten Themen → 상위 주제 파생식 전개 유형 165
die Progression mit einem durchlaufenden Thema → 주제 일관식 전개 유형 164
die Progression mit einem Sprung → 주제 비약식 전개 유형 166
diktive Handlung → 문장 발화 행위 25
discourse → 담화 23, **26**
Diskurs → 이야기 23
dynamische Auffassung → 동태적 (動態的) 견해 7, 24
dynamische Größe → 동태적 단위 24

E

eine Sequenz von Themen → 주제들의 일련의 사슬 163
Einordnung → 상황화 181
Episode → 에피소드 172
Ergänzungsfrage → 보충 질문법 199
Erklärendes → 설명하는 사항 186
Erklärung → 설명 175
Erreignis → 사건 172
Ersetzungsregeln → 대체 규칙 168
Evaluation → 평가 172
Explanandum → 피설명항 187
Explanans → 설명항 186
expression → 표현 38

G

Gebrauchstext → 실용 텍스트 181
Generalisieren → 일반화 168
Gerüst des Textaufbaus → 텍스트 구조의 뼈대 163
Gesetzmäßigkeit → 법칙성 187
grammaticality → 문법성 (文法性) 95
größtmögliche Kurzfassung → 최선의 요약 177

H

H-O 스키마 186
Hauptthema → 핵심 주제 177
Hypothese → 가설 175

I

illocutionary act → 발화 수반 행위 207
image language → 영상 언어 92
Implikation → 함축 174
incoherent → 비응집적 136
Informationsfunktion → 제보 기능 208
informativity → 정보성 123
Integrieren → 통합화 168
intentionality → 의도성 123
intercultural → 간문화적 129
Interdisziplinärität → 학제성 (學際性) 396
interpersonale Beziehung → 간 (間)인간적 208
interpretant → 해석 내용 40
interproposionale Relationen → 간명제적 관계 197
intertextuality → 간텍스트성 129, 132
Isotopierelationen → 동위소 197

K

Kern des Textinhalts

→ 텍스트 내용의 핵 177
Kohärenz → 결속성 137
Kommunikation → 통보 26
kommunikativ-pragmatische Wende
→ 통보·실용적 전환 6
kommunikative Okkurenz
→ 통보적 출현 6, 24
Kompatabilitätsprinzip
→ 양립성의 원칙 178
Komplikation → 갈등 171
Kompositionsrelationen → 합성 관계 197
Konkretisierung → 구체화 90
Konnexität → 접속성 163
Konstruieren → 구성화 168
Kontaktfunktion → 접촉 기능 208

L

le paradigme → 계열체 38
le syntagme → 통합체 38
Leerstellen → 빈자리 79
lexicogrammatical cohesion
→ 어휘 문법적인 응결성 136
lexikalische Solidalität
→ 어휘소의 연대 113, 139
lexikalische Wiederaufnahme
→ 어휘적 재수용 137
linéare → 선상적 (線狀的) 37
Linguistik → 언어학 52, 58
Linguistik des Sinnes
→ 의의의 언어학 59
locutionary act → 발화 행위 207
Lösung → 해결 175

M

Makroproposition → 거시 명제 168, 171
Makroregeln → 거시 규칙 168
Makrostruktur → 거시 구조 167
marked → 유표성 47
Mehr-Satz-Text → 다문장 텍스트 25
Metakonstrukt → 메타 구성체 395
Metatext → 메타 텍스트 275
Mikrostruktur → 미시 구조 167
Mitteilungswert → 전달 가치 162
Moral → 모럴 172
Möglichkeit → 가능성 174

N

Natürlichkeitstheorie → 자연성 이론 47
Nebenthema → 주변 주제 177
nominative Kette
→ 명명적 (命名的) 연쇄 104, 139
Notwendigkeit → 필연성 174

O

object → 대상 40
Obligationsfunktion → 책무 기능 208
Offenheit → 개방성 79
ordo artificialis → 순서 인위성 48

P

paradigmatics → 계열론 57
Paratext → 기생 텍스트 200
Partizipationstext → 참여 텍스트 211
perlocutionary act → 발화 효과 행위 207
Philologie → 문헌학 9
phonetische Parameter
→ 음성적 매개 변인 138
Plot → 줄거리 172
plurilineale Text
→ 복선 (複線) 텍스트 106, 200
poeticalness → 시성 (詩性) 47
Pragmatik-Matrix
→ 통보·실용적 전환 6
Problemstellung → 문제 제기 175

propositionale Auffassung
→ 명제적 (命題的) 견해 6, 24

R

Rahmen → 배경 172
Realität → 현실 212
Rechtfertigung → 정당성 174, 175
Reime → 운 (韻) 101
Resultaten → 결과 175
Resümee → 개요 171
Rhema → 설명부 162, 198

S

Schlussfolgerung → 결론 175
Schluß → 결말 172
Schlüsse → 결론 174
Segment → 분절문 22
Selektieren → 선택 168
semantic cohesion
→ 의미론적인 응집성 136
semiotic cohesion
→ 기호학적 응집성 136
sentence → 문장 2
setting → 구조틀 172
sémiologie de communication
→ 통보의 기호학 38
signification → 의미 작용 38
situation → 상황성 136
situationality → 상황성 123
Situierung → 상황화 181, 185
speech act theory
→ 화행론 (話行論) 207, 254
Spezifizierung → 명세화 180, 181, 185
Sprachwissenschaft → 어학 52, 58
Standard Systematic Cohesive Model
→ 표준 체계 응결 모형 136
statement → 진술 (陳述) 207
strukturelle semantische Äquivalenz
→ 구조적 의미 등가성 113
Substituendum → 피대치항 198
Substituens → 대치항 198
syntagmatics → 통합론 57
syntagmatische Substitution
→ 통합적 대치 198

T

TA → 텍스트 시작 요소 101, 138
Text → 텍스트 1, 4
Textanfangselemente
→ 텍스트 시작 요소 138
Textfortsetzungselemente
→ 텍스트 계속 요소 138
Textgemeinschaft → 텍스트 공동체 200
Textgrammatik → 텍스트 문법,
텍스트 문법론 6, 8, 141
Textgraphemik → 텍스트 자소론 141
Texthaftigkeit → 텍스트다움 96, 136
Textklasse → 텍스트 부류 217, 256
Textlinguistik → 텍스트 언어학 9
Textmorphologie → 텍스트 형태론 141
Textphonologie → 텍스트 음운론 141
Textpragmmatik → 텍스트 실용론 141
Textsegment → 텍스트 분절,
텍스트 분절문 22, 177
Textsemantik → 텍스트 의미론 141
Textsorten → 텍스트 종류 217
Textsyntax → 텍스트 통사론 141
Textthema → 텍스트 주제 171
Texttheorie → 텍스트 이론 9, 28
Texttypen → 텍스트 유형 217, 256
Textuality → 텍스트다움 136
Textualität → 텍스트다움, 텍스트성(性)
96, 136
Textverweis → 텍스트 지시 137

Textwissenschaft → 텍스트학 7, 9, 28
TF → 텍스트 계속 요소 101, 138
Thema → 주제부 162, 198
thematische Progression → 주제 전개 163
Tilgungsregeln → 삭제 규칙 168
Transdisziplinarität → 이행성 (移行性) 396

U

Unbestimmtheit → 미확정성 79
Universalptagmatik → 보편 실용론 30
unmarked → 무표성 47
Unterstützung → 지지 174
Untersuchungsbedingungen → 연구 조건 175
Untersuchungsberichte → 연구 보고서 175

V

Verarbeitung → 가공 (加工) 71, 130
Verkettung → 연쇄성 163
Versuchspersonen → 피험자 175
Vorwissen → 사전 지식 163

W

Wahrscheinlichkeit → 개연성 174
wechselseitige Kommunikation → 양방적 (兩方的) 통보 행위 218
Weltwissen → 세상 지식 163
Werke → 작품 7

Z

zusammenfassende Paraphrase → 요약식 바꿔 쓰기 177

고영근 (高永根)

1936년 경남 진양군 (현재 진주시)에서 태어나 서울대학교 국어국문학과와 대학원을 거쳐 같은 대학교 국어국문학과 교수를 역임하였다. (문학박사). 홈볼트 초빙교수로 독일 라이프치히 소재 막스플랑크 연구소, 보훔, 콘스탄츠, 함부르크, 뷔르츠부르크 대학에서 이론 문법과 텍스트 과학을 연구하였다. 현재 서울대학교 명예교수로 있으며 어학전문 국제학술지 『형태론』의 편집고문과 〈이극로박사 기념사업회〉 회장을 맡고 있다.

전자우편 (e-mail): komorph@hanmail.net, komorph@snu.ac.kr
홈페이지 (homepage): http://www.komorph.com

짓고 엮은 책

우리말 문법, 그 총체적 모습 (2018), 한국어와 언어 유형론 (2018), 한국어의 시제 서법 동작상 (2004/2007 보정판), 중세국어의 시상과 서법 (1981/1986 재판/1998 보정판/2011 제4판), 우리말의 총체서술과 문법체계 (1993), 국어형태론연구 (1989/1999 증보판), 텍스트이론 (1999), 텍스트과학 (2011), 단어·문장·텍스트 (1995/2004 보정판), 표준 중세 국어 문법론 (1997/2009 개정판/2010 제3판/2020 제4판), 역대한국문법의 통합적 연구 (2001), 한국의 언어연구 (2001), 국어문법의 연구 (1983), 민족어의 수호와 발전 (2008), 민족어학의 건설과 발전 (2011), 한국어문운동과 근대화 (1998), 북한의 언어문화 (1999), 북한의 문법연구와 문법지식의 응용화 (2008), 최현배의 학문과 사상 (1995), 통일시대의 語文問題 (1994), 표준국어문법론 (공저) (1985/1993 개정판/2011 제3판/2014 제4판), 새로 쓴 표준 국어문법론 (2019 전면개정판), 북한의 문법연구와 문법교육 (공저) (2004), 한국텍스트과학의 제과제 (공저) (2001), 문법과 텍스트 (공저) (2002), 월인천강지곡의 텍스트분석 (공저) (2003), 우리말 문법론 (공저) (2008/2018 개정판), 중세어자료강해 (공편) (1997), 문법 (국정단일통일 고등학교) (1985, 1992), 주시경의『국어문법』(공동교감) (1986), 역대한국문법대계 153책 (공편) (1977~2015), 우리 언어 문화의 뿌리를 찾아서 (어문 수상집) (1996), 우리 언어 문화의 바른 길을 찾아서 (어문 수상집) (2020) 등 50여 종

수상

세종문화상 (1996), 일석국어학상 (2004), 삼일문화상 (2008)